Traugott Holtz · Der erste Brief an die Thessalonicher

# EKK
# Evangelisch-Katholischer Kommentar
# zum Neuen Testament

Herausgegeben von
Josef Blank, Rudolf Schnackenburg,
Eduard Schweizer und Ulrich Wilckens

in Verbindung mit
Otto Böcher, François Bovon, Norbert Brox, Gerhard Dautzenberg,
Joachim Gnilka, Erich Gräßer, Ferdinand Hahn, Martin Hengel,
Paul Hoffmann, Traugott Holtz, Hans-Josef Klauck, Günter Klein,
Gerhard Lohfink, Ulrich Luck, Ulrich Luz, Rudolf Pesch,
Jürgen Roloff, Wolfgang Schrage, Peter Stuhlmacher,
Wolfgang Trilling, Anton Vögtle und Hans Weder

Band XIII
Traugott Holtz
Der erste Brief
an die Thessalonicher

Benziger Verlag
Neukirchener Verlag

Traugott Holtz

# Der erste Brief
# an die Thessalonicher

Benziger Verlag
Neukirchener Verlag

CIP-Kurztitelaufnahme der Deutschen Bibliothek

**EKK:** evang.-kath. Kommentar zum Neuen Testament/
hrsg. von Josef Blank ... in Verbindung mit Otto
Böcher ... – Zürich, Einsiedeln, Köln: Benziger;
Neukirchen-Vluyn: Neukirchener Verlag
NE: Blank, Josef [Hrsg.]; Evangelisch-Katholischer
Kommentar zum Neuen Testament
Bd. XIII Holtz, Traugott: Der erste Brief
an die Thessalonicher. – 1986

**Holtz, Traugott:**
Der erste Brief an die Thessalonicher / Traugott
Holtz. – Zürich, Einsiedeln, Köln: Benziger;
Neukirchen-Vluyn: Neukirchener Verlag, 1986.
    (EKK; Bd. XIII)
    ISBN 3-545-23110-0 (Benziger);
    ISBN 3-7887-0752-6 (Neukirchener Verl.)

© 1986 by Benziger Verlag, Zürich, Einsiedeln, Köln
und Neukirchener Verlag des Erziehungsvereins GmbH,
Neukirchen-Vluyn
Alle Rechte vorbehalten
Umschlaggestaltung: Atelier Blumenstein + Plancherel, Zürich
Gesamtherstellung: Breklumer Druckerei Manfred Siegel KG
Printed in Germany
ISBN 3-545-23110-0 (Benziger Verlag)
ISBN 3-7887-0752-6 (Neukirchener Verlag)

Meiner Frau

# Vorwort

Der letzte große Kommentar in deutscher Sprache zum 1. Thessalonicherbrief ist von Ernst von Dobschütz vorgelegt worden. Es ist mir als einem seiner Nachfolger an der Stätte seines späteren Wirkens eine Genugtuung, einen neuen Kommentar zu diesem Brief veröffentlichen zu können.

Den Ansatz dafür, wie die Wirkungsgeschichte des Briefes in seine Auslegung einzubeziehen ist, habe ich nicht recht gefunden. Vielleicht ist das auch in eben seiner Wirkungsgeschichte begründet. Freilich denke ich, daß jede verstehende Auslegung des Textes ihn so zur Sprache bringt, daß er als ein lebendiges Wort gehört werden kann. Denn das Verstehen seines Wortes ist doch nur möglich im Hereinholen in unsere Geschichte. Wie das eine ganz auf den Text selbst gerichtete Auslegung vermag, zeigt der meisterhafte kleine Kommentar von Heinrich Schlier, der mir Vorbild war.

Die Erarbeitung dieses Buches ist begleitet und getragen gewesen durch die Zusammenarbeit im Kreise der Herausgeber und Mitarbeiter. Den beiden Verlagen gebührt für die noble Ermöglichung dessen großer Dank! Der Gewinn, den die jährlichen Tagungen in Zürich brachten, reicht über den sachlichen Bereich weit hinaus; sie haben Freundschaften gegründet. Besonders – und doch nur als Beispiel – nenne ich meinen »Gefährten« Wolfgang Trilling.

Zur Ausarbeitung des Kommentars fand ich jahrelang für jeweils mehrere Wochen Aufnahme in dem kirchlichen Altersheim »Gottesgruß« in Göhren auf Rügen. Dem verdanke ich die Möglichkeit zu konzentrierter Arbeit, wofür ich besonders dem Leiter des Hauses, Joachim Vater, dankbar verbunden bin. In dem Bereich der Martin-Luther-Universität Halle-Wittenberg, in dem ich arbeite, habe ich bereitwillige Unterstützung erfahren, für die ich dankbar bin. Besonders erwähnen möchte ich die Mitarbeiterinnen Frau Müller und Frau Schuster sowie meinen wissenschaftlichen Assistenten Karl-Wilhelm Niebuhr.

# Inhalt

# Literatur

1. *Kommentare (nur mit Verfassernamen zitiert)*

*Amiot, F.*, Épitre aux Galates, Épitres aux Thessaloniciens, 1946 (VSal)

*Best, E.*, A Commentary on the First and Second Epistles to the Thessalonians, [2]1977 (BNTC)

*Bicknell, E. J.*, The First and Second Epistles to the Thessalonians, 1932 (WC)

*(Strack, H.-) Billerbeck, P.*, Kommentar zum Neuen Testament aus Talmud und Midrasch III: Die Briefe des Neuen Testaments und die Offenbarung des Johannis, München 1926, 631–636

*Bornemann, W.*, Die Thessalonicherbriefe, 1894 (KEK [5/6]10)

*Bruce, F. F.*, 1 & 2 Thessalonians, 1982 (Word Biblical Commentary 45)

*Calvin, J.*, Commentarius in epistolam ad Thessalonicenses I, Opera quae supersunt omnia 52, 1895 (CR 80), 133–180

*Chrysostomus, J.*, In epistulam primam ad Thessalonicenses commentarius (MPG 62, 391–468)

*Dewailly, L.-M.*, La Jeune Église de Thessalonique, 1963 (LD 37)

*Dibelius, M.*, An die Thessalonicher I-II. An die Philipper, [3]1937 (HNT 11)

*Dobschütz, E. von*, Die Thessalonicher-Briefe, 1909 (KEK [7]10), Nachdruck 1974 (mit einem Literaturverzeichnis von O. Merk, hrsg. von F. Hahn)

*Ellingworth, P. / E. A. Nida*, A Translators Handbook on Paul's Letter to the Thessalonians, 1975 (HeTr 17)

*Findlay, G. G.*, The Epistles to the Thessalonians, 1925 (CGT)

*Frame, J. E.*, A Critical and Exegetical Commentary on the Epistles of St. Paul to the Thessalonians, [5]1960 (ICC)

*Friedrich, G.*, Der erste Brief an die Thessalonicher. Der zweite Brief an die Thessalonicher, in: Die Briefe an die Galater, Epheser, Philipper, Kolosser, Thessalonicher und Philemon, übers. und erkl. von J. Becker, H. Conzelmann und G. Friedrich, 1976, 203–276 (NTD 8)

*Grayston, K.*, The Letters of Paul to the Philippians and to the Thessalonians, 1967 (CBC)

*Gutjahr, F. S.*, Die Briefe des heiligen Apostels Paulus I: Die zwei Briefe an die Thessalonicher und der Brief an die Galater, Graz [2]1912

*Hendriksen, W.*, I & II Thessalonians, 1955 (NTC)

*Hofmann, J. Chr. K. von*, Die heilige Schrift des Neuen Testaments zusammenhängend untersucht, Neunter Teil: Zusammenfassende Untersuchung der einzelnen neutestamentlichen Schriften. Nach Manuskripten und Vorlesungen bearbeitet von W. Volck, Nördlingen 1881 (18–35 zu 1/2 Thess)

*Kelly, W.*, The Epistles of Paul the Apostle to the Thessalonians, London [3]1953.

*Knabenbauer, J.,* Commentarii in S. Pauli Epistolas ad Thessalonicenses, 1913 (CSS)

*Laub, F.,* 1. und 2. Thessalonicherbrief, 1985 (Die Neue Echterbibel 13)

*Lightfoot, J. B.,* Notes on the Epistles of St. Paul, London 1895, 1–136

*Lueken, W.,* Der erste Brief an die Thessalonicher, ³1917 (SNT 2, 5,21)

*Lünemann, (G. C.) G.,* Kritisch exegetisches Handbuch über die Briefe an die Thessaloni-cher, 1850, ⁴1878 (KEK [II] 10)

*Marin, F.,* Evangelio de la Esperanza. Evangelio de la Unidad. Cantas de San Pablo a los Tesalonicenses y a los Filipenses, 1979 (Publicaciones de la Universidad Pontificia Comillas Madrid I, 13. Teologia I, 8)

*Marxsen, W.,* Der erste Brief an die Thessalonicher, 1979 (ZBK.NT 11,1)

*Masson, Ch.,* Les deux épîtres de Saint Paul aux Thessaloniciens, 1957 (CNT 11a)

*Milligan, G.,* St. Paul's Epistles to the Thessalonians. The Greek Text with Introduction and Notes, London 1908

*Moffatt, J.,* The First and Second Epistles of Paul the Apostle to the Thessalonians, 1910 (EGT IV)

*Morris, L.,* The First and Second Epistles to the Thessalonians, 1959 (NIC)

*Neil, W.,* The Epistles of Paul to the Thessalonians, 1950 (MNTC)

*Oepke, A.,* Die Briefe an die Thessalonicher, in: Die kleineren Briefe des Apostels Pau-lus, ⁹1963 (Nachdruck Berlin [DDR] 1963), 155–185 (NTD 8)

*Plummer, A.,* A Commentary on St. Paul's First Epistle to the Thessalonians, London 1918

*Rigaux, B.,* Saint Paul. Les épîtres aux Thessaloniciens, 1956 (EtB)

*Schlier, H.,* Der Apostel und seine Gemeinde. Auslegung des ersten Briefes an die Thes-salonicher, Freiburg 1972 (Nachdruck Leipzig 1974)

*Schmiedel, P. W.,* Die Briefe an die Thessalonicher und an die Korinther, ²1892 (HC II/1, 34–46)

*Schürmann, H.,* Der erste Brief an die Thessalonicher, 1962 (Geistliche Schriftlesung 13)

*Staab, K.,* Die Thessalonicherbriefe, in: Die Thessalonicherbriefe, die Gefangenschafts-briefe und die Pastoralbriefe, übers. und erkl. von K. Staab und J. Freundorfer, ³1959, 7–63 (RNT 7/2)

*Steinmann, A.,* Die Briefe an die Thessalonicher und Galater, ⁴1935 (HSNT IV)

*Theodoret von Kyros,* Interpretatio epistolae I ad Thessalonicenses (MPG 82, 627–656)

*Vosté, J. M.,* Commentarius in Epistulas ad Thessalonicenses, Rom 1917

*Wohlenberg, G.,* Der erste und zweite Thessalonicherbrief, ²1909 (KNT 12)

2. *Hilfsmittel, Monographien und Aufsätze (mit Verfassernamen und Kurztitel zitiert)*

*Bahr, G. J.,* The Subscriptions in the Pauline Letters, JBL 87, 1968, 27–41

*Baltensweiler, H.,* Die Ehe im Neuen Testament. Exegetische Untersuchungen über Ehe, Ehelosigkeit und Ehescheidung, 1967 (AThANT 52)

*Bammel, E.,* Judenverfolgung und Naherwartung. Zur Eschatologie des Ersten Thessa-lonicherbriefes, ZThK 56, 1959, 294–315

*Bauer, W.,* Griechisch-Deutsches Wörterbuch zu den Schriften des Neuen Testaments und der übrigen urchristlichen Literatur, Berlin/New York ⁵1958 (Nachdruck 1963, 1971)

*Baumeister, Th.,* Die Anfänge der Theologie des Martyriums, 1980 (MBTh 45)

*Baumgarten, J.*, Paulus und die Apokalyptik. Die Auslegung apokalyptischer Überliefe-rungen in den echten Paulusbriefen, 1975 (WMANT 44)

*Betz, H.D.*, Nachfolge und Nachahmung Jesu Christi im Neuen Testament, 1967 (BHTh 37)

*Bjerkelund, C. R.*, Parakalô. Form, Funktion und Sinn der parakalô-Sätze in den paulini-schen Briefen, 1967 (BTN 1)

*(Blass, F. / Debrunner, A. /) Rehkopf, F.*, Grammatik des neutestamentlichen Griechisch, Göttingen [14]1976

*Boer, W. P. de*, The Imitation of Paul. An Exegetical Study, Kampen 1962

*Boers, H.*, The form critical study of Paul's letters. I Thessalonians as a case study, NTS 22, 1975/76, 140–158

*Bornkamm, G.*, Paulus, Stuttgart [4]1979 (UB 119), Nachdruck der 2. Aufl. Berlin (DDR) 1977

*O'Brien, P. Th.*, Introductory Thanksgivings in the Letters of Paul, 1977 (NT.S 49)

*Brox, N.*, Der erste Petrusbrief, 1979 (EKK 21)

*Bultmann, R.*, Theologie des Neuen Testaments, Tübingen [6]1968, Nachdruck Berlin (DDR) 1970

*Collins, R. F.*, Studies on the First Letter to the Thessalonians, 1984 (BETL 66)

– Tradition, Redaction, and Exhortation in 1Th 4,13–5,11, in: J. Lambrecht (Hrsg.), L'Apocalypse johannique et l'Apocalyptique dans le Nouveau Testament, 1980 (BETL 53), 325–343

*Conzelmann, H.*, Der erste Brief an die Korinther, [11(1)]1969 (KEK 5)

– Geschichte des Urchristentums, [2]1971 (GNT 5), Nachdruck Berlin (DDR) 1972

*Cranfield, C. E. B.*, A Study of 1 Thessalonians 2, Irish Biblical Studies 1, 1979, 215–226

*Dautzenberg, G.*, Urchristliche Prophetie. Ihre Erforschung, ihre Voraussetzungen im Urchristentum und ihre Struktur im ersten Korintherbrief, 1975 (BWANT 104 [VI 4])

*Deidun, T. J.*, New Covenant Morality in Paul, 1981 (AnBib 89)

*Delling, G.*, Wort Gottes und Verkündigung im Neuen Testament, 1971 (SBS 53)

*Demke, Chr.*, Theologie und Literarkritik im 1. Thessalonicherbrief. Ein Diskussionsbei-trag, in: FS E. Fuchs, hrsg. von G. Ebeling u.a., Tübingen 1973, 103–124

*Denis, A. M.*, L'Apôtre Paul, prophète ›messianique‹ des Gentils. Étude Thématique de I. Thess II, 1–6, EThL 33, 1957, 245–318

*Donfried, K. P.*, Paul and Judaism. I Thessalonians 2:13–16 as a Test Case, Interp. 38, 1984, 242–253

*Eichholz, G.*, Die Theologie des Paulus im Umriß, Neukirchen-Vluyn 1972, [3]1981.

*Evans, R. M.*, Eschatology and Ethics. A Study of Thessalonica and Paul's Letters to the Thessalonians (Diss. theol. Basel 1967), Princeton/New Jersey 1968

*Faw, C. E.*, On the Writing of the First Thessalonians, JBL 71, 1952, 217–225

*Feuillet, A.*, Le »ravissement« final de justes et la double perspective eschatologique (re-surrection glorieuse et vie avec le Christ après la mort) dans la Première Épître aux Thessaloniciens, RThom 72, 1972, 533–559

*Friedrich, G.*, Ein Tauflied hellenistischer Judenchristen. 1 Thess 1,9f., ThZ 21, 1965, 502–516 (= Auf das Wort kommt es an. Gesammelte Aufsätze, hrsg. von J. H. Fried-rich, Göttingen 1978, 236–250)

– 1 Thessalonicher 5,1–11, der apologetische Einschub eines Späteren, ZThK 70, 1973, 288–315 (= Ges. Aufs., s. o., 251–278)

*Froitzheim, F.*, Christologie und Eschatologie bei Paulus, 1979 (fzb 35)

*Fuchs, E.*, Die Zukunft des Glaubens nach 1 Thess 5,1–11, in: Ders., Glaube und Erfahrung, Tübingen 1965, 334–363

*Gewalt, D.*, 1Thess 4,15–17; 1Kor 15,51 und Mk 9,1 – Zur Abgrenzung eines »Herrenwortes«, Linguistica Biblica 51, 1982, 105–113

*Grabner-Haider, A.*, Paraklese und Eschatologie bei Paulus, 1968 (NTA NF 4)

*Gribomont, J.*, Facti sumus parvuli: la charge apostolique (1Th 2,1–12), in: L. De Lorenzi (Hrsg.), Paul de Tarse apôtre du notre temps (= Sér. monogr. de »Ben.«, Sect. paulinienne 1), Rom 1979, 311–338

*Haak, E.*, Eine exegetisch-dogmatische Studie zur Eschatologie über 1 Thessalonicher 4,13–18, ZSTh 15, 1938, 544–569

*Haenchen, E.*, Die Apostelgeschichte, ⁵1965 (KEK 3)

*Hainz, J.*, Ekklesia: Strukturen paulinischer Gemeinde-Theologie und Gemeinde-Ordnung, 1972 (BU 9)

*Harnisch, W.*, Eschatologische Existenz. Ein exegetischer Beitrag zum Sachanliegen von 1 Thessalonicher 4,13 – 5,11, 1973 (FRLANT 110)

*Hartman, L.*, Prophecy Interpreted. The Formation of Some Jewish Apocalyptic Texts and of the Eschatological Discourse, Marc 13 par, 1966 (CB.NT 1)

*Henneken, B.*, Verkündigung und Prophetie im Ersten Thessalonicherbrief, 1969 (SBS 29)

*Hoffmann, P.*, Die Toten in Christus, ²1966 (NTA NF 2)

*Holmberg, B.*, Paul and Power. The Structure of Authority in the Primitive Church as reflected in the Pauline Epistles, 1978 (CB.NT 11)

*Holtz, T.*, Der Apostel des Christus. Die paulinische »Apologie« 1. Thess 2,1–12, in: Als Boten des gekreuzigten Herrn, FS. W. Krusche, hrsg. von H. Falcke / M. Onnasch / H. Schultze, Berlin (DDR) 1982, 101–116

– »Euer Glaube an Gott«. Zu Form und Inhalt von 1Thess 1,9f, in: Die Kirche des Anfangs, FS H. Schürmann, hrsg. von R. Schnackenburg u. a., 1977 (EThSt 38), 459–488

– Traditionen im 1. Thessalonicherbrief, in: Die Mitte des Neuen Testaments, FS E. Schweizer, hrsg. von U. Luz / H. Weder, Göttingen 1983, 55–78

*Hyldahl, N.*, Auferstehung Christi – Auferstehung der Toten (1Thess 4,13–18), in: S. Pedersen (Hrsg.), Die Paulinische Literatur und Theologie, Århus / Göttingen 1980, 119–135

*Jewett, R.*, Enthusiastic Radicalism and the Thessalonian Correspondence, JBL.MS 108, 1 (1972) 181–232

– Paul's Anthropological Terms, 1971 (AGJU 10)

– Paulus-Chronologie. Ein Versuch (aus d. Engl. von G. Köster), München 1982

*Jovino, R.*, L'Église Communauté des Saints dans les 'Actes des Apôtres et dans les Épîtres aux Thessaloniciens, RivBib 16, 1968, 495–526

*Käsemann, E.*, An die Römer, ³1974 (HNT 8a)

*Kaye, B. N.*, Eschatology and Ethics in 1 and 2 Thessalonians, NT 17, 1975, 47–57

*Kegel, G.*, Auferstehung Jesu – Auferstehung der Toten. Eine traditionsgeschichtliche Untersuchung zum Neuen Testament, Gütersloh 1970

*Kemmler, D. W.*, Faith and Human Reason, 1975 (NT.S. 40)

*Klein, G.*, Apokalyptische Naherwartung bei Paulus, in: Neues Testament und christliche Existenz, FS. H. Braun, hrsg. von H. D. Betz, Tübingen 1973, 241–262

*Klijn, A. F. J.*, 1 Thessalonians 4,13–18 and its Background in Apocalyptic Literature, in: Paul and Paulinism. Essays in Honour of C. K. Barrett, ed. M. D. Hoocker and S. G. Wilson, London 1982, 67–73

*Köster, H.,* Apostel und Gemeinde in den Briefen an die Thessalonicher, in: Kirche, FS G. Bornkamm, hrsg. von D. Lührmann und G. Strecker, Tübingen 1980, 287–298

*Kümmel, W. G.,* Einleitung in das Neue Testament, Heidelberg ²⁰1980

– Kirchenbegriff und Geschichtsbewußtsein in der Urgemeinde und bei Jesus, Göttingen ²1968

– Das literarische und geschichtliche Problem des Ersten Thessalonicherbriefes, in: Ders., Heilsgeschehen und Geschichte. Gesammelte Aufsätze 1933–1964, hrsg. von E. Gräßer u. a., 1965 (MThSt 3), 406–416 (= Neotestamentica et Patristica, FS O. Cullmann, 1962 [NT.S 6], 213–227 [hiernach zitiert])

*Langevin, P. E.,* Le Seigneur Jésus selon un texte prépaulinien, I Th. I.9–10, ScEc 17, 1965, 263–288.473–512

*Laub, F.,* Eschatologische Verkündigung und Lebensgestaltung nach Paulus. Eine Untersuchung zum Wirken des Apostels beim Aufbau der Gemeinde in Thessalonike, 1973 (BU 10)

*Löhr, G.,* 1Thess 4,15–17: Das »Herrenwort«, ZNW 71, 1980, 269–273

*Lüdemann, G.,* Paulus, der Heidenapostel I. Studien zur Chronologie, 1980 (FRLANT 123)

*Luz, U.,* Das Geschichtsverständnis des Paulus, 1968 (BEvTh 49)

*Manson, T. W.,* St. Paul in Greece. The Letters to the Thessalonians, BJRL 35, 1953, 428–447

*Malherbe, A. J.,* »Gentle as a nurse«: The Stoic Background to 1Thess II, NT 12, 1970, 203–217

*Marxsen, W.,* Auslegung von 1Thess 4,13–18, ZThK 66, 1969, 22–37

*Mattern, L.,* Das Verständnis des Gerichtes bei Paulus, 1966 (AThANT 47)

*Mearns, C. L.,* Early Eschatological Development in Paul: the Evidence of I and II Thessalonians, NTS 27, 1981, 137–157

*Merk, O.,* Handeln aus Glauben. Die Motivierungen der paulinischen Ethik, 1968 (MThSt 5)

*Michel, O.,* Fragen zu 1. Thessalonicher 2,14–16, in: Antijudaismus im Neuen Testament?, hrsg. von W.P. Eckert, N.P. Levinson und M. Stöhr, München 1967, 50–59

*Müller, U. B.,* Prophetie und Predigt im Neuen Testament. Formgeschichtliche Untersuchungen zur urchristlichen Prophetie, 1975 (StNT 10)

*Mussies, G.,* Dio Chrysostom and the New Testament, 1972 (SCHNT 2)

*Nebe, G.,* ›Hoffnung‹ bei Paulus. Elpis und ihre Synonyme im Zusammenhang der Eschatologie, 1983 (StUNT 16)

*Nepper-Christensen, P.,* Das verborgene Herrenwort. Eine Untersuchung über 1.Thess 4,13–18, StTh 19, 1965, 136–154

*Okeke, G. E.,* I Thessalonians 2.13–16: The Fate of the Unbelieving Jews, NTS 27, 1980, 127–136

*Ollrog, W.-H.,* Paulus und seine Mitarbeiter, 1979 (WMANT 50)

*Orchard, J. B.,* Thessalonians and the Synoptic Gospels, Bib. 19, 1938, 19–42

*Pax, E.,* Beobachtungen zur Konvertitensprache im ersten Thessalonicherbrief, SBFA 21, 1971, 220–262

*Pearson, B. A.,* 1 Thessalonians 2:13–16: A Deutero-Paulinic Interpolation, HThR 64, 1971, 79–94

*Pesch, R.,* Die Entstehung des ältesten Paulus-Briefes, 1984 (Herderbücherei 1167)

*Plevnik, J.,* 1Thess 5,1–11: Its Authenticity, Intention and Message, Bib. 60, 1979, 71–90

*Radl, W.,* Ankunft des Herrn. Zur Bedeutung und Funktion der Parusieaussagen bei Paulus, 1981 (BET 15)

*Reinmuth, E.,* Geist und Gesetz. Studien zu Voraussetzungen und Inhalt der paulinischen Paränese, Diss. theol. Halle 1981 (= Berlin [DDR] 1985 [ThA 44]; zitiert nach Diss. Halle)

*Rigaux, B.,* Paulus und seine Briefe. Der Stand der Forschung, 1964 (BiH 2)

– Tradition et rédaction dans I Th. V. 1–10, NTS 21, 1974/75, 318–340

– Vocabulaire chrétien antérieure à la première épître aux Thessaloniciens, in: Sacra Pagina II, ed. J. Coppens, A. Descamps, É. Massaux, 1959 (BEThL 13), 380–389

*Roloff, J.,* Die Apostelgeschichte, 1981 (NTD 5)

*Schade, H.-H.,* Apokalyptische Christologie bei Paulus: Studien zum Zusammenhang von Christologie und Eschatologie in den Paulusbriefen, ²1984 (GTA 18)

*Schenke, H.-M. / Fischer, K. M.,* Einleitung in die Schriften des Neuen Testaments, Berlin (DDR) 1978

*Schippers, R.,* The pre-synoptic tradition in I Thessalonians II 13–16, NT 8, 1966, 223–234

*Schlier, H.,* Der Römerbrief: Kommentar, 1977 (HThK 6)

*Schmidt, D.,* 1Thess 2,13–16: Linguistic Evidence for an Interpolation, JBL 102, 1983, 269–279

*Schmithals, W.,* Paulus und die Gnostiker. Untersuchungen zu den kleinen Paulusbriefen, 1965 (ThF 35)

*Schnackenburg, R.,* Der Brief an die Epheser, 1982 (EKK 10)

*Schrage, W.,* Ethik des Neuen Testaments, ⁴1982 (Grundrisse zum Neuen Testament 4)

– Die konkreten Einzelgebote in der paulinischen Paränese. Ein Beitrag zur neutestamentlichen Ethik, Gütersloh 1961

*Schubert, P.,* Form and Function of the Pauline Thanksgivings, 1939 (BZNW 20)

*Schulz, A.,* Nachfolgen und Nachahmen, 1962 (StANT 6)

*Schweizer, E.,* Der Brief an die Kolosser, ²1980 (EKK 11)

*Scott, J. J.,* Paul and Late-Jewish Eschatology – A Case Study. I. Thessalonians 4:13–18 and II. Thessalonians 2:1–12, JETS 15, 1972, 133–143

*Selwyn, E. G.,* The First Epistle of St. Peter. The Greek Text with Introduction, Notes and Essays, London 1958

*Siber, P.,* Mit Christus leben. Eine Studie zur paulinischen Auferstehungshoffnung, 1971 (AThANT 61)

*Snyder, G. F.,* Apocalyptic and Didactic Elements in 1 Thessalonians, SBL 1972, Proceedings. Vol. 1, 233–244

*Spicq, C.,* Notes de lexicographie néotestamentaire, 2 Bde., 1978 (OBO 22,1–2)

*Stuhlmacher, P.,* Der Brief an Philemon, ²1981 (EKK 15)

– Das paulinische Evangelium. I. Vorgeschichte, 1968 (FRLANT 95)

*Suhl, A.,* Paulus und seine Briefe: Ein Beitrag zur Paulinischen Chronologie, 1975 (StNT 11)

*Synofzik, E.,* Die Gerichts- und Vergeltungsaussagen bei Paulus. Eine traditionsgeschichtliche Untersuchung, 1977 (GTA 8)

*Tannehill, R. C.,* Dying and Rising with Christ. A Study in Pauline Theology, 1967 (BZNW 32)

*Theobald, M.,* Die überströmende Gnade. Studien zu einem paulinischen Motivfeld, 1982 (fzb 22)

*Thieme, K.,* Die Struktur des ersten Thessalonicherbriefes, in: Abraham unser Vater, FS

O. Michel, hrsg. von O. Betz / M. Hengel / P. Schmidt, 1963 (AGSU 5), 450–458

*Trilling, W.,* Der zweite Brief an die Thessalonicher, 1980 (EKK 14)

*Thüsing, W.,* Per Christum in Deum: Studien zum Verhältnis von Christozentrik und Theozentrik in den paulinischen Hauptbriefen, ²1969 (NTA NF 1)

*Unnik, W. C. van,* »Den Geist löscht nicht aus« (1 Thessalonicher 5,19), NT 10, 1968, 255–269

*Uprichard, R. E. H.,* Exposition of 1 Thessalonians 4,13–18, Irish Biblical Studies 1, 1979, 150–156

*Weiß, J.,* Das Urchristentum, hrsg. von R. Knopf, Göttingen 1917

*Wikenhauser, A. / J. Schmid,* Einleitung in das Neue Testament, Freiburg / Basel / Wien ⁶1973 (Nachdruck Leipzig 1973)

*Wilcke, H.-A.,* Das Problem eines messianischen Zwischenreichs bei Paulus, 1967 (AThANT 51)

*Wilckens U.,* Der Brief an die Römer, Teilb. 1–3, 1978–82 (EKK 6)

– Die Missionsreden der Apostelgeschichte. Form- und traditionsgeschichtliche Untersuchungen, ³1974 (WMANT 5)

*Wiles, G. P.,* Paul's Intercessory Prayers: The Significance of the Intercessory Prayer Passages in the Letters of St. Paul, 1974 (MSSNTS 24)

*Wimmer, A.,* Trostworte des Apostels Paulus an Hinterbliebene in Thessalonich (1 Th 4,13–17), Bib. 36, 1955, 273–286

*Windisch, H.,* Der zweite Korintherbrief, 1924 (KEK 6), Nachdruck 1970

*Wolff, Chr.,* Der erste Brief des Paulus an die Korinther. Zweiter Teil: Auslegung der Kapitel 8–16, 1982 (ThHK VII/2)

# Einleitung

## I. Die Gemeindegründung zu Thessalonich

### 1. *Das Zeugnis des Briefes*

#### a) *Die Stadt*

Der Brief ist geschrieben durch Paulus, Silvanus und Timotheus, gerichtet an die Gemeinde der Thessalonicher (1,1). Thessalonich[1] ist z.Zt. des Neuen Testaments Hauptstadt der kaiserlichen Provinz Mazedonien und Sitz des Prokonsuls. Wahrscheinlich um das Jahr 315 v.Chr. ist die Stadt durch einen Schwiegersohn Philipps von Mazedonien, General unter Alexander d.Gr. und dann einer seiner Diadochen, Kassander, (neu[2]) gegründet und nach seiner Frau, der Halbschwester Alexanders, benannt. Die günstige Lage am nordöstlichen Ende des Thermäischen Golfs, die einen guten Hafen ermöglicht, gab der Stadt über die Zeiten hinweg gleichbleibend Bedeutung; heute ist sie die zweitgrößte Stadt Griechenlands. Dank der Parteinahme für Octavius und Antonius im zweiten Bürgerkrieg wurde sie 42 v.Chr. frei und erhielt eigene Verwaltungshoheit, die durch »Volksversammlung« (δῆμος) und »Rat« (βουλή) ausgeübt wurde; an der Spitze der Verwaltung standen die »Stadtpräfekten« (πολιτάρχης)[3]. Diese Verfassung begünstigte die Entwicklung der Stadt, in der zahlreiche Völkerschaften und die verschiedensten Religionen und Kulte sich zusammenfanden. Besondere Bedeutung hat ihre Lage an der egnatischen Straße, die Rom mit dem Osten verbindet und durch die der Ort an den Weltverkehr angeschlossen wurde; dazu dürften hier Verkehrswege aus dem Norden münden[4]. So muß mit fluktuierenden geistigen und religiösen Einflüssen gerechnet werden; umherziehende Propagandisten und Missionare oder auch Reisende verbreiten sie[5]. Eine Synagoge ist für die Zeit des

---

[1]  Zur Situation des Ortes vgl. E. Oberhummer, Thessalonike, Pauly-W. II, 11 (VI A 1), 143–163; Evans, Eschatology and Ethics 1–63 (instruktiver Überblick mit besonderer Gewichtung der ökonomisch-sozialen Verhältnisse; allerdings manches nicht für Thessalonich selbst bezeugt); Bruce XX–XXII.

[2]  Das Gebiet war schon zuvor besiedelt, die Neugründung faßte mehrere ältere Orte (bes. Therme [vgl. Strabo 7 Fr 24]) zusammen; vgl. z.B. Rigaux 12f Anm. 1.

[3]  Vgl. z.B. Evans, Eschatology and Ethics 14.

[4]  Vgl. H. Köster, Einführung in das NT, Berlin-New York 1980, 542.

[5]  Zur religiösen Lage in Thessalonich vgl. Evans, Eschatology and Ethics 63–87 (manches freilich nur erschlossen).

1Thess archäologisch nicht bezeugt[6]; doch darf ihre literarische Bezeugung Apg 17,1 nicht geringer gewertet werden als entsprechende Belege aus anderer Literatur. Es ist damit zu rechnen, daß Juden in Thessalonich ansässig waren[7].

## b) *Gestalt und Geschichte der Gemeinde*

Die Gemeinde, die der Brief voraussetzt, hat sich aus ehemaligen Heiden gebildet, 1,9; 2,14[8]. Doch müssen diese wenigstens zum Teil vor ihrer Christwerdung geistige Berührung mit dem Judentum gehabt haben. Der Brief setzt voraus, daß die Gemeinde vor nicht sehr langer Zeit gegründet ist. Er bedient sich gleichwohl einer Sprache, die durch das Judengriechische wesentlich bestimmt[9] und zu einem entscheidenden Teil nur dem voll verständlich ist, der dieses kennt[10]. Will man nicht annehmen, daß Paulus an seinen Lesern vorbeiredet, muß man voraussetzen, daß sie mit dieser Sprache vertraut waren, d.h. in ihrer Mehrheit dem hellenistischen Kreis entstammten, der sich in vielfältig abgestufter Weise um die Synagoge sammelte, ohne doch zum Judentum überzutreten und damit sein angestammtes sozio-kulturelles Umfeld radikal aufzugeben[11]. Hier muß ohnehin das hauptsächliche Missionsfeld des Paulus gesucht werden[12]. Ob auch vormalige Juden unter den Gemeindegliedern waren, geht aus dem Brief nicht hervor; er schließt es nicht aus[13].

Die Gemeinde besteht offensichtlich zum Zeitpunkt des Briefes noch nicht lange. Nach 2,17 ist Paulus erst »für eine kurze Frist« von ihr getrennt. Auch wenn der komplizierte Ausdruck (πρὸς καιρὸν ὥρας) keine genaue Befristung zuläßt, kann keinesfalls an Jahre, schwerlich auch nur an Monate gedacht sein. Das ergibt sich ferner daraus, daß der Apostel seit seiner Trennung von der Gemeinde eben erst durch die Rückkehr des Timotheus erfährt, ob und wie sie noch besteht (3,2.5.6). 2,17 sagt darüber hinaus, daß Paulus nicht freiwillig und geplant, sondern erzwungen die Gemeinde verließ.

Der Aufenthalt, der gewaltsam abgebrochen wurde, muß der Gründungsaufenthalt gewesen sein. Die Kunde, die von der Gemeinde aus in der ganzen (christlichen) Welt erscholl, betrifft den Eingang, den die Verkündiger bei ihr

---

[6]  Erst für das 4. Jh. nChr eine samaritanische Synagoge, vgl. B. Lifshitz / J. Schiby, Une synagoge samaritaine à Thessalonique, RB 75 (1968) 368–378 (T. 35f).

[7]  CIJ I 504 eine jüdische Grabinschrift, Ende 2. Jh. nChr. Evans, Eschatology and Ethics 83–87 rechnet mit einer größeren und einflußreichen Judenschaft in Thessalonich.

[8]  Indirekt wird das bestätigt durch 2,1–8.

[9]  Zum LXX-Einfluß s. Milligan LII. LIV. LVIIIf; Rigaux 94f (95: »Le climat de son [s.c. Paul] expression est juif et vétéro-testamentaire«).

[10]  Vgl. Holtz, Traditionen 56f; A. J. Malherbe, Soziale Ebene und literarische Bildung, in: W. A. Meeks (Hrsg.), Zur Soziologie des Urchristentums, 1979 (TB 62), 194–221, 200f.

[11]  Vgl. zur Gruppe der »Gottesfürchtigen« F. Siegert, Gottesfürchtige und Sympathisanten, JSJ 4 (1973) 109–164.

[12]  Vgl. Wilckens, Röm I 37–39; W. Schmithals, Der Römerbrief als historisches Problem, 1975 (StNT 9), 69–82.

[13]  Apg 20,4; 27,2 (19,29) wird der Mazedonier Aristarch aus Thessalonich erwähnt; er dürfte identisch sein mit dem »Mitarbeiter« Phlm 24, dem »Mitgefangenen« Kol 4,10, der V 11 als geborener Jude bezeichnet wird (vgl. Ollrog, Mitarbeiter 40f.46f). Natürlich kann er aber auch erst später zur Gemeinde gestoßen sein.

fanden, und ihre Wendung weg von den Götzen hin zu Gott, 1,8f. Das ist die Nachricht von der Neugründung der Gemeinde. Durch die Art ihrer Annahme des Evangeliums sind die Gemeindeglieder Vorbild geworden für alle Glaubenden in ganz Griechenland, 1,6f. Dem entspricht einerseits die tiefe Sorge, ob die Gemeinde nicht wieder untergegangen sei, 3,5.8, andererseits das Wissen des Paulus darum, daß trotz ihrer Bewährung noch »Lücken« des Glaubens zu schließen sind (3,10). Auch die Verteidigung des Apostels 2,1–8 setzt die Verleumdung voraus, daß er als verantwortungsloser Wanderprediger nur einmal in der Stadt auftauchte und dann seine Anhänger ihrem trostlosen Geschick überließ.

Endlich ist darauf hinzuweisen, daß gegenüber der sonstigen Gewohnheit des Paulus alle Grüße anderer am Schluß des Briefes fehlen. Das kann nur bedeuten, daß am Ort der Abfassung keine Gemeinde besteht, die zu der Empfängergemeinde in Beziehung treten könnte, und auch keine anderen Mitarbeiter des Paulus außer Silvanus und Timotheus anwesend sind, die zu ihr Verbindung halten. Das spricht entschieden für ein Datum bald nach der Gründung der Gemeinde.

Andererseits darf man die Zeiträume für den Aufenthalt des Paulus und seiner Mitarbeiter in Thessalonich und ihre Trennung von der Stadt nicht zu kurz veranschlagen. Paulus hat seit der gewaltsamen Lösung von der Gemeinde »mehr als einmal« Versuche unternommen zurückzukehren, ist aber stets daran gehindert worden, 2,18. Erst danach hat er sich entschlossen, Timotheus zu schicken (3,1.5), und dessen eben erfolgte Rückkehr setzt unser Brief voraus (3,6). Wir kennen die Fristen nicht, die hier anzusetzen sind, dürfen aber sicher mit einer ganzen Reihe von Wochen rechnen. Dem entspricht, daß sich in der Zwischenzeit eine lockere funktionale Struktur in der Gemeinde herausgebildet hat, die Paulus stärkt (5,12f). Da er sich dabei nicht auf eigene Anweisungen bezieht, wird sie erst nach seinem Weggang gewachsen sein. Der ungefestigte Zustand paßt in die Situation, die der Brief auch sonst spiegelt. Keine Auskunft über die zeitliche Länge der Trennung des Apostels von der Gemeinde ist dagegen aus der Frage nach den »Entschlafenen« zu gewinnen, die 4,13 voraussetzt[14]. Sie entstehen zu lassen, genügt ein Todesfall, und der kann ebenso schon am Tage nach der Abreise des Paulus wie auch erst Jahre danach eingetreten sein.

Die Zeit, die die Evangeliumsboten in der Gemeinde verbrachten, muß lange genug gewesen sein, um eine lebensfähige Gemeinde zu gründen, wie klein wir sie uns auch immer denken mögen. Der Brief setzt ihre Unterrichtung in wichtigen Glaubensfragen voraus. Wie 1,9f zeigt[15], war diese um die Christusgeschichte zentriert. 4,14 bezieht sich denn auch grundlegend auf das Bekenntnis zu Tod und Auferstehung Jesu, um die Hoffnung für die Entschlafe-

[14] Anders W. Michaelis, Einleitung in das NT, Bern ³1961, 223–225; Schmithals, Paulus und die Gnostiker 134 nimmt das zwar auf, bemerkt aber Anm. 225, daß 4,13ff »auch ohne die Annahme von Todesfällen hinreichend motiviert« sei.
[15] Vgl. dazu auch Holtz, »Euer Glaube«, bes. 483ff.

nen aufzuweisen; 1,10 macht deutlich, daß die eschatologisch-soteriologische Dimension der Christus-Geschichte der Gemeinde vertraut war (vgl. auch 5,9c.10a). Sie weiß um die »Zeiten und Fristen«, sie kennt das Wort vom Kommen des »Herrentags« wie ein Dieb in der Nacht. Nach 1,6 sind die Gemeindeglieder mit ihrer Erfahrung von Bedrängnis Nachgestalter auch des Kyrios geworden, haben mithin um den Leidensweg Jesu gewußt. Auch in den Fragen des Lebensvollzugs ist die Gemeinde gut unterrichtet. Ihr wird 4,1ff nur das noch einmal eingeschärft, was sie schon an Weisungen empfangen hat. Nach 3,4 ist sie über die Notwendigkeit apostolischen Leidens eindringlich belehrt. Überdies ergibt sich aus dem, was wir über die Bestreitung des Unterhalts des Paulus und seiner Mitarbeiter in Thessalonich erfahren, eine Aufenthaltsdauer, die nicht Wochen, sondern Monate betragen haben muß. Nach 2,9 ist es unermüdliche Arbeit der Verkündiger gewesen, durch die die Thessalonicher von finanziellen Lasten frei blieben; gleichwohl empfing Paulus »mehr als einmal« in dieser Zeit Hilfe aus Philippi, Phil 4,16[16].

Die Sätze 1,7; 1,8 und auch 4,10 sprechen von der ökumenischen Ausstrahlung der Gemeinde. Der Zeitraum, den sie übergreifen, ist der gesamte von der Gemeindegründung bis zur Abfassung des Briefes. 1,7 setzt voraus, daß es in beiden Provinzen Griechenlands Glaubende gibt und daß diesen die Art der Evangeliumsannahme durch die Thessalonicher bekannt war. Zumindest in Philippi ist eine Gemeinde für Mazedonien vorauszusetzen (2,2); in Achaja wird Paulus selbst davon geredet haben bei seinem Zug nach Athen und weiter (3,2). Nach 1,8f ist die Kunde von dem Missionswerk in Thessalonich über die Grenzen Griechenlands hinausgedrungen »an jeden Ort«. Nimmt man das genau, dann muß damit zumindest jeder Ort gemeint sein, an dem Christen sind. Das aber kann Paulus nicht überblickt haben, womit sich die Aussage als hyperbolisch erweist[17]. Andererseits darf der intensive Austausch zwischen den frühen christlichen Gemeinden nicht unterschätzt werden[18]. Jedenfalls läßt sich von diesen Sätzen her eine Spätdatierung des Briefes nicht begründen[19]; da der ganze übrige Brief gegen sie spricht und solche überzogenen Aussagen bei Paulus nicht ganz ohne Beispiel sind, können sie nicht die Annahme einer jahrelangen Zwischenzeit zwischen Gemeindegründung und Briefdatum tragen[20]. Nur das darf man ihnen allerdings entnehmen, daß die Zeitspanne des apostolischen Wirkens in Thessalonich nicht ganz kurz gewesen sein kann.

---

[16]  Vgl. auch Lüdemann, Paulus 203f. Nach Suhl, Briefe 104–107 hat Paulus nur einmal in Thessalonich Unterstützung aus Philippi empfangen (ein zweites Mal auf dem Wege nach Korinth, ein drittes Mal in Korinth [2Kor 11,9]). Zur Wendung καὶ ἅπαξ καὶ δίς vgl. zu 2,18.

[17]  Vgl. ähnlich weitgehende Aussagen Röm 1,8; 16,19 (auch 2Kor 2,14; Kol 1,6.23) sowie Röm 15,19.23.

[18]  Ein eindrückliches Zeugnis davon ist mit der langen Grußliste Röm 16,3–15 gegeben

(zur Zugehörigkeit zum Röm s. Wilckens, Röm I 24–27; III 132; für die Grußliste auch W. H. Ollrog, Die Abfassungsverhältnisse von Röm 16, in: Kirche, FS G. Bornkamm, hrsg. D. Lührmann / G. Strecker, Tübingen 1980, 221–244, bes. 235–242).

[19]  Auf sie bezieht sich Schmithals, Paulus und die Gnostiker 133f.

[20]  Übrigens bleiben die Sätze auch dann in ihrer Uneingeschränktheit geschichtlich unverifizierbar; das sieht auch Schmithals, Paulus und die Gnostiker 134 Anm. 223.

So tritt uns eine Gemeinde entgegen, die nach einem erfolgreichen missionarischen Wirken ihrer Gründer gewaltsam von diesen getrennt worden ist. DurchTimotheus, den Paulus nach mehrfachen vergeblichen Versuchen, selbst zu kommen, zu ihr schickte, wird eine erneute Verbindung hergestellt. Der Brief setzt diese Verbindung fort und festigt sie. Für dieses ganze Geschehen darf ein nur begrenzter Zeitraum angenommen werden.

### c)  *Die Leidenserfahrung*

Die Gemeinde steht seit ihrer Gründung in der Erfahrung, daß Leiden eine notwendige Form christlicher Existenz ist. Sie erlebte das bei ihrer Annahme des Evangeliums (1,6), und solche Erfahrung begleitete ihren Weg unter dem Wort Gottes (2,13f). Die Verbindung der Erinnerung daran mit dem scharfen Ausfall gegen die Juden (2,15f) legt die Vermutung nahe, daß Paulus als die eigentlichen Urheber der Verfolgung, die unmittelbar von den heidnischen Landsleuten der Thessalonicher ausging, die Juden ansah. Vermutlich versuchten sie, die Evangeliumsboten als ordinäre Wanderprediger zu diffamieren[21] und damit ihre Botschaft zu entwerten, weshalb 2,1–12 so entschieden die radikale Andersartigkeit der »Apostel des Christus« in das Bewußtsein ruft[22]. Über die Form der Bedrängnisse erfahren wir direkt nichts. Kaum wird es sich vornehmlich um physische Leiden gehandelt haben; es werden wohl eher Schikanen, soziale Diffamierungen und Diskriminierungen im persönlichen und halböffentlichen Bereich gewesen sein, die die Gemeindeglieder bedrängten. Das war tief belastend in einer Welt, die in starker sozialer Bindung lebte, und für eine Gruppe, über deren sozialen Status wir zwar nichts Genaues wissen, den wir uns aber insgesamt doch so vorstellen müssen, daß die familiäre und Gruppen-Beziehung für ihn konstitutive Bedeutung hatte[23].

### d)  *Die Mitabsender (und das »Wir« des Briefes)*

Missioniert ist die Gemeinde von Paulus, Silvanus und Timotheus. Das zeigt die Absenderangabe. Sie setzt voraus, daß die drei Genannten eine annähernd gleiche Geschichte mit der Gemeinde haben. Auch sonst nennt Paulus Mitabsender in seinen Briefen[24]; diese stehen allemal in einer besonderen Beziehung

---

[21]  Daß Paulus auch heute in der Nähe solcher Leute gesehen werden kann, zeigt A. J. Malherbe, Soziale Ebene und literarische Bildung, in: W. A. Meeks (Hrsg.), Zur Soziologie des Urchristentums, 1979 (TB 62), 208–210.

[22]  Vgl. dazu Holtz, Apostel des Christus, bes. 109f.

[23]  Vielleicht stammten die Glieder der christlichen Gemeinde aus einer höheren Schicht, als in der Regel angenommen wird, vgl. den in Anm. 21 genannten Aufsatz von Malherbe; W. Wuellner, The Sociological Implications of I Corinthians 1,26–29 Reconsidered, in: StEv VI, 1973 (TU 112), 666–672; H. Kreissig, Zur sozialen Zusammensetzung der frühchristlichen Gemeinden im ersten Jahrhundert u.Z., Eirene 6 (1967) 91–100.

[24]  Vgl. dazu Ollrog, Mitarbeiter 183–187.

zur angeredeten Gemeinde und haben eine spezifische Bedeutung für die Korrespondenz. Hier ist ihre Nennung darin begründet, daß sich die Gemeinde den Absendern gemeinsam verdankt.

Die Frage, welche Tragweite die Angabe der Mitabsender hat, die in 1,1 auffällig gleichberechtigt nebeneinander stehen, bedarf einer Klärung. Wie weit stammt der Inhalt des Briefes auch von ihnen, wie weit bezieht er sich in gleicher Weise auf sie? Damit zusammen hängt die andere Frage, was es bedeutet, daß fast alle[25] Aussagen in 1Thess in der 1. Pers Pl formuliert sind[26]. Daß nicht alle drei Absender stets eingeschlossen sind, ergibt sich sicher für 3,2.6; dort kann Timotheus nicht mitgemeint sein. 3,1 läßt darüber hinaus erkennen, daß Paulus allein hinter dem »wir« steht. Auch 2,7.11 ist so persönlich gehalten, daß an Paulus allein zu denken ist. Mitabsender heißt also nicht gleichrangiger Mitverfasser. Freilich sind andererseits die Mitabsender gezielt genannt; sie haben für den Brief eine wesentliche Funktion. So darf man damit rechnen, daß Paulus seinen Brief mit ihnen bespricht und sie in seine Sätze und Aussagen einbezogen weiß[27]. Er macht von solcher Einbeziehung in unserem Brief besonders extensiven Gebrauch; das entspricht der Gleichordnung aller Absender im Briefeingang durch das Fehlen des autoritätsgefüllten Apostel-Titels. Vermutlich hängt diese Besonderheit damit zusammen, daß 1Thess ein früher, wohl sogar der erste »apostolische« Brief des Paulus an eine seiner Gemeinden ist, in der überdies keine Spannungen bestanden. Sicher können wir damit rechnen, daß Silvanus und Timotheus sich mit dem Brief identifizierten, dürfen aber zugleich davon ausgehen, daß Paulus allein ihn formulierte[28] und nicht in alle seine Aussagen die Mitarbeiter eingeschlossen sind. Das »wir« ist gewiß kein »schriftstellerischer Plural«[29], hat aber doch etwas Rhetorisch-Formales, das nicht gänzlich durch die Absender-Angabe gedeckt ist. Es zeigt, daß Paulus im 1Thess gerade nicht seine individuelle Autorität ausspielt[30]. Nur da, wo er persönlichen Nachdruck auf eine Sache legt, gebraucht er die 1. Pers Sing. 2,18 und 3,5 tut er das in der Weise, daß er den Plural der Aussage im Kontext auf sich selbst einschränkt.

---

[25] Singular nur 2,18; 3,5a; 5,27.

[26] Das ist eine auffallende Besonderheit; Best 26–28 (28f Lit.; ebenso Ollrog, Mitarbeiter 189 Anm. 35); s. auch die Tabellen bei Schade, Apokalyptische Christologie 187f, die für 1Thess signifikant sind.

[27] Vgl. auch die weitergehende Problemanzeige von Ollrog, Mitarbeiter 187–189.

[28] Wichtig ist gleichwohl der Hinweis von Ollrog, Mitarbeiter 186f, daß uns in den Paulusbriefen »nicht nur die affektive Individualität oder der nicht mit normalem Maß meßbare Genius des Paulus entgegen«tritt (186). »Vielmehr wird man damit rechnen müssen, daß

seine Briefe nicht ohne das Gespräch mit den Mitarbeitern entstanden sind und ihre Vorstellungen und Gedanken in vielfacher Weise in seine Ausführungen mit eingeflossen sind« (187). Bruce XXXIIff überbewertet die Rolle des Silvanus (den er gegenüber Timotheus stark hervorhebt), indem er die deutliche gemeinchristliche Art des Briefes seinem Einfluß zuschreibt (z.B. XLVII das Fehlen der Antithese Fleisch-Geist).

[29] S. Bl-Debr-Rehkopf § 280,1.

[30] Vgl. Best 27: »They (sc. his plurales) represent his modesty rather than his importance«.

## e) Der Weg der Missionare nach der Gemeindegründung

Über den Weg der Absender vor und nach ihrem Wirken in Thessalonich erfahren wir in 1Thess einiges. Sie sind aus Philippi gekommen, wo sie Leiden erfuhren und mißhandelt wurden (2,2)[31]. Ob alle drei Briefabsender an dem Missionswerk in Philippi beteiligt waren, ist wegen der Unschärfe der Aussageweise nicht ganz sicher. Nach dem Aufenthalt in Thessalonich sind Paulus und Timotheus in Athen gewesen. Timotheus wird von dort nach Thessalonich geschickt. Unmittelbar nach seiner Rückkehr ist unser Brief geschrieben; die Art der Erwähnung Athens 3,1 läßt annehmen, daß der Ort der Abfassung nicht mehr diese Stadt ist[32]. Zu dieser Zeit ist auch Silvanus mit Paulus und Timotheus zusammen. Wegen des »allein« 3,1 ist es unwahrscheinlich, daß er die ganze Zeit in der Begleitung des Paulus war. In Athen war Paulus zeitweilig allein. Freilich ist nicht zu erkennen, welchen Weg Silvanus zwischen der missionarischen Arbeit in Thessalonich und der Abfassung des Briefes genommen hat. Aus 2Kor 1,19 aber ergibt sich, daß Paulus, Silvanus und Timotheus gemeinsam die Gemeinde in Korinth gegründet haben und also wenigstens am Anfang der Korinthischen Wirksamkeit zusammengewesen sind. Das dürfte die Zeit der Abfassung unseres Briefes sein. Sonst begegnet Silvanus in der paulinischen Literatur nicht mehr[33]. Über sein weiteres Schicksal Überlegungen anzustellen ist müßig, da auch die Apostelgeschichte ihn nach Beginn der Korinthischen Mission (18,5) nicht mehr erwähnt. Man muß auch mit der Möglichkeit rechnen, daß er gestorben ist.

## 2. Das Zeugnis der Apostelgeschichte und sein Verhältnis zu 1Thess

Über die Gründung der Gemeinde in Thessalonich und die Geschichte des Paulus und seiner Begleiter in ihrem Umfeld liegt ein Bericht in der Apostelgeschichte vor, Apg 16–18, bes. 17,1–15. Danach kommt Paulus mit seinen Begleitern, als die wir uns (nach 15,40; 17,4.10) Sil(v)a(nu)s[34] und (nach 16,1–3; 17,14f; 18,5) Timotheus zu denken haben[35], auf der Via Egnatia über Amphipolis und Apollonia nach Thessalonich. Nach seiner Gepflogenheit geht er in die Synagoge und predigt dort an drei Sabbaten die in der Geschichte Jesu er-

[31] Vgl. auch Phil 1,30.
[32] Die Subscriptio in A B[1] Ψ 𝔐 nennt allerdings Athen als Absendeort (Korinth in 81pc); sie setzt indessen schon eine Sammlung von Paulusbriefen voraus und bietet keine Tradition, sondern Vermutung.
[33] 1Petr 5,12 ist gewiß an ihn gedacht; die Stelle ist aber undurchsichtig, vgl. z.B. Ollrog, Mitarbeiter 20 Anm. 62; Brox, Der erste Petrusbrief 241(–243).
[34] Σιλᾶς in Apg und Σιλουανός bei Paulus sind zweifellos die gleichen Personen, vgl. zur

doppelten Namensform Bl-Debr-Rehkopf § 125 Anm. 6. Zur Sache Roloff, Apostelgeschichte 233; Ollrog, Mitarbeiter 18.
[35] Daß Timotheus weder in Philippi noch in Thessalonich von Lukas erwähnt wird, ist merkwürdig. Lukas kann es sich nicht anders gedacht haben, als daß er dabeigewesen ist. So muß die alleinige Nennung von Silas 16,19.25.29; 17,4.10 mit der Quellenbenutzung zusammenhängen, ein instruktives Faktum für die Beurteilung des Lukas.

füllte Schrift. Einige wenige der Juden sowie eine große Menge der gottesfürchtigen Griechen und eine Anzahl vornehmer Frauen kommen zum Glauben. Dadurch gereizt, wiegeln die Juden den Mob auf, der Unruhe anzettelt
und zu dem Hause eines Jason zieht, um die neuen Prediger von dort heraus-
zuholen und vor die Volksversammlung zu bringen[36]. Da sie sie nicht finden,
schleppen sie Jason und einige andere Christen zu den Politarchen und klagen
Jason an, daß er die Unruhestifter und politischen Aufwiegler aufgenommen
habe. Zwar gelingt es, das Volk und die Politarchen gegen Jason und die anderen aufzubringen, aber nach Stellung einer Kaution werden sie wieder entlas-
sen.
Paulus und Silvanus aber werden alsbald in der Nacht durch die Christen in
Thessalonich nach Beröa geleitet, einer Stadt südlich von Thessalonich an der
Straße nach Mittel- und Südgriechenland. Auch dort predigen sie in der Synagoge, gewinnen viele von den Juden sowie eine Anzahl angesehener griechischer Frauen und Männer. Die Juden in Thessalonich indessen hören davon,
kommen nach Beröa und wiegeln nun dort die Menge auf. Die »Brüder« schik-
ken Paulus an die Küste und von dort nach Athen. Silas und Timotheus aber
bleiben in Beröa; Paulus läßt ihnen sagen, sie sollten so schnell wie möglich zu
ihm kommen.
Während der Wartezeit in Athen hält Paulus die »Areopagrede«, gewinnt einige Männer und Frauen für den Glauben, gründet aber offensichtlich keine
Gemeinde. Vielmehr zieht er weiter nach Korinth, und erst dort (18,5) stoßen
Silas und Timotheus wieder zu ihm.
Unstimmigkeiten zwischen Apg und 1Thess sind nicht zu übersehen. Gleichwohl muß man, sofern man die historiographischen Voraussetzungen und
Möglichkeiten des Lukas seriös in Rechnung zu stellen gewillt ist[37], ein ganz er-
staunliches Maß an Übereinstimmung feststellen, das es als Willkür erscheinen läßt, die Situation des Briefes als unvereinbar mit der von Apg 17f zu erklären.
Wirkliche Unstimmigkeiten zwischen Apg und 1Thess liegen nur hinsichtlich
der Dauer des Aufenthalts in Thessalonich sowie der Bewegungen der Mitarbeiter des Paulus zwischen dem Aufbruch aus Thessalonich und der Abfassung
des Briefes vor. Nach Apg 17,2 treten Paulus und Silas an drei Sabbaten in der
Synagoge auf; dann mußten sie, so scheint es, aus der Stadt weichen. Nun ist
die Zahlenangabe »drei« sicher nur eine runde[38]; gleichwohl erweckt Lukas
mit ihr den Eindruck einer kurzen Dauer, auch wenn ein Moment der Abge-
schlossenheit, der Endgültigkeit mitgegeben sein sollte[39]. Tatsächlich ist Pau-

---

[36] Προσάγειν εἰς τὸν δῆμον ist juristischer
term. techn., vgl. H. Conzelmann, Die Apostelgeschichte, 1963 (HNT 7), z.St.
[37] Vgl. M. Hengel, Zur urchristlichen Ge-
schichtsschreibung, Stuttgart 1979, bes. 36–61;
Bruce XXI.

[38] Vgl. G. Delling, ThWNT VIII 219: »Unge-
fähre Zeitangaben unter Verwendung der
Dreizahl finden sich häufiger in Ag«; ebd. 217
zu AT und LXX: Die Drei kann je nach dem Zusammenhang einen kurzen oder auch langen
Zeitraum bezeichnen.
[39] Vgl. G. Delling, ThWNT VIII 221f.

lus nur eine relativ kurze Zeit – sicher kürzer als beabsichtigt – in Thessalonich gewesen, auch wenn sie sich nicht nach Wochen, sondern nach Monaten bemaß. Sodann war wenigstens Timotheus zeitweise mit Paulus zusammen in Athen. An diesem Punkte ist Lukas zweifellos unzureichend informiert. Viel erstaunlicher als diese Gegebenheit ist aber die andere, daß er offenbar wußte, daß Paulus in Athen allein war und erst in Korinth wieder mit seinen Mitarbeitern Silas und Timotheus zusammentraf. Das aber wird durch 1Thess bestätigt[40].

Es ist hier nicht der Ort, auf die (ohnehin nur unsicher zu beurteilende) Quellenfrage der Apostelgeschichte einzugehen[41]. Man wird aber in jedem Fall zugestehen müssen, daß Lukas über Informationen bezüglich des Weges des Paulus in dieser Epoche seines Wirkens verfügte. Das bestätigt sich auch in der Angabe, daß Paulus plötzlich und ungeplant Thessalonich verlassen mußte, sowie darin, daß die werdende Gemeinde Nachstellungen ausgesetzt war. Die Nachricht über die Zusammensetzung der Gemeinde, nämlich daß nur einige Juden[42], wohl aber viele gottesfürchtige Griechen und allerlei vornehme Frauen sie bildeten, entspricht im ganzen dem Bild, das der Brief vermittelt. Man wird selbst der Jason-Geschichte eine historische Grundlage zubilligen dürfen, obwohl sie durch die Thessalonicher-Briefe nicht gedeckt (aber natürlich auch nicht ausgeschlossen) wird und sonst über diesen Jason nichts bekannt ist[43]. Vielleicht steht auch hinter V 5 Erinnerung; es ist jedenfalls auffallend, daß Paulus in entsprechender Weise die »Juden« als die treibende Kraft bei der Bedrückung der Gemeinde zu vermuten scheint. Gestützt wird das Bild von der Feindschaft der Thessalonicher Juden durch den sich anschließenden Bericht über die Mission in Beröa, Apg 17,10–13. Auch er wird durch Paulus nicht gedeckt, ohne daß doch an der historischen Richtigkeit dieser Station gezweifelt werden könnte[44]. Nach V 13 sind es nicht die Juden Beröas, sondern die aus Thessalonich, die das weitere Wirken des Paulus unmöglich machen. Diese Nachricht ist merkwürdig; sie entspricht nicht dem Schema, daß immer und überall die Juden sich gegen Paulus stellten. Nach Beröa müssen solche erst von außen kommen, die Juden dort sind der Christus-Predigt gegenüber offen[45]. Es ist möglich, daß die Tradition, die Lukas verarbeitet, die Erinnerung

---

[40] Dazu vgl. Lüdemann, Paulus, einerseits 35f, andererseits 201–203 (der freilich mit der Hypothese kombiniert, Timotheus [und Silas] habe Geld aus Philippi mitgebracht).

[41] Vgl. z.B. einerseits Conzelmann, Apostelgeschichte (s.o. Anm. 36) 4f, andererseits Roloff, Apostelgeschichte 7.9f.238f (»Elemente dieses Itinerars finden sich in . . . 17,1–4. 10–11a.15a.17.34; 18,1–5a . . .«, 239); Lüdemann, Paulus 52–57; Jewett, Chronologie 27–38, bes. 34–38 (»Die den detaillierten Reisebericht gebende Person [ist] der Redaktor des lukanischen Werkes«, 37).

[42] Vgl. dagegen 17,12!

[43] Ob er Jude war, wie gern angenommen, ist unsicher (zum Namen vgl. Bl-Debr-Rehkopf § 53,3d); sicher wäre das freilich, wenn er mit dem Jason Röm 16,21 identisch wäre (Wilckens, Römer III 146 »vielleicht«).

[44] Nach Apg 20,4 ist mit Sopater, Sohn des Pyrrhus, ein Mann aus Beröa in der Liste derjenigen Gemeindevertreter genannt, die Paulus bei der Überbringung der Kollekte nach Jerusalem begleiten; zur Liste s. Ollrog, Mitarbeiter 54–57.

[45] Roloff, Apostelgeschichte 252 verweist auf 14,19; es handelt sich aber kaum um eine Parallele (vgl. die Traditionsanalyse dieser Stelle bei Roloff, ebd. 213f).

an eine besonders aktive Feindschaft der Juden Thessalonichs gegen die Christen aufbewahrt hat.

Es erweist sich, daß die Apg einen großflächigen Abschnitt der paulinischen Mission in Griechenland, nämlich Philippi – Thessalonich – (Beröa) – Athen – Korinth, der einen längeren Zeitraum beansprucht haben muß, recht präzise darstellt. Und zwar gilt das vor allem für die größeren Zusammenhänge. Das Einzelmaterial beschränkt sich auf wenige konkrete Erzählungen, deren Wert im einzelnen zu bestimmen ist, sowie auf Angaben über die Art der missionarischen Tätigkeit; diese werden zwar eine allgemeine Traditionsgrundlage haben, sich aber im konkreten Fall kaum stets auf eine solche beziehen können.

Solche Beobachtung läßt auch dem größeren Rahmen Zutrauen entgegenbringen, in den die Apg diese Ereignisse stellt. Das ist die sogenannte zweite Missionsreise, zu der Paulus nach dem »Apostelkonzil« aufbricht und die die erste ist, die er im eigenen Namen und ohne Aussendung von und Rückbindung an eine Muttergemeinde unternimmt. Sie führt ihn und seine Mitarbeiter Silas/Silvanus und Timotheus einen verschlungenen Zug durch Kleinasien nach Griechenland; dort läßt er sich schließlich für eineinhalb Jahre in Korinth nieder. Am Ende dieser Zeit steht der Zusammenstoß mit dem Prokonsul Gallio, womit der Fixpunkt der absoluten Paulus-Chronologie erreicht ist[46]. Dem entspricht die Bemerkung Apg 18,2 über Aquila und Priszilla, sie seien kürzlich wegen des Klaudius-Edikts von Rom nach Korinth gekommen[47]. Dieses Edikt ist offensichtlich im Jahre 49 n.Chr. erlassen[48].

---

[46] Zur (traditionellen) Paulus-Chronologie vgl. z.B. Rigaux, Briefe 99–140; Suhl, Briefe 299–338; Kümmel, Einleitung 217–219 (§ 13); Bornkamm, Paulus 10; Schenke-Fischer, Einleitung I 47–63 (dort 50f Text und Übersetzung der Gallio-Inschrift); zur Gallio-Inschrift auch Lüdemann, Paulus 181–183; Jewett, Chronologie 72–75.

[47] Dazu s. Schenke-Fischer, Einleitung I 54; Conzelmann, Apostelgeschichte (s.o. Anm. 36) 105.

[48] So Orosius, Historiae adversum paganos VII 6,15; zur Diskussion s. Rigaux, Briefe 127. Diese Datierung wird ausführlich zu widerlegen versucht durch Lüdemann, Paulus 183–195; er identifiziert das Ereignis mit dem Versammlungsverbot, von dem Dio C LX 6,6 als einem Ereignis des Jahres 41 nChr berichtet. Dazu sei angemerkt: 1. Dio Cassius muß erst gründlich korrigiert werden, ehe seine Nachricht mit Suet Claud 25; Orosius VII 6,15 und Apg 18,2 in direkten Zusammenhang gebracht

werden kann (vgl. 186–188). 2. Der ebd. 190f präsentierte Brief des Claudius an die Stadt Alexandrien kann nicht das Urteil, Claudius habe anfangs eine judenfeindliche Politik betrieben, aufheben; daß allemal politische Gründe maßgebend waren, steht auf einem ganz anderen Blatt. 3. Auch Quellen sekundären Charakters müssen und dürfen dann Ausgangspunkt des Urteils sein, wenn solche primären Charakters fehlen; kritisch gesichert werden müssen ohnehin diese wie jene (gegen den Versuch, Orosius von vornherein aus dem Spiel zu bringen, 184). 4. Zwar ist es richtig, »daß Lukas . . . die Austreibung der Juden und die Amtszeit des Gallio gar nicht *datiert*« (194), aber allein wichtig ist, daß er sie in eine solche zeitliche Beziehung zueinander setzt, daß sie nicht weiter als etwa zwei Jahre auseinander liegen können. – Für die Datierung des Edikts auf das Jahr 49 auch Jewett, Chronologie 69–72.

## II. Die Abfassungszeit des Briefes

### 1. *Die wahrscheinliche Lösung*

Nach allem, was bisher sichtbar wurde, gehört 1Thess in die Anfangszeit des Korinthischen Aufenthalts. Er muß somit im Jahre 50 oder 51 geschrieben sein. Die Zeitspanne, die seit der Ankunft des Apostels und seiner Mitarbeiter in Thessalonich verstrichen ist, läßt sich nur mutmaßen. Sie kann schwerlich weniger als ein halbes Jahr betragen, den Umfang von einem Jahr aber kaum erreicht haben.

Diese zeitliche Festlegung verbindet sich zwanglos mit der relativen Chronologie, die sich aus den Angaben in Gal 1f ergibt. Nach seiner Berufung geht Paulus in die Arabia und danach zurück nach Damaskus (Gal 1,17). Rund zwei Jahre später[49] zieht er für vierzehn Tage nach Jerusalem hinauf (1,18). Danach geht er in die Gebiete Syriens und Ziliziens (1,21), darauf, rund dreizehn Jahre später, begibt er sich ein anderes Mal nach Jerusalem, nämlich zum »Apostelkonzil« (2,1). Nun ist freilich der Bezug der Zeitangaben umstritten. Auszugehen ist von der Bedeutung von ἔπειτα (»danach«). Das Wort hat anreihende Funktion und bezieht sich jeweils auf das Vorangehende[50]. Daher können grammatisch die jeweiligen Zeitangaben nur so bezogen werden; sie sind zu addieren[51], nicht aber enthält die spätere die zuvor genannte in sich[52]. Insgesamt ist also ein Zeitraum von gut fünfzehn Jahren zwischen der Berufung des Paulus und dem »Apostelkonzil« vorgegeben[53]. Jesu Kreuzigung fällt vermutlich in das Jahr 30 (oder 31)[54]. Nun muß man mit der Zeit von einigen Jahren zwischen dem Tode Jesu und der Berufung des Paulus rechnen[55]. Denn die christliche Gemeinde bringt in dieser Zeit schon eine bemerkenswerte Geschichte hinter sich. Sie hat sich formiert, hat die Gruppe der »Hebräer« und der »Hellenisten« gebildet, und diese haben, aus Jerusalem vertrieben, erfolgreich mit der Mission begonnen, durch die auch in Damaskus eine christliche Gemeinde entstanden ist[56]. Paulus erfährt seine Berufung im Zuge der Verfol-

---

[49] Zur Zählung der Jahre vgl. Rigaux, Briefe 114; anders freilich Jewett, Chronologie 95f, der nur volle Jahre gelten lassen will (die Frage des Verhältnisses von Apg 19,8.10 zu 20,3 wird ebd. 98 überspielt).

[50] Vgl. R. Balz, EWNT II 50f; Jewett, Chronologie 95.

[51] So z.B. Rigaux, Briefe 124; Jewett, Chronologie 93–95.

[52] So aber z.B. Suhl, Briefe 46f. Dagegen will Lüdemann, Paulus 85f das ἔπειτα jeweils streng auf das eben Vorangegangene beziehen, 1,18 also auf die Rückkehr nach Damaskus, 2,1 auf den (abgeschlossenen) Aufenthalt in Syrien/Zilizien.

[53] Die ἔτη τρία Gal 1,18 beziehen sich auf die Berufung, ἔπειτα korrespondiert dem ὅτε; das

sieht richtig Suhl, Briefe 64, vgl. auch Jewett, Chronologie 94.

[54] Vgl. zur Chronologie der Kreuzigung Jewett, Chronologie 50–56, der der Datierung auf 33 zuneigt, 30 aber gleichfalls für möglich hält.

[55] Die altchristlich(-gnostische) Tradition über den Zeitraum von 18 Monaten für die Auferstehungserscheinungen (Jewett, Chronologie 56f) dürfte wertlos sein, vgl. auch Lüdemann, Paulus 195f.

[56] Die Vermutung, die Gemeinde von Damaskus sei, unabhängig von Jerusalem, von Galiläa aus gegründet worden (vgl. H. Kasting, Die Anfänge der urchristlichen Mission, 1969 [BEvTh 55], 91–95; 102 Anm. 99; Suhl, Briefe 34.314), hängt in der Luft. Wir wissen nur von

gung dieser Gemeinde[57]. Obgleich man ganz auf Vermutungen angewiesen ist, kann man davon ausgehen, daß Paulus nicht vor dem Jahre 33 berufen wurde[58]. Das bedeutet, rechnet man die oben genannten fünfzehn Jahre hinzu, daß das »Apostelkonzil« etwa im Jahre 48 stattfand. Nicht lange danach scheint Paulus zu seinem großen selbständigen Missionszug aufgebrochen zu sein[59], der ihn nach Griechenland führt. Da er durch Kleinasien zieht und aller Wahrscheinlichkeit nach dabei die Gemeinden gründet, an die Gal gerichtet ist, darf keine zu kurze Frist dafür veranschlagt werden. Vor der Ankunft in Korinth stehen die, jeweils gewaltsam beendeten, Gemeindegründungen in Philippi, Thessalonich und Beröa sowie ein Aufenthalt in Athen. Der Abstand von gut zwei Jahren zwischen dem »Apostelkonzil« und der Ankunft in Korinth ist durchaus einleuchtend[60].

So konvergieren die chronologischen Anhaltspunkte, die der neutestamentlichen Überlieferung zu entnehmen sind, zu einem einheitlichen, in sich verständlichen Bild. Gleichwohl ist es immer wieder durch ein teilweise oder gänzlich abweichendes zu ersetzen versucht worden[61]. Derartige Annahmen wurden in der neuesten Zeit mit großem Engagement vorgetragen; deshalb war auf die Frage der Ereignisfolge und der Chronologie so ausführlich einzugehen.

## 2.   Abweichende Annahmen der Gegenwart

A. Suhl[62], dem sich W. Marxsen anschließt[63], datiert den Brief – trotz durchaus abweichender Rekonstruktion der Vorgänge bis zum Beginn der sogenannten zweiten Missionsreise[64] – zwar ähnlich wie hier vorausgesetzt und sieht die Ereignisfolge bis zur Missionierung in Thessalonich annähernd gleich. Dann aber, so meint er, sei Paulus sogleich mit dem Ziel Rom weiter nach Westen bis an die Küste der Adria gezogen. Dort aber sei er, aufgrund der Nachricht vom Klaudius-Edikt, nach Süden abgebogen und so schließlich nach Korinth gelangt. Suhl will mit solcher Annahme vor allem das Problem lösen, das Röm 15,19 (»So habe ich von Jerusalem aus ringsum bis nach Illyrien das Evange-

---

*einer* anfänglichen christlichen Gemeinde, der in Jerusalem; vgl. dazu R. Pesch, Voraussetzungen und Anfänge der urchristlichen Mission, in: Mission im Neuen Testament, hrsg. K. Kertelge, 1982 (QD 93), 51–53.
[57]   Gal 1,13–17; 1Kor 15,9 (auch Phil 3,6f) bestätigen darin Apg 9,1f.
[58]   Insgesamt ganz ähnlich sieht Rigaux, Briefe 136 die Entwicklung, rechnet aber mit dem Jahr 34 für die Berufung des Paulus.
[59]   Vgl. T. Holtz, Die Bedeutung des Apostelkonzils für Paulus, NT 16 (1974) 110–148.

[60]   Vgl. Jewett, Chronologie 100–107, der aber einen Zeitraum von 3 oder 4 Jahren für wahrscheinlich hält. Immerhin erfordert sein »Minimalplan« nur 18 Monate (103–106).
[61]   Über ältere derartige Versuche informiert vorzüglich Rigaux, Briefe 99–140.
[62]   Briefe 92–110.342.
[63]   Kommentar 15f.
[64]   Vgl. die Zusammenfassung 340f.

lium vollstreckt«) aufgibt[65]. Indessen gelingt das durch solche Annahme[66] nicht, sie hat im übrigen die Texte gegen sich[67].

Tiefgreifender für das Verständnis des Briefes sind Versuche, ihn zeitlich neu zu situieren. R. Jewett[68] beläßt zwar 1Thess an seiner traditionellen Stelle innerhalb der absoluten Chronologie[69], datiert aber das »Apostelkonzil« um auf Oktober 51; danach entspricht Gal 2,1 nicht Apg 15, sondern Apg 18,22[70]. Der interessante und scharfsinnige Versuch, der für das Verständnis von 1Thess Folgen hat[71], kann deshalb nicht überzeugen, weil er mit zu genauen Angaben Gal 1,18; 2,1[72] und mit einer festen Datierung der Flucht des Paulus aus Damaskus (2Kor 11,32f)[73] rechnet. In beiden Fällen handelt es sich aber nur um Möglichkeiten, im zweiten sogar nur um eine höchst unsichere. Daher kann mit ihnen nicht Apg 15 widerlegt werden zugunsten der änigmatischen Angabe 18,22. Das gilt deshalb um so mehr, als die Abfolge der Paulus-Geschichte, wie Lukas sie bietet, nach Jewett durchaus der historischen Geschehensfolge entspricht, mit alleiniger Ausnahme des Jerusalembesuchs[74].

Viel weiter mit dem Umbau der traditionellen Chronologie geht G. Lüdemann[75]. Er datiert 1Thess rund 10 Jahre früher als gewöhnlich, in das Jahr 41. Die entscheidenden Argumente gewinnt er aus einer formgeschichtlichen Analyse von Gal 1,6–2,14[76]. Indessen rechtfertigt sie nicht die Umdatierung des »Antiochenischen Zwischenfalls« (Gal 2,11–14) vor das »Apostelkonzil« (Gal 2,1–10). Der Anschluß Gal 2,11 »als aber« (ὅτε δέ) macht nur Sinn, wenn es sich um ein nachfolgendes Ereignis handelt, das sich antithetisch zu dem

---

[65]  Vgl. dazu Wilckens, Römer III 119f.

[66]  Paulus berührt danach Illyrien (= Dalmatien) gar nicht. Die Via Egnatia endet in Dyrrhachium oder Aulon, Städte in der Provinz Mazedonien. Tatsächlich gebraucht Paulus mit »Illyrien« keinen Provinz-, sondern einen Landschaftsnamen (vgl. Suhl, Briefe 94), aber Ἰλλυρικόν bezeichnet Dalmatien (Illyris superior) und Pannonien (Illyris inferior) mit Einschluß von Moesien; vgl. Bauer, Wb. s.v. Ἰλλυρικόν; EWNT II 457. – Auch würde die Zeit nicht ausreichen, da auch nach Suhl (340–342) Paulus sich im Sommer 49 längere Zeit in Thessalonich aufhielt und schon im Spätherbst (über Athen) in Korinth eintraf. Gegen Suhl vgl. auch Lüdemann, Paulus 141 Anm. 179.

[67]  1Thess 2,17f spricht eher gegen als für Suhl (vgl. aber ders., Briefe 95); denn nach seiner Annahme hätte Paulus nichts als seine eigenen Reisepläne an einem Besuch in Thessalonich gehindert.

[68]  Paulus-Chronologie. Ein Versuch, München 1982; die amerikanische Originalausgabe »A Chronology of Paul's Life« erschien 1979 in Philadelphia.

[69]  Abgefaßt im Jahre 50 in Korinth.

[70]  Vgl. Jewett, Chronologie 141; so auch Lüdemann, Paulus 165; Vorgänger sind Ernst

Barnikol und John Knox, vgl. Jewett, ebd. 129–134.

[71]  Jewett, Chronologie 162 erklärt so, daß sich in den Thessalonicherbriefen in keiner Weise der Streit um das Gesetz widerspiegelt.

[72]  Es soll sich um einen Zeitraum von genau 3 plus 14 Jahren handeln, vgl. Jewett, Chronologie 95f.

[73]  Nach Jewett, Chronologie 58–63 kann das nur zwischen Sommer 37 und 39 gewesen sein; 156f präzisiert er sogar auf (September–)Oktober 37.

[74]  Zur Quellenfrage vgl. Jewett, Chronologie 27–38; für die Berichte ab 15,36 rechnet er damit, »daß der Verfasser der Apostelgeschichte Reisenotizen benutzte, die er selber geschrieben hatte, und daß er das ›Wir‹ aus den Notizen einfach beibehielt« (37).

[75]  Er hat sogleich beachtliche Zustimmung gefunden; vgl. Schade, Apokalyptische Christologie 173–175; J. Gnilka, Bespr. von Lüdemann, Paulus, BZ NF 25 (1981) 148–150.

[76]  Er schließt sich dabei an H. D. Betz, The Literary Composition and Function of Paul's Letter to the Galatians, NTS 21 (1975) 353–379 an; vgl. auch ders., Galatians, Philadelphia 1979 (Hermeneia), 14–25.

vorangehend Berichteten verhält. Vor allem aber hätte Paulus nach solcher Rekonstruktion mit der Abmachung auf dem »Apostelkonzil« gerade seiner vorherigen Haltung widersprochen[77]. Daß schließlich Gal 2,7 »Bestandteil einer paulinischen Personaltradition vor dem Konvent« sein soll[78], ist eine überaus kühne Vermutung. Eine ausgedehnte, selbständige, beschneidungsfreie Heidenmission, mithin die Griechenlandmission, kann daraus nicht hergeleitet werden. Gal 2 zeigt, daß Paulus bis zum »Apostelkonzil« mit Barnabas zusammenarbeitete[79]. Dann aber kann die Griechenlandmission erst danach stattgefunden haben. Schwierig ist in der Tat Phil 4,15: »am Anfang der Evangeliumsverkündigung, als ich von Mazedonien fortzog«. Jedoch kann ἐν ἀρχῇ τοῦ εὐαγγελίου auch bei einer radikalen Vorverlegung der Griechenlandmission nicht den Anfang der paulinischen Evangeliumsverkündigung überhaupt bezeichnen, da in jedem Falle eine jahrelange Missionstätigkeit in der Arabia und in Damaskus sowie in Syrien/Zilizien und in Südgalatien vorausgegangen sein muß[80]. Die Aufteilung des Berichts Apg 18,1–18 durch Lüdemann auf zwei Besuche ist nicht begründbar[81]. Vielmehr bezeugen die beiden datierbaren Punkte, das Klaudius-Edikt[82] und das Prokonsulat des Gallio[83], die Einheitlichkeit des Zeitraums und legen ihn chronologisch auf den Beginn der fünfziger Jahre fest.

Schließlich soll die Differenz zwischen 1Thess und 1Kor in der Erwartung, welche Rolle das Sterben vor der Parusie spielt, eine große zeitliche Distanz ihrer Abfassung begründen. Aber Paulus geht in beiden Briefen davon aus, daß er die Parusie lebend erreichen wird[84]. Und das gilt nicht nur für ihn; auch die Gemeindeglieder dürfen nach 1Kor mit der Möglichkeit rechnen, daß sie zwar verwandelt, nicht aber sterben werden, 1Kor 15,51. Freilich hat sich der Ton gegenüber 1Thess verschoben; 1Thess 4,13–17 klingt so, als ob alle Angeredeten die Parusie lebend erreichen werden[85]. Daß Paulus gleichwohl in dieser Zeit von der Auferstehung der Christen gepredigt hat – wenn auch wohl nicht

---

[77] Nach Lüdemann, Paulus 96–102 hat Paulus auf dem Apostelkonzil der Forderung der »Gegner«, daß die Judenchristen sich von den Heidenchristen zurückziehen sollten, zugestimmt; dieser Forderung aber trat er in Antiochia entgegen.

[78] Lüdemann, Paulus 91; nach ebd. 93 geht der Inhalt von Gal 2,7 auf eine Abmachung zwischen Petrus und Paulus beim ersten Jerusalembesuch des Paulus zurück.

[79] Vgl. zur weiteren Bedeutung des Apostelkonzils meinen o. Anm. 59 genannten Aufsatz.

[80] Wahrscheinlich ist die Wendung auf den Beginn der Mission in Griechenland zu beziehen, im Gegenüber zur Gegenwart, in der die Gemeinde Paulus erneut unterstützte.

[81] Der Einwand gegen die Vermutung von W. Wiefel, Die jüdischen Gemeinschaften im antiken Rom und die Anfänge des römischen Christentums, Jud. 26 (1970) 75 Anm. 77, daß

Sosthenes den Christ gewordenen Krispus ablöste, bei Lüdemann, Paulus 177f mit Anm. 52 ist unbegründet. Sowohl die Bekehrung des Synagogenvorstehers Krispus als auch die Verwicklung des Synagogenvorstehers Sosthenes in die Gallio-Affäre gehörte (wie auch Lüdemann annimmt) zur Tradition über die Korinthische Gemeinde. Daß beide Ereignisse zeitlich nicht zusammenfielen, ist angesichts der 18 Monate währenden Dauer des paulinischen Aufenthalts in Korinth nicht unwahrscheinlich.

[82] Vgl. dazu o. 18 mit Anm. 46.

[83] Vgl. dazu o. 18 Anm. 48.

[84] So auch Lüdemann; vgl. zu 1Kor 15,52 Paulus 269.

[85] Das stellt Lüdemann, Paulus 257f mit Recht heraus; theologisch freilich schränkt Paulus das 5,10 (εἴτε γρηγορῶμεν, εἴτε καθεύδωμεν) gewichtig ein.

thematisch hervorgehoben –, ergibt sich daraus, daß »die Auferstehungsaussage (für die Christen) . . . ein . . . Bestandteil der Gründungspredigt in Korinth« war[86]. Nicht ein grundsätzlicher, nur ein gradueller Wandel, der vor allem ein solcher des Ausdrucks ist, liegt vor. Ob man solchen Wandel nicht einer zeitlichen Differenz von 4–5 Jahren, sondern nur einer solchen von 8–11 Jahren zuschreiben zu können glaubt, ist eine Entscheidung subjektiven Ermessens[87].

Insgesamt hat auch die Untersuchung von Lüdemann gezeigt, daß die Apg ein erstaunlich zutreffendes Bild von den Etappen der paulinischen Mission wiedergibt. Man kann in der Tat »eine Tradition bzw. Quelle durchlaufender Art als roten Faden von Apg 16–20« erkennen[88] und schließen, »daß Lukas an dieser Stelle der Apg eine auf einen Paulusbegleiter zurückgehende Quelle – wohl in Form eines mit Einzelepisoden angereicherten Stationenverzeichnisses – zur Verfügung hatte«[89]. Daraus ergibt sich, daß nicht schon Möglichkeiten, sondern nur zwingende Gründe dazu führen können, die Reise zum »Apostelkonzil« von dem Platz, den die Apg ihr zuweist, zu verdrängen. Es sind aber nicht einmal Möglichkeiten dazu sichtbar geworden.

## III.   Die literarischen Fragen

Umstritten ist auch die Frage der Integrität des 1Thess. Obgleich nach meinem Urteil die im Kommentar vorgeführte Möglichkeit, den Brief als eine Einheit zu verstehen, den Teilungsversuch falsifiziert, ist dennoch darauf hier zusammenfassend einzugehen. Damit kann zugleich eine Einsicht in den allerdings ungewöhnlichen Aufbau des Briefes gewonnen werden.

### 1.   *Die Einheit des Briefes*

Ein erster Versuch, den 1Thess in zwei Briefe zu zerlegen und darüber hinaus eine Reihe unpaulinischer Zusätze auszuscheiden[90], ist von K.G. Eckart vorgetragen worden[91]. Er hat alsbald durch W. G. Kümmel eine durchschlagende

---

[86] So Lüdemann, Paulus 270.
[87] Vgl. auch W. Baird, Pauline Eschatology in Hermeneutical Prespective, NTS 17 (1970/71) 314–327, 316; ferner Bruce XLIV; W. Wiefel, Die Hauptrichtung des Wandels im eschatologischen Denken des Paulus, ThZ 30 (1974) 65–81.
[88] Lüdemann, Paulus 174.
[89] Lüdemann, Paulus 211; vgl. auch ebd. 203 zur hohen historischen Glaubwürdigkeit der Einzeltraditionen, die Apg verarbeitet.

[90] Begleitbrief für Timotheus bei dessen Reise nach Thessalonich: 1,1–2.12; 2,17–3.4. 11–13; Brief nach Rückkehr des Timotheus zu Paulus: 3,6–10; 4,9.10a; 4,13–5,11; 5,23–26.28; redaktionelle Zusätze: 2,13–16; 3,5; 4,1–8. 10b–12; 5,12–22.27.
[91] Der zweite echte Brief des Paulus an die Thessalonicher, ZThK 58 (1961) 30–44.

Widerlegung erfahren[92]. Die als unpaulinisch behaupteten Abschnitte lassen
sich nicht als solche erweisen, sondern zeigen paulinischen Sprachcharakter.
Und auch die Aufteilung des Briefes hat in der Form, wie Eckart sie vorschlug,
nach ihrer Kritik durch Kümmel keine Nachfolge mehr gefunden. Allerdings
sind zwei wichtige Elemente wirksam geblieben, nämlich die Behauptung,
3,11–13 stelle einen ursprünglichen Briefschluß dar[93], und die Ansicht, daß
2,17–3,4 und 3,6–10 jeweils eine andere Briefsituation reflektieren[94].
3,11–13 (4,1f) läßt sich nun aber nicht als ein ursprünglicher Briefschluß erweisen[95]. Denn weder gehört ein Passus, der Fürbitte und Doxologie verbindet, oft
zum Schluß des paulinischen Briefes[96], noch liegt ein solcher Passus 3,11–13
vor[97]. Die Stelle erinnert viel eher an die fürbittenden Gebetswünsche Phil 1,
9–11; 1Kor 1,8[98] und ordnet sie so im Gegenteil mehr dem Abschluß des Eingangsdankes als dem Briefschluß zu[99]. Weder eine Paränese[100] noch gar die
Wendung λοιπὸν οὖν (»übrigens nun«) sind typische Bestandteile des Brief-
schlusses[101]. Der Gruß und der abschließende Segenswunsch sollen nach
Schmithals schließlich der Redaktion zum Opfer gefallen sein, der letzte »aus
nicht ersichtlicher Ursache«. Durch solche Behauptung hängt die Beweisfüh-
rung vollends in der Luft[102].
Auch 2,13(14) läßt sich nicht als die Eingangsdanksagung eines selbständigen
Briefes erweisen[103]. Tatsächlich entspricht die Wendung »wir danken Gott unablässig« (ἡμεῖς εὐχαριστοῦμεν τῷ θεῷ ἀδιαλείπτως) der Ausdrucksweise
des paulinischen Eingangsdankes[104]. Sie ist hier in einen Kontext eingefügt,
der sie als Wiederaufnahme von 1,2 ausweist, mit der der Dank auf 2,1–12
appliziert wird. Der sprachlich etwas umständliche Anschluß stellt die Verbindung zum Vorangehenden her, der daß-Satz, der den Grund des Dankes
nennt, entfaltet den Bezug[105]. Es handelt sich um eine Aufnahme des Ein-

[92]   Das literarische und geschichtliche Problem. Kümmel stimmen in seiner Kritik zu
Schmithals, Paulus und die Gnostiker 92f;
Demke, Theologie und Literarkritik 103. Nicht
überzeugt zeigen sich Schenke-Fischer, Einleitung I 66f.
[93]   Aufgenommen und ausführlich zu begründen versucht von Schmithals, Paulus und
die Gnostiker 93–96 (der freilich auch 4,1[2]
hinzurechnet) und Schenke-Fischer, Einleitung
I 67f.
[94]   Festgehalten von Schenke-Fischer, Einleitung I 67f.
[95]   Das hat – gegen Schmithals – Demke,
Theologie und Literarkritik 105–107 nachgewiesen. Vgl. auch Best 32.
[96]   Phil 4,19 ist keine Fürbitte, 1Thess 5,24
keine Doxologie.
[97]   Schmithals, Paulus und die Gnostiker 95f:
»einer Doxologie angenäherte Fürbitte«! Eine
ausführliche Analyse bei O'Brien, Thanksgivings 159–166.

[98]   Vgl. Demke, Theologie und Literarkritik
105.
[99]   1Kor 1,9 ist 1Thess 5,24 verwandt; so wenig festgelegt sind tatsächlich bestimmte
Sprachformen.
[100]   Vgl. Demke, Theologie und Literarkritik
106.
[101]   Zu λοιπόν vgl. u. 151; zum Satz 4,1f Bjerkelund, Parakalô, bes. 128. Vgl. auch Deidun,
Morality 236f (Appendix A: The literary unity
of IThess. 4,1ss.).
[102]   Vgl. dazu Kümmel, Einleitung 225 (s.
auch 252).
[103]   So Schmithals, Paulus und die Gnostiker
92f; Schenke-Fischer, Einleitung I 68 (nur 2,13,
V 14 wird erst an späterer Stelle in den gleichen
Brief eingeordnet).
[104]   Ἀδιαλείπτως Röm 1,9; 1Thess 1,3 freilich etwas anders; sonst nur noch 1Thess 5,17
bei Paulus.
[105]   Vgl. O'Brien, Thanksgivings 153f sowie
die Erklärung im Kommentar.

gangsdankes[106], die im Zusammenhang mit der singulären Form unseres Briefes steht.

Ein Wechsel der Briefsituation schließlich ist zwischen 2,17–3,4 und 3,6–10 nicht gegeben. 3,5 verbindet 3,1f und 3,6 in der Sache miteinander. Diesen Vers zu streichen ist willkürlich. Der Aorist 3,2 »ich schickte« ist ein echtes Präteritum; nichts deutet im Zusammenhang auf ein anderes Verständnis, wie es sonst im Neuen Testament der Fall ist, wenn ein Aorist des Briefstils vorliegt[107]. 2,17–3,5 vergegenwärtigt Paulus die Situation, in der er sich vor der Sendung des Timotheus der Gemeinde gegenüber befand, die so erfreulich durch die gute Nachricht des Boten jetzt geklärt worden ist, 3,6ff.

Da die Erklärung den Brief als eine Einheit erweisen kann, sofern man bereit ist, ihn sein eigenes Wort auf seine eigene Weise sagen zu lassen, können die Teilungshypothesen nicht nur in der bisher vorgelegten Form[108] als unbegründet angesehen werden[109], sondern es müssen alle derartigen Versuche überhaupt als unnötig zurückgewiesen werden[110].

## 2. *Die Integrität des Briefes*

### a) *Interpolationen*

Die Integrität des 1Thess ist auch in der Weise angefochten worden, daß man mehr oder weniger umfängliche Textstücke aus seinem ursprünglichen Bestand ausgeschieden und einem späteren Bearbeiter zugewiesen hat. Am radikalsten ist Chr. Demke vorgegangen[111], dessen Lösung der literarischen Frage einer Unechtheitserklärung gleichkommt. Er stellt die Hypothese auf, »daß ein nachapostolischer Autor dieses Schreiben unter Benutzung (von Teilen) eines echten Paulusbriefes geschaffen hat«. »Eine genaue Bestimmung der Teile des echten Paulusbriefes müßte von 2,17–3,2a.5b–11; 4,9.10a.13–17; 5,1–22 ausgehen«[112]; der Bearbeiter habe also vor allem den Anfang (1,2–2,16), die Mitte (3,12–4,8) und den Schluß (5,23–27), und damit den Brief als solchen, geschaffen[113]. Demke geht davon aus, daß in 1Thess einige Wendungen un-

---

106 Vgl. Schubert, Form and Function 19.26; Kümmel, Problem 219; Bruce 44: nicht bloße Fortsetzung oder Wiederholung von 1,2–10; »it amplifies it«.

107 Vgl. Kümmel, Problem 222; Best 30.

108 Vgl. die komplizierte Aufteilung und Neuordnung, die Schenke-Fischer, Einleitung I 68–71 präsentieren; dabei wird die Vermutung zur Methode.

109 Vgl. auch H. Köster, Einführung in das NT (s.o. Anm. 4) 485.

110 Vgl. Best 35 (ebd. 34 stellt er allerdings vorsichtig die Möglichkeit zur Erwägung, daß 2,13–3,13 der Danksagungsteil eines sonst ver-

lorenen Paulusbriefes sei, ähnlich wie 2Kor 6,14–7,1 ein Brieffragment in einen anderen Brief eingelagert sei). Eine Briefteilung hat jetzt R. Pesch, Entstehung neu zu begründen versucht.

111 Theologie und Literarkritik.

112 Zitate 123.

113 Völlig unerklärlich bleibt bei solcher Annahme die besondere Form des Briefeingangs 1Thess 1,1 mit dem Fehlen des Aposteltitels, der Gleichordnung des Paulus mit Silvanus und Timotheus sowie der Kurzform der Salutatio.

paulinisch gebraucht seien[114]. Jedoch sieht Demke selbst, daß sie an Stellen auftreten, die »liturgisch plerophor« sind[115]. Die beanstandeten Ausdrücke begegnen darüber hinaus je zur Hälfte in den Partien, die dem echten Paulusgut zugehören sollen[116]. Die theologische Differenz zu Paulus, die sich im Fehlen des »eschatologischen Aorist des Gotteswerkes« bemerkbar machen soll, ist in die – z.T. von ihrem Kontext isolierten – Stellen hineininterpretiert[117]; und gerade das Verständnis vom Wort des Evangeliums als wirkender Kraft, die sich im Leiden offenbar macht (vgl. Phil 1,28f!), sowie von der unlöslichen Verbindung des Apostels als des Boten mit dieser Heilsbotschaft entspricht genau dem, was die späteren Briefe in ihre jeweilige Situation hinein entfalten. Das wird die Auslegung der einschlägigen Stellen zeigen. Nur eine überzogene Interpretation einzelner Sätze kann die beanstandeten Partien als unpaulinisch aus dem Brief herausbrechen.

Das versucht, von ganz anderer Seite herkommend, für einen anderen, zentralen Teil des Briefes, nämlich für 5,1–11, G. Friedrich[118]. Der Abschnitt ist nach seinem Urteil sehr allgemein, enthält viele formelhafte Wendungen und bietet fast nur traditionellen Stoff[119]. Inhaltlich steht er in Spannung zu dem Vorangehenden, 4,13–18. Denn dort herrscht hochgespannte Naherwartung, hier dagegen hat der Glaube an ein baldiges Ende nachgelassen; dafür wird dessen plötzliches Erscheinen um so mehr betont[120]. Nun ist unbestreitbar, daß 5, 1–10 in breitem Umfang Tradition verarbeitet[121]. Aber auch 4,14–17 ist aus übernommener Tradition gestaltet und formal durch deren Eigenheit geprägt. Da 5,2f Herrenworttradition aufnimmt, die auch Lk 21,34–36 zugrunde liegt, ist eine Berührung mit diesem Text in Wortschatz und Vorstellung traditionsgeschichtlich, nicht literarkritisch zu erklären.

Daß »die Eschatologie . . . für die Betroffenen in den beiden Kapiteln (sc. 4 und 5) eine verschiedene Bedeutung« hat[122], ist richtig. Paulus interpretiert die eschatologische Erwartung in Kap. 4 auf die Heilshoffnung hin, die sie für Lebende und Gestorbene enthält, in Kap. 5 aber darauf, daß die (unbekannte) Frist bis zum Ende gefüllte Zeit ist, gefüllt mit schon wirkendem Heil, gefüllt aber auch nach dem Willen Gottes mit einem Leben, das auf dieses Heil eingestellt ist. Das verhält sich komplementär zueinander. Auch das Verhältnis des

---

[114] Es handelt sich um παρουσία (vgl. aber 1Kor 15,23; im übrigen s. dazu u.) und ἔμπροσθεν τοῦ θεοῦ bzw. κυρίου. Zu παρουσία s. auch 2Thess 2,1.8.9.
[115] Demke, Theologie und Literarkritik 109.
[116] παρουσία 2,19; 4,15; ἔμπροσθεν . . . 2,19; 3,9.
[117] Vgl. zur Ekklesiologie etwa R. F. Collins, The Church of the Thessalonians, LouvStud 5 (1975) 336–349.
[118] 1. Thessalonicher 5,1–11. Vgl. auch ders., Kommentar 206f. Von Friedrich beeindruckt zeigt sich A. Vögtle, Paraklese und Eschatologie nach Röm 13,11–14, in: L. De Lorenzi

(Hrsg.), Dimensions de la vie chrétienne (Rm 12–13) (= S. monogr. »Benedictina« 4), Rom 1979, 179–194, 186; vgl. auch ebd. 201.
[119] 1. Thessalonicher 5,1–11 295: »Was hier gesagt ist, ist Allgemeingut der christlichen Paränese«.
[120] 1. Thessalonicher 5,1–11 314: Korrektur der paulinischen Apokalyptik unter der Erfahrung der Parusieverzögerung (vgl. schon 290).
[121] Vgl. dazu Holtz, Traditionen 66–71, sowie unten die Analyse und Zusammenfassung von 5,1–11.
[122] 1. Thessalonicher 5,1–11 304.

Stückes zu Röm 13,11–14 erweist es nicht als sekundär. Die Funktion beider Texte ist eine andere; darin gründet ihre Verschiedenheit. Sachlich aber entsprechen sie sich, nur ist jeweils die Betonung anders[123].

Die Behauptung schließlich, 1Thess 5,1–11 sei von der Erfahrung der Parusieverzögerung geprägt und rede völlig unbestimmt vom Termin des Endes, geht von der Isolierung des Stückes sowie der Ansicht aus, die Gedanken von der Nähe des Endes und der unberechenbaren Plötzlichkeit seines Anbruches schlössen sich aus. Das letzte ist indessen keineswegs der Fall[124]. Und aus 5,10 (»sei es, daß wir leben, sei es, daß wir tot sind«) ergibt sich keine Verschiebung der paulinischen Erwartung gegenüber 4,15.17[125]; der Vers bezieht mit dem in beiden Fällen inklusiven »Wir« nur die Gestorbenen (4,13) in die kommende Christusgemeinschaft ein[126].

Endlich ist der kleine Abschnitt 2,15f seit langem Gegenstand literarkritischer Bemühungen. Er wird wegen seiner scharfen Wendung gegen die Juden, die nicht mit Röm 11,25–32 in Einklang zu bringen sei, als Interpolation einer späteren Zeit verdächtigt[127]. Er ist in der Tat in einem bemühten Gedankengang V 14 in den Text eingefügt. Gerade das aber spricht viel eher für eine situativ bedingte Absicht des Paulus als für das Werk eines Interpolators. Vor allem aber ergibt die Hinführung in V 14, die nicht Selbstzweck sein kann, sondern Vorbereitung auf V 15f ist, daß nicht diese beiden Verse allein als interpoliert angesehen werden können. Da nun aber auch V 13 und 14 fest aufeinander bezogen sind, könnte nur das ganze Stück 2,13–16 zusammen ausgeschieden werden[128]. Nimmt man das an, dann wird unerklärlich, warum der Interpolator, dem es nur auf die Aussage von V 15f angekommen sein kann, einen solchen Umweg wählte und warum er hier überhaupt das Stück einträgt. Das freilich trifft zu, daß Paulus in V 15f nicht frei formuliert. Er greift eine schon jüdische, bereits vor 1Thess christlich adaptierte Tradition auf[129]. Daher erklären sich die sprachlichen Besonderheiten und ein Teil der sachlichen Härte. Diese ist aber ebenso in der Erfahrung des Apostels wie in seinem theologischen Urteil begründet[130].

Gelegentlich sind noch weitere Verse in den Verdacht geraten, redaktionelle Zusätze zu sein[131]. 3,5 muß von denjenigen, die in 3,1f und 3,6 eine je verschiedene Briefsituation erkennen, ausgeschieden werden[132]. Das wird hinfällig, wenn das Urteil über die Briefsituation sich als unrichtig erweist. Darüber hinaus spricht gerade der Wechsel zwischen dem Plural und dem Singular gegen

---

[123] Vgl. dazu u. 238.
[124] Das gilt schon deshalb, weil, wie wahrscheinlich, das Dieb-Bild im eschatologischen Bezug auf Jesus selbst zurückgeht; vgl. 213f.
[125] Anders Friedrich 207.
[126] Vgl. – in anderer Kategorisierung – 1Kor 12,13 (Gal 3,28; Kol 3,11).
[127] Ältere Vertreter s. bei Dobschütz 32 Anm. 3; Kümmel, Problem 214 Anm. 3; aus neuerer Zeit vor allem Pearson, 1Thessalonians 2:13–16; Schenke-Fischer, Einleitung I 70;

Schmidt, 1Thess 2:13–16.
[128] Das hat Demke, Theologie und Literarkritik 119f richtig gesehen.
[129] Vgl. O. H. Steck, Israel und das gewaltsame Geschick der Propheten, 1967 (WMANT 23), bes. 274, sowie u. 103f.
[130] Vgl. dazu ausführlich u. 110–112.
[131] Schenke-Fischer, Einleitung I 71: 3,5; 4,18; 5,27.
[132] Vgl. Schenke-Fischer, Einleitung I 70.

einen Redaktor und für den Briefverfasser[133]. 4,18 soll sekundäre Dublette zu
5,11 sein[134]. Diese Beurteilung stand ursprünglich[135] im Zusammenhang mit
der Hypothese, daß 4,13–5,11 erst nachträglich (als das Hauptstück des echten
2Thess) in den paränetischen Komplex 4,1–5,28 eingegliedert worden sei. Mit
dieser These fällt der Grund für die Ausscheidung des Verses, der tatsächlich
keinen formalen oder inhaltlichen Anstoß bietet[136]. Schließlich soll 5,27 aus
dem vorliegenden Brief ein »Lesebuch für alle Gemeinden machen«[137]. Der
Vers bezieht sich indessen eindeutig auf die angeredete Gemeinde[138].

## b)  *Traditionselemente*

Eine ganz andere Frage ist, ob und in welchem Umfang Vorstellungen und
Aussagen, die aus der jüdischen und christlichen Tradition stammen, in den
Brief aufgenommen und eingearbeitet sind. Bei der Erörterung der Interpola-
tionshypothesen ist bereits zu 2,15f; 5,2f und auch 4,14–17 in den Blick getreten, daß das entschieden so ist. Das ist indessen weit über diese Stellen hinaus
der Fall[139]. Paulus hat, bevor er den Brief schreibt, schon eine Geschichte hinter
sich, durch die er jüdische und christliche Tradition empfing. Auch mit ihrer
Hilfe gibt er das apostolische Zeugnis weiter, das von dem Handeln Gottes redet, der sich in der Geschichte des Volkes Israel und endgültig in der Geschichte des Christus Jesus offenbarte. Er eignet sich diese Traditionen an und macht
sie zu seinem eigenen Wort. Das durchzieht in verschiedengestaltiger Weise
den ganzen Brief[140]. Erst die Erklärung zu den einzelnen Abschnitten und Sätzen kann versuchen, die Aufnahme von Tradition jeweils sichtbar zu machen.
Es ist mithin davon auszugehen, daß 1Thess ein einheitlicher Brief ist, der
nicht durch redaktionelle Zusätze erweitert wurde. Ebensowenig ist damit zu

---

[133]  S. auch Kümmel, Problem 222.
[134]  Vgl. E. Fuchs, Hermeneutik?, ThViat 7
(1960) 47 (= ders., Glaube und Erfahrung, Tübingen 1965, 120); Demke, Theologie und Literarkritik 117; Schenke-Fischer, Einleitung I 70;
zurückhaltender Harnisch, Existenz 18 Anm.
13.
[135]  Bei Fuchs, ähnlich auch bei Demke, jeweils am in der vorigen Anm. genannten Ort.
[136]  »Diese Worte« sind nicht die autoritativen Worte des Apostels (so Demke, Theologie
und Literarkritik 117), sondern die Sätze der
Tradition, auf die Paulus sich 4,14–17 bezieht
und an die er die Gemeinde weist.
[137]  Schenke-Fischer, Einleitung I 70.
[138]  Darin ist er gerade unterschieden von
1Kor 1,2b, dem er nach Schenke-Fischer entsprechen soll.
[139]  Vgl. meinen Aufsatz, Traditionen.
[140]  E. G. Selwyn, The First Epistle of St. Peter,
London 1958, 365–466 (Essay II. On the Inter-
Relation of 1Peter and other N.T. Epistles) ver-

sucht den Nachweis für eine weitgehende Abhängigkeit von 1Thess 4 und 5 von fixierter ka-
techetischer Tradition zu führen, die auch für
1Petr und andere Briefe des paulinischen Bereichs bestimmend gewesen sei. Der Nachweis
fixierter Tauf- und Verfolgungstraditionen in
relativ fester Form und geschlossenem Umfang
überzeugt freilich nicht; dazu sind die (über-
sichtlich in zahlreichen Tabellen gebotenen)
Parallelen in Abfolge und Form der Sätze zu
ungenau (zur Kritik an der Annahme eines
[ethischen] Katechismus im Urchristentum
vgl. z.B. Schrage, Einzelgebote 134f). Darüber
darf aber nicht übersehen werden, daß die urchristliche Paränese viel traditionelles Gut
weitergibt, das zwar nicht als ein fester Katechismus vorzustellen ist, aber doch eine bestimmte Fixierung aufweist. Das hat die gründliche Untersuchung von Selwyn denn doch
deutlich gemacht (vgl. auch B. Gerhardsson,
The Ethos of the Bible, Philadelphia 1981, 85).

rechnen, daß ursprünglich zugehörige Partien ausgefallen sind. Er will in der vorliegenden Form als ein originaler Paulus-Brief sowohl der Form als auch dem Inhalt nach verstanden werden.

## 3. *Der Aufbau des Briefes*

Die Form des Briefes ist darin auffällig, daß die Danksagung, mit der er wie die meisten Paulus-Briefe beginnt (1,2), in 2,13 erneut aufgenommen, in 3,9 weitergeführt und erst in 3,13 zum Abschluß gebracht wird[141]. Auch wenn es keineswegs zutreffend ist zu sagen, der Brief bestünde nur aus einer überlangen einleitenden Danksagung und angehängten abschließenden Mahnungen, so ist doch richtig, daß die formalen Proportionen der geläufigen Briefform durch die erst 3,11–13 zu Ende geführte Danksagung stark verschoben sind. So deutlich sich nun aber bestimmte formale Strukturen als verhältnismäßig feste Bestandteile der paulinischen Briefe aufweisen lassen[142], so deutlich ist Paulus doch nicht an sie gebunden; er gestaltet die Form seiner Briefe entsprechend der jeweiligen Briefsituation[143]. Auch die überdehnte Danksagung des 1Thess ist aus der Briefsituation heraus zu verstehen. Paulus ist nach abrupter Trennung von der Gemeinde (2,17) durch die Rückkehr seines Boten Timotheus aus bedrückender Sorge um ihre Existenz (2,17–3,5) befreit und spricht seine Freude und Erleichterung in mehrfach erneutem Dank aus.

Zugleich dient ihm die Danksagung dazu, wichtige Sachanliegen zur Sprache zu bringen. Wie auch sonst ist sie ein wichtiger Teil der Korrespondenz[144]. Mit der dankbaren Erinnerung an die Annahme des Evangeliums und seiner Boten 1,5–10 bestärkt Paulus die Gemeinde in ihrem Weg. Dabei ruft er ihr das evangeliumsgemäße Auftreten der Apostel in das Bewußtsein zurück und vergegenwärtigt den kategorialen Unterschied zu anderen Heilspredigern (2,1–12). Denn in einer Identifikation mit ihnen – eine Gefahr, die Paulus im Umkreis der Gemeinde lauern sieht – steckt eine tödliche Bedrohung des Evangeliums. Mit der Wiederaufnahme des Dankes gedenkt Paulus dessen, daß die Thessa-

---

[141] Vgl. Schubert, Form and Function 16–27; O'Brien, Thanksgivings 141–146. Anders J. T. Sanders, The Transition from Opening Epistolarly Thanksgiving to Body in the Letters of the Pauline Corpus, JBL 81 (1962) 355f, der nach der ersten Danksagung 1,2–10 in 2,13–3,13 eine zweite findet; dem neigt offenbar Best 33f zu. Vgl. auch M. Thrall, A Second Thanksgiving Period in II Corinthians, JStNT 16 (1982) 101–124, die 2Kor 2,14–17 als zweite introductory thanksgiving ausweist und dabei auf die Analogie in 1(2)Thess verweist (ebd. 116f).

[142] Vgl. den Überblick bei Schenke-Fischer, Einleitung I 30–35 (34f Lit., hinzuzufügen ist Bjerkelund, Parakalô; R. W. Funk, The Aposto-

lic »Parousia«: Form and Significance, in: Christian History and Interpretation, FS J. Knox, Cambridge 1967, 249–268; W. G. Doty, Letters in Primitive Christianity, Philadelphia 1973; O'Brien, Thanksgivings).

[143] Besonders auffällig Gal, bei dem nicht nur der Eingangsdank, sondern auch alle Schlußgrüße fehlen; zu seiner Form vgl. Betz, Composition (s.o. Anm. 76). In 2Kor ist die Danksagung durch einen Lobpreis (berakah) ersetzt, der gleichwohl auf die Briefsituation eingestellt ist, vgl. O'Brien, Thanksgivings 233f. 254–258.

[144] Vgl. zusammenfassend O'Brien, Thanksgivings 259–263.

lonicher seine Botschaft wirklich als das angenommen haben, was sie ist, als
Gottes Wort. Und das bewies sich als solches gerade dadurch, daß es die Gemeinde in das Leiden führte; das ist der Weg der Gemeinde Gottes (2,13–16).
Die Leidenserfahrung stellt das Wort Gottes nicht in Frage, sie bestätigt es.
Aber auch der Apostel hat die Gemeinde nicht im Stich gelassen. Er hat vergeblich versucht, zu ihr zu kommen (2,17–19); endlich hat er Timotheus geschickt, um ihr in Glauben und Anfechtung zu helfen und um durch ihn aus
banger Sorge um sie befreit zu werden (3,1–5). Jetzt, da Timotheus evange-
liumsgleiche Nachricht über sie brachte, hat Paulus befreienden Zuspruch
empfangen; er erneuert seinen Dank und sein Gebet für die Gemeinde, das die
Ermöglichung neuen Dienstes für sie zum Inhalt hat (3,6–10). Sein ganzes Sein
ist mit ihr verbunden. Ein Gebetswunsch, der stark liturgischen Klang hat,
schließt endlich die große Danksagung ab (3,11–13). Er greift in die Zukunft, in
der das Werk Gottes in der Parusie des Herrn seine Vollendung erfahren wird.

Der entscheidende Inhalt der Danksagung ist die Vergegenwärtigung des Weges der Gemeinde unter dem Evangelium, das ihnen die Boten verkündigt haben[145]. Sie will die Wahrheit dieses Weges bewußt machen, und sie tut es, indem sie ihn als den Weg Gottes ausweist. Das Ziel ist, die Gemeinde auf ihrem
angefangenen Weg, der menschlich gesehen ein heilloser Weg ist, zu bestärken. Um ihn zu gehen, muß ihre Bindung an den Apostel fest und ohne Zweifel sein. Denn eine Zeit, die weder schon ein verbindliches Bekenntnis noch eine den eigenen Glauben reflektierende Schrift kennt, hat nur den Apostel,
dessen Autorität in seiner Erfahrung des Auferstandenen gründet, der ihr
Zeuge und Garant des lebendigen und wahren Gottes ist. Deshalb tritt die Person des Paulus und seine Geschichte mit der Gemeinde so stark in der Danksagung hervor; es ist eine gute, aber von außen angefochtene Geschichte. Dem
Apostel ist alles daran gelegen, daß sie eine gute Geschichte bleibt.

Die Eingangsdanksagung in den paulinischen Briefen hat eine mehrfache
Funktion[146]. Sie hat eine pastorale Aufgabe: Der Apostel wendet sich in Liebe
und Fürsorge der Gemeinde zu. Sie hat eine didaktische Funktion: Durch den
Dank an Gott wird der Gemeinde gezeigt, welches die wesentlichen Elemente
sind, die sie konstituieren, und was Gott an ihr durch Christus getan hat. Sie
hat eine paränetische Aufgabe: Die Erinnerung an das Empfangene und das
Gebet um seine Wahrung und Mehrung impliziert die Aufforderung, solchem
Gotteswerk Raum und Wirkung zu geben. Endlich hat die Danksagung Bedeutung für den ganzen Brief, indem sie seine hauptsächlichen Themen einlei-
tet und anzeigt. Dies letzte beherrscht sie in 1Thess so, daß sie selbst zu einem
Hauptteil des Briefes wird und Gegenstände, die der Briefschreiber mit seinem
Brief behandeln will, selbständig erörtert. Auch wenn daneben die anderen genannten Funktionen in 1Thess 1,2–3,13 erhalten sind, bleibt durch die Ge-
wichtsverteilung und Länge der Danksagung ihre besondere Form in 1Thess

---

[145] Vgl. N. Hyldahl, Die Frage nach der literarischen Einheit des Zweiten Korintherbriefes,
ZNW 64 (1973) 293, der 2Kor 1,12–7,16 als historischen Rückblick (mit apologetischem
Charakter) ansieht und 1Thess 1f vergleicht.
[146] Vgl. O'Brien, Thanksgivings 13–15.262f.

auffällig und singulär[147]. Paulus hat die Briefform der Situation und seiner Reaktion auf sie dienstbar gemacht.

Der zweite Teil des Briefes dient gleichrangig neben dem ersten der Entfaltung des Briefanliegens. Er beginnt, einer bestimmten Form des Anschlusses des Briefkorpus an die Danksagung entsprechend, mit einem *parakalô*-Satz[148] und ist gänzlich parakletischer Art[149]. Er setzt mit dem bittenden Zuspruch ein, in der Lebensführung gemäß dem Willen Gottes beständig und fest zu bleiben (4,1–12). Danach führt er den Zuspruch fort mit der Hinwendung zu Fragen und Aufgaben, die aus der Nähe des Endes dieser Welt und ihrer Geschichte erwachsen (4,13–5,11). Um die gestorbenen Gemeindeglieder darf keine hoffnungslose Trauer herrschen; sie werden in gleicher Weise am Heil teilhaben wie »wir«, die am Tage der Parusie Lebenden (4,13–18). Alle aber sollen auf diesen Tag hin als solche leben, die schon in seinem Lichte wandeln (5,1–11). Der Schlußabschnitt geht in die Paränese über, die auf Besonderheiten der Gemeinde eingestellt ist; sie wird abgeschlossen durch einen Gebetswunsch ähnlich dem 3,11–13, der auf die Vollendung der Gemeinde bei der Parusie blickt und damit der Paraklese das Ziel gibt (5,12–24). Eine Bitte um das Gebet für den Apostel, die Aufforderung zum Gruß mit dem heiligen Kuß, die Verpflichtung, den Brief allen Brüdern vorzulesen, und der Gnadenwunsch schließen das Schreiben ab (5,25–28).

Vor allem bezüglich des zweiten Teils ist die Frage gestellt worden, ob und wieweit in ihm Fragen beantwortet werden, die von der Gemeinde durch einen Brief, den Timotheus mitbrachte, gestellt wurden[150]. Die lockere Folge der behandelten Themen würde sich so zwanglos erklären. Aus dem περί 4,9.13; 5,1 indessen ist eine derartige Vorlage nicht abzuleiten. Denn 4,9 kann die Präposition schwerlich auf eine Frage der Thessalonicher bezogen werden; die Gemeinde braucht über die »Bruderliebe« gerade keine Weisung des Apostels. Und auch zu 5,1 will es nicht gelingen, eine entsprechende Anfrage zu erschließen. Nicht überzeugend ist auch die Annahme, der 1Thess, besonders 5,12–22, reflektiere Spannungen in der Gemeinde, die Paulus durch den vermuteten Brief angezeigt worden seien, der ihn deshalb auch in 1Thess nicht erwähne[151]. Tatsächlich hätte er ihn aber 3,6 neben Timotheus erwähnen müssen, hätte es ihn gegeben[152]. So sind es denn nur die mündlichen Nachrichten durch Timotheus, die hinter den Sätzen des Briefes stehen und die Erörterung bestimmter Themen und die Art ihrer Behandlung angeregt haben.

---

147 Schade, Apokalyptische Christologie 169 stellt dagegen die These: »Nicht 1Th bietet ein ausladendes Proömium, sondern die späteren Briefe bieten z.T. am Anfang Proömien, und diese sind ein 1Th in Kurzform«.
148 Vgl. Bjerkelund, Parakalô 134f.139f.189.
149 Nach Bahr, Subscriptions 36 beginnt mit 4,1 bereits die Subscriptio des Briefes; die Belege aus der antiken Epistolographie für ähnlich lange Briefschlüsse 41 Anm. 64 stammen aber alle von (Kunst-)Briefen Ciceros.
150 Das versucht zu begründen Faw, Writing of First Thessalonians, aufgenommen von Masson 7f; vgl. auch Manson, Paul in Greece 443–446 (= ders., Studies in the Gospels and Epistles, ed. M. Black, Manchester 1962, 274–277); Milligan XXX. Kritisch Dobschütz 19; auch Best 14f.
151 So Masson 8.
152 Vgl. Dobschütz 19.

## IV.  Die Gliederung des 1Thess

Eine Gliederung des Briefes, die immer freilich auch eine Schematisierung der lebendig sich entfaltenden Gedanken darstellt, sieht so aus:

| | | | |
|---|---|---|---|
| A | | 1,1 | Briefeingang |
| B | | 1,2–3,13 | (Eingangs-)Danksagung: Der Weg Gottes mit der Gemeinde und ihrem Apostel |
| | I | 1,2–2,16 | Die Gründung der Gemeinde durch das Evangelium |
| | | 1  1,2–10 | Der Eingangsdank für die Erwählung der Gemeinde |
| | | 2  2,1–12 | Die Wahrheit der Boten des Evangeliums |
| | | 3  3,13–16 | Der Dank an Gott für die Annahme des Gotteswortes |
| | | a) 2,13 | Der Dank |
| | | b) 2,14–16 | Das Zeichen der Annahme: Das Leiden |
| | II | 2,17–3,13 (3,10) | Die Bewährung der Gemeinde in der Trennung von ihrem Apostel |
| | | 1  2,17–20 | Das Verlangen des Apostels nach seiner Gemeinde |
| | | 2  3,1–5 | Die Sendung des Timotheus als Hilfe für die Gemeinde und ihren Apostel |
| | | 3  3,6–10 | Die Freude und der Dank über die Bewährung der Gemeinde |
| | (III) | 4  3,11–13 | Der abschließende Gebetswunsch um die Führung Gottes bis zur eschatologischen Vollendung |
| C | | 4,1–5,24 | Der Zuspruch |
| | I | 4,1–12 | Das Leben unter dem Anspruch des Gotteswillens |
| | | 1  4,1–8 | Die Heiligung als Enthaltung von Unzucht und Habgier |
| | | 2  4,9–12 | Die Bruderliebe und das geordnete Leben |
| | II | 4,13–5,11 | Das Leben angesichts der Hoffnung auf den Tag des Herrn |
| | | 1  4,13–18 | Die Gewißheit des Heils für die Toten |
| | | 2  5,1–11 | Das Leben im Zugriff der Zukunft |
| | III | 5,12–24 | Das Leben in der Gemeinschaft und als Gemeinde |
| | | a) 5,12f | Die Anerkennung der Struktur der Gemeinde |
| | | b) 5,14f | Die gegenseitige Annahme der Gemeindeglieder |
| | | c) 5,16–22 | Das geistliche Leben der Gemeinde |
| | | d) 5,23f | Der Gebetswunsch um die Vollendung der Gemeinde |
| D | | 5,25–28 | Briefschluß |

# Kommentar

# A Briefeingang (1,1)

**Paulus, Silvanus und Timotheus an die Gemeinde der Thessalonicher, die durch Gott den Vater und den Herrn Jesus Christus lebt. Gnade sei euch und Friede!**

Der Vers bildet einen eigenen Briefabschnitt, die Zuschrift. Sie ist als Eröffnung der Korrespondenz besonders fest an Formgesetze gebunden. Alle Zuschriften der Paulusbriefe haben die gleiche Form. Sie sind zweigliedrig; ein erster Satz nennt zunächst Absender (im Nominativ) und dann den Empfänger (im Dativ), ein zweiter wünscht »Gnade und Frieden«. Solche Gestaltung schließt sich dem orientalisch-jüdischen Briefformular an[1]. Ist der erste Satz der reichsten Ausgestaltung geöffnet[2], so weist der zweite in der Formulierung des Wunsches einen festen Wortlaut auf[3]: »Gnade sei euch und Friede«. Nie ist ein Verb hinzugefügt, wohl aber in allen späteren Briefen die Quelle der angewünschten Gaben benannt: »von Gott dem Vater und dem Herrn Jesus Christus«[4].

Trotz strenger Formung ist also auch der zweite Satz der Auffaltung fähig. Er ist daher kaum als ganzer übernommen worden als ein liturgischer Satz, der urchristliche Gottesdienste einleitete[5]. Wohl aber ist er gebildet und entwickelt unter dem Einfluß liturgisch geprägter jüdisch-urchristlicher Wendungen.

*Analyse*

Als Absender werden wie gleichrangig durch »und« koordiniert Paulus, Silvanus und Timotheus genannt. Auch sonst erscheinen in den Paulusbriefen Mit-

*Erklärung*

---

[1] Grundlegend erkannt von E. Lohmeyer, Briefliche Grußüberschriften, in: Probleme paulinischer Theologie, Darmstadt 1954, 9–29 (= ZNW 26 [1927] 158–173). Vgl. Dan 3,98 (= 4,1); syrApkBar 78,2; bSanh 11a.b (Goldschmidt VII 36); 1Petr 1,1f; 2Petr 1,1f; 2Joh 1,1–3; Jud 1f; Offb 1,4f. Auch wenn die briefliche Form der nachpaulinischen Episteln von Paulus beeinflußt ist, zeigt die Gestalt der Zuschrift doch deutlich einen breiteren formalen Hintergrund. Das stützt Lohmeyers Vermutung (13), daß die Form des Präskripts sich mehr an die Form des amtlichen als an die des privaten Briefes anlehnt. Vgl. auch Schlier 14; Wiles, Intercessory Prayers 112f.

[2] Vgl. bes. Röm 1,1–7a (s. dazu Wilckens, Römer I 56).

[3] Einschließlich Kol und Eph; anders indessen die Past.

[4] Die Abweichungen sind aufschlußreich. In 2Thess 1,2 fehlt (noch) das ἡμῶν (vgl. dazu Trilling, 2. Thessalonicher 37 Anm. 53); Kol 1,2 nennt nicht Christus (»richtig« wieder Eph 1,2!); Past bilden die Formel um. Gal 1,4 entfaltet, wohl im Vorblick auf die Briefsituation, gedrängt die Bedeutung Christi.

[5] So vermutet Lohmeyer, Grußüberschriften (s.o. Anm. 1) 14; dagegen mit Recht G. Friedrich, Lohmeyers These über das paulinische Briefpräskript kritisch beleuchtet, in: Auf das Wort kommt es an, hrsg. J. H. Friedrich, Göttingen 1978, 103–106 (= ThLZ 81 [1956] 343–346).

absender[6], unter denen besonders Timotheus herausragt[7]. Aber nur in den beiden Thessalonicherbriefen und in Phil 1,1 stehen die Absender so gleichberechtigt nebeneinander. Gleichwohl muß zwischen Mitabsender und Mitverfasser unterschieden werden. Verfaßt sind die Briefe von Paulus allein[8]. Wohl aber müssen wir annehmen, daß er sich des Einverständnisses der Mitabsender mit seinem Brief sicher wußte, sie ihn auch mit ihrer Autorität deckten[9]. Mit unserem Brief tritt die gemeindegründende Gruppe erneut vor die Gemeinde.

Die Nennung des Silvanus vor Timotheus beruht auf seiner selbständigeren Stellung. Trotz gelegentlicher Bestreitung der Identität[10] ist Silvanus der gleiche wie der Silas der Apostelgeschichte[11]. Er gehört nicht zu den Paulusschülern im engeren Sinne. Nach Apg 15,22 wird er Barnabas und Paulus zusammen mit Judas Barsabbas von den Jerusalemern beigegeben bei deren Rückkehr vom »Apostelkonzil« nach Antiochien; sie sind die Überbringer des »Aposteldekrets« (V 30). Lukas bezeichnet sie als »führende Männer unter den (Jerusalemer) Brüdern« (V 22) und sagt, sie seien »Propheten« (V 32). Sie kehren (beide) nach Apg 15,33 nach Jerusalem zurück[12]; dennoch wählt sich Paulus kurz darauf nach der Trennung von Johannes Markus und Barnabas in Antiochien Silas als Begleiter (V 40). Er teilt mit Paulus die Gefangenschaft in Philippi (Apg 16,19.25.29), missioniert mit ihm in Thessalonich (17,4) und muß ebenso wie er nach Beröa ausweichen (17,10). Dort bleibt er gemeinsam mit Timotheus, während Paulus nach Athen weiterzieht (17,14). Von dort ruft Paulus sie zu sich (17,15), aber erst in Korinth treffen sie wieder zusammen (18,5). Von da ab hören wir in Apg nichts mehr über Silas.

Diese Nachrichten sind gewiß nicht gänzlich klar, im ganzen aber wohl zutreffend. Unklar ist insbesondere der Anlaß, dessentwegen Silas nach Antiochien kam, da das »Aposteldekret« nicht mit dem Apostelkonzil in unmittelbarer Beziehung gestanden haben kann[13], sowie die Nachricht von seiner Rückkehr aus Antiochien nach Jerusalem. Auch seine Bezeichnung als »Prophet« gibt zu Fragen Anlaß[14]. Die Beteiligung an der Missionsarbeit in Thessalonich aber wird durch unseren Vers indirekt, seine Anwesenheit in Korinth z.Zt. der Abfassung des Briefes durch 2Kor 1,19 direkt bestätigt. Die Stelle betont seine aktive Beteiligung an der Missionspredigt in Korinth[15]. Seine Nennung auch dort

---

[6]  1Kor 1,1 Sosthenes, Gal 1,2 »alle Brüder, die bei mir sind«. Vgl. Ollrog, Mitarbeiter 183.

[7]  2Kor 1,1; Phil 1,1; Kol 1,1; Phlm 1.

[8]  Vgl. dazu o. 13f.

[9]  Die Mitabsender fehlen denn auch in den Listen der Grüßenden (die freilich 1Thess nicht hat); dagegen Röm 16,21 Timotheus.

[10]  Vgl. z.B. Schenke-Fischer, Einleitung I 43.

[11]  Vgl. Bauer, Wb. s.v. Σίλας; Dobschütz 7f Anm. 3. Bl-Debr-Rehkopf § 125 Anm. 6: Latinisierung und Gräzisierung desselben semitischen Namens (aram. שְׁאִילָא [= hebr. שָׁאוּל]); vgl. auch Rigaux 347; Best 60f. Insgesamt zu den

Mitarbeitern des Paulus Ollrog, Mitarbeiter, zu Silvanus bes. 17–20.

[12]  Der »westliche« Text revidiert das V 34.

[13]  Vgl. Ollrog, Mitarbeiter 18f; G. Schneider, Die Apostelgeschichte II, 1982 (HThK V,2), 189–192 (170f Lit.!); Roloff, Apostelgeschichte 226f.

[14]  Vgl. dazu T. Holtz, Überlegungen zur Geschichte des Urchristentums, ThLZ 100 (1975) 331 Anm. 24.

[15]  Da 2Kor 1,1 nur Timotheus als Mitabsender genannt ist, kann er sich z.Zt. der Abfassung kaum in der Begleitung des Paulus befunden haben.

zwischen Paulus und Timotheus zeigt seine besondere Stellung zwischen ihnen beiden. Der doppelte Name, unter dem er begegnet, macht ihn als Gräco-
Palästinenser wahrscheinlich[16]. Sein Weg nach Antiochien und als Missionar
an der Seite des Paulus zeigt einen aktiven, bedeutenden Mann, an dessen her-
vorgehobener Position schon in der Jerusalemer Gemeinde zu zweifeln kein
Anlaß besteht. Er begegnet ein letztes Mal 1Petr 5,12[17], ohne daß sich erkennen ließe, was hinter dieser Erwähnung steht[18].

Die Annahme, Silvanus sei in gleicher Weise wie Paulus Apostel gewesen[19],
läßt sich zumindest nicht begründen. Sie ist unwahrscheinlich.

Sicher kein Apostel war Timotheus, Sohn einer jüdischen Mutter und eines
heidnischen Vaters (Apg 16,1). Er ist möglicherweise von Paulus bekehrt (1Kor
4,17; Phil 2,22 [1Tim 1,2]) und seit der »zweiten Missionsreise«, soweit wir sehen können, sein ständiger Mitarbeiter[20]. Er hat Paulus offensichtlich nahege-
standen (Phil 2,19–22) und ist mehrfach mit besonderen Aufträgen von ihm
betraut worden (außer 1Thess 3,1f.6 s. 1Kor 4,17; 16,10; Phil 2,19). Trotz seiner
Nennung nach Silvanus war er nicht nur Diener und Gehilfe der beiden zuvor
Genannten[21], sondern unmittelbar an der Missionsverkündigung beteiligt.
Das bezeugt für die alsbald folgende Zeit in Korinth 2Kor 1,19 ausdrücklich
und für die Zeit der Gemeindegründung in Thessalonich seine Nennung als
Mitabsender in 1 und 2Thess sowie 1Thess 3,2f mit hinreichender Deutlich-
keit.

Paulus fügt in beiden Thess[22] weder zu seinem Namen noch zu dem seiner
Mitarbeiter eine nähere Bestimmung hinzu[23]. Das ist singulär[24]. Daß er sich
gleichwohl auch in dieser Situation als Apostel weiß, zeigt 2,7[25]. Das Fehlen
des Titels kann nicht damit zusammenhängen, daß dann auch Silvanus ihn
hätte erhalten müssen[26]. Auch im Phil nennt Paulus sich nicht so. Dort hängt
das mit dem ungestörten Verhältnis zur Gemeinde zusammen. Insofern freilich ist der Tatbestand ein anderer, als Paulus Phil 1,1 sehr wohl eine hervorgehobene Bezeichnung für sich beansprucht; nur ist sie so, daß er auch Timotheus darunter stellen kann.

Die Besonderheit hier erklärt sich daraus, daß die Thessalonicherbriefe nicht
lange nach dem Beginn der selbständigen Missionsarbeit des Paulus geschrie-

---

[16] Vgl. T. Holtz (s.o. Anm. 14) 325f.
[17] Auch hier ist die Identität vorauszusetzen,
gerade weil 1Petr pseudonym ist; vgl. N. Brox,
Zur pseudepigraphischen Rahmung des ersten
Petrusbriefes, BZ NF 19 (1975) 78–96; ders.,
1.Petrus 241; Kümmel, Einleitung 372.
[18] Conzelmann, Geschichte des Urchristentums 140; Ollrog, Mitarbeiter 20 Anm. 62;
auch Brox, 1.Petrus 242f. Eine interessante
These vertritt J. H. Elliott, Peter, Silvanus and
Mark in I Peter and Acts, in: Wort in der Zeit,
FS K. H. Rengstorf, hrsg. W. Haubeck / M.
Bachmann, Leiden 1980, 250–267, bes.
261–265.

[19] Dobschütz 58 Anm. 1; Schmithals, Paulus
und die Gnostiker 135.
[20] Vgl. Ollrog, Mitarbeiter 20–23.
[21] So Dobschütz 8.
[22] Zur Frage der »Echtheit« von 2Thess s.u.
276–278.
[23] Für Timotheus vgl. aber 3,2.
[24] Phil 1,1, wo »Apostel« gleichfalls fehlt, faßt
Paulus sich mit Timotheus unter der Bezeichnung δοῦλοι Χριστοῦ Ἰησοῦ zusammen.
[25] Wirklich auffällig ist das Fehlen von ἀπόστολος in 2Thess (das spricht nicht eben für
deuteropaulinische Abfassung).
[26] So Schmithals, Paulus und die Gnostiker
98. Silvanus war kaum »Apostel«, vgl. o.

ben worden sind, bevor in irgendeiner der von ihm gegründeten Gemeinden
seine Autorität in Frage gestellt worden ist. Noch hat er es nicht erfahren müssen, daß auch den eigenen Gemeinden gegenüber die apostolische Vollmacht
stets neu behauptet werden muß[27].

Empfänger des Briefes ist die »Gemeinde der Thessalonicher«. Nur hier und
2Thess 1,1 ist in der Angabe der Adressaten das nomen gentilicum gebraucht,
sonst der Ort oder bzw. und die Landschaft[28]. Kol 4,16 zeigt, wie natürlich die
hier gebrauchte Ausdrucksweise ist; die später allein angewendete ist freilich
theologisch reflektierter. Die Formulierung 1Thess 1,1 mag bei den Lesern
bzw. Hörern eine direkte Assoziation an den profangriechischen Gebrauch des
Wortes »Gemeinde« (ἐκκλησία) bewirken und so ihre Gemeindeversammlung
als eine öffentliche, von den Mysterienfeiern charakteristisch geschiedene ins
Bewußtsein bringen[29]. Die Traditionsgeschichte des Begriffs weist aber in den
urchristlichen Sprachgebrauch, nicht in den pagan-griechischen Bereich. In
der LXX bezeichnet er die »Gottesgemeinde«. Eine Anknüpfung daran in der
frühen griechisch sprechenden Judenchristenheit bei ihrer Bezeichnung der
Gemeinde der Christusgläubigen ist vorauszusetzen[30]. Indessen nimmt der
Terminus »Gemeinde Gottes« wohl noch direkter einen Sprachgebrauch auf,
der im apokalyptischen Judentum vorgebildet ist[31]; durch ihn bezeichnete sich
schon die früheste Gemeinde in Jerusalem als das endzeitliche Aufgebot Gottes. So artikuliert sich der programmatische Anspruch, daß in dem Zusammenfinden der Christusgläubigen sich das wahre, und das ist zugleich das
neue, eben das eschatologische Gottesvolk konstituiert[32].

Die streng gefügte binitarische Näherbestimmung gehört trotz des Fehlens des
Artikels zu ἐκκλησία[33]. Sie bringt die Bedeutungsbreite des Begriffs noch einmal zur Geltung. Die »Versammlung« der Thessalonicher ist keine beliebige
Vereinigung von Menschen, sondern sie geschieht »im Bestimmtsein[34] durch

[27] Vgl. hierzu auch Rigaux 346. – 2,7 steht
dem gerade nicht entgegen (anders Hainz, Ekklesia 31 Anm. 3). Vgl. dazu ausführlicher u. zu
2,1–12 (bes. 80f).

[28] Phlm 2 liegt wohl geprägte Ausdrucksweise vor, vgl. Stuhlmacher, Philemon 70–75.

[29] So Schlier 15; tatsächlich hat die Vermeidung von συναγωγή zugunsten von ἐκκλησία
wohl auch einen Sinn in dieser Richtung, vgl.
W. Schrage, ThWNT VII 828. Anders Deidun,
Morality 11f, bes. Anm. 33, der die theologische Bedeutung »Volk Gottes« stark unterstreicht.

[30] Kümmel, Kirchenbegriff 19f. Zur Auswahl
von ἐκκλησία anstelle des in der LXX weiteren
Wortes συναγωγή vgl. W. Schrage, ThWNT
VII 827f.

[31] Vgl. 1QM 4,10 (1QSa 1,25); dazu J. Roloff,
EWNT I 1000; P. Stuhlmacher, Gerechtigkeit
Gottes bei Paulus, ²1966 (FRLANT 87), 210f
mit Anm. 2; vgl. aber auch W. Schrage, Ekklesia und Synagoge, ZThK 60 (1963) 178–202; K.

Berger, Volksversammlung und Gemeinde
Gottes. Zu den Anfängen der christlichen Verwendung von »ekklesia«, ZThK 73 (1976)
167–207. F. Hahn, Einheit der Kirche und Kirchengemeinschaft in neutestamentlicher Sicht,
in: F. Hahn u.a., Einheit der Kirche, 1979 (QD
84), 23f: es ist die »Grundlage des Gottesvolkgedankens nicht preisgegeben, aber es wurde
eine neue Komponente mit aufgenommen«,
nämlich aus hellenistischer Sprachtradition
(»Ordnung und Verfassung einer einzelnen
Ortsgemeinschaft«).

[32] Vgl. R. Bultmann, Kirche und Lehre im
Neuen Testament, ZZ 7 (1929) 9–43, 20. Hahn,
Einheit der Kirche (s.o. Anm. 31) 36: Paulus bezeichnet mit ἐκκλησία »die geschichtliche Realität, Gestalt und Aufgabe der Glaubensgemeinschaft als Gottesvolk der Endzeit«.

[33] Vgl. Dobschütz 58.

[34] Das ἐν ist analog seinem Gebrauch in der
Wendung ἐν Χριστῷ usw. zu verstehen. Die
Bedeutung dieses ἐν ist – trotz einer gelegentli

Gott den Vater und den Herrn Jesus Christus«. Außer 2Thess 1,1 begegnet eine solche Aussage bei Paulus nicht wieder. Verwandt ist 2,14; nur ist dort zunächst die auch sonst bei Paulus häufigere, ihm aber schon mit der Tradition vorgegebene Wendung »Gemeinde Gottes« (im Plural) gebraucht, die durch das »in Christus Jesus« erschlossen wird: die Gemeinden, die deshalb Gottesgemeinden sind, weil sie in der Christusgeschichte Jesu Gottes Heilshandeln erfuhren[35]. Hier steht das konstituierende Handeln Gottes und des Christus noch wie nebeneinander. Offenbar ist eine liturgisch geprägte Wendung aufgenommen, die vielleicht eine Funktion bei der Eröffnung des urchristlichen Gottesdienstes hatte. Paulus hat sie später mit dem Segenswunsch verbunden[36]. Die Prädikation Gottes als »Vater« und Jesus Christus als »Herr« findet sich ebenso in der traditionellen Formulierung 1Kor 8,6 und ist damit als geprägt ausgewiesen (vgl. auch 3,11). Wichtig ist, daß sich in der Formulierung nicht »Gott« und »Jesus Christus«, sondern »Gott« und »Herr« entspricht. Die Versammlung der Thessalonicher ist bestimmt durch den Gott, der Vater ist[37], und durch den Herrn, der Jesus Christus heißt. Dabei denkt zumindest Paulus bei »Vater« an Gott als den Vater der Gemeindeglieder, wie die spätere ständige Hinzufügung von »unser« (schon 2Thess 1,1; vgl. auch 1Thess 1,3; 3,11) zeigt[38]. Daß Jesus der Herr der Glaubenden ist, ist Inhalt des elementaren Bekenntnisses κύριος Ἰησοῦς (1Kor 12,3; Röm 10,9).

Der Wunsch von Gnade und Friede für die Empfänger wird lebendig und wirkend bei der öffentlichen Verlesung des Briefes. Er schließt sich an eine jüdische Form an[39]. Daß Paulus das dort geläufige ἔλεος (»Erbarmen«) wegen des Anklangs an χαίρειν in der griechischen Briefzuschrift durch χάρις (»Gnade«) ersetzt, ist unwahrscheinlich[40]. Χάρις gehört zu den wichtigsten Begriffen der paulinischen Sprache[41], ἔλεος aber begegnet auffallend selten bei ihm[42]. Dabei zeigt der Schlußgruß Gal 6,16, daß er die jüdisch geläufige Zusammenstellung von ἔλεος und εἰρήνη (»Frieden«) kennt, sie mithin bedachtsam durch χάρις καὶ εἰρήνη ersetzt. Freilich zeigen Weish 3,9; 4,15, daß χάρις auch im jüdischen Segenswunsch durchaus möglich ist.

Man wird die Bedeutung von χάρις (»Gnade«) nicht von dem sonstigen Sinn des Wortes bei Paulus[43] absetzen dürfen, auch wenn der konventionelle Hori-

---

chen Schematisierung – im ganzen zutreffend bestimmt durch F. Neugebauer, In Christus, Berlin 1961.

[35] S. Best 62. Vgl. auch Gal 1,22; es ist auffällig, daß Paulus gerade bei der Nennung der palästinischen Gemeinden ἐν Χριστῷ (Ἰησοῦ) hinzufügt. – Röm 16,16 wird abkürzende Redeweise vorliegen.

[36] Erweitert um ἡμῶν nach πατήρ.

[37] Zum Fehlen des Artikels vgl. Bl-Debr-Rehkopf § 268,2; zu θεὸς πατήρ vgl. aber auch J. Coppens, Dieu le Père dans la théologie paulinienne, in: La Notion biblique de Dieu, ed. J. Coppens, 1976 (BETL XLI), 331–335.

[38] Bes. Röm 8,14ff; Gal 4,4ff.

[39] Vgl. die Salutatio in dem Trostbrief syrApkBar 78,2 »Erbarmen und Frieden (רחמא ושלמא) sei mit Euch« (nur der Wunsch von »Frieden« Dan 3,98 [= 4,1]; bSanh 11a–b; vgl. weiter W. Foerster, ThWNT II 407, 25ff); Tob 7,11(12)S als (mündlicher) Segenswunsch ἔλεος καὶ εἰρήνη, Weish 3,9; 4,15 χάρις καὶ ἔλεος (τοῖς ἐκλεκτοῖς αὐτοῦ).

[40] Vgl. aber H. Conzelmann, ThWNT IX 384; Wilckens, Römer I 69.

[41] Vgl. H. Conzelmann, ThWNT IX 383.

[42] Nur Röm 9,23; 11,31; 15,9 (vgl. dazu Bultmann, Theologie 283) sowie Gal 6,16.

[43] Vgl. dazu auch Bultmann, Theologie 289–291; Wiles, Intercessory Prayers 110f.

zont etwas abschwächend wirkt. Gemeint ist die bedingungslose Zuwendung Gottes, die in der Christusgeschichte gründet und die das Leben der Christen bestimmt[44]. »Friede« aber benennt den Zustand selbst, der durch die Gnade konstituiert wird, das Leben in heiler Gemeinschaft. Beide Begriffe sind streng auf das Gottesverhältnis bezogen. In allen späteren Briefen wird dieser Bezug durch die Erweiterung des Wunsches verdeutlicht. Die zwei Termini begegnen wieder in dem resümierenden Neuansatz Röm 5,1f. Sie sagen dort an, was die im Glauben ergriffene rechtfertigende Tat Gottes in Christus schafft, nämlich »Frieden«, heile Gemeinschaft mit Gott und Zugang und Stand in der »Gnade«, d.h. in der dauernden Wirkung eben dieses Geschehens selbst. Daß das, was Röm 5,1f als ein »Haben« der Gerechtfertigten beschrieben ist, in dem Segen hier der Gemeinde erst erwünscht ist, darf nicht gegeneinandergestellt werden. Der Mensch hat nicht von sich aus das Heil, sondern stets nur als der von Gott Begnadete.

Zusammen-    Trotz der Nennung von drei Absendern ist es doch Paulus allein, der zu seiner
fassung       Gemeinde spricht. Aber er weiß sein Wort mitverantwortet durch die zwei, die mit ihm in Thessalonich das Evangelium grundlegend verkündigten. Durch ihn reden die Boten des Evangeliums zur Gemeinde. Sein individuell bedingtes Wort ist eine Proklamation des Evangeliums, die die anderen Boten als ihre eigene anerkennen. Individualität meines Wortes und Solidarität mit dem des Bruders gehören in der Verkündigung der Kirche zusammen, soll sie nicht erstarren oder auseinanderfallen.

»Gemeinde« ist die Versammlung der Thessalonicher, weil Gottes Vatersein und das Herrentum Jesu Christi sie konstituieren. Daß die Zuwendung Gottes in Christus sie bestimme, das wünscht ihr der Apostel zu Beginn seiner Anrede. Ohne solche Zuwendung kann keine christliche Gemeinde leben, sie kann sich nicht selbst schaffen.

---

[44]  Vgl. etwa 1Kor 1,4 (auch wegen der bes. Nähe zum Eingangswunsch); Röm 5,2 (dazu auch u.).

# B   (Eingangs-)Danksagung:
# Der Weg Gottes mit der Gemeinde
# und ihrem Apostel (1,2–3,13)

## I.   Die Gründung der Gemeinde durch das Evangelium (1,2–2,16)

### 1.   *Der Eingangsdank für die Erwählung der Gemeinde (1,2–10)*

2 **Wir danken Gott immer für euch alle, <u>indem</u> wir unablässig eurer in unseren Gebeten gedenken. 3 <u>Dabei</u> erinnern wir uns eures Glaubenswerkes, eurer Liebesmühe und eurer Hoffnungsgeduld durch unseren Herrn Jesus Christus vor unserem Gott und Vater; 4 <u>denn</u> wir wissen, von Gott geliebte Brüder, um eure Berufung, 5 <u>daß (nämlich)</u> unsere Evangeliumsverkündigung bei euch nicht allein im Wort geschah, sondern auch in Krafttat, im Heiligen Geist und in großer Fülle; ihr wißt ja selbst, was für Leute wir um euretwillen unter euch waren. 6 Und ihr seid unsere Nachgestalter geworden und die des Herrn, weil ihr das Wort in scharfer Bedrängnis mit der Freude des Heiligen Geistes angenommen habt. 7 Auf diese Weise seid ihr zu einem prägenden Vorbild für alle Glaubenden in Mazedonien und Achaja geworden. 8 Denn von euch erscholl das Wort des Herrn nicht allein in Mazedonien und Achaja, vielmehr an jeden Ort ist die Kunde von eurem Glauben an Gott hinausgedrungen, so daß wir gar nichts (darüber) zu sagen brauchten. 9 Denn sie selbst verbreiten über uns, welchen Eingang wir bei euch hatten und wie ihr euch weg von den Götzen Gott zugewendet habt, mit dem Ziel, dem lebendigen und wahren Gott zu dienen 10 und seinen Sohn vom Himmel her zu erwarten, den er von den Toten auferweckt hat, Jesus, der uns vor dem kommenden Zorngericht bewahrt.**

Das Dankgebet für die Angeredeten gehört zu den fest geformten Bestandteilen der paulinischen Briefe; freilich ist die Formulierung nicht so gebunden wie die der Eröffnung des Briefes[45]. Der 1Thess stellt ein Extrem dar. In ihm kommt <u>die Danksagung erst mit 3,13 zu ihrem endlichen Abschluß</u>[46], nachdem sie – stilgemäß – mit 3,11 in unmittelbare Fürbitte für die Gemeinde übergegangen ist. <u>Sie umfaßt weit mehr als die Hälfte des ganzen Briefes</u>, muß   *Analyse*

---

[45]   Grundlegend Schubert, Form and Function; O'Brien, Thanksgivings.

[46]   S. 2,13; 3,9. Vgl. dazu schon o. Einleitung 29f.

mithin einen wesentlichen Teil seines eigentlichen Inhalts darstellen. Auch in allen anderen Fällen läßt sich zeigen, daß die Eingangsdanksagung sehr sorgfältig auf das Briefanliegen bezogen ist[47]. Paulus erinnert die Gemeinde an ihr Sein und ihr Werden und ihre Geschichte. Er will damit ihr, die trotz der guten Nachricht, die Timotheus über sie brachte (3,6–9), noch der Vervollkommnung im Glauben bedarf (3,10), zur Festigkeit verhelfen. Mit dem Dank für ihre Vergangenheit und Gegenwart soll sie für die Zukunft gebunden werden. Das bedeutet, daß Paulus nicht überhaupt und beliebig seinen Dank formuliert, sondern daß er, hat er die Zukunft der Gemeinde im Auge, von ihr her seine Erinnerung auswählt und gestaltet. Indem er dankbar ausspricht, wie die Gemeinde wurde und ist, sagt er ihr zugleich, wie sie sein soll, und zwar ganz konkret unter den gerade ihr eigenen Bedingungen. Das ist dieser Gemeinde gegenüber in der Form der Danksagung möglich, weil sie erst eine Gemeinde im Werden ist.

Als eine erste, formal und inhaltlich in sich geschlossene Einheit hebt sich innerhalb der Danksagung 1,2–10 heraus. Der Abschnitt beginnt mit den geläufigen Begriffen und Wendungen des paulinischen Dankgebets für die Gemeinde[48] und nennt dann als den fundamentalen Grund des Dankes in einem umfassenden Satz, der eine offenbar traditionelle Trias zur Beschreibung christlicher Seinsweise variiert, das Verhalten der Thessalonicher als Christen (V 3). Er schließt ab mit der ebenfalls traditionelle Elemente aufnehmenden Wiedergabe des Urteils der »Ökumene« über ihren Glauben (V 9–10). Der Mittelteil, der zunächst noch grammatisch über das Partizip εἰδότες V 4 an εὐχαριστοῦμεν V 2 angebunden ist[49], handelt als erstes von dem Geschehen bei der Berufung (V 4f), sodann von dem dadurch in den Angeredeten gewirkten Verhalten (V 6), schließlich von der Wirkung dessen nach außen (V 7f).

**Erklärung 2**    Ebenso wie die Danksagung selbst ist eine gewisse Plerophorie des Ausdrucks bei ihrer Formulierung traditionell. Sie zeigt sich in der Häufung der Ausdrücke für das Gebet selbst wie ebenso in der Betonung der dauernden Beständigkeit des dankenden Gedenkens[50]. Es gehört zum apostolischen Dienst des Pau-

---

[47] Zum Römerbrief vgl. Wilckens, Römer I 76–92; aufschlußreich auch etwa 1Kor 1,4–9 (vgl. dazu R. Baumann, Mitte und Norm des Christlichen, 1968 [NTA NF 5], 30–46, bes. 44ff.282ff; Conzelmann, 1.Korinther 39).

[48] Röm 1,8–10 εὐχαριστῶ τῷ θεῷ . . . περὶ πάντων ὑμῶν . . . ἀδιαλείπτως μνείαν ὑμῶν ποιοῦμαι πάντοτε ἐπὶ τῶν προσευχῶν μου – 1Kor 1,4 εὐχαριστῶ τῷ θεῷ μου πάντοτε περὶ ὑμῶν. – Phil 1,3–4 εὐχαριστῶ τῷ θεῷ . . . μνείᾳ ὑμῶν πάντοτε . . . (ὑπὲρ) πάντων ὑμῶν . . . ποιούμενος. – Kol 1,3 εὐχαριστοῦμεν τῷ θεῷ . . . πάντοτε περὶ ὑμῶν (προσευχόμενοι). – 2Thess 1,3 εὐχαριστεῖν . . . τῷ θεῷ πάντοτε περὶ ὑμῶν. – Phlm 4 εὐχαριστῶ τῷ θεῷ . . . πάντοτε μνείαν σου ποιούμενος ἐπὶ

τῶν προσευχῶν μου.

[49] Erst mit V 6 beginnt ein neuer, selbständiger Satz. Indessen entspricht die grammatische Struktur nicht ganz der Struktur des Gedankens. Sie zeigt den Willen, alles Gesagte mit dem Dankgebet zu verbinden.

[50] Πάντοτε = ἀεί »immer«, vgl. Bl-Debr-Rehkopf § 105. Man darf die Aussage nicht abschwächen, indem man ποιούμενα konditional faßt (vgl. dagegen 1Kor 1,4) und ἀδιαλείπτως auf das Folgende bezieht (so Dobschütz 64; Dibelius 2 sowie die Zeichensetzung bei N[26]); ἀδιαλείπτως gehört auch Röm 1,9 zu μνείαν ποιεῖν und bezieht sich 1Thess 2,13; 5,17 ebenfalls auf das Gebet (vgl. auch Rigaux 361; Best 66).

lus, daß er von seiner Gemeinde nicht gelöst sein kann; die Bindung an sie aber äußert sich in der Wendung zu Gott, die angesichts dieser Gemeinde eine solche steten Dankes ist. So tritt die unauflösliche Verknüpfung des Lebens des Apostels mit seiner Gemeinde hervor[51] wie auch die Gründung der Gemeinde – und damit des Werks des Apostels – allein in Gott. Denn an diesen richtet sich der Dank.

Paulus gedenkt dankend der Gemeinde als ganzer, und damit sind alle ihre Glieder eingeschlossen (»für euch alle«), und er gedenkt ihrer ausdrücklich, nicht nur als eines gleichsam allgemein-anonymen Stückes seines apostolischen Werkes. Μνείαν ποιεῖσθαι[52] meint die konkrete Vergegenwärtigung[53]. Die Gegenwart der Gemeinde im Gebet des Paulus läßt ihn deshalb danken, weil sie ihn daran erinnert[54], wie sie sich als Gemeinde darstellt.

Der Satz, in dem Paulus diese Erinnerung nennt, ist durch die Fülle der kompliziert einander zugeordneten Genitive bestimmt[55]. Unmittelbar von μνημονεύοντες abhängig ist einerseits ὑμῶν, andererseits ἔμπροσθεν τοῦ θεοῦ καὶ πατρὸς ὑμῶν[56]. Zu ὑμῶν tritt als nähere Erläuterung die Dreierreihe ἔργον τῆς πίστεως, κόπος τῆς ἀγάπης, ὑπομονὴ τῆς ἐλπίδος. Das emphatisch vorangestellte ὑμῶν ist also das zusammenfassende Objekt, das im folgenden aufgefaltet wird[57]. Jedenfalls darf das ὑμῶν weder allein auf ἔργον usw. noch allein auf πίστεως usw. bezogen werden, sondern nur auf die Verbindung beider Begriffe, und zwar auf alle. Auch der Genitiv τοῦ κυρίου ... gehört zu allen drei vorangehenden Gliedern, nicht nur zum letzten[58]. Es ist ein adnominaler Genitiv, der mit Bezug auf »Gott« und »Christus« bei Paulus in sehr allgemeiner, d.h. umfassender Weise die Gemeinschaft ausspricht[59], die näher zu bestimmen gerade nicht beabsichtigt ist. Die Genitive zu ἔργον usw. schließlich sind subjektive, näherhin geben sie den Ursprung an.

Paulus gedenkt vor Gott[60] der Thessalonicher, und zwar hinsichtlich der Glaubenswerke, der Liebesmühe und des Hoffnungsharrens, Frucht ihrer Gemeinschaft mit Christus.

Die Charakterisierung des Standes der Thessalonicher, der aus ihrer Gemeinschaft mit Christus reift, variiert eine Trias, die auch sonst begegnet: 5,8; 1Kor

---

[51] Vgl. bes. Phil 1,24–26; 2,16, auch 1Kor 9,(19–)23. Vgl. zur Sache auch Wiles, Intercessory Prayers 181f.

[52] Ob ὑμῶν mit dem »westlichen« und dem Mehrheitstext zu lesen ist, ist schwer zu entscheiden; die Bezeugung spricht dafür.

[53] Vgl. 3,6; Ijob 14,13; Ψ 110,4; (Dtn 7,18;) Jes 32,10; auch z.B. Ez 21,32(37); 25,10; 4Makk 17,8 (von dem Gedächtnis Verstorbener).

[54] Zu μνημονεύειν vgl. Stuhlmacher, Evangelium I 104 Anm. 2.

[55] Vgl. Dobschütz 65 (mit einem übersichtlichen Schema); Marxsen 35f.

[56] Diese Beziehung abgelehnt bei Dobschütz 64.67; Dibelius 3, da es sich nicht um Gebet handele; solche Voraussetzung ist indessen falsch und der Bezug auf ἔργου, κόπου, ὑπο-

μονῆς sachlich schwierig. Vgl. eher Apg 10,4.

[57] Dagegen Dobschütz 65; er räumt aber ein, daß Paulus »etwas derartiges vorgeschwebt haben« mag: »gedenkend eurer, u. zw. eurer Glaubenstätigkeit«.

[58] Vgl. Rigaux 367 (auch zur bes. Art dieses Genitivs).

[59] Vgl. Bl-Debr-Rehkopf § 163 Anm. 1.

[60] Zur Näherbestimmung Gottes als »unser Vater« vgl. Froitzheim, Christologie und Eschatologie 156f (der Name »Gott und Vater« benennt »bei Paulus Gott in seiner spezifischen, eschatologischen Beziehung zur Welt in Christus, dem Sohn«, 157). Zur »Vater«-Anrede im Gebet s. auch Wiles, Intercessory Prayers 55; er betont 175–177 den Gebetscharakter des Satzes.

13,13; Kol 1,4f; vgl. auch Röm 5,1ff[61]; Gal 5,5f (Hebr 10,22–24)[62]. Vielleicht hat
Paulus sie von der frühen Gemeinde übernommen[63]. Jedenfalls ist ihm die
Dreiheit »Glaube, Liebe, Hoffnung« als solche, nicht nur als Teil eines bestimmten Kontextes, geläufig[64]. Die Grundbefindlichkeiten christlichen Seins,
die durch sie benannt sind[65], werden von den Thessalonichern gelebt, indem
ihnen ihre Darstellung in der Welt gelingt. Die Begriffe (ἔϱγον[66], κόπος, ὑπομονή), mit denen Paulus solche Darstellung beschreibt, finden sich auch Offb
2,2[67]. Die Reihung hat durchaus etwas Rhetorisches, so daß ein präzise differenzierender Sinn den einzelnen Wörtern nur schwer abzugewinnen ist. Der
Singular zeigt, daß nicht an einzelne Taten, sondern an das Tun als ganzes gedacht ist. Daß der Glaube wirksam wird, sagt auch Gal 5,6. Wenn dort das
Wirken des Glaubens als ein solches »durch Liebe« bezeichnet wird, so schließt
das eine gleiche Bestimmung des ἔϱγον hier trotz des folgenden Gliedes, das
»Liebe« und »Mühe« einander zuordnet, nicht aus. Denn auch in Gal 5 wird einerseits das »in Liebe dienet einander« als die neue Form der Freiheit, die sich
im Geiste verwirklicht, angesagt (V 13), andererseits aber unter der »Frucht
des Geistes« die Liebe als eine, wenn auch die vornehmste, genannt.
Eher als beim ersten Gliede kann man beim zweiten ein missionarisches Wirken mitgemeint finden[68]. Denn κόπος/κοπιᾶν verbindet Paulus überwiegend
mit dem Werk der Evangeliumsverkündigung[69]. Er mag die überführende
Kraft der sich ganz hingebenden Liebe im Auge haben[70]. Das Tun der Liebe ist
Mühe, aber Mühe, die auf Gewinn hin geschieht, Gewinn nämlich des anderen.
Ebenso wie die beiden parallelen Begriffe ist »Geduld« (ὑπομονή) Bezeichnung
einer aktiven Haltung[71]. Die Hoffnung bewirkt das »Durchstehvermögen«, das
den Christen auszeichnet[72]. Anders als Röm 5,3f ist die Hoffnung der »Geduld« als ihr Grund vorgeordnet. Die Hoffnung, deren Wirklichkeit in Christus der Grund der Gemeinde ist, bewirkt die Festigkeit des Standes auf die

---

[61]   Dazu Conzelmann, 1.Korinther 271.
[62]   Vgl. O. Wischmeyer, Der höchste Weg,
1981 (StNT 13), 147–153; C. Spicq, Agapè dans
le Nouveau Testament II, 1959 (EtB), 365–378
(App. I L'origine de la triade: Foi, Espérance,
Charité).
[63]   S. Rigaux, Vocabulaire 387; Conzelmann,
1.Korinther 271; Schweizer, Kolosser 35 Anm.
53 (dort die Annahme antignostischer Bildung
zu Recht abgelehnt; anders aber Harnisch, Existenz 139f Anm. 38); zurückhaltend Best 67.
[64]   Das wird bes. 5,8 deutlich, da dort πίστις
und ἀγάπη für nur ein Ausrüstungsstück stehen, vgl. auch Kol 1,4f.
[65]   Vgl. zu 1Kor 13,13; dazu Wischmeyer, Der
höchste Weg (s.o. Anm. 62) 155–162.
[66]   Im Plural!
[67]   Vgl. Rigaux, Vocabulaire 388.
[68]   Anders Schlier 19.

[69]   Vgl. F. Hauck, ThWNT III 828f; in 1Thess
siehe 2,9; 3,5, auch 5,12 (vgl. zSt). – 2,9 (vgl.
2Kor 11,27; 2Thess 3,8) zeigt die Verwurzelung
solchen Ausdrucks im tatsächlichen Weg des
Paulus; vgl. auch Ollrog, Mitarbeiter 75.
[70]   Die Belege für κόπος ohne Bezug auf die
missionarische Mühe, Gal 6,17; 2Kor 6,5;
11,23, eignen sich wegen ihrer negativen Bedeutung und weil sie gerade nicht ein Handeln
des Apostels bezeichnen, nicht zur Interpretation.
[71]   Vgl. für das Alte Testament und Judentum
F. Hauck, ThWNT IV 588f. Ψ 70,5 steht das
Wort im synonymen Parallelismus zu ἐλπίς;
vgl. Jes 40,31; Sir 2,14. – TestJos 2,7 (πολλὰ
ἀγαθὰ δίδωσιν ἡ ὑπομονή, vgl. 10,1f). Vgl.
auch Röm 2,7.
[72]   Vgl. auch Wilckens, Römer I 292.

Zukunft hin. Und in der Standhaftigkeit wird die Gewißheit der Hoffnung erfahren; denn sie wirkt ja in ihr.

V 4 führt weiter, warum Paulus betend mit Blick auf die Thessalonicher dankt.   4
Freilich zeigt die gefüllte Anrede, mit der er sich unterbricht, daß ein Neuansatz des Gedankens vorliegt; aber die Gemeinde bleibt weiterhin im Blick, die
Anrede unterstreicht das nur. Nur war in dem ersten Satz von ihrem Stand
(»Glaube, Liebe, Hoffnung«) die Rede, wie er durch sie gegenwärtig verwirklicht wird (»Werk, Mühe, Geduld«), jetzt aber wird von dem Geschehen gesprochen, durch und unter dem sie in solche Bewährung gesetzt ist.

Schon die besondere Form der Anrede zielt darauf ab. Die relative Häufigkeit
der Anrede mit »Brüder« in unserem Brief, nämlich 14mal[73], ist bemerkenswert. Sie entspricht seinem zuwendungsvollen Ton. Die Benennung mit »Bruder« ist von der frühen Gemeinde aus dem Judentum übernommen, das seinerseits damit auf das Alte Testament zurückgreift[74]. Bei Paulus hat sie einen
christologisch gegründeten Sinn; sie ist gefüllt von einem Gedanken her, wie
er ihn Röm 8,29 ausspricht: Christus der Sohn, der Erstgeborene unter vielen
Brüdern[75]. Jedoch wird dieser volle Sinn nicht allemal präsent gewesen sein.
Das ist auch an unserer Stelle nicht der Fall, da andernfalls die erweiternde Zufügung »von Gott Geliebte« kaum so möglich gewesen wäre. Sie ist in genau
dieser Form singulär, am nächsten kommt 2Thess 2,13[76]. Gottes Liebe wendet
sich in besonderer Weise seinen Erwählten zu[77]; end-gültig ist sie in Erscheinung getreten in dem Sterben Christi für die, die noch Sünder waren (Röm
5,8), sie ist durch den Heiligen Geist ausgegossen in die Herzen der aus Glauben Gerechtfertigten (Röm 5,5). Daran, daß sie durch die Liebestat Gottes aufgenommen sind in das universal auf die ganze Menschheit ausgeweitete Gottesvolk, wird die Gemeinde mit solcher Anrede erinnert.

Als Grund des Dankes wird die »Berufung« bewußt gemacht[78]. Denn wie das
Folgende zeigt, blickt ἐκλογή auf das Geschehen, durch das die Erwählung sich
ereignete, Gestalt gewann, wirklich wurde[79].

---

[73] 2Thess 7mal; 1Kor 20mal; Röm 10mal; Gal 9mal; Phil 6mal; 2Kor 3mal (angesichts der letzten Zahl verliert das Fehlen in Kol etwas von seiner Auffälligkeit).

[74] Vgl. H. von Soden, ThWNT I 145. Auch in der griechischen Welt redeten sich Mitglieder religiöser Gemeinschaften so an; vgl. die Belege bei Rigaux 370; Bauer, Wb. s.v. 2 (Sp. 31).

[75] Kaum wird für Paulus eine Tradition wie Mt 23,8 bestimmend gewesen sein.

[76] Vgl. dazu Trilling, 2.Thessalonicher zSt. – Anders ἀδελφοί μου ἀγαπητοί 1Kor 15,58; Phil 4,1 und erst recht ἀδελφοί μου Röm 7,4; 1Kor 1,11; Phil 3,1 u.ö.; diese Formen zeigen noch deutlicher das Zurücktreten des strengen Sinnes der Anrede.

[77] Bar 3,37 (Israel); 2Esr 22,26 (= Neh 13,26) (Salomo); Dan 3,35 (Abraham) usw. Vgl. auch Ab 3,14. – Etwas anders Sir 45,1 über Mose: ἠγαπημένον ὑπὸ θεοῦ καὶ ἀνθρώπων. Von

Israel: Dtn 32,15; 33,5.26; Jes 44,2, vgl. Schlier 109 Anm. 12; s. auch Schlier, Römerbrief 31. Die Erinnerung von Pax, Konvertitensprache 234 an einen »jüdischen Grundsatz« (Midr. R. Num 8,2; Midr. Tanch. § 6), daß Gott die Prose-lyten liebt, führt in die Irre.

[78] Röm 1,(6.)7 und 11,28 (vgl. auch Kol 3,12) zeigen, wie nahe für Paulus der Gedanke an die Liebe Gottes und seine Berufung/Erwählung zusammengehören. Vgl. G. Schrenk, ThWNT IV 184, 38–40.

[79] So Dibelius 4, auch Schlier 20f; gegen Dobschütz 69f. Vgl. auch Rigaux 372: »L'élec-tion et la vocation nous semblent deux facettes d'une même réalité: l'entrée concrète dans la réalisation du plan divin«. Vgl. den differen-zierten Gebrauch von ἐκλογή Röm 11,5.7 ei-nerseits und Röm 9,11; 11,28 andererseits; ἐκλέγεσθαι bei Paulus nur 1Kor 1,27f (in ver-wandter Bedeutung).

5 Schon und gerade da hat sich nämlich unübersehbar gezeigt, was es mit dem Evangelium auf sich hat. Dem Satz V 5 wohnt eine starke Spannung inne: Indem Paulus über das Erwählungsgeschehen im Kontext des Dankes an Gott spricht, redet er von »seinem Evangelium« und davon, wie es sich darstellt, und erinnert die Leser überdies an sein (und seiner Mitarbeiter) Auftreten bei ihnen. Εὐαγγέλιον ist nomen actionis[80], nur von daher erklärt sich die Hinzufügung des ἡμῶν (»unser«)[81]. Denn es gibt nicht mehrere Evangelien, sondern nur das eine[82], das (auch) von ihm verkündigt wird. Es ist also zu verstehen im Sinne von Gal 1,11: »das Evangelium, das von mir als Evangelium verkündigt wird«[83]. Dieses Evangelium stellt sich nicht allein als eine verbale Botschaft dar, sondern als eine Macht, die sich erfahrbar kundtut[84]. Daß solche Erweise an der Person des Verkündigers erfahren werden, unterstreicht das abschließende Sätzchen.

Unausgesprochen, aber gleichwohl tragend ist ein doppelter Gedanke: In der Ausrichtung des Evangeliums handelt Gott, und die Weise, wie das Evangelium in die Erscheinung tritt, zeugt für seinen Inhalt. Beide Gedanken sind für das Verständnis des Paulus von seinem Dienst als Apostel fundamental[85]. Nur deshalb kann Dank an Gott sich begründen in der Erinnerung an solches Geschehen, das nur einen Grund hat, Gottes Handeln, und ein Ziel, die Gewinnung der Gemeinde.

Ist so auch der sachliche Grund des Satzes V 5 sichtbar, so ist damit doch noch nicht erklärt, warum Paulus gerade hier gerade so redet. Daß ihm das Thema, wie durch seine apostolische Predigt das Evangelium nach Thessalonich kam, als solches wichtig ist, zeigt seine Wiederaufnahme zunächst in V 9 und dann in 2,1–12. An dem letztgenannten Abschnitt wird deutlich werden, warum Paulus darauf solchen Wert legt. Es geht, offenbar aus durchaus aktuellem Grunde, um die Autorität des Apostels; denn sie ist unablösbar von der Autorität des Evangeliums[86].

Natürlich ergeht das Evangelium auch »im Wort«, in der verbalen Mitteilung. Das ist sogar die grundlegende Art seiner Vermittlung, Röm 10,14[87]. Aber es erweist sich als mehr denn als bloßes Wort. Einen gleichen Gedanken spricht 1Kor 2,4 aus, nur daß er dort, der Situation entsprechend, polemisch-apologetisch in eine andere Richtung interpretiert ist. Aber der Grundgedanke ist der

---

[80]  Vgl. G. Friedrich, ThWNT II 727. Vgl. Phil 4,3.25; 2Kor 2,12 und Röm 1,1. Stuhlmacher, Evangelium I 259f; G. Strecker, Das Evangelium Jesu Christi, in: Ders. (Hrsg.), Jesus Christus in Historie und Theologie, FS H. Conzelmann, Tübingen 1975, 518 (vgl. auch ders., EWNT II 178) verbinden εὐαγγέλιον mit der »vorpaulinischen Traditionseinheit« 1Thess 1,9f; das ist unwahrscheinlich.

[81]  So auch 2Kor 4,3; 2Thess 2,14; μου: Röm 2,16. Vgl. dazu auch Strecker, Evangelium (s.o. Anm. 80) 524f Anm. 98.

[82]  Gal 1,6f.

[83]  Vgl. 1Kor 15,1; Gal 2,2.

[84]  Zur Redefigur οὐ μόνον . . . ἀλλὰ καί vgl. W. Bujard, Stilanalytische Untersuchungen zum Kolosserbrief als Beitrag zur Methodik von Sprachvergleichen, 1973 (StUNT 11), 106; Kemmler, Faith 156–159 (159 Anm. 51: »climactic rather than adversative«).

[85]  Vgl. einerseits 2Kor 5,20, andererseits 1Kor 2,4; 2Kor 12,12; Röm 15,18.

[86]  Vgl. dazu ausführlicher u. zu 2,1–12; Holtz, Apostel des Christus.

[87]  Vgl. dazu G. Delling, »Nah ist dir das Wort«, ThLZ 99 (1974) 401–412.

gleiche: Mein Wort und meine Botschaft, d. h. das Evangelium, wie es von mir verkündigt wird, ergeht unter dem Erweis des Geistes und der Kraft. Auch dort sind Wort und Kraft nicht antithetisch einander entgegengestellt[88], vielmehr »Weisheitsrede« und Kraft. Daraus ergibt sich, daß »Geist« und »Machterweis« die gleiche Funktion für Paulus haben, wie sie den »überredenden Weisheitsworten« (πειθοῖς σοφίας λόγοις[89]) von anderen zugeschrieben wird, Erweise der Wahrheit des Evangeliums zu sein[90]. Die gleiche Funktion hat die Machttat der »Zeichen und Wunder« und des Geistes, auf die Röm 15,19 als Wirkung Christi im Wort und Werk des Apostels verwiesen wird[91]. Und ebenso gehören hierher die »Zeichen des Apostels«, die »in Zeichen, Wundern und Kräften« ergehen, 2Kor 12,12. Denn auch sie dienen ja nur der Bestätigung der Botschaft[92].

Es geht dabei nicht um die »Wucht der Gedanken«, um »die Macht der Predigt über die Herzen«[93], sondern um Erscheinungen, die von den Zeitgenossen des Apostels als wunderbar und ungewöhnlich erfahren wurden. Welcher Art die Erscheinungen im einzelnen waren, die sich für Paulus und seine Leser mit den drei Begriffen δύναμις, πνεῦμα und πληροφορία verbinden, wissen wir freilich nicht[94]. Man kann fragen, ob sich mit den einzelnen Begriffen überhaupt ganz fest umgrenzte Inhalte verbinden. Besonders schwierig ist πληροφορία[95], durch πολλῇ (»viel«) noch gesteigert. Am besten würde eine aktive Bedeutung passen: (in viel) Vergewisserung[96]. Daß der Empfang des Geistes ein erfahrbares und durch die Glaubenspredigt erfahrenes Geschehen sei, setzt Paulus – in kritischer Situation! – Gal 3,2 voraus. Wie auch immer die Erscheinungsform sein mag, in Thessalonich ist mit dem Evangelium die »Kraft Gottes« am Werke, die nach 2Kor 13,4 Christus und mit ihm Paulus aus der Schwachheit in das Leben stellt.

Der Nachsatz, der die Thessalonicher an ihr Wissen um solches Geschehen erinnert, unterstreicht mit »um euretwillen« (δι᾽ ὑμᾶς) die Richtung des aposto-

---

[88] Anders 1Kor 4,19.

[89] Die Frage des Textes ist hier ohne Belang; vgl. dazu Conzelmann, 1.Korinther 71f.

[90] Die Genitive bei ἀπόδειξις sind also subjektive; vgl. Conzelmann, 1.Korinther 72.

[91] Vgl. Käsemann, Römer 376: »Erfahrung göttlicher Gegenwart in eschatologischen Machttaten«, von Paulus »nicht im mindesten eingeschränkt«.

[92] Vgl. J. Jervell, Der unbekannte Paulus, in: Die Paulinische Literatur und Theologie, hrsg. S. Pedersen, Århus-Göttingen 1980, 40–42. Kemmler, Faith 159–168, will 1Thess 1,5 Erscheinungen sehen, die aus dem Glauben der Thessalonicher resultieren und die für Paulus Teil des Evangeliums seien (vgl. 3,6ff); δι᾽ ὑμᾶς nennt aber nicht den Urheber, sondern den Adressaten.

[93] So Dobschütz 70.

[94] Röm 15,19 ist δύναμις Oberbegriff zu

πνεῦμα, 2Kor 12,12 σημεία καὶ τέρατα nebengeordnet (und entsprechend im Plural).

[95] Das Wort ist nicht häufig, in LXX und verwandter Literatur ebensowenig wie in der klassischen belegt; im NT ferner Kol 2,2; Hebr 6,11; 10,22.

[96] Vgl. Rigaux 378, mit überzeugenden Gründen gegen die subjektive Übersetzung »Gewißheit« (er selbst übersetzt »abondance«; ähnlich G. Delling, ThWNT VI 309); dagegen Best 75f (»conviction«); A.-M. Denis, L᾽apôtre Paul 245 erwägt »persuasion«, 247: »certitude«. Köster, Apostel und Gemeinde 288 Anm. 6: »volle Überzeugung« oder »große Gewißheit«; K. weist 288f das Verständnis als »Wundertaten, d.h. öffentlich sichtbaren Dokumentationen apostolischer Vollmacht« zurück und interpretiert von V6 her auf »die Freude und die Zuversicht in widrigen Umständen« (289).

lischen Wirkens. Die rhetorische Figur des Spiels mit Präpositionen[97] hat erhebliche inhaltliche Bedeutung[98]. Jeder Verdacht wird von vornherein zurückgewiesen, nicht für die Hörer, sondern für sich selbst könnten die Apostel ihr Werk betreiben.

6  Der Duktus des Gedankens bleibt erhalten (s. Analyse). Er geht von der Verkündigung zu ihrem Ergebnis[99]. Die Thessalonicher sind »Nachahmer« des Apostels und des Herrn geworden. Der erläuternde Partizipialsatz[100] präzisiert sogleich, worin sich die Nachahmung darstellt[101]. Dennoch hat die Ansage »ihr seid Nachahmer geworden« auch als ganze ein Gewicht, das zunächst gehört werden will.

Die μίμησις-Vorstellung begegnet bei Paulus nicht eben häufig[102], hat dann aber sachliches Gewicht. Mit Ausnahme von 1 Thess 2,14 bezieht er die »Nachahmung« stets zunächst auf sich, 1 Kor 4,16; 11,1; Phil 3,17; 2 Thess 3,7.9[103]. 2 Thess 3,7.9; 1 Kor 11,1; Phil 3,17 zeigen, daß der Gedanke des Nachgestaltens eines Vorbildes konstitutiv für den »Nachahmer« ist[104]. Er kann indessen auch 1 Kor 4,16 nicht ausgeschieden werden. Denn die »Wege« des Paulus, die Timotheus den Korinthern in Erinnerung rufen soll, sind – trotz des Nachsatzes V 17 – nicht Lehrsätze, sondern es sind die Lebensgesetze des Evangeliums, die an dem apostolischen Weg des Paulus anschaubar und so auch lehrbar werden[105]. Denn in dem Apostel hat für seine Gemeinde das Evangelium Gestalt angenommen. Deshalb bezieht Paulus sowohl in 1 Kor als auch in Phil ähnlich wie an unserer Stelle das Nachgestalten von sich sogleich weiter zurück auf sein eigenes Nachgestalten Christi[106]. Und nur so, vermittelt durch ihn, den Apostel, kann die Gemeinde »Nachfolger« Christi werden. Von einer direkten »Nachfolge Christi« redet Paulus nicht.

Der Punkt, an dem sich erwies, daß die Thessalonicher »Nachgestalter« des Paulus und (über ihn) des Herrn[107] geworden sind, ist nicht schon ihre Annah-

---

[97]  Ἐν vor ὑμῖν vermutlich durch Haplographie in א ACP al ausgefallen.

[98]  Gegen Dibelius 4f.

[99]  De Boer, Imitation 114 verbindet den Gedanken noch ganz eng mit V 4f, der Schluß von V 5 ist dann nur eingeschoben. »The imitation continues ... to be the evidence of the powerful working of the gospel. The ὅτι of vs. 5 is still in control«. Der letzte Satz stellt den vorangehenden freilich in Frage.

[100]  Vgl. dazu und gegen ein lediglich temporales Verständnis von δεξάμενοι Dobschütz 73.

[101]  Schlier 22 versteht das Partizip offenbar kausal.

[102]  Sie ist griechischen Ursprungs, vgl. Betz, Nachfolge 48–136; in LXX bezeichnenderweise nur 4 Makk 9,13; 13,9; vgl. Arist 188.210.281 (Nachahmung Gottes als Grundsatz der Ethik); s. auch W. Michaelis, ThWNT IV 665–668 (der aber für die jüdischen Pseudepigraphen die Orientierung am Gesetz überbetont, 665f).

[103]  Charakteristisch unterschieden Eph 5,1 γίνεσθε ... μιμηταὶ τοῦ θεοῦ. Vgl. dazu die in Anm. 102 genannten frühjüdischen Belege.

[104]  Für 2 Thess und Phil auch von W. Michaelis, ThWNT IV 675 anerkannt.

[105]  Vgl. J. Roloff, Apostolat – Verkündigung – Kirche, Gütersloh 1965, 118f; Laub, Eschatologische Verkündigung 83f.

[106]  1 Kor 4,16 durch τὰς ὁδούς μου τὰς ἐν Χριστῷ (Ἰησοῦ), Phil 3,17 durch συμμμηταί. – Die Sonderstellung, die Schade, Apokalyptische Christologie 115ff der »Nachahmung« in 1 Thess zuschreibt, läßt sich am Text nicht erweisen; vgl. meine Besprechung ThLZ 108 (1983) 122f.

[107]  Καὶ τοῦ κυρίου ist also keine Selbstkorrektur (Dibelius 5, vgl. auch Schulz, Nachfolgen 286) oder Ausdruck der Bescheidenheit (Dobschütz 72), sondern Ausdruck einer notwendigen Beziehung. Vgl. auch Betz, Nachfolge 143f, der aber den Bezug auf die Jesusüber-

me des Wortes[108], sondern daß sie es »in scharfer Bedrängnis mit der Freude
des Heiligen Geistes angenommen« haben. Man muß annehmen, daß die
»scharfe Bedrängnis« mit demjenigen Leiden in Zusammenhang steht, von
dem auch 2,14 – in freilich anderer Ausrichtung des μιμηταί-Gedankens – redet[109]. Davon zu unterscheiden sind die »Bedrängnisse« von 3,3f, da sie erst in
eine spätere Periode gehören. Θλῖψις ist in seiner Verwendung wie im übrigen
Neuen Testament so auch bei Paulus weitgehend von der LXX her geprägt[110].
Bei ihm tritt eine Konzentration auf die eigene apostolische Erfahrung hervor[111], die jedoch nur das Konzentrat der allgemeinen Erfahrung des Christen
ist[112]. Die Peristasenkataloge 2Kor 4,8–12; 11,23–33 geben einen Eindruck davon, wie die »Bedrängnisse« beschaffen waren, die Paulus einschnürten. Natürlich läßt sich sein Erleben nicht auf das Schicksal der Thessalonicher übertragen. Wohl aber wird deutlich, daß er an sehr reale Widerfahrnisse denkt,
wenn er von »Bedrängnissen« redet. Und das ist auch für die Gemeinde in
Thessalonich vorauszusetzen.

Man wird damit rechnen müssen, daß es zu einem wesentlichen Teil soziale
Bedrückungen waren, die die Gemeinde trafen. Das Maß an sozialer Desintegration, das diejenigen auf sich nahmen, die aus der Welt des hellenistischen
Heidentums in die christliche Gemeinde eintraten, ist kaum zu überschätzen.
Es ist vergleichbar der sozialen Desintegration des Judentums in der hellenistischen Diaspora, nur daß dieses eine durch gemeinsame Geburt in sich selbst
sozial festgefügte Gruppe darstellt. Zu solcher gleichsam natürlichen sozialen
Desintegration trat in Thessalonich offenbar von Anfang an die soziale Diffamierung. Daß sie auch je und dann in konkrete Aktion umschlug, ist nicht unwahrscheinlich. Doch können wir darüber nichts Sicheres erkennen.

Die Thessalonicher haben sich durch solche Erfahrung nicht vom Evangelium
abhalten oder abbringen lassen, sie hat sie im Gegenteil mit der Freude des
Heiligen Geistes erfüllt. Indem Paulus sie deswegen als »Nachgestalter« bezeichnet, sagt er noch nicht, daß sie selbst ihr Verhalten als Nachgestaltung
anlegten oder empfanden. Hinsichtlich 2,14 jedenfalls ist das sogar ausgeschlossen[113]. Wohl aber sind sie tatsächlich, »objektiv« Nachgestalter des Paulus und Christi geworden. Solches Verständnis legt sich auch wegen der Näherbestimmung der »Freude« nahe. Denn der Genitiv πνεύματος ist ein geni-
tivus auctoris[114]. Die Freude ist eigentlich gar nicht das eigene Werk der Chri-

---

lieferung zu stark zugunsten des Christuske-
rygmas zurückdrängt.
[108]   So aber W. Michaelis, ThWNT IV 673,
um allein den Gehorsamsgedanken gelten zu
lassen.
[109]   Vgl. dazu u. 102.110f. Zum Zusammenhang beider Stellen Tannehill, Dying 100–109.
[110]   Vgl. dazu H. Schlier, ThWNT III 141f; J.
Kremer, EWNT II 376.
[111]   Bes. in 2Kor; vgl. aber auch Phil 1,17; 4,14
und vor allem Kol 1,24.

[112]   S. Röm 5,3; 8,35f; 12,12; Kol 1,25 (s. dazu
Schweizer, Kolosser zSt); vgl. Wilckens, Römer
I 291, der die apokalyptische Bestimmtheit der
Vorstellung einseitig hervorhebt.
[113]   Vgl. Schulz, Nachfolgen 287.314–316; ferner Tannehill, Dying 103 (»less a matter of
conscious imitation than the result of the power of the gospel«); Baumeister, Anfänge 158f.
[114]   S. Gal 6,22; Röm 14,17; Rigaux 383; Dobschütz 74.

sten, sie ist das Werk des Geistes. Indem sie ihm Raum geben, bilden sie den
Weg des Apostels und Christi nach.

An sich ist der Topos von der Freude im Leiden viel allgemeiner und schon im
Judentum der Zeit vor dem Neuen Testament ausgebildet[115]. Er hat im Neuen
Testament eine breitere Wirkung entfaltet[116] und findet sich in der allgemeinen Form auch 2Kor 6,10; 8,2 (vgl. 7,4). Wenn Paulus hier solche Erfahrung auf
sich und Christus zurückführt, dann deshalb, weil sie ganz präzise im Gotteshandeln, das das Evangelium bezeugt, ihren Grund hat. Dieses Gotteshandeln
ist den Thessalonichern durch den Apostel nicht nur gesagt, sondern gerade in
diesem Punkt sichtbar dargestellt worden[117]. Hinter dem Apostel aber steht
Christus. Daß Paulus sein Leiden mit dem Leiden Christi verbindet, zeigt Gal
6,17; Phil 3,10; Röm 8,17; 2Kor 4,10.14[118]. Er setzt als selbstverständlich voraus, daß auch Christus seine Leiden in »Freude« erfuhr. An Einzelzüge aus dem
Leben Jesu darf man nicht denken; es geht nicht um einzelne Akte, sondern
um grundsätzliches Verhalten[119].

7   Als Folge solcher Haltung der Gemeinde tritt die Erinnerung an die Wirkungen in den Blick, die von der Gemeinde ausgingen. Sie sind ein τύπος[120], »prä-
gendes Vorbild«[121], geworden. Damit treten sie in die Reihe Christus – Apostel
selbst ein. Denn wie für die Glieder seiner Gemeinde, die seine »Nachgestalter«
sein sollen, Paulus das prägende Vorbild ist (Phil 3,17; 2Thess 3,9), so sind sie es
für alle Glaubenden in Mazedonien und Achaja geworden. Die prägende, »ty-
pisierende« Wirkung kann nicht in dem »Annehmen des Wortes« liegen, da sie
die schon Glaubenden betrifft[122], vielmehr genau dort, worin sie selbst Nachgestalter geworden sind, in der Freude des Geistes, die sie in starker Bedrängnis bewährten, als sie sich selbst dem Evangelium unterstellten. Man wird aus
einem solchen Satz keine Rückschlüsse nach beiden Richtungen ziehen dürfen, also auch auf die Situation der Glaubenden[123], denen die Thessalonicher
zum »Vorbild« geworden sind. Paulus blickt allein auf diese und vergegenwärtigt ihre vorbildliche Wirkung.

Sie erstreckt sich auf die Christen in Mazedonien und Achaja. In diese beiden

---

[115]   S. H. Conzelmann, ThWNT IX 358; W.
Nauck, Freude im Leiden, ZNW 46 (1955)
68–80; 2Makk 7,30; 4Makk 10,20 usw.; vgl.
Baumeister, Anfänge 159 zum Unterschied
zwischen der Tradition und Paulus.

[116]   Vgl. Jak 1,2 und 1Petr 1,6f; 1Petr 2,20–24;
3,17; 4,12–14; H. Conzelmann, ThWNT IX
358f; L. Goppelt, Der erste Petrusbrief, 1978
(KEK XII/1), 299–304.

[117]   S. 2,2; auch die Vertreibung der Verkündiger aus Thessalonich (vgl. Apg 17,5ff; dazu o.
Einleitung, 15f) mag eine entsprechende Haltung des Apostels erfahrbar gemacht haben. S.
auch E. Kamlah, Wie beurteilt Paulus sein Leiden?, ZNW 54 (1963) 217–232 (223f).

[118]   Vgl. Schweizer, Kolosser 85.

[119]   Eher könnte man eine Erinnerung an eine
Überlieferung wie Mt 5,11f/Lk 6,22f erwägen.
Doch ist das natürlich ganz unsicher.

[120]   Es ist mit B D 33 al verss Väter der Singular zu lesen, da Paulus an die Gemeinde als
ganze denkt; s. auch Dobschütz 74; de Boer,
Imitation 116 (mit Anm. 76).

[121]   Vgl. L. Goppelt, ThWNT VIII 249, auch
Marxsen 39.

[122]   Anders Dobschütz 74, da dann eher das
Part Perf zu erwarten wäre; vgl. aber 2,10; Röm
1,16; 3,22; 1Kor 1,21; Gal 3,22 u.ö.

[123]   Der Ausdruck οἱ πιστεύοντες will übrigens ernst genommen werden. Allein das
Glauben macht den Menschen zum Christen,
aber eben auch der Glaube. Damit ist der Uni-
versalismus des Evangeliums gegeben.

Provinzen war Griechenland durch die römische Herrschaft geteilt worden[124]. Paulus hat den europäischen Teil seines Missionsgebietes im Auge. Daß er ihn nach Provinzen benennt, ist eine Gepflogenheit, der er auch Gal 1,21; Röm 15,19.24.28 (2Kor 1,1) folgt. Sie entspricht seiner Missionsstrategie. Die Gründung und Festigung einer Gemeinde in der Metropole steht für die Gewinnung der ganzen ihr zugehörigen Landschaft; daher kann umgekehrt die ganze Landschaft genannt werden, auch wenn erst in einem (oder einigen) ihrer Zentren Gemeinden sich bilden[125]. Zu Mazedonien gehören an Städten, in denen wir zum Zeitpunkt des Satzes (werdende) Gemeinden annehmen können, Philippi und Beröa[126], zu Achaja Korinth[127].

Indessen geht die Wirkung, die von der Thessalonicher Gemeinde ausstrahlt,   8 über die beispielgebende Haltung der Bewährung ihres Glaubens in der Bedrängnis hinaus. V 8 ist mit γάρ an das Vorangehende angeschlossen; das ist sicher nicht streng begründend, sondern hat weiterführenden Charakter[128], aber doch so, daß ein sachlicher Zusammenhang des Gedankens bewahrt bleibt. Der Satz ist grammatisch insofern etwas schwierig, als bei dem überbietenden Glied Subjekt und Prädikat neu gesetzt werden, wodurch die Überbietung um mindestens einen Teil ihrer Wirkung gebracht ist[129]. Gleichwohl ist nicht durch eine andere Interpunktion zu verbessern[130], der Satz entspricht durchaus dem gelegentlich eigenwillig gehandhabten Stil des Paulus[131]. Es liegt ein Übergang des Gedankens vor. V 7 will zunächst und vor allem von der Wirkung reden, die von der Thessalonicher Gemeinde ausging und ausgeht; V 8 leitet zugleich über zu dem, was die Ökumene über die Gemeinde öffentlich kundtut (V 9f)[132].

Dieses Verständnis setzt voraus, daß das Subjekt in beiden Satzhälften identisch ist[133]. Es ist nur jeweils von einer verschiedenen Seite her gesehen. Der bei Paulus sonst nur noch 2Thess 3,1 begegnende Ausdruck »das Wort des Herrn« bezeichnet die von dem Herrn aufgetragene Botschaft, das Evangelium[134], wofür Paulus sonst – theologisch reflektierter – »das Wort Gottes« oder – als Abkürzung dessen – einfach »das Wort« sagt[135]. Da indessen Inhalt dieser Bot-

[124]  Selbständige Provinz wurde Achaja erst unter Augustus 27 vChr; Makedonien war 146 vChr römische Provinz geworden, Hellas (= Achaja) zunächst als ihr Nebenland dem makedonischen Prokonsul unterstellt; vgl. J. Weiß, RE³ VII 160f; KP 1, 38.
[125]  Vgl. Dibelius 5; Rigaux 385.
[126]  Vgl. 2,2; Apg 16,12–14; 17,10–12; 20,4.
[127]  Vgl. Apg 18,1ff. – Von einer Gemeinde in Athen wissen wir nichts.
[128]  Zu weiterführendem γάρ s. Bauer, Wb. s.v. γάρ 4 (zurückhaltend K.-H. Pridik, EWNT I 573).
[129]  Vgl. die sprachlich korrekte Bildung V 5.
[130]  In den neueren Kommentaren und Ausgaben auch durchweg abgelehnt. Siehe aber

Bornemann 62f, der nach κυρίου ein Kolon setzt (63f eine Übersicht über die Erklärungsmöglichkeiten des Textes).
[131]  Vgl. Bl-Debr-Rehkopf § 458,4b mit Anm. 4.
[132]  Ähnlich Rigaux 385f.
[133]  So auch Schlier 23; anders z.B. Dobschütz 75; Dibelius 5f, die im 1. Glied von Mission, im 2. aber nur von der Bekanntschaft des Glaubens der Thessalonicher geredet sehen; wieder anders Rigaux 387.
[134]  Vgl. Rigaux 160.
[135]  Vgl. H. Ritt, EWNT II 883f. Ὁ λόγος τοῦ κυρίου im NT nur noch 6mal in Apg. Das frühe Judenchristentum bevorzugte aus mehreren Gründen die Form mit θεοῦ

schaft der Kyrios selbst ist, ist der Genitiv zugleich, von der Sache her, ein objektiver.

Dieses vom Herrn aufgetragene und ihn selbst beinhaltende Wort ertönt[136] (nicht nur, aber eben auch) in Mazedonien und Achaja, ausgehend von ihnen, den Christen in Thessalonich[137]. Diejenigen, die es vernehmen, sind die gleichen wie in V 7, die Christen. Das ergibt sich sowohl aus der Parallelität des Ausdrucks, von der her die steigernde Redefigur denn auch entworfen ist, als auch aus der sachlichen Parallelität zu dem »an jedem Ort« (ἐν παντὶ τόπῳ) in dem zweiten Satzglied. Denn hier hat Paulus sicher nicht »alle Welt« vor Augen, sondern die Christen in der Ökumene.

Beide Satzhälften reden mithin von Beziehungen zwischen Gemeinden und Christen, nicht aber die erste Satzhälfte von missionarischen Wirkungen, die von Thessalonich ausgehen[138]. Wohl aber wirkt noch der Gedanke an den »Typos« in ihr nach, und deshalb sagt Paulus zunächst »das Wort des Herrn«. Indem der Glaube der Thessalonicher bekannt wird, ertönt zugleich das Evangelium. Denn »der Glaube an Gott« ist nicht nur eine Haltung, sondern er hat einen Inhalt. Die VV 9b.10 werden ihn sogleich nennen. Indem nun solcher Inhalt, der als Evangelium in Thessalonich lebendig ist, hinausschallt zu anderen Gemeinden, werden sie in ihrem eigenen Glauben gestärkt, wirkt die Thessalonicher Gemeinde als prägende Erscheinung.

Mit der zweiten Satzhälfte überschreitet Paulus den Rahmen Griechenlands. Dadurch tritt der in V 7 auf dieses Gebiet bezogene »Typos«-Gedanke in den Hintergrund, die ökumenische Kenntnis des Glaubens der Thessalonicher ist nun Gegenstand der Aussage. Darin liegt in der Tat eine gewisse Einschränkung[139], die freilich nur eine leichte genannt werden darf. Denn auch die Kenntnis des Glaubens der Thessalonicher ist kein neutrales Wissen; Paulus muß diesen Glauben nur deshalb nicht selber weitersagen, weil ihn die Christen allerorten selbst ansagen. Der Glaube der Thessalonicher ist also von seinem Wesen her eigentlich notwendiger Gegenstand der paulinischen Rede, und zwar gewiß seiner apostolischen Rede[140]. Es handelt sich um einen Gegenstand, der für die Evangeliumspredigt belangreich ist.

Paulus greift mit ἐν παντὶ τόπῳ (»an jedem Ort«) weit aus. Aber der Ausdruck ist stark verkürzt und wirkt dadurch überhöht. Denn gemeint ist er natürlich nur in einer doppelten Einschränkung, nämlich 1. an jedem Ort, an dem Chri-

---

[136] Ἐξήχηω Hapaxlegomenon im NT, in LXX belegt. Freilich sind die zufälligen Belege schwerlich geeignet, die vorgestellte Form des »Erschallens« näher zu bestimmen (vgl. Milligan 12 einerseits und Rigaux 386 andererseits).
[137] Ἀφ' ὑμῶν bezeichnet den Ausgangspunkt; vgl. Bauer, Wb. s.v. ἀπό II 1; ähnlich 1 Kor 14,36.
[138] Anders Schmithals, Paulus und die Gnostiker 134 Anm. 223.224, der daraus Folgerungen für die Abfassungszeit des (der) Briefe(s)

zieht. An aktive Mission kann ohnehin wegen der Formulierung des Satzes nicht gedacht sein.
[139] Das betonen Dobschütz 75; Dibelius 6 (»Selbstkorrektur« ist allerdings unzutreffend).
[140] Vgl. Jervell, Der unbekannte Paulus (s.o. Anm. 92) 30: »Es gehörten . . . zur Verkündigung des Evangeliums – sogar als ein Teil der Verkündigung – Berichte über Personen und Gemeinden, die das Evangelium annahmen.«

sten sind, und 2. bei den Christen an jedem solchen Ort. Aber auch so bleibt die Aussage hyperbolisch kühn. Sie ist freilich nicht singulär, vgl. Röm 1,8; 16,19, ähnlich 2Kor 2,14; Kol 1,6.23. Paulus hat die faktische Richtigkeit dieser Angabe nicht prüfen können; also sollen wir es auch nicht versuchen[141]. Sie hat einen geschichtlich zutreffenden Hintergrund. Er ist in der engen Verbundenheit gegeben, in der die christlichen Gemeinden dieser Zeit lebten. Sie wurde einerseits durch die Verbindung, in der sie immer noch mit der Synagoge standen, andererseits durch die enorme Mobilität der Bevölkerung innerhalb des römischen Reiches ermöglicht oder doch erleichtert[142]. Daher wußten die Gemeinden voneinander und von dem Leben des Glaubens in den einzelnen Gemeinden. Nimmt man in diesem Sinne einen Satz wie den unsrigen ernst, dann kann das erhebliche Konsequenzen für die traditionsgeschichtliche Erhellung der Theologie der frühen christlichen Gemeinden haben.

Hinausgedrungen in alle Welt ist »der Glaube an Gott« (ἡ πίστις ἡ πρὸς τὸν θεόν) der Thessalonicher. Die Formulierung begegnet sonst nicht im Neuen Testament[143], ist aber dennoch wohl vorgeprägt und stammt dann aus dem jüdischen Sprachgebrauch[144]. Gemeint ist die »Hinwendung zu dem in der Verkündigung erschlossenen Gott«[145]. Die starke Hervorhebung der Richtung des Glaubens auf Gott entspricht präzise dem Inhalt der Ansage, mit der die Gemeinden der Ökumene von dem Glaubensgeschehen in Thessalonich künden, VV 9b.10. Zuerst und zuletzt geht es im Evangelium um den rettenden, heilmachenden Gott.

Die Nötigung, vom Glauben der Thessalonicher zu reden[146], gründet nicht in einer Verpflichtung zum Lob dieser Gemeinde. Das schließt schon der Kontext des Eingangsdankes aus. Wenn Paulus davon reden muß, dann um den Gott zu rühmen, der mächtig ist, mit dem Evangelium sich eine Gemeinde zu schaffen. So geschieht es um eben dieses Evangeliums willen, daß von dem Glauben der Thessalonicher die Rede ist[147].

Indem Paulus nennt, was der Inhalt solcher Kundmachung[148] ist, faßt er zu- 9a

---

[141] Das gilt auch hinsichtlich der Erwägungen bei Rigaux 387. Best 81 spricht von »pardonable exaggeration«.
[142] Zur Funktion der Synagoge als Herberge vgl. W. Schrage, ThWNT VII 824, 23–31; für die Wanderbewegung liefern noch immer für das NT Aquila und Priszilla das beste Beispiel; auch Röm 16 (für Zugehörigkeit [zumindest der Grußlisten] zu Röm 1–15 vgl. Ollrog, Abfassungsverhältnisse [s.o. 12 Anm. 18], bes. 235–242); zur Reisetätigkeit vgl. neben Paulus selbst, seinen Mitarbeitern und den ihm nebengeordneten Evangeliumsverkündigern (1Kor 9,5f) etwa die rege Beziehung, die die Korinthische Korrespondenz oder der Philipperbrief zwischen dem Apostel und seiner Gemeinde voraussetzen. Auch eine Episode wie Gal 2,11–13 ist in dieser Hinsicht erhellend.
[143] Phlm 5 mit ἀγάπη verbunden und vom Glauben an Christus.
[144] Vgl. 4Makk 15,24 (τὴν πρὸς θεὸν πίστιν); 16,22 (τὴν αὐτὴν πίστιν πρὸς τὸν θεόν); Philo, Abr 268.271.273.
[145] R. Bultmann, ThWNT VI 205.
[146] Λαλεῖν 2,2.4.16 im prägnanten Sinn »verkündigen« (sonst nicht in 1Thess); vgl. ferner Röm 15,18; 2Kor 2,6f; 3,1; Phil 1,14; Kol 4,3 u.ö.; vgl. auch Schlier 110 Anm. 22.
[147] In solchen Kontext gehören auch die anderen Belege für χρείαν ἔχειν c. Inf bei Paulus, 4,9 und 5,1.
[148] Ἀπαγγέλλειν bei Paulus nur noch 1Kor 14,25, in ähnlicher Bedeutung: ein Urteil laut werden lassen, bekennen; vgl. J. Schniewind, ThWNT I 64–66; I. Broer, EWNT I 31.

sammen, was ihm mit Blick auf das Bekehrungsgeschehen der Thessalonicher wesentlich erscheint. Dabei setzt V 9 zunächst überraschend mit der Themenangabe περὶ ἡμῶν[149] (»über uns«) ein[150]. Sie bezieht sich indessen nur auf den ersten (mit ὁποίαν eingeleiteten) indirekten Fragesatz. Vor πῶς (»wie«) hätte bei korrekter Ausdrucksweise ein περὶ ὑμῶν (»über euch«) gesetzt werden müssen.

Freilich sind auch die Thessalonicher schon in das Geschehen einbezogen, das zunächst an den Apostel gebunden ist. Denn der εἴσοδος, den er bei ihnen hatte, ist der »Eingang, den er bei ihnen fand«[151]. Darin liegen das aktive Moment des Auftretens und das passive der Aufnahme ineinander[152]. Dem apostolischen Auftreten entspricht die Annahme seiner Botschaft. Die Wahrheit des Evangeliums bricht sich Bahn über die Wahrhaftigkeit des mit ihm beauftragten Apostels[153]. Daher auch ist es für die anderen Gemeinden nicht gleichgültig, welchen Eingang Paulus mit seiner Botschaft findet. Denn durch die Gründung von christlicher Gemeinde stellt er sich gültig als Apostel dar[154]. Paulus führt nicht aus, welcher Art der Eingang war, von dem die Gemeinden berichten, er verweist nur auf die Tatsache des Berichtes selbst[155]. Das schließt aber ein, daß der Eingang sich als ein wahrhaft apostolischer erwies. 2,13 wird das in gefüllter Weise aussprechen[156].

9b.10 Mit V 9b wendet sich der Satz dem Geschehen bei den Thessalonichern zu. Die Aussage ist nicht so gemeint, daß sie nur ein Thema nennt (wie V 9a)[157], sie will vielmehr, wenn auch gewiß gerafft, das ganze Bekehrungsgeschehen aussprechen.

In neuerer Zeit ist die Aussage VV 9b.10 traditionsgeschichtlich stark beachtet worden. Dabei wird sie häufig aus dem vorliegenden Zusammenhang gelöst und als ein Zitat angesehen, das Paulus hier eingefügt habe. Und zwar soll sie eine summarisch-kurze Zusammenfassung der »erste(n) Missionsverkündigung (sein), wie sie neu entstandenen Gemeinden bzw. gerade ›bekehrten‹ Christen als erste Überlieferung übergeben zu werden pflegte«, und zwar »nach ihrem Inhalt und der Reihenfolge ihrer Topoi«[158]. Damit verwandte Tex-

---

[149] Von B al d bo Thdt (aus verständlichen Gründen) in ὑμῶν geändert.
[150] Περί nach Verben der Mitteilung gibt den Inhalt an, vgl. Bauer, Wb. s.v. περί 1a; Bl-Debr-Rehkopf § 229. Vgl. auch 4,9; 5,1. Daher kann man nicht wie Dibelius 6 ἡμῶν dem αὐτοί entgegenstellen und περί im Sinne von ὑπέρ verstehen.
[151] So Bauer, Wb. s.v. εἴσοδος 1.
[152] Vgl. auch Dobschütz 76; Rigaux 389 (betont stärker die aktive Bedeutung). Anders Dibelius 6: passiv »Aufnahme«; Bornemann 66: aktiv »Einzug«; aktivisch auch W. Michaelis, ThWNT V 110: Eingehen, das erste Auftreten.
[153] Entsprechend ist der Kampf um die Geltung des Apostels in 2Kor und Gal nicht ein Kampf um die persönliche Autorität des Paulus, sondern ein solcher um das Evangelium.

[154] Vgl. 1Kor 9,1f (dazu s. Wolff, 1.Korinther 20f). Auch hinter der Wendung Gal 2,9 γνόντες τὴν χάριν τὴν δοθεῖσάν μοι wird eine solche Anschauung sichtbar.
[155] Ὁποῖος ist neutral, vgl. 1Kor 3,13. Anders W. Michaelis, ThWNT V 110.
[156] »Paulus bereitet in Gedanken die Selbstapologie 2,1–13 vor«, Dobschütz 76.
[157] Πῶς ist nicht mehr, wie ὁποίαν, indirekte Fragepartikel, sondern steht für ὅτι, vgl. Bauer, Wb. s.v. πῶς 2a; Bl-Debr-Rehkopf § 396,1 mit Anm. 5. Für ἀπαγγέλλειν πῶς s. Apg 11,13; Lk 8,36.
[158] Wilckens, Missionsreden 81 (vgl. auch 179f). Von Wilckens ist diese Ansicht mit bes. Durchschlagskraft vertreten worden und erfreut sich seitdem weitreichender, fast selbstverständlicher Anerkennung und Übernahme,

te, denen gleichfalls das Schema der urchristlichen Missionspredigt zugrunde liegt, findet man in Hebr 6,1 einerseits, Apg 14,15–17 und 17,22–31 andererseits[159].

Indessen gibt es zwischen den genannten Texten und 1,9b.10 so tiefgreifende Unterschiede, daß man keinesfalls von einem ihnen gemeinsam zugrunde liegenden Schema sprechen kann. Nach Hebr 6,1f besteht der bestimmende Anfang der Christusverkündigung in dem Fundament der Umkehr von den toten Werken und dem Glauben an Gott sowie in der Lehre von den »Taufen«, der Handauflegung, der Auferstehung Toter und ewigem Gericht. Die Aufführungen des Textes weisen eine bewußte, wenn auch stilistisch etwas schwierige Gliederung auf[160]. Der Grundlegung durch die Abkehr von den toten Werken und den Glauben an Gott ist die Lehre über bestimmte Grundelemente der Verkündigung beigeordnet. In den ersten beiden Gliedern kann man tatsächlich ein in sich zunächst geschlossenes Geschehen angesagt finden, die grundlegende Bekehrungspredigt. Versteht man nun die »toten Werke« (νεκρὰ ἔργα) als Götzendienst[161], dann begegnet als ihr Inhalt die Umkehrforderung weg von den Götzen hin zu dem Glauben an Gott[162]. Mehr als diese Elemente sind dem »Schema«, wenn man die hier vorliegende Nennung von Topoi so bezeichnen will, nicht zu entnehmen. Apg 14,15–17 ist nur von der »Hinwendung zu dem lebendigen Gott« (ἐπιστρέφειν ἐπὶ θεὸν ζῶντα) (V 15) die Rede; die Abweisung des Götzendienstes erfolgt durch den Kontext. Die Predigt von Apg 17,22–31 endlich verkündigt zunächst Gott und tut sodann aus der verkündigten Art Gottes und der Beziehung des Menschen zu ihm die Abwegigkeit dar, ihn in Gestalt der εἴδωλα, der »(Götzen-)Bilder«, fassen zu wollen. Schließlich ruft sie zur Umkehr. Denn zwar sieht Gott über die bisherige Zeit der Unwissenheit hinweg, aber nun hat er einen Gerichtstag eingesetzt, an dem er Gericht halten wird durch einen Mann, den er dazu durch die Totenauferstehung legitimiert hat[163]. Es geht in ihr mithin allein um das Begreifen Gottes und die Hinwendung zu ihm[164]. Nur um die Notwendigkeit der »Umkehr« zu begründen, wird auf das zukünftige Gericht verwiesen, das in Jesus ergehen wird, der dafür durch die Auferstehung ausgewiesen ist.

Nun redet freilich auch der Satz 1Thess 1,9b.10 zunächst von dem »Hinwenden zu Gott weg von den Götzen(-Bildern)«. Aber dieser Akt ist sogleich auf seine Bedeutung hin entfaltet mittels zweier finaler Infinitive, die koordiniert durch »und« nebeneinandergestellt sind. Die Hinwendung zu Gott ist gesche-

---

vgl. Holtz, »Euer Glaube« 459f. (Ähnlich wie Wilckens auch z.B. Synofzik, Gerichtsaussagen 93–95.)

[159]   Vgl. Wilckens, Missionsreden 81–91.

[160]   Vgl. O. Michel, Der Brief an die Hebräer, ⁶1966 (KEK 13), 238; Wilckens, Missionsreden 83.

[161]   Wilckens, Missionsreden 84 Anm. 2 (von 4Esr 7,119 her kann man das allerdings nicht begründen).

[162]   Sicher ist das indessen nicht. Die Wendung νεκρὰ ἔργα darf nicht losgelöst von Hebr 9,14 verstanden werden (auch dort ist die positive Entsprechung λατρεύειν θεῷ ζῶντι); vgl.

auch 4Esr 7,119 (Did 5,1ff). Es ist allerdings nicht ausgeschlossen, daß die Formulierung eine ursprünglichere Wendung verdeckt, die zur Abkehr vom heidnischen Götzendienst rief.

[163]   Πίστιν παρασχών V 31 bezieht sich auf ᾧ ὥρισεν, vgl. Haenchen, Apostelgeschichte 464 (anders Wilckens, Missionsreden 88: bezieht sich auf ἔστησεν ἡμέραν). – Zu πίστιν παρέχειν »einen Beweis erbringen« vgl. Bauer, Wb. s.v. πίστις 1c, dort Belege.

[164]   Zum Zusammenhang von ἐπιστρέφειν und μετανοεῖν in Texten wie diesem vgl. Wilckens, Missionsreden 180; s. Lk 17,3f; Apg 26,20.

hen, um ihm, dem lebendigen und wahren Gott, zu dienen und auf seinen
Sohn zu warten. Das sind keine nacheinander gedachten Vorgänge[165], weder in
der Glaubenserkenntnis der Thessalonicher noch gar in der Glaubenspredigt
des Paulus, von der übrigens gar nicht die Rede ist. Der Dienst Gottes und das
Erwarten des Gottessohnes Jesus als eschatologischem Retter sind nach unserem Satz mit der Hinwendung zu Gott identisch. Denn diese geschieht um jener willen.

In den verglichenen Texten ist aber allein von der »Hinwendung zu Gott weg
von den Götzen« die Rede, nicht von dem Dienst Gottes und der Erwartung
des Gottessohnes Jesus, welch Dingen allein solche Bekehrung dient. Natürlich kann man mit gutem Grund vermuten, daß die Umkehrpredigt, deren
Schema wir möglicherweise in Hebr 6,1f; Apg 14,15–17 und 17,22–31 begegnen, ebenfalls von dem Dienst des demonstrierten oder proklamierten Gottes
gesprochen hat und ebenso von der eschatologischen Hoffnung in Jesus[166]. Indessen ist das für die Frage nach der traditionsgeschichtlichen Herkunft des
Satzes insofern nicht von Belang, als es dabei um ein gemeinsames »Schema
urchristlicher Missionspredigt« geht, das allen diesen Texten zugrunde liegen
soll. Gerade dieses aber wird nicht sichtbar. Unser Satz behält den verglichen-
en Texten gegenüber sein ganz eigenes Profil.

Auch die verschiedenen Versuche, das Stück aus der urchristlichen Bekenntnistradition
herzuleiten, haben zu keinem überzeugenden Ergebnis geführt[167]. Das gilt etwa von
dem Vorschlag, den Text als »ein Tauflied hellenistischer Heidenchristen« zu begreifen[168], »das aus zwei Strophen mit je drei Verszeilen besteht«[169]. Der Text stellt kein poe-
tisch durchgestaltetes Lied dar[170], mag auch die Sprache in gehobene Redeweise über-
gehen, was nicht zuletzt an der weitgehenden Aufnahme formulierter Wendungen liegen dürfte[171]. Eine Zuweisung vollends dieses »Liedes« an Missionare, die durch die
Theologie der Logienquelle geprägt sind[172], ist willkürlich[173]. Sie beruft sich auf eine an-
gebliche Nähe zu Lk 12,8; Mt 3,7 par sowie auf das Fehlen des Passionskerygmas. Aber
zu Lk 12,8 besteht in V 10 weder eine sprachliche noch eine sachliche Parallelität, die
Nähe zu Mt 3,7 par ist gewiß nicht größer als die zu Röm 5,9, und ein theologisches Be-

---

[165]   So aber Synofzik, Gerichtsaussagen 94
(»eine [zugleich zeitliche] Dreiteilung«).
[166]   Hebr 6,1f ist an letzter Stelle der der
Grundlegung folgenden Elemente der Verkündigung das »ewige Gericht« genannt; Apg 17,31
redet von der eschatologischen Funktion Jesu,
die für die Umkehrenden die des Retters sein
wird (vgl. 10,42).
[167]   Vgl. dazu Holtz, »Euer Glaube« 463–467.
Best 85–87 erkennt »a pre-Pauline statement
of the Church's faith«, das schon eine längere
Vorgeschichte hat; Marxsen 40 verzichtet dagegen auf eine traditionsgeschichtliche Fest-
stellung ganz.
[168]   Friedrich, Tauflied; vgl. auch Eichholz,
Paulus 65.71.

[169]   Friedrich, Tauflied 508; ähnlich bezüglich
der Form Bruce 11 (»two tristichs«).
[170]   Vgl. Stuhlmacher, Evangelium I 265 Anm.
3; Synofzik, Gerichtsaussagen 94 mit 146
Anm. 39.
[171]   Vgl. Rigaux 392: »la forme rejoint la for-
mulation prophétique par petites phrases ou
membres de phrases qui forment un tout et ne
manquent pas de rythme«. Auch Rigaux rechnet mit Aufnahme einzelner, überkommener
Formulierungen, vgl. ders., Vocabulaire.
[172]   Friedrich, Tauflied 514–516.
[173]   Vgl. auch Strecker, Evangelium (s.o. Anm.
80) 518 mit Anm. 71.

denken der Passion ist für unser Stück sowohl von der Auferstehungsaussage als auch von der Erwartung des auferstandenen Gottessohnes Jesus als Retter her sicher vorauszusetzen[174].

Gelingt es so nicht, die Sätze V 9b.10 als im ganzen übernommene und zitierte Tradition zu erweisen[175] und damit in einen bestimmten Deutungshorizont einzustellen, so artikuliert sich in solchen Versuchen doch das zutreffende Empfinden, daß Formulierungen vorliegen, die sich nur schwer in die gewohnte Redeweise des Paulus einordnen lassen. Tatsächlich beansprucht der Apostel, die Kundgabe anderer zu reproduzieren. Natürlich zitiert er nicht direkt. Es ist die Wiedergabe eines allgemeinen Wissens, aber die paulinische Zusammenfassung dessen will doch nur das aufnehmen, was andere sagen. Von der Art der Aussage her ist also damit zu rechnen, daß Sprach- und Vorstellungsmaterial in ihr aufgenommen ist, das nicht auf den spezifischen Sprachgebrauch des Paulus zurückgeht, sondern das weiterer, gleichsam ökumenischer Herkunft ist.

Die Analyse der Wendungen führt in den Sprachbereich, der entscheidend vom hellenistischen Judentum bestimmt ist. Der wichtigste Vergleichstext findet sich in JosAs 54,5–10[176] (= 11,10f): Aseneth spricht sich selbst vor ihrem großen Bußgebet Mut zu: ἀκήκοα δὲ πολλῶν λεγόντων ὅτι ὁ θεὸς τῶν Ἑβραίων θεὸς ἀληθινός ἐστι, καὶ θεὸς ζῶν, καὶ θεὸς ἐλεήμων ... λοιπὸν τολμήσω κἀγὼ ἡ ταπεινή, καὶ ἐπιστρέψω πρὸς αὐτόν, καὶ καταφεύξομαι ἐπ᾿ αὐτόν (»Ich habe viele sagen gehört: Der Gott der Hebräer ist ein wahrer Gott und ein lebendiger Gott und ein erbarmender Gott ... So wage auch ich, die Elende, es und wende mich zu ihm und suche Zuflucht bei ihm.«). Aseneth hatte zuvor unter dem Eindruck der Person des Joseph mit ihren Götzen gebrochen. Noch aber wagt sie nicht, den »Herrn, den Gott des Himmels, den Höchsten und Starken des mächtigen Joseph« anzurufen (54,3f). Aber nun erinnert sie sich an das Bekenntnis anderer Menschen zu dem Gott der Hebräer als einem wahren und lebendigen Gott, der zugleich ein barmherziger und vergebender Gott ist, zumal dem Menschen in Not gegenüber, der aus Unwissenheit sündigte. Aseneth wagt es, sich zu dem Gott zu bekehren, der sich als mächtig erweist in seinen Anhängern, dessen Verehrung aber auch allen Götzendienst ausschließt, weil dieser Nichtigen gilt[177]. Denn er ist ein Gott, der

[174] Vgl. hierzu auch Holtz, »Euer Glaube« 465f.

[175] Das gilt auch für den interessanten Versuch von Cl. Bussmann, Themen der paulinischen Missionspredigt auf dem Hintergrund der spätjüdisch-hellenistischen Missionsliteratur, ²1975 (EHS.T 3), 38–56, das Stück als ein solches der hellenistisch-jüdischen Missionstradition zu erweisen, in die – vorpaulinisch! – die Auferstehungsaussage eingefügt sei. Das ist traditionsgeschichtlich nicht realisierbar, erkennt aber die schließliche Herkunft gewichtiger Aussagen des Textes.

[176] Batiffol; bei M. Philonenko, Joseph et Aséneth, 1968 (StPB 13), 166 fehlt Kap. 11 fast ganz. Der vorläufige Text von Chr. Burchard in: Dielheimer Blätter zum Alten Testament 14 (1979) 17 weicht nur geringfügig ab.

[177] Vgl. 49,3ff die Entgegensetzung: τὸν θεὸν ζῶντα – εἴδωλα νεκρὰ καὶ κωφά (ebenso Burchard 8,5).

sich erbarmt und hilft[178]. Weil dieser Gott sich in der Geschichte von Menschen als mächtig erwiesen hat und als ein solcher bezeugt wird, ist er der »wahrhaftige Gott«, der »lebendige Gott«. Er ist freilich zugleich ein »eifernder Gott« (θεὸς ζηλωτής)[179], der keinen Götzendienst neben sich duldet[180]. Es ist nicht eine monotheistische Predigt, die die Bekehrung bewirkt, sondern das gehörte und erfahrene Zeugnis von der Macht und Hilfe dieses Gottes. Die Hinwendung zu ihm schließt wie selbstverständlich die Trennung von den anderen Göttern ein. Dieser Bekehrungsweg muß im Umkreis der Schrift als typisch empfunden worden sein. Denn Aseneth wird zum Prototyp der Proselyten, 61,9ff[181].

Damit ist nicht in Abrede gestellt, daß es über die eigentlich monotheistische Predigt auch den gleichsam »aufklärerischen« Weg zur Gewinnung von Proselyten gegeben hat[182]. In solcher Tradition stehen offenbar Apg 14,15–17 und 17,22–31.

Ehe die Frage beantwortet werden kann, welcher Bekehrungsweg 1Thess 1,9b.10 im Blick ist, ist der Text als solcher ins Auge zu fassen. Er trägt gänzlich das Gepräge jüdischer Redeweise, selbst noch in dem letzten Teil, der von der christologisch begründeten Hoffnung redet. Ἐπιστρέφειν fand sich JosAs 54,10; LXX[183] und TestXII[184] bereiten solchen Wortgebrauch vor[185]. Εἴδωλον (»Götze«) ist spezifisch jüdischer Sprachgebrauch, den das profane Griechisch nicht kennt[186]. Θεὸς ζῶν καὶ ἀληθινός fand sich ebenfalls bereits JosAs 54,6 (vgl. schon Jer 10,10[187]). Beide Prädikate sind je für sich in der jüdischen Literatur breiter bezeugt[188]. »Δουλεύειν ist in LXX der häufigste Ausdruck für Gottesdienst, und zwar im Sinne totaler Bindung an die Gottheit, nicht etwa im Sinne des gottesdienstlichen Einzelaktes«[189]. In solcher Anwendung erscheint

---

[178] 54,15f: διότι, ὡς ἀκούω, αὐτός ἐστι πατὴρ ὀρφανῶν, καὶ τεθλιμμένων παραθυμία, καὶ τῶν δεδιωγμένων βοητός (Burchard [11,13] hat einen etwas anderen Text).
[179] 53,25 (= 11,7); dieser Zug gehört für JosAs offensichtlich zu den wesentlichen Bestandteilen des Zeugnisses für den »Gott der Hebräer«.
[180] Dem korrespondiert die Verkündigung der Nichtigkeit der Götzen (49,6ff = 8,5), der die Erfahrung der Aseneth bei der Trennung von ihnen entspricht.
[181] Vgl. Stuhlmacher, Evangelium I 261; Philonenko, Joseph et Aséneth (s.o. Anm. 176) 55f.
[182] Ein schönes Beispiel bieten die unechten Sophokles-Verse, die Ps-Hekatäus II in »Über Abraham und die Ägypter« (vgl. dazu N. Walter, Der Thoraausleger Aristobulos, 1964 [TU 86], 189f.195ff; ders., JSHRZ III 2, 149ff) überliefert (Clem Al Strom V, 113,1f [auch Pseud-Justin, De monarchia 2]; Übersetzung bei Walter, JSHRZ III 2, 159f). Diesen Erkenntnisweg hat wohl auch im Auge Philo Quaest in Ex 2,2 (zu Ex 22,21): quae advenae mens, nisi abalienatio a voluntate serviendi multis diis, familia-

ritasque ad unum deum atque in honorem patris universorum.
[183] Das Wort ist hier freilich nicht auf die Bezeichnung der Zuwendung zu Gott beschränkt, sondern umgreift auch den Abfall; sein Gebrauch ist aber deutlich auf das Gottesvolk konzentriert; vgl. G. Bertram, ThWNT VII 723f.
[184] Vgl. TestSeb 9,8; ferner TestJud 23,5; Test Iss 6,3 (Jos 3,10) u.a. (s. Holtz, »Euer Glaube« 474).
[185] In der intertestamentarischen Literatur sonst tritt ἐπιστρέφειν allerdings zurück, vgl. G. Bertram, ThWNT VII 724.
[186] Vgl. F. Büchsel, ThWNT II 375; Rigaux 389f.
[187] Freilich nicht LXX.
[188] ζῶν z.B. JosAs 8,5; Sib 3,763; ἀληθινός Sib fr I 20; III 46. Vgl. Friedrich, Tauflied 511 mit Anm. 38–40.
[189] K. H. Rengstorf, ThWNT II 270; vgl. auch z.B. G. Schneider, Urchristliche Gottesverkündigung in hellenistischer Umwelt, BZ NF 13 (1969) 59–75.

das Wort auch in der juden-griechischen Literatur[190]. Ganz alttestamentlich-jüdisch ist ἡ ὀργὴ ἡ ἐρχομένη[191], was in besonderem Maße noch einmal für ἐρχομένη gilt. Auch der Plural τῶν οὐρανῶν geht auf jüdische Sprechweise zurück[192]. Schließlich kann man vermuten, daß der Gebrauch von ῥύεσθαι und ἀναμένειν gleichfalls dort seinen Ursprung hat[193].

Andererseits läßt sich nicht feststellen, daß die Sprechweise von 1Thess 1,9b.10 in der uns bekannten urchristlichen Überlieferung irgendwo einen besonders charakteristischen, von Paulus unterschiedenen Ort hätte. Ἐπιστρέφειν ist, nach Ausweis von Apg, ein geläufiger Terminus der Bekehrung in der frühen Gemeinde gewesen[194]. Das Wort findet sich auch bei Paulus, 2Kor 3,16; Gal 4,9. In beiden Fällen meint es übrigens nicht eine Hinwendung zum Monotheismus, sondern innerhalb des Monotheismus eine Wendung zu einem anders bestimmten Gottesglauben[195]. Εἴδωλον ist ein Paulus selbstverständlicher Begriff[196]. Θεὸς ἀληθινός sagt er sonst nicht mehr, aber innerhalb der frühchristlichen Überlieferung kennt dieses Prädikat nur die johanneische Tradition[197]. Θεὸς ζῶν ist sowohl neben[198] als auch bei Paulus[199] bezeugt. Wichtig ist die Wendung δουλεύειν θεῷ. Eine direkte Parallele dazu bietet nur Mt 6,24/Lk 16,13[200]. Sonst steht δουλεύειν für den Dienst der Christen im Neuen Testament nur noch Apg 20,19 und bei Paulus, Röm 7,6.25; 14,18; 16,18; Kol 3,24. Die Aussage ὃν ἤγειρεν (ὁ θεὸς) ἐκ (τῶν) νεκρῶν hat ihre nächste sprachliche Parallele Apg 3,15; 4,10[201]; sie steht dort im Dienste des Kontrastschemas: Ihr habt getötet – Gott hat auferweckt. Aber auch Paulus kennt neben dem ihm geläufigeren Bezug der Auferweckungsaussage auf Gott als Subjekt den auf Christus als Subjekt. Sie ist ihm offenbar mit der gemeinchristlichen Tradition zugekommen, Röm 10,9; 1Kor 15,4, ferner Röm 6,4.9; 1Kor 15,12[202]. Zu der Erwartung Christi als Retter vom Himmel findet sich die

---

[190] Jos Ant 7,367; 8,257; TestAss 3,2. Vgl. Rigaux 390.

[191] Zu ὀργή »Gericht« in der Sprache des Judentums vgl. Mattern, Gericht 59; Rigaux 396. Theologisch reflektiert Best 84f.

[192] Vgl. H. Traub, ThWNT V 510 (vgl. 497 Anm. 2).

[193] Im NT ist ῥύεσθαι (trotz Mt 6,13) auffallend selten. (Zum Gebrauch bei Paulus vgl. auch Bussmann, Themen der pln. Missionspredigt [s.o. Anm. 175] 50.) Dagegen bevorzugen Schriften wie JosAs, TestXII in der religiösen Sprache ganz eindeutig ῥύεσθαι vor σῴζειν, vgl. Holtz, »Euer Glaube« 481 mit Anm. 121. – Zu ἀναμένειν, ein Hapaxlegomenon im NT, vgl. TestAss 5,2 (ähnlich 2Cl 19,4).

[194] Vgl. Apg 3,19; (15,3); 9,35; 14,15; 15,19 u.ö.; s. Holtz, »Euer Glaube« 474 Anm. 78.

[195] Vgl. dazu Holtz, »Euer Glaube« 474f.

[196] 7mal bei Paulus (zur Wendung vgl. 1Kor 10,14). Sonst im NT prägnant »Götze« nur Apg 15,20 (wohl vorgegeben) und 1Joh 5,21. Vgl.

auch Best 83. Gleichwohl zählt W. Kramer, Christos Kyrios Gottessohn, 1963 (AThANT 44), 120f εἴδωλον hier zum unpaulinischen Gut.

[197] Joh 17,3; 1Joh 5,20; vgl. Offb 3,7.

[198] Vgl. Mt 16,16; Apg 14,15; 1Tim 3,15; Hebr 3,12 u.ö.

[199] Röm 9,26; 2Kor 3,3; 6,16.

[200] Wohl von δουλεύειν μαμωνᾷ aus gebildet, vgl. TestAss 3,2.

[201] Vgl. auch 13,30.37; 10,40.

[202] Vgl. Froitzheim, Christologie und Eschatologie 79f. – Das Passiv dient jeweils der Umschreibung des Gottesnamens. Den Artikel bei τῶν νεκρῶν kann man übrigens keinesfalls für fest vorgegebene Tradition geltend machen (vgl. Friedrich, Tauflied 505f); vielleicht gehört er gar nicht zum ursprünglichen Text (om. AC al Eus, in N²⁶ in Klammern; vgl. Kramer, Christos Kyrios Gottessohn [s.o. Anm. 196] 17f Anm. 19); er findet sich im NT neben dem sehr breit gestreuten ἐκ νεκρῶν höchst selten, näm-

nächste Parallele Phil 3,20[203], zur Hoffnung auf die endzeitliche Rettung vor
der ὀργή durch Christus Röm 5,9[204]. Besondere Aufmerksamkeit im Zusammenhang der Analyse des Satzes hat der »Sohn«-Titel gefunden, dessen Gebrauch sich traditionsgeschichtlich nur schwer erklären läßt[205]. Von Paulus her
ist sein Gebrauch sehr wohl verständlich. Denn dieser verwendet ihn für die
»gesamte ›Geschichte‹ des Christus von der Präexistenz bis zur Parusie«[206].
Und wenn er bei ihm gegenüber anderen Titeln »unmittelbar die Zusammengehörigkeit des Heilsträgers mit Gott« ausdrückt[207], dann entspricht das genau
dem Duktus der Gesamtaussage, die diesen explizit christologischen Satz enthält[208]. Auch der Gebrauch des Jesus-Namens ist von Paulus her gut erklärlich.
Er ist für ihn »Bezeichnung der Person des Menschen Jesus, der auch der Auf-
erstandene ist«[209]. 1 Thess 4,14; Röm 8,11; 2 Kor 4,14 und ebenso Röm 4,24[210];
2 Kor 4,10f ist der Jesus-Name gleichfalls ohne weitere Ergänzung innerhalb
einer Auferweckungsaussage gebraucht. Solcher Sprachgebrauch war Paulus
also geläufig[211]. Auch an unserer Stelle ist es die Funktion des Auferweckungs-
satzes, den erwarteten Gottessohn mit dem geschichtlichen Menschen identi-
fizierend zu verbinden.

Die Einzelformulierungen unseres Satzes berechtigen trotz ihrer deutlichen
Traditionalität mithin nicht, ihn einer Paulus vorgeformt zugekommenen
Tradition zuzusprechen. Denn es wird kein Traditionsort sichtbar, an dem sich
die Aussagen einigermaßen geschlossen ansiedeln ließen.

Gleichwohl sieht der Blick, der hier Auffälliges innerhalb der paulinischen
Sprach- und Gedankenwelt findet, Richtiges. Das erklärt sich aus der Funktion
des Satzes im paulinischen Kontext. Er gibt die Stimme der Ökumene wieder
und schließt sich dabei der Sprache und der Aussageweise der sich bildenden
christlichen Tradition an[212]. Es ist klar, daß das für Paulus Typische dabei stär-

---

lich mit ἐκ nur Kol 1,18 und Eph 5,14 (aber in
durchaus nicht ohne weiteres vergleichbaren
Wendungen), sonst nur bei Mt 14,2; 27,64;
28,7, aber immer mit ἀπό (17,9 indessen mit ἐκ
und ohne Artikel). Es ist kaum denkbar, daß
Paulus sich durch eine sonst nur in Spuren bezeugte Tradition gegen seinen Sprachgebrauch
den Artikel aufzwingen ließ.
[203]  Vgl. dazu z.B. J. Gnilka, Der Philipperbrief,
1968 (HThK X,3), 20f, der nur für σωτήρ einen
rein terminologischen Anschluß an fremde
Modelle in Betracht zieht.
[204]  Vgl. bes. Schlier, Römerbrief 155.
[205]  Vgl. Holtz, »Euer Glaube« 481 Anm. 128.
Weithin wird vermutet, er habe ein ursprüngli-
ches υἱὸς τοῦ ἀνθρώπου verdrängt. Eine solche Vermutung hängt in der Luft.
[206]  W. G. Kümmel, Die Theologie des Neuen
Testaments nach seinen Hauptzeugen Jesus,
Paulus, Johannes, 1969 (GNT 3), 143; vgl. auch
F. Hahn, Christologische Hoheitstitel, 1963

(FRLANT 83), 292: Gottessohn ist bei Paulus
»umfassender Würdetitel für das gesamte Wirken Christi«.
[207]  Kramer, Christos Kyrios Gottessohn (s.o.
Anm. 196) 189; vgl. schon A. Seeberg, Der Katechismus der Urchristenheit, 1966 (TB 26), 60.
[208]  Vgl. dazu Froitzheim, Christologie und
Eschatologie 56f.
[209]  Kümmel, Theologie (s.o. Anm. 206) 137.
Vgl. auch Bussmann, Themen der pln. Missionspredigt (s.o. Anm. 175) 49 Anm. 37.
[210]  Als Apposition zu Ἰησοῦς freilich hinzugefügt τὸν κύριον ἡμῶν.
[211]  Er geht wohl auf Tradition zurück, vgl.
z.B. Kegel, Auferstehung 13f.
[212]  Vgl. dazu auch Stuhlmacher, Evangelium I
259: Paulus benutzt zwar im einzelnen traditionelle Formulierungen, reproduziert im ganzen »aber sicher nicht eine geläufige Tradition,
sondern bietet zugleich ein Summarium der
von ihm selbst vorgetragenen Verkündigung«.

ker zurücktritt[213], wie denn ja auch ein solcher Satz nicht aus der Antithese, sondern aus der Zustimmung heraus formuliert ist. Diese Einsicht eröffnet die Möglichkeit, in der hier ausgesagten Vorstellung ein gewichtiges Stück frühchristlich-ökumenischen Glaubens zu finden.

Die »Hinwendung« zu Gott geschieht, um dem einen, dem lebendigen und wahren Gott zu dienen. Die Worte, in denen das gesagt wird, sind vom Judentum übernommen; sie reden von dem Gott, den die Gemeinde als den, auf den sich Jesus berief und der in seiner Geschichte handelte, erfahren hatte. Das ist natürlich kein anderer Gott als der, den das Alte Testament und das Judentum der Vergangenheit bezeugte. Aber er ist der Gott, dem die ungläubigen Juden gegenüber ungehorsam geworden sind.

Indem sich die – heidnischen – Thessalonicher Gott zuwandten und sich damit zum Volk Israel und seinen Erben stellten, wandten sie sich zugleich ab von den Götzen. Denn er ist ein »eifernder Gott«[214], zu dem man sich nur als dem »einen Gott« bekennen kann (1Kor 8,4.6, vgl. Röm 3,30). Nicht die theoretische Einsicht in einen Monotheismus[215] führt zur Trennung von den Götzen, sondern die Zuwendung zu dem wahren Gott. Sie geschieht, um ihm zu dienen. Daß damit der umfassende, mit dem Leben vollzogene Gottesdienst gemeint ist, kann nicht zweifelhaft sein; und ebensowenig, daß – nicht nur von Paulus, sondern auch von denen, in deren Namen er formuliert – an den Dienst des in Christus erfahrenen Gottes gedacht ist. Von allem Anfang an war die »Bekehrung« auf den Dienst dieses Gottes ausgerichtet. Röm 7,6 beschreibt gültig – jedenfalls für Paulus und mithin auch für die von ihm bestimmten Gemeinden –, wie sich solcher Dienst vollzieht: »in der Neuheit des Geistes und nicht in der Vergänglichkeit des Buchstabens«. 4,1ff wird über solchen Dienst, soweit er sich im Lebensvollzug darstellt, explizit reden. Es wird dann ausdrücklich auf den Geist verwiesen werden (4,8). Umfassend aber hat schon V 3 mit der auf die Gemeinde hin qualifizierten Trias »Glaube – Liebe – Hoffnung« den Dienst des »christlichen« Gottes benannt.

So kommt nicht erst mit V 10 die Christologie ins Spiel, sie ist seit Beginn des    10
Satzes präsent[216]. In V 10 aber tritt sie in ihrer eschatologischen Bedeutung hervor. Gleichgeordnet neben dem Dienst Gottes steht als Ziel der »Bekehrung« die Erwartung des von den Toten auferweckten Gottessohnes Jesus als Retter aus dem zukommenden Gericht[217]. Wer sich dem im Evangelium proklamierten Gott zuwendet, der gewinnt damit die heilsgewisse Erwartung der

[213]  Zu beachten ist auch der Hinweis von G. Schrenk, Studien zu Paulus, 1954 (AThANT 26), 144, daß zu Unrecht postuliert würde, »der Paulus der Missionspredigt müsse ganz gleich reden wie der Paulus der Gemeindeunterweisung«.

[214]  JosAs 53,25 (= 11,7); (Ex 20,5; 34,14;) vgl. 2Kor 11,2.

[215]  Sie hat Paulus so gar nicht, vgl. 1Kor 8,5.

[216]  Das hat richtig gesehen Froitzheim, Christologie und Eschatologie 134f (134 Anm. 253 auch kritisch gegenüber der Annahme einer vorgegebenen Tradition).

[217]  Vgl. 1Thess 4,13ff. J. Munck, I Thess I.9–10 and the Missionary Preaching of Paul, NTS 9 (1962/63) 95–110 hat durchaus etwas Richtiges gesehen mit seiner Beobachtung, daß hier die folgenden Briefthemen angeschlagen sind, auch wenn sie von ihm überzogen wird.

eschatologischen Rettung durch den Gottessohn Jesus, der sich bezeugt hat als
der, den Gott schon die Schranke des Todes hin zum eschatologisch heilen Leben durchbrechen ließ.

Die »Bekehrung«, die hier bezeugt wird, erfaßt die Gegenwart und die Zukunft in gleicher Weise. Ihr Verhältnis zueinander ist nicht eigens reflektiert,
sie ist aber zusammengebunden in der Einheitlichkeit des Ausgangspunktes.
Die Bekehrung vollzieht sich zwar im Dienste Gottes, der Werk, Mühe und
Geduld bedeutet (1,3) und im »Wandeln« gemäß dem Willen Gottes Gestalt
gewinnen will. Aber nicht dadurch wird das eschatologische Heil gewirkt, sondern es wird erwartet von dem kommenden Retter Jesus, eine Erwartung, die
gleich ursprünglich ist wie der Dienst. Man kann nicht sagen, daß solches Denken dem Evangelium, das Paulus zu verkündigen hat, nicht entsprechen würde.

Es darf als wahrscheinlich gelten, daß ein derartiger Glaube von Anfang an
über die Christuspredigt geweckt worden ist. Wenn man überhaupt von
1Thess 1,9b.10 auf eine Form der Missionspredigt zurückschließen kann, dann
auf eine derartige, die der Missionsweise entspricht, die hinter JosAs sichtbar
wurde. Nicht eine vorlaufende monotheistische Predigt[218], sondern das mit einem ganz bestimmten Inhalt, nämlich der Christusgeschichte, gefüllte Gottes-
zeugnis erweckt den Glauben. Der Glaube der Gemeinde an Gott ist der durch
das Evangelium gegründete Heilsglaube.

Zusammen-
fassung
Das Dankgebet für die Gemeinde bindet diese zugleich an Gott, indem ihr vor
Augen gestellt wird, was an ihr geschah und geschieht. Entscheidend ist, daß
sie ihr Sein in bewährtem Glauben, bewährter Liebe und Hoffnung begreift als
ein gegründetes Sein, das sie christliche Gemeinde bleiben läßt, wie sie es ist.
Sie wird an ihre Anfänge erinnert, daß sie sich dem von Gott selbst bezeugten
Boten, nicht irgendwelchen leeren Reden, ausgeliefert hat. Ihr wird die eigene
Aufgabe bewußt gemacht, die sie den anderen Gemeinden gegenüber wahrnimmt, nachdem sie selbst Nachgestalter der Apostel geworden ist: darzustellen, wie Bedrängnis als Vorgriff der eschatologischen Erfüllung und damit als
Freude erlebbar ist. Und schließlich wird ihr vergegenwärtigt, welches Echo sie
in der Welt findet.

Die Auswahl gerade dieser Themen ist zu präzise, als daß sie zufällig sein
könnte[219]. Ein Vorblick auf 2,1–12 zeigt, daß die Hervorhebung der apostolischen Wirksamkeit einen weiterreichenden Horizont hat. Auch der Hinweis
auf die Bewährung in der »Trübsal« ist getragen von dem Wissen um die Not-

---

218   Sie war weithin wohl auch gar nicht nötig.
»Die ἔθνη in den urchristlichen Gemeinden
der Diaspora dürften weitgehend . . . ›Gottesfürchtige‹ gewesen sein« (Wilckens, Römer I
37f); die »Gottesfürchtigen« aber waren Anrainer der Synagoge, »die . . . den Glauben an den
einen, wahren Gott annahmen« (ebd. 37). Vgl.
ausführlicher W. Schmithals, Der Römerbrief

als historisches Problem, 1975 (StNT 9),
69–82, bes. 74ff (der Anteil der Juden und Proselyten wird freilich größer gewesen sein, als
Sch. zugesteht).
219   Es sind auch die Themen, nicht allein der
Stil, der die Absicht des Schreibers verrät. Das
hat Dibelius 13 übersehen.

wendigkeit des Ertragens weiterer Bedrückung als Signatur der Gemeinde in dieser Welt. Sie geht so den Weg des Apostels und ihres Herrn nach.

Die Bedrückung hat wesentlich die Gestalt der sozialen Desintegration und Diffamierung. Deshalb erinnert der Apostel so nachdrücklich an die Gemeinschaft der christlichen Gemeinden, in die die Thessalonicher durch ihre Hinwendung zum Evangelium aufgehoben sind. Ist auch der soziale Kontakt zu ihren Mitbürgern, die den Schritt in die christliche Gemeinde nicht mitvollzogen, abgebrochen oder gestört, so sind sie dafür nun hineingenommen in die ökumenische Gemeinschaft der Glaubenden, in der ihr Heimatrecht rühmlich bekannt ist.

Schließlich erinnert sie der Apostel mit dem Ruhm, den sie in der Ökumene haben, an ihren Dienst und an ihre Hoffnung. Weil sie selbst sich beidem mit ihrer Hinwendung zu Gott auslieferten, werden sie fest in Beidem stehen. Christliche Gemeinde verdankt sich immer ganz Gott. Das Evangelium, durch das sie gegründet ist, hat sein Tun zum Inhalt, er selbst läßt es Menschen finden, die von ihm erfaßt es glauben und verkündigen. Dank gebührt daher zunächst allein Gott für gelingende Verkündigung ebenso wie für eine gute Gemeinde. Glaube und Liebe und Hoffnung, Gewißheit, Zuwendung und Zukunft, das zu haben und zu leben ist in der Tat keine eigene Möglichkeit des Menschen. Die Unsicherheit, Kommunikationsunfähigkeit und Hoffnungslosigkeit der Menschen um uns herum sind eine bedrückende Erfahrung, die das bestätigt. Das Evangelium will ein Leben ermöglichen, das solche Fesselung des Menschseins aufbricht, hin zum Vertrauen, zur Offenheit für den Mitmenschen und die Zukunft. Nur da wird es überführend bezeugt, wo von solchen Dingen nicht nur geredet, sondern wo solch freies Leben auch gelebt wird. Der Zeuge Christi wird immer auch ein Stück weit Jesus selbst darstellen. Freilich geht das nicht ab ohne das Erleben von Leiden, das aber gerade als Zeichen des Lebens erfahren wird. Nach Paulus gehört das Leiden notwendig zum Leben der Gemeinde und ihrer Glieder; es ist geradezu wesensmäßig mit der Freude verbunden. Hier ist die Gemeinde von heute angefragt. Das gegenwärtig weithin zu beobachtende Streben der Kirche und ihrer Diener nach Konformität mit der Welt und das sofortige laute Lamentieren über Ablehnung oder Angriff ihres Wortes erscheint im Lichte unseres Textes nachdenkenswert.

So deutlich es Gott ist, der Gemeinde und ihr Leben wirkt, so klar ist doch auch, daß Menschen sich zur Gemeinde rufen lassen und ihr Leben geben müssen. Gottes Wirken macht den Einsatz von uns nicht überflüssig, der Glaube will durch uns ins Werk gesetzt sein, die Liebe fordert unsere Mühe heraus, die Hoffnung verlangt uns das Durchhaltevermögen ab. Bedrückung bleibt bedrückend, auch wenn sie sich mit Freude paart. Die Gabe Gottes fordert uns heraus, uns ganz zu geben.

Damit wird die Gemeinde als solche zum Zeugen der Wahrheit und Wirklichkeit des Glaubens. Es ist nicht gleichgültig oder geht gar niemanden etwas an, was in christlicher Gemeinde geschieht; sie fördert oder sie hindert durch ihr Sein und Leben den Lauf des Evangeliums und das Geschick anderer Gemein-

den. Bei aller Lust zum Experiment und zur Erprobung alternativer Lebensformen darf keine Gemeinde diese Verantwortung, die sie für die Ökumene hat, vergessen. Gelingende Gemeinde ist eine mächtige missionarische Kraft.
Der Apostel dankt uneingeschränkt und voll für eine Gemeinde, die wir uns tatsächlich als ganz klein und kümmerlich, unfertig und unsicher vorstellen müssen. Er blickt nicht auf ihre faktische Bedeutungslosigkeit und Schwäche, er sieht nur ihre Begabung. Der weitere Brief zeigt, daß Paulus die andere Seite ihrer Wirklichkeit nicht verdrängt. Aber zunächst und grundlegend hält er sich an das, woraus Gottes Wirken erkennbar wird. Denn daraus allein erwächst Leben und Zukunft. Auch aus solcher Sehweise können wir lernen.

### 2.   *Die Wahrheit der Boten des Evangeliums (2,1–12)*

1 **Ihr kennt ja selbst, Brüder, unsern Eingang bei euch, daß er nicht ins Leere geriet. 2 Vielmehr: Obwohl wir – wie ihr wißt – in Philippi zuvor Leiden erduldeten und mißhandelt wurden, haben wir die Offenheit in Gott gehabt, euch das Evangelium Gottes zu sagen – in scharfem Kampf. 3 Denn unser Zuspruch kommt nicht aus Irrtum oder übler Gesinnung oder Betrug; 4 sondern so, wie wir von Gott für wert befunden sind, das Evangelium anvertraut zu erhalten, so reden wir; nicht als wollten wir Menschen gefallen, sondern Gott, der die Herzen wägt. 5 Denn wir sind damals weder mit Schmeichelrede aufgetreten, wie ihr wißt, noch aus verschleierter Habsucht, Gott ist Zeuge! 6 Auch haben wir nicht die Ehre von Menschen gesucht, weder von euch noch von anderen, 7 obwohl wir in der Lage gewesen wären, gewichtig aufzutreten als Apostel Christi; wir sind vielmehr euch zugewandt in eurer Mitte gewesen! Wie als wenn eine Stillende sich ihrer eigenen Kinder annimmt, 8 so sind wir in liebevoller Zuneigung für euch entschlossen, euch nicht allein am Evangelium Gottes, sondern auch am eigenen Leben Anteil zu geben; denn ihr seid uns lieb geworden. 9 Ihr erinnert euch doch, Brüder, unserer Arbeit und Mühe; wir haben bei euch das Evangelium Gottes verkündigt, indem wir Nacht und Tag gearbeitet haben, damit wir niemandem von euch zur Last fallen. 10 Ihr und Gott seid Zeugen, wie fromm, gerecht und tadellos wir euch, den Glaubenden, gegenüber waren. 11 Wie ihr wißt, sind wir einem jeden von euch wie ein Vater seinem eigenen Kind gegenüber gewesen; 12 wir haben euch Zuspruch gegeben, euch ermutigt und gemahnt, damit ihr würdig des Gottes euer Leben führt, der euch berufen hat in sein Reich und seine Herrlichkeit.**

Die Gliederung des größeren Stückes 2,1–16 ist schwierig[220]. Die Erinnerung Analyse
an den »Eingang« bei den Thessalonichern knüpft an 1,9a an. Sie reicht zunächst einmal bis 2,9. Denn mit V 10 geht der Gedanke zu dem apostolischen
Wirken an den Glaubenden über, steht also nicht mehr – jedenfalls im strengen Sinne – unter dem Thema des »Eingangs«[221]. Gleichwohl liegt kein Einschnitt vor; die Gedankenführung geht ganz selbstverständlich von dem gründenden zu dem fortführenden Wirken über. Zweifellos ist mit V 12 ein rhetorisches Ziel erreicht; entsprechend setzt V 13 neu an. Dennoch stellt sich die Frage, ob V 13 nicht inhaltlich zu 1–12 gehört, ja das Ziel des ganzen Abschnitts
bildet[222].

Tatsächlich greift der Einsatz von V 13 auf das ganze Vorangehende zurück[223].
Indessen ist das sachlich ein so lockerer Anschluß, daß er eher einen inhaltlichen Neuansatz darstellt. In den VV 1–12 spricht Paulus ausschließlich über
sein eigenes apostolisches Wirken, in V 13 aber faßt er allein die Aufnahme des
durch ihn gepredigten Wortes in Thessalonich ins Auge. Natürlich besteht ein
Zusammenhang zwischen beiden Themen, der in der Antithese V 13 »nicht als
Menschenwort, sondern als Gotteswort« anklingt. Aber sie sind doch nicht direkt aufeinander bezogen. Denn dann müßte der Gedanke der sein: Weil ich
als ein von Gott mit dem Evangelium Betrauter bei euch aufgetreten bin, wie
ihr es selbst wißt, deshalb bin ich Gott dankbar, daß ihr das Wort, das ich zu sagen hatte, als Gotteswort angenommen habt.

Die beiden Themen stehen trotz ihrer sprachlichen Verknüpfung gleichrangig
nebeneinander. Die VV 1–12 handeln von dem apostolischen Auftrag und seinem Vollzug, V 13 dankt Paulus Gott dafür, daß die Gemeinde sein Wort als
das genommen hat, was es wirklich ist, nämlich das ihm als Apostel aufgetragene Wort Gottes. V 13 fügt also zwar den Abschnitt VV 1–12 in den Kontext
der Danksagung ein, gehört selbst aber nicht mehr zu ihm hinzu. Vielmehr
muß er mit VV 14–16 zusammengenommen werden, die gleichfalls, wenngleich mit einer weit ausgreifenden Abschweifung, die Thessalonicher zum
Subjekt ihrer Aussage haben.

Die VV 1–12 sind eine Einlage, die zwar nach beiden Seiten mit dem Kontext
verbunden ist, die aber doch in deutlicher Selbständigkeit ihr Thema entfaltet.
Der Ton hat etwas Andringendes. Gleich im Einsatz werden die Angeredeten
betont auf ihr eigenes Wissen um eine Erfahrung mit dem sie Anredenden hin
angesprochen. Dieser Ton setzt sich fort. In V 9 wird ihre Erinnerung an sein
Verhalten aufgerufen; zum Abschluß hin in V 10 werden sie neben Gott zu
Zeugen aufgerufen, und in V 11 wird nochmals an ihr Wissen erinnert. In der
Mitte der Ausführungen, V 5, wird Gott als Zeuge genannt. Die Rede ergeht in

---

[220] Marxsen 28f.43 faßt 2,1–16 zu einer Einheit zusammen, deren Ziel von Anfang an in
den VV 14–16 liegt.

[221] Dobschütz 82 macht denn auch hier einen
Einschnitt: 2,1–9 Das Verhalten des Paulus als
Missionar, 2,10–13 Paulus als Erzieher der
Gläubigen.

[222] Dobschütz 82.

[223] Deshalb kann man keinesfalls, wie Dobschütz 82, V 13 mit V 10–12 zu einer Unterein-
heit neben V 1–9 zusammenfassen. Auch Dobschütz 103 sieht, daß sich V 13 auf »die ganze
Darstellung des eigenen Verhaltens bezieht
2,1–12«.

auffälliger Weise in Antithesen[224], sie ist durch rhetorische Reihungen geprägt[225]. Von daher ergibt sich der Eindruck einer engagierten Beteiligung dessen, der hier spricht, der schon durch die Einsicht in den Charakter des Stückes als Einlage geweckt wird. Er wird sich bei der Interpretation noch verstärken und will für die abschließende Bestimmung der Funktion des Ganzen in gebührender Weise gewürdigt sein[226].

Eine Untergliederung der Verse ergibt dieses Bild: In den VV 1–2 erinnert Paulus grundlegend an seinen »Eingang« in Thessalonich, bezeugt VV 3–4 seine Rede als in Gott gegründete Evangeliumsrede, mißt daran VV 5–9 sein Missions-Wirken in Thessalonich und weist abschließend VV 10–12 auf sein apostolisches Wirken an den Christen in Thessalonich hin.

**Erklärung 1** Paulus kommt auf seinen »Eingang« zurück. Daß er gedanklich an 1,9 anknüpft, zeigt das betont vorangestellte αὐτοί (»ihr selbst«)[227]. Die Wendung »ihr kennt ja selbst« weist nachdrücklich die Angeredeten an sich selbst und ihr Wissen. Der Nachdruck liegt in dem Gegenüber zu den αὐτοί, von denen 1,9 sprach: auch ihr selbst (nicht nur jene). Diese Beziehung fordert für εἴσοδος ein gleichartiges Verständnis an beiden Stellen. Auch hier ist der »Eingang« gemeint, den Paulus gefunden hat, nicht nur sein Auftreten. Es ist apostolisches Auftreten ja ohnehin nur, wenn es Zugang findet. Und eben an sein Wirken als Apostel erinnert Paulus die Gemeinde. Dem entspricht die Richtung, in die er den Blick lenkt: »daß es nicht leer war«. Das Wort κενός (»leer«) ist bei Paulus in gefüllter Weise und in bestimmter Richtung gebraucht[228]. Es steht entweder im Zusammenhang mit seinem Apostolat, ob er zu seiner Erfüllung gelangt[229], oder mit Bezug auf den Glauben, die Gnade, ob sie ein Ziel haben[230]. Dieser gefüllte Gebrauch ist offenbar in LXX vorgebildet. In ihr begegnet εἰς κενόν in bestimmten Verbindungen zur Unterscheidung zwischen dem, was von Gott stammt und was nicht[231].

Indem Paulus die Thessalonicher daran erinnert, daß sein »Eingang« bei ihnen »nicht leer« war, macht er ihnen bewußt, daß er ein gegründeter war, gegründet in Gott. Daher war er auch ein wirksamer, er schafft Gemeinde[232]. Weil die Thessalonicher die Wirkung dieses »Eingangs« erfahren haben, wissen sie um

---

[224] Schon V 1 setzt antithetisch ein; vgl. weiter VV 3f.4.5/7.8.

[225] Dreiergruppen: VV 3.5f.10.12; Zweiergruppen: VV 2.6.9(bis).10.12.

[226] Vgl. zum ganzen Abschnitt Holtz, Apostel des Christus sowie R. F. Collins, Paul, as seen through his own eyes. A Reflection on the First Letter to the Thessalonians, in: LouvSt 8 (1981) 348–381 (= Ders., Studies 175–208).

[227] Es gehört zu den Stileigentümlichkeiten des Briefes; αὐτοὶ γὰρ οἴδατε tritt noch einmal besonders hervor, vgl. 3,3; 5,2, auch 2Thess 3,7 (sonst nicht bei Paulus); s. auch Rigaux 399.

[228] Vgl. C. J. Bjerkelund, »Vergeblich« als Mis-

sionsergebnis bei Paulus, in: God's Christ and His People, FS N. A. Dahl, ed. J. Jervell and W. A. Meeks, Oslo – Bergen – Tromsö 1977, 175–191; M. Lattke, EWNT II 694f.

[229] 1Kor 15,10.14; Gal 2,2; Phil 2,16; 1Thess 2,1; 3,5.

[230] 1Kor 15,14.58; 2Kor 6,1. – Eine Ausnahme macht nur Kol 2,8 κενὴ ἀπάτη (vgl. A. Oepke, ThWNT III 659,34ff; 1Kor 3,18 v.l.).

[231] Vgl. Bjerkelund (s.o. Anm. 228) 179–181. Εἰς κενόν bezeichnet die Situation, »wenn Gott sich zurückgezogen und seinen Segen zurückgenommen hat«, und ist möglicherweise bereits ein fester Terminus (181).

seine Gründung. Gleichwohl führt Paulus ihnen im folgenden noch einmal dringlich die Gründung seines Apostolats und wie er ihr gerecht wird vor Augen.

Der Anschluß von V 2 ist sehr locker. Zwar scheint mit ἀλλά (»vielmehr«), das von der vorangehenden Negation abhängt, zunächst eine sehr enge Verbindung gedacht zu sein[233]. Es wird dann aber nicht entsprechend einem solchen Ansatz fortgefahren, der den »Eingang« als Subjekt voraussetzen würde; vielmehr wird Subjekt des Satzes Paulus selbst[234]. Mit ἀλλά erhebt Paulus eine grundsätzliche Einrede gegen die Möglichkeit, sein Unterfangen in Thessalonich könne ungegründet gewesen sein. Zur Ausführung solcher Einrede aber wechselt er die Blickrichtung. Freilich wird durch die Näherbestimmung »in unserem Gott« eine sachliche Verbindung gewahrt, aber Paulus spricht nun doch über die Art seines eigenen Auftretens.

Auch mit Blick auf dieses denkt er in einer Antithese. Die vorangestellten Partizipien sind konzessiv[235]. Der Apostel kontrastiert seine unmittelbar vorangegangenen Erfahrungen[236] in Philippi mit seiner freimütigen und öffentlichen Evangeliumsverkündigung in Thessalonich. »Wie ihr wißt« zeigt, daß Paulus ein Wissen um seine früheren Widerfahrnisse voraussetzen kann. Der sachliche Ort für die Mitteilung solcher Erlebnisse wird hinter 3,3 sichtbar. Es ist für die Beurteilung der Paulus-Überlieferung (und damit auch des historischen Wertes von Apg) belangvoll, sich gegenwärtig zu halten, daß Paulus selbst, wie unsere Stelle zeigt, in seinen Gemeinden von seinem Weg berichtete. (Gleichwohl darf man natürlich nicht einfach den ganzen Bericht Apg 16,16–39 zur Illustration des hier Gemeinten heranziehen.)

Ob die beiden Begriffe, welche die leidende Erfahrung benennen, etwas je Verschiedenes im Auge haben oder die gleiche Sache von verschiedener Seite her ansprechen, ist schwer zu entscheiden[237]. Zu »mißhandelt« (ὑβρισθέντες) paßt das Apg 16,22–24 berichtete Auspeitschen und Einkerkern gut[238]; vgl. auch Phil 1,30.

Die Leidenserfahrung ist im Dienste der Evangeliumsverkündigung gemacht worden. Obwohl Paulus das nicht ausdrücklich sagt, ergibt sich das aus der antithetischen Stellung zu der Offenheit für die Evangeliumsverkündigung (ἐπαρρησιασάμεθα λαλῆσαι τὸ εὐαγγέλιον). Sie ist nur unter dieser Voraus-

---

232 Κενός hier nicht »erfolglos« oder »kraftlos«, wie Schmithals, Paulus und die Gnostiker 99 (vgl. auch M. Lattke, EWNT II 694) will. Ein weithin von den Kommentaren angenommener direkter Rückbezug auf 1,5 besteht nicht.

233 So versteht denn auch Dobschütz 84: nicht inhaltsleer war sein Einzug, er hatte Großes zu bringen, das Evangelium Gottes; wegen der größeren Anschaulichkeit wende Paulus diesen Gedanken subjektiv.

234 Wegen der Preisgabe der Satzlogik kann man κενός nicht von V 2 her bestimmen wollen; anders Dobschütz 84; Schlier 29.

235 Vgl. Dobschütz 84.

236 Das προ- in προπαθόντες ist rein temporal, vgl. Rigaux 401. Nach W. Michaelis, ThWNT V 924,6f gilt das προ- sachlich auch noch für ὑβρισθέντες.

237 Man beachte die rhetorische Art des ganzen Abschnitts, die Zweierbildung liebt.

238 G. Bertram, ThWNT VIII 305 übersetzt denn auch ὑβρίζειν hier präzise »einer entehrenden Strafe unterziehen«. 2Kor 12,10 ist die Bedeutung »Schmähung« für ὕβρις durchaus naheliegend (anders freilich Bertram 305, 14–16).

setzung sinnvoll. Paulus stellt also das Leiden, das er im Vollzug seines Dienstes am Evangelium erfährt, in einen Gegensatz zur freien Verkündigung eben dieses Evangeliums. Das ist überraschend, da er anderwärts mit andrängender Gewißheit das Wissen ausspricht, daß Bedrängnis und Leiden notwendig zur Existenz des Apostels hinzugehören[239]. Und in 1,6 war dieser Gedanke, noch ausgeweitet auf die Thessalonicher Gemeinde selbst, bereits präsent, um in 3,3f noch einmal nachdrücklich vorgebracht zu werden. Daß auch seine Geschichte in Thessalonich solcher (notwendigen) Erfahrung verhaftet ist, zeigt die abschließende Nennung der Umstände, unter denen sie stand: ἐν πολλῷ ἀγῶνι (»in scharfem Kampf«)[240]. So muß die antithetische Ausdrucksweise, wie sie hier vorliegt, einen besonderen Grund haben. Paulus setzt die Leidenserfahrung als einen persönlich begründeten Lauterkeitsbeweis ein. Nicht die Sache, das Evangelium, wird in ihrer innersten Struktur an dem Geschick des Apostels sichtbar[241], sondern der seinem Auftrag verpflichtete Dienst, dem das persönliche Geschick nichts gilt. Man kann die beiden Wendungen der einen Leidenserfahrung nicht gegeneinander ausspielen, muß aber ihre Verschiedenheit sehen und anerkennen. Dadurch wird gleich an diesen ersten Worten von V 2 sichtbar, daß Paulus eine Apologie seiner Person und seines Dienstes ansteuert.

In Thessalonich hat er, ermächtigt durch seinen Gott[242], das Evangelium Gottes offen heraus verkündigt. An sich heißt παρρησιάζομαι »frei, offen heraus reden«[243]. Gelegentlich wird gleichwohl noch ein Verb des Sagens hinzugefügt, um die Äußerung der Offenheit durch die Form der Rede eigens zu unterstreichen[244]. An unserer Stelle ist die Konstruktion mit dem Infinitiv λαλῆσαι indessen differenzierter. Sie dürfte freilich die gleiche Grundlage haben[245]. Paulus stellt zunächst der vorangehenden Erfahrung in Philippi sein in Gott gegründetes, »offen hervortretendes Reden« in Thessalonich gegenüber, um erst dann mit dem finalen Infinitiv den Zweck anzugeben, dem es dient: der Verkündigung des Evangeliums. Der Ton liegt also ganz auf der bestimmten Art des Redens, die mit παρρησιάζεσθαι bezeichnet ist. Und das entspricht dem

---

[239] Vgl. 2Kor 4,8–12; 6,4–10; 11,23–33; 12,9f; 1Kor 4,9–13; Phil 2,17; Kol 1,24; s. dazu z.B. Bornkamm, Paulus 177–180; Schweizer, Kolosser 82.

[240] Vgl. dazu u. 69f.

[241] So 2Kor 4,10f; 13,4. Vgl. E. Käsemann, Die Legitimität des Apostels, Darmstadt 1956 (Libelli 33) (= ZNW 41 [1942] 33–71), bes. 38–43; E. Güttgemanns, Der leidende Apostel und sein Herr, 1966 (FRLANT 90); auch L. Goppelt, Theologie des Neuen Testaments 2, Göttingen 1976, 427.432f.

[242] Ἡμῶν bei θεῷ entspricht dem μου Röm 1,8; (1Kor 1,4;) 2Kor 12,21; Phil 1,3; 4,19; Phlm 4. Die Zufügung hat ebensowenig exklusiven Sinn wie die gleiche bei εὐαγγέλιον 1,5. Sie verleiht der Nennung Gottes eine nachdrückli-

che Beziehung auf den Sprecher und findet sich daher vorzüglich in der Gebetsanrede.

[243] Vgl. zum Gebrauch des Wortes H. Schlier, ThWNT V 869–884; Rigaux 402f; Denis, L'Apôtre Paul 251–259; W. C. van Unnik, The Christian's Freedom of Speech in the New Testament, in: Ders., Sparsa Collecta 2, 1980 (NT.S 30), 269–289 (weniger ergiebig für 1Thess 2,2: Ders., The Semitic Background of παρρησία in the New Testament, ebd. 290–306).

[244] So Apg 13,46; 26,26; vgl. auch Eph 6,20.

[245] Anders Bauer, Wb. s.v. παρρησιάζομαι 3, der die Bedeutung »den Mut gewinnen, wagen« vertritt. Indessen ist die Analogie zu τολμᾶν doch höchstens eine formale.

Charakter des ganzen Abschnitts, der mehr den Vollzug des apostolischen Dienstes als seinen Inhalt bedenkt[246].

Das Verb begegnet sonst bei Paulus nicht mehr[247]; auch das Nomen, zu dem es gehört, ist nicht gerade häufig. 2Kor 7,4 und Phlm 8 bezeichnet es die im Apostolat gründende Offenheit gegenüber Gliedern der Gemeinde[248], 2Kor 3,12 die Offenheit des christlichen Handelns im Gegenüber zur Verhüllung des Mose[249] und schließlich Phil 1,20 die Öffentlichkeit, vor der Paulus (durch seinen Dienst am Evangelium) Christus verherrlicht[250]. So ist denn auch an unserer Stelle zunächst nichts anderes gemeint als die freie und offene Rede, über deren Inhalt und Ursprung sich aus dem Wort selbst noch nichts ergibt. Beides wird denn auch eigens hinzugefügt: Sie gründet in Gott und hat zum Inhalt das Evangelium Gottes[251].

Dennoch dürfte dem Gebrauch des Wortes hier eine besondere Bedeutung zukommen. Der Begriff παρρησία spielt nämlich in der hellenistischen Popularphilosophie und der ihrer Pflege dienenden Rhetorik eine wichtige Rolle. Die »Offenheit« ist eine wesentliche Tugend des Redners, sie ist Signum der Wahrheit seiner Botschaft; negatives Gegenstück ist die Schmeichelrede und der Betrug[252]. Vergegenwärtigt man sich solche Gegebenheit, wie sie besonders deutlich bei dem rund ein halbes Jahrhundert jüngeren Dio Chrysostomos[253] entgegentritt, und vergleicht sie mit dem Kontext unseres Verses, dann drängt sich der Eindruck auf, daß παρρησιάζομαι gezielt gewählt ist. Das apostolische Auftreten in Thessalonich war so, wie es der geforderten Art eines Verkündigers entspricht: ganz und ausschließlich von der Wahrheit der Botschaft bestimmt.

Sie setzt sich denn auch mit dem ihr eigenen Zugriff auf den Boten sogleich in Thessalonich ins Werk. Auch dort kann der Apostel seinen Dienst nur »in hartem Kampf« ausrichten. Zwar kann auch dem philosophischen Rhetor die

---

[246] van Unnik, Freedom of Speech (s.o. Anm. 243) 275: »Undoubtedly Paul is reacting here against all sorts of religious propagandists of his day«.

[247] Im NT Eph 6,20 und 7mal in Apg. Es ist dort allemal von dem offenen Verkündigen des Evangeliums gebraucht, wobei stets der Gedanke an die Öffentlichkeit solchen Redens mitschwingt (vgl. zu Eph J. Gnilka, Der Epheserbrief, 1971 [HThK X,2], zSt; zu Apg H. Schlier, ThWNT V 880); die Öffentlichkeit ist stets eine feindliche Öffentlichkeit. (Nach van Unnik, Freedom of Speech [s.o. Anm. 243] 280–282.305 stets in Beziehung zu Juden.)

[248] Die Gleichsetzung von παρρησία mit ἐξουσία Phlm 8 durch Stuhlmacher, Philemon 37 Anm. 4 dürfte etwas zu weit gehen, liegt aber in dieser Linie.

[249] Belege für die Wendung bei Bauer, Wb. s.v. παρρησία 1; van Unnik, Freedom of Speech (s.o. Anm. 243) 293 Anm. 7; s. auch Dio

Chrys Or 33,7; 51,4 (u. Anm. 252). Vgl. auch 2Kor 1,17 (zSt s. van Unnik 276.292–297).

[250] Auch Kol 2,15 innerhalb eines bildlichen Ausdrucks »Öffentlichkeit«.

[251] Vgl. Exkurs bei Dobschütz 86; Exkurs bei Wilckens, Römer I 74f. Εὐαγγέλιον τοῦ θεοῦ außer V 8 und V 9 noch Röm 1,1; 15,16; 2Kor 11,7; vgl. dazu Strecker, Evangelium Jesu Christi (s.o. Anm. 80) 524.

[252] Vgl. Dio Chrys Or 3,2 (ἀλήθεια καὶ παρρησία gegenübergestellt θωπεία καὶ ἀπάτη); 32,26f (κολακεία καὶ ἀπάτη sowie τρυφᾶν gegen παρρησία); 33,7 (ἀληθείας λόγοι korrespondiert παρρησία χρᾶσθαι); 51,4 (τοὺς κολακεύοντας – ὁ παρρησία χρώμενος); differenzierend Or 32,11 (über den rechten Rhetor: καθαρῶς καὶ ἀδόλως παρρησιαζόμενον καὶ μήτε δόξης χάριν μήτ' ἐπ' ἀργυρίῳ προσποιούμενον). Vgl. im übrigen die o. Anm. 243 genannte Literatur; ferner Malherbe, »Gentle as a Nurse«, bes. 215; Mussies, Dio Chrysostom 200.

Parrhesie Widrigkeiten einbringen, die er tragen muß[254]. Aber daran denkt
Paulus hier nicht. Er bezeichnet auch Phil 1,30 rückschauend die Leiden, die
ihn (bei der Gründung der Gemeinde) trafen und die die Philipper nun selbst
durchzustehen haben, als »Kampf« (ἀγών). Die gleiche Bedeutung ist hier vorauszusetzen[255]. Daß die Wahrheit des Evangeliums im Widerspruch zur Welt
steht und sich mithin nur gegen ihren Widerspruch durchsetzt, das ist eine
Wirklichkeit, die Paulus abschließend gegenüber dem Einsatz der Aussage
über die Ausrichtung seines apostolischen Dienstes, der zu Mißverständnissen
führen könnte, kurz, aber nachdrücklich zur Geltung bringt. Das Evangelium
muß und will in Offenheit gepredigt werden; denn es birgt in sich als die eine
Wahrheit Gottes für die Welt den Anspruch der Öffentlichkeit. Aber solche
Offenheit führt in Kampf, der wegen der Dialektik von Wahrheit und Welt
notwendig ein »harter Kampf« ist.

3  Paulus entfaltet nun sein öffentliches Auftreten nach seinem tatsächlichen
Wesen. Weil dieses in der »Offenheit in Gott« impliziert ist, ist das γάρ nicht
nur weiterführend, sondern auch begründend. Es faltet das Wesen der öffent-
lich-offenen Rede auf.

Die Rede wird παράκλησις (»Zuspruch«) genannt. Sie ist der Vollzug des
Evangeliums Gottes, V 2. Von daher muß der Ausdruck verstanden werden[256].
Ein ähnlich weiter Gebrauch liegt Apg 13,15; Hebr 13,22 vor in der Wendung
λόγος παρακλήσεως. ἡ παράκλησις hier (und ebenso vielleicht 1Tim 4,13)
kann als eine Abkürzung dessen angesehen werden[257]. Diese »werbende Heils-
verkündigung der apostolischen Predigt«[258] wird zunächst in dreifacher Weise
gleichsam via negationis charakterisiert. Dabei darf den drei Begriffen »Irrtum, schmutzige Gesinnung und List« aber kein zu präziser Sinn abzugewinnen versucht werden. Schon die Dreiheit ist rhetorisch bedingt und zielt damit
auf Fülle. Πλάνη (»Irrtum«) ist wegen des letzten Gliedes (ἐν δόλῳ), das den
aktiven Betrug meint, passivisch zu verstehen[259]. Da die »Paraklese« eine reli-

---

253  Zu Dio Chrysostomos vgl. Mussies, Dio
Chrysostom VIII–XII; W. Schmid, Pauly-W V,1
(9. Halbbd.) 848–877; KP II 60f; W. v. Christ –
W. Schmid (– O. Stählin), Geschichte der griechischen Literatur II,1, ⁶1920 (= 1959) (HAW
VII 2,1), 361–367.
254  Vgl. Dio Chrys Or 3,13 (μόνος ἀληθεύειν
ἐτόλμων, καὶ ταῦτα κινδυνεύων ὑπὲρ τῆς
ψυχῆς); 32,11 (εἰ δέοι, καὶ καταγελᾶσθαι, καὶ
ἀταξίαν πλήθους ἐνεγκεῖν καὶ θόρυβον);
ähnlich 32,19.
255  Kol 2,1 freilich »Einsatz, Mühe«, so auch
für diese Stelle Bauer, Wb. s.v. ἀγών 2; E. Stauffer, ThWNT I 137,12f; ähnlich Rigaux 405. Vgl.
auch G. Dautzenberg, EWNT I 61. Umfassend
V. C. Pfitzner, Paul and the Agon Motif, 1967
(NT.S 16).
256  Dobschütz 87: »Das Evangelium nach seiner verheißenden und fordernden Seite«; Ri-

gaux 406: »La paraclèse n'est pas l'évangile
dans son contenu doctrinal ou moral, mais
c'est la parole apostolique exhortant à l'accep-
tation de l'un et de l'autre«; er übersetzt »ap-
pel«. Vgl. auch Grabner-Haider, Paraklese
33–41. Ein Überblick über das vorgeschlagene
Verständnis bei Kemmler, Faith 168–173; er
selbst versteht das Wort als Trost, der in der
eschatologischen      Ermahnung      gründet,
174–177.
257  Vgl. Rigaux 406; dort auch die einleuch-
tende Vermutung, λόγος παρακλήσεως als einen technischen Ausdruck für die synagogale
Predigt nach der Schriftlesung anzusehen.
258  O. Schmitz, ThWNT V 792.
259  So auch Röm 1,27 und 2Thess 2,11, den
beiden anderen paulinischen Belegen für das
Wort.

giöse ist, ist auch an religiösen Irrtum gedacht. Schwieriger ist der Inhalt von ἀκαθαρσία zu bestimmen. Im Sprachgebrauch des hellenistischen Judentums und ebenso bei Paulus ist es auf das Gebiet des Sexuellen konzentriert[260]. 4,7 indessen hat es eine allgemeinere Bedeutung; die beiden heidnischen Hauptlaster, Unzucht und Habsucht, werden mit ihm zusammenfassend charakterisiert[261]. Solche weitere Bedeutung ist auch für unsere Stelle vorauszusetzen. Es ist willkürlich, von V 5 her bevorzugt an Habsucht zu denken[262]. Will man einen geschärften Sinn finden, kann er nur im sexuellen Bereich liegen[263]. Doch ist es schwer glaubhaft, daß Paulus meinte, sich gegen Verdächtigungen mit sexueller Spitze wehren zu müssen. Gemeint ist wohl eine schmutzige Gesinnung[264], ohne daß eine präzise Füllung möglich wäre. Dies letzte liegt entscheidend daran, daß Paulus Standardvorwürfe zurückweist, die er von seinem persönlichen Verhalten her ohnehin nicht mit einem Inhalt füllen kann.

Mit diesem letzten Gliede wechselt Paulus vom Kausalen (ἐκ) zum Instrumentalen (ἐν) seiner Verkündigung. Er bedient sich keiner List, um sie auszurichten. An die Abwehr einer gleichen oder ähnlichen Verdächtigung, wie sie 2 Kor 12,16 als eine äußerste Möglichkeit konstruiert ist, kann nicht gedacht sein[265]. Auch hier verbietet der rhetorische Charakter[266] eine genaue Präzisierung. Jedenfalls aber ist das beabsichtigte und bewußt durchgeführte Manöver der List gemeint, mit der die Botschaft an den Mann gebracht wird.

Die positive Entgegensetzung ist in ihrem Inhalt nicht in gleicher Weise wie 4 die ihr vorangesetzte Negation rhetorisch bestimmt und mit konventionellem Inhalt gefüllt. Freilich hat als ganze auch sie Anteil an dem Charakter des Abschnitts, der ihn dem Sprachbereich abgrenzender Legitimation wandernder Prediger und Redner zuweist. Denn auch der umherziehende Popularphilosoph beruft sich im Gegenüber zu Scharlatanen und Betrügern auf eine höhere Eingebung[267] und versichert, daß ihm – selbstverständlich – immer schon die göttlichen Dinge höher stehen als alle menschlichen[268]. Auch wenn durch solche Analogie nicht der Inhalt der Aussage mitgegeben ist, so ist sie doch als formale wichtig zu beachten. Durch sie nämlich wird klar, warum Paulus hier

---

[260] Vgl. F. Hauck, ThWNT III 431,33f; 432,28ff. So auch Eph 4,19 und 5,3 (zu Eph 4,19 vgl. Gnilka, Epheserbrief (s.o. Anm. 247) 225 mit Anm. 4 und 5: ἐν vertritt [entspr. hebr. בְּ] καί).

[261] F. Hauck, ThWNT III 432,25–27. S. ferner u. zSt (165).

[262] So richtig Rigaux 407; Best 94. Anders F. Hauck, ThWNT III 432,23f.

[263] So Rigaux 407. Ausgeschlossen ist das deshalb nicht, weil sexuelle Unzucht wandernden Bettelpriestern nachgesagt wurde; vgl. die Beschreibung der Priester der Dea Syria Apul Met VIII 24–30, bes. 27ff; auch den Vorwurf gegen die Sophisten Dio Chrys Or 35,9: ἀκόλαστον καὶ μηδὲν διαφέροντα τῶν βοσκημάτων. S. H. Greßmann, Heidnische

Mission in der Werdezeit des Christentums, ZMR 39 (1924) 23; U. Kahrstedt, Kulturgeschichte der römischen Kaiserzeit, Bern ²1958, 310–312.

[264] Vgl. die Belege bei Bauer, Wb. s.v. ἀκαθαρσία 2: Demosth 21,119; BGU 393,16.

[265] So aber Schmithals, Paulus und die Gnostiker 103f; das Wort ist ohnehin zu unspezifisch, als daß von ihm her einfach eine Situation übertragen werden könnte.

[266] Vgl. auch dazu Dio Chrys Or 32,9 (ἀπατάω); 32,11 (ἀδόλως); 12,13.

[267] Vgl. Dio Chrys Or 32,12; 33,4; 34,4.

[268] Vgl. Dio Chrys Or 12,20 (ἀεὶ τὰ θεῖα κρείττω καὶ προυργιαίτερα νομίζων τῶν ἀνθρωπίνων, ἡλίκα ἂν ᾖ).

überhaupt von seiner Beauftragung redet. Er tut es, um seinen Apostolat gegen Mißdeutung von dem Vergleich mit anderen Botschaftern her zu schützen.

Die inhaltliche Füllung der Aussage ist diffizil. Ἀλλά ... οὕτως λαλοῦμεν (»sondern ... so reden wir«) bildet das Gerüst. Damit bestätigt sich, daß es bei παράκλησις im Vordersatz mehr um den Anspruch selbst als um seinen Inhalt ging. Paulus will die Art seines Wirkens behandeln! Das Präsens zeigt, daß er in V 3f über die Art seiner gesamten Verkündigung Rechenschaft gibt; mit »damals« (ποτε) V 5 wird er den Blick wieder stärker zu seinem »Eingang« bei den Thessalonichern zurücklenken. Um nun die Art des Redens zu charakterisieren, setzt Paulus sie in eine Beziehung (καθώς – οὕτως). Damit ist kein Vergleich benannt[269], sondern ein Entsprechungsverhältnis[270]: Er redet in völliger Entsprechung zu dem Urteil Gottes, der ihn für würdig befand, ihm das Evangelium anzuvertrauen. Dabei meint »Evangelium« hier wieder, wie in 1,5, die Evangeliumsverkündigung[271]. Es geht um die Lauterkeit des Ausrichtens dieses Evangeliums. Natürlich steht dahinter der Kampf um die Wahrheit des Inhalts der Verkündigung, des Evangeliums als des von Paulus verkündigten Evangeliums. Aber er wird geführt über den Kampf um die Lauterkeit des Verkündigers. Daß er darüber letztlich nicht zu entscheiden ist, das ist hier nicht im Blick. In der Situation des Philipperbriefes hingegen glaubt Paulus zu sehen, daß auch aus negativer Gesinnung gültig Christus verkündigt wird[272]. Natürlich kann man annehmen, daß ihm diese Möglichkeit zur Zeit unseres Briefes noch nicht sichtbar war. Sicher ist das nicht; es dürfte vielmehr näher liegen, damit zu rechnen, die in Rede stehende Begründung der Lauterkeit seiner Verkündigung sei ihm aus der Situation abgefordert, als eine Verteidigung gegen gezielte Verunglimpfungen, die um der Gültigkeit der Botschaft des Apostels willen abgewehrt werden müssen.

Die Art seiner Verkündigung steht auf dem Urteil Gottes; ihm entspricht sie. Gott selbst hat ihn für tauglich befunden, daß Evangelium zu verkündigen[273]. Das schließt den unausgesprochenen Gedanken ein, daß die Verkündigung des Paulus der Möglichkeit einer Manipulation durch ihn gänzlich entzogen ist, richtet er sie doch nur aus als ein von Gott Betrauter, nicht aber aus eigenem Antrieb und Willen.

Eine sachliche Schwierigkeit bleibt mit der Aussage verbunden. Sie hängt an der Verwendung des Wortes δοκιμάζεσθαι (»für wert befunden sein«). Fragt man nach dem Grund des Urteils, dann wird man notwendig auf die Person

---

[269] Daran denkt offenbar Rigaux 408, der dann aber mit »parce que ... ainsi« ein kausales Verhältnis andeutet.
[270] Vgl. Lk 11,30; Joh 3,15; 2Kor 1,5; Kol 3,13.
[271] Ähnlich Gal 2,7; πιστεύομαι in dem hier vorliegenden Sinn bei Paulus sonst Röm 3,2; vgl. auch Bl-Debr-Rehkopf § 312 Anm. 1.
[272] Phil 1,15–18 (διὰ φθόνον καὶ ἔριν, ἐξ ἐριθείας, προφάσει).

[273] Δοκιμάζειν denkt immer an ein Urteil (vgl. V 4b sowie bes. 5,21), auch wenn, wie hier, das Ergebnis des Urteils im Blick ist. Das Wort wird auch sonst für die Beurteilung mit Blick auf eine Aufgabe verwendet, vgl. 1Tim 3,20; 2Makk 4,3 (sowie die Belegstellen für einen entsprechenden attischen Sprachgebrauch bei Bauer, Wb. s.v. 1).

des Paulus geführt, so als habe die Prüfung dieser Person ihre Tauglichkeit zur
Beauftragung mit dem Evangelium ergeben[274]. Das aber kann nicht wirklich
die Meinung des Apostels sein, wie einerseits etwa 1Kor 15,8f[275], andererseits
Gal 1,15 zeigen. Da er aber jetzt von der durch ihn persönlich vollzogenen und
zu verantwortenden Art seiner Verkündigung reden muß, greift er zu diesem
Begriff, der ihn überdies ausschließlich an das Urteil Gottes, nicht hingegen an
die ihm vorlaufende Entsprechung bei sich denken läßt. So stellt denn auch der
Nachsatz den gleichen Begriff alsbald in ein Bezugsfeld, das ihm angemessen
ist. Es ist, als wolle Paulus sich damit selbst korrigieren oder wenigstens so interpretieren, wie es der Sache enspricht.

Dieser Nachsatz hat wieder die Form einer Antithese. Auch Dio Chrysostomos betont mehrfach[276], er habe seinen Hörern nichts zu bieten und wolle das
auch gar nicht. Doch das ist deutlich die Attitüde des kynischen Popularphilo-
sophen, der sich mit einem Stück sokratischer Weisheit schmücken möchte[277].
Dagegen ist in unserem Text von Koketterie nichts zu spüren. Paulus weiß sich
wirklich und ganz mit dem Evangelium von Gott in die Pflicht genommen[278].
Die Haltung, Menschen gefallen zu wollen, gehört, wie das ἔτι (»noch«) an der
parallelen Stelle Gal 1,10 zeigt, zu der gleichsam vor-evangelischen Welt, die
für Paulus im Umgang mit dem Evangelium keine Funktion mehr hat. Der Gegensatz Gal 1,10 »Sklave Christi« zeigt, daß die Wendung »Menschen gefallen«
einen aktiven Klang hat. Sie ist übrigens bei Paulus auf diese beiden Stellen
mit ihrer Verteidigung des Apostolats beschränkt.

Die prägnante Füllung von ἀρέσκειν (»gefallen«) und der mit diesem Stamm
gebildeten Worte ist offensichtlich ein spezifisch alttestamentlich-jüdisches
Erbe. Jedenfalls ist die Bildung ἀνθρωπάρεσκος (»Menschengefallen«) nur im
Bereich des Bibelgriechischen bezeugt[279]; auch wenn sie nur selten ist, zeigt sie,
daß die so bezeichnete Haltung als eine eigentümliche gedacht und benannt
wurde[280]. Wegen der Füllung des Begriffs kann man die mit ihm hier gebildete
Aussage nicht gegen 1Kor 10,33 (κἀγὼ πάντα πᾶσιν ἀρέσκω) stellen; diese
liegt vielmehr auf der Linie von 1Kor 9,19.22. Paulus kann nicht sein Evangelium der Beliebigkeit menschlichen Gefallens ausliefern; deshalb darf das Ziel

---

[274] Das hat richtig Dobschütz 89 gesehen. Rigaux 408f sucht die Schwierigkeit allein im
Ausdruck – λαλοῦμεν soll einen doppelten Gedanken enthalten – und führt sie auf das Dik-
tat zurück. Unzureichend Baumeister, Anfänge
158: »In dem Leiden wurden die Verkündiger
durch Gott geprüft« (mit Bezug auf V 2).
[275] Vgl. P. von der Osten-Sacken, EWNT I
1031: ἔκτρωμα = »Fehl- oder Totgeburt hebt
die Nichtigkeit des so Bezeichneten hervor«;
Wolff, 1.Korinther 170; auch Spicq, Notes
237–239.
[276] Vgl. z.B. Or 12,1ff; 33,3.13ff; 35,1ff.
[277] Bezeichnend ist denn auch die Begründung, warum er doch redet, unscharf-unver-

bindlich Or 32,12: οὐκ ἀπ᾽ ἐμαυτοῦ . . . ἀλλ᾽
ὑπὸ δαιμονίου τινὸς γνώμης. Deutlicher Or
34,4: μηδενὸς αὐτὸς δέομαι παρ᾽ ὑμῶν, ἀλλὰ
τῆς ὑμετέρας ὠφελείας ἕνεκα ἐσπούδακα.
[278] Vgl. 1Kor 9,16 mit der überaus aufschluß-
reichen Weiterführung 9,19–23; vgl. dazu
Wolff, 1.Korinther 30.
[279] Ψ 52,6; PsSal 4,8.10.21; Kol 3,22; Eph 6,6.
[280] Charakteristisch ist auch die Wendung
εὐαρεστεῖν τῷ θεῷ (z.B. Gen 5,22; 6,2; Ψ 25,3;
114,9; mit εὐάρεστος Sap 4,10); Paulus hat dafür freilich nur ἀρέσκειν τῷ θεῷ (vgl. Röm 8,8;
1Thess 2,15; 4,1 [1Kor 7,32 τῷ κυρίῳ ist –
durch den Kontext bedingt – anders!]).

seines Redens nicht ihr Gefallen sein. Wohl aber darf, ja soll der apostolische Dienst, der das Evangelium vernehmbar macht in der Welt, das Gefallen der Welt finden. Paulus blickt auf das Ziel seiner Verkündigung; deshalb darf die Aussage nicht so gelesen werden, als ob sie das Gefallen der Menschen an seiner Rede ausschlösse. Das nimmt in der Tat Dio für sich in Anspruch[281]. Paulus aber wird alsbald auf seine hingebende Gesinnung und Haltung hinweisen und die Leser an ihre entsprechende Erfahrung mit ihm erinnern (VV 7ff). Alles aber geschieht im Dienst seiner Verkündigung, um Gott – und ihm allein – zu gefallen.

Die partizipiale Näherbestimmung zu Gott greift zurück auf das Verb am Beginn der übergreifenden Antithese, der die eben erörterte eingeordnet ist. Partizipiale Näherbestimmungen zur Nennung Gottes finden sich häufig bei Paulus[282]; sie haben jeweils eine Funktion und einen Bezug im Kontext[283]. Man muß daher annehmen, daß die Wiederaufnahme von δοκιμάζειν beabsichtigt geschieht[284]. Dabei ist eine »biblizistische« Wendung gebraucht, deren Rückgang auf eine bestimmte alttestamentliche Stelle Paulus schwerlich bewußt ist[285]. Sie ist ihm möglicherweise als geprägte Gottesprädikation bekannt gewesen. Ihr Gebrauch erinnert daran, daß das Werk der Evangeliumsverkündigung betrieben werden will in der Verantwortung vor dem Gott, der den Menschen auf sein Innerstes[286] hin prüft, dessen Urteil ihn auch in seinen geheimsten Strebungen und Unterlassungen bloßlegt. Ein eschatologischer Klang schwingt mit[287]. Die Bewährung in der apostolischen Aufgabe hat gerichtsentscheidende Bedeutung; Paulus wird das unter dem Gesichtspunkt der eschatologischen Heilszuwendung 2,19 nachdrücklich und sehr persönlich gewendet hervorheben[288]. Auch von daher erklärt sich sein schier unfaßbarer Einsatz für die Ausbreitung des Evangeliums und dessen Bewahrung vor Verfälschungen, die ihn uns als *den* Missionar der frühen Gemeinde erscheinen läßt.

---

[281] Vgl. Or 12,5.9.15ff u.ö.
[282] Vgl. grundlegend G. Delling, Partizipiale Gottesprädikationen in den Briefen des Neuen Testaments, StTh 17 (1963) 1–59 (Kurzfassung in: Ders., Studien zum Neuen Testament und zum hellenistischen Judentum, hrsg. F. Hahn u.a., Berlin 1970, 401–416).
[283] Die Redeweise geht also nicht im Einfluß »kultischer Rede und frommer Schau« (Dibelius 7) auf.
[284] Sie ist in der Tat kein Wortspiel (so richtig Dobschütz 90; Rigaux 411), aber auch keine Tautologie gegenüber dem Vorangehenden (so Rigaux 411).
[285] Am nächsten kommt Jer 11,20 δοκιμάζων νεφροὺς καὶ καρδίας (vgl. 12,3; 17,10); vgl. aber auch Ψ 16,3 ἐδοκίμασας τὴν καρδίαν μου; 25,2, auch 65,10; 138,1; Röm 8,27 ὁ ἐραυνῶν τὰς καρδίας (vgl. Ψ 7,10 ἐτάζων καρδίας καὶ νεφροὺς ὁ θεός). Vgl. G. Theißen,

Psychologische Aspekte paulinischer Theologie, 1980 (FRLANT 131), 94. Denis, L'Apôtre Paul folgert einen bewußten Bezug auf Jeremia. Das ist von der Art der Anspielung ebenso wie von der Funktion des ganzen Abschnitts her unmöglich. Zum fehlenden Bezug des Paulus auf Jeremia vgl. im übrigen T. Holtz, Zum Selbstverständnis des Apostels Paulus, ThLZ 91 (1966) 321–330; Chr. Wolff, Jeremia im Frühjudentum und Urchristentum, 1976 (TU 118), 137–142.
[286] Vgl. 2,17; 3,13. Zu καρδία bei Paulus s. Bultmann, Theologie 221–226 (§ 20); Jewett, Terms 312–315.448 (the center of man, 314; man as a whole viewed from his intentionality, 448), der freilich antienthusiastisch versteht.
[287] W. Grundmann, ThWNT II 259f hebt den Gedanken an das Gericht zu stark hervor; in V 4a ist er noch nicht präsent.
[288] Vgl. ferner 1Kor 9,16.23; Phil 2,16.

Nach dem Abschluß des Gedankens, der durch die gehobene Rede der Gottes- 5
prädikation markiert ist, wendet sich Paulus wieder der damaligen Situation
seines »Eingangs« in Thessalonich zu. Er appliziert nun die in V 3f allgemein-
gültig konstatierte Art seiner Verkündigung auf ihre konkrete Ausrichtung
vor den Angeredeten. Er kann sie deshalb auch wieder auf ihr eigenes, aus Erfahrung erwachsenes Wissen hinweisen: »wie ihr wißt«.

Die Gliederung der jetzt beginnenden Aussage ist nicht ganz einfach zu durchschauen.
Der Gedanke ist wieder antithetisch angelegt. An die ersten drei, von ἐγενήθημεν abhängigen οὔτε knüpft ἀλλὰ ἐγενήθημεν V 7 an. Der Satz schließt also diesen Teil mit
ein[289]. Wie weit er reicht, ist freilich noch einmal fraglich; darauf wird zurückzukom-
men sein. In V 6b und am Anfang von V 7 ist der Gedanke zweimal unterbrochen und
zunächst ein verdeutlichend erläuternder, sodann ein kontrastierend hervorhebender
Zwischengedanke eingeschoben[290]. Das innere Engagement des Apostels wird auf diese
Weise deutlich.

Die inhaltlichen Aussagen von V 5f entsprechen grundsätzlich denen von V 3.
Denn es geht ja um den konkreten Nachweis der dort grundsätzlich genannten Art der Rede. Dennoch darf man keine direkte und genaue Entsprechung
zwischen den beiden Dreierreihen finden wollen[291]. Die jetzt gebrauchten drei
Wendungen sind also zwar aus sich heraus zu interpretieren, insgesamt aber
zu begreifen als die Konkretion der zuvor genannten Haltungen und Mittel.
Daher sind denn auch sehr viel deutlichere Vorstellungen von der Erscheinungsform der nun abgewehrten Art des Auftretens vorauszusetzen.
Warum Paulus als erstes an die »Schmeichelrede«[292] denkt, ist nicht zu erkennen. Weder Nomen noch dazugehöriges Verb kommen im Neuen Testament
sonst vor[293]. TestJos 4,1 steht »schmeicheln« parallel zu »betrügerisch loben«
(μετὰ δόλου ἐπαινεῖν). Vielleicht ist also doch die »Schmeichelrede« als Entsprechung zu ἐν δόλῳ V 3 empfunden und gleichsam chiastisch an den Anfang
gestellt. Nur läßt sich bei den beiden folgenden Nennungen keine entsprechende Korrespondenz finden.
Präziser ist die Zurückweisung des Vorwurfs der Habsucht (πλεονεξία) zu verstehen. Der Ausdruck ist freilich merkwürdig schwerfällig[294]. Der Genitiv
πλεονεξίας ist qualifizierend[295]. Paulus will sagen: Er sei nicht aufgetreten unter einem Vorwand, der in Wahrheit Habsucht verbirgt[296].

---

[289]  N[26] setzt nach Χριστοῦ ἀπόστολοι einen
Punkt.
[290]  Vgl. auch die Analyse bei Rigaux 411. Anders z.B. Schlier 36, der mit V 7 einen neuen
Satz beginnen läßt und damit das konzessive
Partizip δυνάμενοι zum Gegensatz für das ἀλλά macht.
[291]  Vgl. auch Dobschütz 90.
[292]  Κολακείας ist Gen subj; vgl. dazu auch
Rigaux 412.
[293]  Dagegen ergeht sich Dio Chrys Or

3,16–24 in den stärksten Worten über die
Schmeichler (ἁπάντων ἀηδέστερον, 16;
πασῶν ... τῶν κακιῶν αἰσχίστην τις ἂν εὕροι
τὴν κολακείαν, 17).
[294]  Ἐν ist vor προφάσει zu lesen; anders
Dobschütz 90 Anm. 3. Die Auslassung in B 33
al ist eine Entlastung des Ausdrucks.
[295]  Dobschütz 91: Gen subj; präziser Rigaux
414: »un génitif de définition«.
[296]  Vgl. Bl-Debr-Rehkopf § 167,2: »Gen. ap-
positionis«; Best 98.

Daß »Habsucht« ein Laster ist, darin ist sich die griechische Ethik[297] mit der jüdischen einig. Dio Chrysostomos hält eine eigene Rede »Über die Habsucht« (Or 17), in der er sie als »Ursache der größten Übel« (τῶν μεγίστων κακῶν αἴτιον) bezeichnet (§ 6)[298]. Im hellenistischen Judentum gilt die Habsucht neben Götzendienst und Unzucht als das heidnische Laster schlechthin[299]. Für Paulus gehört sie zu den Lastern des Menschen, der Gott nicht kennt (Röm 1,29)[300], der πλεονέκτης zu denen, die die Gemeinde in ihrer Mitte nicht dulden darf (1Kor 5,10), die das Reich Gottes nicht erben werden (1Kor 6,10).

In so geschärftem Sinne kann in unserem Text πλεονεξία allerdings nicht gemeint sein. Paulus müßte sonst die Möglichkeit, »unter einem Vorwand, der Habsucht verbirgt«, gehandelt zu haben, viel entschiedener zurückweisen. Erneut wird sichtbar, daß Paulus hier in ganz anderen Bahnen denkt, als sie ihm sonst selbstverständlich sind. Er wehrt eine Möglichkeit von sich ab, die ihm in seinem eigenen Sprachbereich gar nicht denkbar sein kann. Und wieder ist im Bereich des popularphilosophischen Wanderbetriebes ein Ort, an dem Verdacht und Wirklichkeit der Habsucht, der Bereicherung ganz nahe lagen. Der Vorwurf, die Philosophie nur um des Geldes willen verschachern zu wollen, ist immer wieder in der Antike gegen die Wanderprediger erhoben worden[301]. Er lag deshalb besonders nahe, weil die Grenzen zu umherziehenden Bettlern und Goëten als fließend vorgestellt werden müssen[302].
Der 2Kor zeigt, wie massiv Paulus sich gegen den Verdacht wehren kann, sich an seiner Gemeinde bereichern zu wollen (12,16–18; vgl. 2,17; 7,2), mag er nun wirklich unter eine solche Verdächtigung gebracht worden sein oder sie nur für möglich halten. Gab es in Korinth tatsächlich einen solchen Vorwurf, dann wäre er in die Gemeinde von seinen (christlichen!) Gegnern hineingetragen worden, muß also selbst im frühchristlichen Binnenraum als nicht ganz unmöglich erschienen sein. Von derartigen in der Gemeinde lebendigen Verdächtigungen ist in unserem Brief allerdings nichts zu spüren. Zwar lenkt der Apostel in V 9 noch einmal den Blick auf das Gebiet des Unterhalts, aber doch nur,

---

[297] Vgl. G. Delling, ThWNT VI 266–269.
[298] Freilich sind solche und ähnliche (vgl. das Euripides-Zitat [Phoen. 531f] bei Dio Chrys Or 17,9) Urteile, die Bauer, Wb. s.v. πλεονεξία anführt, nicht überzubewerten, wie auch der Vergleich mit dem o. Anm. 293 angeführten Urteil des Dio Chrys über den Schmeichler zeigt.
[299] Vgl. TestJud 18; dazu Reinmuth, Geist und Gesetz 54–62; ebd. 63–94 zu weiteren frühjüdischen Texten. Bei Paulus s. Röm 1,29; 1Kor 5,10; 6,10; Kol 3,5; dazu Reinmuth 44–53; E. Schweizer, Gottesgerechtigkeit und Lasterkataloge bei Paulus (inkl. Kol und Eph), in: Rechtfertigung, FS E. Käsemann, hrsg. J. Friedrich u.a., Tübingen – Göttingen 1976, 461–477.
[300] Vgl. Kol 3,5 (dazu Schweizer, Kolosser 14f).

[301] Vgl. die (freilich nicht alle gleichwertigen) Belege bei Windisch, 2.Korintherbrief 100 mit 436; Kahrstedt, Kulturgeschichte (s.o. Anm. 263) 310–312. Häufig der Gegenstand wieder bei Dio Chrys, vgl. Or 32,10 über das Auftreten der Kyniker: ὡς φιλόσοφοι . . . κέρδους ἕνεκεν καὶ δόξης τῆς ἑαυτῶν. Entsprechend versichert Dio, er trete nicht des Geldes wegen auf (Or 3,15; 34,4), wozu er auch gelegentlich den Ruhm (32,11 δόξα; 35,1 ἔπαινος) hinzufügt.
[302] Zu jüdischen Bettlern vgl. D. Georgi, Die Gegner des Paulus im 2.Korintherbrief, 1964 (WMANT 11), 108 (vgl. dazu aber auch M. Hengel, Proseuche und Synagoge, in: Tradition und Glaube, FS K. G. Kuhn, hrsg. G. Jeremias u.a., Göttingen 1971, 172 Anm. 65); für heidnische Erscheinungsformen vgl. Apul Met VIII 24–30.

um an seinem Verhalten die liebevoll-aufopfernde Gesinnung der Gemeinde gegenüber zu belegen. Die Tatsache, daß er die Gemeinde gerade nicht (finanziell) belastet hat, sondern durch unablässige Arbeit seinen Unterhalt trug, dient ihm als Beweismittel, ist nicht das Beweisziel. Es ist gerade vorausgesetzt, daß sie anerkannt ist.

Wenn Paulus gleichwohl hier Gott als seinen Zeugen anruft, dann, um seiner Versicherung besonderes Gewicht zu geben. Es mag sein, daß dabei eine Rolle spielt, daß er zuvor von seinem apostolischen Auftreten als einem möglichen »Vorwand« gesprochen hat, also einem inneren Vorgang, für den er keinen anderen Zeugen namhaft machen kann[303]. In jedem Fall verleiht er seiner Versicherung damit den stärksten möglichen Nachdruck[304]. Und dieser liegt auf der ganzen Kette der Negationen und kann – zumindest der Sache nach – nicht auf das mittlere Glied beschränkt werden.

Auch der Vorwurf, »Ruhm zu erstreben«[305], gehört zu den geläufigen antiken Anschuldigungen Wanderrednern gegenüber, häufiger unmittelbar verbunden mit der anderen, auf Geld versessen zu sein[306]. Von daher erklärt sich die Abwehr dieser Möglichkeit der Motivation seines Auftretens[307]. Denn eine solche Motivierung seines Dienstes würde, wie schon bei den vorangehenden Zurückweisungen, der Einebnung seiner Person und ihres Dienstes in den Betrieb popularphilosophischer Wanderlehrer entsprechen. Ob die beigefügte Bemerkung »weder von euch noch von anderen« mehr Bedeutung hat als die einer Unterstreichung, indem sie keine Ausnahme zuläßt, kann man fragen. Sicher scheint mir allerdings zu sein, daß Paulus bei den »anderen« nicht an die Menschheit allgemein, sondern an die anderen Christen denkt[308]. Hat er eine bestimmte Vorstellung mit der Möglichkeit verbunden, bei »anderen« Ruhm zu suchen, dann kann das nur auf der Linie von 1,9 liegen: sein Ruhm als erfolgreicher Gründer von christlichen Gemeinden in der »Ökumene«.                                                                6

Hier schiebt Paulus nun in überaus bezeichnender Weise eine Parenthese ein. Sie ist, wie der ganze Kontext, im Plural formuliert[309]. Es leidet keinen Zweifel, daß dieser Plural einheitlich verstanden sein will. Der Kontext denkt sicher nur                                                                7

---

[303]  So wird in der Regel erklärt, vgl. z.B. Dobschütz 91; Milligan 20 (der sich auf Chrysostomos bezieht); Rigaux 415; H. Strathmann, ThWNT IV 494,14ff. – Immerhin fällt auf, daß Paulus eine ähnliche (abgesehen von V 10 nie die gleiche) eidliche Bekräftigung vor allem mit Bezug auf sein Verhältnis zur Gemeinde gebraucht, Röm 1,9; Phil 1,8; 2Kor 1,23, vgl. auch 2Kor 2,17; 11,31. Gal 1,20 indessen handelt es sich darum nicht, aber auch nicht um »ses sentiments intimes« (Rigaux).

[304]  Vgl. Ijob 16,19(20); Ιερ 39 (Jer 42),5.

[305]  Nach 2Kor 6,8 empfängt Paulus auch δόξα = »(menschliches) Ansehen, Ruhm«; er erstrebt das aber nicht. Ἐξ ἀνθρώπων setzt er hinzu, weil er δόξα in dem Sinne, den das Wort im Judengriechischen gewonnen hat (vgl. H.

Hegermann, EWNT I 832–839), sehr wohl durch sein Werk, die Gemeinde, erhofft, nämlich eschatologische Doxa von Gott, 2,20; vgl. auch Phil 2,16.

[306]  Vgl. Dio Chrys Or 12,5 (Sophisten suchen δόξα); 32,10f (Gewinn und eigener Ruhm); 35,1 (Dio erstrebt weder Geld noch Lob [ἔπαινος]).

[307]  Ganz seiner Interpretationsweise entsprechend versteht Schmithals, Paulus und die Gnostiker 107–109: Paulus erklärt, »er habe weder bei den Thessalonichern noch bei anderen wegen Geld um die Ehre gebuhlt« (109)!

[308]  Gegen Dobschütz 91; Rigaux 416, die jede Spezifikation abweisen.

[309]  Der grammatische Bezug stellt sicher, daß die 1. Pers Pl gemeint ist.

an Paulus selbst, in dessen Wirken seine Mitarbeiter freilich mit hineingenommen sind. Genauso ist hier zu verstehen. Paulus redet allein von sich[310], auch wenn in das, was aus seinem Sein folgt, seine Mitarbeiter mit eingeschlossen sind, weil sie »Mitarbeiter«[311] sind.

»Als Apostel Christi« bezieht sich mithin auf Paulus allein. Ὡς (»als«) führt keinen Vergleich ein, sondern ist – wie V 4 – gesetzt zur Bezeichnung der wirklichen Eigenschaft, auf die es dem Zusammenhang ankommt[312]. Paulus weiß sich auch in der Situation unseres Briefes als »Apostel Christi« dieser Gemeinde gegenüber. Bemerkenswert ist das zunächst einfach deshalb, weil er entgegen seiner überwiegend befolgten Gepflogenheit sich im Eingang unseres Briefes nicht »Apostel« nennt[313].

Das einführende Partizip ist konzessiv[314]: »obwohl wir in der Lage gewesen wären«[315]. Es bezieht sich nicht auf den ganzen vorangehenden Satz, sondern auf dessen letztes, drittes Glied. Ἐν βάρει εἶναι (»gewichtig auftreten«) ist dem »Ansehen von Menschen« entgegengesetzt und bestimmt sich inhaltlich zunächst auch daher. Das »Gewicht«, das Paulus als Apostel Christi geltend machen könnte, ist das Gewicht, das ihm dieses Amt verleiht, das »Ansehen, die Macht« des Apostels[316]. Er hätte also durchaus als Apostel δόξα, »ruhmvolles Ansehen«, fordern können. Man mißversteht eine solche Aussage, wenn man gegen sie Sätze geltend macht, die Paulus in ganz anderer Situation und in völlig verschiedenem Kontext über seine apostolische Existenz gesprochen hat und in denen er sich als schwach und ohnmächtig, als allein mächtig aber den ihn Sendenden bezeichnet, wie 1Kor 4,9–13; 2Kor 12,9f oder auch 1Kor 3,5[317]. Denn daneben bleibt bestehen, daß er als Apostel seinen Gemeinden gegenüber mit höchster Autorität auftritt, wie mit größter Deutlichkeit schon die elementare Tatsache der von ihm offenbar inaugurierten Institution der apostolischen Briefe als solche zeigt. Ein direktes Ausspielen der apostolischen Vollmacht (ἐξουσία) der Gemeinde gegenüber begegnet in scharfer Form 2Kor 13,10. Daß Paulus mit äußerster Entschiedenheit um seine Anerkennung als Apostel gekämpft hat, zeigt das »Apostelkonzil«, auf dem – jedenfalls nach seinem eigenen Bericht Gal 2,7f – zur Entscheidung der Frage nach der Heils-

---

310   So auch z.B. Dobschütz 92, obwohl er zumindest Silvanus auch als Apostel ansieht (58 Anm. 1; vgl. dazu o. 37). Anders Milligan 21; Rigaux 418; ders., Vocabulaire 385f (allerdings nimmt er an, Paulus gebraucht ἀπόστολος hier in »un sens très large«; ähnlich auch Best 100; J. Blank, Paulus und Jesus, 1968 [StANT 18], 169).
311   Vgl. dazu o. Einleitung 13f; zu 3,2 s.u. 124ff.
312   Vgl. Bauer, Wb. s.v. ὡς III 1a; Dobschütz 92 (»in unserer Eigenschaft als«).
313   So nur noch 2Thess, Phil und Phlm (dazu s. auch o. 37 sowie 80f).
314   Vgl. z.B. Bl-Debr-Rehkopf § 418,3; so auch

Schlier 33f, der mit δυνάμενοι einen neuen Satz beginnen läßt und das Partizip als Verbum finitum versteht (112 Anm. 45).
315   Δυνάμενοι doch wohl Aorist, nicht Präsens, wie Dobschütz 91 will. Paulus denkt präzise an die Situation der Gemeindegründung in Thessalonich.
316   Belege für die Bedeutung »Ansehen, Würde, Macht« von βάρος bei G. Schrenk, ThWNT I 552,30f; Bauer, Wb. s.v. 2; vgl. auch Chrysostomos zSt (MPG 62, 402; s. Rigaux 417). – J. G. Strelan, Burden – Bearing and the Law of Christ: A Re-Examination of Galatians 6:2, JBL 94 (1975) 268.273 sieht finanzielle Ansprüche begründet.

notwendigkeit der Beschneidung vor allem um die Betrauung des Paulus mit dem Evangelium, um seinen Apostolat gerechtet worden ist[318]. Ging es um die Geltung und den Inhalt des Evangeliums, dann war Paulus sehr wohl – und mit gutem Grund – darauf bedacht, sein Ansehen als Apostel voll zur Geltung zu bringen.

Vor allem aber ist zu beachten, daß Paulus hier gerade nicht von der Ausschöpfung des Rechts auf Ansehen und Würde spricht, sondern von dem Verzicht auf dieses Recht[319]. Genau das ist die Haltung, die er auch 1Kor 9 mit Blick auf seine apostolische »Vollmacht« bekundet[320]. Die Gedankenführung dort ist der hier vorliegenden sachlich verwandt; mit 1Kor 9,1–3 behauptet Paulus zunächst seinen Apostolat und folgert daraus VV 4–6 apostolische »Vollmacht«. Auf sie aber, die er zunächst noch umfassend anderweitig begründet (VV 7–14), verzichtet er gerade, V 15!

In 1Kor 9 geht es um die Frage des Unterhalts[321]. Aber man darf nicht von daher folgern, das müsse mithin auch 1Thess 2,7a der Fall sein[322]. Der Wortlaut deutet das in keiner Weise an[323], der Zusammenhang schließt es aus. Denn Paulus unterstreicht mit der ersten Parenthese V 6b eigens, daß das, was er sagt, mit Blick auf alle gilt, »sowohl auf euch wie auf andere«. Nun ist aber durch Phil 4,16 sicher, daß er »mehr als einmal«[324] von Philippi aus in Thessalonich materielle Unterstützung empfing[325]. Nach V 9 aber geht es Paulus gerade darum, der Gemeinde überhaupt nicht zur Last zu fallen, auch nicht durch freiwillige Zuwendungen. Würden die VV 9 und 6f zusammenhängen, so hätte Paulus angesichts der Gabe der Philipper die Zwischenbemerkung V 6b nicht schreiben können[326].

Obwohl literarisch unsere Stelle die älteste (erhaltene) ist, an der Paulus von sich als »Apostel« redet, ist nicht hier der Ort, den Titel umfassend zu behan-

[317] So Schmithals, Paulus und die Gnostiker 107f.
[318] Vgl. dazu T. Holtz, Die Bedeutung des Apostelkonzils für Paulus, NT 16 (1974) 110–148; F. Mußner, Der Galaterbrief, 1974 (HThK 11), 115–118; anders freilich H. D. Betz, Galatians, 1979 (Hermeneia), 82.98.
[319] Auch wenn man, wie Schlier 33f, mit δυνάμενοι einen neuen Satz beginnen läßt, der mit ἀλλά fortgesetzt wird, muß das Partizip konzessiv verstanden werden.
[320] Vgl. G. Dautzenberg, Der Verzicht auf das apostolische Unterhaltsrecht. Eine exegetische Untersuchung zu 1Kor 9, Bib. 50 (1969) 212–232.
[321] Sie greift mit V 5 allerdings über die unmittelbare Frage des Unterhalts hinaus, verbleibt aber im weiteren Bereich der Versorgung der Apostel und ihrer Begleitung.
[322] So Schmithals, Paulus und die Gnostiker 107f.

[323] Die Assoziation von ἐπιβαρέω V 9 her ist verfehlt (vgl. aber Schmithals, Paulus und die Gnostiker 109); βάρος, bei Paulus sonst 2Kor 4,17 (»Fülle«) und Gal 6,2 (»Last«), hat nichts mit finanzieller Belastung (durch Unterhalt der Apostel) zu tun (auch nicht im NT sonst, Mt 20,12; Apg 15,28; Offb 2,24); ἐπιβαρέω noch einmal 2Thess 3,8 genau wie 1Thess 2,9, 2Kor 2,5 in einer sonst nicht belegten Bedeutung »zu hoch greifen« (s. Bauer, Wb. s.v.; anders EWNT II 59 [H. Balz]); 2Kor 12,16 καταβαρέω für »finanziell belasten«.
[324] Vgl. zu καὶ ἅπαξ καὶ δίς u. zu 2,18.
[325] Vgl. dazu schon o. Einleitung 12 (anders z.B. Gnilka, Philipperbrief [s.o. Anm. 203] 178: »ἅπαξ καὶ δίς darf weder wirklich genommen noch auf Thessalonike bezogen werden«).
[326] Die Interpretation auf finanzielle Belastung geht freilich schon auf die Kirchenväter zurück (Theodoret). Dagegen s. auch G. Schrenk, ThWNT I 554,17f mit Anm. 11.

deln[327]. Hier will nur beachtet sein, wie Paulus überhaupt in 1Thess mit dem Titel ἀπόστολος und der mit ihm bezeichneten Funktion verfährt. »Menschliche Anerkennung suchen« und »gewichtig auftreten als Apostel Christi« wird in eine unmittelbare Beziehung zueinander gesetzt und damit der Verzicht auf beides proklamiert. Das erweckt den Eindruck, als habe er noch nicht erfahren, wie sehr er gezwungen sein könnte, das ganze Gewicht des Apostolats für sich zu reklamieren und dann auch gegenüber solchen einzusetzen, die diesen Apostolat ganz oder jedenfalls in seiner vollen Geltung in Frage stellten und darüber ihm seine Gemeinden entwanden. Das entspricht der historischen Situation des 1Thess, der auf dem ersten Missionszug des Apostels nach dem »Apostelkonzil« geschrieben ist, noch bevor irgendwelche (innerkirchlichen) Störungen in seine Arbeit einbrachen. In Jerusalem war sein eigenständiger Apostolat gerade von denen anerkannt und damit unbezweifelbar gültig für alle festgestellt worden, die als die namentlich tradierten Zeugen des Auferstandenen im eigentlichen Sinne des Wortes fundamentale Bedeutung hatten, Petrus und Jakobus (Gal 2,9; vgl. dazu 1Kor 15,5.7), und die darüber hinaus zusammen mit dem Zebedaiden Johannes in der christlichen Gemeinde in Jerusalem die führende Position innehatten. Nur mit solcher Bestätigung im Rücken war es Paulus möglich gewesen, ohne Rückbindung an die Autorität einer schon bestehenden christlichen Gemeinde aufzubrechen und seinerseits Gemeinden zu gründen, die nur dem Evangelium, das er ihnen brachte, verhaftet waren und (nur) dadurch in die Gemeinschaft aller Glaubenden eintraten. Es wird nicht lange dauern, bis die Möglichkeit, auf solchem Wege gültige christliche Gemeinde zu bilden, auf das gefährlichste und heftigste angefragt und bestritten werden wird. Zunächst ist es offenbar die intensivere Bekanntschaft mit anderen Verkündigungsformen als der des Paulus gewesen[328], die mit dem lebendigen Austausch zwischen den Gemeinden, in den 1Thess 1,8f blicken ließ, alsbald gegeben war, die beinahe notwendig zur Frage nach der Grenze des paulinischen Apostolats führen mußte; sein Evangelium mußte ergänzungsfähig, ja ergänzungsbedürftig erscheinen. Kam dazu noch der aktive Anstoß von außerhalb der Gemeinde, der den Apostolat des Paulus als einen unabhängig von älteren Aposteln und Gemeinden gültigen in Frage stellte, möglicherweise sogar unter Berufung auf solche älteren Instanzen, dann mußte der Kampf um den Apostolat in Schärfe entbrennen, dann mußte Paulus sein Recht und seine Stellung als Apostel mit aller Macht verteidigen. Das ist offenbar die Situation des 2Kor und des Gal.

Freilich bezeichnet sich Paulus auch im 2Thess[329], Phil, Phlm nicht als Apostel, weder im Briefeingang noch – anders als im Falle des 1Thess – im Briefkorpus.

---

[327] Vgl. dazu zusammenfassend und jeweils mit reichen Literaturangaben J. Roloff, Apostel/Apostolat/Apostolizität, NT, TRE III 430–445; J.-A. Bühner, EWNT I 342–351.
[328] Die Parolen 1Kor 1,12 lassen erkennen, daß es in Korinth die Verkündigungsformen des Apollos und des Kephas gewesen sind.

[329] Da 2Thess in die gleiche Situation wie 1Thess gehört, gelten die Überlegungen im wesentlichen für beide Briefe. Im Falle der »Unechtheit« würde sich das Fehlen aus der literarischen Nachahmung von 1Thess erklären.

Ganz offensichtlich glaubte er, bei der Abfassung sowohl des Philipperbriefes als auch des Philemonbriefes davon ausgehen zu können, daß seine apostolische Autorität bei den Empfängern in unerschütterlicher Geltung stand[330]. Auch nennt er sich sehr wohl in den Eingängen beider Briefe mit Prädikaten, die seine Würde deutlich hervorheben[331]. In 1Thess (und ebenso 2Thess) dagegen fehlt jede derartige Prädikation. Vor allem aber findet sich in den späteren Briefen, die den Aposteltitel nicht nennen, doch keine mit 1Thess 2,7 vergleichbare Zurückstellung der apostolischen Autorität. 1Kor 4,9 ist gänzlich anders; dort spricht Paulus gerade über das Wesen des Apostolats, nicht über einen Verzicht auf ein Wesensmerkmal des Apostels. Und die scharfen Antithesen dort haben einen Ton beißender Ironie[332]; mit 1Kor 4,14–21 bringt Paulus seine Autorität der Gemeinde gegenüber denn auch nachdrücklich zum Zuge.

Unser Text reflektiert die ganz andere Situation der Zeit seiner Abfassung als die der späteren Briefe. Der Aposteltitel und der mit ihm verbundene Anspruch sind (noch) nicht Gegenstand irgendwelcher innerchristlicher Kontroversen. Paulus wehrt nur den möglichen oder vielleicht auch wirklichen Verdacht ab, Motivation seines apostolischen Werkes sei in Wahrheit die Ruhmsucht. Ganz beiläufig und unbefangen fügt er dem hinzu, daß er eigentlich natürlich als Apostel Christi Geltung beanspruchen könnte. Es ist schwer denkbar, daß er so hätte reden können, wenn er die Erfahrung des Kampfes um seinen selbständigen Apostolat bereits gemacht hätte. Die Bedeutung, die der Autorität und uneingeschränkten Geltung des unabhängigen Apostolats für die Missionsarbeit und die durch sie gegründeten Gemeinden in der Situation des nur noch an das ihm von Gott anvertraute Evangelium[333] gebundenen Wirkens zukommt, ist ihm in der Anfangszeit dessen, in der wir mit 1Thess stehen, offenbar noch nicht bewußt geworden. Das bewirkten erst die schmerzlichen Erfahrungen der Zukunft.

Der mit ἀλλά eingeleitete Satz bringt die positive Entsprechung zu der dreifachen Negation der VV 5 und 6. Umstritten ist, wo dieser Satz endet, ob bei den Worten ἐν μέσῳ ὑμῶν oder erst bei τέκνα[334]. Die Korrelation zwischen ὡς V 7c und οὕτως V 8a spricht dafür, mit ὡς einen neuen Satz beginnen zu lassen. Auch ergibt sich dabei ein verständlicher Sinn des freilich in sich nicht ganz eindeutigen Bildes, das der ὡς-Satz enthält[335]. Die Schwierigkeit liegt darin, daß der ὡς-Satz damit asyndetisch an das Vorangehende anschließt, was in der Tat auffällig ist. Helfen könnte man sich mit der Auskunft, daß überhaupt keine präzise Gliederung vorliegt, sondern die Gedanken sich kettenartig verbinden. Doch wird man demgegenüber besser mit einem Asyndeton rechnen[336].

---

[330] Vgl. etwa Phil 1,20.25f; 2,12.16f; 3,17; Phlm 8f.19.

[331] Zu δοῦλος Χριστοῦ Ἰησοῦ (Phil 1,1) vgl. Wilckens, Römer I 61f; zu δέσμιος Χριστοῦ Ἰησοῦ Phlm 1 vgl. Stuhlmacher, Philemon 29f.

[332] Vgl. dazu Conzelmann, 1.Korinther 105f; J.-A. Bühner, EWNT I 346.

[333] Vgl. Gal 1,12.15f, aber auch 2,7 (πεπίστευμαι, vgl. 2,8).

[334] So z.B. Nestle[25] (anders N[26]); Milligan 21f; Schlier 28.34.

[335] So denn auch z.B. Dobschütz 94; Dibelius 9; Rigaux 419; Best 101.

[336] Auch in V 9b und V 10 liegt asyndetischer Anschluß vor, freilich nicht so auffällig wie hier.

»Wir waren in eurer Mitte sanft, euch zugewandt«[337] bildet die Antithese zu dem ganzen Vordersatz, nicht nur zu einem seiner Glieder; es ist also keine genaue Entsprechung zu einer der Einzelaussagen zu erwarten. Vielmehr stellt Paulus in einem einzigen Begriff zusammengefaßt sein Auftreten dar. Im folgenden dann wird diese Art seines Auftretens unter Benutzung eines Bildes demonstrierend entfaltet.

Das Wort ἤπιος (»sanft, freundlich«) ist im jüdisch-christlichen Sprachgebrauch offensichtlich nicht beheimatet[338]. Paulus bezeichnet sein Verhalten mit einem Begriff, der in der Rhetorik der Zeit lebendig war[339]. Seine Haltung ist die der geöffneten Zuwendung, die das Gute für den anderen will. Freilich ist ein Ton der Überordnung, aus der heraus die Zuwendung geschieht, offenbar mitgegeben. Auch Paulus hat ihn gewiß nicht überhört. Tatsächlich ist er als Apostel des Evangeliums Gebender, seine Hörer sind Empfangende. Denn das Evangelium ist Gabe, die er selbst empfing, um sie der Welt weiterzugeben. Im folgenden bringt er den Zug, daß er der Gebende, der sich ganz Hinwendende war, kräftig zur Geltung. Zugleich läßt er mit der positiven Darstellung seines Werkes das Raster popularphilosophischer Beurteilung und Polemik hinter sich. Der Ton tiefer, hingebender Herzlichkeit greift Platz.

7/8 Der Vergleich, der das Werk an den Thessalonichern grundlegend verdeutlicht, bietet sowohl in der Bildhälfte als auch im tertium comparationis Schwierigkeiten. In der Bildhälfte tut das das Wort τροφός. Denn es heißt »Amme«, nicht »Mutter«[340]. Damit aber verträgt sich offensichtlich nicht die Wendung τὰ ἑαυτῆς τέκνα (»ihre eigenen Kinder«)[341]. Man muß eine Unge-

---

[337] Mit der Mehrheit der Neueren ist ἤπιοι zu lesen (vgl. die Auflistung bei Rigaux 418; für ἤπιοι auch GNT¹; Bauer, Wb. s.v. νήπιος), nicht νήπιοι (so aber N²⁶ und EWNT II 303 [G. Schneider]), wie allerdings zweifellos die bessere Textbezeugung bietet. Aber der Sinn des Textes entscheidet für ἤπιοι (so auch Best 101; Schade, Apokalyptische Christologie 263 Anm. 57; Spicq, Notes 355 Anm. 1). Einen Versuch, νήπιοι als ursprünglich zu verteidigen, legt Ch. Crawford, The »Tiny« Problem of 1 Thessalonians 2,7: The Case of the Curious Vocative, Bib. 54 (1973) 69–72 vor; er versteht (nach dem Vorbild von D. Whitby, 1727) νήπιοι als Vokativ: »But we, O Children, were among you as a nurse that cherisheth her childrens«; ebenfalls νήπιοι verteidigt – unter gründlicher Beachtung der früheren Kirchenväter – J. Gribomont, Facti sumus parvuli: La Charge Apostolique (1 Th 2,1–12), in: L. De Lorenzi (Hrsg.), Paul de Tarse, 1979 (Sér. Monogr. de »Ben.«, Sect. paul. 1), 311–338.

[338] Im NT nur noch 2 Tim 2,24; in PatrApost 1 Cl 23,1 das Adverb (von Gott, vgl. dazu Spicq, Notes 356). Nicht in LXX, TestXII, JosAs; Jos nur Ant 19,265; Philo, Vit Mos 1,72.

[339] Vgl. Malherbe, »Gentle as a Nurse« 211: ἤπιος ist im hellenistisch-popularphilosophischen Sprachgebrauch »widely used as a synonym for φιλάνθρωπος, the quality that the philosopher must have before he can speak with παρρησία«. Im paganen Griechisch ist das Wort seit alters verbreitet, für die gute Gesinnung des Vaters zum Sohn (Hom Od 2,47.234; Il 24,770), des Königs gegenüber den Untertanen (Hom Od 2,230; 5,8, auch 14,139), des Richters gegen den Angeklagten; vgl. Liddell/Scott s.v.; Spicq, Notes 357.

[340] Die Belege für die Bedeutung »Mutter« bei Bauer, Wb. s.v. τροφός und Rigaux 420 stehen auf schwachen Füßen (sowohl Theocr Idyll 27,65 als auch Dionys Byz § 2 beweisen eher die Unterschiedenheit der Begriffe). Gleichwohl wird sehr häufig für unsere Stelle die Bedeutung »Mutter« eingesetzt, vgl. Rigaux ebd.; Dibelius 8 (Übersetzung); Schlier 28 (Übersetzung) und 112 Anm. 46.

[341] Selbst wenn ἑαυτῆς entsprechend späterem Sprachgebrauch nicht emphatisch gesetzt sein sollte (vgl. aber V 11), wie Rigaux 420 zutreffend aufweist.

schicklichkeit in der Ausdrucksweise annehmen. Es geht um die Hingabe der sich selbst dem Säugling darreichenden Ernährerin; diese Haltung ist die der »Amme«. Solche Vorstellung verbindet sich wie selbstverständlich mit dem Gedanken an die Mutter, so wie für Paulus die Glieder seiner Gemeinde seine Kinder sind (V 11; 1Kor 4,14; Gal 4,19; Phlm 10)[342]. Auch das Verb θάλπω ist nicht ganz präzise gebraucht. Es hat über die Bedeutung »erwärmen« den Sinn »pflegen« erhalten[343]. Indessen dürfte auch hier das Tun im Blick sein, das die Amme vorzüglich auszeichnet, das Stillen des Kindes[344]. Der Bildgebrauch des Paulus zeichnet sich auch sonst durch Ungeschicklichkeit aus; es wird ihm das aus der Anschauung stammende Verständnis gefehlt haben.

Der Sinn des Satzes jedenfalls, der das Bild enthält, über das Paulus sein mit »zugewandt« (ἤπιος) zusammenfassend gekennzeichnetes Verhältnis zu den Thessalonichern aufschließen will, ist der, die bis zur Darreichung der eigenen Person sich erstreckende Hinwendung darzustellen, die Leben den des Lebens noch Unkundigen gewährt.

Indessen ist nun auch das Wort, das in der Anwendung V 8 den Gehalt des Bildes auf Paulus bezieht, rätselhaft, ὁμείρομαι. Das nur noch Ijob 3,21 LXX[345] und von einem Teil der Σ-Überlieferung für Ψ 62(63),2 bezeugte Wort[346] ist weder etymologisch[347] noch in seiner Bedeutung sicher zu deuten[348]. Am besten würde passen: »liebevolle Zuneigung hegen« oder ähnlich, wie denn auch von den Interpreten in der Regel vorausgesetzt. Doch ist das nur ein Rückschluß vom erwarteten Sinn her.

In solcher Gesinnung sah der Apostel sich gedrängt[349], die Thessalonicher nicht nur am Evangelium, sondern auch »an seinem eigenen Leben teilhaben zu lassen«. Μεταδοῦναι τὰς ἑαυτῶν ψυχάς meint nicht das Aufgeben des eigenen Lebens, sondern seine Übergabe in dem Sinne, daß es ganz in den Dienst des anderen gestellt wird[350]. So jedenfalls legt es die Analogie zu dem ersten

---

[342] Vgl. dazu Stuhlmacher, Philemon 38f; Betz, Galatians (s.o. Anm. 318) 233–235. – Wichtig 1QH 7, 20–22 (»Du setztest mich zum Vater für die Söhne der Gnade ²¹und als Pfleger für die Männer des Zeichens. Sie öffneten den Mund wie ein Säug[ling . . .] und wie ein Kind sich ergötzt am Busen²² seiner Pfleger«); vgl. dazu G. Jeremias, Der Lehrer der Gerechtigkeit, 1963 (StUNT 2), 180–192 (bes. 190).
[343] Vgl. zum Wort Spicq, Notes 367f. Eph 5,29 ist eigens ἐκτρέφω hinzugesetzt.
[344] Das gilt auch, wenn τροφός tatsächlich präzise »Mutter« heißen sollte; auch dann wäre an das Stillen gedacht.
[345] Von א A B C geboten, Bᵇ hat dafür ἱμείρομαι. Auch 1Thess 2,8 lesen einige Minuskeln ἱμειρόμενοι, siehe Apparat N²⁶ sowie bei Rigaux 420.

[346] Der Beleg CIG III 4000,9f ist unsicher; die Herausgeber transkribieren als ὁ[δυ]ρόμενο[ι].
[347] Vgl. Bl-Debr-Rehkopf § 101 Anm. 59.
[348] Vgl. die antiken Erklärungen des Wortes bei Dobschütz 95 Anm. 2. Zum Wort s. H. W. Heidland, ThWNT V 176,19–31. Auch die hebräischen Entsprechungen der beiden atl. Stellen, die »erwarten, schmachten« heißen, helfen nicht weiter.
[349] Εὐδοκέω ist »ein Verb des Wollens . . ., nur daß es das affektvolle, mit Wohlgefallen verbundene Wollen meint«, G. Schrenk, ThWNT II 737,16f; das »Wohlgefallen« ist freilich nicht allemal vorauszusetzen, vgl. 3,1; ein Nachdruck liegt aber immer in dem Wort.
[350] Ähnlich Apg 15,26: παραδιδόναι τὰς ψυχὰς αὐτῶν ὑπέρ. Auch ψυχή ist hier entsprechend verwendet; vgl. auch Kol 3,23f; Eph 6,6; Jewett, Terms 346f (der auch hier Polemik gegen die Libertinisten intendiert findet).

Teil der sich steigernden Objektsangabe (»Evangelium Gottes«) nahe[351]. Die Form der Aussage dürfte noch von dem rhetorischen Charakter des Vorangehenden bestimmt sein. Sie darf deshalb nicht gepreßt werden, so als sei das Leben des Paulus vom Evangelium ablösbar. Sein Leben ist mit dem Evangelium und seiner Verkündigung zu einer so dichten Einheit verbunden, daß er nicht einmal den befreienden Tod und die durch ihn eröffnete Gemeinschaft mit Christus begehrt, sondern das Weiterleben um der Gemeinde willen vorzieht, Phil 1,23–26[352]. Paulus läßt in unserem Satz zwei Dinge auseinandertreten, die eigentlich untrennbar sind; er hebt damit die persönliche Hingabe an das Evangelium überscharf hervor. Das entspricht dem Kontext, in dem es um die Person des Verkündigers geht. Steht hinter dem Text der Verdacht, die Botschaft diene nur der Person, so stellt Paulus dem sein wahres Wollen entgegen, die Person ganz in der Botschaft aufgehen zu lassen und mit ihr den Empfängern des Evangeliums auszuliefern.

Die Sache überbietet mithin das Bild, mit dem sie vorlaufend erschlossen werden soll. Der Vergleichspunkt ist die Zuwendung, die sich selbst darreicht. Die Zuwendung der Amme wird aber durch die Zuwendung des Apostels übertroffen; denn er geht selbst gänzlich im Evangelium auf und bietet damit nicht nur die Botschaft, sondern mit ihr sich selbst seinen Hörern dar.

Der Nachsatz fügt noch eine eigene Begründung für solches Verhalten an. Indessen ist die begründende Verbindung doch nur sehr locker[353]. Wenn Paulus das Evangelium verkündigt und Gemeinde gründet, d.h. als Apostel Christi handelt, dann kann das gar nicht anders geschehen als mit dem Einsatz seiner ganzen Existenz. Dennoch nennt er als Grund solchen Einsatzes jetzt, daß die Thessalonicher ihm lieb geworden wären. Der Aorist (ἐγενήθητε)[354] blickt auf die Zeit der Gewinnung der Gemeinde. Eine solche Aussage wäre falsch verstanden, würde man sie exklusiv und in strengem Sinne begründend nehmen. Es ergäbe sich sonst die Folgerung, daß Paulus anderen Gemeinden, die ihm etwa nicht »lieb geworden« wären, mit weniger persönlicher Hingabe das Evangelium predigen könnte.

Dieses Verständnis bestätigt das Wort ἀγαπητός (»geliebt«). Paulus gebraucht es häufiger zur Prädikation der Gemeindeglieder, sei es aller[355], sei es einzelner[356]. Nur Röm 1,7 ist mit einem Genitiv Gott als Subjekt genannt (vgl. auch Röm 11,28)[357], an der Mehrheit der Stellen dagegen Paulus. Von daher legt es

---

351  Es ist also nicht wie δοῦναι τὴν ψυχὴν αὐτοῦ Mk 10,45; τιθέναι τὴν ψυχὴν αὐτοῦ Joh 10,11 u.ö. (vgl. E. Schweizer, ThWNT IX 636) zu verstehen. In diese Richtung denkt Schweizer 648,2ff, schwächt aber auf Hingabe dessen, »was das Leben ausmacht, also von Zeit, Kraft, Gesundheit«, (modernisierend) ab.
352  Vgl. 1Kor 9,16; 2Kor 4,7–18; 6,3–10 u.a.
353  Zum διότι vgl. Bl-Debr-Rehkopf § 456,1.
354  Ψ 𝔐 hat dafür das Perfekt, eine sekundäre Verbesserung, die die in ἀγαπητοί liegende Aussage der Dauer auch durch das Verb ausdrücken will.
355  1Kor 4,14; 10,14; 15,58; Phil 2,12; 4,1 mit dem Zusatz μου, Röm 12,19; 2Kor 7,1; 12,19 absolut.
356  Röm 16,5.8.9; 1Kor 4,17; Kol 1,7, vgl. auch Phlm 16 mit μου, Phlm 1 mit ἡμῶν. Röm 16,12; Kol 4,7.9.14 absolut.
357  Zur Konstruktion vgl. Bl-Debr-Rehkopf § 183,1.

sich nahe, auch bei absolutem Gebrauch an Paulus als den zu denken, von dem die Liebe ausgeht[358]. So ist ἀγαπητός (μου) ein ziemlich fester Begriff, der die Gemeindeglieder bezeichnet, indem die innere Bindung des Paulus an den Bruder durch die Liebe namhaft gemacht wird[359]. Weil die Thessalonicher in die Gemeinschaft der Christus-Glaubenden getreten und so von Paulus Geliebte geworden sind, deshalb hat er sich ihnen mit seinem Evangelium voll ausgeliefert. Damit ist dem begründenden Schlußsatz jede Exklusivität genommen, die Bindung des Paulus an die Gemeinde aber zugleich der Subjektivität des Gefühls enthoben und auf das Evangelium selbst gestellt.

Mit V 9 erinnert Paulus an die erlebte Hingabe seiner Person im Dienste der Verkündigung des Evangeliums. In der Auswahl der Erinnerung wirken die Abgrenzungen nach, die er in den VV 3.5f bezüglich seines Auftretens geltend gemacht hatte. Das wird noch unterstrichen durch die Begründung seines Verhaltens. Der letztlich gefährlichste, weil bei übelwollender Beurteilung stets irgendwie belegbare Verdacht ist nach Lage der Dinge der, nur um des Geldes und des Lebensunterhalts willen wandernder Prediger zu sein. Denn in der Tat mußten die Prediger irgendwoher ihren Aufwand bezahlen und sich selbst unterhalten. So hat Paulus in Thessalonich Unterstützung aus Philippi erhalten (Phil 4,16). Man wird sich die Summen, um die es jeweils geht, nicht groß vorstellen dürfen, weder hinsichtlich des Bedarfs noch hinsichtlich dessen, was die eben gegründeten Gemeinden aufzubringen in der Lage waren. Aber mit Bezug auf das Geld sind die Maßstäbe dafür, was viel, was wenig ist, von der Lage dessen abhängig, der sie anwendet. Paulus indessen kann, ungeachtet der Zuwendung aus Philippi, mit Recht an seine Lebensführung in Thessalonich erinnern. Er hat gerade nicht von seiner Predigt gelebt, und sei es ein noch so bescheidenes Leben. Er hat vielmehr hart für seinen Unterhalt gearbeitet.

Paulus spricht seine Adressaten auf die eigene Erinnerung an[360]. Die neuerliche Anrede »Brüder« markiert nicht den Eintritt eines neuen Gedankens[361], sondern verleiht dem Gesagten Nachdruck. Gegenstand der Erinnerung ist der »Fleiß und Schweiß«[362] des Apostels. Dieser Ausdruck will als ganzer genommen und verstanden sein, nicht auf seine beiden Einzelbestandteile hin interpretiert werden[363]. Die Verkündigung des Evangeliums Gottes[364] war die ei-

9

---

[358] 1,4; 2Thess 2,13; Kol 3,12 steht mit Blick auf das Verhältnis Gottes zur Gemeinde ἠγαπημένοι.

[359] Insofern ist der Satz »Ἀγαπητός und ἀδελφός werden Wechselbegriffe« (E. Stauffer, ThWNT I 51) nicht ganz zutreffend.

[360] Μνημονεύετε γάρ entspricht καθὼς οἴδατε V 5; der Indikativ ist hier stärker als der Imperativ.

[361] So Dobschütz 96.

[362] So gibt Dibelius 8f den Gleichklang der beiden griechischen Wörter κόπος καὶ μόχθος wieder; zustimmend Rigaux 423, der dem die Übersetzung von Lightfoot »in soil and toil« an die Seite stellt und selbst »labeur et sueur« zu

erwägen gibt. Die Wendung auch 2Thess 3,8 und 2Kor 11,27 (μόχθος nur an diesen Stellen im NT); sie war vielleicht geläufig (die Belege bei Bauer, Wb. s.v. μόχθος sind allerdings fragwürdig). Jer 20,18 hat א* κόπος καὶ μόχθος, vgl. Ijob 2,9b ἐκοπίασα μετὰ μόχθων (TestJud 18,4: ἐν μόχθοις καὶ πόνοις). S. auch Spicq, Notes 574f.

[363] So richtig Rigaux 423.

[364] Κηρύσσειν τὸ εὐαγγέλιον ist technisch, vgl. Gal 2,2; Kol 1,23; mit Ausnahme von Lk 12,3 wird κηρύσσειν im NT immer von der Proklamation einer Botschaft religiösen Inhalts gebraucht. Vgl. zu Terminologie und Sache Delling, Wort Gottes 106–110.

gentliche Aufgabe des Paulus in Thessalonich, aber er unterzog sich ihr – und das zu sagen ist jetzt wichtig – unter ständiger Arbeit. Die Aussageweise »Nacht und Tag« zeigt weder die jüdische Tageseinteilung, noch will er damit sagen, daß er Nachtarbeit zum Unterhalt zur Hilfe nehmen mußte, da er tags durch die Missionstätigkeit in Anspruch genommen war[365], sondern entspricht einfach einem griechischen Sprachgebrauch[366]. Durch sie wird die unablässige Dauer angesagt (vgl. 3,10). Paulus denkt sicher an Handarbeit[367], auch wenn er Näheres hier nicht darüber sagt[368]. Nach Apg 18,3 war er σκηνο-ποιός. Indessen darf man, abgesehen davon, daß die Bedeutung dieses Wortes nicht klar auszumachen ist[369], nicht annehmen, daß er stets nur in seinem Beruf Arbeit fand. Doch trägt diese Frage für den Zuammenhang des Textes nichts aus. Es geht um die Erinnerung an die mühselige, täglich randvolle Arbeit, durch die Paulus sich freihielt davon, der Gemeinde zur Last zu fallen. Denn es ist nicht nur das Ergebnis, sondern der ausgemachte Zweck[370] solchen Verhaltens, niemandem in der Gemeinde[371] durch die Aufwendung von materiellen Mitteln beschwerlich zu werden[372].

Die Begründung für den Unterhaltsverzicht scheint auf den ersten Blick keine theologische, sondern eher eine pragmatische zu sein. Doch wird die sachliche Verbindung, die dieses Verhalten zur Paulus auferlegten Evangeliumsverkündigung hat und die 1Kor 9,15–18 so engagiert zum Zuge kommt[373], aus dem Kontext heraus sichtbar. Die Erinnerung an sein Verhalten und dessen Begründung dient dazu, die ungeteilte persönliche Hingabe im Dienste der Gewinnung der Thessalonicher für das Evangelium zu belegen. Paulus hat offenbar von Anfang an die Gemeinden, die er gerade durch seine Predigt ins Leben rief, von aller materiellen Beteiligung an dem apostolischen Werk freigehalten. Dabei dürfte das Erbe, das er aus seiner jüdischen Vergangenheit mitbrachte, eine Rolle spielen. Daß er eine schriftgelehrte pharisäische Ausbildung erhalten hat, ist unabhängig von der Antwort auf die Frage, ob er ordinierter Schriftgelehrter gewesen ist, als sicher anzunehmen[374]. Solche »theologische Schulung verband sich auch bei Paulus mit dem Erlernen und Ausüben eines praktischen Berufes«[375]; die ordinierten Schriftgelehrten des Pharisäis-

[365]  So Dobschütz 97.
[366]  Vgl. Rigaux 423f. Die LXX bietet häufiger die umgekehrte Reihenfolge. Rigaux 423 weist darauf hin, daß auch in den romanischen Sprachen im Unterschied zu den germanischen die Ordnung »Nacht und Tag« geläufig ist.
[367]  Vgl. 2Thess 3,8, wo der gleiche Tatbestand freilich noch eine weitere Dimension erhält.
[368]  Vgl. 1Kor 4,12, auch 9,6; ferner Apg 20,34.
[369]  Vgl. nur Bauer, Wb. s.v.; W. Michaelis, ThWNT VII 394–396; EWNT III 602 (Lit.).
[370]  Πρὸς μή c. Inf gibt die Absicht an, vgl. Bl-Debr-Rehkopf § 402,4; Rigaux 424.

[371]  Τινα ὑμῶν denkt nicht an bestimmte Gemeindeglieder, faßt aber den einzelnen ins Auge, der die Mittel aufbringen muß.
[372]  Zu ἐπιβαρέω vgl. o. Anm. 323, 2Kor 12,16 ist καταβαρέω gebraucht, womit (das seltsame) καταναρκάω 2Kor 11,9; 12,13f aufgenommen wird (die Bildungen mit κατα- betonen die Belastung wohl stärker).
[373]  Vgl. auch 2Kor 11,7.
[374]  Vgl. Phil 3,5, dazu Gal 1,13f; Apg 22,3; Bornkamm, Paulus 35; zur Frage der Ordination H. F. Weiß, ThWNT IX 49,13f.
[375]  Bornkamm, Paulus 35.

mus lebten nicht von ihrer Lehre, sondern von einem handwerklichen Beruf[376]. Paulus wird es schon von seiner jüdischen Geschichte her gewußt, zumindest aber alsbald auf seinem Weg als selbständiger Apostel erfahren haben, daß eine derartige Praxis angesichts der geschäftsmäßig betriebenen Wanderpredigt der hellenistischen Welt für seine Glaubwürdigkeit und damit die Glaubwürdigkeit seiner Botschaft wesentlich war. Daß es einmal auch die Situation geben könnte, in der solches Verhalten fehlgedeutet und gerade gegen seine apostolische Autorität ausgespielt werden würde, das lag zunächst – und so noch in der Situation unseres Briefes – völlig außerhalb des möglichen Erfahrungsbereichs. Sie konnte auch nur entstehen innerhalb des Bezirks grundsätzlicher Anerkennung der apostolischen Botschaft, in der nun der Verzicht auf den – als selbstverständlich anerkannten – Unterhalt als Zeichen mangelnden Autoritätsanspruchs interpretiert werden konnte[377]. Die Situation unseres Briefes ist davon noch völlig geschieden.

Indem Paulus zum Abschluß der Erinnerung an seinen »Eingang« kommt, ruft    10
er erneut die Glieder der Gemeinde und Gott selbst zu Zeugen auf für die Wahrheit seines Redens. Das hat den Charakter einer starken Versicherung. Bei der Beschreibung seines Aufenthalts in Thessalonich als »fromm, gerecht und untadelig« denkt Paulus an die ganze Zeit, die er in der direkten Gemeinschaft mit der Gemeinde stand; ihm ist nicht mehr nur die Gründungssituation vor Augen. Freilich hat angesichts der offensichtlich stark begrenzten Dauer seines Aufenthalts diese Unterscheidung nur eine relative Gültigkeit. Aber im Bewußtsein des Paulus hat sich doch offensichtlich so die Situation verschoben, und das ist für das Verständnis belangvoll. Besonders bemerkenswert ist, daß Paulus auch mit Blick auf diese veränderte Situation bei der Darstellung und Qualifizierung seines Verhaltens bleibt, obwohl er sich formal immer noch innerhalb der briefeinleitenden Danksagung befindet, wie er selbst alsbald (V 13) erinnern wird. Das unterstreicht die eminente Bedeutung, die diese Selbstdarstellung für ihn haben muß. Nach ihr wird in der abschließenden Zusammenfassung zu fragen sein.

Die Zusammenstellung der drei Adverbien hat einen formelhaften Klang. Das gilt besonders für die ersten beiden Glieder ὁσίως καὶ δικαίως, die sich, bzw. Bildungen vom gleichen Stamm, häufiger miteinander verbunden finden[378]. Das ist auch im Neuen Testament der Fall[379], wie ebenso im 1 und 2Cl[380].

---

[376] Vgl. E. Schürer, Geschichte des jüdischen Volkes im Zeitalter Jesu Christi II, Leipzig ⁴1907, 378f (vgl. engl. The History of the Jewish People in the Age of Jesus Christ [175 B.C. – A.D. 135], ed. G. Vermes u.a., Edinburgh 1979, Vol. II, 328f); E. Lohse, Die Ordination im Spätjudentum und im Neuen Testament, Göttingen – Berlin 1951, 60; ders., Umwelt des Neuen Testaments, 1971 (GNT 1), 83; G. Baumbach, EWNT I 626.

[377] Das offenbar ist die Situation, die hinter 1Kor 9,1ff sichtbar wird; vgl. dazu Wolff,

1. Korinther 19f.

[378] Zum Bereich des paganen Griechisch vgl. F. Hauck, ThWNT V 489,7–9.14f; Bauer, Wb. s.v. δικαίως 1b; ὅσιος 1a und ὁσιότης.

[379] Tit 1,8 δίκαιον, ὅσιον (freilich in einer Reihe mit anderen Begriffen); Offb 16,5 δίκαιος εἶ . . . ὁ ὅσιος. Lk 1,75 und Eph 4,24 ὁσιότης und δικαιοσύνη.

[380] Vgl. 2Cl 5,6 ὁσίως καὶ δικαίως. 6,9 ἔργα ὅσια καὶ δίκαια. 15,3 δίκαιοι καὶ ὅσιοι. 1Cl 14,1 δίκαιον καὶ ὅσιον. 48,4 ἐν ὁσιότητι καὶ δικαιοσύνῃ.

Ὁσίως kommt nur an dieser Stelle im Neuen Testament vor, ὅσιος bei Paulus gar nicht. Das ist angesichts des durchaus pointierten Gebrauchs in LXX[381] auffällig und zeigt jedenfalls, daß das Wort für Paulus keine speziell gefüllte Bedeutung hat.

Δικαίως ist bei ihm nur noch einmal belegt, 1 Kor 15,34. Es hat dort eine recht allgemeine Bedeutung: »in der rechten Weise«[382]; auch δίκαιος, das übrigens nur im Römerbrief öfters in geschärfter theologischer Bedeutung begegnet, kann durchaus den Sinn »rechtschaffen, im menschlichen Sinne gerecht« haben[383]. So kennzeichnet die Zusammenstellung ὁσίως καὶ δικαίως (»fromm und gerecht«) die Haltung als eine solche, »die göttlichem und menschlichem Recht, fas et jus, Genüge tut«[384]. Ihr ist, entsprechend dem rhetorischen Charakter der ganzen Ausführung, eine dritte Charakterisierung hinzugefügt, »untadelig«[385]. Sie drückt allemal eine Tadelsfreiheit in Richtung der Gottesbeziehung aus. Hier faßt sie die vorangehenden beiden Charakterisierungen zusammen und unterstreicht, daß er, der Apostel, mit reinem Gewissen vor Gott steht, soweit es seinen Aufenthalt und sein Wirken in Thessalonich betrifft.

Man darf natürlich gegen eine solche Aussage nicht den Satz Röm 3,10 ausspielen: οὐκ ἔστιν δίκαιος οὐδὲ εἷς (»nicht gibt es einen Gerechten, auch nicht einen einzigen«). Von der heilschaffenden Rechtfertigung vor Gott ist nicht die Rede, vielmehr von der menschlichen Erfüllung des apostolischen Werkes an dieser Gemeinde. Es ist 1 Kor 4,1–5 zu vergleichen. Auch dort sagt Paulus mit Blick auf sein Wirken als Apostel: »Ich habe ein reines Gewissen« (V 4); und wenn er dort fortfährt: »aber nicht darin habe ich die Rechtfertigung empfangen«, dann hebt er nicht das gerade Gesagte auf, sondern unterstellt es dem Urteil Gottes. An unserer Stelle nimmt er damit, daß er Gott als Zeugen für sein Verhalten benennt, das Urteil Gottes freilich vorweg, das er aber auch 1 Kor 4,4f sicher so erwartet. Das Selbstbewußtsein, das sich artikuliert, ist beträchtlich. Gleichwohl besteht kein Anlaß, es für fragwürdig zu erklären. Es kann im Gegenteil hilfreich sein, die apostolische Lauterkeit des Paulus als Teil seines Weges und Werkes der Evangelisation der Welt zu begreifen.

Daß es um das Verhalten als Apostel seiner Gemeinde geht, hebt Paulus durch »euch, den Glaubenden, gegenüber«[386] eigens hervor. Das ist keine Einschränkung, sondern eine Ausrichtung der Aussage auf ihren Bezugspunkt. Auch die Qualifizierung der Angeredeten als »die Glaubenden« hat keine ausgrenzende

---

[381] Es ist überwiegend Wiedergabe von חָסִיד und wird in absolutem οἱ ὅσιοι sogar technisch zur Bezeichnung der »Frommen«, vgl. F. Hauck, ThWNT V 489f; auch Rigaux 426f.

[382] Vgl. Rigaux 427 zSt: »comme il faut, comme il sied« und weiter: »et c'est également cette signification qu'il faut entendre ici«.

[383] Das gilt schon für die Röm 5,7 ins Auge gefaßte Sache, uneingeschränkt aber für Phil 1,7; 4,8; Kol 4,1.

[384] F. Hauck, ThWNT V 491,21f; vgl. auch Dobschütz 99.

[385] 1 Cl 44,4 ἀμέμπτως mit ὁσίως verbunden, 17,3 (vgl. Ijob 1,1) ἄμεμπτος mit δίκαιος. Das Adverb im NT nur noch 1 Thess 5,23, das Adjektiv bei Paulus 1 Thess 3,13 sowie Phil 2,15; 3,6. Rigaux 427 bemerkt, es handele sich also um ein Wort »réversé aux églises macédoniennes«; das dürfte aber nur Zufall sein.

[386] Zum Dativ vgl. Bl-Debr-Rehkopf § 190,2.

Funktion[387]. Sie werden damit auf das hin angeredet, was ihr Sein vor Gott ausmacht, ihren Glauben. Indem Paulus aber seine Beziehung zu ihnen als den Glaubenden ausspricht, hat er in Gedanken die unmittelbare Missionssituation verlassen.

Nach der allgemeinen Qualifizierung wird das Wirken in Thessalonich nun   11/12 abschließend in entscheidenden Elementen seines Vollzugs entfaltet. Der Satz hebt mit der neuerlichen Apostrophierung des eigenen Wissens der Angeredeten neu an: Das erste ὡς leitet die Entfaltung des Wissens ein[388], das zweite einen eingeschobenen Vergleich. Der ganze Satz bleibt anakoluthisch, es fehlt ein verbum finitum, als das man sich ἐγενήθημεν denken kann[389].

Der eingefügte Vergleich bringt noch einmal ein kräftiges Stück innerer Beteiligung in die Aussage. Man kann nicht sagen, daß bei Paulus das Vaterbild zur Verdeutlichung des Verhältnisses zu seiner Gemeinde eine breitere Rolle spiele[390]. Dennoch ist ihm der Gedanke, daß die Gemeindeglieder seine Kinder sind, wichtig, wobei aber nur der Charakter der Liebe als Zuwendung wesentlich ist. Paulus ist für ihr Leben verantwortlich, deshalb wendet er sich ihnen väterlich zu, d.h. sorgend, weisend und lenkend. Die scharfe Stufung in der antiken Familienordnung, die die Autorität des Vaters herausstellt[391], ist bei dem paulinischen Gebrauch des Vergleichs als bewußt vorauszusetzen. Er gebraucht keinen (Ehren-)Titel, sonder greift die Beziehung zwischen Vater und Kind als Mittel der Verdeutlichung auf. So darf das Moment selbstverständlicher Autorität nicht ganz übersehen werden, das der Apostel mit dem Gebrauch des Bildes für sich reklamiert.

Nachdrücklich hebt Paulus hervor, daß er sich »einem jeden« zugewendet habe wie ein Vater. Wenn die Exegese darin eine Hervorhebung nicht nur der Individualität, sondern auch der individuellen Eigenart jedes Gemeindegliedes hat sehen wollen[392], so dürfte das jedoch eine Überinterpretation sein. Herausstellen will Paulus nur, daß er den einzelnen im Blick hatte, ihn nicht nur als Teil des einen Ganzen ansah.

Wieder umgreift eine Dreiheit des Ausdrucks das Tun an jedem einzelnen in   12 der Gemeinde. Die drei Verben stehen sich in der Bedeutung nahe[393]; das gilt besonders von den ersten beiden. Dennoch sind sie von Paulus nicht als ganz

---

[387] Vgl. etwa Dobschütz 99, der an ein Gegenüber zu dem »eigenen Nochnichtgläubigsein« der Thessalonicher denkt.

[388] Vgl. zu ὡς als Einführung eines indirekten Fragesatzes nach οἴδατε Bl-Debr-Rehkopf § 396,1.

[389] Vgl. zur Struktur des Satzes auch Dobschütz 100, der ähnlich versteht.

[390] Ausführlich und nachdrücklich nur 1Kor 4,14–21. In Gal 4,19 liegt mehr das Mutterbild vor; nach Phlm 10 hat Paulus den Onesimus gezeugt. Phil 2,22 redet davon, daß Timotheus mit Paulus zusammen, so wie ein Kind dem

Vater zugeordnet ist, dem Evangelium dient. Man kann also schwerlich die Behauptung rechtfertigen, daß Paulus »gern für die Seelsorge vom Vaterbild Gebrauch« mache, G. Schrenk, ThWNT V 1006,25f.

[391] Vgl. zum griechisch-römischen Bereich G. Schrenk, ThWNT V 948–951, zum alttestamentlichen G. Quell, ebd. 970f, zum Frühjudentum G. Schrenk, ebd. 974f.

[392] Vgl. Rigaux 429 (und bes. das von ihm gebotene Zitat von Chrysostomos [Pg 62, 407]).

[393] Vgl. zu den Wörtern Grabner-Haider, Paraklese 7–11.

synonym[394] empfunden worden[395]. Dabei hat παρακαλεῖν (»zusprechen«) offensichtlich den weiteren Sinn, da das Wort ein breiteres Anwendungsgebiet hat als die folgenden. So darf man vermuten, daß παρακαλοῦντες sachlich der übergeordnete Begriff ist, der durch die beiden anderen entfaltet wird[396]. Damit erweist sich die Zielbestimmung solchen Tuns[397] (»damit ihr euer Leben führt« [εἰς τὸ περιπατεῖν ὑμᾶς]) als unmittelbar mit παρακαλοῦντες verbunden. So darf das Verb nicht so sehr von παράκλησις 2,3 – obwohl geradezu eine inclusio dadurch gebildet zu sein scheint –, es muß vielmehr von 4,1[398] her erfaßt werden. Paulus denkt an das weisende Wort, das den Hörern ihren Weg unter dem Willen Gottes aufzeigt[399]. Das Moment des Tröstens ist nicht präsent[400]. Das Gemeinte wird entfaltet durch die zwei anschließenden Verben. Παραμυθέομαι hat die Grundbedeutung »freundlich zusprechen«[401], die sich – ebenso wie bei παρακαλέω – in die zwei Richtungen »ermahnen« und »trösten« entwickeln kann. Hier versteht man am besten »ermutigen«[402], sofern es bei einer derartigen, rhetorisch gefärbten Reihung nicht überhaupt zu gewagt ist, eine präzise differenzierte Bedeutung anzunehmen. Jedenfalls ist auch hier der Gedanke an »trösten« auszuschließen. Auch μαρτύρομαι kann die Bedeutung »mahnen« haben[403]. So ist das Wort offensichtlich hier gebraucht. Das wird auch nahegelegt durch Eph 4,17[404] einerseits, 1 Thess 4,6 andererseits[405]. Die drei Verben geben eine volle Beschreibung des apostolischen Mahnens, das sich im freundlichen Zuspruch und in der nachdrücklichen Versicherung vollzieht. In der Mahnung sind Zuwendung und Gewißheit vereint, haben die Tat der Liebe und der Inhalt des Glaubens eine ihrer entscheidenden Funktionen.

Mit solchem Handeln wird die Gemeinde befähigt, Gottes würdig zu leben. Περιπατεῖν ist ein im Neuen Testament besonders bei Paulus anzutreffendes Wort für den Lebensvollzug, das in solcher Verwendung nicht dem paganen, sondern allein dem jüdischen Sprachgebrauch entstammt[406]. Darin artikuliert sich die Grundeinsicht, daß Leben weniger ein Sein als vielmehr ein Vollzug ist, der aktiv gestaltet wird. Deshalb muß sich das »Wandeln« auch in ganz be-

---

[394] So aber Dobschütz 101.

[395] 1 Kor 14,3 παραμυθία neben παράκλησις, Phil 2,1 παράκλησις neben παραμύθιον. 1 Thess 5,14 sind παρακαλεῖν und παραμυθεῖσθαι freilich nicht zu parallelisieren (mißverständlich Rigaux 431).

[396] Vgl. auch Rigaux 430.

[397] Εἰς τό c. Inf kann bei Paulus mit ἵνα wechseln, vgl. Bl-Debr-Rehkopf § 402,2; es hat auch hier finale Bedeutung.

[398] Vgl. auch 5,14.

[399] Vgl. dazu auch u. zu 4,1. Zur Breite der Paraklese bei Paulus s. die Zusammenstellung bei Grabner-Haider, Paraklese 11–24; zur theologischen Dimension H. Schlier, Vom Wesen der apostolischen Ermahnung, in: Ders., Die Zeit der Kirche, Freiburg ⁴1966, 74–89, bes. 75–82.

[400] Anders 3,2.7; 4,18; 5,11.

[401] G. Stählin, ThWNT V 816,6.

[402] So auch an der einzigen Stelle in LXX, 2 Makk 15,9.

[403] Vgl. H. Strathmann, ThWNT IV 517, 23–26. Ausgehend von »nachdrücklich versichern« (so Gal 5,3).

[404] Gegen »beschwören« H. Strathmann, ThWNT IV 517,39–41; anders Schnackenburg, Epheser 199 mit Anm. 467; Gnilka, Epheserbrief (s.o. Anm. 247) 222 mit Anm. 1.

[405] »Διαμαρτύρεσθαι unterscheidet sich in seiner Bedeutung kaum merklich von μαρτύρεσθαι«, H. Strathmann, ThWNT IV 518,3f.

[406] Vgl. G. Bertram, ThWNT V 941,5–9; 942,52–943,21; H. Seesemann, ebd. 944f.

stimmtem Tun vollziehen, wie etwa in dem Abschnitt 4,1–12 sichtbar wird[407].
Entsprechend ist als Inhalt der mahnenden Anrede an die Thessalonicher an
konkrete Weisungen zu denken, durch die das Leben der jungen Gemeinde ge-
formt werden soll. Inhaltlich geht Paulus auf sie hier (noch) nicht ein, er wird
es mit 4,3ff tun. Hier hat er das Ziel solcher Mahnung im Auge. Es ist die Gemeinde und ihre Beziehung zu Gott, die ihn allein in seinem Tun bestimmt haben, nichts anderes.

»Würdig Gottes« sollen sie wandeln. Ἀξίως (»entsprechend«) bezeichnet nur
die Beziehung, aus der heraus etwas geschehen soll[408]. Die Qualifikation ist also eine formale, sie bekommt ihren Inhalt von dem Gegenstand des Bezugs[409].
Phil 1,27 setzt Paulus das Leben in Beziehung zum Evangelium Christi, Kol
1,10 zum Kyrios. Inhaltlich bedeutet das jeweils dasselbe, auch wenn aus der je
besonderen Situation heraus unterschiedliche Verhaltensweisen im Blick sein
können. Daß es überhaupt ein Verhalten gibt »würdig Gottes« (ἀξίως τοῦ
θεοῦ), ist für Paulus selbstverständlich, es ist die Voraussetzung seiner Paränese[410], deren Imperativ freilich im Indikativ der vorangehenden Heilszusage
wurzelt. Das »Gott-würdig-Wandeln« ist das »Wandeln in der Neuheit des Lebens«, zu dem die Christen durch die Taufe gerufen sind (Röm 6,4).
Um die Bedeutung dessen sichtbar werden zu lassen, wird Gott genauer durch
eine Partizipialbestimmung benannt, die ein wesentliches Moment seiner Beziehung zu den Angeredeten hervorhebt. Für Paulus wie für das vom Alten Testament her kommende Judentum ist und offenbart sich Gott als Handelnder.
Wir haben zu 1,9f vermutet, daß schon die Bekehrungspredigt den Weg über
die Proklamation des Handelns Gottes in der Christusgeschichte (und der ihr
vorlaufenden, im Alten Testament bezeugten Heilsgeschichte) nahm. Hier
wird der Wandel würdig Gottes in seiner Bedeutung herausgestellt dadurch,
daß Gott als der prädiziert wird, der die Gemeinde beruft in sein Reich und seine Herrlichkeit[411]. Das besonders von Paulus im Neuen Testament bevorzugte
Wort καλεῖν ist »ein terminus technicus für den Heilsvorgang«[412], der seine
Wurzel wieder im alttestamentlich-jüdischen Sprach- und Vorstellungsbe-
reich hat[413]. Gott rief die Schöpfung durch sein Wort hervor[414], ein Vorgang,
der bei Deuterojesaja in Beziehung zur Berufung des Gottesknechts gesetzt

---

[407] Vgl. 2Thess 3,6.11, ferner z.B. Röm 8,4;
14,15; 1Kor 3,3; 7,17; 2Kor 12,18; Phil 3,17; Kol
3,7.
[408] Es ist mithin – zumindest vom Wortlaut
her – nicht an eine Nachahmung Gottes gedacht, gegen Rigaux 433.
[409] Vgl. Dobschütz 101.
[410] P. Trummer, EWNT I 272 macht darauf
aufmerksam, daß ἀξίως bei Paulus nur im paränetischen Kontext steht.
[411] Daß das Part Praes τοῦ καλοῦντος (der
Aor von א A al [die Versionen besagen nichts]
ist gewiß Verbesserung) steht, dürfte die dau-
ernde Geltung des Rufes zum Hintergrund ha-

ben; vgl. 5,24; Röm 9,12 (Best 108). Stark wird
man allerdings den Unterschied zum Aor ὁ κα-
λέσας nicht hervorheben dürfen, vgl. 4,7 und
Gal 1,6 [1,15 ist nicht vergleichbar; eher 5,13]
mit Gal 5,8. Ganz anders dagegen Demke,
Theologie und Literarkritik 112–114, für den
das Tempus ein entscheidendes Indiz für un-
paulinisches Denken ist.
[412] K. L. Schmidt, ThWNT III 409,7f. Vgl.
auch J. Eckert, EWNT II 597–600; D. Wieder-
kehr, Die Theologie der Berufung in den Paulusbriefen, 1963 (SF NF 36).
[413] Vgl. K. L. Schmidt, ThWNT III 491f.
[414] Gen 1.3.5.6.8 usw.

wird (48,12f). Hier bekommt das Wort »rufen« besonderes theologisches Gewicht[415]. Gottes Ruf ist schöpferisches Wort, das bewirkt, was es besagt. Besonders deutlich ist das Röm 8,30 entfaltet[416]. Die Thessalonicher sind solche von
Gott (zu seinem »Reich« und seiner »Herrlichkeit«) »Gerufenen«.

Der Begriff »Reich (Gottes)«, so häufig er in der Jesusüberlieferung auch ist,
wird von Paulus nur vergleichsweise selten benutzt. Einen festen Ort hat er in
der negativen Wendung »das Gottesreich nicht ererben« (1Kor 6,9.10; 15,50;
Gal 5,21[417]; vgl. Röm 14,17). Das zeigt einerseits, daß der Begriff eine eschatologische Wirklichkeit bezeichnet, und andererseits, daß er eine besondere
Funktion in der Mahnrede hat[418]. Die eschatologische Bestimmtheit des »Reiches« wird bestätigt durch 1Kor 15,24; 2Thess 1,5[419]. Sie ist auch für unsere
Stelle vorauszusetzen. Das (künftige) Reich wirkt schon jetzt ein ganz bestimmtes Verhalten der zu ihm Bestimmten, wie Röm 14,17 lehrt; das steht
auch hier im Hintergrund[420]. Ganz analog ist auch δόξα (»Herrlichkeit«) als
Benennung einer eschatologischen Wirklichkeit zu verstehen. Auf sie richtet
sich die rühmende Hoffnung der Gerechtfertigten (Röm 5,2; vgl. auch Röm
8,18[421]), sie ist Partizipation an der Auferstehungswirklichkeit, die in Christus
bereits Gestalt gewann (Röm 6,4; Phil 3,21). Eine ganz präzise Füllung des Begriffs wird man nicht voraussetzen dürfen, da er seine Nennung auch dem
Umstand verdankt, daß mit ihm ein Gedankenzug zu Ende geführt wird, der
sich mit beträchtlichem rhetorischen Aufwand präsentiert. Der Blick richtet
sich von der δόξα des Apostels als Prediger hin zu der δόξα dessen, der ihn mit
seiner Predigt beauftragte. Der Begriff hat so eine Funktion nicht nur durch
seinen Inhalt, sondern auch als rundender Abschluß. Er markiert mithin einen
deutlichen Absatz, wie ebenso 2,13 unüberhörbar neu einsetzt.

**Zusammen-**
**fassung**

Der Textzusammenhang 2,1–12 erwies sich als insgesamt von einem Thema
bestimmt. Es wird unter einer bestimmten Akzentuierung sogleich 2,1 genannt: »Unser Eingang bei euch«. Trotz der Leidenserfahrung, die er im Dienst
seiner Predigt unmittelbar zuvor machen mußte, vollzog sich das Auftreten
des Paulus in freier Offenheit. Denn nicht menschliche Strebungen, sondern
der Auftrag Gottes steht hinter ihm; sein Ziel ist nicht er selbst, sein Ziel ist das
Heil der von ihm Angeredeten. Davon war sein Auftreten bestimmt, das war
der Inhalt seiner Botschaft, die er jedem einzelnen ausrichtete.

Durchzogen sind diese Ausführungen von immer erneuten Berufungen auf
das eigene Wissen der Thessalonicher. Aber dieses Erinnern geschieht nicht in

---

[415]  Vgl. auch syrApkBar 21,4; 48,8; JosAs 8,10
(anschaulich 14,4ff).

[416]  Vgl. aber auch Röm 4,17.

[417]  Vgl. Eph 5,5.

[418]  Vgl. Wolff, 1. Korinther 205.

[419]  1Kor 4,20 mißt Paulus die Gegenwart an
der Wirklichkeit des Gottesreichs, Kol 4,11 ist
von der Arbeit auf das Gottesreich hin die Rede. Schwierig ist freilich Kol 1,13, doch wird

das mit der Herkunft des Stückes aus der liturgischen Sprachtradition zusammenhängen
(vgl. Schweizer, Kolosser 46.48f).

[420]  Anders Dobschütz 102, der nur von dem
Gottesreich der Endzeit geredet sieht und davon im Sinne des Paulus die andere Bedeutung,
die das gegenwärtige Verhältnis zu Gott meint,
scharf trennen will.

[421]  S. auch Röm 2,7.10.

einer Weise, die den Eindruck erweckt, als bedürfe es der ausdrücklichen Vergegenwärtigung eines schon vergessenen oder nur entstellt noch bewußten Tatbestandes. Auch weist Paulus nicht andere über ihn offensichtlich umlaufende Berichte oder Deutungen zurück. Es ist nicht zu erkennen, daß innerhalb der Gemeinde Mißdeutungen über sein Auftreten Boden hatten. Es ist daher verständlich, daß man gemeint hat, der ganze Abschnitt habe keine besondere Absicht; die Vorwürfe seien vielmehr »naheliegend und gehör(t)en zur Standardpolemik und damit ihre Zurückweisung auch zur Standardapologetik«[422]. Aktueller Sinn des ganzen Abschnitts kann dann freilich nur noch sein, »mit der Rückerinnerung an den großen Beginn Mut zum Durchhalten zu machen«[423]. Indessen ist er zu geschärft, als daß die Auskunft, es handele sich gleichsam um Routine[424], befriedigen könnte. Für diese Selbstdarstellung muß ein aktueller Anlaß bestanden haben. Man hat gelegentlich versucht, ihn allein in der psychischen Verfassung des Paulus zur Zeit der Abfassung des Briefes zu finden[425]. Jedoch erklärt sich als Abreaktion einer bereits als grundlos erkannten Befürchtung das Stück weder nach Inhalt noch Form[426]. Paulus muß vorausgesetzt haben, es bestände ein ernsthafter Grund, sich in solcher Pointierung der Gemeinde in die Erinnerung zu rufen. Ihre Ausrichtung schließt nun aber auch aus, daß der Grund in einer Bestreitung oder Anzweiflung seines Apostolats von christlicher Seite gegeben sein könnte[427]. Nur mangelnder Sinn für geschichtliche Differenzierungen kann diese Selbstdarstellung des Paulus mit seinem Kampf um den Apostolat in (1 und) 2Kor, Phil und Gal auf eine Linie bringen. Er stellt sich 1Thess 2,1–12 dar im Gegenüber zu Leuten, die mit ihrer Botschaft sich selbst auf Kosten ihrer Hörer in Geltung setzen und davon leben[428]. Das Gegenüber, das im Visier ist, ist nicht ein konkurrie-

---

[422] Dibelius 11. – O. Kuß, Paulus, Regensburg 1971, 88 Anm. 5; aufgenommen von Laub, Eschatologische Verkündigung 135f und neuestens Lüdemann, Paulus 49 Anm. O; vgl. auch Bornkamm, Paulus 81f. – Malherbe, »Gentle as a Nurse« zeigt überzeugend die formale Analogie der Selbstdarstellung des Paulus und die der antiken Rhetoren, bes. Dio Chrysostomos. Er folgert aus der Tatsache, daß sich bei Dio nicht sicher erkennen läßt, daß er mit seiner Selbstdarstellung auf persönliche Anwürfe antwortet, daß auch Paulus keine persönlichen Verdächtigungen voraussetzt (217). Indessen ist die Analogie deshalb nicht überzeugend, weil Dio tatsächlich popularphilosophischer Wanderprediger war (vgl. zu seiner Person o. Anm. 253) und das natürlich auch wußte, während Paulus das nicht war und das ebenfalls wußte. Dio redet letztlich in eigener Autorität und mußte sich daher zunächst aufbauen. Aufgrund genereller Erfahrung (die natürlich auch Malherbe anerkennt, 215f) konnte er das aktuell nur in Abgrenzung gegen andere Leute seiner Art tun. Paulus aber brauchte von der Sa-

che und von der Autorität her, auf die er sich berief, eine generelle Verwechselung nicht zu fürchten. So muß seine Abgrenzung einen aktuellen Anlaß haben.

[423] Laub, Eschatologische Verkündigung 136.

[424] Dibelius 11: »Solche Lieblingsthemen werden auch ohne besondere Notwendigkeit behandelt«.

[425] Dobschütz 107: Paulus hat trübe Gedanken über sein Ansehen in Thessalonich; sie sind zwar z.Zt. des Briefes schon zerstreut, aber »Paulus, dieser stark empfindende Mensch, kann gar nicht zurückhalten, was sein Herz solange bewegt und so schwer bedrückt hat«.

[426] Vgl. zum letzten Dibelius 11.

[427] So Schmithals, Paulus und die Gnostiker 103ff; 1Thess wird denn auch zeitlich nahe an die Korinthische Korrespondenz herangerückt.

[428] Anders Schade, Apokalyptische Christologie 120–122, der in dem Abschnitt die vorbildliche Nachahmung Christi »in ihrer Bedeutung für die Realisierung der Berufung der Heiden« dargestellt sieht.

render Apostel, sondern ein hohler Phrasendrescher, der nichts zu sagen hat.

Um den Text in seiner geschichtlichen Bedingtheit voll verstehen zu können, müssen auch die folgenden Verse in die Überlegung einbezogen werden. Mit V 13 wird der Dank an Gott wieder aufgenommen. Er ist, wenn auch durchaus allgemein, mit 2,1–12 kausal verbunden. Der Grund des Dankes ist wieder antithetisch formuliert: Weil sie das Wort des Paulus nicht als Menschenwort, sondern als Gotteswort angenommen haben. Auch hier liegt näher als die Annahme reiner Rhetorik die andere, daß ein aktueller Anlaß hinter solcher Formulierung steht. Denn die Möglichkeit, daß die Thessalonicher das apostolische Wort des Paulus nicht in seiner Wahrheit durchschauten, lag nahe. Unmittelbar mit dem Dank verbunden – so als sei der Satz noch dazugehörig, indem er ein Zeichen des wirkenden Gotteswortes namhaft macht –, redet Paulus von der Nachgestaltung der judäischen Gemeinden durch die Gemeinde in Thessalonich dadurch, daß auch sie unter ihren Landsleuten Leiden erfuhr. Daran schließt sich der scharfe, scheinbar unmotivierte Ausbruch gegen die Juden an, auf den schon die umständliche Charakterisierung der Leiden der Thessalonicher hinführte.

Die Überlegungen, die diese Tatbestände zu verbinden und aus solcher Verbindung zu verstehen sich bemühen, ergeben folgendes Bild. Paulus setzt voraus, daß die Thessalonicher der massiven Beeinflussung seitens ihrer heidnischen Landsleute ausgesetzt sind mit dem Ziel, sie wieder aus der Gemeinschaft zu lösen, die alle bisherigen sozialen Bindungen aufhob oder doch in Frage stellte und eine völlig neue, rigorose Lebensgestaltung vorschrieb. Hervorragendes Mittel dazu ist die Einebnung des Apostels in die Schar der Wanderprediger, die und deren Botschaft man doch längst als das durchschaut hat, was sie tatsächlich sind. Weil Paulus sieht, daß damit eine ernste Gefahr droht, der die Gemeinde zwar nicht erlegen ist, die ihren Weg aber bedrängend begleitet, verfaßt er diese »Apologie«. Denn mit dem Boten steht und fällt die Botschaft. Offensichtlich hat Paulus darüber hinaus noch einen weiteren Verdacht, vielleicht sogar ein Wissen. Hinter der Verleumdung in Thessalonich stehen die Juden. Sie stellen ihn dar in der Weise, wie er sie so entschieden zurückweist, und stacheln mit diesem Mittel die Bevölkerung der Stadt gegen die sich bildende christliche Gemeinde auf[429]. Daß jedenfalls die Juden einen Bezug zu der Leidenssituation der Thessalonicher Gemeinde haben, das zu vermuten legt sich von der Tatsache und der Art ihrer Erwähnung in 2,14–16 überaus nahe[430].

Der Abschnitt ist geschichtlich wichtig, indem er erkennen läßt, in welches Umfeld philosophisch-religiöser Propaganda die christliche Mission bei ihrem Übertritt in die griechische Öffentlichkeit geriet. Noch bevor sie sich über-

---

[429] Vgl. auch Wikenhauser-Schmid, Einleitung 401.
[430] Vgl. dazu u. 110 f.

haupt vernehmbar machen konnte, lauerte die Gefahr, daß ihre Boten mit den religiösen und Moralpredigern der Zeit identifiziert wurden, die man wohl hören, denen man sich aber nicht ausliefern durfte.

So wird in besonderer Weise entscheidend für die Autorität des Evangeliums die Autorität seiner Verkündiger. Im Vorfeld der Wahrheit steht ihr Vertreter. Er darf sie nicht verdecken, sondern muß sie freigeben durch seine Person, die der Wahrheit entspricht. Der Ausweis des Apostels ist nicht nur sein Auftrag, sondern auch die Art seiner Ausrichtung.

Entscheidende Momente jeder Evangeliumsverkündigung werden sichtbar, auch wenn die besondere Art des Apostels es verbietet, jeden Boten Christi an seinem Maß zu vermessen. Eine Zeit wie die unsere hat weithin das Vertrauen in die Geschichte verloren; das Beispiel der Väter scheint ihr vornehmlich Sackgassen zu zeigen, die Haltung des gegenwärtigen Zeugen wird ihr zum Gericht über sein Zeugnis. So kann der Bote den Zugang zu seiner Botschaft verstellen. Die Welt hat es leicht, sich der Anrede des Evangeliums zu entziehen, indem sie seines Boten habhaft wird. Wer Christus sichtbar werden lassen will, der darf nicht in der Gleichheit der Heilsverkündiger unserer Tage leben und wirken. Denn das ist eine tödliche Gefahr für seine Botschaft, daß er eingereiht wird in die Reihe der anderen, schon lange als unbewährt erkannten Heilsbringer der Gegenwart. Deshalb kann nicht Anpassung des Boten an die Formen und Strukturen seiner Zeit die missionarische Strategie bestimmen; klare Differenzierung ist vielmehr die notwendige Konsequenz des nachfolgenden Gehorsams, auch wenn sie in die Isolation und in die Vereinsamung in der Gesellschaft und damit in die soziale Diskriminierung führt.

Der Fremdheit der Botschaft in dieser Welt entspricht ihr Bote als Fremder. Natürlich muß sich das nicht in Geste und Habitus niederschlagen. Gefordert ist die Lauterkeit der Person, die sich ganz in Dienst nehmen läßt. Sie wird zur Kraft der Überzeugung, wenn sie als unbedingte Verläßlichkeit erfahren wird in einer Umwelt, die sich wesentlich als bedrohliche Forderung präsentiert. Gewiß machen wir nicht durch unser Verhalten die Wahrheit der Botschaft. Sie bleibt wahr, auch wenn wir unwahr leben. Aber sie hat es schwer, den unwahren Zeugen zu durchdringen, der sie verstellt. Der wahre Bote wird für die Welt selbst ein Stück seiner wahren Botschaft. Paulus hatte der Welt nicht nur ein Wort zu geben, er gab sich ihr auch selbst. Er bleibt darin Zeichen und Norm des Christus-Zeugen.

Gott selber hat Paulus zum Zeugen gemacht. Erst das Urteil Gottes befähigt ihn, Botschafter des Christus zu sein (V 4); denn es ist das synthetische Urteil Gottes, das in seinem Ergehen den Wert setzt, der ihm entspricht. Gottes schöpferischer Akt macht aus dem Verfolger der Gemeinde den Verkündiger. Nur solange er solcher Schöpfungstat entspricht, ist er Christus-Bote. Herrlichkeit und Last des Amtes treten scharf hervor. Nur das Urteil Gottes, nicht das der Menschen, ist Kanon des Lebens, das der Zeuge Christi zu führen hat; Hingabe ist der Inhalt solchen Lebens. Und das gilt auch heute.

3.   *Der Dank an Gott für die Annahme des Gotteswortes (2,13–16)*

**13 Und auch deswegen danken wir Gott unablässig, daß ihr das Gottes-
wort unserer Predigt, als ihr es empfingt, nicht als ein Menschenwort entgegengenommen habt, sondern als das, was es wirklich ist, als Gotteswort; es erweist sich ja auch in euch, den Glaubenden, als wirksam. 14 Denn ihr, Brüder, seid Nachgestalter geworden der Gottesgemeinden, die als Gemeinden Christi Jesu in Judäa existieren, indem auch
ihr die gleichen Leiden von euren Mitbürgern erfuhrt wie jene von den Juden, 15 die sowohl den Herrn Jesus als auch die Propheten töteten und
uns verfolgten, Gott nicht gefallen und allen Menschen entgegenste-
hen 16 und uns hindern, den Heiden mit dem Ziel zu predigen, daß sie
gerettet werden; so machen sie fortgesetzt das Maß ihrer Sünden voll. Es
ist aber das Gericht über sie gänzlich hereingebrochen!**

Analyse   Die Abgrenzung des Abschnitts ist klar. Der Blick ist jetzt wieder ganz auf die
Gemeinde und ihr Tun gewendet. Daher kann auch der Dank expressis verbis
wieder aufgenommen werden; er muß es nach dem Vorangehenden, wenn der
Formbereich des Dankes noch erhalten bleiben soll. Daß mit 2,17 eine neue
Gedankenreihe beginnt, ergibt sich aus dem Übergang zu einem neuen Ge-
genstand, nämlich der Bloßlegung des gegenwärtigen Verhältnisses des Apo-
stels zu seiner Gemeinde. Dem entspricht der volle Abschluß von V 16, der den
Gedanken an die Schuld der Juden rundet.

Schwieriger ist die innere Einheit und damit Zusammengehörigkeit der VV
13–16 zu erkennen. Die VV 13 und 14 handeln von den Thessalonichern, die
VV 15 und 16 ausschließlich von den Juden. Beide Stücke sind aber fest miteinander verzahnt. Denn bereits V 14 bringt in einem bemühten Gedankengang
die Juden als Verfolger der christlichen Gemeinden ins Spiel und bereitet damit die VV 15 und 16 vor. Das Schlußsätzchen von V 13 drängt auf eine Explikation. Sie gibt V 14; denn es ist ganz klar die Funktion von V 14, die Wirksamkeit des Gotteswortes in den Thessalonichern zu erweisen. Der innere Zusammenhang ist also der, daß Paulus Gott dankt dafür, daß sich die Thessalonicher
den Blick nicht haben verstellen lassen, sondern sein Wort als das annahmen,
was es ist, als das Wort Gottes. Es hat sich denn auch an ihnen als ein solches
erwiesen, indem es sie ermächtigte, Nachahmer der judäischen Gemeinden im
Leiden zu werden, das sie von ihren Mitbürgern erfuhren wie jene von den ihren, den Juden, die notorisch gegen Gottes Geschichte und damit unter dem
Gericht stehen. Der Abschnitt ist also durchaus in sich geschlossen.

In den VV 15 und 16 ist in großem Maße traditionelles Überlieferungsmaterial
verarbeitet, das gerade in seiner scharfen kritischen Aussage schon auf das Judentum selbst zurückgeht.

Das ganze Stück zählt zu denjenigen, die in ihrer Herkunft besonders umstritten sind. Die Annahme, es handele sich zumindest bei den VV (14) 15f um eine

Interpolation, ist verbreitet[431]. Sie beruht, wie gewöhnlich in solchen Fällen, entscheidend auf inhaltlichen Gründen. Der wichtigste ist der Widerspruch, den man zwischen der scharfen Verurteilung der Juden hier und der Hoffnung auf ihre endgültige Rettung, die Röm 11,25ff ausspricht, zu finden meint[432]. Es wird bei der Exegese zu fragen sein, ob dadurch eine so schwerwiegende Annahme wie die der sekundären Einfügung eines ganzen Abschnitts in einen Paulusbrief überzeugend begründet werden kann. Es erheben sich freilich schon vom Literarischen her Bedenken. Da die VV 13–16 eine Einheit bilden, können sie nur geschlossen ausgeschieden werden[433]. Dann aber muß nicht nur der Anschluß von 2,17 an 2,12 plausibel[434], sondern auch ein Grund namhaft gemacht werden, warum gerade an dieser Stelle der Einschub eingefügt worden ist, noch dazu eingeleitet mit einem Satz (V 13), der die Brieflogik ganz erheblich aufbessere, obwohl er für den Interpolator gar keine Bedeutung haben konnte, sondern es ihm nur um den antijüdischen Ausfall ging.

Der Anschluß von V 13 an das Vorangehende ist sehr allgemein; er ist gleichwohl als eng gedacht. Die überladene Ausdrucksweise läßt eine komplizierte Gedankenführung erkennen[435]. Paulus nimmt ausdrücklich den Eingangsdank wieder auf, bindet ihn an das soeben über sein Auftreten in Thessalonich Gesagte und erläutert das in dem Begründungssatz näher. Der Dank ist deshalb mit der Selbstdarstellung verbunden, weil die Thessalonicher ihn richtig erkannt haben, ihn nicht mit den Wanderrednern verwechselten, sondern als den Boten des Evangeliums annahmen. So haben sie das Wort, das sie von ihm hörten, in seinem wahren Sinn begriffen.

*Erklärung 13*

Dieses Wort wird umständlich, aber präzise charakterisiert. Es ist ein λόγος ἀκοῆς, ein Wort, das für das Hören bestimmt ist. Denn es ist das »Predigtwort«, das von dem Apostel proklamierte Wort[436]. Paulus unterstreicht das

---

[431] Vgl. referierend J. Coppens, Miscellanies bibliques. LXXX. Une diatribe antijuive dans IThess., II, 13–16, EThL 51 (1975) 90–95. Coppens selbst weist die Annahme zurück. Vgl. jüngst Köster, Apostel und Gemeinde 294 Anm. 16; Schmidt, 1Thess 2:13–16; der Annahme einer Interpolation neigt auch Bruce 49.51 zu; zurückgewiesen von Schade, Apokalyptische Christologie 263f; Donfried, Paul and Judaism.

[432] Vgl. Dobschütz 117. Eine gründliche Auseinandersetzung mit den inhaltlichen und formalen Argumenten für die Annahme einer Interpolation bei I. Broer, »Antisemitismus« und Judenpolemik im Neuen Testament, in: B. Gemper (Hrsg.), Religion und Verantwortung als Elemente gesellschaftlicher Ordnung (Beiheft zu den Siegener Studien), Siegen 1982, 734–772, 741–746.

[433] Das hat richtig erkannt Pearson, 1 Thessalonians 2:13–16 91.

[434] Vgl. dazu z.B. Kümmel, Problem 221 Anm. 4.

[435] Das erste καί ist weiterführend (ähnlich 2Thess 2,11; Hebr 9,15, auch Joh 5,16), es gliedert und verbindet (vgl. Rigaux 437); διὰ τοῦτο bezieht sich folgernd auf das Vorangehende, der ὅτι-Satz fügt einen speziellen Grund hinzu (häufig bei Joh, z.B. 5,16.18; 8,47; 1Joh 3,1, vgl. auch 2Kor 13,10; Phlm 15 [ἵνα]). Das zweite καί gehört zu εὐχαριστοῦμεν, dieser Dank ist mit dem von 1,2 verbunden (vgl. 1Kor 2,13 [καὶ λαλοῦμεν] mit 2,6); ἡμεῖς ist unbetont (Dobschütz 103 denkt an einen Aramaismus, vgl. dazu Bl-Debr-Rehkopf § 277,2); vielleicht gesetzt wegen des Gegensatzes zur 2. Pers in dem begründenden ὅτι-Satz.

[436] Fundamental ist Röm 10,14–18; vgl. auch Joh 12,38; ferner Hebr 4,2; Gal 3,2.5. Röm 10,16 und Joh 12,38 wird Jes 53,1 zitiert, vgl. auch das Zitat von Jes 3,6 in Mt 13,14 und Apg 28,26 (zur Bedeutung von ἀκοή s. auch Barn

Moment, daß es das durch ihn proklamierte Wort ist, zunächst noch durch die enger zu ἀκοῆς gehörende Wendung παρ' ἡμῶν (»durch uns«). Der Genitiv θεοῦ dagegen bezieht sich unmittelbar auf λόγον. Mit ihm wird der Urheber des »Wortes« angegeben. Das Predigtwort ergeht durch den Apostel, aber es ist Gottes Wort. Scharf kommt zur Geltung, daß einerseits das Predigtwort des Apostels als solches den Anspruch erhebt, Gottes Wort zu sein, und daß anderseits Gottes Wort selbst eben in dem Predigtwort des Apostels den Hörern begegnet. Der Anspruch, den die Verkündigung erhebt, ist zu steilem Ausdruck getrieben.

Das so in seinem Wesen qualifizierte Wort haben die Thessalonicher »empfangen«. Das Wort wird, wie 1 Kor 11,23; 15,1.3, aber auch Gal 1,12; 1,9; Phil 4,9[437] zeigen, von Paulus im Sinne der jüdischen Traditionsterminologie gebraucht. Dort ist das Empfangen (παραλαμβάνειν) und Weitergeben (παραδιδόναι) der Vorgang, durch den sich Vermittlung von Wahrheit und Wissen vollzieht[438]. Ἐδέξασθε (»ihr habt entgegengenommen«) ist offenbar mit Bedacht danebengestellt. Die beiden Wörter sind nicht identisch; das erste benennt die Voraussetzung des zweiten. Das Predigtwort, in dem Gottes eigenes Wort begegnet, wird empfangen als ein Überlieferungsgut. Es ist nicht ein nur aktuell im Ertönen und Gehörtwerden sich konstituierendes Gotteswort, es ist vielmehr ein in Dauer geltendes und kann entsprechend aufbewahrt und weitergegeben werden. Das Predigtwort des Paulus begründet Überlieferung und damit Lehre[439]. Freilich thematisiert er in unserem Zusammenhang diesen Tatbestand nicht und reflektiert also auch nicht darauf, woher er das Wort seiner Predigt empfing. Neben dem Empfangen wird (mit δέχομαι) das Geltenlassen, das Akzeptieren genannt[440]. Das ist deshalb keine Tautologie, weil das Akzeptieren der Vorgang ist, auf den es hier ankommt. Eine Tradition kann in sehr unterschiedlicher Weise übernommen werden, als Lehrmeinung eines einzelnen oder als Wahrheit Gottes. Für die Thessalonicher war das Wort der Apostel zunächst ihr Predigtwort. Daß es zugleich ein »Wort Gottes« ist, das gilt für Paulus; daß das nun auch für die Thessalonicher galt, dafür dankt er. Deshalb ist die Antithese, mit der Paulus die inhaltliche Entscheidung der Thessalonicher benennt, keine rein rethorische. Auch das erste, negierte Glied nennt eine wirkliche Möglichkeit des Akzeptierens einer empfangenen Überlieferung. »Wort Gottes« entspricht »Evangelium Gottes« 2,2.9. Gleichwohl will der

---

9,1–4). Zur Sache vgl. Delling, Wort Gottes 134f.145–147, zSt bes. 125f (ἀκοή = »Nachricht«). Schippers, Pre-synoptic Tradition 224.229f will ἀκοή als »Tradition« verstehen; damit ist die »Traditionalität« der paulinischen Predigt überzogen.
[437] Vgl. auch Kol 2,6; dazu Schweizer, Kolosser 98.
[438] Vgl. G. Delling, ThWNT IV 13f; Bill. III 444; B. Gerhardsson, Memory and Manuscript, 1961 (ASNU 22), 288–291; zur Stelle Schippers, Pre-synoptic Tradition 224.229.

[439] Vgl. Röm 6,17 (zum Problem des Textes s. Wilckens, Römer II 35f); die Stelle ist deshalb besonders bemerkenswert, weil Paulus so an eine Gemeinde schreibt, die er nicht selbst gegründet hat.
[440] Δέχεσθαι in diesem Sinne mehrfach bei Lukas, Lk 8,13; Apg 8,14; 11,1; 17,11 (Delling, Wort Gottes 135 Anm. 38 erwägt eine »bestimmte Missionsterminologie«). – Jak 1,21 eine vergleichbare Unterscheidung: δέξασθε τὸν ἔμφυτον λόγον.

Ausdruck eine besondere Nuance zur Geltung bringen. Er ist bei Paulus überraschend selten. Röm 9,6 steht er für das Verheißungswort des Alten Testaments über Israel, Kol 1,25 in übergreifendem Sinn für Gottes Heilswort überhaupt, 1Kor 14,36 (in einem in seiner Herkunft umstrittenen Text[441]) in einem zurückweisenden Kontext mit der Bedeutung »Weisung Gottes«. Es verbleiben die beiden charakteristischen Belege 2Kor 2,17; 4,2, in denen Paulus für sich einen solchen Umgang mit dem »Gotteswort« ablehnt, durch den es verschachert oder verfälscht würde. In ähnlichem Horizont denkt er an unserer Stelle. Nicht so sehr der konkrete Inhalt, vielmehr der ihm vorlaufende und ihn tragende Anspruch, daß seine Rede Wort Gottes sei, ist hier im Blick. Was Paulus verkündigt, ist das Wort Gottes und deshalb auch Evangelium, nicht umgekehrt! Nach solcher umfassenden Charakterisierung des Wortes, das die Thessalonicher empfingen, ist das versichernde Sätzchen »was es wirklich ist« (καθὼς ἐστιν ἀληθῶς) eigentlich überflüssig. Paulus schreibt es dennoch, weil hieran für seine Verkündigung schlechthin alles hängt.

Der abschließende Relativsatz bezieht sich auf λόγον. So jedenfalls legt es der paulinische Sprachgebrauch nahe. Paulus gebraucht ἐνεργεῖν, wenn Gott Subjekt ist, im Aktiv[442], im Medium bei unpersönlichem Subjekt[443]. Noch gesicherter wäre der Bezug von ὅς auf λόγον, wenn ἐνεργεῖται Passiv wäre, da dann – ebenso wie in der Regel beim Aktiv – Gott das logische Subjekt wäre. Indessen spricht gerade das gegen die Auffassung als Passiv. Denn bezieht sich auch ὅς grammatisch auf λόγον, so ist dieses »Wort« doch als »Gotteswort« qualifiziert und erweist sich eben als solches als wirkend. Mittels seines Wortes tritt Gott wirkend in Erscheinung. Daß das Wort Gottes lebendig und mächtig ist, wird Hebr 4,12 am prägnantesten im Neuen Testament ausgesprochen[444], ist aber ein auch schon alttestamentlich-jüdisch geläufiger Gedanke.

Es will beachtet sein, daß der Gedanke der Wirksamkeit des Gotteswortes denjenigen zugewendet ist, die es annehmen. Damit unterscheidet er sich deutlich von dem Eph 6,17; Offb 1,16 (vgl. 19,11–16) und auch Hebr 4,12 vorliegenden; dort ist allemal das Wort Gottes als richterlich wirksam gedacht[445]. Hier dagegen wirkt es das Leben derer, die es annehmen, der »Glaubenden«, wie es nun prägnant heißt. Denn der Glaube ist es, der das Wort des Apostels als das Wort Gottes akzeptiert.

Das Wirken des Wortes in den Glaubenden wird sichtbar an ihrem Weg unter **14** diesem Wort[446]. Es hat sie zu Nachgestaltern der Gemeinden Gottes gemacht, die in Christus Jesus in Judäa bestehen. Sowohl der Plural als auch die Lokali-

---

441  Vgl. Dautzenberg, Urchristliche Prophetie 257–273 sowie Wolff, 1.Korinther 140–143. – Wahrscheinlich textkritisch sekundär ist der Beleg Phil 1,14.
442  Vgl. aber auch Phil 2,13.
443  Vgl. Dobschütz 105; Schlier 113 Anm. 55; Bl-Debr-Rehkopf § 316 Anm. 1; s. auch G. Bertram, ThWNT II 651,9–11; H. Paulsen, EWNT I 1107. Rigaux 440 (vgl. aber vor allem 669)

sieht – mit beachtlichen Gründen – in ἐνεργοῦμαι allemal ein Passiv. So auch Milligan 28f.
444  Vgl. Michel, Hebräer (s.o. Anm. 160) 197–203 (Hebr 4,12f ein traditionelles »Gedicht über das Wort Gottes«); s. ferner Offb 19,13.
445  Zugrunde liegt Jes 49,2.
446  Vgl. Tannehill, Dying 101f; Best 112.

sation »in Judäa« zeigen, daß nicht nur an die Jerusalemer Gemeinde gedacht
sein kann. Auch Gal 1,22 setzt Paulus judäische Gemeinden voraus. Es ist
schwer zu sagen, welches Gebiet er im Auge hat. In der Regel denkt man an
das gesamte Palästina[447]. Doch ist dessen Erstreckung unscharf begrenzt. Es
wird das Gebiet vorgestellt sein, das man sich als geschlossen vom jüdischen
Volk bewohnt dachte (wohl einschließlich Samarien)[448]. Das legt die Parallelisierung nahe anzunehmen: So wie die Thessalonicher durch die Sozialgemein-
schaft, in der sie leben[449], drangsaliert werden, so die palästinischen Gemeinden durch ihre, die Juden. Freilich wissen wir nicht, wo außerhalb Jerusalems
in diesem Gebiet zur Zeit des Briefes christliche Gemeinden bestanden.
Paulus bezeichnet sie als »Gemeinden Gottes« und wendet damit die gleichsam volle Form der Benennung an[450]. Merkwürdig ist das »in Christus Jesus«[451]. Es kann nicht anders als auf die »Gottesgemeinden in Judäa« bezogen
werden[452]. Damit sind sie eigentlich inhaltlich überbestimmt. Denn ἐκκλησία
τοῦ θεοῦ benennt die Gemeinde des allein einen Gottes, der in der Christusgeschichte Jesu sich endzeitlich gültig offenbart hat. Daneben kann es keine anderen »Gottesgemeinden« geben[453]. Gal 1,13; 1Kor 15,9 zeigen denn auch, daß
Paulus bei anderen Gelegenheiten keine Notwendigkeit empfand, der Wendung »Gemeinde Gottes« eine besondere Bestimmung hinzuzufügen, um sie
als Benennung der christlichen Gemeinde auszuweisen, sondern sie gerade
unter dieser Bezeichnung sehr betont dem historischen Judentum entgegen-
stellt. Auch spricht die Tatsache, »daß συναγωγή im Judt die weitaus ge-
bräuchlichere Selbstbezeichnung bildete als das stärker zurückgedrängte
ἐκκλησία«[454], keineswegs dafür, daß Paulus sich genötigt fühlen mußte, zur
eindeutigen Unterscheidung der christlichen Gottesgemeinde von der gleichfalls in Palästina lebenden jüdischen »Gottesgemeinde« hinzuzufügen: »in
Christus Jesus«. Schließlich wäre das dann auch allemal der jeweiligen jüdischen Ortsgemeinde gegenüber nötig gewesen. So bleibt der Zusatz merkwürdig[455].
Nur an unserer Stelle wendet Paulus den Mimesis-Gedanken nicht auf sich
(und durch sich auf den Herrn) an, sondern bezieht ihn auf andere Gemein-

447   Dobschütz 109 will auch den Hauran,
»wo Christengemeinden bis nach Damaskus
hin blühten«, eingeschlossen wissen; doch ist
solche Ausdehnung unwahrscheinlich.
448   Vgl. Bauer, Wb. s.v. Ἰουδαία 2 (dort auch
profane    antike   Literatur);   W.   Gutbrod,
ThWNT III 384,43–48. Strabo XVI, 2,21 (756)
ἡ δ’ ὑπὲρ ταύτης (sc. Φοινίκης) μεσόγαια
μέχρι τῶν Ἀράβων, ἡ μεταξὺ Γάζης καὶ Ἀν-
τιλιβάνου Ἰουδαία λέγεται (vgl. auch Jos Ant
1,160).
449   Dazu vgl. u. 102.
450   Vgl. J. Roloff, EWNT I 1001f. S. auch 1Kor
1,2; 10,32; 11,16.22; 2Kor 1,1. Die Wendung ist
nicht bestimmten Gemeinden vorbehalten.

451   Vgl. Neugebauer, In Christus (s.o. 38f
Anm. 34) 102.
452   Vgl. z.B. W. Grundmann, ThWNT IX
545,31 (die weiteren dort genannten Stellen
Gal 3,28; 1Kor 1,30 bieten allerdings nicht
ἐκκλησία); J. Roloff, EWNT I 1002.
453   Gal 1,22 denn auch nur ἐν Χριστῷ ohne
τοῦ θεοῦ; vgl. auch Röm 16,16.
454   W. Schrage, ThWNT VII 828,3f.
455   Best 114: »In Christus« betont gegenüber
dem Plural τῶν ἐκκλησιῶν die in Christus
konstituierte Einheit der Gemeinde und ihre
Verbundenheit mit der in Thessalonich. Vgl.
auch J. Roloff, EWNT I 1002 (»das die Kirche
gründende Handeln Gottes ist durch Christus
vermittelt«); s. auch o. 39.

den[456]. Das hängt mit dem Gegenstand zusammen, auf den er zusteuert, die Haltung der Juden gegenüber der Gemeinde Gottes. Aber solche Wendung der Vorstellung ist nur möglich, weil die palästinischen Gemeinden einen besonderen Rang haben[457]. Es ist die Jerusalemer Gemeinde, vor der Paulus im Zusammenhang mit dem Apostelkonzil sein Evangelium zur Beurteilung bloßlegt (Gal 2,2)[458]. Ihrer als der Armen mit materieller Unterstützung zu gedenken, das ist die einzige Verpflichtung, die auf dieser Zusammenkunft festgelegt wird (Gal 2,10). Und das zu tun hat Paulus sich durchgehend mit Engagement bemüht[459]. Röm 15,31f läßt ahnen, welche Bedeutung die bleibende Verbindung gerade mit der Jerusalemer Gemeinde hat[460]. Nun blickt unser Text freilich nicht auf diese Gemeinde allein, aber sie ist doch gewiß der Mittelpunkt der judäischen Gemeinden gewesen.

Indessen ist die besondere Stellung dieser Gemeinden gleichsam nur die Bedingung der Möglichkeit, sie hier zu nennen. Entscheidend liegt Paulus daran, die Juden als Verfolger der Gemeinde ins Spiel bringen zu können. Er kann das am Beispiel dieser Gemeinden deshalb besonders gut, weil ihr Schicksal in der ganzen sich bildenden Christenheit bekannt war. Denn natürlich hatte nicht nur für Paulus das Verhältnis zu Jerusalem sachliche Bedeutung. Daß Traditionen über Jerusalem und Palästina gepflegt wurden, zeigt die Apostelgeschichte.

Der ὅτι-Satz präzisiert den Punkt, an dem die Thessalonicher zu Nachgestaltern der Judäer wurden. Wie diese erfuhren sie Leiden durch ihre συμφυλέται (»Mitbürger«). Paulus sagt »ihr erfuhrt die gleichen Leiden« und scheint damit wirklich die gleichen Erfahrungen im Blick zu haben[461]. Freilich nützt diese Präzisierung wenig; wir wissen weder über die eine noch über die andere Seite Genaueres. Nur so viel allerdings kann man lernen, daß nach dem Wissen des Paulus sowohl die Judäer als auch die Thessalonicher Leidenserfahrungen machen mußten. Daß er nur an die auch aus der Apostelgeschichte bekannten Er-

---

[456] Schade, Apokalyptische Christologie 124.126f findet einen Rückbezug über die judäischen Gemeinden auf Jesus (vgl. auch E. Larsson, EWNT II 1055); das Schicksal Jesu ist aber gerade nicht an den Gedanken der Nachgestaltung angeschlossen. Schon daran scheitert der Versuch, die Nachahmervorstellung als den entscheidenden Heilsausdruck (»die geschichtliche Bezogenheit der Gemeinde auf Christus sowie die den Heilsstand realisierende Wirksamkeit Gottes«, 133) im 1Thess zu verstehen.

[457] Das erkennt auch Dobschütz 110 an, der zunächst daran erinnert, daß Paulus es liebt, seine Gemeinden auf ihre Gemeinsamkeit hinzuweisen, und daß er 1,7 die Thessalonicher selbst als τύπος für andere Gemeinden hinstellt. – Die Annahme, die Erwähnung der Gemeinden Judäas hänge mit Silvanus zusammen (vgl. Rigaux 442), ist abwegig.

[458] Αὐτοῖς Gal 2,2 meint die Jerusalemer Christengemeinde, vgl. F. Mußner, Der Galaterbrief, 1974 (HThK 9), 104.

[459] Vgl. 1Kor 16,1; 2Kor 8f; Röm 15,25ff. Dazu s. D. Georgi, Die Geschichte der Kollekte des Paulus für Jerusalem, 1965 (ThF 38); Bornkamm, Paulus 61f.106f; J. Eckert, Die Kollekte des Paulus für Jerusalem, in: Kontinuität und Einheit, FS F. Mußner, hrsg. P.-G. Müller und W. Stenger, Freiburg 1981, 65–80.

[460] Vgl. z.B. Wilckens, Römer I 44f, auch III 129f (dessen Zweckbestimmung des ganzen Römerbriefs von diesen Versen her freilich nicht überzeugen kann).

[461] Die Weiterführung von τὰ αὐτά mit καθώς (statt ἅ) ist etwas lax, das doppelte καί vor ὑμεῖς und αὐτοί aber zeigt, daß Paulus an Kongruenz denkt. Zur Sache vgl. Betz, Nachfolge 145.

eignisse in und um Jerusalem und insbesondere an seine eigene Verfolgertätig-
keit gedacht hätte, als er von den Judäern sprach, ist nicht eben wahrscheinlich. Deshalb darf man nicht gegen die Authentizität des Stückes geltend ma-
chen, es gäbe sonst keinen einzigen Beleg für die Verfolgung der judäischen
Christen zwischen dem Jahre 44 und dem Ausbruch des ersten jüdischen Krie-
ges[462]. Selbst wenn das richtig wäre[463], würde das gar nichts besagen; unser
Wissen über die frühe Geschichte der christlichen Gemeinden sämtlicher
Landschaften ist viel zu spärlich, als daß mit Berufung auf fehlende Parallel-
Bezeugungen Belege, die Einblick in wenigstens einige Erscheinungen dieser
Geschichte gewähren können, hinweggetan werden dürften[464]. Gedacht ist of-
fensichtlich an Leiden in der Vergangenheit, wie der Aorist (ἐπάϑετε) zeigt.
Das ist bemerkenswert nur hinsichtlich der Thessalonicher. Es liegt nahe anzu-
nehmen, daß die gleichen Ereignisse zugrunde liegen wie die in 1,6 gemein-
ten[465].

Das Leiden der Thessalonicher ging aus von ihren eigenen Landsleuten[466]. Im
griechischen Bereich war durch die Phylen-Verfassung, die sich in hellenistischer Zeit weit über das klassische Griechenland hinaus ausbreitete, dem Wort
φυλή schon lange das Moment der blutsmäßigen Zusammengehörigkeit genommen; es verband sich mit ihm »die Vorstellung von einem Wohnbezirk
bzw seiner Einwohner«[467]. Daher meint συμφυλέται nicht die Angehörigen eines bestimmten Volkes, auch nicht einer bestimmten Religion, sondern die
Mitglieder des sozialen Lebensbereichs, dem die Thessalonicher zugehören[468].
Daher ist freilich damit zu rechnen, daß nicht auch Juden als miteingeschlos-
sen gedacht sind[469]. Von dieser Bestimmung her darf eine Vermutung gewagt
werden über die Art des Leidens, von dem Paulus redet. Es wird sich vornehmlich um soziale Schikanen gehandelt haben[470], die demjenigen, der davon betroffen ist, hart zusetzen können.

Das Leiden ist Signum dafür, daß in den Glaubenden zu Thessalonich das Gotteswort wirksam geworden ist. In ihm zeigt sich die Kraft des Gotteswortes. Es

---

[462] So Pearson, 1Thess 2:13–16 86.

[463] Vgl. aber das Jakobus-Martyrium unter
dem Hohenpriester Ananus II. i.J. 62 nChr, Jos
Ant 20,200; Pearson, ebd. 87 wertet das Stück
merkwürdigerweise gerade umgekehrt, es zei-
ge, daß die Christen »in harmony with their
fellow-Jews« lebten! Ebd. auch der Versuch,
Röm 15,31 auf das gespannte Verhältnis des
Paulus zu den judäischen Christen einzuengen.
In Wahrheit zeigt die Stelle sowie das Schicksal
des Paulus bei seinem letzten Jerusalem-Be-
such, wie die Dinge hinsichtlich des Verhältnisses Christen – Juden in Palästina tatsächlich lagen. S. auch Okeke, 1Thess 2,13–16 129.

[464] Vgl. auch R. Jewett, The Agitators and the
Galatian Congregation, NTS 17 (1971) 198–
212, 204f (denkt an zelotische Bewegungen in
Palästina); vgl. dazu auch M. Hengel, Die Zelo-
ten, 1961 (AGSU 1), 231. Insgesamt freilich

wird es bei dem Urteil von M. Hengel, Zwischen Jesus und Paulus, ZThK 72 (1975)
151–206, 196f Anm. 145 bleiben müssen: Was
Paulus genau meint, wissen wir nicht.

[465] Vgl. auch Schlier 39.

[466] Συμφυλέτης ist mit φυλέτης synonym;
zur Vorliebe für Komposita, insbesondere bei
Paulus mit συν, s. Rigaux 443.

[467] Chr. Maurer, ThWNT IX 241,20f; vgl. ebd.
240f zum ganzen Gegenstand.

[468] Vgl. Milligan 29; Rigaux 443: »Le sens
n'est pas ici racial mais plutôt local«.

[469] Anders die beiden in der vorigen Anm.
Genannten. S. ferner Michel, Fragen 51f.

[470] So auch D. R. A. Hare, The Theme of Jewish Persecution of Christians in the Gospel according to St Matthew, 1967 (SNTS.MS 6), 63;
ähnlich Baumeister, Anfänge 157.

ist diese Paradoxie christlicher Erfahrung[471], die den Gedanken regiert und
dem Dank für die Annahme des Wortes durch die Gemeinde die Tiefe gibt.
»Die κοινωνία εἰς τὸ εὐαγγέλιον hat … die Konsequenz der κοινωνία τῶν
παθημάτων αὐτοῦ (Χριστοῦ)«[472]. Wenn Paulus seinen Lesern zutraut, den inneren und notwendigen Zusammenhang zwischen V 13 und V 14 zu verstehen, dann muß er ihnen solches Grundgesetz des Lebens unter dem rechtferti-
genden Evangelium schon bei der Missionspredigt offengelegt haben. In der
Tat wird durch 3,3f bestätigt, daß er zur Gemeinde von kommender Bedrük-
kung als einer Notwendigkeit sprach; allerdings bezieht sich das auf das Leiden, das ihm selbst bestimmt ist[473]. Unsere Stelle zeigt, daß der Apostel nicht
nur über sich sprach, sondern auch die Gemeinde in solche Notwendigkeit ein-
schloß und sie die theologische Begründung dessen sehen ließ.

Schon mit der Rede von der Bedrückung der Thessalonicher durch ihre Lands-    15
leute verband Paulus auffallend gewollt den Verweis auf die Juden als die Be-
drücker der christlichen Gemeinde in Judäa. Mit V 15 wendet er sich ausschließlich ihnen zu.

Gemeint sind mit »den Juden« die Angehörigen der sich dem Christusglauben
verschließenden Synagoge. Der Name ist ebenso verwendet 2Kor 11,24[474]. Natürlich bezeichnet er nicht die Angehörigen einer »Rasse«, nicht einmal einfach diejenigen, die einem bestimmten Volk zugehören, das Gemeinsamkeiten
hat, die seine Angehörigen allen anderen Menschen gegenüber zusammenbin-
den; denn auch Paulus, die Propheten und Jesus gehören zu diesem Volk. Andererseits darf der Begriff aber auch nicht gleichsam entgeschichtlicht werden;
»die Juden« meint nicht die Gegner Gottes schlechthin, abgesehen von einer
bestimmten volksmäßigen Zugehörigkeit[475]. Es ist an eine geschichtlich faßba-
re Gruppe gedacht. Gleichwohl ist die Behandlung der Aussagen der VV 14
und 16 unter dem Stichwort »Antijudaismus« verfehlt, sofern man es nicht zuvor genau präzisiert. Denn Paulus wendet sich hier nicht deshalb so scharf gegen die Juden, weil sie Juden sind. Eher könnte man sagen, er wendet sich gegen sie, obwohl sie Juden sind. Er macht Front gegen solche, denen Gottes Zuwendung in besonderer Weise galt und die doch gerade in Geschichte und Gegenwart sich gegen Gottes Weg mit seinem Volk und der Welt gewandt haben
und wenden. Dabei übernimmt er die Anklage, die Israel und das Judentum
lange schon gegen sich selbst formuliert hatten.

Sie hat in ihrer wesentlichen Substanz eine lange Geschichte im Alten Testament und Frühjudentum[476]. Von dort ist sie durch die sich bildende christliche

---

[471] Vgl. schon Mk 8,34 par; Mt 10,38/Lk
14,27, bes. Röm 8,17.

[472] Eichholz, Paulus 153.

[473] Vgl. u. 127f.

[474] Paulus kann den Begriff verschieden füllen. Rein die geschichtliche Zugehörigkeit zum
Volk Israels bezeichnet er Gal 2,(14.)15; hart
daneben die Judenchristen, Gal 2,13; rein religiös Röm 2,28f; eine Gruppe neben Griechen

und der christlichen Gemeinde 1Kor 10,32.
Zum Begriff »Juden« hier vgl. auch Broer, »Antisemitismus« (s.o. Anm. 432) 751–756.

[475] So Michel, Fragen 53.

[476] Ein eindrückliches Zeugnis dafür sind die
Vit. Proph. (vgl. dazu J. H. Charlesworth, The
Pseudepigrapha and Modern Research, 1976
[Septuagint and cognate Studies 7], 175–177
[»Significant are the notices of violent deaths«,

Gemeinde übernommen worden[477]. Beispiele dieser Tradition liegen im Neuen Testament vor in Mt 23,31–36/Lk 11,47–51[478]; Mk 12,1–9; Apg 7,52[479]. Auch Paulus arbeitet mit einem wenigstens teilweise bereits vorformulierten Stück, das »jedenfalls die Aussage über die Tötung Jesu und der Propheten enthielt, ferner ein Glied mit ἐκδιώκειν und V 16b.c«[480]. Dieser Charakter der Verse will bei der Interpretation in gebührender Weise berücksichtigt werden. Dadurch wird das ohnehin freilich problematische Argument für die sekundäre Interpolation der Verse hinfällig, Paulus schreibe niemals den Tod Jesu den Juden zu[481]. Ebenso erklärt sich von daher die Nachordnung der Propheten dem Kyrios Jesus gegenüber, die in Wahrheit eine christliche Vorordnung des Schicksals ihres Herrn vor dem der Propheten des Alten Bundes ist[482].

Geschichtlich zutreffend haben nicht die Juden, sondern die Römer Jesus hingerichtet. Gleichwohl findet sich die Aussage, die Juden hätten Jesus getötet, im Neuen Testament häufiger. Das ist vor allem in den Missionsreden in Apg der Fall[483], ist aber auch der – zumindest alsbald in ihm gefundene – Grundgedanke des Gleichnisses von den bösen Weingärtnern Mk 12,1–9par[484]. Offenbar hat bereits eine sehr alte kerygmatische Formulierung diese Aussage enthalten: Ihr, die Juden, habt ihn getötet, Gott hat ihn auferweckt[485]. Von ihr her kann dieses Element in die überkommene Anklage gegen die Prophetenmörder übernommen worden sein. Man wird auch nicht in Abrede stellen können, daß damit der Kern des Geschehens um Jesu Ende bloßgelegt ist. Ebensowenig wie der Vorwurf, die Juden hätten Jesus getötet, ist der ältere, sie hätten den Propheten das gleiche Schicksal bereitet, als exakte geschichtliche Tatsache zu verifizieren. Er traf gleichwohl nach Meinung des ganzen Judentums zu. Nach den Propheten bringt Paulus das eigene Erleiden in die Aussage ein[486]. Er redet von den Verfolgungen durch die Juden, die er im Vollzug seiner Mis-

---

177]); ferner Jos Ant 10,38. Zur Sache vgl. Steck, Israel (s.o. 27 Anm. 129); s. auch Baumeister, Anfänge 6–13.

[477] Vgl. Steck, Israel, bes. 265ff; T. Holtz, Untersuchungen über die alttestamentlichen Zitate bei Lukas, 1968 (TU 104), 110–113.

[478] Bes. Mt VV 34–36, Lk VV 49–51. Vgl. dazu auch Schippers, Pre-synoptic tradition 232–234; D. Wenham, Paul and the Synoptic Apocalypse, in: Gospel Perspectives II, ed. R. T. France and D. Wenham, Sheffield 1981, 345–375, 361–363 rechnet mit direkter Abhängigkeit von der Tradition, die Mt 23,29–38 als Jesusrede begegnet.

[479] Vgl. auch Hebr 11,32–38.

[480] Steck, Israel 274. Vgl. auch Best 121f; differenzierend Broer, »Antisemitismus« (s.o. Anm. 432) 746–750.

[481] Pearson, 1Thess 2:13–16 85. – Ἀποκτείνω bei Paulus im wörtlichen Sinn nur noch Röm 11,3 (Zitat von 1Kön 19,10 τοὺς προφήτας σου ἀπέκτειναν) (übertragen Röm 7,1; 2Kor 3,6).

[482] Traditionsgeschichtlich ergibt sich, daß ἀποκτεινάντων auch zu προφήτας gehört, sie nicht mit ἡμᾶς zusammen dem ἐκδιωξάντων zuzuordnen sind.

[483] Apg 2,23.36; 3,15; 4,10; 7,52; historisch richtig dagegen Apg 13,28.

[484] Vgl. z.B. J. Gnilka, Das Evangelium nach Markus 2, 1979 (EKK II/2), 141–150, bes. 148f.

[485] Vgl. J. Roloff, Anfänge der soteriologischen Deutung des Todes Jesu (Mk. X.45 und Lk. XXII.27), NTS 19 (1972/73) 38f; G. Schneider, Die Apostelgeschichte I, 1980 (HThK V,1), 271.

[486] Fraglich ist, ob ἐκδιώκειν nur allgemein die (heftige) Verfolgung meint (so z.B. Bauer, Wb. s.v.) oder spezieller die Vertreibung (so die geläufige Bedeutung, auch LXX, TestJud 18,4; Jos Ant 8,45; Ap 1,292). Tradition und Duktus sprechen für die weitere Bedeutung.

sionsarbeit erlitt[487]. Sie stehen in einer Linie mit der Ermordung Jesu und der Propheten. Wie in ihnen, so handelt auch in ihm Gott. Und so wie in der Geschichte der Juden mit den bisherigen Gottesgesandten sich ihr Gottesverhältnis darstellte, so auch in ihrer Geschichte mit ihm. Sie können Gott nicht gefallen.

Ἀρέσκω ist ein durchaus aktives Wort, das bei Paulus (vgl. 2,4; 4,1; Röm 8,8) ein Verhalten bezeichnet: »zu Gefallen leben«[488], was sich im Dienen (1,9) und im Leben nach dem Willen Gottes (4,1) vollzieht[489]. Die Wendung »Gott nicht gefallen« ist offenbar keine schon geprägte, spielt auch in der religiösen Polemik im Umkreis des Judentums keine hervorragende Rolle[490]. Sie benennt eine Erkenntnis, die Paulus aus dem Verhalten der Synagoge gewonnen hat. Dieses demonstriert sich auch in der Verfolgung der Gottesgesandten, greift aber weit darüber hinaus. Der Vorwurf ist nicht epexegetisch auf die beiden vorangehenden zu beziehen, sondern will selbständig sein.

Eher ist er mit dem folgenden Satz zusammenzunehmen: καὶ πᾶσιν ἀνθρώποις ἐναντίων, »sie sind allen (anderen) Menschen[491] feindlich«. Dieser Vorwurf ist allerdings von Hause aus ein solcher ganz eigener Art und Geschichte. Er gehört zum Rüstzeug der antijüdischen Polemik in der Antike. Schon die LXX liefert einen Beleg, Est 3,13e[492]; der bekannteste steht bei Tacitus, hist. V 5[493]. Häufig findet die Anschuldigung sich gekoppelt mit der der Gottlosigkeit. Dafür bietet Josephus Beispiele, Ap 1,310; 2,125.148[494].

Man muß voraussetzen, daß Paulus solche Anwürfe gekannt hat und daß sie ihn bei der Formulierung seiner Anklage beeinflußt haben[495]. Daher erklärt sich die Koppelung mit dem Vorwurf der mangelnden Gottgefälligkeit, der sich so zwar nicht in der Judenpolemik findet, dessen Zuordnung an unserer Stelle aber doch von daher verständlich wird. Andererseits ist nicht damit zu rechnen, daß dieses Doppelglied bereits zu dem von Paulus aufgenommenen Dictum über die Juden gehörte. Es trägt deutlich eine andere Art als die übrigen Teile, indem es nicht bestimmte Taten, sondern eine allgemeine Verhaltensweise nennt. Paulus selbst wird es eingefügt haben in Anlehnung an und

---

[487] Sie sind z.T. aus 2Kor 11,23–33 zu entnehmen. Vgl. weiter Broer, »Antisemitismus« (s.o. Anm. 432) 756f.

[488] Vgl. W. Foerster, ThWNT I 455,31f.

[489] Vgl. die Antithese TestAss 3,2 (δουλεύουσιν, ἵνα τῷ Βελιὰρ ἀρέσωσι).

[490] Anders Broer, »Antisemitismus« (s.o. Anm. 432) 758; indessen ist der Vorwurf der Gottlosigkeit (z.B. Jos Ap 2,148 [ὡς ἀθέους καὶ μισανθρώπους λοιδορεῖ]) nicht wirklich vergleichbar.

[491] Der Ausdruck πᾶσιν ἀνθρώποις ist ungenau, unterstreicht aber damit nur das Pauschale der Anklage; gemeint sind natürlich alle Menschen außer Juden. – Röm 12,17; 1Kor 7,7; 15,19; 2Kor 3,2; Phil 4,5 sind nicht ohne weiteres vergleichbar (gegen Rigaux 448).

[492] (Brief des Großkönigs Xerxes [Achaschwerosch] an seine Statthalter:) τὸ ἔθνος μονώτατον ἐν ἀντιπαραγωγῇ παντὶ διὰ παντὸς ἀνθρώπῳ κείμενον. 3,8 wird übrigens der Grund für solches Urteil sichtbar (Rede des Haman:) οἱ δὲ νόμοι αὐτῶν ἔξαλλοι παρὰ πάντα τὰ ἔθνη. Natürlich hat der Vorwurf nicht in Est 3,8.13 seinen Ursprung, wie z.B. Synofzik, Gerichtsaussagen 35 formuliert.

[493] adversus omnes alios hostile odium.

[494] Diese und andere Belege sind gesammelt von Dibelius als Beilage 1–13 am Ende seines Kommentars (34–36).

[495] So auch Michel, Fragen 57 Anm. 16, der die Wendung des Paulus gleichwohl als »eschatologische Klage« bestimmt.

Aufnahme von gängigen Schlagworten der Antike. Man kann nicht übersehen, daß ein starker Affekt ihn dazu treibt; er hat immerhin möglicherweise
selbst als Jude solche Anschuldigungen erlitten.

16 Weitet die Wendung »sie leben Gott nicht zu Gefallen« die vorangehend genannten Zurückweisungen der Gottesboten aus, so wird »sie sind allen Menschen feindlich« begründet mit dem folgenden Satz[496]. Es hat also eine erhebliche inhaltliche Verschiebung gegenüber dem traditionellen Verständnis des
Anwurfes in der Judenpolemik stattgefunden[497]. Die Gegnerschaft gegen die
Menschheit erweist sich in dem Versuch, ihre eschatologische Rettung zu verhindern. Das geschieht dadurch, daß die Juden Paulus daran hindern, den Heiden das Evangelium zu predigen[498]. Ἵνα ist final (»damit«), nicht anstelle von
ὅτι (»daß«) gebraucht, es führt nicht den Inhalt des Redens an, sondern dessen
Ziel[499]. Das aber ist erst Paulus selbst wichtig, da er so den Vorwurf der Feindschaft gegen alle Welt begründet. Daher ist anzunehmen, daß er diesen kleinen Finalsatz in die Tradition eingebracht hat. Damit wird das Diffizile des
Aussagenzusammenhanges sichtbar. Nicht nur von der Ausdrucksweise selbst
und der Herkunft des ganzen Gedankens, sondern auch von dem explizierenden Partizip (κωλυόντων) her legt es sich nahe, das »allen Menschen Entge-
genstehen« als eine bewußte Haltung zu verstehen. Das aber wäre mit der Verhinderung, den Heiden eine rettende Botschaft zu sagen, nur dann zu begründen, wenn die Juden das Evangelium für ein Heilswort hielten. Eben dies ist
nicht der Fall. Richtig ist vielmehr das Gegenteil: Die Juden halten das Evangelium für eine verderbliche Botschaft, eine Verführung, wie Paulus 1Kor 1,23
zutreffend feststellt. Eher ließe sich also von dem Motiv der Juden her das Umgekehrte sagen: Sie hindern die christliche Missionspredigt, um die Menschheit nicht unter den Fluch Gottes ziehen zu lassen. So ist durch solche Begründung die Haltung der Juden nur objektiv als menschenfeindlich erwiesen und
erweisbar, ihr subjektives Wollen aber damit gerade nicht negativ charakterisiert.

Die Rettung, auf die die Verkündigung an die Heiden zielt, ist die eschatologische Rettung[500]. Unsere Stelle entspricht 1,10, nur daß hier »retten« positiv gefüllt ist gegenüber der eher negativ ausgerichteten Aussageweise dort. Röm
8,30 »weist darauf hin, daß die Begabung mit der göttlichen δόξα der positive
Inhalt der σωτηρία ist«[501]. Die objektive Schuld der Juden wird durch die An-

---

[496] So auch Best 117. Rigaux 446 faßt es als
eigenen Vorwurf (etwas anders indessen 448).
[497] Vgl. Michel, Fragen 57; ob Paulus freilich
bewußt korrigiert, ist fraglich.
[498] Im Sinne des Paulus dürfte bei ἡμᾶς zunächst an ihn selbst zu denken sein. Sollte die
Wendung, wie wahrscheinlich ist, bereits (in
einer etwas anderen Form) in der Tradition
enthalten gewesen sein, dann wäre dort von
der Heidenmission überhaupt die Rede gewesen. – Λαλῆσαι in gefülltem Sinn für die Verkündigung, vgl. 2,2.4; J. Gnilka, Das Evange-

lium nach Markus 1, 1978 (EKK II/1), 98: »›Das
Wort reden‹ ist ein Begriff aus der urchristlichen Missionssprache«; H. Hübner, EWNT II
828. Paulus hat vielleicht ein τὸν λόγον, das
die Tradition bot, zugunsten von ἵνα σωθῶσιν
weggelassen.
[499] Vgl. Rigaux 449.
[500] Vgl. W. Foerster, ThWNT VII 992–994 zu
σῴζειν bei Paulus.
[501] W. Foerster, ThWNT VII 993,20f; vgl.
auch Phil 3,20f sowie 1Thess 2,12.

gabe des Ziels der Heidenpredigt scharf herausgestellt. Zugleich wird das Ziel jeder Predigt sichtbar. Es ist die Heilung des Lebens der Angeredeten, die Dauer auch in die unbetretene Zukunft hinein hat.

Die Juden hingegen sammeln sich durch ihr Tun Verderben zusammen. Die Blockierung der Evangeliumspredigt ist die ständig andauernde Vermehrung der Taten, die gegen Gott gerichtet sind, gleichsam die fortschreitende Bestätigung des Handelns am Herrn und an den Propheten. Paulus hat die Nachstellung durch die Synagoge in besonderem Maße erfahren. Nach Apg 17,5 ist in Thessalonich selbst, nach Apg 17,13 auch in Beröa die Missionsarbeit durch die Juden zu verhindern versucht worden. Beides verdient Vertrauen; für die erste Nachricht spricht unser Brief, die zweite ist aus sich heraus glaubwürdig. Wer Urheber der Leiden des Apostels in Philippi gewesen ist (Apg 16,19ff; 1 Thess 2,2), wissen wir nicht; auch dort können Juden beteiligt gewesen sein[502]. Ob Paulus auch zur Zeit der Abfassung des Briefes von seiten der Synagoge Bedrängnissen ausgesetzt war, ist ungewiß; man darf einer Vermutung in dieser Richtung jedenfalls keine beweisende Kraft zumessen[503]. Das aber ist zu bedenken, daß die jüngsten Erfahrungen von Feindschaft der Synagoge, die Paulus kurze Zeit vor der Abfassung des Briefes in und um Thessalonich machen mußte, nur Glieder in einer langen Kette sind, von der ein frühes Glied möglicherweise hinter 2 Kor 11,32f erahnbar ist.

Paulus sieht seine Heidenmission unter eschatologischem Aspekt[504]. Daher rückt auch die Verhinderung des Missionswerkes unter eine eschatologische Perspektive. Die christusfeindlichen Juden arbeiten an ihrer eschatologischen Verwerfung. Es ist die unausweichliche Folge ihres Tuns, daß es das Maß der Sünden voll macht[505]. Die Wendung, die das aussagt, ist kein Zitat von Gen 15,16 und keine Anspielung darauf, sondern eine »biblizistische« Redeweise[506], die sich mehrfach auch in PseudPhilo, AntBibl findet, 26,13 auch auf Israel bezogen[507]. Sie wird getragen von dem Glauben, daß Gott ein bestimmtes Maß gesetzt hat, nicht nur für die Zeit des Lebens, sondern auch für dessen Taten, die guten wie die bösen[508]. Das Wort Mt 23,32, das einem traditionsgeschichtlich verwandten Kontext zugehört, wirft dem Judentum vor, daß es das Schuldmaß der Väter durch die Tötung Jesu völlig füllen wird, so daß es dem eschatologischen Gericht nicht mehr entfliehen kann[509]. Nicht nur durch die Tötung der Propheten und schließlich auch Jesu indessen, sondern auch durch die fortlaufende, stetige Hinderung der christlichen Mission füllt das Judentum das Maß seiner Sünden. Πάντοτε (»fortgesetzt«) weist darauf hin: Es sind

---

[502] Damit rechnet Conzelmann, Geschichte des Urchristentums 79; freilich ist die Stützung dieser Vermutung durch Phil 3,2 wegen des erheblichen zeitlichen Abstandes problematisch.
[503] Durch Vermutung dessen will Best 115 den Text erklären; angedeutet schon bei Dobschütz 114.
[504] Vgl. dazu Bammel, Judenverfolgung 307f; Kümmel, Problem 220f.

[505] Ein konsekutiver Klang bei εἰς τό c. Inf tritt deutlich hervor (vgl. Bl-Debr-Rehkopf § 402,2).
[506] Vgl. Dan 8,23; 2 Makk 6,14; vgl. Schlier 113f Anm. 60.
[507] Vgl. Steck, Israel (s.o. 27 Anm. 129) 247 Anm. 6.
[508] Vgl. Rigaux 451.
[509] Vgl. G. Delling, ThWNT VI 293,111–113.

nicht nur vergangene Taten, durch die das Gottesvolk der Juden seine Wendung gegen Gott bewies, sondern es ist seine perennierende Haltung[510].

Daß solche Wendung gegen Gott, daß Sünde Folgen hat mit unendlichem Gewicht, unterstreicht das kurze, scharfe Schlußsätzchen. Es knüpft möglicherweise an eine geläufige Wendung an; TestLev 5,6 enthält eine fast gleichlautende Parallele[511], ohne daß doch mit gegenseitiger Abhängigkeit gerechnet werden könnte[512]. Darf Aufnahme einer vorgeprägten Sentenz angenommen werden, dann kann weder der Wortlaut noch der Sinn gepreßt werden. Εἰς τέλος wird auch von daher in seinem geläufigen Sinn bestätigt: »völlig«, »in vollem Maße«[513]. Dennoch eignet dem ganzen Satz ein eschatologischer Klang. Wie 1,10 ist die ὀργή[514] das Endgericht, das die Feinde Gottes vernichtend trifft[515]. Es ist – nach unserem Satz – bereits über die christusfeindlichen Juden hereingebrochen[516]. Der Aorist ist keine prophetische Redeweise, die die Zukunft vorwegnimmt, um die Sicherheit ihres Eintreffens darzustellen[517]; er benennt das bereits eingetretene Ereignis. Das ist der gleiche Gedanke, der Röm 1,18 begegnet. Im Evangelium ist die Gerechtigkeit und zugleich auch das Gericht offenbart; dabei »verbindet sich mit dem Moment der Offenbarung als Enthüllung der wirklichen Wahrheit ... zugleich das Moment des Vollzugs dieser Wahrheit«[518]. Eben auf solchen Vollzug hebt unser Satz ab. Er ist mit seiner konkreten Ansage des Gerichts über die Synagoge ein prophetisches Wort, das das endgerichtliche Urteil Gottes über deren Tun als schon wirksames aufdeckt[519]. Es bedarf keines Anstoßes aus der Geschichte, um gesprochen zu werden[520]. Etwas anderes ist es, ob geschichtliche Ereignisse zur Verifikation des Urteils dienen könnten. Diese Frage wird zu bejahen sein, ohne daß wir aber

---

510   So auch Rigaux 451. Dobschütz 114 möchte lieber laxen Gebrauch für πάντως, παντελῶς annehmen; aber Paulus gebraucht das Wort fast 30mal und stets temporal.

511   Ἔφθασε δὲ ἡ ὀργὴ κυρίου ἐπ᾽ αὐτοὺς εἰς τέλος, gemünzt auf Sichem; vgl. auch 5,6.

512   Vgl. J. Becker, Untersuchungen zur Entstehungsgeschichte der Testamente der zwölf Patriarchen, 1970 (AGSU [AGAJU] 8), 258 Anm. 1; Synofzik, Gerichtsaussagen 36.

513   Vgl. Dobschütz 115 mit Anm. 3; G. Delling, ThWNT VIII 56,3–57,1; Bl-Debr-Rehkopf § 207,5. G. Stählin, ThWNT V 435,34–436,2 versteht nach der gebräuchlichen Wiedergabe der LXX von נֶצַח mit εἰς τέλος »für immer«. Der Aspekt der zeitlichen Endgültigkeit ist in dem eschatologischen Begriff ὀργή bereits enthalten.

514   Die Zufügung von τοῦ θεοῦ in der »westlichen« Überlieferung D G latt Väter ist sekundär, verdeutlicht aber zutreffend.

515   Vgl. o. 61f.

516   Φθάνω hat 4,15 die Bedeutung »zuvorkommen«, sonst im NT stets »(plötzlich, unerwartet) ankommen«, Bl-Debr-Rehkopf § 101

Anm. 82; es ist nicht mit ἐγγίζειν gleichzustellen, vgl. W. G. Kümmel, Verheißung und Erfüllung, ³1956 (AThANT 6), 17f.99f; Rigaux 452.

517   So Dobschütz 116; Rigaux 452: »L'affirmation d'une chose future comme déjà réalisée marque sa certitude absolue, surtout en langage prophétique«. Dagegen z.B. Okeke, I Thess 2.13–16 130.

518   Wilckens, Römer I 103.

519   Vgl. Dibelius 12: »In prophetischem Stil spricht Paulus aus, daß der Anfang vom Ende schon da ist«; Best 119f; vgl. auch Michel, Fragen 53 Anm. 8; er vermutet (58), daß Paulus ein Prophetenwort, wie es sich jüdisch-palästinisch im Sinne von 2Chr 36,15f gebildet hat, aufgegriffen und für seine Missionsarbeit erweitert hat. Indessen fehlen Belege für ein derartiges jüdisch-palästinisches Prophetenwort.

520   So auch Baumeister, Anfänge 160; Synofzik, Gerichtsaussagen 36 (37f) verweist auf die Verwandtschaft mit anderen knappen Gerichtsaussagen in polemischen Texten bei Paulus; vgl. auch Broer, »Antisemitismus« (s.o. Anm. 432) 764–766. – Eine Übersicht über mögliche Bezüge bei Jewett, Chronologie 65f.

wissen, ob tatsächlich derartiges hier präsent ist[521]. Notwendig vorauszusetzen ist das nicht. Weil die Synagoge sich gegen das eschatologische Heil stellt, ist sie dem eschatologischen Gericht verfallen.

Erst eine spitze Konfrontation dieses Wortes mit Röm 9–11 läßt es als theologisch schwierig erscheinen – bis dahin, daß beide Partien sich alternativ zueinander verhalten[522], was dann schließlich zur Aufgabe unseres Textes als eines paulinischen führt. Es dürfte indessen geraten sein, sich vor einer derartigen Konfrontation die besondere Art unseres Textes klarzumachen.

Wie bereits angedeutet, benutzt Paulus in V 16c möglicherweise »un dicton juif appliqué originairement aux pécheurs ou aux ennemis d'Israel«[523]. Dafür spricht einerseits die fast wörtliche Parallele TestLev 5,6, andererseits 1QM 3,9 (Aufschrift auf den Trompeten der Verfolgung: »Geschlagen hat Gott alle Söhne der Finsternis, nicht wendet er seinen Zorn bis zu ihrer Vernichtung«) und 1QS 2,15 (über den Abtrünnigen: »Der Zorn Gottes und der Grimm seiner Gerichte mögen aufflammen gegen ihn zu ewiger Vernichtung«)[524]. Paulus greift ein solches Dictum auf, um anzusagen, daß diejenigen, die an Gottes eschatologischem Handeln schuldig geworden sind, unter das eschatologische Gericht gestellt sind. Und er tut das offenbar nicht in distanzierter theologischer Reflexion, sondern aus tiefer Betroffenheit. Sein apostolisches Rettungswerk der Völkerwelt ist der Gegenstand, an dem sich die Synagoge in Auflehnung gegen Gott vergreift. Ihr schleudert er das Urteil entgegen[525].

Ganz anders ist die Situation Röm 9–11[526]. Auch dort ist Paulus persönlich engagiert, aber in ganz anderer Richtung. Er leidet um seine Brüder, seine Landsleute (Röm 9,1–3). Das setzt zunächst voraus, daß ihr Schicksal zum Mitleiden herausfordert. Das ist der Fall, weil sie nicht unter der Rechtfertigung, nicht im Heil stehen (Röm 9,31f; 10,1.3.21; 11,7.11.15 u.ö.). Das aber bedeutet nichts anderes, als daß sie der ὀργή, dem Gericht verfallen sind. Gerade das sagt 1Thess 2,16c. Nur artikuliert Paulus in Röm 11 darüber hinaus eine gewisse Hoff-

---

[521] Bammel, Judenverfolgung, bes. 308ff denkt an die Vertreibung der Juden aus Rom als Zeichen des beginnenden Gerichts über sie; zur Kritik an Bammel vgl. z.B. Laub, Eschatologische Verkündigung 33f Anm. 45; Kümmel, Problem 220f; R. Jewett, The Agitators and the Galatian Congregation, NTS 17 (1971) 205 Anm. 5, der seinerseits das Pascha-Massaker unter Cumanus (Jos Ant 20,112; Bell 2,224–227) zur Erwägung stellt.

[522] N. A. Dahl, The Future of Israel, in: Ders., Studies in Paul, Minneapolis 1977, 137–158, der vor allem Röm 9–11 analysiert, rechnet (137) damit, daß Paulus in 1Thess 2,16 nicht die Zukunft Israels überhaupt diskutiert, »but only a punishment which God has already meted out to the Jews«.

[523] Rigaux 456; vgl. schon Milligan 32 (möglicherweise »a half-stereotype Rabbinical formula«); Dibelius 12 (»vielleicht ... eine jüdische Wendung«).

[524] Vgl. auch 1QS 4,11–13.

[525] Treffend Rigaux 455: »C'est une explosion véhémente de la part d'un apôtre excédé«. Das persönliche Engagement stuft zugunsten traditioneller Polemik zurück Broer, »Antisemitismus« (s.o. Anm. 432) 766–770.

[526] Okeke, 1Thess 2.13–16 127–136 erklärt die Differenz »heilsgeschichtlich«, Paulus habe in Röm erkannt, daß für die Bekehrung Israels noch Zeit vor der Parusie sei. – Nach Schade, Apokalyptische Christologie 128 erklärt sich die Differenz, die für ihn vornehmlich eine solche der Perspektive ist, offenbar aus dem zeitlichen Abstand der Texte.

nung, daß Israel endlich doch auch gerettet wird[527]. Es leidet aber keinen Zweifel, daß auch nach Röm 9–11 (besonders Kap. 10) solche Rettung nur möglich ist über den Weg des Christusglaubens[528]. Israel kann nur, indem es umkehrt, d. h. indem die Synagoge ihre gegenwärtige Identität aufgibt, dem über ihm gültig stehenden Gericht entrinnen. Nach Röm 11 sichert die Hoffnung Paulus diesen Weg schließlich für sein Volk zu (Röm 11,25–32; vgl. auch V 15). Dem widerstreitet 1 Thess 2,16 nicht, εἰς τέλος (»gänzlich«) schreibt das Gericht über die Juden nicht für das Eschaton fest! Es stellt allerdings das Gericht über die unbekehrten Juden fest, doch läßt der Satz Raum für die Umkehr der Juden. Es ist Paulus ganz selbstverständlich, sein Werk der Mission weiterzutreiben in der Freiheit, auch die Juden zu gewinnen (1 Kor 9,20). Man kann nicht behaupten, 1 Thess 2,16c schlösse das aus, und damit diesen Satz Paulus absprechen und einem Interpolator zuschreiben. Denn es kann in der Zeit, in der solche Interpolation erfolgt sein müßte, niemanden gegeben haben, der einen Satz, der jede Bekehrungsmöglichkeit der Juden kategorisch ausschließt, in einen Paulusbrief eingefügt und damit versucht haben würde, ihm Geltung zu verschaffen. Hat ihn aber der angenommene Interpolator nicht in diesem kategorischen Sinn verstanden, dann ist es unerlaubt, den Satz Paulus abzusprechen mit dem Argument, er müsse ihn so verstanden haben.

Zusammen-
fassung

Über die Wiederaufnahme der Danksagung führt Paulus den Gedanken durch die Erwähnung des Leidens als Zeichen des wirkenden Gotteswortes hin zu einem scharfen, persönlich engagierten Ausfall gegen die Juden, der in der Ansage des eschatologischen Gerichts über sie endet. Es kann keinem Zweifel unterliegen, daß diesem Ausbruch ein tief wurzelnder Grund eignet. Zugleich muß man davon ausgehen, daß die Verse eine präzise Funktion im Rahmen der Korrespondenz mit den Thessalonichern haben. Sie ist gegeben, wenn man der bereits seit langem geäußerten Vermutung folgt, daß Paulus, als er 1 Thess 2,14 »von den Anfeindungen der Gemeinde durch ihre eigenen Volksgenossen, d.h. durch die Heiden schrieb, ... doch im Grunde die Juden als die eigentlichen Urheber im Auge (hatte), gegen die er einen heftigen Zornesausbruch sich nicht versagt«[529]. Allein diese Annahme ist geeignet, Inhalt und Form des seltsamen Stückes befriedigend zu erklären[530]. Daß auch Apg 17,5 die Dinge so darstellt, ist eine Bestätigung dafür, nicht mehr, aber auch nicht weniger. Man wird noch einen Schritt weiter gehen und zumindest bezüglich einer Linie des Vorgehens der Juden eine Vermutung aussprechen dürfen. Dafür ist einerseits die Würdigung der starken innerlichen Beteiligung des Apostels an dem Ausbruch, andererseits die Beachtung des Zusammenhangs, den das Stück über

---

[527] Vgl. dazu die ausgewogene Problemdarstellung von W. G. Kümmel, Die Probleme von Römer 9–11 in der gegenwärtigen Forschungslage, in: Ders., Heilsgeschehen und Geschichte 2, hrsg. E. Grässer und O. Merk, Marburg 1978, 245–260.

[528] Vgl. Kümmel, ebd. 251.

[529] Weiß, Urchristentum 214 (vgl. aber auch 222, wo Erfahrungen in Korinth von Weiß einbezogen werden).

[530] Auch Dobschütz 118 rechnet damit, daß Paulus im Hintergrund der Anfeindungen gegen die Thessalonicher die Juden sieht; ebenso Michel, Fragen 52; Milligan 30; Schlier 41.

die Danksagung mit der Selbstdarstellung des Apostels 2,1–12 hat, entscheidend. Es drängt sich der Gedanke auf, daß Paulus davon überzeugt ist, daß die Juden ihn bei den Thessalonichern als einen Scharlatan und gewinnsüchtigen Wanderprediger denunzieren, der nicht die Wahrheit, sondern nur sich selbst anzubieten hat[531]. Da er den Anspruch erhebt, den Glauben an den Gott Israels als den wahren und lebendigen Gott zu gründen, den auch die Juden für sich reklamieren, und mit seiner Predigt zweifellos bei der Synagoge angeknüpft hat, war solche Denunziation von jüdischer Seite besonders gefährlich. Mit ihr im Rücken haben die Thessalonicher ihren Verwandten, Freunden und Nachbarn, die zum Glauben, den er predigte, übertraten und damit die sozialen Bindungen zu ihnen weitgehend zerrissen, hart zugesetzt. Denn nach ihrem durch die Juden bestärkten Urteil konnte solch ein Schritt nichts anderes als eine verantwortungslose und gefährliche Dummheit sein.

Vielleicht stützt sich solche Beurteilung der Situation in Thessalonich nur auf eine Vermutung. Paulus nutzt gleichwohl entschlossen die Gelegenheit, in unerhörter Schärfe die Juden als notorische Mörder und Verfolger der Gottesboten herauszustellen, die zugleich mit dem Evangelium die Rettung der Völker zu unterdrücken trachten. So erweist in Wahrheit die Feindschaft der Juden gegen den Apostel und seine Botschaft deren Legitimität; denn sie stellt sie an die Seite der Propheten und des Kyrios Jesus. In dem Ausfall gegen die Juden kämpft Paulus mit letztem Einsatz um seinen Auftrag von Gott, der der gleiche Gott ist, auf den sich die Synagoge beruft. Um nichts Geringeres geht es in diesem Stück!

Es enthält nur insofern und insoweit eine Verurteilung des Judentums, als es aktiv gegen die Christusbotschaft und ihre Zeugen vorgeht, indem es ihnen die Legitimation durch Gott abspricht. Diese Verurteilung ist eine unbedingte, Paulus sagt solchem Tun das gültige eschatologische Gericht zu. Daß der Täter gleichwohl unter der Möglichkeit, ja der Einladung zum Glauben und damit zur Umkehr von seinem bösen Wege steht, ist in keiner Weise in Frage gestellt[532]. Nur besteht nicht die mindeste Veranlassung, das hier und jetzt auszusprechen. Die Thessalonicher haben solche Möglichkeit an sich selbst machtvoll erfahren, 1,9.

Daß der zornige Angriff sich gegen die Juden richtet, hat seinen Grund darin, daß sie in der geschichtlich besonderen Situation des Briefes als die gefährlichsten Feinde der sich eben bildenden christlichen Gemeinde erscheinen. Sie sind darüber hinaus überhaupt die eigentlichen Gegner des paulinischen Missionswerks[533]. Geschichtlich ist diese erbitterte jüdische Gegnerschaft verständlich, müssen wir doch damit rechnen, daß durch die christlichen Gemeindegründungen der Synagoge in wesentlichem Maße der Kranz der Anrainer genommen wurde, der sich ihr aus der nichtjüdischen Bevölkerung angelagert

[531] So auch Kümmel, Einleitung 222f; Wikenhauser-Schmid, Einleitung 401.
[532] Vgl. Röm 2,1ff!

[533] Innergemeindlich hat Paulus andere Gegner; doch ist beides klar auseinanderzuhalten.

hatte[534]. Die Selbstverständlichkeit, mit der Paulus in 1Thess die noch sehr junge Gemeinde in einer Sprache anredet, die tief und gerade in zentralen Bereichen vom Judengriechischen beeinflußt ist[535], läßt vermuten, daß auch die Thessalonicher Gemeinde sich weitgehend aus solchen zusammensetzt, die bereits eine längere Zeit Verbindung zur Synagoge hielten.

Der Angriff gerade gegen die Juden hat aber auch einen sachlichen Grund. Der Gott, den Paulus verkündigt, ist der, zu dem sich Israel bekannt hat, dessen Wort in der Synagoge verlesen wird und auf den jeder Jude hofft. Von ihm aber sind die Juden, indem sie sich in Feindschaft gegen die Christusbotschaft verhärten, abgefallen, ihm sind sie ungehorsam geworden. Weil die Juden mit den Worten Gottes betraut sind (Röm 3,2), weil ihnen die Sohnschaft gehört und die Doxa, die Bundschließungen, die Gesetzgebung, der Gottesdienst und die Verheißungen (Röm 9,4), deshalb macht sie ihr Aufbegehren gegen Gottes endgültiges Wort in Christus besonders schuldig.

Die geschichtliche Situation hat sich grundsätzlich gewandelt. Verfolgung der Zeugen des Christus, Hinderung der christlichen Verkündigung sind Gegenstand weder des Willens noch der Macht des heutigen Judentums. Statt dessen hat sich die Christenheit und oft genug auch die christliche Kirche als solche als Verfolgerin und Mörderin des Judentums erwiesen. Das Urteil Gottes will aber nicht durch uns vollstreckt werden. Wir können den zornigen Affekt des Paulus nicht mehr teilen. Ihn gänzlich für verkehrt zu erklären haben wir keinen Anlaß. Die Erfahrung aktiver Christusfeindschaft, die den Glaubenden um seinen Glauben und den des Evangeliums Unkundigen um die Kunde vom Evangelium bringen will, steht unter dem Urteil Gottes, und nur eine letzte Indifferenz kann diesem Urteil gleichgültig gegenüberstehen.

Unser Gespräch mit der Synagoge darf solches Urteil und seine Wahrheit nicht überspringen oder verneinen wollen. Das hebt ja die Schuld der Christen, die sie gegenüber den Juden auf sich geladen haben und noch laden, nicht auf. Eine entscheidende Frage an die Synagoge heute wird sein, ob sie die Tötung Jesu und die der Propheten auf einer Linie sehen kann und ob sie auch das apostolische Schicksal des Paulus hier einzuordnen vermag. Freilich wird sich stets auch die Kirche eine gleiche Frage stellen müssen, damit sie ihrer bleibenden Gemeinschaft mit Israel und der Synagoge inne wird. Der Mord der Propheten ist kein Werk der Synagoge[536], sondern er gehört in die Geschichte von Synagoge und Kirche in der gleichen Weise! Wenn die christliche Kirche sich dessen wirklich bewußt ist, daß sie ebenso wie die Synagoge dem prophetenmordenden Israel entstammt, kehrt sich zumindest ein Teil der Anklage gegen sie selbst in ihrer Geschichte. Dadurch wird die Verurteilung eines verkehrten Weges zum Umkehrruf, der uns selbst gilt.

---

[534] Vgl. W. Schmithals, Der Römerbrief als historisches Problem, 1975 (StNT 9), 74–82.
[535] Vgl. Holtz, Traditionen 56f. Anders beurteilt von Schmithals, Römerbrief (s.o. Anm. 534) 82f Anm. 236.

[536] Dahin schiebt den Gedanken die Textüberlieferung in D¹ Ψ 𝔐 sy Mcion: ἰδίους προφήτας.

Bestehen bleibt freilich das Nein Gottes zu dem nachchristlichen Weg Israels, der ein Weg des Ungehorsams gegen den eigenen Gott ist. Es ist eine ernste Frage, ob es noch Sicherheit bezüglich der Heilszusage für den Glaubenden geben kann, wenn die Sicherheit der Gerichtsansage über den aktiven Unglauben verschwunden ist. Das sola fide hat notwendig auch eine Kehrseite. Sie zu bedenken bleibt uns aufgetragen.

Abschließend ist der ganze Text 2,13–16 noch einmal in den Blick zu fassen. Es ist ein Gegenstand des Dankes, wenn das Wort der Verkündigung von den Hörern verstanden wird. Leidenschaftlich verteidigt Paulus die Lauterkeit seines Werkes und die Hingabe seiner Person an die Hörer. Endlich aber ist es Gottes eigenes Werk, wenn das Wort des Predigers als das Wort Gottes angenommen wird. Das macht die Bemühungen des Predigers nicht im Nachhinein bedeutungslos. Es hat aber etwas Entlastendes für ihn. Entscheidend ist schließlich doch nicht unser Einsatz, sondern Gott selbst, der den Hörer öffnet, daß er die Wirklichkeit des Evangeliums, das in unserem Wort laut wird, begreift und als eine ihn betreffende Botschaft annimmt. Freilich wird es nur so richtig begriffen, wenn es nicht als eine, wenn auch die richtige Möglichkeit menschlicher Sinnfindung und erfolgreicher Daseinsbewältigung verstanden wird. Der Sinn, den das Evangelium zusagt, ist durch einen abgründigen Un-Sinn hindurch zu erlangen. Das Leben und damit die Welt hat als letzte und einzige Gewißheit den Tod anzubieten. Das Wort Gottes sagt zu, daß hinter ihm das entgrenzte Leben steht.

So überrascht es in Wahrheit nicht, daß sich die Wirksamkeit des Wortes im Leiden erweist. Paulus spricht diese Paradoxie in völliger Selbstverständlichkeit aus. Er setzt das Leiden der Gemeinde, das nicht als passives, sondern als aktives Geschehen begriffen wird, geradezu als Beweismittel für die Wirksamkeit des Gotteswortes ein. Er muß sich des Einverständnisses der Gemeinde sicher gewesen sein. Leiden als Signatur des Evangeliums, dieser Grundsatz des Glaubens gehört zum fundamentalen Wissen der Gemeinde. Es darf nicht verlorengehen.

Das Leiden hat viele Gesichter. Immer verlangt es uns ein wirkliches Opfer unserer eigenen Entfaltung ab, in irgendeinem Bereich unseres Lebens. Aussuchen kann man sich das nicht, wohl aber versuchen, sich solchem Opfer zu entziehen. Wer es ganz ablehnt und das Evangelium als die Ermächtigung zu höchstmöglicher Selbstentfaltung versteht, hat es nicht in seiner Wahrheit begriffen. Wir sollten das seinen Hörern nicht vorenthalten.

## II. Die Bewährung der Gemeinde in der Trennung von ihrem Apostel (2,17–3,[11]13)

2,17–3,13 bildet eine sachliche Einheit. Das Stück bekennt den Dank und die Freude über den Glaubensstand der Gemeinde, indem sie sich trotz der Trennung von ihrem Apostel befindet. 2,17–20 redet von dem Wunsch des Apostels, zu der Gemeinde zu kommen; 3,1–5 begründet die Sendung des Timotheus aus Athen; 3,6–10 spricht die Freude und den Dank aus über die guten Nachrichten aus Thessalonich; 3,11–13 formuliert das Gebet um baldiges Kommen des Paulus und für die Gemeinde und ihren Weg auf die Parusie des Herrn zu[537]. Dieses Gebet ist zunächst durch die Bitte um das Geführtwerden des Apostels zu seiner Gemeinde eng mit dem näheren Kontext verklammert, tritt dann aber selbständiger aus ihm heraus und wird zum feierlichen Abschluß der ganzen Danksagung, die mit 1,2 begann.

Neuerlich ist zu zeigen versucht worden, daß der ganze Text 2,17–3,13 zu einem geprägten Aussageschema gehört, der »apostolic parousia«[538]. Auch wenn man in der Annahme eines festen Schemas vorsichtig urteilen wird[539], sprechen die angeführten Gründe doch für einen einheitlichen Entwurf des ganzen Abschnitts[540]. Durch die Erkenntnis, daß geprägte Aussagezusammenhänge vorliegen, verlieren die Sätze nichts von ihrem sachlichen Gewicht. Sie werden nur deutlicher der subjektiven Bedingtheit des Augenblicks entnommen und stärker zum Ausdruck der gleichsam amtlichen Verbundenheit des Apostels mit seiner Gemeinde.

## 1.  *Das Verlangen des Apostels nach seiner Gemeinde (2,17–20)*

**17 Wir aber, Brüder, da wir durch die Trennung von euch (wie) verwaist sind für eine kurze Frist – äußerlich, nicht innerlich –, waren um so mehr mit starkem Einsatz bemüht, euch persönlich zu sehen. 18 Deshalb wollten wir, ich, Paulus, mehr als einmal zu euch kommen; aber der Satan hinderte uns. 19 Denn wer ist unsere Hoffnung, unsere Freude, unsere Krone des Ruhms – seid das nicht auch ihr? – vor unserem Herrn Jesus bei seiner Ankuft? 20 Denn ihr seid unsere Ehre und Freude!**

Analyse Mit »wir aber« setzt Paulus nach dem vorangehenden Ausfall betont neu ein. Er führt auch den 2,13 aufgenommenen Dank nicht unmittelbar fort. Gleichwohl knüpft ἡμεῖς (»wir«) sachlich an das »ihr« von V 13 an; gedacht ist nicht vom Gegensatz: die Juden – wir her, sondern von der Gegenüberstellung: ihr – wir.
Die ersten beiden Verse reden eindringlich von der Trennung des Paulus von seiner Gemeinde und seinem Versuch, sie zu überwinden, die letzten beiden von der eschatologischen Bedeutung der Gemeinde für ihren Apostel. Sie begründen den dringlichen Wunsch, die Gemeinde zu sehen; sie tun das, indem sie den Bezug des Paulus zu ihr nach seiner entscheidenden Dimension antö-

[537] So unterteilt schließlich doch auch Rigaux 465 (vgl. aber zuvor 456f).
[538] R. W. Funk, The Apostolic Parousia: Form and Significance, in: Christian History and Interpretation, Studies presented to John Knox, ed. W. R. Farmer u.a., Cambridge 1967,

249–268.
[539] Funk, ebd. 258 findet es Röm 15,14–33; Phlm 21f; 1Kor 4,14–21; 2Kor 12,14–13,13; Gal 4,12–20; Phil 2,19–24.
[540] Funk, ebd. 254: Analyse des Stückes auf die einschlägigen Formelemente.

nen. Dadurch gewinnen die zunächst ein wenig nach Konvention klingenden
ersten Verse ihrerseits Tiefe.

Paulus wendet sich jetzt wieder unmittelbar den Angeredeten zu, nicht nur **Erklärung**
mit dem Wort, sondern mit seiner ganzen Person. Er legt vor der Gemeinde **17**
sein Drängen, zu ihr zu kommen, bloß. Das Partizip, mit dem er einsetzt,
nennt die Voraussetzung seines Bemühens um Wiedersehen und hat damit
nicht nur temporale, sondern auch kausale Bedeutung[541]. Weil Paulus tief verlassen ist, getrennt von seiner Gemeinde, deshalb strebt er zu ihr. Ὀρφανός ist
nicht einseitig auf den Zustand der Kinder, die elternlos sind, festgelegt, sondern kann auch die Eltern bezeichnen, die ihrer Kinder beraubt sind[542]. In diesem letzten Sinne ist ἀπορφανίζω (»zur Waise machen«) hier gebraucht.[543]
Die Verwendung des kausativen Verbs im Passiv bringt klar zum Ausdruck,
daß Paulus gewaltsam seiner Gemeinde beraubt wurde. So wird gleich ein
starkes Gefühlsmoment in die Aussage gebracht. Nach der Bildseite hin zu
pressen ist das nicht, Paulus hat noch mehr Gemeinden und steht gerade im
Begriff, eine neue zu »zeugen« (1Kor 4,15). Aber jede einzelne bedeutet ihm alles.
Die Trennung wird sogleich eingeschränkt, sowohl nach der zeitlichen als auch
nach der sachlichen Seite hin. Beide Wendungen, mit denen das geschieht,
sind in ihrer exakten Aussage schwer zu bestimmen[544], wodurch indessen nur
die innere Beteiligung des Schreibers deutlich wird. Die Befristung muß sich
auf die Zeit des Verwaistseins beziehen[545]. Die Gewißheit darüber gewinnt
Paulus natürlich nicht der Erfahrung ab, die er noch gar nicht hat, sondern seinem Glauben an Gottes Führung[546]. Daß er weiter intensiv auf eine baldige
neue Zusammenkunft mit der Gemeinde hofft, zeigt 3,10. Zugleich ergibt sich,
daß die Trennung von der Gemeinde noch nicht einen längeren Zeitraum, etwa gar von Jahren, zurückliegen kann, auch wenn genaue Fristen aus dieser
Stelle nicht herauslesbar sind[547]. Sie ist aber in jedem Falle zur Sicherung der
zeitlichen Ansetzung des Briefes wichtig.

[541] Das hat Dobschütz 120 richtig gesehen;
dagegen freilich Rigaux 458.
[542] Vgl. H. Seesemann, ThWNT V 486,
48–487,5. Ob diese Bedeutung erst über die
Ausweitung des Gebrauchs des Wortes zustan-
de gekommen ist, hat wenig Gewicht; auch Rigaux, der das 457 annimmt, billigt dem Verb
hier zu, es bezeichne »ce sentiment de sépara-
tion et de privation, tel qu'un enfant sans père
ni mère éprouve naturellement« (458), und
setzt es in Beziehung zu τροφός 2,7 und πατήρ
2,11.
[543] Der Gedanke der Entfernung »weg von«
ist nicht schon in der Vorsilbe ἀπ- enthalten,
sondern wird mit ἀπ' ὑμῶν gesondert ausgesagt.

[544] Πρὸς καιρὸν ὥρας ist wohl Ad-hoc-
Bildung aus πρὸς καιρόν (1Kor 7,5) und πρὸς
ὥραν (2Kor 7,8; Gal 2,5; Phlm 15), wobei καιρόν die bestimmt begrenzte Frist, ὥρας (Gen
mensurae, vgl. G. Delling, ThWNT III 463,20)
ihre Kürze bezeichnet.
[545] Sie gehört zu ἀπορφανισθέντες und steht
sachlich ganz parallel der ihr folgenden.
[546] So Dobschütz 120 mit Verweis auf Phil
1,25.
[547] Schmithals, Paulus und die Gnostiker 135
eliminiert (im Anschluß an W. Michaelis, Einleitung in das Neue Testament, ²1954, 224) das
Moment der Dauer ganz und sieht nur die Begrenzung angesagt (»vorübergehend«); aber
auch πρὸς ὥραν heißt »für kurze Zeit«, vgl. G.
Delling, ThWNT IX 681,11f.

Die zweite Einschränkung (προσώπῳ οὐ καρδίᾳ) hebt strenggenommen die Qualifizierung, die in »verwaist« liegt, auf, indem sie die Trennung zu einer rein äußerlichen macht. Πρόσωπον meint die unmittelbare, sichtbare Gegenwart der Person (vgl. Gal 1,22), die direkte Kommunikation ermöglicht, die aber doch nicht die einzige Form der Verbindung darstellt. Vielmehr ist davon die Verbundenheit des inneren Menschen mit seinem Fühlen und Wollen[548], die er mit anderen Menschen haben kann, nicht berührt. Sie besteht allen Fährlichkeiten und Widerständen zum Trotz ständig zwischen dem Apostel und seiner Gemeinde. Es würde die Art der hier vorliegenden Rede verkennen, wollte man einen logischen Ausgleich zwischen der Aussage des Verwaistseins und dieser Einschränkung erzwingen. Daß Trennung schwer empfunden wird trotz fester geistig-seelischer Verbundenheit, ist eine geläufige Erfahrung. Paulus hat alles daran gesetzt, diesen Zustand zu überwinden, er hat sich nachdrücklich[549] bemüht, wieder in direkte persönliche Verbindung mit der Gemeinde zu gelangen. Und noch einmal unterstreicht er die Dringlichkeit dieses Bemühens durch die Nennung der subjektiven Befindlichkeit, die ihn beherrschte: ἐν πολλῇ ἐπιθυμίᾳ (»mit starkem Einsatz«). Der Ausdruck greift hoch[550]. Dahinter steht die verschlingende Sorge um die Existenz der Gemeinde. Sie aber hat für Paulus selbst geradezu heilsentscheidende Bedeutung. Deshalb wird man die Aussage gespannter Sehnsucht nach seiner jungen Gemeinde nicht übertrieben nennen dürfen; Paulus trägt nur deutlich vor, was ihn bewegte.

18   Der Anschluß mit διότι ist ähnlich locker wie 2,8. Das drängende Bemühen wird nun entfaltet nach der Seite seiner versuchten Verwirklichung[551].

Mit diesem Satz stellt sich die Frage nach der Bedeutung des »Wir« in unserem Brief noch einmal nachdrücklich. Denn mit der Parenthese »ich, Paulus« nimmt der Apostel das »wir wollten« auf. Geschieht das in einschränkender oder in präzisierender Absicht[552]? Die starke persönliche Färbung des ganzen Kontextes sowie vor allem die Darstellung in 3,1f und 3,5 lassen es als sicher erscheinen, daß die Parenthese nur präzisiert, von wem die Rede ist[553]. Das wiederum läßt darauf schließen, daß Paulus an konkrete Schritte denkt, die er eingeleitet hat, um zur Gemeinde zu kommen.

Daß er nicht nur überhaupt und allgemein kommen wollte, sondern gezielte Versuche unternommen hat, ergibt sich auch aus dem beigefügten ἅπαξ καὶ δίς. Es handelt sich um eine verbreitete Redewendung mit der Bedeutung

[548]   Zu καρδία vgl. zu 2,4; Jewett, Terms 315.
[549]   Der Komparativ περισσοτέρως ist elativisch gebraucht, es steht kein Vergleich dahinter, vgl. Bauer, Wb. s.v. 2; 2Kor 2,4.
[550]   Vgl. Phil 1,23. Sonst wird das Wort und das zugehörige Verb scharf negativ gebraucht; vgl. bes. Röm 7,7; Bultmann, Theologie 224f.241f.246–248; H. Hübner, EWNT II 68–71.
[551]   Dobschütz 122 behauptet eine streng begründende Funktion des διότι (»der Eifer ergab

sich aus dem festen Willen«); das tut dem Verhältnis beider Sätze zueinander Gewalt an.
[552]   Beide Möglichkeiten entsprechen der Bedeutung von μέν (in ἐγὼ μὲν Παῦλος) als konzessiver oder affirmativer Partikel; die affirmative Bedeutung ist wohl die ursprünglichere, vgl. Bauer, Wb. s.v. μέν; Bl-Debr-Rehkopf § 447 Anm. 9.
[553]   Das μέν hat also affirmativen Charakter; so auch Bauer, Wb. s.v. μέν 2a.

»mehr als einmal«[554]. Diese Versuche gelangten indessen nicht zum Ziel[555]. Auch Röm 1,13 und 15,22 spricht Paulus davon, er sei gehindert worden[556], die römische Gemeinde zu besuchen. Er sieht nicht Zufälle, sondern Mächte über seinen Weg entscheiden. Hier ist es nach seiner fraglosen Überzeugung Satan selbst, der am Werk ist. 2Kor 12,7 führt er ein persönliches Geschick, das freilich wie seine ganze Person und ihr Leben durchaus einen Bezug zu seinem apostolischen Wirken hat, auf Satan zurück. Er ist an vorderer Front einbezogen in den Kampf, den Satan gegen Gott führt. Deshalb sieht er da, wo ihm etwas hinderlich in den Weg tritt, die Spur von Satans Wirken. Die Qualifizierung als Satanswerk ist also nicht von der Art der Hinderung her gewonnen, sondern von ihrer Wirkung auf den Weg des Apostels. Da Paulus nicht sagt oder auch nur andeutet, welcher Mittel Satan sich für sein Werk bedient hat, ist jeder Versuch, sie zu bestimmen, hoffnungslose Raterei[557]. Es muß nicht einmal ein besonderes Ereignis gewesen sein, das Paulus wiederholt am Kommen gehindert hat[558], auch nicht Nachstellungen der Juden[559], eine Krankheit[560] oder feindliche Umtriebe in Korinth[561].

Mit einer rhetorischen Frage, der andringenden Form der Argumentation, die den Angeredeten in die Gedankenbewegung mit hineinzieht, begründet Paulus sein überaus starkes persönliches Engagement an der Gemeinde. Mit voller Offenheit stellt er sich dazu, daß es um sein eigenes eschatologisches Geschick geht. Gemeint ist natürlich nicht, daß die Gemeinde selbst die Hoffnung, die Freude und der Ruhmeskranz des Apostels ist, sondern daß sie der Grund für dieses alles sein wird[562]. Auch »Hoffnung« ist eschatologisches Heilsgut; es ist die bleibende Gewißheit in die Zukunft auch der Vollendung[563]. Vor allem aber

19

---

[554] Sie stammt offensichtlich aus LXX, vgl. L. Morris, ΚΑΙ ΑΠΑΞ ΚΑΙ ΔΙΣ, NT 1 (1956) 205–208 (205: »The expression does not appear to be classical«, vgl. dazu auch die Form der Belege bei Dobschütz 123 Anm. 1). Das erste καί findet sich nur bei Paulus (hier und Phil 4,16); dennoch ist fraglich, ob es unabhängig interpretiert werden darf (so aber Morris 208). Suhl, Briefe 104f bestreitet einen formelhaften Sinn der Wendung; sie soll hier bedeuten: »nicht nur einmal, sondern sogar zweimal«; damit ist die Situation und Intention der Aussage verkannt.

[555] Für Rigaux 461 zeigt die brüske Rückkehr zur 1. Pers Pl, daß Paulus bei »wir« tatsächlich an eine Gruppe denkt; mir drängt sich der umgekehrte Eindruck auf!

[556] Röm 15,22 übrigens – wie hier – ἐγκόπτω, 1,13 dagegen κωλύω. Das macht es fraglich, ob der Differenzierung von G. Stählin, ThWNT III 855,22f irgendwelche Bedeutung zukommt.

[557] Vgl. die Aufführung der vermuteten Gegebenheiten bei Dobschütz 124; Rigaux 462 oder G. Stählin, ThWNT III 856,4ff.

[558] So G. Stählin, ThWNT III 856,1.

[559] P. Richardson, Israel in the Apostolic Church, 1969 (SNTS.MS 10), 105 Anm. 3; Michel, Fragen 51 mit Anm. 4.

[560] So z.B. Pearson, 1Thess 2:13–16 90 Anm. 64; für ihn kommt ein Rückbezug auf 2,15f nicht in Frage, da er diese Verse für interpoliert hält; vgl. auch Manson, Paul in Greece 440 Anm. 1 (= Studies 271 Anm. 1).

[561] So Schmithals, Paulus und die Gnostiker 129 Anm. 209.137; er beruft sich dabei auf 2Kor 11,14f; aber der Radius des Wirkens des Satans ist für Paulus größer.

[562] Vgl. Dobschütz 125 sowie die klassischen Belege für Hoffnung bezogen auf Personen ebd. 127 Anm. 1.

[563] Vgl. R. Bultmann, ThWNT II 528f (»Christliches Sein läßt sich – dem Gottesgedanken zufolge – auch in der Vollendung nie ohne ἐλπίς denken«, 529,12f); Nebe, »Hoffnung« 164–168. Anders B. Mayer, EWNT I 1069, vgl. auch Wischmeyer, Weg (s.o. 44 Anm. 62) 144–162.

ist sie der gegenwärtige Vorgriff auf das Ende, der nicht Unsicherheit, sondern gerade umgekehrt höchste Gewißheit ausspricht, weil er auf der Gegenwart der Zukunft im Besitz des Geistes aufruht (vgl. Röm 5,5; 8,25f; 15,13; auch 2 Thess 2,16). Die Freude ist nach Röm 14,17 neben Gerechtigkeit und Frieden Merkmal des Gottesreichs[564]. Sie hat eine offenkundige Affinität zur Hoffnung (Röm 12,12; 15,13)[565]. Die Hoffnung setzt als die Gewißheit um die Zukunft des empfangenen Heils die Freude als die eschatologische Haltung frei. Der »Ruhmeskranz« schließlich begegnet nur hier bei Paulus. Gerade er scheint aber traditionell zu sein[566]. Paulus hat offenbar die Erwartung einer eschatologischen Krönung mit einem Ruhmeskranz gekannt[567]. Man darf daher die Wendung nicht von ihren beiden Einzelbestandteilen und deren besonderer paulinischer Bedeutung her interpretieren, sondern muß sie als ganze und traditionelle begreifen[568]. Der Kranz ist das Sieges- und Ehrenzeichen; er wird durch den Genitiv noch eigens als Zeichen des Ruhmes qualifiziert.

Phil 4,1 läßt erkennen, warum Paulus gerade in diesem Zusammenhang das eschatologische Attribut des Kranzes einführt. Er redet dort die Gemeinde an als χαρὰ καὶ στέφανός μου (»meine Freude und mein Kranz«). Das bedeutet freilich zunächst etwas durchaus anderes als das hier Gesagte. Die Gemeinde ist nicht Grund, sondern Gegenstand der Freude, sie ist ein Ehrenzeichen, der Kranz. Diese Vorstellung von Menschen als ehrender oder zierender Kranz[569] wird es gewesen sein, die Paulus 1 Thess 2,19 dazu geführt hat, sich in der vorliegenden Art zu artikulieren, auch wenn er den Gedanken dann in andere Bahnen lenkt. Es ist dies ein bei ihm nicht ungewöhnlicher Vorgang.

Indem Paulus die rhetorische Frage unterbricht, noch bevor er sie zu Ende geführt hat, gibt er selbst die Antwort, ebenfalls in Form einer rhetorischen Frage[570]. Sie, die Glieder der Thessalonicher Gemeinde, sind der Grund für die endzeitliche Erwartung, die Paulus für sich selbst hegt. Durch das »auch« (καί) vor »ihr« weitet er freilich den Kreis derer aus, auf die sich sein Blick richtet. Das ist hinsichtlich der Thessalonicher keine Einschränkung. Denn es stellt sie hinein in die weite Gemeinschaft der Gemeinden, die der Apostel für Christus gewann.

Nach dieser Unterbrechung vollendet Paulus den angefangenen Satz. Es ist die Situation im Angesicht unseres Herrn bei seiner Parusie, in der das alles eigentlich gilt, was seine Gemeinden für ihn sind. Die ganze Wendung hat feierlichen Klang[571]; sie ist in gleicher Form in der noch erheblich volleren Wen-

---

[564]   Vgl. schon o. zu 1,6 (49f).
[565]   H. Conzelmann, ThWNT IX 359,20f: »Den sachlichen Zusammenhang beider (sc. ἐλπίς und χαρά) erhellt R 5,1ff mit Hilfe des Gegenbegriffs θλῖψις«.
[566]   Στέφανος καυχήσεως Ez 16,12; 23,42; Spr 16,31 als schmückendes Zeichen; vgl. auch Jer 13,18. Eschatologisch TestBenj 4,1 (στεφάνους δόξης); 1QS 4,7 (»Kreuz der Herrlichkeit«, כליל כבוד); s. ferner Weish 5,16; syr ApkBar 15,8.

[567]   Vgl. auch 2Tim 4,8 (aber: ὁ τῆς δικαιοσύνης στέφανος!).
[568]   Vgl. aber auch J. Zmijewski, EWNT II 686.
[569]   Vgl. W. Grundmann, ThWNT VII 625, 14ff; 628,32ff (er ordnet auch 1 Thess 2,19 hier ein).
[570]   Zur Einführung mit ἤ s. Bl-Debr-Rehkopf § 447 Anm. 1; sie ist am vorangehenden τίς orientiert.
[571]   Dobschütz 125: Paulus »redet in höchster Feierlichkeit«.

dung 3,13 enthalten, nur daß dort das ἔμπϱοσϑεν (»vor«) auf Gott bezogen ist. Schon das zeigt, daß keine feste Gerichtsvorstellung mit der Formulierung verbunden ist. Sie ergibt sich auch nicht aus dem Gebrauch von ἔμπϱοσϑεν selbst[572]. Es sagt 1,3; 3,9 nur den unmittelbaren Bezug zu Gott aus, und diese Bedeutung ist auch für 3,13 vorauszusetzen[573]. Gedacht ist 2,19 an den Anbruch der Heilszeit mit der Parusie des Herrn Jesus[574]. Dann wird die Beziehung des Apostels zum Herrn bestimmt sein durch seine Gemeinden. Nur sie können für ihn Hoffnung, Freude und Ruhm im Angesicht Jesu gründen[575]. Die Aussageweise mit ἔμπϱοσϑεν ist zweifellos sehr locker; sie war es ähnlich 1,3. Paulus trägt nach der rhetorischen Beantwortung seiner rhetorischen Frage nur rasch nach, daß – natürlich – nicht schon jetzt, sondern erst im Eschaton seine Gemeinden ihm als Mittel der eigenen Erhöhung dienen.

Das Wort παϱουσία für die endzeitliche Ankunft Christi begegnet außer in 1 und 2Thess (2,1.8) nur noch 1Kor 15,23 bei Paulus[576]. Der Vorgang selbst wird in 4,15–5,3 näher ins Auge gefaßt werden[577]. Es ist der Tag Christi, der »die Offenbarung unseres Herrn Jesu Christi« bringen wird[578]. Die Sache, die hier mit »Parusie« gemeint ist, ist Paulus durchaus geläufig. Gerade deshalb fällt auf, daß er den Begriff in 1Thess 4mal[579] und in 2Thess 2(plus 1)mal gebraucht, in den späteren Briefen aber nur noch 1Kor 15,23. Darüber hinaus ist die Herkunft des Wortes in solcher spezifischen Verwendung ein Problem[580]. Denn eine vorchristliche jüdische Verwendung von παϱουσία im technischen Sinne ist kaum (wenn überhaupt) nachzuweisen[581]. Dagegen bietet der paganhellenistische Bereich einen deutlichen technischen Gebrauch des Wortes[582], der die neutestamentliche Verwendung erklären kann. Man darf nur nicht meinen, daß erst mit dem hellenistischen Wort παϱουσία auch der Gedanke an die endzeitliche Ankunft des Kyrios selbst in die christliche Vorstellung gekommen sei. Dagegen spricht schon die völlig eindeutige und einseitige Festlegung der »Parusie« auf das endzeitliche Kommen des Christus, die von den hellenistischen Parallelen her gerade nicht gegeben ist. Die Vorstellung von dem endzeitlichen Kommen des Menschensohns ist älter als die

---

[572] Trotz 2Kor 5,10; anders E. Lohse, Christus als der Weltenrichter, in: Jesus Christus in Historie und Theologie, FS H. Conzelmann, hrsg. G. Strecker, Tübingen 1975, 483, der daher an den Richtstuhl Christi denkt; Paulus gebraucht das Wort nur selten, Gal 2,14; Phil 3,13 und 4mal im 1Thess.

[573] Zu ἔμπϱοσϑεν s. auch A. Kretzer, EWNT I 1089f; Froitzheim, Christologie und Eschatologie 179.

[574] »Ἐν n'indique pas seulement le temps mais ›résultant de‹, cf. ICor., xv,23«, Rigaux 465.

[575] Vgl. Synofzik, Gerichtsaussagen 62f.

[576] Darüber hinaus – abgesehen von 2Thess 2,9 – einige Male für die Ankunft von Personen (1Kor 16,17; 2Kor 7,6f; 10,10; Phil 1,26; 2,12). Vgl. J. Plevnik, The Parousia of the Lord according to the Letters of Paul, Diss. masch. Würzburg 1971.

[577] Vgl. auch 1Kor 15,23f.

[578] 1Kor 1,7f; vgl. weiter 1Kor 5,5; 2Kor 1,14; Phil 1,6 u.ö.; s. Bultmann, Theologie 347; Best 349–354 (Appendix, The Parousia).

[579] 2,19; 3,13; 4,15; 5,23.

[580] Vgl. zum Wort, seiner Geschichte und Verwendung im NT Milligan 145–151 (Note F); A. Oepke, ThWNT V 856–869; Rigaux 196–201 (unter Berücksichtigung von P. L. Schoonheim, Een semasiologisch onderzoek van Parousia met betrekking tot het gebruik in Mattheus 24, Aalten 1953); Spicq, Notes 673–675.

[581] TestJud 22,2: ἕως παϱουσίας τοῦ ϑεοῦ τῆς δικαιοσύνης. Zu den anderen Belegen in Literatur, die mit dem Judentum in Beziehung steht, vgl. Milligan 146; Rigaux 200 Anm. 2; irreführend Schlier 114 Anm. 65; bei A. Oepke, ThWNT V 861 ist das Problem verwischt.

[582] Vgl. Bauer, Wb. s.v. 2b; A. Oepke, ThWNT V 857f.

Aufnahme des Wortes »Parusie« (vgl. Mk 14,62/Mt 26,64; Mk 8,38par; auch 1Kor 16,22 reicht in eine ganz frühe Zeit hinab). Die Sprache der christlichen Gemeinde scheint sich da, wo sie das Griechische war, des ihr angebotenen Wortes bedient und damit einen terminologischen Ausdruck gefunden zu haben für die erwartete endliche Ankunft ihres Herrn. Der Vorgang muß früh erfolgt sein, da er in unserem Brief vorausgesetzt ist.

Möglicherweise hängt damit, daß Paulus den Terminus aus einer Tradition übernahm[583], seine sonderbare Verteilung im Corpus paulinum zusammen, ohne daß wir darüber noch etwas Näheres sicher erkennen könnten. Vermuten kann man natürlich manches. Zwar ist jede Annahme einer tiefergehenden Entwicklung der paulinischen Theologie im Rahmen seiner uns überkommenen Briefe schon aus chronologischen Gründen schwierig[584], doch ist damit nicht auch die Frage nach einer möglichen Entwicklung der Aussageweise schon beantwortet. Wenn damit gerechnet werden kann, daß 1Thess nicht nur der älteste erhaltene, sondern tatsächlich der erste apostolische Brief des Paulus ist, dann kann sehr wohl angenommen werden, daß ein Wandel der Aussageweise zwischen den Thessalonicherbriefen und den ihnen folgenden statthat, der auf Erfahrung des Verfassers mit der Rezeption seiner Briefe beruht. Aber selbst wenn die Voraussetzung nicht zutreffen sollte, daß 1Thess der älteste Brief ist, dann gilt doch, daß es der erste ist, der von Paulus nach einem erst relativ kurz vorher erfolgten Übertritt in das eigentlich griechische Gebiet geschrieben ist. Erfahrungen aus der Begegnung mit dieser Welt lagen erst noch vor ihm. Es will scheinen, daß Paulus gerade auf dem Gebiet geprägt apokalyptischer Vorstellung und Sprache Erfahrungen machte, die ihn zu zurückhaltenderer Aussageweise in späteren Briefen veranlaßten. Diese Vermutung muß auch bei der Beurteilung von 4,13–5,3 eine Rolle spielen. Es kann sehr wohl sein, daß solche Erfahrung für die spätere Vermeidung des Begriffs παρουσία, der Mißverständnisse erwecken konnte, bestimmend gewesen ist; damit würde sich auch sein neuerliches Auftauchen in dem stark apokalyptischen Zusammenhang von 1Kor 15,23 erklären. Er ist Paulus in solchen Zusammenhängen vorgegeben, gehört aber nicht zu den notwendigen Ausdrucksmitteln seiner Theologie.

Der Gedanke, daß die Gemeinden, die Paulus für Christus gewann, eschatologische Bedeutung für ihn haben, ist Ausdruck dafür, daß die Berufung und Beauftragung, die er durch den Auferstandenen erfuhr, sein Leben ganz ergriff und bestimmte. Nur über seinen Auftrag noch konnte er sein Leben erfüllen oder verfehlen[585], sein endliches Schicksal beim Anbruch des Tages Christi ist an seine Gemeinden gebunden[586]. Denn die erfahrene und im Glauben präsente Rechtfertigung, das Sich-Einlassen auf das Gemeinschaftsangebot Gottes, hebt nicht die Verantwortung für das Tun auf[587]. Mit Blick auf das missionari-

---

[583]   Vgl. auch Schade, Apokalyptische Christologie 27. Dafür spricht das Vorkommen des Wortes in Mt, wo es allein auf Kap. 24 beschränkt ist (VV 3.27.37.39); das läßt nicht an Redaktion des Mt denken (anders z.B. Best 351; Luz, Geschichtsverständnis 310 Anm. 46), sondern an spezifische Tradition.

[584]   Vgl. aber den anderen Versuch von Lüdemann, Paulus; s. auch Schade, Apokalyptische Christologie 2. Teil.

[585]   Vgl. für diese den Tod mit einbeziehende Bestimmung des Lebens des Apostels Phil 1,23–26.

[586]   S. 2Kor 1,14; Phil 2,16. Vgl. J. Jervell, Der Brief nach Jerusalem, StTh 25 (1971) 63.

[587]   Vgl. den Exkurs »Das Gericht nach den Werken II (Theologische Interpretation)« bei Wilckens, Römer I 142–146 (Lit.!), der das Problem scharf aufzeigt.

sche Werk entfaltet Paulus in 1Kor 3,8.12–15 in bemerkenswerter Breite den Gedanken eschatologischen Lohns oder Strafe aufgrund des jeweiligen Wirkens am Bau der Gemeinde.

Man kann natürlich fragen, wie Paulus sich denn solches eschatologische Gericht im Vollzug vorgestellt hat. Er gibt darauf keine Antwort, und es ist auch fraglich, ob uns eine solche Antwort hilfreich wäre. Die Identität des eschatologischen Heilslebens mit dem Leben jetzt bedingt, daß die Folge, die der Tat dieses Lebens entspricht, in jenes mit hineingenommen wird, auch die aufgehobene Folge.

Trotz solcher Einbettung des Grundgedankens von 2,19 in das theologische Denken des Paulus ist dem Satz eine Spannung inhärent. Sie zeigt sich bereits an seiner Fügung, daß nämlich die Antwort auf die rhetorische Frage, die selbst wieder als Frage formuliert ist, diese unterbricht, die – mit einem sehr lockeren Anschluß – nach solcher antwortenden Unterbrechung weitergeführt wird. Die darunterliegende sachliche Spannung ist die, daß die Begriffe »Hoffnung«, »Freude« und »Ruhmeskranz« als eschatologische Heilsbezeichnungen im strengen Sinne, die nicht nur »Lohn« (1Kor 3,8.14) oder »Lob« (1Kor 4,5) für das gelungene Werk des Baus der Gemeinde bedeuten, nur auf Christus, nicht auf die Gemeinde gegründet sein können. Paulus drückt sich denn auch 2Kor 1,14; Phil 2,16 ganz anders aus; denn »Ruhm« ist seine eigene Haltung, die durch sein Werk gegründet ist, während »Hoffnung«, »Freude« und »Kranz« Heilsgaben sind, die auf dem Rechtfertigungshandeln Gottes in Christus gründen. Eben weil er offenbar gespürt hat, daß er sich dazu hat hinreißen lassen, Begriffe zu verwenden, die nicht voll der gemeinten Sache entsprechen, fügt er mit ἔμπροσθεν eine Näherbestimmung an, die sie gleichsam noch einmal dem Urteil Christi bei seiner Parusie unterstellt.

Deshalb wohl auch nimmt V 20 die Aussage erneut auf und rückt sie zurecht. 20 Das γάρ steht als Bekräftigung der Antwort[588], die Paulus noch einmal direkt auf seine Frage gibt. Sie ist aber durch die Variation hinsichtlich der Begriffe, die ausdrückliche Setzung des Verbs (ἐστε), die durch das diesmalige Fehlen einer eschatologischen Bestimmung gegenüber dem vorangehenden Satz Gewicht erhält, auch eine leichte Korrektur. Ja, sie sind seine Doxa und seine Chara. Beide Begriffe behalten ihren eschatologischen Bezug, beide sind aber jetzt nicht mehr Bezeichnungen der endzeitlichen Heilsgabe selbst.

Daß δόξα nicht wie Röm 5,2; 1Kor 2,7; Kol 1,27; Röm 8,18 die endzeitliche Herrlichkeit meinen kann, ist ohne weiteres klar. Andererseits hat das Wort aber auch nicht den gleichen Sinn wie 2,6; der vorangehende Satz war Paulus ja deshalb so schwierig geraten, weil er einem derartigen Mißverständnis entgehen wollte. Gemeint ist das Ansehen[589], das endzeitliches Lob erwirkt. Die χαρά ist die Freude, die im Vorgriff auf das Ende den Apostel angesichts seines Werkes erfüllt, weil er in der Gemeinde das Werk Christi als jetzt schon wirksam erfährt.

---

[588] Vgl. Bl-Debr-Rehkopf § 452,2; K.-H. Pridik, EWNT I 573.

[589] Vgl. formal 1Kor 11,7.15.

**Zusammen-** Die in der älteren Literatur sich häufiger findende Charakterisierung auch die-
**fassung**  ses Abschnitts als »Apologie« »zur Beseitigung des Verdachts, als habe er sich
aus dem Staube gemacht, die betrogene Gemeinde sich selbst und ihrem
Schicksal überlassen«[590], wird dem Stück nicht gerecht. Solcher Auffassung
widerrät bereits die Beobachtung zur literarischen Struktur des Stückes, das
zu einem geläufigen Topos des paulinischen Apostel-Briefes gehört[591]. Auch
der Inhalt stützt solches Verständnis nicht. Paulus ist ganz und ausschließlich
Apostel, und der einzige Zielpunkt seines Wirkens ist es, das Evangelium ge-
meindegründend zu verkündigen. Daran ist sein Leben jetzt und in Ewigkeit
gebunden. Deshalb steht sein Begehren stets darauf, mit seiner Gemeinde verbunden zu sein, sie im Evangelium zu bewahren. Die Dringlichkeit und das Engagement der Sätze erwächst nicht aus einer Nebenabsicht, sei es die der Verteidigung, sei es die der Sympathiewerbung. Nur: Das, was Paulus dieser Gemeinde sagt, gilt für alle Gemeinden, die bereits fundierten und die, die er
noch als Aufgabe vor sich sieht. Die Spannung zwischen der unbedingten Bindung an die konkrete Gemeinde als die Charis seines Apostolats und seinem
universalen Auftrag, den Völkern das Evangelium des Gottessohnes zu verkündigen[592], prägt sich aus in der Spannung zwischen den Beteuerungen des
Apostels und der notwendigen Wirklichkeit seines Weges. Daß Paulus solche
Spannung balanciert hat, das ermöglichte ihm, sein schier unvorstellbar um-
fangreiches, ökumenisch-kirchengründendes Missionswerk durchzuführen.
Die Fesselung der ganzen Person und ihres bleibenden Geschicks an den Auftrag, glaubensgründender und glaubensbewahrender Zeuge des Evangeliums
zu sein, kommt in dem kurzen Abschnitt andringend zur Sprache. Unsere Zeit
empfindet sie vornehmlich als eine Last, die klagend nur zu tragen ist. Sie stellt
sich damit eher in die Nähe eines Jeremia als an die Seite des Paulus. Auch ihn
verzehrt die Hingabe an seine Gemeinden, aber er hat dabei das Ziel seines
Weges im Auge, das in der Zukunft Gottes geborgen ist. Uns soll das Ziel unseres Weges in diesem selbst enthalten sein, daher unsere Klage über seine Mühsal und Vergeblichkeit. Wenn wir aber glauben, was wir predigen, dann muß
die Hoffnung und die Zukunft, die Zuwendung und die Erfüllung uns doch
über alle Klagen erheben und in die Freude des Empfangens stellen, das auf
uns zukommt. Erlangen werden wir sie freilich nur durch die Fron ganzer Hingabe.

### 2. *Die Sendung des Timotheus als Hilfe für die Gemeinde und ihren Apostel (3,1–5)*

**1 Deshalb, da wir es nicht mehr aushielten, beschlossen wir, allein in
Athen zurückzubleiben, 2 und schickten Timotheus, unseren Bruder**

---

[590] Dobschütz 118f (freilich nur eine Sorge des Paulus, der wirkliche Vorwürfe nicht entsprechen).

[591] Vgl. o. 114.
[592] Vgl. Gal 1,16; Röm 15,23f.

und Mitarbeiter Gottes am Evangelium Christi, um euch zu stärken und Zuspruch zuteil werden zu lassen hinsichtlich eures Glaubens, 3 damit niemand wankend wird in diesen Bedrängnissen. Denn ihr wißt selbst, daß wir dazu bestimmt sind. 4 Und wir haben ja auch damals, als wir bei euch waren, euch vorausgesagt, daß wir bedrängt werden würden, wie es auch geschah und ihr wißt. 5 Deshalb eben, da ich es nicht mehr aushielt, schickte ich, um euren Glauben(sstand) zu erfahren, ob etwa der Versucher euch heimgesucht habe und unsere Mühe zu nichts geworden wäre.

Da Paulus am eigenen Kommen gehindert ist, sandte er einen Vertreter. Der Abschnitt begründet die Sendung in doppelter Weise. Danach ist er auch formal gegliedert. Zunächst benennt Paulus (VV 2–4) den Zweck der Sendung mit Blick auf die Gemeinde, sodann, nach einem Neuansatz mit teilweiser Wiederholung von V 1, mit Blick auf sich selbst. Der wiederholende Neuansatz entspricht einer neuen Begründung des gleichen Vorgangs. Paulus ertrug die Situation der Untätigkeit gegenüber der Gemeinde nicht mehr ihretwegen, die er in Unsicherheit befindlich sah, er ertrug die Situation der Ungewißheit aber auch nicht mehr seinetwegen, weil er um sie überhaupt bangte. Man kann nicht sagen, daß sich beide Begründungen gegenseitig ausschlössen. Sie rechtfertigen aber in ihrer je etwas anderen Bedingtheit den Neuansatz in V 5, so daß literarkritische Folgerungen aus ihm nicht zu ziehen sind. *Analyse*

Da 2,20 einen Gedanken zum Abschluß brachte, ist διό nicht mit dem unmittelbar vorangehenden Satz zu verbinden, sondern mit dem ganzen Aussagenzusammenhang, den dieser beendet. Weil der Apostel so drängend eine neuerliche Begegnung mit der Gemeinde wünscht, selbst aber zu reisen gehindert ist, deshalb beschließt er eine andere Form der Kommunikation. Freilich schiebt er mit μηκέτι[593] στέγοντες (»da wir es nicht mehr aushielten«) noch eine zusätzliche Begründung ein. Sie ist offensichtlich mehr aktueller Art, das Partizip daher temporal zu verstehen. Als die Unruhe des Apostels um seine Gemeinde einen unerträglichen Grad erreicht hatte, da beschloß er, allein in Athen zurückzubleiben[594]. *Erklärung 1*

Diese Aussage erweckt geschichtliche Fragen. Aus der Nennung des Ortsnamens Athen hat ein gewichtiger Teil der Überlieferung des Briefes geschlossen, er sei dort verfaßt worden[595]. Das ergibt sich aus ihr nicht. Wohl aber bestätigt die Ortsangabe den Bericht über die Stationen des Paulus-Weges in Apg an einem entscheidenden Punkt; das war zur anderen Seite hin bereits 2,2 der Fall. Andererseits ergibt sich freilich von 3,1 her auch eine Differenz zur Darstel-

---

[593] Μή ist die normale Form der Verneinung des Partizips im NT, vgl. Bl-Debr-Rehkopf § 426.430,3. Es trägt keine exegetische Belastung.
[594] Καταλείπεσθαι μόνος in der Bedeutung

»allein zurückbleiben« (s. Bauer, Wb. s.v. 1a) mehrfach in LXX, Gen 7,23; 42,38; Jes 3,26; 49,21; 1Makk 13,4; vgl. Rigaux 467.
[595] So die subscriptio bei A K L al: ἐγράφη ἀπὸ Ἀθηνῶν, vgl. dazu Dobschütz 17f Anm. 4.

lung in Apg. Denn wenn sich auch nicht zwingend aus dem Satz, daß Paulus beschloß, allein in Athen zurückzubleiben, ergibt, daß Timotheus von dort nach Thessalonich geschickt wurde[596], so ist das doch zweifellos sein einzig natürliches Verständnis[597]. Nach Apg 17,14 aber bleibt Timotheus zusammen mit Silas zunächst in Beröa und trifft erst in Korinth wieder mit Paulus zusammen (18,5). Indessen ist dieser Dissens, der zu Lasten der Apg geht, bei angemessener Beurteilung des lukanischen Werkes ohne Gewicht. Völlig im dunkeln bleibt der Weg des Silvanus in der Zeit, von der 2,17–3,6 redet. Daß er mit Paulus und Timotheus zusammen in Thessalonich missionarisch gewirkt hat (Apg 17,1ff), bestätigt indirekt die Absenderangabe unseres Briefes. Sie bezeugt direkt, daß er z. Zt. der Abfassung des Briefes mit Paulus zusammen ist; 2Kor 1,19 belegt das gleiche. Andererseits aber ergibt sich zweifellos aus unserem Vers (καταλειφθῆναι μόνοι), daß Paulus in Athen nicht von Silvanus begleitet wurde. Denn er stellt den Tatbestand, daß er sich entschloß, allein zurückzubleiben, stark heraus[598]; das wäre unbegreiflich, wenn er damals mit Silvanus zusammengewesen wäre[599].

Paulus sagt nicht gleich, wie es natürlich und funktional wäre: deshalb schickte ich Timotheus, sondern betont statt dessen zunächst, was dieser Vorgang für ihn selbst bedeutet hat, nämlich die Last, allein in Athen zurückzubleiben. Er war wirklich allein dort, nicht begleitet von einem seiner vertrauten Mitarbeiter. Aber auch in dem Sinne scheint er in Athen einsam geblieben zu sein, als er dort keine Gemeinde gründete. Zwar weiß Apg 17,34 von einigen Anhängern, die Paulus gewann, nennt auch die Namen eines Mannes und einer Frau. Aber das macht doch einen höchst verlorenen Eindruck[600]. Wir wissen nicht, welche Anstrengungen Paulus unternahm, in Athen eine Gemeinde zu gründen; wir wissen aber, daß er keine gegründet hat. Auch spricht nichts dafür, daß sein Aufenthalt in der Stadt gewaltsam beendet wurde; es spricht alles dafür, daß seine Predigt in Athen erfolglos blieb. Von daher wird verständlich, wie schwer es ihm gewesen sein muß, wirklich allein, ohne Brüder zu haben und zu gewinnen, in dieser Stadt zu sein. Er nimmt das auf sich, weil der Gedanke an die Gemeinde in Thessalonich ihn zu stark bedrängt[601].

2    Timotheus fungiert auch in Korinth (1Kor 4,17) und Philippi (Phil 2,19.23) als

---

[596]   Dobschütz 131 denkt an einen Auftrag an den abwesenden Timotheus; vgl. auch O. Kuß, Paulus, Regensburg 1971, 90 Anm. 2. Das καταλειφθῆναι muß sich dann auf die aus Apg 17,15 genommene Abordnung der Beröer beziehen.

[597]   So auch Rigaux 467; Best 131.

[598]   Vgl. Rigaux 467: μόνοι ist bewußt betont durch die Stellung am Ende des Satzes.

[599]   Anders Milligan 37, der zwar durchaus mit der Möglichkeit rechnet, daß Paulus die 1. Pers Pl für die 1. Pers Sing gebraucht (vgl. auch »Note B«, 131f), hier aber wegen V 5 nicht; Ri-

gaux 467; vgl. auch Weiß, Urchristentum 216; Suhl, Briefe 106 Anm. 12; Best 131.

[600]   Vgl. Roloff, Apostelgeschichte 254; Conzelmann, Geschichte des Urchristentums 80.

[601]   Lüdemann, Paulus 202 vermutet, es könne »sich der Thessalonicherbesuch Timotheus' doch auch mit dem Zweck eines Abstechers nach Philippi verbunden haben« und er sei von dort, zugehörig zu einer Delegation, mit einem Geldgeschenk zu Paulus nach Korinth gekommen. Die Stütze dieser ganz unwahrscheinlichen Vermutung ist Apg 18,5!

Gesandter des Paulus[602]. Ohne solche Verbindung durch Mitarbeiter, die im Auftrag des Apostels handeln und ihn repräsentieren, wäre sein Werk nicht denkbar. Der Vorgang zeigt, wie entscheidend die paulinischen Missionsgemeinden sich aus der personalen Beziehung zu ihrem Apostel heraus gestalten und leben. Im Apostel ist gleichsam personal zusammengefaßt Bekenntnis, Tradition und Amt vereinigt. Er bringt durch seine Mitarbeiter, aber auch durch Briefe seine Funktion da zur Geltung, wo er sie nicht selbst darzustellen vermag. Daraus haben sich Amt und Schrift entwickelt, während das Bekenntnis an den Apostel gebunden bleibt. Die Mitarbeiter haben ebenso wie seine Briefe Autorität nur, weil sie vom Apostel gesandt sind. So haben auch die Schrift und das Amt nur als apostolische Geltung.

Weil der Gesandte mit der vollen Autorität des Apostels in der Gemeinde handeln soll, solche Autorität aber in dieser Zeit nur personal gegründet sein konnte, stattet Paulus den Timotheus mit hohen Ehrenprädikaten aus. Es ist, als ob er ihn noch einmal empfehlen wollte. Tatsächlich hat Timotheus sich durch die Sendung, an die Paulus erinnert, als der bewährt, als der er gesandt wurde. Das bestätigt der Apostel mit seiner Prädikation.

»Bruder« bezeichnet nicht einfach den Mitchristen, sondern hebt Timotheus als Mitarbeiter des Paulus hervor. In solchem hervorgehobenen Sinne ist ἀδελφός auch sonst gebraucht[603], so daß man sogar vermutet hat, daß »>the brothers< in the Pauline letters often refers to colleges in the Christian mission«[604]. In jedem Falle rückt Paulus den Timotheus mit der betonten Prädikation als »mein Bruder« in seine unmittelbare Nähe.

Die zweite Apposition nennt ihn, in der Textüberlieferung freilich nicht unangefochten[605], einen »Mitarbeiter Gottes«. Eine gewisse Parallele findet sich 1Kor 3,9, bezogen auf Apollos; sie zeigt, daß die Aussageweise für Paulus durchaus möglich ist[606]. Allerdings darf nicht übersehen werden, daß der Textzusammenhang dort stark bildlich geprägt ist. Gleichwohl ist er für den paulinischen Gedanken erhellend; »Mitarbeiter«[607] ist er nicht deshalb, weil er mit Paulus zusammenarbeitet, sondern weil er, wie Paulus, an dem Werk arbeitet, zu dem Gott beauftragt hat[608]. Die häufigere Hinzufügung des Personalprono-

[602] Vgl. zu πέμπειν 2Kor 9,3 (Brüder); Phil 2,25.28 (Epaphroditus); Kol 4,8 (Tychikus).
[603] Vgl. Rigaux 467f (Gal 1,2; 1Kor 1,1; 16,12; 2Kor 2,13; Kol 4,7).
[604] E. E. Ellis, Prophecy and Hermeneutic, 1978 (WUNT 18), 13–22, Zitat 17. Zur Kritik an Ellis s. Ollrog, Mitarbeiter 78 Anm. 93; aber auch Ollrog erkennt einen hervorgehobenen Gebrauch von »Bruder« für Mitarbeiter des Paulus an (ähnlich Best 132).
[605] Καὶ συνεργὸν τοῦ θεοῦ hat mit D* 33 b m* nur eine schmale Basis; καὶ διάκονον τοῦ θεοῦ ist wesentlich besser bezeugt (A P Ψ u.a., lat co). Doch treten Texte, die einen Mischtext bieten, als Zeugen für συνεργόν hinzu. Als die schwierigste Lesart darf sie als ursprünglich

gelten. – So auch Ollrog, Mitarbeiter 68 Anm. 31; Köster, Apostel 290 mit Anm. 10; Best 132f. Vgl. auch G. D. Kilpatrick, The Text of the Epistles: the Contribution of Western Witnesses, in: Text – Wort – Glaube, FS K. Aland, hrsg. M. Brecht, 1980 (AKG 50), 64.
[606] Bauer, Wb. s.v. συνεργός, zu 1Kor 3,9: »wir sind Arbeitsgenossen im Dienste Gottes«.
[607] Im NT das Wort außer bei Paulus nur noch 3Joh 8 in etwas schwächerem Sinn (auch nicht Eph und Past). Vgl. insgesamt Ollrog, Mitarbeiter 63–72.
[608] Vgl. Kol 4,11; 2Kor 1,24; 8,23. Ollrog, Mitarbeiter 67: »Συνεργός ist, wer mit Paulus zusammen als Beauftragter Gottes am gemeinsamen ›Werk‹ der Missionsverkündigung arbeitet«.

mens der 1. Pers an anderen Stellen[609] zeigt allerdings auch eine Zuordnung der »Mitarbeiter« zu dem Apostel, die nicht ganz übersehen werden darf.

Die Benennung ist bezogen auf ein bestimmtes Gebiet, nämlich auf das Evangelium Christi. Da εὐαγγέλιον die Evangeliumsverkündigung im Blick hat, ist klar, worin sich die Mitarbeit konkret vollzieht: in der Gründung des Evangeliums. Indem Timotheus daran arbeitet, treibt er das Werk Gottes[610]. Hier die dogmatische Frage des Synergismus zu stellen, geht sowohl am Text als auch am dogmatischen Problem des Synergismus vorbei. Viel eher geht es um die Kompetenz der Verkündigung als Wort Gottes, das durch den Verkündiger ergeht. Timotheus wird der Gemeinde gegenüber als einer bezeichnet, der am Werk Gottes mitarbeitet, indem er dem Evangelium Christi[611] in der Welt Raum schafft und Gemeinde bildet.

Ziel der Sendung war es, die Gemeinde hinsichtlich ihres Glaubens zu stärken und zu stützen. Die beiden Verben »stärken« und »zusprechen« gehören offensichtlich zur Terminologie frühchristlichen Gemeindeaufbaus und haben eine Affinität zueinander[612]. Sie sind im Sinn nicht scharf zu differenzieren[613]. Es ist die Rede von der Arbeit an der Gemeinde, die ihrer Erhaltung und Stärkung dient ὑπὲρ τῆς πίστεως ὑμῶν, »hinsichtlich[614] eures Glaubensstandes«. Dies letzte ist Präzisierung, nicht Einschränkung; denn der Glaube ist es, der Menschen zu Gliedern der Gemeinde macht, nichts anderes. Aus ihm erwächst die Hoffnung, er drückt sich aus in der Liebe. Das ist hier nicht etwa ausgeschlossen, sondern einbezogen.

3   Der neuerliche, dieses Mal mit dem Artikel eingeleitete Infinitiv[615] ist nicht den vorangehenden nebengeordnet; er gibt vielmehr deren Ziel an[616]. So erweist sich erst jetzt der eigentliche Sinn der Sendung. Er kann aber nur verwirklicht werden über das zunächst genannte Geschehen.

Dieses eigentliche Ziel der Sendung des Timotheus ist zwar der Sache nach klar, der sprachliche Ausdruck dafür jedoch nicht sicher zu erhellen, da die Be-

---

609   Röm 16,3.9.21; Phil 2,25; 4,3; Phlm 1,24.
610   S. für Paulus selbst 2Kor 5,18–6,1. Vgl. dazu G. Bertram, ThWNT VII 872f; Ollrog, Mitarbeiter 69.
611   Χριστοῦ ist Gen obj; er wird dadurch freilich – von der Sache her – zugleich zum Gen auct.
612   Paulus erklärt Röm 1,11f einschränkend seinen Willen στηριχθῆναι ὑμᾶς mit συμπαρακληθῆναι. Apg 14,22; 15,32 steht ἐπιστηρίζω und παρακαλῶ zusammen; vgl. für (ἐπι-)στηρίζω ferner Apg 15,41; 18,23, auch 16,5. Apg 14,22; 1Petr 5,10, wohl auch Lk 22,32 ist στηρίζω wie hier zum Leiden der Gemeinde in Beziehung gesetzt. Objekt des στηρίζειν ist nach 3,13 die καρδία (mit Gott als Subj.), d.h. der ganze Mensch als sich begreifender und strebender.

613   Vgl. Rigaux 469: affermir et encourager; ähnlich Dobschütz 132. – Das wird übrigens durch Röm 1,11f nur bestätigt; die Einschränkung dort liegt in der – im NT singulären – Vorsilbe sowie dem Passiv von συμπαρακληθῆναι (Wilckens, Römer I 79 will auf »trösten« verkürzen).
614   Ὑπέρ steht wie περί, vgl. Bl-Debr-Rehkopf § 231,1; Bauer, Wb. s.v. ὑπέρ 1f; vgl. auch Rigaux 469.
615   Vgl. dazu Bl-Debr-Rehkopf § 399,3 (= ἵνα μή); vgl. im übrigen Dobschütz 133 mit Anm. 2.
616   Er gehört zu den beiden Verben, nicht nur zu παρακαλῆσαι (so aber z.B. Dobschütz 133; Rigaux 469f).

deutung von σαίνεσθαι nicht ganz durchsichtig ist[617]. Es muß hier »bewegen, erschüttern« heißen[618]. Timotheus soll den Glauben der Gemeinde festigen, damit niemand, nicht nur sie als ganze, sondern auch nicht ein einzelnes ihrer Glieder, bewegt, wankend wird durch »diese Bedrängnisse«.

Die Gefahr, die Paulus im Auge hatte, ist groß. Gewiß waren die Glieder der frühen Gemeinden durch die Missionspredigt (vgl. V 4) und die eigene Erfahrung beim Übertritt zum Christusglauben (vgl. 1,6) darauf hingewiesen, daß Leiden unentrinnbare Bestimmung des Christen ist. Und schon aus der Berührung mit der Synagoge, die wenigstens für einen Teil von ihnen vorausgesetzt werden muß, konnten sie von dem Leiden als einem wesentlichen Stück des Weges wissen, den der lebendige und wahre Gott seine Bekenner führt. Dennoch ist die Erfahrung ständigen, lastenden Drucks seitens der Umwelt, dem keine vergleichbare Erfahrung gegenwärtiger sozialer Kompensation entspricht, eine ganz schwere Anfechtung[619]. Und zwar gilt das weniger von der akuten, gewalttätigen Verfolgung, als vielmehr von der schleichenden, auszehrenden Minderung des Lebensraums und des Lebensrechts, der nicht endenden Schikanen auf allen Gebieten menschlichen Zusammenlebens. Ein besonderer Anstoß kann das Erleben des Schicksals des Apostels gewesen sein. Er, der als Abgesandter des auferstandenen Herrn, im Namen und Auftrag des einen und wirklichen Gottes Abweisung und Demütigung erfuhr, vertrieben und ausgewiesen umherzieht, ist er nicht die Negation seiner Botschaft? Die Nichtigkeit, zumindest die Nichtswürdigkeit des Evangeliums ist im apostolischen Leiden bloßgelegt; das ist ein Gedanke, den Paulus mit der Sendung des Timotheus vielleicht hatte abwehren wollen.

Die Entscheidung darüber, ob dieses letzte zutrifft oder ob er die Bedrohung des Glaubens durch die eigene Leidenserfahrung der Gemeinde im Auge hat, ist deshalb schwierig, weil umstritten ist, von welchen »Bedrängnissen« in VV 3f die Rede ist, von solchen der Gemeinde oder von solchen des Apostels. Die Thessalonicher wußten natürlich, wovon die Rede ist. Deshalb genügt für sie der allgemeine Verweis (ταύταις). Damit können die Widerfahrnisse entweder als gegenwärtige bezeichnet werden oder als die gerade erwähnten[620]. Im letzten Falle liegt es näher, an ein Geschehen zu denken, das Paulus betrifft, nicht die Gemeinde. Denn zuletzt, in 2,15f, hatte er von seiner Verfolgung durch die Juden gesprochen. Und auch die Hinderung durch Satan daran, nach Thessalonich zu kommen, könnte auf Bedrängnisse zurückweisen; doch ist das unsicher. Schwerlich aber kann ταύταις über diese Aussagen hinweg auf 2,14 zurückgreifen. Auch erweckt 2,14 nicht den Eindruck, als stellte das dort genann-

---

617 Vgl. die ausführliche Darstellung des Sachverhaltes bei Rigaux 470f; F. Lang, ThWNT VII 54–56. Siehe auch Dobschütz 133f Anm. 3.
618 So auch der altkirchliche, vom NT aber offenbar unabhängige Beleg bei F. Lang, ThWNT VII 55,22–27 mit Anm. 2. Die Grundbedeutung ist »wedeln«, von ihr her hat das

Wort überwiegend den Sinn »schmeicheln, schöntun« angenommen.
619 Vgl. N. Walter, Die Philipper und das Leiden, in: Die Kirche des Anfangs, FS H. Schürmann, hrsg. R. Schnackenburg u.a., 1977 (EThSt 38), 423–433.
620 Vgl. Bl-Debr-Rehkopf § 290,1a.b.

te Erleiden eine so ernste Gefährdung des Glaubens der Gemeinde dar, daß Paulus nicht nur Timotheus schickt, um ihr zu begegnen, sondern auch jetzt, nach Rückkehr des Timotheus, z. Zt. des Briefes, noch einmal nachdrücklich auf die gottgesetzte Notwendigkeit des Leidens hinweisen muß. Die Behandlung dieses wichtigen Gegenstandes wäre dann jedenfalls merkwürdig zerrissen.

Vor allem ist es der Gebrauch der 1. Pers Pl in den VV 3 und 4, der dafür spricht, daß Paulus an seine eigenen Leiden denkt. Andernfalls müßte man mit einem mehrmaligen abrupten Wechsel in der Bedeutung des »wir« rechnen[621]. Paulus ist von Gott dazu gesetzt[622], Leiden zu ertragen. In der Tat gehört das Bewußtsein darum zu seinen elementaren Gewißheiten, vgl. 1Kor 4,9–13; 2Kor 13,4; Gal 6,17; Kol 1,24. Wie das »denn ihr wißt selbst« zeigt, hat Paulus davon schon in seiner Missionspredigt gehandelt. Das war angesichts seines Erleidens im unmittelbaren Erfahrungsbereich der Thessalonicher auch notwendig. Er hätte es freilich auch ohne eine unmittelbare geschichtliche Nötigung getan; denn so, wie das Leiden Signatur des Apostels ist, so wird es auch Signatur für diejenigen, die seine Nachgestalter werden, 1,6[623]. Insofern schließt die Bestimmung des Apostels zum Erleiden von Bedrängnissen die Bestimmung zu gleichem Erleiden für die Christen ein[624]. Das bildet auch hier den Hintergrund, hebt aber nicht auf, daß geschichtlich nur die Erfahrung des Apostels zur Verhandlung steht.

4  Paulus erinnert die Thessalonicher ausdrücklich an seine Worte in der Zeit, da er bei ihnen war. Er hebt auf ganz konkretes Reden ab (προελέγομεν). Er hat es der Gemeinde vorausgesagt, und zwar immer wieder[625], daß er Bedrängnis erleiden würde. Das muß gezielte Vorhersagen meinen, mit denen Paulus sein kommendes Schicksal als Konkretion seiner allgemeinen Bestimmung ankündigte[626]. Die Einsicht in die Beziehung des Evangeliums zur Überzeugung des Judentums wie ebenso des Heidentums sowie die solche Einsicht auffüllende Erfahrung ließen ihn kommende Bedrängnisse voraussehen. Und in der Tat hatte die Gemeinde in ihrer eigenen Stadt (Apg 17,5ff) ebenso wie in Beröa (Apg 17,13)[627] alsbald die Richtigkeit der Vorhersage des Apostels erlebt. Er ge-

---

[621] Schwierig vor allem bei μέλλομεν θλίβεσθαι V4; auch das abschließende καὶ οἴδατε wäre merkwürdig. – Vgl. dazu auch Dobschütz 136; dieses – in der neueren Exegese weithin abgewiesene (vgl. z.B. Schade, Apokalyptische Christologie 130) – Verständnis (vgl. auch Rigaux 471–473) ist in der Exegese der Alten Kirche herrschend gewesen, vgl. Dobschütz 134f Anm. 2. Best 135 nimmt eine vermittelnde Position ein.

[622] Κεῖμαι (als Perf Pass zu τίθημι gebraucht) entspricht δεῖ im Sinne der göttlichen Bestimmung. Vgl. 5,9; Lk 2,34, auch 1Petr 2,8; andererseits inhaltlich ähnlich Apg 14,22.

[623] Vgl. auch 2,15.

[624] Milligan 38 rechnet mit der Möglichkeit einer Erinnerung an Mk 8,34; das ist gewiß nicht der Fall. Wohl aber zeigt diese Stelle die fundamentale Bedeutung des Leidensgedankens für die Nachfolge.

[625] Zum Impf vgl. Rigaux 473; Bl-Debr-Rehkopf § 325 (verweist Anm. 2 auf die ähnliche Stelle 2Thess 3,10).

[626] Die Formulierung mit μέλλειν läßt auch hier den Gedanken der Notwendigkeit anklingen, vgl. Bauer, Wb. s.v. 1bδ; Rigaux 473.

[627] Vgl. dazu o. 15ff (Einleitung).

mahnt sie an dieses Wissen, das nicht nur die Tatsächlichkeit der Leidenserfahrung, sondern auch seine Notwendigkeit einschließt.

Paulus hat mit der Erinnerung an die klägliche Situation, in der ihn die Gemeinde sah, sein Thema nicht verlassen. Daher rührte die Sorge, daß durch
das Erleben dieser Situation der Glaube in der Gemeinde wankend werden
könnte. Daß das nicht geschieht, liegt ihm auch jetzt noch auf dem Herzen.

Der Apostel streift den anderen Grund, warum er die Ungewißheit nicht mehr   5
ertrug. Mit der Einleitung διὰ τοῦτο (»deshalb«) bleibt der sachliche Anschluß
an das Vorangehende gewahrt, wenn auch nur locker[628]. Es artikuliert sich so,
daß Paulus mit der Sendung des Timotheus nicht nur Vorsorge traf für eine
erst mögliche Gefährdung, sondern daß er darum bangte, daß die Gemeinde
tatsächlich ins Wanken geriet[629]. Dieser Ton der bangenden Sorge wird sich
noch verstärken.

Paulus redet jetzt in der variierenden Wiederaufnahme von V 1 in der 1. Pers
Sing gegenüber dem Plural dort. Dieser Wechsel berechtigt nicht, an eine andere Sendung zu denken[630]. Der folgende Vers spricht von der Rückkehr des
Timotheus. Weil Paulus wiederholt, kann er darauf verzichten, Timotheus als
den Gesandten noch einmal zu nennen, was andernfalls nötig gewesen wäre.
Vielmehr erweist der Wechsel in den Singular, daß Paulus auch unter dem Plural V 1 allein an sich gedacht hat[631]. Die Betonung, die der Singular zweifellos
auf seine Person legt, ist darin begründet, daß er nun von der Sorge spricht, die
ihn um seine Gemeinde quält. Erfahren will Paulus, wie es um ihren Glauben
steht. Πίστις denkt an den »Glaubensstand«, der sich im Akt des Glaubens
darstellt, an die Glaubenshaltung[632].

Der mit μή πως (»ob etwa«) eingeleitete Satz spricht klar die tiefe Sorge des Apostels
aus. Die Konjunktion leitet keine indirekte Frage ein, sondern steht zum Ausdruck der
Befürchtung[633]. Die folgenden Verbformen sind genau abgestimmt; der Indikativ (ἐπεί-
ρασεν) denkt an ein schon eingetretenes Geschehen, der Konjunktiv (γένηται) an die
sich daraus ergebende, zukünftige Folge. Beides aber ist noch Gegenstand der Besorgnis, nicht der Gewißheit.

Paulus fürchtet, der »Versucher«[634] könne sein Werk an der Gemeinde getan
haben. Ursprünglich sind die »Versuchungen« Proben, die erweisen sollen, ob

---

[628] Vgl. o. 123 zu διό V1 sowie 97 zu 2,13.

[629] Vgl. auch Dobschütz 137.

[630] So häufiger in der älteren Auslegung; vgl.
dazu Dobschütz 14.137.

[631] Vgl. dazu schon o. zu V1. Daß Paulus sich
hier als den alleinigen Initiator der Aktion herausstellt (so z.B. Best 137; vgl. auch Rigaux
474), ist kaum wahrscheinlich. Das καί in κἀγώ
verträgt keine sachliche Belastung, es dient
vornehmlich der Vermeidung des Hiatus (vgl.
Dobschütz 137); vgl. auch 2,13, im übrigen s. zu
dem καί Bl-Debr-Rehkopf § 442,8a.b.

[632] Die folgenden Belege für πίστις, die auf
3,2 und 3,5 Bezug nehmen, zeigen, wie Glau-

bensstand und aktuelles Glauben in dem Begriff zusammenfallen.

[633] Vgl. Bauer, Wb. s.v. μήπως 1b; Bl-Debr-
Rehkopf § 370.

[634] Ὁ πειράζων ist wie ein Name gebraucht;
im NT nur noch Mt 4,3. Im jüdischen Schrift-
tum in solcher Verwendung nicht belegt; auch
das »Versuchen« wird der diabolischen Gestalt
kaum zugeschrieben, vgl. z.B. W. Foerster,
ThWNT VII 152–156. – Für Paulus wird der
»Versucher« mit »Satan« (2,18) identisch sein,
vgl. 1Kor 7,5 (Satan will »versuchen«); Mk
1,13/Mt 4,1.3/Lk 4,2, ferner Offb 2,10.

der Versuchte sich bewährt oder nicht[635]. Doch hat sich offenbar in Verbindung mit der Gestalt Satans der Gedanke herausgebildet, daß seine Versuchungen das Ziel des Abfalls haben. Sie sind nur noch gleichsam objektiv Erprobungen des Glaubens. An unserer Stelle ist noch weiter in negativer Richtung gedacht. Schon daß der Versucher die Gemeinde versucht haben könnte, ist eine Paulus bedrängende Befürchtung[636]. Denn offenbar denkt er in dem Versuchen des Versuchers dessen Erfolg schon mit. Hinter der Gefährdung der Gemeinde, die zunächst von Menschen außerhalb und innerhalb ihrer selbst ausgeht, steht die Macht Satans als des Gegenspielers Gottes. So wie Glaube und Gemeinde auf Gottes Wirken in Christus zurückgehen, so der Abfall vom Glauben, der Zusammenbruch von Gemeinde auf das Wirken der gegengöttlichen Macht. Hinter der Kausalität der Geschichte steht die Finalität von Heil oder Verderben, steht der Kampf des Widergottes gegen Gott.

Der zweite Teil des Satzes zeigt, daß Paulus das Handeln des Versuchers als ein tatsächlich zerstörendes befürchtet. Damit wäre auch sein missionarisches Werk in ein Nichts[637] verwandelt. Da es ihm darauf ankommt, die Sorge um das eigene Werk zu artikulieren, die ihn zur Sendung des Timotheus trieb, wird das Wort »Mühe« (κόπος) mit Bedacht gewählt sein. Es spricht den Einsatz aus, den der Apostel sich bei der Gründung der Gemeinde abrang; die Stellung der Worte am Schluß des Absatzes unterstreicht das[638].

Zusammen-
fassung

Paulus löste die Spannung, in der er durch das Verlangen, wieder mit der Gemeinde in direkte Gemeinschaft zu treten, und das Unvermögen, dieses Verlangen zu realisieren, stand, durch die Sendung des Timotheus. In 3,1–5 legt er bloß, was ihn mit Blick auf die Gemeinde dazu bewog, welche quälende Befürchtung ihn dazu trieb. Damit vergewissert er die Gemeinde seiner stetigen Fürsorge und macht ihr zugleich noch einmal ihre eigene gefährdete Lage bewußt. Daß darin auch eine Weisung für die Zukunft liegt, dürfen wir voraussetzen. Denn die Erfahrung des Leidens ist eine bleibende, weil an den Weg des Christen durch die Welt gebunden. Und trotz alles Wissens darum bleibt solche Erfahrung Gefährdung. So wie der rechtfertigende Gott sich der Welt zuwendet und sich Gemeinde schafft, so greift der Versucher mit seinem Nein zum Weg Gottes nach der Gemeinde, um sie in die Konformität des Unheils zurückzuzwingen. Paulus weiß sich für jede seiner Gemeinden ganz verantwortlich. Ihr Weg entscheidet über sein Werk; sein Werk aber ist sein Leben.

---

[635]  So 1 Petr 1,6 (dazu Brox, 1. Petrus 64f: »Versuchung als Prüfung, die von Gott ausgeht« [65]); Jak 1,2f.12, wo aber V 13 der Gedanke abgewehrt wird, solche Versuchung ginge auf Gott selbst zurück; sie entspringt vielmehr der eigenen ἐπιϑυμία des Menschen, die Sünde gebiert, aus der der Tod folgt (V 14f). In Jak tritt das negative Verständnis von »Versuchung« hervor.

[636]  Ganz anders Jak 1,2.12 und auch 1 Petr 1,6. Paulus aber sieht auch sonst die Versuchung als eine Gefahr, die es zu meiden gilt, 1 Kor 7,5; Gal 6,1; sie ist Angriff Satans.
[637]  Zu κενός s.o. zu 2,1 (66).
[638]  Vgl. dazu Rigaux 476.

## 3.  Die Freude und der Dank über die Bewährung der Gemeinde (3,6–10)

**6 Jetzt indessen, da Timotheus zu uns gekommen ist von euch und uns die gute Botschaft gebracht hat von eurem Glauben und eurer Liebe und daß ihr uns allezeit in guter Erinnerung hattet, so daß ihr euch danach sehnt, uns zu sehen, so wie wir euch, 7 (jetzt) haben wir also Zuspruch erfahren von euch, Brüder, in all unserer Not und Bedrängnis durch euren Glauben(sstand), 8 so daß wir nun (auf)leben, wenn ihr im Herrn steht. 9 Denn welchen Dank vermögen wir Gott abzustatten für euch aus all der Freude heraus, mit der wir uns freuen über euch vor unserem Gott, 10 während wir Nacht und Tag nachdrücklichst bitten, euch persönlich zu sehen und die Lücken eures Glaubens zu schließen?**

Paulus nennt, was Timotheus ihm von der Gemeinde in Thessalonich berichtete (V 6), und stellt heraus, was solche Nachricht ihm bedeutete (VV 7–9)[639], um daran den Wunsch anzuschließen, selbst die Gemeinde zu sehen und zu stärken. Dieser sachlichen Abfolge des Gedankens ist eine etwas anders gegliederte Form der Aussage überprägt. Mit V 9 geht der Bericht in eine rhetorische Frage über, die den Dank an Gott für das, was Paulus von seiner Gemeinde erfuhr, ins Auge faßt. Damit stellt er sich wiederum ganz – sowohl mit dem, was er erfährt, als auch mit dem, was er anstrebt – unter Gott. **Analyse**

Der Ton ist auch hier stark persönlich. Das ergibt sich nicht nur aus dem Inhalt, sondern schon aus der Form. Das Personalpronomen der 2. und 1. Pers beherrscht die Sätze, weit über das sachlich notwendige Maß hinaus[640]. Das »Wir« des Paulus und das »Ihr« der Gemeinde treten auch verbal in engste Kommunikation. Das konstituiert die Schärfe der Aussage der Sätze, auch wenn sie im einzelnen dadurch gelegentlich ein wenig unscharf werden können.

Konnte Paulus zuvor die Ungewißheit und die Sorge um seine Gemeinde nicht ertragen, so ist jetzt die Situation gewandelt, jetzt, da Timotheus zu ihm zurückgekehrt ist. Entgegen der gegenwärtig in der Kommentarliteratur vorherrschenden Meinung dürfte ἄρτι δέ (»jetzt indessen«) sich nicht auf die Ankunft des Timotheus (ἐλθόντος) beziehen, sondern – jedenfalls der Sache nach – auf den Zuspruch, den Paulus erfuhr (παρεκλήθημεν), V 7. Indessen ist dieser Bezug sehr locker geworden, da der Satzteil, der durch den Gen abs bestimmt wird, ihm unter der Hand sehr breit geraten ist. So steht ἄρτι δέ fast selbständig. Solches Verständnis hat die Konsequenz, daß die Wendung nicht mehr unmittelbar für die Frage der Abfassungssituation des Briefes ausgewer- **Erklärung 6**

---

[639] Die Anrede ἀδελφοί V 7 zeigt die neue Wendung des Gedankens.
[640] Vgl. Rigaux 477; Best 139. Besonders auffällig ist die betonte Korrespondenz der 1. und 2. Pers; V 6 πρὸς ἡμᾶς ἀφ᾽ ὑμῶν, ἡμῖν – ὑμῶν, ἡμεῖς ὑμᾶς, V 7 ὑμῖν – ἡμῶν. Plerophor ist die Aussageweise V 7 ἐφ᾽ ὑμῖν – διὰ τῆς ὑμῶν πίστεως, V 9 περὶ ὑμῶν – δι᾽ ὑμᾶς.

tet werden kann[641]. Gleichwohl zeigt die Hervorhebung der Gegenwart als eine, die durch die Ankunft des Timotheus und seine Nachrichten bestimmt ist, daß Paulus aus dem unmittelbaren Eindruck dessen heraus schreibt, also gewiß bald danach.

Über den Ort, an dem Timotheus wieder mit Paulus zusammentraf, sagt der Text nichts. Nach Apg 18,5 war es Korinth[642]. Und diese Angabe empfiehlt auch unser Brief. Die ausdrückliche Nennung Athens in 3,1 erklärt sich am leichtesten, wenn Paulus gegenwärtig nicht mehr dort ist, während das Fehlen einer Ortsangabe in V 6 vermuten läßt, daß das Zusammentreffen am Ort der Abfassung des Briefes statthat. Das aber muß nach dem uns erkennbaren Weg des Apostels Korinth gewesen sein.

Timotheus bringt Paulus die gute Botschaft von dem Glauben und der Liebe der Thessalonicher. Der Gebrauch von εὐαγγελίζεσθαι in solchem Sinne ist im Neuen Testament singulär. Aber er hat Vorbilder ebenso in der profanen griechischen Literatur[643] wie in der LXX[644]. Daran kann Paulus anknüpfen, wenn er hier nicht die Christusbotschaft, sondern die gute Nachricht von seiner Gemeinde so bezeichnet. Freilich stehen wir damit gewiß nicht vor der ursprünglichen oder auch nur einer selbständigen Verwendung des Verbs. Denn auch der eigentliche, theologisch geschärfte Sinn, den die Wortgruppe bei Paulus hat, schwingt an unserer Stelle mit. Weil es endlich Gottes Werk ist, daß Glaube und Liebe in der Gemeinde leben, ist die Nachricht davon ein Stück Evangelium[645]. Paulus hat ad hoc formuliert, um die Tiefe der Erfahrung, die er Timotheus verdankt, zur Geltung zu bringen.

Der Glaube und die Liebe brauchen angesichts des vorangehenden Verbs nicht näher qualifiziert zu werden. Mit Blick auf 1,3 und 5,8 könnte man die Erwähnung der »Hoffnung« vermissen und aus ihrem Fehlen Folgerungen zu ziehen versuchen[646]. Indessen ist das schwerlich berechtigt, ein Mangel an Hoffnung darf der Gemeinde nicht unterstellt werden. 1,3 hebt Paulus die »Geduld der Hoffnung« nicht von dem Werk des Glaubens und dem Einsatz der Liebe ab. 4,1f zeigen, daß auch im Bereich von Glaube und Liebe noch Schwächen bestehen[647], wie denn 4,13f keineswegs nur die Hoffnung, sondern ebenso den Glauben, 5,1–11 auch das Tun betreffen.

Andererseits ist aber auch nicht deshalb die Erwähnung der Hoffnung überflüssig, weil der Glaube und die Liebe »die ganze Summe der Frömmigkeit«

---

641   Ἄρτι ist in der Bedeutung »gerade eben« bei Paulus nicht belegt, vgl. Bauer, Wb. s.v. 1. Dagegen bezeichnet das Wort auch sonst die Gegenwart, 1Kor 13,12; 16,7; Gal 1,9.10; 4,20; 2Thess 2,7, vgl. auch 1Kor 4,11.
642   Apg 18,5 nennt auch Silas; das ist so vermutlich ein Irrtum.
643   Vgl. G. Friedrich, ThWNT II 708,13ff.
644   Vgl. 1Sam 31,9; 2Sam 1,20 (von der frohen Kunde der Philister über Sauls Tod); 2Sam 18,19f (von der Nachricht des Todes Absaloms).

645   Vgl. Best 140, der auf den Kontext von Röm 1,15 verweist; Schade, Apokalyptische Christologie 132.
646   So häufig in den Kommentaren (z.B. Dobschütz 140: »hat seinen guten Grund: . . . daß Timoth. Botschaft hierüber nicht absolut befriedigendes enthalten hatte [vgl. 4,13ff. 5,1ff.]«).
647   Darauf weist zu Recht Best 140 hin.

sind[648]. Die Begriffe sind nicht als komplementär gedacht, die erst als Summe, eventuell erweitert durch die Hoffnung, den ganzen Christenstand ausmachen. Vielmehr umfaßt jeder Begriff ein Ganzes und deshalb beide das gleiche, nur jeweils von einer besonderen Seite gesehen[649]. Das Leben der Gemeinde stellt sich im Glauben dar, sofern es um seine Gründung in der Gottestat in Christus geht, es stellt sich in der Liebe dar, sofern es um die Hinwendung zur Welt geht, mit der man in Gemeinschaft lebt[650]. Das Leben auf die Zukunft hin und von ihr her, das die Hoffnung benennt, ist nicht im Blick, ohne daß man das dem Apostel vorrechnen dürfte.

Ihm ist ein anderes wichtig, nämlich das Verhältnis der Gemeinde zu ihrem Apostel. Er fügt die Aussage, daß er durch Timotheus erfuhr, wie die Gemeinde zu ihm steht, etwas gewaltsam durch einen koordinierten Relativsatz an die Genitivus-absolutus-Konstruktion an. Damit erreicht er, daß auch diese Kunde noch unter das εὐαγγελισαμένου gestellt wird. Sie gehört in der Tat sachlich darunter. Denn nicht aus persönlichen Gründen, sondern um des Evangeliums willen ist das Verhältnis der Gemeinde zum Apostel so wichtig. Die Gemeinde hat Paulus in gutem[651] Gedächtnis[652]; das hinzugefügte »allezeit« darf allerdings nicht gepreßt werden; es hebt auf die Beständigkeit der Gesinnung ab[653]. Sie äußert sich auch darin[654], daß der dringliche Wunsch besteht[655], Paulus zu sehen, so wie es seinem eigenen Wunsch entspricht[656]. Dies letzte ist wohl Interpretation des Paulus, nicht Inhalt der guten Botschaft des Timotheus; sie ergab sich aber aus ihr. Paulus hebt damit das Verlangen der Thessalonicher nach direkter Kommunikation mit ihrem Apostel auf die gleiche Höhe, die er seinem Drängen in 2,17ff gab.

[648] So nach einem bekannten Wort von J. Calvin, Commentarius in epistolam ad Thessalonienses I, in: I. Calvini opera quae supersunt omnia LII, 1895 (CR LXXX), Sp. 157: totam enim pietatis summam breviter indicat his duobus verbis.

[649] Vgl. Phlm 5 (dazu s. Stuhlmacher, Philemon 33, der auf Gal 5,6 verweist); Kol 1,4 (dazu s. Schweizer, Kolosserbrief 35: Die Liebe ist »die Art, in der Glaube sich ausprägt«).

[650] Ähnlich Schweizer, Kolosser 35.

[651] Ἀγαθήν muß eigens hinzugefügt werden, da der Ausdruck ohne dieses ambivalent wäre, vgl. die folg. Anm. Zu ἀγαθός s. 2Thess 2,16f.

[652] Μνείαν ἔχειν τινός »jemanden im Gedächtnis haben« ist unterschieden von μνείαν ποιεῖσθαί τινος »jemandes gedenken«, vgl. Bauer, Wb. s.v. μνεία. Es ist daher – trotz 2Tim 1,3 – nicht nur an das Gebet als Ort dieses Gedächtnisses zu denken.

[653] Πάντοτε ist nicht zu dem Folgenden zu ziehen; vgl. zur Stellung 2,16. Es findet sich signifikant häufig in den Eingängen der Paulusbriefe, in denen von dem gedenkenden Gebet für die Gemeinde die Rede ist, Röm 1,10; 1Kor 1,4; Phil 1,4; Kol 1,3; 1Thess 1,2; 2Thess 1,3; Phlm 4; man kann daher annehmen, daß die Redeweise hier davon bestimmt ist. Dann legt sich aber weiter die Vermutung nahe, daß das Gebet die bevorzugte Stätte des guten Gedenkens ist.

[654] Ἐπιποθοῦντες entfaltet das gute Gedenken nach einer bestimmten, dem Apostel besonders wichtigen Seite hin.

[655] Auch wenn das ἐπί in ἐπιποθέω, hellenistischer Vorliebe für Komposita entsprechend, keinen besonderen Ton einbringen sollte, hat das Wort doch für Paulus offenbar eine intensive Bedeutung; er gebraucht es vorzüglich für die Sehnsucht, die er (Röm 1,11; Phil 1,8 [2Tim 1,4]) oder ein Mitarbeiter (Phil 2,26) oder eine Gruppe (2Kor 9,14) nach der Gemeinde hat (vgl. auch ἐπιποθία Röm 15,23 [vielleicht eine eigene Bildung des Paulus, Bl-Debr-Rehkopf § 109 Anm. 5; das Wort sonst nur noch 2Kor 5,2, ebenfalls für intensives Erwarten]).

[656] Die Aussageweise ist, wie häufiger bei καθάπερ (vgl. Bauer, Wb. s.v.), stark elliptisch, dadurch aber besonders eindringlich.

7   Infolge der starken Ausweitung des Vordersatzes setzt der Hauptsatz mit einem resümierenden »deshalb« (διὰ τοῦτο) neu an[657]. Da mit dieser Wendung
in der Regel ein neuer Satz beginnt, ist ein kräftiger Einschnitt des Gedankens
vorauszusetzen, ohne daß man indessen formal einen Satzanfang annehmen
sollte[658]. Diese Art der Anknüpfung erlaubt ein sehr weites Verständnis. Sie
bezieht sich auf die gute Botschaft des Timotheus insgesamt. Am Schluß des
Verses wird Paulus den Grund des Zuspruchs resümieren: »durch euren Glauben«. So wie er Timotheus ausschickte, um der Gemeinde Stärkung und Zuspruch zuzuwenden (V 2), so empfing er selbst Zuspruch durch die Nachrichten über sie. Die ganze[659] Bedrängnis und Not, in der er sich befindet, läßt ihn
solchen Zuspruch »in Hinsicht auf euch«[660] besonders empfinden. Daher fügt
er die Beschreibung seiner Lage bei. Welche bestimmte Situation dahinter-
steht, läßt sich nicht sagen; die beiden Begriffe ἀνάγκη (»Not«) und θλῖψις
(»Bedrängnis«) geben dafür keinen Anhalt[661]. Es dürfte sich bei der Reihung
um eine Redeweise handeln, die unspezifisch eine Situation notvoller Bedrängnis beschreibt. Sie war Paulus ständige Begleiterin seines Dienstes. Es ist
also möglicherweise gar nicht an besondere Widerfahrnisse zu denken, auf die
er blickt, sondern an das ständige Erfahren seiner Geschichte als Apostel Christi[662].

Hatte Paulus vor der Sendung des Timotheus um den Glaubensstand (πίστις)
der Thessalonicher gebangt (V 5), so ist es eben dieser Glaubensstand, der ihn
nun in seinem Dienst aufrichtet. Πίστις ist so stark als das Entscheidende am
Christ-Sein empfunden, daß es dafür insgesamt eintreten kann.

8   Der folgende Satz, der die Art des Zuspruchs näher präzisiert[663], verdeutlicht
das Glauben durch die verbale Wendung »stehen im Herrn«. Sie ist in ähnlicher Form bei Paulus geläufig[664]. Das Bild, das zugrunde liegt, betrifft die
Gründung der Existenz[665]. Allerdings zeigt die Möglichkeit, das Verb auch mit
»Glauben« zu verbinden (1Kor 16,13), daß das Moment des Unerschütterli-

---

[657]   Der Sinn des Vordersatzes wird dadurch
nicht verschoben, da der Gen abs von Anfang
an kausal gedacht war (anders z.B. Dobschütz
141).
[658]   Vgl. dazu Dobschütz 141; anders Best 141.
[659]   Πάσῃ τῇ ist intensivierend, vgl. 2Kor 1,4
(neben ἐν πάσῃ θλίψει »in jeglicher Trübsal«);
7,4; 1Petr 5,7 (s. Bauer, Wb. s.v. πᾶς 1c).
[660]   So ἐφ' ὑμῖν. Ἐπί bezeichnet, zumal bei
Verben des Affekts, den Grund, vgl. Bl-Debr-
Rehkopf § 253,2 mit Anm. 3. Das zweite ἐπί ist
temporal (»bei«), vgl. ebd. § 235,5 mit Anm. 7.
[661]   Ἀνάγκη bei Paulus unspezifisch; 2Kor 6,4
und 12,10 ebenfalls für den Leidensweg des
Apostels; ein eschatologischer Bezug könnte
nur 1Kor 7,26 vorliegen (fehlt aber sogleich
7,37 wieder völlig). Die Zusammenstellung mit
θλῖψις auch in LXX belegt, Ψ 24 (Ps 25),17; Ψ
118 (Ps 119),143; Ijob 15,24; Zef 1,15.

[662]   Insofern, nicht aber schon vom Begriff
her, ist ein eschatologischer Bezug nicht auszuschließen.
[663]   Das ὅτι ist mehr explikativ als kausal (so
aber Dobschütz 143) gemeint.
[664]   Στήκω Phil 4,1 wie hier ἐν κυρίῳ, Röm
14,4 τῷ ἰδίῳ κυρίῳ, Phil 1,27 ἐν ἑνὶ πνεύματι,
1Kor 16,13 ἐν τῇ πίστει, Gal 5,1; 2Thess 2,15
absolut (vgl. W. Grundmann, ThWNT VII
636f, zu den Aussagen mit ἵστημι s. ebd. 650f.
Sonst im NT nur vergleichbar (die negative
Formulierung) Joh 8,44.
[665]   Vgl. W. Grundmann, ThWNT VII
636f.650–652; ders., Stehen und Fallen im
qumranischen und neutestamentlichen Schrift-
tum, in: Qumran-Probleme, hrsg. H. Bardtke,
1963 (SSA 42), 147–166.

chen, Festen hervorgehoben sein kann. Das dürfte auch hier der Fall sein. Paulus erfährt Zuspruch dadurch, daß und wenn[666] die Thessalonicher sich auf den Herrn gründen und das so tun, daß sie sich durch nichts und niemanden davon abbringen lassen. Ebensowenig wie Glauben nur eine Haltung ohne inhaltliche Bindung ist, ist auch das Stehen an sich schon ein Wert. Erst der feste Stand, der durch den Herrn bestimmt[667] ist, bekommt die Bedeutung, die ihn zu einem Zuspruch für sein Leben macht.

Denn es ist Leben, das ihm aus der guten Botschaft des Timotheus zukommt. Das νῦν nimmt das ἄρτι von V 6 wieder auf: »jetzt«, »seit« Timotheus kam und Paulus aus seiner bedrängenden Spannung befreite. Die Befreiung wird durch ζῶμεν (»wir leben«) in stark überhöhender Redeweise ausgesagt. Damit ist gewiß nicht das zukünftige Heilsleben gemeint; auch nicht in einem gleichsam vermittelten Sinne, indem an die gegenseitige Mitteilung von Leben zwischen Gemeinde und Apostel gedacht wäre[668]. Gemeint ist, daß durch die Nachrichten des Timotheus das bedrängte Leben des Apostels wieder zum vollen[669] Leben gemacht worden ist[670].

Doch bleibt auch bei solchem Verständnis die Aussageweise hyperbolisch. Denn das Leben des Apostels hängt nicht an einer Gemeinde allein, sondern an allen, die er ins Leben rief und die er noch durch seine Verkündigung gründen wird. Er hat sich hier so auf die eine Gemeinde konzentriert, daß sich ihm sein ganzes Geschick in ihr zusammendrängt. Es ist diese Möglichkeit, seine Existenz ganz auf eine einzige Gemeinde zu konzentrieren, die das ökumenische Wirken des Völkerapostels Paulus trägt.

V 9 lenkt zum Beginn des Briefes zurück. Er nimmt zum zweiten[671] und abschließenden Mal die Eingangsdanksagung auf. Zunächst wird diese Aufnahme dicht in den engeren Kontext eingebunden. Dadurch wird das endlich erreichte Ziel der langen Erinnerung des Apostels an seine Geschichte mit der Gemeinde, nämlich die frohe Botschaft des Timotheus von ihrer Treue, zum Höhepunkt des Dankgebets, das alsbald in das Gebet um die Zukunft der Gemeinde übergeht. Die Weitung des Blicks über den engeren Kontext hinaus, die darin liegt, hat indessen schon gleich eingesetzt. Die Freude, aus der der

9

---

[666] Zur (seltenen) Konstruktion ἐάν mit Ind vgl. Bl-Debr-Rehkopf § 373,3 mit Anm. 12; die kondizionale Bedeutung des ἐάν geht (wie auch u.U. bei εἰ) in die kausale über; es bleibt aber ein kondizionaler Klang erhalten, der der Aussage einen ermahnenden Zug gibt (vgl. auch Grundmann, Stehen und Fallen [s.o. Anm. 665] 165f Anm. 25).

[667] Vgl. Neugebauer, In Christus (s.o. 38f Anm. 34) 140f.

[668] So aber Best 142; indessen darf 2Kor 4,11f nicht als Parallele herangezogen werden. Eher vergleichbar ist 2Kor 13,4, aber auch dort ist die Aussage gefüllter.

[669] »Leben im emphatischen Sinne . . ., also Kraftgefühl, dem sich Wirkungsfreudigkeit

verbindet« (Dobschütz 143f; zustimmend Rigaux 481) trifft nicht das Richtige. Es geht nicht um Steigerung, sondern um das Finden der Eigentlichkeit.

[670] Bei Paulus sonst eher ein entsprechend qualifizierter Sprachgebrauch für den Bereich des Sterbens, vgl. 1Kor 15,31; Röm 7,9; 8,36. Für ζῆν bietet LXX eine analoge Verwendung, Jes 38,16; Ψ 118,40.93; 137,7 (kausativ); sie kennt auch das pagane Griechisch, vgl. Belege bei Bauer, Wb. s.v. ζάω 2 (z.B. Dio C 69,19: βιοὺς μὲν ἔτη τόσα, ζήσας δὲ ἔτη ἑπτά; zur Stoa s. R. Bultmann, ThWNT II 838,45ff.

[671] Das erste Mal 2,13, vgl. die Analyse bei O'Brien, Thanksgivings 143–146.

Dank erwächst, umgreift die ganze Geschichte mit der Gemeinde, nicht nur ihren letzten Abschnitt, der durch die Botschaft des Timotheus bestimmt ist.

Das anknüpfende γάρ ist nicht begründend, sondern folgernd[672]: »also, nun«. Paulus zieht aus der Erfahrung mit der Gemeinde die Folgerung hinsichtlich des Dankes, der dafür Gott gebührt. Freilich drückt er sogleich durch die Form, in der er das sagt, aus, daß es keinen Dank gibt, der seiner Erfahrung entspräche. Denn die rhetorische Frage setzt eine verneinende Antwort voraus. Natürlich ist solche Redeweise überhöhend. Strenggenommen könnte Paulus demnach gar nicht danken. In Wahrheit ist aber nicht gemeint, daß es überhaupt keinen Dank, sondern daß es keinen angemessenen Dank gäbe. Damit rühmt der Apostel die Größe der Gottestat[673]. Der Dank gebührt Gott[674] als die schuldige Antwort[675] auf sein heilsames Handeln an der Gemeinde (περὶ ὑμῶν). Die starke[676] Freude, die der Apostel empfindet[677], ist nur der Umstand, aus dem heraus er nach dem adäquaten Dank sucht; denn sie drängt danach. Sie korrespondiert der Situation einschnürender Bedrängnis, in der Paulus der durch Timotheus vermittelte Zuspruch traf, V 7. Die Aussageweise ist hier und dort bewußt parallel[678].

Die abschließende präpositionale Bestimmung »vor unserem Gott« entspricht der paulinischen Neigung zur Plerophorie. Die Freude hat im Angesicht Gottes ihren Ort[679], da schließlich Gott selbst der Ursprung und das Ziel der Gemeinde ist, die sich so erfreulich darstellt. »Unser Gott«, sagt Paulus betont, und hier hat das ἡμῶν keine exklusive, sondern eine inklusive Bedeutung: mein und meiner Begleiter ebenso wie euer Gott.

10   Obwohl V 10 grammatisch eng von V 9 abhängig ist, richtet der Vers den Gedanken aus seiner bisherigen Richtung auf Vergangenheit und Gegenwart der Gemeinde hin in die Zukunft[680]. Aus dem Dank erwächst die Bitte, die in die Zukunft greift. Formal ist δεόμενοι von χαίρομεν abhängig. Aber das ist doch nur ein ganz lockerer Bezug, der die Selbständigkeit der Aussage von V 10 nicht einschränkt[681]. Höchstens insofern ist eine Verbindung intendiert, als

---

[672]   Vgl. Bauer, Wb. s.v. γάρ 3.

[673]   Der Gedanke an eine »oratio infusa . . ., durch welche die von Gott geschenkte Gnade zu diesem zurückströmt« (H. Conzelmann, ThWNT IX 403,5f; so schon Dibelius 18) liegt gewiß nicht vor. Dann könnte die rhetorische Frage jedenfalls keine negative Antwort voraussetzen und würde sinnlos. Vgl. dazu auch O'Brien, Thanksgivings 156 mit Anm. 74.

[674]   Kilpatrick, Text (s.o. Anm. 605) 64 verteidigt die v.l. κυρίῳ und κυρίου statt θεῷ und θεοῦ. Auch damit könnte, wie V 12, Gott gemeint sein; doch ist sekundäre Änderung wahrscheinlicher.

[675]   Das Wort ἀνταποδίδωμι, das »vergelten« im guten wie im bösen Sinne heißt, nur an dieser Stelle im NT vom schuldigen Dank an Gott.

[676]   Πάσῃ wie V 7, s. dort.

[677]   Χαρᾷ ᾗ χαίρομεν ist hebraisierende, volkstümliche Konstruktion; sie hebt die stark empfundene Freude nachdrücklich hervor.

[678]   So auch z.B. Dobschütz 145; Best 144.

[679]   Ἔμπροσθεν τοῦ θεοῦ ἡμῶν gehört zu χαίρομεν, nicht zu ἀνταποδοῦναι, wie sich zunächst von 1,3f her nahelegen könnte (vgl. Rigaux 483); das τῷ θεῷ verbietet solchen Bezug.

[680]   Überspitzend O'Brien, Thanksgivings 157: »The movement from v. 9 to v. 10 marks a major turning-point in the whole letter«.

[681]   Vgl. Dibelius 18; O'Brien, Thanksgivings 158 sieht die Verbindung überhaupt nur »in the nature of an association of ideas«.

Paulus seinen Willen, die Gemeinde wiederzusehen, mit seiner Freude über sie in Beziehung sieht.

Artikulierte der Apostel bei dem Dankgebet sein Unvermögen, es angemessen abzustatten, so betont er bei dem Bittgebet, daß er es unablässig[682] und mit eindringlichster Intensität[683] vorbringt[684]. Er bittet[685] darum, die Gemeinde persönlich zu sehen[686]. Obwohl seine Sorge um sie und ihr Verhältnis zu ihm aufgehoben ist, bleibt der apostolische Wunsch brennend, in direkter Kommunikation mit der Gemeinde zu bleiben.

Ein zweiter Inhalt fügt sich an. Das, was dem Glauben der Thessalonicher mangelt, soll in den gehörigen Zustand versetzt, zurechtgebracht werden. Aber sowohl der präzise Gehalt der Wörter als auch ihr Bezug aufeinander ist schwer durchsichtig. Ὑστέρημα ist der Mangel, wobei die Verbindung mit dem parakletischen Terminus καταρτίζω (»zurechtbringen«)[687] anzeigt, daß das Wort nicht gleichsam neutral verwendet ist (als Gegensatz zum Überfluß), sondern etwas bezeichnet, das beseitigt werden muß[688]. Der Genitiv gibt dasjenige an, was von dem Mangel betroffen wird[689], hier die πίστις der Gemeinde. Diese Bestimmung bereitet dem Verständnis Schwierigkeiten. Wie schon in den vorangehenden Versen (VV 5.[6.]7), wird mit πίστις der Glaubensstand gemeint sein[690]. Die Bitte um das Zurechtbringen der Mängel des Glaubensstandes ist aber auffällig angesichts all der Aussagen, die vorausgingen. Doch wird sich das erklären aus der besonderen Art des gewählten Ausdrucks. Ὑστέρημα ist selten belegt[691]; im Neuen Testament kommt es, außer Lk 21,4, nur bei Paulus vor. Von den acht Belegen bei ihm sind fünf in der Wendung

---

[682] Νυκτὸς καὶ ἡμέρας hier wie 2,9 (s. dort) adverbiell. Die Wendung steht an Stelle von πάντοτε 1,2 u.ö. und will wie diese die Kontinuität und Dauer aussagen; vgl. auch G. Harder, Paulus und das Gebet, 1936 (NTF I 10), 8–19. Kaum ist auf die Praxis von »Gebetsnächten« zu schließen (so G. Delling, Der Gottesdienst im Neuen Testament, Berlin 1952, 105 mit Anm. 44).

[683] Ὑπερεκπερισσοῦ ist Superlativbildung höchster Steigerung. Paulus hat häufiger durch ὑπέρ gebildete Steigerungen, Röm 5,20; 8,26.37; 2Kor 9,14; 11,5.23 (Phil 2,9); 2Thess 1,3 u.ö. (vgl. Best 144; G. Delling, Zum steigernden Gebrauch von Komposita mit ὑπέρ bei Paulus, NT 11 [1969] 127–153, bes. 143–149).

[684] Zu δέομαι vgl. in ähnlichem Zusammenhang Röm 1,10; das Wort gibt gegenüber προσεύχομαι sogleich die Art des Gebets an und korrespondiert insofern εὐχαριστίαν ἀντ-αποδοῦναι V 9. Nach Milligan 42 (vgl. Rigaux 484) ist es geläufig in Petitionen an regierende Häupter (im Unterschied zu solchen an Magistrate; dort ἀξιῶ).

[685] Obwohl kein Adressat der Bitte genannt

wird, ist natürlich an Gott gedacht (wie V 11 dann bestätigt). Das zu χαίρομαι gehörige ἔμπροσθεν τοῦ θεοῦ ἡμῶν V 9 greift auf δεόμενοι über, zumal dieses grammtisch von χαίρομαι abhängig ist.

[686] Εἰς τό c. Inf steht für den einfachen Infinitiv, der den Inhalt der Bitte angibt (vgl. Bl-Debr-Rehkopf § 392,1c und 402,2).

[687] S. 1Kor 1,10; Gal 6,1; 2Kor 13,11; vgl. die Synonyma 2Kor 13,11.

[688] Vgl. Bauer, Wb. s.v. 2.

[689] Vgl. U. Wilckens, ThWNT VIII 597f. Freilich übersieht das Verständnis der Aussage, das W. 598,3–5 vorträgt (»Was dem Glauben fehlt, sind Verkündigung, Lehre, Paraklese durch den Apostel und Wegweisung und Stärkung durch Gott und den Kyrios selbst«), den negativen Akzent in ὑστέρημα. W. denkt offenbar zu stark von der Wendung (προς-)ἀναπληρόω τὸ ὑστέρημά τινος her; dazu vgl. u.

[690] Vgl. dazu auch Best 145. Ähnlich auch sonst mit Blick auf die πίστις, Röm 14,1; 2Kor 10,15, vgl. dazu R. Bultmann, ThWNT VI 220,1ff.

[691] U. Wilckens, ThWNT VIII 591,41ff; Rigaux 484; auch in LXX nur 6mal.

(προσ-, ἀντ-) ἀναπληρόω τὸ ὑστέρημα (»den Mangel auffüllen«) enthalten[692], die auch sonst[693] angesichts der spärlichen Bezeugung des Wortes signifikant häufig begegnet. Man kann damit rechnen, daß es sich um eine formelhafte Wendung handelt. In ihr hat ὑστέρημα keinen negativen Klang, sondern bezeichnet das, was am vollen Maß noch fehlt. Vermutlich hat Paulus diese Wendung im Sinn gehabt. Dadurch aber, daß er das traditionelle ἀναπληροῦν durch καταρτίζειν ersetzte – wohl um das parakletische Moment hervorzuheben –, verschiebt sich die Bedeutung von ὑστέρημα zum Negativen hin. Man darf davon ausgehen, daß das nicht in der Intention des Paulus lag, daß er vielmehr an Unvollkommenheiten dachte, die dem Glaubensleben der Thessalonicher noch anhaften. Ganz präzise formuliert ist der Satz ohnehin nicht. Die Paraklese ab 4,1 wird denn auch zeigen, daß Paulus noch Schwächen und Unsicherheiten im Leben der Gemeinde sah. Dadurch ist die hohe Anerkennung der Gemeinde nicht aufgehoben, auch nicht relativiert. Der apostolische Blick auf sie hat eine doppelte Dimension. Blickt Paulus auf sie von ihrer Geschichte her, so ist er erfüllt von Dank und Freude, ist gestärkt und aufgerichtet in seiner apostolischen Mühe; blickt er aber auf sie von ihrer Zukunft her, so sieht er ihre Schwächen und Mängel, die ihn als den, der für sie steht, in Pflicht nehmen, damit er sie zur Fülle ihres Ziels führt.

Diese beiden Dimensionen sind nicht zu trennen, sie sind aber doch geschieden. Paulus hatte die Gemeinde deshalb ausführlich an ihren bisherigen Weg erinnert, weil er sie zugleich damit für die Zukunft fest machen wollte. Und er wird in der ab Kap. 4 einsetzenden Paraklese ständig daran erinnern, daß sie schon im Wandel und im Wissen dessen steht, was er ihr doch gerade zusprechend aufträgt. Die Wiederaufnahme der Eingangsdanksagung V 9f ist gleichsam das Gelenk, das die beiden Teile des Briefes aneinander bindet. V 9 handelt vom Dank für das Erreichte, V 10 blickt auf das noch Fehlende. Indem Paulus beides in einem Satz zusammenschließt, signalisiert er die Zusammengehörigkeit von beidem; indem er das zweite dem ersten in der Aussage unterordnet, läßt er das Wichtigere als solches erkennen.

Weil der Apostel sich auch um die Zukunft der Gemeinde verantwortlich weiß, betet er dringlich darum, daß ihre Schwächen gebessert werden. Diese Bitte steht parallel der ersten, die Gemeinde zu sehen. Aber Paulus stellt keine ausdrückliche Beziehung her zwischen seinem erbetenen Besuch in Thessalonich und der erflehten Vollendung des Glaubens der Thessalonicher[694]. Tatsächlich geht er denn auch sogleich mit seiner Feder an das Werk, um dessen Gelingen er so inständig bittet. Er ist sich sehr wohl bewußt, daß die apostolische Führung der Gemeinde nicht an seine persönliche Gegenwart gebunden ist, sondern auch durch Mitarbeiter und Briefe getrieben werden kann und muß. Es entspricht der Selbständigkeit der beiden Bitten, daß sie im folgenden Gebet (VV 11–13) gesondert wiederaufgenommen werden.

---

[692]  1Kor 16,17; 2Kor 9,12; 11,9; Phil 2,30; Kol 1,24.
[693]  TestBenj 11,5; CorpHerm 13,1 (vgl. U.

Wilckens, ThWNT VIII 591,45ff); 1Cl 38,2.
[694]  Anders z.B. Dobschütz 147; Wiles, Intercessory Prayers 185 Anm. 1.

Zugleich aber ergibt der Blick auf diese Wiederaufnahme von V 10 eine andere
Frage an die sachliche Parallelität der beiden Bitten, nämlich ob das handelnde
Subjekt der beiden erbetenen Vorgänge das gleiche ist. Bei ἰδεῖν ist das Paulus.
Dem entspricht der Inhalt des formulierten Gebetswunsches V 11. Nach V 12f
aber ist es nicht Paulus, sondern der Kyrios, der die Gemeinde reich machen
und zur Fülle bringen soll in der Liebe, die zur Vollendung führt. Doch wird
man von dieser Wendung des Gebets her nicht ausschließen dürfen, daß in V
10 Paulus zunächst an sich als Subjekt denkt. Nur wird dadurch deutlicher,
worauf sich das Gebet jeweils im einzelnen richtet. Das ist bei der Bitte um das
»Sehen« die Ermöglichung der äußeren Umstände[695]; bei der Bitte um die Behebung der Glaubensmängel der Gemeinde aber das Gelingen dieses Werkes,
das allein Gott und der Kyrios geben kann. So nur entspricht es dem Dank für
die bisherige Führung der Gemeinde.

Die letzten Verse haben den Rahmen des engeren und auch des weiteren Kon- Zusammen-
textes, in den sie gefügt sind[696], überschritten und den ganzen bisherigen Brief fassung
in die Klammer der Eingangsdanksagung gefaßt. Sie sind trotzdem nicht aus
ihrer Einbeziehung in den Kontext herauszunehmen, da sie jeweils eine unab-
lösbare Funktion in ihm haben.
Unmittelbar schließen sie den Bericht des Paulus über das ab, was die Rückkehr des Timotheus aus Thessalonich ihm bedeutete. Ein »Evangelium« war es
ihm, von dem Glauben und der Liebe, der Gesinnung und der Tat der Gemeinde zu hören und davon, daß sie fest zu ihm steht. Solche Kunde hat fundamentale Bedeutung für ihn, da sie ihm in aller Bedrängnis, die er erfährt, den apostolischen Auftrag bestätigt, dem allein er lebt. Deshalb ist der Glaube der Gemeinde sein Leben! Die Gabe, die die Gemeinde und er dadurch empfing, ist
größer, als daß ihr menschlicher Dank entsprechen könnte, der doch laut werden will angesichts solcher freudvollen Erfahrung. Zugleich trägt die Freude
über den Stand der Gemeinde wie den Dank so auch die Bitte um einen guten
Fortgang des Weges der Gemeinde mit ihrem Apostel.
Als Abschluß der größeren Einheit 2,17–3,10 ist mit unserem Abschnitt die
Lösung der Spannung erreicht, die die (gewaltsame) Trennung von der Gemeinde bis zur Unerträglichkeit bewirkte. Sie schlägt um in Dank und Bitte.
Die quälende Ungewißheit ist in die Ruhe des Vertrauens gekehrt worden, das
den Weg der Gemeinde in Gottes Hand weiß und ihn mit drängendem Vertrauen in Gottes Hand gibt.
Und endlich schließen die VV 9 und 10 die Eingangsdanksagung ab, die 1,2 begann. Erst dadurch entsteht die merkwürdige Proportion unseres Briefes, daß
mehr als seine Hälfte formal zum Briefeingang gehört. Tatsächlich enthält dieser Teil bereits einen gewichtigen Bestandteil der Korrespondenz, derentwillen
der Brief geschrieben ist. Denn die Bindung der Gemeinde an ihren Apostel,
die Stabilisierung seiner Autorität und die Bestätigung ihres eigenen Weges

---

[695] Best 144 verbindet das Gebet mit 2,18, die
Hinderung Satans.

[696] Zunächst 3,6–10, sodann, als nächste größere Einheit, 2,17–3,10.

und ihrer Erfahrungen, die vornehmlich Leidenserfahrungen sind, all das gehört zu dem eigentlichen Briefinhalt.

Auffällig ist, wie stark der Apostel auf sich selbst und sein Wirken und dessen
Bezug zur Gemeinde abhebt. Noch steht das Evangelium ganz auf der Autorität des Boten, der es bezeugt, weil er es persönlich erfuhr. Nur im Bleiben bei
dem Apostel ist ein Bleiben bei dem Evangelium möglich, das nur als apostolisches Evangelium begegnet.

Gerade der Schluß aber zeigt, daß Paulus damit nicht Evangelium und Gemeinde auf sich als menschliche Person stellt und stellen will. Alles das, was er
über Evangelium und Apostel sagt, ist umschlossen von dem Gebet zu Gott, in
dessen Hand schließlich alles Gelingen liegt.

Das einmal ergangene apostolische Wort bindet auch die Kirche heute. Nur
muß, ebenso wie in den Anfängen, dieses Wort im Leben der Gemeinde, das
als geschichtliches sich in seiner je eigenen Gestalt vollzieht, aufbewahrt und
entfaltet werden. Das kann nicht über die einfache Wiederholung geschehen,
als sei die identische Reproduktion von Wort und Tat der christlichen Frühzeit
ein Leben nach dem Evangelium. Es stellt uns vielmehr in das Wagnis, Identität im radikalen geschichtlichen Wandel zu verantworten, eine unendliche
Aufgabe!

Die geradezu wesensmäßige Verklammerung zwischen dem Evangeliumsboten und seiner Gemeinde tritt in diesem Text besonders deutlich hervor. So
wie seine Botschaft für die Gemeinde, so ist die Kunde von ihrem Glauben für
den Boten Evangelium. Der Prediger braucht für sein Leben den »Erfolg«, die
Erfahrung glaubender Gemeinde. Die sichtliche Krise, in der der Pfarrerstand
gegenwärtig steckt, dürfte in der Erfahrung abbrechender Wirkung seiner Verkündigung den entscheidenden Grund haben. Daher ist ihr durchgreifend
nicht mit dem Ausweichen auf Ersatzfelder, etwa in der Politik, der sozialdia-
konischen Arbeit oder der Psychologie, zu begegnen. Im Vertrauen darauf, daß
Gott sein Wort nicht kraftlos werden läßt, müssen wir lernen, neue und andere Zeichen seiner Wirksamkeit zu entdecken, Tiefe für Breite zu akzeptieren,
den Blick nicht auf das Leere zu fixieren, sondern auf das vorhandene und sich
entfaltende Leben. Vor allem aber dürfen wir nicht müde werden, das Evangelium Menschen zu sagen, jedem einzelnen in seiner ihm eigenen Geschichte;
nur so nehmen wir bleibend teil am Bau der Gemeinde.

*(III.) 4.   Der abschließende Gebetswunsch um die Führung Gottes bis zur escha-
tologischen Vollendung (3,11–13)*

**11 Er selbst aber, Gott, sowohl unser Vater als auch unser Herr Jesus, mö-
ge unseren Weg zu euch lenken. 12 Euch aber möge der Herr reich und
überreich machen an Liebe zueinander und gegen alle, wie auch wir sie
haben gegen euch, 13 um eure Herzen als tadelsfreie zu festigen in Heiligkeit vor Gott und unserem Vater bei der Ankunft unseres Herrn Jesus
mit allen seinen Heiligen.**

Das Stück ist, trotz der fehlenden Anrede in der 2. Pers, ein Gebetswunsch[697].  Analyse
Insofern ist es unmittelbare Ausführung des in V 10 berichteten unablässigen,
dringlichen Bittens. Dem entspricht der Inhalt, der die beiden V 10 genannten
Gegenstände der apostolischen Bitte aufnimmt: seine neuerliche Begegnung
mit der Gemeinde (V 11) und deren Befestigung (V 11f).
Andererseits ist dieser Gebetswunsch ein ganz selbständiges Stück. Nirgends
sonst ist bei Paulus mit der Danksagung ein derartiges Gebet verbunden[698].
Und in der Tat knüpft es auch nicht an den Dank für den Stand der Gemeinde
an, sondern nur an die Bitte, die dieser Dank aus sich heraussetzt. Nicht mehr
das Erreichte ist im Blick, er richtet sich vielmehr auf die weitere Geschichte
der Gemeinde bis hin zu dem Ende mit der Parusie des Herrn.
Verwandt sind Gebetswünsche, die Paulus sonst gelegentlich an anderen Stellen seiner Briefe einfügt, vor allem nach paränetischen Abschnitten[699]. Auch
sie sind kontextbezogen, aber in sich selbständig. Vor allem führen sie an einen
Endpunkt des Gedankens, dem ein Neuansatz folgt. Deshalb ist auch dieses
Stück nicht zum Folgenden zu ziehen. In ihm kommt die gesamte Gedankenbewegung zum Abschluß, die von 3,9 über 2,13 auf 1,2 zurückführt.
Dennoch ist bezeichnenderweise der Inhalt nicht rückwärtsgewandt. Er ist
aber auch nicht einfach eine zusammenfassende Vorwegnahme des Folgenden.
Der Wunsch, wieder zur Gemeinde geführt zu werden, wird nicht wieder auf-
genommen. Und auch die Konzentration der Bitte für die Gemeinde um die
Mehrung ihrer Liebe entspricht nicht so der folgenden Paränese, daß sie als
deren Zusammenfassung angesehen werden könnte[700]. Das Gebet des Apostels hat den Weg der Gemeinde durch ihre Geschichte bis hin zur Parusie im
Auge. Ab Kap. 4 wird er einige Wegemarken für diesen Weg aufrichten[701].
Die Formulierung des Gebets hebt sich deutlich von der üblichen paulinischen
Aussageweise ab. Paulus bedient sich offensichtlich geprägter liturgischer Tradition[702]. Daher sind die einzelnen Wendungen nicht oder doch nicht nur von
seiner eigenen Sprechweise her zu interpretieren und zu beurteilen.

Δέ hat weiterführenden Charakter[703]. Bemerkenswert ist das vorangestellte  Erklärung
αὐτός (»er selbst«), mit dem das Stück beginnt. Es steht an der Stelle der direk-  11

---

[697] Vgl. insgesamt Wiles, Intercessory Prayers, bes. 52–63.
[698] Vgl. O'Brien, Thanksgivings 159. S. aber
Phil 1,9–11.
[699] Vgl. 1Thess 5,23; 2Thess 2,16; Röm
15,5.13 (vgl. Hebr 13,20f).
[700] 4,9f nimmt zwar das Thema der Bruderliebe auf, aber gerade nicht das charakteristische καὶ εἰς πάντας V 12 fin. Vgl. im übrigen
zur zentralen Bedeutung des Themas »Liebe«
Wiles, Intercessory Prayers 56–61.
[701] Den allgemeingültigen Inhalt des Gebets,
der sich nicht unmittelbar auf das Folgende beziehen läßt, stellt auch Best 146f heraus.
[702] Vgl. O'Brien, Thanksgivings 160, der auf
eine Arbeit von L. G. Champion, Benedictions

and Doxologies in the Epistles of Paul, Oxford
(published privately) 1934 hinweist, nach deren Ergebnissen der unmittelbare Ursprung
dieser Stücke »was in Christian services of
worship«; die Terminologie gehöre »to a general religious vocabulary already in existence«.
– In ähnliche Richtung weist R. Jewett, The
Form and Function of the Homiletic Benedic-
tion, AThR 51 (1969) 18–34, der diesen Gebeten ihren ursprünglichen Platz in der Predigt
zuweist. Mag man auch allzu genauen Ortszu-
weisungen skeptisch gegenüberstehen, so ist
doch richtig, daß sie aus gefestigter Sprachtradition heraus formuliert sind.
[703] Vgl. Bl-Debr-Rehkopf § 447,1f; s. ferner
5,23; 2Thess 2,16; 3,16; Röm 15,5.13.

ten Gebetsanrede mit »du«[704] und weist dadurch auf den Gebrauch geprägter Gebetssprache. Durch die Vorausstellung bekommt es einen bestimmten Ton, die folgende Nennung Gottes und des Kyrios Jesus wird zu seiner explizierenden Entfaltung. Dem entspricht, daß das Verb im Singular steht. In eindrücklicher Weise ist Gott und der Kyrios wie eine Einheit zusammengefaßt[705]. Daraus sind – selbstverständlich – keine direkten Aussagen in Richtung der christologischen Naturenlehre zu gewinnen. Bedeutungslos ist solche Redeweise und die dahinterstehende Einsicht in das Verhältnis, in dem Gott und Christus zueinander stehen, indessen keineswegs[706]. Paulus erfaßt das Sein und die Art Gottes und des Kyrios über ihr Handeln. Deshalb stellt sich ihm Identität in der Identität des Handelns dar. Insofern nun Gott in Christus handelt, besteht Identität zwischen beiden. Freilich handelt Gott in Christus, nicht umgekehrt. Daher ist die Identität eine einseitig gerichtete. Christus hat an Gott teil, weil Gott durch ihn handelt. Man kann solche Vorstellungen umsetzen in andere, die etwa am klassischen Naturen-Begriff orientiert sind, und wird dann einerseits die Identität, andererseits das einseitige Partizipationsverhältnis berücksichtigen müssen.

Paulus bittet Gott und den Kyrios Jesus[707], sie möchten seinen Weg zu den Thessalonichern lenken[708]. Κατευθύνειν (»den Weg lenken«) ist nur hier im Neuen Testament (und Patr Ap) im direkten Sinne gebraucht, sonst im übertragenen vom religiös bedingten Wandel[709]. Man darf annehmen, daß über das Judengriechische[710] der übertragene Gebrauch in die Sprache der Gemeinde gekommen ist und aus ihr von Paulus das Wort – nun freilich wieder im direkten Sinne – in sein Gebet aufgenommen wurde. So jedenfalls erklärt sich am besten der etwas ungewöhnliche Ausdruck. Ὁδός ist dabei nicht der »Weg«, auf dem der Apostel geht[711], sondern der »Weg«, den er selbst zurücklegt, sein Gang[712].

12    Mit V 12 wendet sich die Bitte direkt und ungeteilt der Gemeinde zu. Auch hier ist die adversative Bedeutung des δέ nicht dominant. Denn schon das Ge-

---

[704]    Vgl. Dobschütz 148; Wiles, Intercessory Prayers 30f.
[705]    Vgl. Offb 11,15 (dazu T. Holtz, Die Christologie der Apokalypse des Johannes, ²1971 [TU 85], 163 Anm. 4.202). Best 147 verweist auf Mt 24,35; 1Kor 15,50; doch liegen die Dinge dort anders; die Doppelausdrücke »Himmel und Erde«, »Fleisch und Blut« bezeichnen jeweils eine Einheit.
[706]    Vgl. Rigaux 486.
[707]    Die Prädikation ähnelt der der Briefeingänge, nur ist der Klang durch das doppelte ἡμῶν persönlicher.
[708]    Κατευθύναι ist Optativ, ebenso wie πλεονάσαι und περισσεύσαι. Er ist bei Paulus nicht eben häufig, ihm aber auch nicht fremd. Häufig ist er in der – allerdings festen (vgl. Bl-Debr-Rehkopf § 384 Anm. 2) – Wendung μὴ

γένοιτο. Daneben aber 5,23; 2Thess 2,17; 3,5; 3,16; Röm 15,5; 15,13; Phlm 20 in vergleichbarer Weise wie hier; vgl. auch Wiles, Intercessory Prayers 32f.
[709]    Freilich nur Lk 1,79; 2Thess 3,5, sowie 1Cl 48,4; 60,2.
[710]    In LXX ist κατευθύνειν sowohl in direkter als auch in übertragener Bedeutung breiter bezeugt, vgl. Rigaux 487. S. auch TestJud 26,1.
[711]    So offenbar Schlier 58.
[712]    Bauer, Wb. s.v. ὁδός 1a stellt dagegen die Stelle zu Mk 1,2 / Mt 11,10 / Lk 7,27 (κατασκευάζειν); Mk 1,3 Par (ἑτοιμάζειν) und Joh 1,23 (εὐθύνειν) unter die Bedeutung: Weg als Ort. Tatsächlich wird solche Redeweise beeinflussend gewesen sein, bestimmt aber nicht mehr den Sinn.

bet um ein neuerliches Kommen zu der Gemeinde ist ein Gebet für sie. Jetzt bittet er darum, daß sie in der Liebe zur Fülle kommen möchte.

Dieses Gebet ist an den Kyrios allein gerichtet. Es ist schwierig zu entscheiden, ob der Beter an Gott oder an Christus denkt. Von den VV 11 und 13 her scheint es der Kyrios Jesus zu sein[713]. Jedoch steht dort χύριος nicht absolut wie hier; es ist nicht nur jeweils der Name »Jesus« hinzugefügt, sondern – wichtiger – das Personalpronomen (ἡμῶν). Nun gebraucht Paulus allerdings auch sonst in unserem Brief absolutes χύριος gelegentlich im christologischen Verständnis[714]. Sicher aber ist es 4,6 auf Gott bezogen. Dort handelt es sich um eine feste Wendung, die im Judentum zu Hause ist und von Paulus unverändert übernommen wird[715]. Unser Text ist durch liturgische Sprachtradition, die im Judentum wurzelt, bestimmt. Von daher legt sich die Vermutung nahe, daß ὁ χύριος Gott meint. Die Wendung des Gebets an Jesus allein würde sich nur schwer in den Kontext einfügen, wie sie überhaupt bei Paulus nicht sicher bezeugt ist[716]. Wie selbstverständlich folgt er dem ihm durch seine jüdische Herkunft überkommenen und vertrauten Sprachgebrauch.

Die beiden Verben, die die Bitte aussprechen, sind fast synonym; ihre Nebeneinanderstellung dient der Steigerung[717], obwohl sie selbst schon je eine Bedeutung haben, die eigentlich nicht mehr steigerungsfähig ist. Aber Paulus liebt derartige sprachliche Überhöhungen[718]. Die Glieder der Gemeinde sollen überreich gemacht werden, sie sollen im Überfluß der Gabe leben[719]. Diese Gabe ist die Liebe. Sie kann indessen nicht als Abbreviatur des ganzen Christenstandes genannt sein[720], da sie als Liebe zueinander und gegen alle präzisiert wird. Eher ist an das Wort von dem Glauben, der durch die Liebe wirkt, zu erinnern, Gal 5,6. Es ist dieses Wirken des Glaubens, an dem nach dem Gebet des Apostels die Glieder seiner Gemeinde überreich gemacht werden sollen. Liebe

[713] So denn auch in der Regel die Kommentare; vgl. bes. Rigaux 487 (nur Schlier 58 scheint an Gott zu denken). Schon die Textüberlieferung rang um das Verständnis: A hat θεός statt χύριος, D* G d g fügen zu χύριος den Namen Ἰησοῦς hinzu, die syr Überlieferung läßt ὁ χύριος fort.
[714] Vor allem 1,6; die anderen Stellen sind stärker formelhaft, z.T. sind die Wendungen ursprünglich »theo«logisch gemeint gewesen, 1,8; 3,8; 4,15–17; 5,2.12.27.
[715] Vgl. u. 164. Auch sonst findet sich bei Paulus im Gebrauch von χύριος (in festen Wendungen) ähnlicher Einfluß jüdischen Sprachgebrauchs, vgl. Röm 12,19; 1Kor 10,26; 2Kor 8,21; 2Thess 1,9; 1Kor 10,9 v.l.
[716] Anders z.B. Bultmann, Theologie 130. Einziger Beleg ist 2Kor 12,8; doch geht es dort um außerordentlich persönliche Bereiche. 1Kor 16,22 (worauf Best 148 ebenfalls hinweist) ist hier nicht zu nennen. 2Thess 3,3.5.16

dürfte allemal bei χύριος an Gott gedacht sein; es liegt der gleiche Sprachgebrauch vor wie an unserer Stelle.
[717] Beide Wörter nebeneinander auch 2Kor 4,15, πλεονάζω und ὑπερπερισσεύω auch Röm 5,20, jeweils aber auf verschiedene Gegenstände bezogen.
[718] Vgl. die eigentlich unmögliche Bildung ὑπερπερισσεύω Röm 5,20; 2Kor 7,4. – Phil 1,9, ebenfalls vom Gebet um die Mehrung der Liebe, steigert Paulus anders: ἔτι μᾶλλον καὶ μᾶλλον περισσεύῃ. Vgl. zur Aussageweise Theobald, Gnade, bes. 30–61 (zSt 306–311).
[719] Vgl. 1Kor 1,5; zum Dativ ἀγάπῃ s. 2Kor 3,9. Zum »dynamischen« Aspekt s. auch Theobald, Gnade 40f.309f.
[720] So aber Dobschütz 149 (wie V10 πίστις, V13 dann die Hoffnung); vgl. auch Rigaux 488. Dagegen mit Recht Wiles, Intercessory Prayers 60 Anm. 2; vgl. auch Theobald, Gnade 307.

ist mithin wie Glaube (und wie die Charismen) als Gabe Gottes verstanden; auch das Werk des Glaubens verdankt sich schließlich Gott[721].

Die Liebe ist doppelt bestimmt; sie richtet sich auf die Glieder der eigenen Gemeinschaft, sie richtet sich aber auch auf alle Menschen. Eine gleiche Ausweitung bei ähnlichem Handeln (»dem Guten nachstreben«) findet sich 5,15. Solche Ausweitung ist auffällig. In der Regel betrifft die – bei Paulus übrigens explizit nicht sehr häufige – Rede von der Liebe zum anderen ausdrücklich die Glaubensgenossen, vgl. Röm 13,8[722]; Gal 5,13; Kol 1,4; 3,14; 1Thess 4,9f; 5,13; 2Thess 1,3[723]. Vergleichbar sind in ihrer universalen Ausrichtung nur die beiden Stellen, die nicht ausdrücklich von der Liebe, wohl aber von ihrer Wirkung, dem Tun des Guten, reden, 1Thess 5,15 und Gal 6,10. Die gleichsam normale Orientierung auf die Liebe untereinander ist verständlich. Denn die Gemeinde ist der Ort, an dem die Liebe zum anderen konkret wirken und eingeübt werden konnte. Die sich erst bildenden Gemeinden des paulinischen Missionsfeldes setzten sich aus Menschen heterogener Herkunft zusammen, die erst zu einer Gemeinschaft zusammenfinden mußten[724]. Wenn in solcher Situation das Gebot gegenseitiger Liebe eingeschärft wird, darf man das nicht als Introvertiertheit und Gruppenbezug qualifizieren. Es muß überhaupt erst eine handlungsfähige Gruppe hergestellt und stabilisiert werden. Die tatsächlich realisierbaren Möglichkeiten dagegen, Liebe zu allen darzustellen, also vor allem gegenüber den nicht zur Gemeinde Gehörenden, müssen wir uns als überaus gering vorstellen. In Wahrheit dürfte es nur eine wirkliche Form der Liebe der anderen gegeben haben, nämlich sie hereinzuholen in die eigene Gemeinde. Moderne Vorstellungen und Wünsche von christlicher Liebe als Solidarität mit der Welt sind bei der Beurteilung paulinischer Aussagen über das Werk des Glaubens, das in der Liebe besteht, sowie des ihnen entsprechenden Verhaltens der Gemeinden fehl am Platz.

Wenn Paulus hier – ähnlich wie 5,15 – betont dem »zueinander« ein »gegen alle« hinzufügt, dann mag das in der Situation dieser Gemeinde begründet sein. Sie befand sich als ungefestigt-werdende, die unter diskriminierendem Druck ihrer Umwelt stand, in akuter Gefahr, zur geschlossenen Gruppe zu erstarren und sich gegen die Umwelt so abzuschließen, daß die Tat der Liebe nicht aus ihr herauswirkte, um auch anderen die Christusbotschaft zur Rettung werden zu lassen. Sie bedarf der Fürbitte, um im übervollen Reichtum dieser Gabe der Liebe zu leben, die sie Gemeinde sein läßt und die sie der Welt offenhält.

Der angeschlossene Vergleichssatz[725] erläutert die Liebe näher. Daher ist nicht

---

[721] Vgl. E. Stauffer, ThWNT I 51,1ff zum Verhältnis πνεῦμα – ἀγάπη.

[722] Auch πλησίον Röm 13,10; Gal 5,14 dürfte an den Mitchristen denken.

[723] Auch im übrigen NT ist das Bild gleich, vgl. Joh 13,34f; 1Petr 1,22; 2,17; 4,8; 1Joh 3,11.23.

[724] Vgl. die 1Kor 11,20ff erkennbare Situation; dazu etwa G. Theissen, Soziale Schichtung in der korinthischen Gemeinde, ZNW 65 (1974) 232–272; ders., Soziale Integration und sakramentales Handeln, NT 16 (1974) 179–206.

[725] Zu καθάπερ im elliptischen Vergleichssatz s. 3,6 (vgl. o. Anm. 656).

eines der beiden vorangehenden Verben (oder gar beide) zu ergänzen[726]; Paulus denkt an die Liebe, die er selbst seiner Gemeinde gegenüber hegt[727]. Sie ist der Maßstab der Liebe, um die er für die Gemeinde bittet. In einem Zusammenhang, der von oder zu der Gemeinde redet und der explizit oder implizit eine paränetische oder parakletische Funktion hat, wäre ein solcher Vergleich nicht auffällig; die Gemeindeglieder sollen die »Nachgestalter« des Apostels sein[728]. Aber unsere Stelle ist nicht von solcher Art; das Sätzchen ist in einen Gebetswunsch an den Kyrios eingeschoben, so daß strenggenommen Paulus dem Kyrios die Art seiner Liebe als Maßstab der erbetenen Gabe vorhält. Das kann unmöglich die wirkliche Intention sein[729]. Vielmehr verläßt Paulus für einen Augenblick die Ebene des Gebets und wechselt hinüber auf die der Paränese. Denn der Vergleich hat nur den Sinn, den Adressaten des Briefes die Art seiner Liebe für sie als das Maß ihrer Liebe untereinander und zu allen Menschen in die Erinnerung zu rufen. So bleibt der Gedanke des Apostels selbst bei der Formulierung eines Gebetswunsches für die Gemeinde zugleich darauf gerichtet, sie selbst anzureden. Die erbetene Gabe der Liebe ist etwas, auf dessen Darstellung die Thessalonicher ihre eigenen Kräfte richten müssen.

Die Bitte um Reichtum in der Liebe hat die Stärkung der Gemeinde auf ihre    13 eschatologische Zukunft hin zum Ziel[730]. Wegen des finalen Sinns kann Subjekt zu στηρίξαι (»festigen«) nur der Kyrios sein[731]. Die Wendung »eure Herzen stärken« hat konventionellen Charakter[732]; sie zielt nicht nur auf die Innerlichkeit, sondern auf die ganze Person. Die Näherbestimmung durch ἀμέμπτους (»untadelig«) ist in der Aussageweise wieder schwierig[733], ihr Sinn indessen klar. Geblickt ist auf das Ende des Weges der Gemeinde, wie die Fortführung des Satzes zeigt. Es geht um die fehllose Gottesbeziehung, die endgültig am Tage Christi festgestellt werden wird[734]. Weil solche Beziehung erst in

---

[726] Anders z.B. Dobschütz 150, Rigaux 489; ähnlich Best 149; man müßte dann annehmen, daß die transitiven Verben intransitiv verstanden sind.

[727] Vgl. die Ergänzungsvorschläge, die in diese Richtung gehen, bei Bornemann 153; natürlich ist jede konkrete Ergänzung des Satzes verfehlt, da Paulus ihn gerade nicht durch ein Wort konkretisiert hat (darauf macht zu Recht Rigaux 489 aufmerksam). Gleichwohl ist die Richtung des Gedankens zu bestimmen.

[728] Vgl. 1,5f; 3,6; 2Thess 3,7ff; 1Kor 4,16; 11,1; Phil 3,17; 4,9.

[729] Das gilt auch bei Anerkennung des Satzes von Dobschütz 150: »Was christliche Bescheidenheit einem Apostel zu sagen erlaubte, ist nicht nach subjektivem Empfinden, sondern nach den deutlichen Stellen . . . zu ermessen« (Dobschütz sieht den Ausbruch aus dem Kontext der Aussage).

[730] Εἰς τό c. Inf hier wie sonst (2,12.16; 3,2.5.10) final. Zur Sache siehe Grabner-Haider, Paraklese 134f; Jewett, Terms 316–318.

[731] Der Gedanke ist nicht so selbständig, wie Dobschütz 150f meint. Paulus ist wieder in der Ebene des Gebets.

[732] Auch 2Thess 2,17 und Jak 5,8 καρδία mit στηρίζω verbunden, vgl. auch 2Thess 3,5 (s. A. Sand, EWNT II 617); häufiger in LXX, s. die Belege bei Rigaux 489 (statt Ps 113,8 muß es heißen 111,8; PsSal 16,12 hat ψυχή statt καρδία); s. ferner Dan 7,28 LXX; Synofzik, Gerichtsaussagen 21. Jewett, Terms 317f findet auch hier antienthusiastische Frontstellung.

[733] Sie ist aber häufiger bei Paulus, vgl. 5,23; 1Kor 1,8; Phil 3,21. Dobschütz 151 ergänzt, sachlich zutreffend, εἰς τὸ εἶναι αὐτὰς ἀμέμπτους; ähnlich Rigaux 490.

[734] Zu ἔμπροσθεν vgl. schon o. zu 2,19 (119). Auch hier signalisiert das Wort nicht schon an sich die Gerichtssituation. Anders freilich Lohse, Christus als der Weltenrichter (s.o. Anm. 572) 479.483 (vgl. auch Rigaux 490: »ἔμπροσθεν rapelle le βῆμα, le tribunale de Dieu«); Wiles, Intercessory Prayers 39.62; Synofzik, Gerichtsaussagen 21.

der Zukunft zur Vollendung kommen wird, deshalb bedarf sie bleibend der Festigung durch den Reichtum der Liebe, damit sie untadelig ist und bleibt bis ans Ziel.

Zu »untadelig« ist nun noch eine Näherbestimmung hinzugefügt[735]. Das Wort ἁγιωσύνη ist selten bei Paulus[736]; es bezeichnet die »Heiligkeit« als Eigenschaft[737]. Es ist die Eigenschaft der Glieder der Thessalonicher Gemeinde, die sie als von Gott Geheiligte[738] und vom Heiligen Geist Bestimmte haben[739], die gemäß dem Willen Gottes nach Heiligung[740] streben sollen. Ihre Heiligung erfolgt, wie der gleich folgende Abschnitt zeigt, im Tun des Willens Gottes. Insofern aber der Wille Gottes immer wieder getan werden will, ist das Heiligsein nicht eine ruhende Qualität, sondern ein aktives Verhalten[741] oder, genauer, das stets neu zu gewinnende Ergebnis aktiven Verhaltens. Jedoch darf die »Heiligung« als das Tun und der diesem Tun entsprechende Zustand der »Heiligkeit« keinesfalls auf das Gebiet der Moral oder der Sittlichkeit eingeengt werden (etwa von 4,1–8 her). Das verbietet schon der Begriff selbst, der die Zuordnung zum Bezirk Gottes aussagt, und auch der Kontext unserer Stelle. Denn die Festigkeit der Herzen, damit sie untadelig »in Heiligkeit« seien, geschieht durch das Überreichwerden in der Liebe. Heiligsein erwächst aus dem Reichtum der Liebe, in der sich das *ganze* Gesetz erfüllt[742].

Die abschließende Bestimmung nennt den Zeitpunkt[743], auf den hin Paulus um die Festigung der Gemeinde bittet, nämlich den Tag der Parusie unseres Herrn Jesus[744]. Hier wie 2,19 ist dieses Ereignis als ein solches des Heils gedacht. Mit ihm findet die Geschichte ihr Ende; der Stand, in dem die Gemeinde sich dann befindet, wird ihr bleibender Stand in der unbedingten Zukunft Gottes sein, die sich mit der Parusie für die Welt öffnet.

Heftig umstritten ist die Frage, wer mit den »Heiligen« gemeint sei, die den Kyrios Jesus begleiten werden[745]. Für die Entscheidung ist auszugehen von der formalen Art des Textes. Er ist bestimmt durch liturgische Tradition, sein traditioneller Klang kommt in der

---

[735]  Ἐν ἁγιωσύνῃ steht zur Bezeichnung des Zustandes, Bauer, Wb. s.v. ἐν I 4d; vielleicht ist auch eine jüdische Redeweise beeinflussend gewesen; aus Ket 4,3 (Bill. III 374) ergibt sich, daß der Proselyt vor dem Übertritt zum Judentum לא בקדשה »nicht in Heiligkeit« ist, nach dem Übertritt aber בקדשה »in Heiligkeit« (ich verdanke den Hinweis G. Delling).

[736]  Nur Röm 1,4, dort vermutlich aus der Tradition übernommen, sowie 2Kor 7,1, einer in ihrer Herkunft bekanntlich umstrittenen Stelle.

[737]  Vgl. Bl-Debr-Rehkopf § 110,2 zu den auf -σύνη gebildeten Eigenschaftsabstrakta.

[738]  Vgl. 5,23.

[739]  Vgl. 1,5f; 4,8; die Bezeichnung der Christen als ἅγιοι findet sich in 1Thess nicht (zum Schluß unseres Verses s. im folg.).

[740]  Ἁγιασμός, vgl. 4,3f.7.

[741]  So Dobschütz 151.

[742]  Das betont zu Recht nachdrücklich Deidun, Morality 101–103.

[743]  Ἐν zur Bezeichnung des Zeitpunktes wie schon 2,19, vgl. 1Kor 15,23, auch Phil 2,12, ferner z.B. 1Kor 15,52; 2Thess 1,7; Mt 22,28; Mt 11,22; Joh 6,44 usw.

[744]  Vgl. o. 119f zu παρουσία und dem paulinischen Gebrauch des Wortes.

[745]  Μετὰ πάντων τῶν ἁγίων αὐτοῦ ist auf παρουσία . . . zu beziehen, nicht auf στηρίξαι . . ., wie gelegentlich zu erklären versucht worden ist; vgl. dazu Rigaux 491. Ebd. 491f Übersicht über die Diskussion der Bedeutung von ἅγιοι.

Prädikation Gottes und des Kyrios Jesus in V 13b deutlich zum Ausdruck. Von daher wird die Frage relativiert, da solche Ausdrucksweise keine geschärfte Interpretation trägt. Vor allem aber wird dem Vergleich mit dem gewöhnlichen Gebrauch von οἱ ἅγιοι bei Paulus die beweisende Kraft genommen[746]. Sonst nämlich bezeichnet bei ihm – und zwar häufiger – (οἱ) ἅγιοι die Glieder der Gemeinde[747]. Hier aber dürfte ein festes Bild und geprägte Ausdrucksweise vorliegen, die den Begriff ἅγιοι in anderem Sinn mitbrachte. Zugrunde liegt Sach 14,5[748]; dort ist an Engel als Begleiter Gottes gedacht. Die Vorstellung von der endzeitlichen Engelbegleitung ist im Bereich der christlichen Erwartung auf den Christus übertragen worden[749]. Mt 25,31[750] ist dafür vielleicht nicht der älteste, aber der deutlichste Beleg. Dieses Bild ist durch Mk 8,38par[751] für die Jesus-Überlieferung fest bezeugt und 2Thess 1,7 auch bei Paulus belegt. Obwohl sich an keiner dieser Stellen »die Heiligen« als Bezeichnung der begleitenden Engel findet[752], ist aus traditionsgeschichtlichen Gründen hier an Engel zu denken[753]. Der Anschauung unseres Briefes steht eine Interpretation auf die Glieder der Gemeinde ohnehin entgegen, wie 4,16f zeigt.

Demgegenüber besagt der Verweis auf die andere Bedeutung, die »die Heiligen« sonst bei Paulus hat, nichts Entscheidendes[754]. Eher fällt ins Gewicht, daß in der christlichen Literatur die »Heiligen« in der Begleitung des kommenden Herrn auch auf die Christen gedeutet werden, wie schon Did 16,7 bezeugt[755]. Indessen ist das doch offenbar erst eine spätere Stufe der Entwicklung[756], die für 1Thess nicht ohne Gründe vorausgesetzt werden kann. Kein Grund jedenfalls ist, daß nach der literarischen Überlieferung des Judentums der Messias nicht von Engeln begleitet wird[757]. Denn gerade im Bereich der Christologie ist die frühe Gemeinde sehr schnell – schon durch die Erfahrung der Auferstehung – über die Grenzen des Judentums hinausgegangen und hat vor allem Gottesaussagen auf den Christus Jesus übertragen. Daß das auch in dem hier zur Verhandlung stehenden Bereich früh geschah, bestätigt Mk 8,38par/Lk 12,9f.

Das eschatologische Kommen des Kyrios Jesus ist begleitet gedacht von seinen Engeln[758]. Indessen darf man das nur als ein ganz allgemeines Bild ansehen,

---

[746] Vgl. auch Synofzik, Gerichtsaussagen 21.

[747] Vgl. z.B. Röm 15,25.26.31; 16,15; 1Kor 6,1.2; 14,33; 2Kor 1,1; 13,12; Phil 1,1; Kol 1,26.

[748] Καὶ ἥξει κύριος ὁ θεός μου, καὶ πάντες οἱ ἅγιοι μετ᾽ αὐτοῦ. Die Vorstellung ist auch sonst im AT bezeugt, vgl. Dan 7,18ff, und bes. im Judentum, vgl. grHen 1,9; P. Volz, Die Eschatologie der jüdischen Gemeinde im neutestamentlichen Zeitalter, Tübingen 1934, 276f.

[749] Jud 14 (= grHen 1,9) ist der Bezug auf Gott erhalten.

[750] Vgl. Mk 13,26f.

[751] Vgl. auch Lk 12,8f.

[752] Wohl aber ist diese Bezeichnung im AT und Judentum geläufig, vgl. Rigaux 491; L. Dequeker, The ›Saints of the Most High‹ in Qumran and Daniel, OTS 18 (1973) 108–187; H. W. Kuhn, Enderwartung und gegenwärtiges Heil, 1966 (StUNT 4), 90–93 (Exkurs IV: Der Ausdruck »die Heiligen« in den Qumrantexten und im sonstigen Spätjudentum); H.-P. Müller, THAT II 601f.

[753] Adjektivisches ἅγιος ist häufiger; vgl. Mk 8,38 οἱ ἄγγελοι οἱ ἅγιοι, Lk 9,26 οἱ ἅγιοι ἄγγελοι, Jud 14 ἁγίαι μυριάδες αὐτοῦ – Mt 16,27 übrigens ἄγγελοι αὐτοῦ, also, wie hier, Engel des Christus.

[754] In 1Thess findet sich übrigens οἱ ἅγιοι nicht für Christen; in 2Thess nur an der schwierigen Stelle 1,10. – Die Kollision mit 4,16f wäre bei der Interpretation auf Christen gewichtiger als die mit dem gewöhnlichen Sprachgebrauch bei der Interpretation auf Engel, da mit terminologischer Vorgabe gerechnet werden muß.

[755] Vgl. Dibelius 19; dort weitere Belege.

[756] Im übrigen sind dann in der Regel die Engel noch eigens daneben genannt!

[757] Bill. I 973; H. Kittel, ThWNT I 83,34–39. Vgl. aber ApkEl 32,8, auch 43,10, dazu W. Schrage in JSHRZ V 3, 252 Anm. f und 273 Anm. g.

[758] So auch J. Friedrich, Gott im Bruder?, 1977 (CThM A 7), 115f.

das eindrücklich die Herrlichkeit und Gottgleichheit des wiederkommenden Herrn darstellen will. Nach einer weiteren Funktion dieser Begleitung ist nicht zu fragen, da auf sie nicht reflektiert ist[759].

Zusammen-
fassung
Auf das engste verbinden sich in dem Gebetswunsch, der den ganzen ersten Briefteil abschließt, die persönliche Beziehung des Apostels zu seiner Gemeinde und deren Existenz im Glauben. Beide Bitten sind unabhängig voneinander, haben aber einen Bezug aufeinander. Es ist Gottes Werk, daß Paulus' Weg sich wieder nach Thessalonich wendet und daß die Gemeinde ihres Glaubens lebt; aber Paulus weiß sich in der Verantwortung dafür, daß Gottes Wille und Werk in der Gemeinde bekannt und wirksam wird. Er ist nicht der ursächlich Handelnde, aber er ist der verantwortliche Mittler des Gotteshandelns. Darin gründet ebenso seine Aufgabe wie seine Autorität.

Die Fülle des Glaubens stellt sich dar in der Liebe, die gemeinschaftsstiftende und einladende Kraft hat. Indem die Glieder der Gemeinde in ihr leben, befestigen sie zugleich sich selbst in ihrem Stand vor Gott, der ihrer Gottesbeziehung Dauer verleiht über die Geschichte hinaus, deren Ende durch die Unmittelbarkeit Christi zur Welt gesetzt wird.

So bricht solches Gebet den Zusammenhang des Gedankens auf und vollendet ihn doch nur. Zugleich greift es in die Zukunft aus und weist auf den folgenden Teil des Briefes voran. Es will der Gemeinde helfen, zur Fülle des Lebens im Glauben zu finden.

Immer hat die Gemeinde, wie jedes ihrer Glieder, noch eine Zukunft vor sich. Sie ist der Raum der Entfaltung des erlangten Seins. Etwas gänzlich Neues wird es, jedenfalls in dieser Zeit, nicht geben; daher sprechen wir von dem Glauben und der ihn gründenden Geschichte des Christus als der eschatologischen Wirklichkeit. Das setzt aller Sehn-sucht, die Geschichte radikal zu erneuern, ein Nein entgegen. Es weist an die Geduld der Bewahrung des Lebens; denn außer Gottes Ja zum Leben im Evangelium gibt es nur den Absturz in das Chaos vor der Schöpfung. Jedoch erhalten nicht wir durch das Werk unserer ausdauernden Nachfolge die Welt. Die Form des Gebets, die solcher Ausgriff in die Zukunft annimmt, zeigt, daß Gott selbst es ist, der unsere Geschichte trägt. Er bewahrt uns vor dem Absturz in das Nichts, indem er uns stets daraus herausreißt, uns die Zukunft unseres Lebens möglich macht. Nur deshalb können wir einen nächsten Schritt wagen.

---

[759]   Das abschließende ἀμήν, das N[26] in eckigen Klammern in den Text aufgenommen hat, ist kaum ursprünglich. Paulus setzt es nach Doxologien (Röm 1,25; 9,5; 11,36; Gal 1,5; Phil 4,20) oder Segenswünschen (Röm 15,33; Gal 6,18); die Textüberlieferung hat es häufiger eingetragen.

# C   Der Zuspruch (4,1–5,24)

Der mit 4,1 einsetzende Teil umfaßt bis auf die abschließenden Verse 5,25–28 das ganze restliche Korpus des Briefes. Denn auch wenn er untergliedert ist, so bildet er doch gegenüber dem bisherigen Text des Briefes, der sich als eine Einheit auswies, eine andere in sich geschlossene Einheit, die durch ein einheitliches Briefanliegen bestimmt wird. Daß auch dieser Teil in 5,23f durch einen Gebetswunsch abgeschlossen wird, der in Form und Funktion dem in 3,11–13 ähnelt, unterstreicht solche Gliederung.

Die erste größere Einheit innerhalb des neuen Hauptteils bilden die VV 4,1–12. Es geht um die Verwirklichung des Lebens unter dem Anspruch des Willens Gottes, der durch den Herrn Jesus Christus bestätigt ist. Die zweite größere Einheit, 4,13–5,11, behandelt das Leben der Christen angesichts der Hoffnung auf den Tag des Herrn, die dritte Einheit, 5,12–24, schließlich das Leben in der Gemeinschaft und als Gemeinde. Alle drei Abschnitte sind in sich noch einmal unterteilt. Der zweite Hauptteil ist durchsichtiger und strenger gestaltet als der erste. Das dürfte daran liegen, daß Paulus in ihm in vorher durchdachter Weise Fragen behandelt, die zu beantworten ihm um der Gemeinde willen besonders dringlich zu sein schienen.

## I.   Das Leben unter dem Anspruch des Gotteswillens (4,1–12)

Die erste Einheit 4,1–12 gliedert sich in die beiden Unterabschnitte 4,1–8 und 4,9–12. Der Neuansatz 4,9 ist durch περί, das zur Themenangabe dient (»betreffs«), markiert. Dementsprechend führt V 8 den vorangehenden Aussagezusammenhang zu einem Abschluß. Die Wiederaufnahme von ἁγιασμός (»Heiligung«) V 3 in V 7 unterstreicht das. Dadurch entsteht freilich die Frage, ob die beiden Eingangsverse 4,1–2 selbständig sind und daher nicht mit 4,3–8 zusammengeschlossen werden dürfen, sie vielmehr auch für den zweiten Unterabschnitt dieser Einheit die Grundlegung bilden.

In sachlicher Hinsicht ist das nicht ganz zurückzuweisen. Formal aber gehören die Verse nur zu dem bis 4,8 reichenden Abschnitt und sind von diesem nicht abzulösen. V 9 sagt ausdrücklich, daß Paulus der Gemeinde über den dort angesprochenen Gegenstand gerade nichts zu schreiben nötig hat; in V 10b führt er den weiteren Gegenstand durch παρακαλοῦμεν (»wir reden zu«) neu ein, wobei es sich um eine formale Wiederholung von 4,1 handelt.

Schließlich ist auch thematisch 4,1–8 streng und charakteristisch in sich geschlossen.

### 1.   *Die Heiligung als Enthaltung von Unzucht und Habsucht (4,1–8)*

**1 Im übrigen nun, Brüder, bitten wir euch und reden euch zu im Hinblick auf den Herrn Jesus: Wie ihr von uns die Belehrung empfingt über die notwendige Art und Weise, das Leben zu führen und so Gott zu gefallen – wie ihr auch euer Leben führt –, so erweist euch noch viel mehr darin. 2 Ihr wißt ja, welche Weisungen wir euch gaben, ermächtigt durch den Herrn Jesus. 3 Dies nämlich ist der Wille Gottes, eure Heiligung, daß ihr euch fernhaltet von der Unzucht, 4 vielmehr ein jeder von euch sein eigenes »Gefäß« in Heiligung und Ehre zu besitzen weiß, 5 nicht in begieriger Leidenschaft wie auch die Heiden, die Gott nicht kennen; 6 und daß man sich keine Übergriffe seinem Bruder gegenüber erlaubt und ihn nicht übervorteilt beim Geschäft. Denn ein Rächer aller dieser Dinge ist der Herr, wie wir es euch schon früher gesagt und nachdrücklich bezeugt haben. 7 Denn Gott hat uns nicht berufen zu einem Leben in Unreinheit, sondern in Heiligung. 8 Daher lehnt der, der (dieses) ablehnt, nicht einen Menschen ab, sondern Gott, der uns seinen Heiligen Geist gibt.**

Analyse  Das inhaltliche Korpus des Stückes wird durch die VV 3–7 gebildet, herausgehoben durch die Inclusio mittels des Begriffs »Heiligung«. Wie diese vollzogen werden soll, davon handelt denn auch das Stück. Es wird gerahmt von zwei Partien, die man wiederum – sachlich – als eine Inclusio verstehen kann. In der ersten, 4,1–2, mahnt der Apostel bittend die Gemeinde, in den Weisungen für ihren Weg, die er ihnen gab, sich immer mehr hervorzutun. V 8 hebt hervor, daß der, der solches mißachtet, nicht einen Menschen, also ihn, der die Weisungen ausspricht, sondern Gott mißachtet. Die Funktion solcher Rahmung ist die, daß die Weisungen des Apostels als vom Kyrios und von Gott her gültige dargetan werden. Die inhaltliche Wichtigkeit des Inhalts von 4,3–7 wird so hervorgehoben.

Das scheint in Widerspruch zu seinem tatsächlichen Gehalt zu stehen. Es finden sich nur zwei negativ gerichtete Aufforderungen, nämlich sich der Unzucht zu enthalten und den Bruder nicht zu übervorteilen. In diesen beiden Forderungen aber kulminiert für eine Richtung des Judentums mit Blick auf diejenigen, die aus dem Heidentum kommen, die Weisung der Tora[1]. Paulus steht hier offenbar in einer Tradition, die er aus seiner Herkunft mitbrachte. Das zeigt schon die Terminologie der einführenden VV 4,1f, ebenso aber auch die des Mittelstücks und des abschließenden V 8. Zugleich wird durch die chri-

---

[1]   Vgl. dazu R. Dabelstein, Die Beurteilung der ›Heiden‹ bei Paulus, 1981 (BET 14), 52–57   sowie umfassend Reinmuth, Geist und Gesetz, bes. 54–94.

stologische Begründung des Mahnens (weniger der Mahnung) in 4,1f und ebenso durch die abschließende Gottesprädikation des V 8 die christliche Adaption deutlich.

Daß in dem Mittelstück geprägte Tradition solcher Art vorliegt, die in fixiertem Wortlaut weitergegeben wurde, etwa gar von Paulus selbst so schon übernommen, ist allerdings unwahrscheinlich. Wohl aber ist der ganze Gegenstand, sind einzelne Satzteile und ihre Funktion sowie bestimmte Ausdrucksweisen überkommen. Wir haben ein überaus interessantes Stück vor uns, das Aufschluß gibt über Voraussetzung, Herkunft und Anwendung frühchristlicher Paränese im paulinischen Bereich[2].

Die Wendung »im übrigen nun« (λοιπὸν οὖν) markiert einen Neuansatz des Gedankens[3], der zugleich in sehr allgemeiner Weise die Folgerung aus dem Vorangehenden zieht[4]. Die bittende Mahnung, den eingeschlagenen Weg konzentriert fortzusetzen, folgt aus der ganzen bisherigen Geschichte der Gemeinde, die nur deshalb Gemeinde ist, weil sie sich auf diesen Weg begeben hat.      **Erklärung 1**

Der so eingeleitete Satz folgt einem bestimmten Muster mit festgelegter Form und Funktion[5]. Das Schema sieht so aus: Anrede (ἀδελφοί)[6], (in der Regel) eine präpositionale Bestimmung, eine Bitte oder ein Auftrag, ausgesagt durch einen ἵνα-Satz oder durch einen Infinitiv[7]. Es ist griechischen Ursprungs, aber vom Judentum übernommen[8]; es ist eine rein epistolographische Form, keine Form der Paränese[9]. Die *parakalô-*

---

[2] Vgl. hierzu auch Dibelius 19f (Exkurs zu 4,1) sowie Reinmuth, Geist und Gesetz. Zur paulinischen Paränese insgesamt Schrage, Einzelgebote.

[3] Vgl. 2Kor 13,11; Phil 3,1; 4,8; 2Thess 3,1, ebenfalls jeweils von ἀδελφοί gefolgt. Daß damit auf den Abschluß des Briefes hingelenkt wird, stimmt auch für Paulus nur, wenn man Phil in mehrere Briefe zerteilt und 2Thess Paulus abspricht oder gleichfalls aufteilt. In Papyri hat λοιπόν eine ähnliche Funktion wie hier und steht bisweilen weit vorn im Brief; vgl. nur – aus B. Olsson, Papyrusbriefe aus der frühesten Römerzeit, Uppsala 1925 – POxy XII 1480 (Olsson 74 [in Z. 13, insgesamt 27 Zeilen]; zu λυπόν = λοιπόν vgl. Olsson 75); BGU IV 1078 (= Olsson 89 [in Z. 6 λοιπὸν οὖν, insgesamt 15 Zeilen; datiert auf 39 nChr]); BGU IV 1079 (= Olsson 92 [λοιπὸν οὖν in Z. 6, insgesamt 37 Zeilen; datiert auf 41 nChr]). Bjerkelund, Parakalô 128 weist nach, daß auch die παρακαλῶ-Sätze der Papyri gelegentlich mit λοιπόν eingeleitet werden können, und zieht daraus die Folgerung, daß für die Bestimmung der Funktion des Satzes 4,1 nicht λοιπόν, sondern seine Form als *parakalô*-Satz entscheidend sei.

[4] Die Folgerung liegt vornehmlich in οὖν. Vgl. W. Nauck, Das οὖν-paraeneticum, ZNW

49 (1958) 134f; Schrage, Ethik 160, der die theologische Bedeutung scharf herausstellt.

[5] Vgl. Bjerkelund, Parakalô; den formalen Charakter dieser Sätze hatte schon T. Y. Mullins, Petition as a literary form, NT 5 (1962) 46–54 angesprochen.

[6] Nach Grabner-Haider, Paraklese 46 beginnt Paulus alle zusammenhängenden Paraklesen mit der Bruder-Anrede.

[7] Vgl. bei Paulus Röm 12,1f; 15,30.32; 16,17; 1Kor 1,10; 4,16; 16,15f; 2Kor 10,1f; 1Thess 4,10b–12; 5,14; 2Thess 2,1f; Phlm 8ff (1Kor 4,16 und 1Thess 5,14 mit Imp!).

[8] Nach Bjerkelund, Parakalô 88ff findet sich παρακαλῶ in entsprechender Verwendung in den Übersetzungsteilen der LXX nicht; dagegen vgl. z.B. 2Makk 9,26 (dazu Bjerkelund 91f) sowie die »diplomatischen Königsbriefe« bei Josephus (Ant 8,51–52; 13,45; 13,48–57; dazu Bjerkelund 101–103; dort weiteres Material aus Josephus).

[9] Vgl. die Zusammenfassung von Bjerkelund, Parakalô 109, »daß Aufforderungen von der Art der p.-Sätze hauptsächlich in brieflichen und diplomatischen, nicht aber in rhetorischen und paränetischen Zusammenhängen vorkommen«. Zu Paulus vgl. Bjerkelund, ebd. 189.

Sätze sind konziliante Formen der Aufforderung, die den Ton des Befehls bewußt ver-
meiden. Daß auch Paulus so empfindet, zeigt überzeugend Phlm 8f. Er setzt, indem er
das Wort παρακαλῶ benutzt, gerade nicht die apostolische Vollmacht ein, die er hat[10],
sondern er spricht, durch die Liebe bestimmt, lieber eindringlich zu. Freilich zeigt gerade Phlm 9, wie auch dahinter der Einsatz der Person des Apostels steht und sich geltend
macht. Die beigefügten präpositionalen Wendungen heben »nahezu beschwörend die
Eindringlichkeit der Aufforderung hervor«[11].

Paulus unterstreicht die Art seines Zuspruchs – nicht Befehl, sondern Bitte –
durch die Voranstellung von ἐρωτῶμεν[12] vor παρακαλοῦμεν[13]. Die Wörter
verdeutlichen sich gegenseitig: Den Bitten des Paulus wird Verbindlichkeit zugeeignet, sein Anspruch setzt die freie und bereitwillige Erfüllung voraus. Ἐν
κυρίῳ Ἰησοῦ (»im Herrn Jesus«) läßt fast formelhaft den Grund anklingen,
von dem her der bittende Anspruch an die Gemeinde ergeht. Er ist aus der Verbindung mit dem Kyrios Jesus erwachsen[14].
Ausgeführt ist die Bitte, entsprechend der Form der *parakalô*-Sätze, mit einem
ἵνα-Satz[15]. Indessen schiebt Paulus in diese Ausführung in solcher Art Zwischengedanken ein, daß er am Schluß des Satzes die Konjunktion noch einmal
aufnimmt und ihn mit einer reichlich allgemeinen Wendung zu Ende bringt.
Angelegt ist der Satz auf den Zuspruch hin, recht zu wandeln und Gott zu gefallen. Jedoch hat seine andersartige Durchführung durchaus eine sinnvolle
Funktion. Indem der Apostel die Leser daran erinnert, wie er sie schon unterwiesen hat über die notwendige Art ihres gottgefälligen Wandels, rückt er ihnen all das ins Bewußtsein, was er ihnen schon früher sagte. Deshalb mahnt er
auch nicht einfach erneut zum Tun des Gebotenen, sondern zum festen und
vollen Leben in seinen Weisungen.
Paulus benutzt für das Empfangen seiner Weisungen (παραλαμβάνειν) einen
Ausdruck der Traditionsterminologie[16]. Dennoch sollte nicht daran gedacht
werden, daß er wörtlich fixierte Weitergabe paränetischer Tradition, etwa in
Form eines Katechismus, im Auge hat[17]. In der Sache freilich hat es sich gewiß

---

[10]  Vgl. zu παρρησία Phlm 8 (Stuhlmacher,
Philemon 36f mit Anm. 69).
[11]  Bjerkelund, Parakalô 189.
[12]  H. Greeven, ThWNT II 684,4f: »ein herzli-
ches, demütiges oder doch höfliches Bitten«;
ebd. Z. 13ff zur Frage der Herkunft solcher Bedeutung.
[13]  Vgl. H. A. Steen, Les Clichés épistolaires
dans les Lettres sur Papyrus greques, CM 1
(1938) 138; zu ἐρωτῶ καὶ παρακαλῶ: »Cette
expression est fréquente aux I et IIᵉ siècle après
J.-Chr.«.
[14]  Vgl. Neugebauer, In Christus (s.o. Anm. 34)
139. Der Titel κύριος ist gebraucht, weil es um
den Anspruch des Christus geht; ebenso V 2. S.
auch H. Schlier, Vom Wesen der apostolischen
Ermahnung, in: Ders., Die Zeit der Kirche,
Freiburg ⁴1966, 74–89, bes. 79f; Deidun, Morality 176f.

[15]  Das erste ἵνα wird von einem gewichtigen
Teil der Textzeugen nicht gelesen. Es ist indessen dadurch, daß B zum »westlichen« Text hin-
zutritt, als eine sehr alte Lesart bezeugt. Die
Streichung ist von dem komplizierten Satzbau
her leichter verständlich als die sekundäre Zufügung.
[16]  Dazu vgl. o. zu 2,13 (98).
[17]  Vgl. dazu Dibelius, Exkurs zu 4,1 (19f);
Schrage, Einzelgebote 134f; Deidun, Morality
177f. Auch Gal 1,9 ist kaum an ein fixiertes
Evangelium, wohl aber an ein bestimmtes
Evangelium gedacht. – Grabner-Haider, Paraklese 12f.24f dagegen denkt für V1 sogar an
parakletische Tradition, die schon Paulus überliefert wurde (erst mit V 2 fügt Paulus ihr eigene Weisung hinzu).

um feste, inhaltlich genau gefüllte Weisungen gehandelt. Πῶς[18] hebt darauf
deutlich ab. Nicht nur das »Daß«, auch das »Wie« gehört zur apostolischen
Überlieferung. Ob auch Paulus sie schon übernahm, geht aus dem Satz nicht
hervor. 4,3–7 wird aber zeigen, wie stark auch er inhaltlich durch Tradition bestimmt ist. Allerdings ergibt sich daraus für die Frage ihrer unmittelbaren Herkunft – ob Paulus sie von der christlichen Gemeinde vor und neben sich empfing oder aus seiner vorchristlich-jüdischen Vergangenheit mitbrachte und
selbst auf das christliche Leben bezog – nichts; auch für Vermutungen gibt es
keinen Anhalt[19]. Wohl aber ist zu erkennen, daß er sich auf inhaltlich eindeutig gefüllte Überlieferungen beziehen kann, die er seiner Gemeinde übergab[20]
und die er im Bedarfsfalle abrufen kann.
Die Weisungen betreffen den Vollzug des Lebens[21]. Das »und«, mit dem »Gott
gefallen« und »Leben führen« verbunden sind, kann nicht einfach koordinie-
rend gemeint sein; Gott zu gefallen ist die Folge, das Ziel des rechten
Wandels[22]. In 2,12 war beides gleichsam zusammengezogen: Gottes würdig zu
wandeln; Gottes würdig zu sein ist die authentische Interpretation von »Gott
gefallen«.
Noch einmal wird der Gedanke unterbrochen. Paulus bestätigt den Thessalonichern, daß sie ja tatsächlich schon gemäß seinen Weisungen leben, die er ihnen gab. Diese Zwischenbemerkung entspricht dem Stil des Briefs[23]. Sie ist gewiß nicht eine höflich-freundliche Floskel oder nur eine Anerkennung. Vielmehr hat sie die ermutigende Absicht, die Gemeinde zu drängen, das Wort des
Apostels wahr sein zu lassen.
Der Schluß des Satzes spricht endlich die schon lange implizit gegenwärtige
Mahnung aus. Sie sollen ihren Weg fortsetzen, den sie unter dem Wort des
Apostels begannen, aber so, daß sie sich immer mehr darin hervortun[24]. Der
Weg der Christen kennt kein Verweilen, er muß täglich neu bewältigt werden;
er muß aber nicht täglich ganz neu begonnen werden. Vielmehr gibt es Übung
und Erfahrung in dem Leben, das sich an Gottes Ordnung gebunden weiß. Sie
wollen gepflegt, gestärkt und bereichert werden.
Die implizite Erinnerung an die Weisung in V 1 wird in V 2 noch einmal expli-    2
zit aufgenommen. Solche für den Brief charakteristischen Appelle an das eigene Wissen[25] dienen der Befestigung einer noch jungen Gemeinde. Hier geht es
um die παραγγελίαι, die Paulus ihr gab[26]. Das Wort hat einen gewichtigen

---

[18]  Zum Artikel vor dem indirekten Fragesatz
vgl. Bl-Debr-Rehkopf § 267,2.
[19]  1Kor 11,23; 15,3 (vgl. auch V 11!) sagt Paulus eigens, er habe selbst das Weitergegebene
empfangen. Daß er es hier nicht tut, schließt
nicht aus, daß es ebenso war.
[20]  Vgl. 1Kor 4,17; 11,2; 2Thess 2,15; bemerkenswert auch Röm 6,17.
[21]  Zu περιπατεῖν – wie zu dem ganzen Gedanken – vgl. o. zu 2,12 (90f).
[22]  Das καί ist also ein καί-consecutivum oder
gar ein καί-finale, s. Bl-Debr-Rehkopf §

442,2.3; vgl. auch Dobschütz 157; Milligan 47;
Best 156f.
[23]  Vgl. 4,9f; 5,11, auch 1,3.6f; 3,6f.9.
[24]  Μᾶλλον erkennt an, daß sie schon im περισσεύειν leben. – Vgl. 4,10; Phil 1,9 und auch
– gleichsam die Grundlage – 2Kor 3,9. S. auch
Theobald, Gnade 40.307–316.
[25]  Vgl. 1,5; 2,1.5.11; 3,3.4, auch 5,2.
[26]  Παραγγελίας ἐδώκαμεν ist (im hellenistischen Griechisch geläufige) Umschreibung für
παραγγέλλειν, vgl. Dobschütz 158 (»um das
Fordernde stärker zur Geltung zu bringen«).

Klang, es bezeichnet die von Autorität getragene Weisung[27]. Dieser nachdrückliche Begriff ist angesichts der ganz anderen, betont zurückhaltenden Einführung von 4,1 auffällig. Gleichwohl sind beide Redeweisen aufeinander bezogen. Die Art des Handelns und Lebens, die Paulus seiner Gemeinde aufträgt, ist unabdingbar, will sie als Gemeinde Christi handeln und leben. Deshalb sind es παραγγελίαι, die er der Gemeinde aufträgt, bindende Weisungen, die nicht durch Begründung, sondern durch Autorität Geltung haben. Weil er sie aber einer christlichen Gemeinde gibt, deshalb befiehlt er ihr nicht, sondern spricht ihr bittend zu, daß sie in ihrem Leben und Handeln ihren Glauben und ihre Erfahrung verwirklicht.

Denn spricht er auch zu ihr in der Autorität des Apostels, so doch nur deshalb, weil durch ihn der Kyrios spricht, dessen Bote er ist. Das hebt das abschließende, weit ausgreifende »durch den Herrn Jesus« hervor[28]. Es entspricht dem »im Herrn Jesus« V 1, ist aber prägnanter als dieses[29]. Die damit angesagte Vermittlung bezieht sich nicht auf die Angeredeten, sondern auf Paulus selber. Er ist zu seinen Anweisungen ermächtigt durch den Herrn. Daher erst rührt der verpflichtende Charakter der Weisung, daher hat sie aber auch bindende Gewalt.

3 Paulus faßt den Willen Gottes, auf dessen Erfüllung alle seine Weisungen gerichtet sind, in einem Begriff zusammen: eure Heiligung, und zeigt an entscheidendem Handeln die Art ihrer Verwirklichung auf. Es geht um die Erfüllung des Gotteswillens und nur deshalb um die Heiligung[30]. Ob dem Fehlen des Artikels vor θέλημα τοῦ θεοῦ (»Wille Gottes«) sachliche Bedeutung zukommt[31], ist fraglich. Es mag sich aus dem Einfluß semitisierender Redeweise erklären[32].

Unsere Stelle ist nicht darauf aus, den »Willen Gottes« umfassend zu definieren. Der Begriff hat eine weite Bedeutung. Das ist auch nur natürlich, da es Gott allein ist, der Welt und Leben setzt und ihnen die Ordnung gibt. Paulus hat besonders seinen eigenen Weg als Apostel unter dem Willen Gottes gesehen, und zwar sowohl das Daß seines Apostolates[33] als auch das Wie seiner

---

[27] Es scheint im militärischen Bereich gebräuchlich gewesen zu sein, vgl. Milligan 47; Best 157; s. παραγγέλλειν Apg 16,23; 23,22. 30. – Bei Paulus nur hier; auch παραγγέλλειν nur 1Kor 7,10 (für das Scheidungsverbot Jesu); 11,17 (für Weisungen hinsichtlich der Herrenmahlsfeier) sowie 2Thess 3,4.6.10.12 (im Zusammenhang der »Unordentlichen«). Es handelt sich durchweg um gewichtige Fälle.

[28] Vgl. Rigaux 499: »Paul voudrait dire qu'il n'y a rien de personnel dans les commandements, mais que tout a été donné selon et par le Seigneur«; s. auch Schrage, Einzelgebote 103–107.

[29] Διά analog dem διά bei dringlichen Bitten (»bei«); vgl. 1Kor 1,10; Röm 15,30; Röm 12,1;

2Kor 10,1; s. dazu Bl-Debr-Rehkopf § 223,5; Bauer, Wb. s.v. διά A III 1f; A. Oepke, ThWNT II 67,15–24.

[30] Das Subjekt des Satzes ist θέλημα τοῦ θεοῦ, nicht τοῦτο (vgl. Röm 13,10; so auch 5,18); dieses ist Prädikatsnomen, das mit ὁ ἁγιασμός wieder aufgenommen wird. So richtig Dobschütz 159f, ihm folgt Best 189, gegen die Mehrheit der Exegeten (z.B. Rigaux 500). Vgl. für τοῦτο 1Kor 7,37; 2Kor 13,9; Jak 1,27. – Zur Artikellosigkeit vgl. Röm 13,10.

[31] So z.B. Best 159; G. Schrenk ThWNT III 59,22ff (in gleicher Weise auch für 5,18).

[32] Vgl. Dobschütz 160; Bl-Debr-Rehkopf § 259.

[33] Vgl. 1Kor 1,1; 2Kor 1,1; Kol 1,1.

Führung[34]. Doch auch der Wandel der Gemeinde ist dem Willen Gottes unterstellt[35]. In diesem letztgenannten Bereich macht sich ein überkommener jüdischer Sprachgebrauch geltend, der den Willen Gottes in der Tora fixiert weiß[36]. Daß Paulus diesen Sprachgebrauch kennt, zeigt die Verwendung von absolutem θέλημα Röm 2,18[37]. Auch für unsere Stelle ist Beeinflussung von solcher Herkunft wahrscheinlich[38]. Die Gemeinde soll dem Willen Gottes gemäß leben; sie kann das, wenn sie ihren Weg Normen unterstellt, die Gott gesetzt hat. Daß für Paulus der Wille Gottes wenigstens der Substanz nach mit dem, wie ihn die Tora enthält, identisch ist, ergibt sich zwingend aus dem Glauben an die Einheit und Identität Gottes[39]. Es will nur beachtet sein, daß nicht davon die Rede ist, woran Gott die Gabe des Heils gebunden hat, sondern davon, an welche Normen der Mensch dem Willen Gottes gemäß gebunden ist. Der Antinomismus ist keine Lehre des Paulus.

Zusammengefaßt heißt der Wille Gottes, der sich auf die Gestaltung des Lebens der Gemeinde richtet: eure Heiligung. Ἁγιασμός hat, der Bildung des Wortes entsprechend, aktiven Klang[40]. Zwar ist die »Heiligung« durch das Heilshandeln Gottes grundlegend[41], aber sie wird aufgenommen durch das eigene Handeln des »Geheiligten«, der so sein Sein realisiert, indem er es in die Ebene des Handelns, das Gottes Willen entspricht, transponiert[42].

Paulus gibt denn auch sogleich konkret an, worin die »Heiligung« der Thessalonicher besteht. Die Konstruktion des Satzes ist schwer zu überschauen. Er reicht bis zum Ende von V 6 und ist aus mehreren Infinitiven gebildet. Die beiden ersten (ἀπέχεσθαι, εἰδέναι) sind offenbar parallel[43]; der dritte (κτᾶσθαι) ist vom zweiten (εἰδέναι) abhängig[44]. Schwierig ist die Beurteilung der beiden folgenden (ὑπερβαίνειν, πλεονεκτεῖν), da sie – anders als die vorangehenden – mit dem Artikel eingeführt werden und keinen AcI

---

[34] Vgl. Röm 1,10; 15,32 (s. auch 1Kor 16,12, wo der Bezug freilich umstritten ist).
[35] Röm 12,2; Kol 1,9; 4,12; 1Thess 5,18; vgl. auch 2Kor 8,5. S. dazu M. Limbeck, EWNT II 339f.
[36] Vgl. dazu die »ständige Formel der palästinischen Synagoge« עָשָׂה רְצוֹנוֹ (G. Schrenk, ThWNT III 54,26ff; dort die Belege); auch in Qumran ist רצון auf die Tora bezogen und als das gesehen, was getan werden muß, vgl. 1QS 5,1: Ordnung der Männer der Gemeinschaft, die festhalten בכול אשר צוה לרצונו (»an allem, was er entsprechend seinem Willen befohlen hat«); ferner 9,13.15 u.ö.
[37] Vgl. dazu Wilckens, Römer I 148 (in der Tora hat Gott seinen Willen kundgetan).
[38] Rigaux, Vocabulaire 382 rechnet mit Beeinflussung durch das Vater-Unser (γενηθήτω τὸ θέλημά σου); das ist weniger wahrscheinlich.
[39] Vgl. dazu nur Röm 13,8.10; Gal 5,14.23; s. T. Holtz, Zur Frage der inhaltlichen Weisungen bei Paulus, ThLZ 106 (1981) 385–400.

[40] Ἁγιασμός fast ausschließlich (und nicht häufig) im Bereich des Bibelgriechischen belegt. Im NT ist es auf die Briefliteratur beschränkt (neben Paulus und 1Tim 2,15 ferner Hebr 12,14; 1Petr 1,2); bei Paulus s. einerseits 1Kor 1,30; 2Thess 2,13, andererseits Röm 6,19.22.
[41] Das ergibt sich aus Röm 6,19ff, ebenso aus dem Gebrauch von ἁγιάζειν bei Paulus, Röm 15,16 (ἐν πνεύματι ἁγίῳ); 1Kor 1,2 (ἐν Χριστῷ Ἰησοῦ); 1Thess 5,23 (θεός); 1Kor 6,11 (absolut zwischen ἀπελούσασθε und ἐδικαιώθητε) (sonst nur noch 1Kor 7,14).
[42] Vgl. TestBenj 10,11 πορεύεσθαι ἐν ἁγιασμῷ κατὰ πρόσωπον κυρίου (für das letzte hat α: ἐν ταῖς ἐντολαῖς κυρίου!), allerdings bezeichnenderweise als Voraussetzung erneuerter Hoffnung.
[43] Vgl. u. zur Möglichkeit, εἰδέναι als einen epexegetischen Inf zu verstehen.
[44] Vgl. Dobschütz 161f; dort auch Auseinandersetzung mit anderen Ansichten.

mehr bilden. Diese Änderung der Konstruktion soll indessen V 6 schwerlich in Abhängigkeit von einem der vorangehenden Infinitive bringen; vielmehr nimmt Paulus gerade umgekehrt (nach dem abhängigen Infinitiv κτᾶσθαι) den Faden der Entfaltung der Heiligung wieder auf und markiert das mit dem Artikel, der mithin appositionell zu ὁ ἁγιασμός steht[45]. Diesem grammatischen Verständnis entspricht, wie wir sehen werden, der Inhalt der Aussage.

Die ersten Infinitive versteht man am besten als epexegetische[46]. Paulus setzt ein mit einer sehr weiten, dabei aber höchst konkreten Bestimmung dessen, was »Heiligung« bedeutet: Enthaltung von der Unzucht[47]. Es entspricht dies einem entscheidenden Teil der Forderung des sogenannten Aposteldekrets, Apg 15,29, ohne daß jedoch direkte Zusammenhänge angenommen werden dürften[48]. Wohl aber bestehen solche indirekter Art.
Das Verbot der »Unzucht« ist ein Grundgebot schon des Judentums[49], das besonders gegenüber den Heiden geltend gemacht wird[50]. Dabei steht πορνεία zusammenfassend für jede Form illegitimer Sexualität, einschließlich des Ehebruchs[51]. Paulus teilt die strikte Ablehnung der »Unzucht« als ganz besonders schweren Verstoß gegen die Ordnung Gottes[52]. Deshalb nennt er die Enthaltung von ihr als die erste Bedingung der »Heiligung«.
4 Ihr ist angefügt eine zweite, die ebenfalls dem Gebiet der Sexualität angehört. Im Gegensatz zur ersten Bedingung enthält diese positive Weisung. Sie beschreibt das Verhalten im Bereich der Sexualität, das der »Heiligung« der Christen entspricht. Ist soweit auch der Sinn der Aussage und ihr Zusammenhang mit dem Vorangehenden deutlich, so ist ihr inhaltlicher Gehalt doch umstritten. Unklar ist nämlich der Sinn des Wortes σκεῦος, »Gefäß«.
Sicher ist freilich, daß es übertragenen Sinn hat. Doch waren schon die Interpreten der alten Kirche uneins darüber, ob es »Leib« oder »Frau« bedeuten

---

[45] Vgl. dazu ausführlich Dobschütz 162f; s. auch Dibelius 21 (»scheint mir bloße Redezäsur zu sein«, die eine Parallelisierung des μή V 6 mit dem Vorangehenden verhindert). Die Erklärung bei Bl-Debr-Rehkopf § 399,3 mit Anm. 5, der Artikel stehe nur wegen des μή, ist nicht zureichend.
[46] Vgl. Bl-Debr-Rehkopf § 394,1.
[47] Der Artikel vor πορνείας hat generische Bedeutung, vgl. Dobschütz 163; er entspricht dem πάσης, das ein Teil der Textüberlieferung dafür liest.
[48] Zu ἀπέχεσθαι vgl. ferner 5,22; 1Petr 2,11, auch 1Tim 4,3; s. A. Horstmann, EWNT I 290.
[49] Vgl. zusammenfassend TestSim 5,3: φυλάσσεσθε τοῦ μὴ πορνεύειν · ὅτι ἡ πορνεία μήτηρ ἐστὶ πάντων τῶν κακῶν, χωρίζουσα θεοῦ καὶ προσεγγίζουσα τῷ Βελίαρ, ähnlich TestRub 4,6. Vgl. ferner F. Hauck / S. Schulz, ThWNT VI 587,10ff und 589,5ff.
[50] Vgl. Jub 25,1 (von den Heiden): »Denn ihr

Werk ist Unzucht und Festgelage. Und keinerlei Gerechtigkeit ist mit ihnen«. Zur rabbinischen Beurteilung der Heiden s. F. Hauck / S. Schulz, ThWNT VI 589,22ff; Bill. IV, bes. 356–383.
[51] Vgl. Baltensweiler, Ehe 141–143; einschränkend dagegen B. Malina, Does Porneia mean Fornication?, NT 14 (1972) 10–17.
[52] Vgl. 1Kor 5,1.9ff; 6,9.13ff; 2Kor 12,21; Gal 5,19; Kol 3,5. Bemerkenswert ist 1Kor 5,1, da die Stelle indirekt zeigt, daß auch für Paulus Heidentum und πορνεία eine besondere Affinität zueinander haben. Zu 1Kor 6,18 vgl. TestRub 5,6. – Das erste Einzelproblem, das 1Kor aufgreift, betrifft πορνεία, 5,1. Die πόρνοι halten 5,11 und 6,9 die Spitzenstellung, ebenso wie die πορνεία Gal 5,13; Kol 3,5 (vgl. auch 2Kor 12,21). Die Laster, an die Gott die Heiden nach Röm 1,24ff zur Strafe hingab, sind zunächst solche sexueller Natur, vgl. auch Wilckens, Römer I 95.108f.

soll[53]; und diese Uneinigkeit beherrscht auch heute noch die Exegese[54]. Σκεῦος in der Bedeutung »Leib« ist für Paulus 2Kor 4,7 gesichert, allerdings mit der Näherbestimmung ὀστράκινος (»tönern«) und in adversativem Bezug auf ϑησαυρός (»Schatz«). Dadurch erweist sich der Ausdruck als ein bildhafter, hinter dem man zwar einen metaphorischen Gebrauch für »Leib« vermuten kann, der ihn selbst aber nicht direkt bezeugt. Auch das Judentum kennt nur einen Gebrauch des Wortes mit Blick auf den Leib, der stark bildlich ist und jeweils auf ganz bestimmte Gegebenheiten abzielt[55]. Hier machen sich offenbar Einflüsse griechischer Vorstellung vom Leib als Gefäß der Seele geltend. Solche Ausrichtung des Gedankens liegt indessen hier nicht vor[56]. Freilich ist nun auch die Bedeutung »Frau« philologisch nicht sicher zu belegen. Aus dem griechischen Bereich stammt sie nicht. Wohl aber gibt es einige rabbinische Sätze, die auf einen jüdischen Sprachgebrauch schließen lassen, nach dem »Gefäß«[57] für »Frau« steht, und zwar insbesondere in sexuellem Kontext. Die oft genannten Texte[58] brauchen hier nicht erörtert zu werden. Sie lassen die Folgerung zu, daß die jüdische Redewendung »sich eines Gefäßes bzw. Geräts bedienen, zu seinem Gefäß machen«, eine feste euphemistische Ausdrucksweise für die sexuelle Gemeinschaft war[59].

Indessen ist dadurch doch erst eine Möglichkeit des Verständnisses begründet[60]. Sie wird aber gestützt durch die Hinzufügung des Reflexivpronomens (ἑαυτοῦ) zu »Gefäß«, die bei der Bedeutung »Leib« keine überzeugende Funktion hat[61]. Vor allem aber ist es das beigefügte Verb, das entscheidend für die Bedeutung »Frau« spricht. Und schließlich weist auch das Gefüge des Gedankens in diese Richtung.

Κτᾶσϑαι hat die ingressive Bedeutung »erwerben«. Sie verträgt sich nicht mit der Deutung des Satzes auf den Leib. Man hat daher für unsere Stelle einen durativen Sinn angenommen (»besitzen«) und in Richtung auf »in der Gewalt haben« verstanden. Jedoch ist diese Bedeutung des Verbs in Verbindung mit »Leib« nur schwer zu sichern[62]. Das ist jedoch anders, wenn man σκεῦος vom jüdischen Sprachgebrauch her als »Frau« versteht. Dann kann man damit rechnen, daß dem Ausdruck eine semitische Wendung (בָּעַל אִשָּׁה) zugrunde liegt, die »eine Frau besitzen«, und zwar in sexueller Hinsicht, bedeutet. Die Fügung, die Paulus im Sinn hat, enthielt statt »Frau« den Euphemismus

---

[53]  Vgl. Chr. Maurer, ThWNT VII 366 Anm. 48.49, ferner den Exkurs bei Dibelius 21; Bornemann 168f.
[54]  Von den neueren Kommentaren treten für »Leib« ein Milligan, Plummer, Morris, Dibelius, Rigaux, Marxsen, Bruce; auch Merk, Handeln 46f; E. Plümacher, EWNT III 598.
[55]  Vgl. Chr. Maurer, ThWNT VII 360, 47–361,17; entweder wird, im Anschluß an das Töpferbild, auf die Geschöpflichkeit des Menschen abgehoben oder darauf, daß er von etwas erfüllt ist.
[56]  Vgl. Chr. Maurer, ThWNT VII 359,20ff. – J. Whitton, A neglected Meaning for SKEUOS in 1 Thessalonians 4.4, NTS 28 (1982) 142f ver-

steht von (einem durchaus fragwürdigen Verständnis von) 1Sam 21,6 her so: »controlling one's sexual urge«.
[57]  Hebr. כְּלִי, dem in LXX σκεῦος entspricht.
[58]  Vgl. Dibelius 21; ausführlich Chr. Maurer, ThWNT VII 361f.
[59]  Vgl. die Zusammenfassung von Maurer, ebd. 362,24ff.
[60]  Vgl. aber auch 1Petr 3,7; die Stelle könnte auf eine gewisse Tradition hindeuten; doch vgl. dazu auch Marxsen 60 Anm. 7; Bruce 83.
[61]  Vgl. dazu Dobschütz 164; Schlier 66.
[62]  Vgl. die – kaum wirklich überzeugenden – Versuche von Milligan 49 und Rigaux 505f. Vgl. aber u. Anm. 64.

»Gefäß«[63] und wird von ihm in (wörtlicher) griechischer Umsetzung geboten. Die semitische Form hatte durativen Sinn, er ist von dort in das Griechische eingetragen[64].
Man muß also nicht auf der ingressiven Bedeutung des κτᾶσθαι beharren und dementsprechend die Weisung nur auf die Eheschließung beziehen[65]. Dazu paßt der Kontext
nicht; zudem ist die Weisung zu allgemeiner Natur, als daß sie nur an Unverheiratete
gerichtet sein könnte.

Die Weisung, die sexuelle Beliebigkeit zu unterlassen, wird positiv weitergeführt mit der, ein jeder solle mit seiner eigenen Frau in der gebotenen Weise
das sexuelle Leben führen. Das entspricht dem Rat, den Paulus 1 Kor 7,2–6 der
Korinthischen Gemeinde erteilt, daß jeder – »wegen der Unzucht« (διὰ τὰς
πορνείας) – seinen eigenen Ehepartner haben (V 2)[66] und sich ihm nicht einseitig oder auf Dauer entziehen soll, »damit der Satan euch nicht versuche wegen eurer Zügellosigkeit« (V 5)[67]. Dagegen ist der Gedanke, ein jeder solle sich
selbst[68] »in Heiligung und Ehre« (ἐν ἁγιασμῷ καὶ τιμῇ) in der Gewalt haben,
kaum paulinisch. Auch ist bei solchem Verständnis die Frage unbeantwortbar,
was denn nun eigentlich dieser Satz konkret zu tun rät. Die Antwort könnte
doch nur lauten: geschlechtliche Enthaltsamkeit. Das aber ist nicht der Rat des
Paulus in diesem Bereich[69].
Er rät, daß ein jeder mit seiner Frau ehelich zusammenleben soll »in Heiligung
und Ehre«. Damit wird die Art und Weise christlicher Ehe beschrieben. Das
zweite Prädikat (τιμή) findet sich für das Verhalten des Mannes zu seiner Frau
auch in dem Haustafelstück 1 Petr 3,7. Vielleicht hat sich von unserer Stelle
aus, oder eher von ihrem Inhalt her, eine Tradition gebildet. Jedenfalls liegt der
Sinn an beiden Stellen in der gleichen Linie. Die Forderung nach dem Erweis
von »Ehre« ist 1 Petr 3,7 ausdrücklich religiös begründet[70]. Die »Ehre« ist die
Anerkennung der Ehefrau als eines Gliedes der Gemeinde, für das Christus gestorben ist und das dem zukünftigen Leben entgegengeht. Ganz so wird das
Wort an unserer Stelle nicht theologisch gefüllt sein. Auch bezieht es sich zunächst auf den Mann[71]. Gemeint ist die schickliche Haltung, die sich aus der
Erfüllung der allgemeinen Norm ergibt.

---

[63]   Dabei kann hingestellt bleiben, ob das erst
auf Paulus zurückgeht oder ob diese Form ihm
schon vorlag.
[64]   Vgl. hierzu insgesamt Chr. Maurer,
ThWNT VII 366f; ebd. 367,4ff zur Akzentver-
schiebung vom ingressiven zum durativen
Sinn bei κτᾶσθαι im hellenistisch-jüdischen
Bereich. Allerdings könnte von hier aus auch
die Bedeutung »Leib« unterstützt werden; nur
fehlt dort die spezifisch sexuelle Komponente
bei בעל / κτᾶσθαι.
[65]   So bes. Dobschütz 164f; auch Dabelstein,
Beurteilung (s.o. Anm. 1) 53 mit Anm. 116
neigt diesem Verständnis zu.
[66]   Vgl. die ähnliche, wenngleich deutlich bie-
dere Einstellung TestRub 4,1.

[67]   Vgl. dazu W. Schrage, Zur Frontstellung
der paulinischen Ehebewertung in 1 Kor 7,1–7,
ZNW 67 (1976), bes. 228–234; ders., Ethik
217f; Baltensweiler, Ehe 164–167; Conzelmann, 1. Korinther 140–142.
[68]   Nur das kann τὸ ἑαυτοῦ σκεῦος heißen,
wenn es auf den Leib gehen sollte, vgl. Best 161.
[69]   Vgl. 1 Kor 7,1ff sowie die in Anm. 67 ange-
gebene Literatur. Rigaux 507 will von Röm
1,24 her verstehen; doch läßt sich die dortige
Anklage nicht einfach umkehren.
[70]   Vgl. dazu Brox, 1. Petrus 148; Goppelt, Petrusbrief (s.o. 50 Anm. 116) 220f denkt an »Verwendung verwandter paränetischer Gemeindetradition«.
[71]   Die ἐν-Wendung steht adverbial zu κτᾶσθαι.

Merkwürdig ist das erneute Auftauchen des Begriffs »Heiligung« (ἁγιασμός), der V 3 und V 7 umfassend die Weise des Lebens unter dem Anspruch des Willens Gottes bezeichnet, hier aber nur ein besonderes Detail der Verwirklichung dessen benennt. Ein terminologisch fester Bezug zur Sphäre des Sexuellen ist nicht nachweisbar. Ebenso wie das parallele »Ehre« dürfte »Heiligung« einen eher allgemeinen Sinn haben. Nur daß damit nicht das natürlich Gebotene anvisiert wird, sondern das, was vor Gott Bestand haben kann. Der Umgang mit der eigenen Frau soll so sein, daß er vor Gott bestehen kann und die Bestimmung erfüllt, die dem Gemeinschaftsverhältnis der Ehe selbst entspricht. Paulus führt nicht des näheren aus, wie nach seinem Urteil diese Beziehung inhaltlich gestaltet sein müßte; er wird nur im folgenden ein falsches Verhalten abwehren. Man darf aber damit rechnen, daß er ein restriktives Sexualverhalten im Sinn gehabt hat, das den Normen entsprach, nach denen das Judentum lebte[72]. Und auch das darf nicht übersehen werden, daß er allein die Männer anspricht; die Frauen sind nur gleichsam als Objekte männlichen Handelns im Blick. Auch das entspricht der Denkweise des Judentums. Wohl aber wird die Frau vor der Willkür des Mannes geschützt, indem diesem ein Verhalten nach Gottes Willen aufgetragen wird.

Der positiven Bestimmung der gebotenen Form des Umgangs in der Ehe ist eine negative beigefügt, die sich am Verhalten der Heiden orientiert. Eine solche Kontrastierung hat einer Gemeinde gegenüber, die sich erst kürzlich aus dem Heidentum herausgebildet hat, eine ganz spezifische Bedeutung. Wie Paulus das sexuelle Leben der Heiden sah, zeigt Röm 1,24ff. Dort (V 26) begegnet wie hier der Begriff πάθος (»Leidenschaft«), und zwar gleichfalls in einer Verbindung, πάθη ἀτιμίας (»schändliche Leidenschaft«). Sie wird einen ähnlichen Inhalt haben wie die an unserer Stelle, πάθος ἐπιθυμίας (»begierige Leidenschaft«), nur daß diese die Leidenschaft charakterisiert nach ihrem Ursprung, jene nach der Wirkung, die sie für den von ihr Erfaßten hervorbringt[73]. Und ebenso bietet der gleiche Kontext ἐπιθυμία (V 24): Begierden ihrer Herzen. Hier wie sonst ist die Bedeutung des Wortes nicht auf den sexuellen Bereich eingegrenzt[74]. Es benennt vielmehr, in Aufnahme des Dekaloggebotes »du sollst nicht begehren«[75], die Begierde des Menschen nach Leben an Gott vorbei[76]. Doch gehört dazu vorzüglich das Begehren, in der sexuellen Sphäre Leben zu finden[77]. Der Kontext gibt der Wendung eindeutig diesen Sinn; πάθος

5

---

[72] Vgl. dazu Bill. III 368–373 (s. aber auch 68f); G. Delling, RAC X 819f.

[73] Πάθος bei Paulus (und im NT) sonst nur noch Kol 3,5, ebenfalls vom sexuellen Laster; dort folgt auf πάθος als eigene Lasterbezeichnung ἐπιθυμία κακή (beides übrigens wohl Entfaltungen des Oberbegriffs πορνεία), vgl. Schweizer, Kolosser 143. – Zu πάθος insgesamt vgl. Rigaux 507f; W. Michaelis, ThWNT V 927f.

[74] Für Paulus jedenfalls gilt kaum das Urteil von Wilckens, Römer I 108, daß »die Sexualität als zentrales Wirkfeld der ἐπιθυμία gesehen« wird; vgl. H. Hübner, EWNT II 69. Auf TestXII etwa trifft dieses Urteil freilich zu, auch wenn es dort ebenfalls Ausnahmen gibt, vgl. TestAss 3,2; 6,5.

[75] S. Röm 7,7.

[76] Vgl. Röm 6,12; 13,14; Gal 5,16.24.

[77] Vgl. 1Kor 10,6–10.

stellt die hinwegreißende Art der Begierde heraus, die sich jeder Steuerung entzieht[78].

In solcher Weise, so meint Paulus, verfahren die Heiden. Die Zuweisung bezieht sich formal auf den ganzen Vordersatz und besagt damit, daß die Heiden in leidenschaftlicher sexueller Begierde mit ihren Ehefrauen zusammenleben. Das kann indessen nicht der gemeinte Sinn des Vergleichs sein. Die πορνεία, die illegitime Sexualität, die vorzüglich außerhalb der Ehe ihren Ort hat, ist der ständige Vorwurf, den das Judentum und mit ihm Paulus gegen das Heidentum erhebt. Offensichtlich hat sich der Gedanke von der spezifischen Aussage des unmittelbar Vorangehenden gelöst und wieder dem Gebiet des gesamten sexuellen Lebens zugewendet, so daß der Vergleichssatz in einem gewissen Grade selbständig in Opposition zu der ganzen vorangehenden Aussage tritt. Das bedeutet, daß das geschlechtliche Zusammenleben mit der eigenen Frau in Verantwortung vor Gott und das zügellose geschlechtliche Treiben des Heidentums, das vorzüglich als πορνεία sich vollzieht, einander gegenübergestellt werden. Paulus will also eigentlich nichts aussagen über die Gestaltung des Ehelebens, wie es nicht sein soll, sondern über das Geschlechtsleben, wie es nicht sein soll. Daß er damit auch Grenzen für das Eheleben gegeben sah, dürfte sicher sein. Sie sind aber mit eindeutigerem Bezug auf die Ehe in der positiven Bestimmung »in Heiligung und Ehre« V 4 enthalten.

Die Heiden sind die, die Gott nicht kennen. Das ist kein synthetisches, sondern ein analytisches Urteil; es gehört zu ihrem Wesen, daß sie Gott nicht kennen. Paulus hat mit diesem Urteil auch seine Formulierung vom Judentum übernommen[79]. Sie lehnt sich eng an Sätze des Alten Testaments an[80], ist aber kein Zitat[81]. Die Wendung ist nicht formelhaft-rhetorisch eingesetzt. Zwischen heidnischer Ausschweifung und Unkenntnis Gottes besteht ein unlöslicher Zusammenhang. Nach Röm 1,24 ist er ein streng kausaler, Gott gibt die Heiden zur Strafe für die Verweigerung der Gotteserkenntnis und Erhebung der Kreatur zu Göttern an ihre Unzucht hin. Man darf diesen überaus geschärften Gedanken von Röm 1[82] nicht in unsere Stelle eintragen. Sie hat den Gedanken hinter sich, daß Unkenntnis Gottes vor allem bedeutet, daß die Ordnung, die Gott dem Leben gab, unbekannt ist. So entspricht es auch dem Urteil des Judentums, das sich mit der heidnischen Gottlosigkeit und der mit ihr verbundenen Lasterhaftigkeit auseinandersetzt[83]. Die Thessalonicher aber werden

---

[78] Vgl. TestJos 7,8: πάθος ἐπιθυμίας πονηρᾶς. Vgl. auch Pseud-Phokylides 194: οὐ γὰρ ἔρως θεός ἐστι, πάθος δ' ἀΐδηλον ἁπάντων (»Eros« ist kein Gott, wohl aber eine alle[s] zerstörende Leidenschaft«).

[79] Vgl. auch 2Thess 1,8; Gal 4,8; s. auch Eph 2,12.

[80] Jer 10,25 ἔθνη τὰ μὴ εἰδότα σε (= κύριος); Ψ 78 (Ps 79), 6 ἔθνη τὰ μὴ ἐπεγνωκότα σε (= κύριος); Ijob 18,21 (ὁ τόπος) τῶν μὴ εἰδότων τὸν κύριον.

[81] Vgl. T. Holtz, Zum Selbstverständnis des

Apostels Paulus, ThLZ 91 (1966) 327; Wolff, Jeremia (s.o. Anm. 285) 141.

[82] Zu seinen jüdischen Voraussetzungen vgl. Wilckens, Römer I 97–100.108f. Indessen erreichen die jüdischen Parallelen die Schärfe des paulinischen Gedankens nicht.

[83] Vgl. Weish 14, insbesondere VV 22ff: die Unmoral tritt – notwendig – zur theologischen Verirrung hinzu; »denn die Verehrung der anonymen Götzen ist Anfang allen Bösens und Ursache und Abschluß« (παντὸς ἀρχὴ κακοῦ καὶ αἰτία καὶ πέρας ἐστίν, V 27); so wird denn

durch solche Entgegensetzung daran erinnert, daß sie Gott kennen und mithin ihr Leben einer anderen Ordnung untersteht, dem Willen Gottes, V 3.
Der Inhalt des neuen selbständigen Satzes ist ähnlich schwierig und unsicher 6 zu bestimmen wie der des vorangehenden. Vor allem umstritten ist das Verständnis von ἐν τῷ πράγματι. Bedeutet πρᾶγμα ganz allgemein »die Sache, die Angelegenheit«[84], dann ist der Artikel anaphorisch, und es wäre zu übersetzen: »in dieser Angelegenheit«, nämlich der, die zuvor in Rede stand[85]. Indessen ergibt sich sogleich die Schwierigkeit, daß in Wahrheit kein rechter Bezug im Vorangehenden vorhanden ist[86]. Auf V 4 kann die Wendung nicht bezogen sein, da dort von der Führung der Ehe im Gegensatz zur Unzucht der Heiden die Rede ist. Sie müßte mithin auf πορνεία, V 3, zurückgreifen. Nur ergäbe sich dann der merkwürdige Sinn, daß Paulus nach dem generellen Verbot V 3 (enthaltet euch der »Unzucht«) jetzt kasuistisch einschränkend sagen würde: Vergeht euch nicht an eurem Bruder bei solcher Sache.
Hierzu tritt, daß die beiden Verben ὑπερβαίνειν und πλεονεκτεῖν in eine ganz andere Richtung weisen. Ὑπερβαίνειν ist ein Wort mit ziemlich weiter Bedeutung[87], die um den Sinn »überschreiten, übersteigen« kreist. Durch den Kontext[88] ist der Sinn in negativer Richtung festgelegt, »sich hinwegsetzen, sich Übergriffe erlauben«. Durch die Verbindung mit dem zweiten Verb wird die Richtung solches rücksichtslos-gewalttätigen Verhaltens gegen den Bruder näher bestimmt. Πλεονεκτεῖν heißt »bereichern, übervorteilen«, und zwar auf materiellem Gebiet[89]. Irgendein direktes Hinübergreifen des Wortes in den sexuellen Bereich ist ganz unwahrscheinlich. Abgesehen davon, daß Belege dafür fehlen, ist die Vorstellung, wie das gedacht sein sollte, schwer zu realisieren[90]. Haben wir davon auszugehen, daß die Verben ein rücksichtloses Hin-

---

das Gericht beides treffen, die Gottlosigkeit ebenso wie die Unmoral (ἀμφότερα δὲ αὐτοὺς μετελεύσεται τὰ δίκαια, V 30). Ebenso sind Sib fr III 29–45 Gottlosigkeit und moralischer Verfall parallelisiert.
[84] Chr. Maurer, ThWNT VI 638,33ff; zur LXX vgl. ebd. 639,1ff. Vgl. Bauer, Wb. s.v. 4; s. Mt 18,19; Jak 3,16.
[85] So z.B. Rigaux 510; Best 166; Friedrich 239; Bruce 84f; Chr. Maurer, ThWNT VI 640,30ff; Schmithals, Paulus und die Gnostiker 113; Deidun, Morality 87.244–248.
[86] Daß πρᾶγμα auch verhüllendes Wort für das Gebiet des Sexuellen sein kann (dazu vgl. Rigaux 510; Chr. Maurer, ThWNT VI 640,30f; Best 166; s. aber dagegen schon Dibelius 21), ist hier nicht von Bedeutung, da es im Voranstehenden nicht um das Gebiet des Sexuellen überhaupt, sondern um πορνεία geht. Das gilt auch gegen S. M. Grill, In das Gewerbe seines Nächsten eingreifen 1Thess 4,6, BZ NF 11 (1967) 118, der für πρᾶγμα über das Syrische (sbutho) die Bedeutung »Ehesache« begründen will.
[87] Vgl. ausführlich J. Schneider, ThWNT V

739,34–740,34. Im NT nur hier belegt.
[88] Ὑπερβαίνειν bildet mit πλεονεκτεῖν ein Wortpaar, Objekt für beide Verben ist τοῦ ἀδελφοῦ αὐτοῦ (anders z.B. Schlier 67).
[89] So 2Kor 7,2; 12,17.18. Merkwürdig ist 2Kor 2,11, doch wird auch dort der Gedanke an eine unrechtmäßige Bereicherung mitschwingen. Πλεονέκτης (1Kor 5,10f; 6,10, ferner Eph 5,5) stets in Lasterkatalogen, stets in Gemeinschaft mit Unzuchtsündern, stets im Sinn materieller Bereicherung; ebenso πλεονεξία, das vergleichsweise häufigere Wort im NT aus der Wortgruppe. Vgl. im übrigen zum Gegenstand bereits o. 75f zu 2,5.
[90] Aufschlußreich ist der Erklärungsversuch bei Best 166: »If a man uses another woman he defrauds the brother who will later marry her, or, even possibly, since sexual impurity corrupts the whole of society, in the defrauding of all the brothers«; und wenig später (mit Blick auf ἀδελφός): »It is just possible that he may be referring to homosexuality in which the brother might be considered to be exploited«. Vgl. auch die ganz andere Begründung von Schmithals, Paulus und die Gnostiker 113f.

übergreifen in den materiellen Bereich eines anderen bezeichnen[91], dann muß πρᾶγμα eine entsprechende Bedeutung zukommen. Gesichert ist »Prozeß, Rechtshandel«[92]. Der Artikel hätte dann generischen Sinn[93], und der Satz würde sich auf das gerichtliche Vorgehen gegen den Bruder beziehen, bei dem niemand seinen Gegner übervorteilen und sich an ihm bereichern soll[94]. Indessen will auch diese Erklärung nicht befriedigen. Sie ist für den Zusammenhang, der weitgefaßt vom Handeln nach Gottes Willen redet und das an wenigen Punkten erläutert, zu speziell. Ihr fehlt auch der vorstellbare geschichtliche Hintergrund in Thessalonich. Hätte sie den aber, dann könnte Paulus schwerlich in dieser Weise über Prozesse der Gemeindeglieder gegeneinander reden. Er würde schon das Prozessieren als solches als Handeln gegen den Willen Gottes qualifizieren[95]. Sowohl die geschichtliche Situation als auch die Reaktion des Paulus sind in 1Kor 6,1–11 gänzlich anders als hier[96].

So muß denn doch πρᾶγμα allgemeiner »Geschäft, Handel« heißen. Die Bedeutung ist durchaus belegt[97], zumal wenn man sie nicht auf den kommerziellen Bereich einschränkt. Freilich ergibt sie sich immer erst aus dem Zusammenhang, hier aber steht das Wort mit generischem Artikel. Indessen ist es doch auch an unserer Stelle der Kontext, der auf das richtige Verständnis weist. Denn diese Deutung wird gestützt durch die Beobachtung, daß bei Paulus und schon im Judentum überaus häufig Unzucht und Habsucht unmittelbar nebeneinanderstehen. Natürlich ergibt sich daraus an sich noch nicht, daß Paulus auch an dieser Stelle dem Verbot der Unzucht ein solches der Habsucht an die Seite gestellt haben müßte. Wenn aber, wie hier, in einem paränetischen Zusammenhang, der auf Überwindung heidnischer Lebensweise zielt, neben »Unzucht« ein Wort vom Stamm πλεονεκτ- steht, dann kann das nur auf Habsucht im materiellen Bereich bezogen sein[98].

Verboten wird der habsüchtige Übergriff dem »Bruder« gegenüber. Dabei ist ohne Zweifel an den Glaubensbruder gedacht[99]. Das ist indessen nicht ein-

---

[91]  Vgl. auch Merk, Handeln 47f. Daß die Wörter dem kommerziellen Bereich zugehören, bestätigt z.B. Moffatt 34, der gleichwohl auf sexuelle Sünden interpretiert (»perhaps as appropriate to a trading community«).
[92]  1Kor 6,1 zeigt, daß Paulus diese Bedeutung geläufig ist; vgl. ferner die Belege bei Bauer, Wb. s.v. πρᾶγμα 5; Chr. Maurer, ThWNT VI 638,45f.
[93]  Wie bei πορνεία V 3, vgl. Dobschütz 167; Merk, Handeln 48.
[94]  So Dibelius 22; G. Delling, ThWNT VI 271,3ff.
[95]  In diese Richtung fragt auch Chr. Maurer, ThWNT VI 640,17–19.
[96]  Die Gemeinde in Korinth besteht bei Abfassung des Briefes mehrere Jahre, vgl. Kümmel, Einleitung 234 (Gründung etwa 49).242 (Abfassung 54 oder 55). Sie ist weit davon entfernt, daß ihre Glieder θεοδίδακτοι mit Blick

auf die φιλαδελφία genannt werden (vgl. 1Thess 4,9). Paulus bringt deutlich zum Ausdruck, wie abwegig es ist, überhaupt Prozesse gegeneinander zu führen (1Kor 6,7f), sein Drängen auf Erledigung in der eigenen Gemeinde ist nur eine Konzession an schon bestehende Praktiken.
[97]  Vgl. Röm 16,2, ferner Bauer, Wb. s.v. 2.
[98]  Vgl. 1Kor 5,10f; 6,10; Eph 5,5 (πλεονέκτης); Mk 7,22; Röm 1,29; Eph 4,19; 5,3; Kol 3,5 (πλεονεξία). Vgl. auch Dabelstein, Beurteilung (s.o. Anm. 1) 56 (146f).
[99]  Anders Rigaux 510f: »son prochain« (unter Bezug auf Mt 5,23ff; 7,3ff und 1Joh 2,9ff; die letzte Stelle redet aber von Christen, die ersten gehören in eine andere Situation) und J. Friedrich, Gott im Bruder?, 1977 (CThM A. 7), 230 (er läßt bei πρᾶγμα die Entscheidung zwischen »Geschäft« oder »Streit« offen). Vermittelnd J. Beutler, EWNT I 71.

schränkend gemeint, so als wäre den Außenstehenden gegenüber ein anderes Verhalten freigegeben. Vielmehr kommt darin die Konzentration der Gemeinde auf sich selbst in ihrem sozialen Leben zum Ausdruck. Doch darf solche Befindlichkeit nicht als die typische Haltung der introvertierten Gruppe negativ klassifiziert werden. Die unerhörte missionarische Lebenskraft der urchristlichen Gemeinden bezeugt eine Offenheit, die sie derartiger Charakterisierung entzieht. Ihre Geschlossenheit ist die Konzentration auf einen zu ihrer Umwelt alternativen Lebensstil, dessen eigentliches Ziel der verwandelnde Zugriff auf diese Umwelt ist.

Gegenüber diesem ist ein gänzlich anderes Verständnis des Textes von einer speziellen juristischen Gegebenheit her zu begründen versucht worden[100]. Danach ist V 6 zwar noch unmittelbar von der Themenstellung in V 3, die »Unzucht« lautet, abhängig, und doch heißt πρᾶγμα »Prozeß« und πλεονεκτεῖν bezieht sich auf materielle Bereicherung. »Die Frage, die V. 3–8 zugrunde liegt, muß gelautet haben: Wie sollen wir uns als Christen zum Erbtochterrecht einstellen? Ist es erlaubt, eine Erbtochter zu heiraten, auch wenn der Entschluß in jüdischen Augen Unzucht ist?«[101]. Das Rechtsinstitut, um das es bei dieser Auslegung geht, will dem Schutz des Familienvermögens dienen. Ist in einem Erbfall allein eine Tochter der Erbe, so kann von dem nächsten männlichen Verwandten die Ehe mit dieser »Erbtochter« – und damit das Erbe – eingeklagt werden. Die dadurch erzwungene Verwandtenehe aber verstieß in aller Regel gegen die gesetzlichen Bestimmungen Lev 18,6–18, ihr Vollzug war nach jüdisch-rabbinischem Verständnis Unzucht. Indessen setzt die Erklärung von diesem Institut her zu spezielle Verhältnisse in der Gemeinde, die ganz jung und noch klein ist, voraus, als daß sie überzeugen könnte, abgesehen davon, daß sie dem Wortlaut von VV 5.6a nur unter wiederum sehr speziellen Umständen, die man voraussetzen muß[102], gerecht werden könnte[103].

Der begründende Satz V 6b bezieht sich nicht nur auf den Inhalt von V 6a, sondern auf das ganze Tun, das ab V 3 im Blick ist. Die allgemeine und umfassende Formulierung (περὶ πάντων τούτων) verrät, daß Paulus das Vorangegangene völliger versteht, als es der Wortlaut zunächst erscheinen läßt. Für ihn ist mit dem Gesagten der Wille Gottes offensichtlich in einer gewissen Vollkommenheit erfaßt.
Bemerkenswert ist, daß Paulus bei dieser Zusammenfassung nur an verwerfliches Handeln denkt. Da er zunächst das Tun, von dem er in VV 3–6 spricht, unter die Rubrik: Wille Gottes, eure Heilung stellt und nun zum Abschluß nur Tun, das von Gott verworfen ist, im Auge hat, ergibt sich die Tendenz hin zu der Gleichung: Heiligung ist Unterlassung desjenigen Tuns, das unter das Gericht führt. Dieser Tatbestand erscheint reflektiert Röm 3,23: »Die Sünder . . .

[100]  H. Baltensweiler, Erwägungen zu 1.Thess. 4,3–8, ThZ 19 (1963) 1–3; vgl. auch ders., Ehe 135–149, außerdem M. Adinolfi, Le frodi di 1 Thess. 4,6a e l'epiclerato, BibOr 18 (1976) 29–38.
[101]  Baltensweiler, Erwägungen (s.o. Anm. 100) 11f.

[102]  Die Frage, die Baltensweiler, Erwägungen (s.o. Anm. 100) 11f formuliert, müßte viel detaillierter gewesen sein.
[103]  Vgl. auch Schlier 116 Anm. 92; Merk, Handeln 48 Anm. 32.

gehen der Herrlichkeit Gottes verlustig, wie sie Adam bei der Schöpfung besaß und verlor«[104]. Von daher erklärt sich die auffallende Ausrichtung der Paränese, die in Verboten stärker lebt als in Geboten; ihr liegt ein Menschenbild zugrunde, das dem Gedanken der schöpfungsmäßigen Gottebenbildlichkeit verhaftet ist.

»All dies Tun« steht unter dem Gericht Gottes. Die Wendung, mit der das ausgesagt ist (ἔκδικος κύριος), ist alttestamentlich-jüdisch geprägt[105]. Dabei ist der Kyrios allemal Gott[106]. So dürfte auch Paulus verstanden haben. Gott ist der, »der das Recht strafend zur Geltung bringt« (ἔκδικος[107]). Die Wiedergabe mit »Rächer« kann in die Irre führen, wenn dabei übersehen wird, daß durch sein Tun das Recht wieder in Geltung gesetzt wird. Gottes strafendes Gericht gibt der Mißachtung des Willens Gottes die Tiefendimension. Die Frage, ob dieses Gericht schon in der Gegenwart oder erst in der Zukunft ergeht, ist im letzten Sinne zu beantworten[108]. Es ist das Gericht Gottes, das endgültig über das Leben entscheiden wird; allerdings steht es drängend nahe bevor.

Ebensowenig wie das gebotene Wie des Wandelns der Christen, das Annahme durch Gott in sich schließt, ist die verderbliche Folge des Tuns gegen Gottes Willen der Gemeinde bisher unbekannt gewesen. Der Apostel hat es ihr schon früher gesagt[109] und nachdrücklich bezeugt. Die Fülligkeit der Aussage hat nicht nur stilistische[110], sondern auch sachliche Gründe. Paulus hat es seiner Gemeinde mit höchstem Nachdruck eingeprägt, daß das Leben nicht der Beliebigkeit anheimgestellt ist, sondern daß Gott die Ordnung, die er dem Leben gab, einfordert. Die Aufgabe, die die Gabe des Lebens in sich birgt, hat eine Bedeutung, die über die Gabe selbst entscheidet – natürlich, denn die Aufgabe gehört zur Gabe selbst.

7   V 7 kehrt zurück zu der Bestimmung, die Gott der Gemeinde gab[111]. Damit wird V 3 aufgenommen, die Wiederholung des Begriffs »Heiligung« zeigt, daß das bewußt geschieht. Indem Paulus jetzt aber von der Berufung der Gemein-

---

[104]   Wilckens, Römer I 188.

[105]   Eine direkte Übernahme aus dem AT liegt nicht vor. Ἔκδικος ist in LXX nicht belegt. Am nächsten steht Ψ 93 (Ps 94),1 θεὸς ἐκδικήσεων κύριος (θεὸς ἐκδικήσεων ἐπαρρησιάσατο). Für das Judentum vgl. TestXII, dort häufiger ἐκδίκησις mit Bezug auf Gott (Rub 6,6; Lev 18,1; Dan 5,16; Jos 20,1). Besonders bemerkenswert ist Röm 12,19 (= Hebr 10,30) in der Abweichung von Dtn 32,35 LXX (ἐν ἡμέρᾳ ἐκδικήσεως ἀνταποδώσω); vgl. TestGad 6,7: δὸς τῷ θεῷ τὴν ἐκδίκησιν. S. auch JosAs 23,13; 28,14 (ἐκδικέω).

[106]   So auch z.B. Friedrich 239; Schlier 68; Marxsen 59; G. Schrenk, ThWNT II 442,47; Laub, Eschatologische Verkündigung 56 Anm. 34; Merk, Handeln 48–50 (mit überzeugender theologischer Begründung). – 1Thess 1,10 spricht eher gegen als für den Bezug von κύριος auf Christus, da dort der Gottessohn Je-

sus nicht als Richter, sondern als Retter aus dem kommenden Gericht erwartet wird.

[107]   Vgl. dazu G. Schrenk, ThWNT II 442: Durch Angleichung an ἐκδικάζω hat sich hellenistisch die Bedeutung gebildet: der, der das Recht vertritt oder vollstreckt.

[108]   So auch Merk, Handeln 48. 1Kor 11,29f sollte man nicht dagegen anführen; V 32 zeigt, daß das gegenwärtige Gericht gerade dazu dient, dem entscheidenden Gericht zu entrinnen.

[109]   Προεῖπον nicht »vorhersagen« (so Dobschütz 170), sondern »schon zuvor, schon früher einmal gesagt haben«, vgl. Bauer, Wb. s.v. προεῖπον 2; auch Best 167.

[110]   S. Rigaux 512: »ces redondances marquent bien le style oratoire«.

[111]   Das verknüpfende γάρ bezieht den Satz auf den ganzen vorangehenden Gedankengang, vgl. Best 167.

de spricht, faßt er das Geschehen, das sich zwischen Gott und der Gemeinde vollzogen hat, persönlicher und präziser in den Blick. Gott war schon 2,12 der genannt worden, der die Gemeinde beruft[112]. Hier wird dieser schöpferische Akt mit Blick auf den Kontext nach einer negativen und einer positiven Seite hin entfaltet. Die unterschiedlichen Präpositionen, mit denen das Berufungsgeschehen näher beschrieben wird (ἐπί und ἐν) haben die gleiche Bedeutung[113]. Sie bezeichnen das Ziel, auf das hin die Berufung nicht erfolgt bzw. in das hinein sie erfolgt ist[114]. Nicht zu einem Leben der »Unreinheit« hat Gott uns, alle Christen und damit auch Paulus und seine Gemeinde, mit seiner Heilsbotschaft erschaffen. Das Wort ist nicht auf den sexuellen Bereich einzuschränken, stützt also auch nicht die geschlossene Interpretation des vorangehenden Abschnitts auf sexuelles Verhalten. Es hat gewiß eine Affinität zum sexuellen Bereich, bezeichnet aber auch 2,3 viel weitergreifend die schmutzige Gesinnung überhaupt[115]. Hier bezieht es sich auf das heidnische Wesen, das Paulus in zwei entscheidenden Ausprägungen in den Blick faßte[116]. Statt in ein solches Leben, das von Gott abgewandt und getrennt ist, sind sie berufen in ein solches der »Heiligung«. Ἁγιασμός korrespondiert dem gleichen Wort V 3, hat also auch den gleichen Sinn: Heiligung durch ein Leben gemäß dem Willen Gottes. Alle Reflexionen auf das Verhältnis von Heiligung der Christen als Werk Gottes oder Christi[117] und eigenes Werk der Christen stoßen, soweit sie sich an das »in Heiligung« (ἐν ἁγιασμῷ) hängen, ins Leere. Paulus denkt an das Tun der Christen, das sie heiligt, so wie er Röm 6,19 davon spricht, daß die Getauften ihre Glieder der Gerechtigkeit zu Diensten stellen mit dem Ziel der Heiligung (εἰς ἁγιασμόν). Wohl aber ist in dem »er hat berufen« der Gedanke enthalten, daß Gott die Glieder der Gemeinde schon zu dem gemacht hat, was sie durch ihr Tun sein sollen. Denn der Ruf Gottes ist nicht zunächst eine Aufforderung, er ist eine Schöpfungstat, die das Wesen setzt, das sie benennt. Indessen ist das nur implizit in dem Satz gegenwärtig. Ihm kommt es allein darauf an, die Thessalonicher daran zu erinnern, zu welch eigenem Handeln Gottes heilsetzende Tat sie führen will: nicht zum gottverhaßten, sondern zum gottnahen Leben.

Der Vers, der den Abschnitt abschließt, zieht mit Nachdruck[118] aus dem Gesagten eine wesentliche Folgerung. Sie ergibt sich im engeren Sinne aus V 7, im weiteren aus dem Inhalt des gesamten Abschnitts, wie V 7 seinerseits das Vor-

        8

---

[112] Dort mit der Angabe des Ziels: εἰς τὴν ἑαυτοῦ βασιλείαν καὶ δόξαν. Zur Bedeutung von καλέω vgl. dort (91f).

[113] Für ἐπί vgl. Gal 5,13; die Bedeutung »zu« ist für ἐπί c. Dat geläufig, Bauer, Wb. s.v. II 1bε. Καλέω ἐν ist häufiger; 1Kor 7,15; Gal 1,6 steht das ἐν für εἰς; der Gedanke ist wohl der, daß die Berufung »in etwas hinein« geschieht, daß ein neuer Zustand begründet wird.

[114] Anders vor allem Dobschütz 171, der mit ἐπί den Grund oder die Bedingung, mit ἐν die

Modalität genannt sieht (übernommen von F. Hauck, ThWNT III 432 Anm. 13); vgl. auch Laub, Eschatologische Verkündigung 59 zu ἐν.

[115] Vgl. o. 71 zu 2,3.

[116] Röm 6,19 steht ἀκαθαρσία zusammen mit ἀνομία in ganz weitem Sinne für alles gottwidrige Treiben.

[117] Vgl. 1Kor 1,2.30; 6,11 u.ö.

[118] Τοιγαροῦν nur hier und Hebr 12,1 im NT. Die Partikel führt eine Folgerung ein »avec une sorte d'emphase, de préciosité«, Rigaux 513.

angehende aufarbeitend zusammenfaßt. Paulus legt klar, was der in Wahrheit tut, der das, was er als Gebote, die den Wandel gemäß dem Willen Gottes ordnen, der Gemeinde vorträgt, für ungültig erklärt, dem die bindende Kraft bestreitet. »Der Verwerfende« (ὁ ἀθετῶν) will natürlich nicht Gott verwerfen; daß er es tut, deckt erst Paulus auf. Vielmehr meint er, daß die Weisungen, die Paulus vorträgt, nur Menschenworte sind, die man ungestraft beiseite schieben kann. Doch ist solches Urteil nicht von der Person des Paulus als »nur« eines Menschen her begründet, sondern von den Weisungen her, die als nicht von Gott gegeben erkannt sind. Mit dem Apostolat des Paulus und seiner Geltung hat der Satz nichts zu tun[119].

Trotz der starken Zusammenziehung, die in ὁ ἀθετῶν enthalten ist, darf das Partizip nicht rein substantivisch als »der Verächter« verstanden werden[120]. Die verbale Bedeutung, die den unmittelbaren Bezug zum Kontext aufrechterhält, muß mitgehört werden. Paulus will erläutern, was die Verachtung gerade dieser Weisungen bedeutet, die den Lebenswandel nach typischen Gewohnheiten im Blick haben.

Mit ihr wird nicht irgendein Mensch[121] um seine Autorität gebracht, Gott selbst wird außer Geltung gesetzt. Ähnlich geschärfte Worte, die auf das wahre Ziel des Angriffs gegen den, der in Gottes Auftrag handelt, aufmerksam machen, finden sich sowohl im Alten Testament[122] als auch im Neuen Testament[123] mehrfach. Das entspricht der Struktur des Offenbarungsgedankens, der allein im Wort des Menschen das Wort des unsichtbaren, transzendenten Gottes vernehmbar glaubt. In anerkennender Richtung hatte Paulus diesen Gedanken schon 2,13 mit Blick auf seine Verkündigung ausgesprochen; die Thessalonicher haben sein Predigtwort als das begriffen, was es tatsächlich ist, nicht Menschenwort, sondern Gotteswort[124]. Das aber gilt nicht nur für das Heilswort, sondern auch für das Wort der Mahnung und Weisung.

Der Nennung Gottes ist eine partizipiale Näherbestimmung hinzugefügt. Sie spricht, wie gewöhnlich bei solcher Art der Rede[125], von einem Tun Gottes. Denn Gott bekundet sich in seinem Handeln. Hier wird mit solcher Qualifikation zugleich die Kontinuität des Gotteshandelns zur Geltung gebracht und so die Identität Gottes bezeugt. Die Wendung »der, der euch seinen Heiligen

---

[119] Anders Best 169, der Verbindungen zum Schaliach-Institut vermutet. Vgl. auch Schmithals, Paulus und die Gnostiker 114.

[120] So auch Dobschütz 172.

[121] Das artikellose ἄνθρωπος im Sinne von »irgendein Mensch« in indefiniter Bedeutung kommt nahe an τις heran (vgl. Bl-Debr-Rehkopf § 301,2), nur ist gerade die Qualität ἄνθρωπος im Gegenüber zu ὁ θεός entscheidend.

[122] Vgl. Ex 16,8; 1Sam 8,7 (Jes 7,13 dagegen ist steigernd).

[123] Vgl. Gal 1,10.12; Mk 8,33/Mt 16,23 und bes. Lk 10,16. Der Gedanke an der letzten Stelle ist aber so anders (es geht dort um Begründung von Autorität, nicht um den Aufweis tatsächlicher Urheberschaft), daß weder direkte noch auch nur indirekte Abhängigkeit angenommen werden darf. Eher kann man mit Dibelius 22 erwägen, ob nicht 1Thess 4,8 und Lk 10,16 »eine in der Paränese geläufige Schlußwarnung« vorliegt, nach der Lukas aus Mt 10,40 das Wort gebildet hat; doch ist das natürlich eine höchst unsichere Vermutung.

[124] Vgl. dazu o. 97ff zu 2,13.

[125] Vgl. G. Delling, Partizipiale Gottesprädikationen in den Briefen des Neuen Testaments, StTh 17, 1963, 1–59.

Geist gibt« spielt nämlich offensichtlich auf das Alte Testament an[126]. Reden aber die verwandten Sätze Ez 36,27 und 37,14 davon, daß Gott diese Gabe erst geben wird, so ist er hier als der genannt, der seinen Geist »in euch«[127] gibt, jetzt schon und nicht erst in der Zukunft. Das Präsens[128] zeigt, daß die Prädikation streng auf Gott blickt; er ist der Geber des Geistes, wann immer Menschen ihn empfangen. Die Betonung, mit der der Geist Gottes als der »Heilige« näher bezeichnet wird[129], hat einen Bezug zum Kontext. Gott ist der, der die Gemeinde in das Heilsleben gerufen hat, der sie heiligt, damit sie seinem Willen gemäß, der ihre Heiligung ist, leben kann. Wenn dieser Gott jetzt als der prädiziert wird, der seinen Heiligen Geist in die Glieder der Gemeinde hineingibt, dann ist damit auf das Tun Gottes gezielt, das die Gemeinde ermächtigt, »in Heiligung« (ἐν ἁγιασμῷ) zu leben. Es ist der Geist, der den Christen den gottgewollten Wandel und damit das Gott-gefallen ermöglicht[130]. So verwirft denn aber auch der, der solches Leben ausschlägt, mit dem Geber des Geistes dessen Gabe[131].

Das sorgfältig gegliederte Stück ist ein interessantes Beispiel für die Art urchristlicher Paränese. Sie stellt sich dar als Tradition, die weitergegeben und neu erinnert wird, also in Formen, wie sie die Katechismus-Unterweisung benutzt. Obwohl Motiv und Situation eine wesentliche Rolle spielen, ist der materiale Inhalt der Weisungen doch nicht aus diesen Gegebenheiten entwickelt. Er ist vielmehr vorgegeben und wird in die Situation hineingesagt; und er empfängt durch seine Begründung das Motiv seiner Erfüllung. Der Apostel befiehlt seiner Gemeinde nicht ein bestimmtes Tun[132], er spricht ihr vielmehr eindringlich bittend zu, so zu handeln, wie er es ihr gesagt hat. Das, was er zu

*Zusammenfassung*

---

[126] Ez 36,27 καὶ τὸ πνεῦμά μου δώσω ἐν ὑμῖν, 37,14 καὶ δώσω τὸ πνεῦμά μου εἰς ὑμᾶς. Auffällig ähnlich ist sowohl εἰς ὑμᾶς als auch das Personalpronomen bei πνεῦμα (vgl. Deidun, Morality 19, der den Bezug zum Bundesgedanken herausstellt). Aber natürlich kann man mit Dobschütz 173; Best 170 fragen, ob Paulus nicht nur »biblisch« redet; doch rechtfertigt schon das die oben gegebene Interpretation. – Die Gottesprädikation JosAs 12,(1)2 ὁ δοὺς (πᾶσι) πνοὴν ζωῆς (Batiffol 54,22) ist charakteristisch verschieden; sie ist protologisch, nicht eschatologisch bezogen.
[127] Zu διδόναι εἰς vgl. Hebr 8,10 (= Ἰερ 38,33). Zur Vorstellung s. 1Kor 6,19. Vgl. auch Deidun, Morality 55f.
[128] Es ist nicht mit einem Teil der Textüberlieferung der Aorist δόντα zu lesen; vgl. Dobschütz 173 mit Anm. 2. Anders Rigaux 514 (merkwürdig anders freilich ders. 515, in der Erklärung).
[129] Vgl. aber auch Ψ 142 (Ps 143), 10: τὸ πνεῦμά σου τὸ ἅγιον (wo freilich statt ἅγιον vielleicht ἀγαθόν zu lesen ist).

[130] Zur Bedeutung des Geistes für das Handeln des Christen s. Schrage, Einzelgebote 71–93, bes. 71–77; Reinmuth, Geist und Gesetz 95–142; Deidun, Morality 55–63.
[131] Möglicherweise spielt auch der Gedanke an den Geist als die Gabe der Endzeit eine Rolle, vgl. z.B. Dobschütz 173; Best 170; Schade, Apokalyptische Christologie 79 (GenR 14,8 [Ez 37,14 in eschatologischer Antithese zu Gen 2,7] als Hintergrund auch von 1Kor 15,44f).
[132] Die *parakalô*-Sätze wollen gerade nicht befehlen. »Es handelt sich um einen würdigen und urbanen Ausdruck der Aufforderung, dem alles Befehlende oder Untertänige fernliegt«, Bjerkelund, Parakalô 110; hier wird das durch ἐρωτῶμεν V 1 unterstrichen (vgl. zu 4,1ff Bjerkelund, ebd. 140: »Der p.-Satz dient ... dazu, das vertrauensvolle, brüderliche Verhältnis gerade in Hinblick auf die folgende Paränese zu unterstreichen«; vgl. ferner zu Paulus insgesamt 188f).

sagen hat, beruht nicht auf seiner Einsicht, steht nicht auf seiner Autorität. Es ist der Wille Gottes, der sich in solchen Weisungen niederschlägt und ihnen ihre Geltung verleiht.

Der Gott aber, dessen Willen Paulus der Gemeinde proklamierend zuspricht, ist der eine und wahre Gott, der sich und seinen Willen schon seit den Tagen Noahs, Abrahams und Moses offenbart hat. Und weil es der eine und gleiche Gott ist, wie ebenso die eine und gleiche Welt, auf die sein Wille wirken will, deshalb ist auch der Inhalt der Weisungen der eine und gleiche.

Das ist der Grund für die inhaltliche und auch formale Nähe der paulinischen paränetischen Sätze zur paränetischen Tradition des Judentums. Sowohl das Verbot der »Unzucht« in all ihren Erscheinungsformen, in denen das Judentum sie zu erkennen meinte, als auch das der »Habsucht« begegnet überaus häufig in der jüdisch-paränetischen Literatur. Ihre Zuordnung und einseitige Hervorhebung als die Grundgebote sind charakteristische Züge der jüdischen und insbesondere der jüdisch-hellenistischen Literatur. Prägnant begegnet dieser Topos in TestJud 18[133]: »2 Hütet euch nun, meine Kinder, vor der Unzucht (πορνείας) und der Geldgier (φιλαργυρίας), ... 3 denn solches wendet ab vom Gesetz Gottes (ὅτι ταῦτα ἀφιστᾷ νόμου θεοῦ) ... 6 Denn wer den beiden Leidenschaften, die den Geboten Gottes widerstreben, dient, kann Gott nicht gehorchen«[134]. Die beiden Laster, Unzucht und Geldgier, sind die Feinde des Gottesgesetzes schlechthin, ihr Dienst ist *die* Gefährdung des Gottesgehorsams. CD IV,14ff bietet eine Auslegung von Jes 24,17 (»Grauen und Grube und Garn über dich«): »15 auf die drei Netze Belials ..., 16 daß er damit Israel fängt ... 17; die erste (Art) ist die Unzucht, die zweite der Reichtum, die dritte 18 die Befleckung des Heiligtums«[135]. Die hier zusätzlich genannte »Befleckung des Heiligtums«, der in der Regel der Götzendienst entspricht, tritt gern als dritte Größe zu der sexuellen und der besitzbezogenen Fehlhaltung hinzu, hat aber nicht allemal einen Ort in der Situation, in die die Paränese hineinwirken will.

Die Zweiheit der Warnung vor Unzucht und Habgier, häufiger auch hier verbunden mit dem Götzendienst, ist in auffällig breiter Weise in die Paränese des Neuen Testaments eingegangen. Röm 2,21f faßt Paulus exemplarisch Lehre und Haltung des jüdischen Gesetzeslehrers so zusammen: »nicht stehlen – nicht ehebrechen – der verabscheut die Götzenbilder« (μὴ κλέπτειν – μὴ μοιχεύειν – ὁ βδελυσσόμενος τὰ εἴδωλα). In den Lasterkatalogen 1Kor 5,10; 6,9f steht die Dreiheit: Unzucht, Habsucht, Götzendienst nebeneinander, und auch in Röm 1,29–31 wiederholt sich »in eigenartiger Weise ... die Trias Götzendienst – Unzucht – Habgier«[136]. Kol 3,5; Eph 4,19[137]; 5,3.5; 2Petr 2,14 begegnet

---

[133]   Das ganze Testament ist thematisch darauf zugeschnitten: περὶ ἀνδρείας καὶ φιλαργυρίας καὶ πορνείας (TestJud inscr.).

[134]   Der letzte Satz nach der Übersetzung von Schnapp bei Kautzsch (Text bei M. de Jonge in PVTG I 2: δύο γὰρ πάθη ἐναντία τῶν ἐντολῶν τοῦ θεοῦ δουλεύων θεῷ ὑπακούειν οὐ δύναται).

[135]   Vgl. ferner z.B. TestDan 5,5–7; Schweizer, Kolosser 143 Anm. 492.

[136]   E. Schweizer, Gottesgerechtigkeit und Lasterkataloge bei Paulus (inkl. Kol und Eph), in: Rechtfertigung, FS E. Käsemann, hrsg. J. Friedrich u.a., Tübingen – Göttingen 1976, 469 (vgl. auch 471); zu 1Thess 4,3–6 s. ebd. 462–464.

der Topos wieder, und auch in der Reihung von Lastern Mk 7,21f kann man ihn finden[138]. Die Tradition ist so breit, daß sie als eine – gemeinsame – Grundlage der urchristlichen Paränese angesehen werden muß, die direkt aus dem Judentum übernommen wurde[139].

Von daher wird verständlich, warum Paulus gerade und nur diese beiden Bereiche an unserer Stelle anspricht und das rechte Handeln in ihnen als die von Gott geforderte Heiligung ansieht. In ihnen stellt sich beispielhaft das ganze Feld menschlichen Handelns dar, in ihnen fällt die Entscheidung für oder gegen Gottes Willen. Und in der Tat entscheidet sich das menschliche Miteinander in elementarer Weise in diesen beiden Bereichen, dem der Sexualität und dem des Besitzes.

Hier hat denn auch die Frage nach der Verbindlichkeit solcher Art Paränese anzusetzen, die sich weder durch eine religionsgeschichtlich begründete Relativierung noch durch eine biblizistisch begründete Buchstabengläubigkeit lösen läßt. Wirkliche Integrität in diesen beiden Bereichen darf immer mit dem Prädikat des Gott wohlgefälligen Wandels belegt werden. Trotz der wesenhaften Geschichtlichkeit von Mensch und Welt konstituiert sie ein Element der Identität, das eben diese beiden Bereiche als die vorzüglichen Orte der Entscheidung über verfehltes oder gelungenes Leben erscheinen läßt. Schält man zunächst diesen Kern aus der Schale seiner konkreten Darbietung heraus, dann verliert der Text von seiner Fremdheit in unserer Geschichte, über die er in die Unverbindlichkeit abgeschoben zu werden in Gefahr steht. Man sieht dann auch, daß er – unbeschadet aller Detailregelungen – das Gebiet des Sexuellen nicht überhaupt verdrängen will.

In diesem Sinne ist er – und mit ihm die verwandten Stücke – freilich weithin verstanden worden. Entscheidende Schritte in dieser Richtung tat schon die Exegese der alten Kirche, indem sie ihn einerseits insgesamt, einschließlich V 6, auf das sexuelle Gebiet bezog, andererseits mit der Deutung des »eigenen ›Gefäßes‹« V 4 auf den eigenen Leib den sexuellen Partner gänzlich des Textes verwies. Damit war der Sexualbereich zu demjenigen geworden, in dem sich Heiligung oder Verfehlung vor Gott allein ereignet, der mithin dem Zusammenhang der Lebensbereiche insgesamt entzogen und einem Sonderurteil unterstellt wurde; und zugleich wurde die Sexualität als ganze unter das Urteil gerückt, daß sie dem Willen Gottes entgegenstehe. Beides ist ebenso eine Verkennung des Textes wie der hinter ihm stehenden Tradition. Danach gehört die Geschlechtlichkeit des Menschen in den Zusammenhang seines Lebensvollzugs, wenn auch als der Bereich, der neben dem Besitzstreben besonders gefährlich ist. Und nicht sie selbst, wohl aber ihre Fehlhaltung unterliegt dem Verdikt.

[137] Dazu vgl. Gnilka, Epheserbrief (s.o. Anm. 247) zSt: ἐν steht für καί (entspr. hebr. ‏ּבְ‎).
[138] Vgl. G. Delling, ThWNT VI 272,20ff: »Zweimal ist ... das sexuelle mit dem den Besitz betreffenden Vergehen zusammengestellt; offenbar liegt hier eine Topik vor«.

[139] Vgl. zusammenfassend und das Material sowohl aus dem jüdischen als auch aus dem ntl. Bereich aufarbeitend Reinmuth, Geist und Gesetz.

Freilich darf nicht übersehen werden, daß die Grenze, die zur »Unzucht« hin gezogen wird, eng ist. Das spricht unser Text zwar nicht aus, ist aber vorauszusetzen. Unterstützt durch die besondere Struktur seiner Persönlichkeit (1Kor 7,7), ist Paulus mit seiner Tradition in vollem Einklang, die der Sexualität als solcher keinen Wert zusprechen konnte, vielmehr gebannt auf ihre Gefahren blickte. Der unmittelbare Bezug von V 5 unseres Textes auf die Gestaltung des ehelichen Lebens ist allerdings ein exegetisches Fehlurteil.

Die Grenze des Textes, die eine Grenze des paulinischen Urteils ist, darf nicht dazu benutzt werden, ihn beiseite zu schieben. Die zerstörerische Macht verantwortungsloser Sexualität ist in unserer Gesellschaft nicht zu übersehen. Die Zerstörung der Ehemoral hat das Leben nicht reicher und freier gemacht, sie hat es vielmehr, durch den Entzug des Vertrauens, in die Vereinsamung gestoßen. Die gescheiterte Ehe ist in den meisten Fällen eine zerstörte Familie, die Kinder tragen eine vernichtende Last. Es kann nicht die Aufgabe der Seelsorge sein, die Sexualität nur wie eine Form der Selbstfindung und Selbstverwirklichung des Menschen zu behandeln, auch wenn das mit Blick auf die soziale Verantwortung geschieht. Die Sexualität ist nicht auf die Verwirklichung des einzelnen, sondern auf die einer Gemeinschaft von zwei Menschen ausgerichtet. Daher ist sie nicht der Beliebigkeit des einzelnen ausgeliefert. Mit der Familie weitet sich solche Gemeinschaft aus, die Verantwortung wächst entsprechend. Die seelsorgerliche Führung der Gemeinde muß die Verantwortung bewußt machen, die die Sexualität dem Menschen aufträgt. Sie bietet ihm die Chance, sich selbst in einer Gemeinschaft, in der seine Individualität gestaltend sich entfalten kann, aufgehoben zu finden. Die Zerstörung der Ehe und der Familie ist die Tötung solcher Gestalt des Lebens.

Als die andere Grundgefährdung des Menschen ist seine Gier nach Besitz erkannt. Nicht der Besitz selbst wird verurteilt, wohl aber sein Erwerb auf Kosten des anderen. Daß Betrug und Ausbeutung in offener Form die Beziehungen der Menschen zueinander vergiften, ist im Bereich des persönlichen Lebens offenkundig. Freilich gibt es sublime Formen, die gleichfalls erkannt sein wollen. Wer seine moralische, seelische oder materielle Macht über andere ausnutzt zu seinem Vorteil, der zerstört das Recht des anderen und damit das Recht überhaupt. Unsere Welt wird tödlich bedroht durch die Gier der mächtigen Länder nach Wohlstand und Besitz, die ohne Rücksicht auf die schwachen Länder befriedigt wird. Hemmungslos werden die Schwachen verelendet, wird die Mißachtung aller Menschenrechte übersehen, damit Wohlstand und Ruhe im eigenen Bereich gewahrt und gemehrt werden. Selbst vor dem gierigen Vorgriff auf die Zukunft schreckt unsere Zeit nicht zurück. Es ist nur konsequent, daß die Angst die Signatur unserer Tage ist. So wie die unverantwortete Sexualität die Gestalt des Lebens als individuelle Gemeinschaft zerstört, so die Besitzgier das Zusammenleben der ganzen Menschheit. In der Tat hängt im Versagen auf diesen Gebieten das Unheil unserer Welt.

Schließlich ist aber noch auf eine Grenze des Textes aufmerksam zu machen. Er richtet sich ausschließlich an Männer, so als beträfe nur sie das Werk der

Heiligung, als solle und könne allein der Mann dem Willen Gottes gemäß wandeln. Auch das entspricht der Tradition, die Paulus fortführt. Gleichwohl kann solche Scheidung der Geschlechter nicht dem paulinischen Glauben gemäß sein. Denn ebenso wie der Unterschied zwischen Jude und Grieche, Sklave und Freiem ist auch der zwischen Mann und Frau aufgehoben in der Einheit in Christus Jesus, Gal 3,28[140]. So wendet sich Paulus in 1Kor 7,2–5 geradezu betont an beide Ehepartner[141] mit jeweils gleichen Weisungen[142]. In unserem Text hingegen folgt er unkritisch – der im Unterschied zu der in Korinth gegebenen unkritischen Situation in Thessalonich entsprechend – der überkommenen Tradition, die als ursprünglich jüdische einseitig den Mann ansprach.

Immerhin läßt auch unser Text einen Schritt über die traditionelle Nichtachtung der Frau hinaus erkennen. Er ist getan in der Näherbestimmung der Weisung, daß ein jeder seine eigene Frau besitzen soll »in Heiligung und Ehre« (V 4). Sie wehrt der Willkür des Mannes, der vor Gott für den Umgang mit seiner Frau verantwortlich ist. Das ist im Bereich des Judentums keineswegs selbstverständlich[143]. Diese Züge, nicht die mit der Tradition überkommenen, markieren die Richtung des Denkens.

Die Weisungen, die Paulus der Gemeinde erneut in das Gedächtnis prägt, empfangen ihre besondere Bedeutung vom Kyrios Jesus her. Die zweimalige Nennung des Kyrios ist nicht nur eine Floskel. Die Weisungen kommen ihr zu durch den Herrn, der sie zur Gemeinde gemacht hat, durch den sie die Berufung in das Reich Gottes und seine Herrlichkeit (2,12) empfangen hat. Als Geheiligte werden sie unter solche Weisung gestellt, nicht als solche, die so sich überhaupt erst heiligen müssen. Es ist vermutet worden, daß die Paränese unseres Textes ihren ursprünglichen Sitz bei der Taufe hat[144]. Das ist nicht zu beweisen. Man kann aber annehmen, daß Paulus in V 7 an die Taufe denkt, bei der der Ruf Gottes grundlegend ergeht[145]. Paulus spricht der Gemeinde dringlich bittend zu, die Gabe, die sie bei der Taufe empfing, den Geist, nicht mit seinem Geber zu verwerfen, sondern wirken zu lassen, zu ihrer Heiligung.

Die Glieder der Gemeinde sollen der Welt exemplarisch vorleben, wie das Leben heil sein kann. Indem sie ihre intimen und sozialen Beziehungen nicht zum Mittel der Selbsterlösung pervertieren, sondern dem anderen damit zum Leben verhelfen, »heiligen« sie sich. Denn sie entsprechen damit der Grundordnung, die der Welt eingestiftet ist. Diese kann nur um den Preis des Funktionierens der Welt übertreten werden. Daß unsere Welt nicht der Beliebigkeit anheimgestellt, nicht »machbar« ist, sondern – durch uns! – zerstört werden

---

[140] Vgl. dazu etwa G. Dautzenberg, »Da ist nicht männlich und weiblich«. Zur Interpretation von Gal 3,28, Kairos 24 (1982) 181–206.
[141] Vgl. auch 1Kor 7,12–16.
[142] Vgl. Schrage, Zur Frontstellung (s.o. Anm. 67) 229–231 und auch ders., Einzelgebote 205–207; Ethik 218.
[143] Vgl. Bill. II 383.397; III 68 (Ned 20b »Ein Mensch darf alles machen, was er mit seiner Frau machen will . . .«).
[144] G. Braumann, Vorpaulinische christliche Taufverkündigung bei Paulus, 1962 (BWANT V 2), 47f, vgl. auch 70.
[145] Vgl. Laub, Eschatologische Verkündigung 59.

kann, ist die ängstigende Erfahrung unserer Zeit. Gott hat uns ermächtigt, uns solchem zerstörerischen Tun entgegenzustellen.

### 2. *Die Bruderliebe und das geordnete Leben (4,9–12)*

**9 Über die Bruderliebe aber habt ihr nicht nötig, euch zu schreiben; denn ihr selbst seid Gottunterwiesene im Einander-Lieben. 10 Und ihr tut das auch allen Brüdern in ganz Mazedonien gegenüber. Wir reden euch aber zu, Brüder, noch fülliger darin zu werden 11 und euch engagiert darum zu bemühen, Ruhe zu halten, die eigenen Dinge zu betreiben und mit euren Händen zu arbeiten, wie wir euch aufgetragen haben, 12 damit ihr anständig vor denen draußen euer Leben führt und niemanden nötig habt.**

Analyse  Der Abschnitt bildet eine Einheit, obgleich er von zwei scheinbar verschiedenen Gegenständen handelt. Das einleitende περί (»über«), mit dem der Gegenstand der folgenden Abhandlung eingeführt wird[146], markiert den Wechsel des Themas und damit den Neuansatz. Der erste Gedankenzug reicht bis V 10a, er handelt von der Bruderliebe. V 10b beginnt grammatisch und sachlich neu, aber in merkwürdiger Verschränkung mit dem Vorangehenden. VV 9.10a bedienen sich der Stilform der Paraleipsis[147], V 10b ist dem adversativ entgegengestellt. Gleichwohl bleibt der Inhalt der Zusprache zunächst noch bei der Bruderliebe und schließt dem, einfach durch »und« angereiht, den anderen Gegenstand an, dem Paulus sich in den VV 11 und 12 widmet: das ruhige und ordentliche Leben. So sind die beiden Teile des Stückes doppelt miteinander verklammert. Einmal durch die intendierte Redefigur: Über die Bruderliebe brauche ich nichts zu sagen, wohl aber vermahne ich euch in Hinsicht auf euren Lebensstil. Diese Gegenüberstellung aber, die bereits einen Bezug feststellt, wird aufgelockert dadurch, daß nun doch auch das Thema der Bruderliebe mit in die Ermahnung hineingenommen wird. Für Paulus muß mithin eine Verbindung zwischen beiden Gegenständen bestanden haben[148], die es zu erfassen gilt.

Der zweite Teil des Stückes ist ein *parakalô*-Satz, dem die präpositionale Wendung fehlt und damit ein Stückchen Nachdruck und Begründung. Als Schlußsatz des größeren Abschnitts 4,1–12 kehrt er in der Form zu dessen erstem Satz zurück und entspricht ihm darüber hinaus auch darin, daß er sich eigens

---

[146]  Diese Art der Einführung ist besonders auffällig in 1Kor 7,1; 7,25; 8,1; 8,4; 12,1; 16,12; vgl. 2Kor 9,1 (s. dazu aber auch Bauer, Wb. s.v. περί 1h). Sie entspricht der Überschrift über griechische Abhandlungen, auch etwa der der einzelnen Testamente in TestXII.

[147]  Vgl. dazu Bl-Debr-Rehkopf § 495,3. Gegen solche Auffassung des Satzes Lightfoot 52.

[148]  Vgl. dazu auch Deidun, Morality 88. Anders Dibelius 23: Die enge syntaktische Verbindung von VV 10f berechtigt die Auslegung nicht dazu, die Gegenstände auch sachlich zu verbinden.

nur als Erinnerung an bereits ergangene Weisungen darstellt[149]. Paulus bleibt
in dem gesamten Abschnitt bei der gleichen Art der Anrede an die Gemeinde.
Er will sie nicht zurechtweisen, ihr nicht befehlen, er will sie in ihrem eingeschlagenen Weg durch seinen apostolischen Zuspruch bestärken.

Paulus setzt neu ein. Ein Zusammenhang mit dem Vorangehenden besteht   Erkärung
gleichwohl, insofern er dabei bleibt, der Gemeinde vor Augen zu rücken, wie   9
ihr Verhalten beschaffen sein soll, wenn sie christliche Gemeinde sein will.
Jetzt schreibt er über die »Bruderliebe«. Im herkömmlichen griechischen Gebrauch bedeutet das Wort φιλαδελφία die Liebe zwischen leiblichen Geschwi-
stern[150]; im Neuen Testament[151] bezeichnet es die Liebe zum christlichen Glaubensbruder. Dieser Gebrauch ist vielleicht im Judentum vorbereitet[152], aber
erst in der christlichen Gemeinde zur Entfaltung gekommen. Das in der Anrede »Bruder« sich artikulierende Gefühl der Zusammengehörigkeit war so
stark, daß es die Wörter auf sich zog, die die geschwisterliche Bindung zum
Ausdruck bringen. Daß an die Liebe der Gemeindeglieder untereinander gedacht ist, zeigt das Ende des Verses; die Wendung dort nimmt den einleitenden
Begriff auf. »Bruder« ist also streng auf den Glaubensgenossen bezogen[153].
Der Inhalt dessen, was Paulus über die »Bruderliebe« schreibt, ist, daß er über
sie nicht zu schreiben nötig hat. Das läßt es höchst unwahrscheinlich sein, daß
Paulus bei den Gegenständen, die er mit περὶ δέ einführt, auf Anfragen der
Thessalonicher eingeht, die sie schriftlich (oder mündlich) Timotheus mitga-
ben[154].
Gleichwohl redet er über das Thema. 5,1 wird er die gleiche Stilform noch einmal einsetzen. Dort geschieht es zur Erinnerung an eine Wahrheit, deren Konsequenzen für das Leben der Gemeinde Paulus herausstellen will. Hier benutzt
er die Beteuerung, über die Bruderliebe nicht schreiben zu müssen[155], als ein
Lob und darüber als Ermutigung. Doch wird er diese noch eigens in einem *parakalô*-Satz aussprechen. Zunächst liegt der Ton ganz auf dem direkten Lob.
Die Frage, warum dieser Gegenstand überhaupt angesprochen wird, ist schwer
zu beantworten. Möglich ist, daß der Bericht des Timotheus erkennen ließ,
daß die Gemeinde einer Ermutigung in ihrer Bruderliebe bedurfte. Indessen

---

[149] V 11fin: καθὼς ὑμῖν παρηγγείλαμεν (vgl.
V 2 παραγγελίας ἐδώκαμεν ὑμῖν).
[150] So auch im Judengriechischen, 4Makk
13,23.26; 14,1; vgl. φιλάδελφος 13,21; 15,10;
dies letzte Wort 2Makk 15,14 offensichtlich
übertragen vom Propheten Jeremia.
[151] S. Röm 12,10; Hebr 13,1; 1Petr 1,22; 2Petr
1,7.
[152] Vgl. φιλάδελφος 2Makk 15,14 (s.o. Anm.
150).
[153] Vgl. zu ἀδελφός schon o. 45.
[154] So in der Tat im 1.Korintherbrief, s. 1Kor
7,1. Gegen die Annahme, Paulus antworte auf
briefliche Fragen der Gemeinde, auch z.B. Dobschütz, Rigaux, Best. Vgl. auch o. Einleitung
31.

[155] Der sprachliche Ausdruck ist in der Textüberlieferung umstritten. Ἔχομεν (statt ἔχετε)
lesen א² D* F G Ψ al, εἴχομεν B I; dadurch wäre
das aktive γράφειν gerechtfertigt. Statt γράφειν lesen das – ebenfalls korrektere – γράφεσθαι H pc. Diese letzte v.l. (vgl. 5,1) ist zu
schwach bezeugt. Ernsthaftere Beachtung verdient ἔχομεν, da durch »westlichen« Text und
Ägypter gut bezeugt; nur sieht das nach Verbesserung aus. Unmöglich ist ἔχετε nicht, da
das Genus auch sonst ähnlich belegt ist, vgl.
Lightfoot 52; Dobschütz 176 (zu ergänzen ist
ἡμᾶς als Subjekt, es ist wie ein AcI gedacht).

klingt dazu das Lob zu ungeteilt. Andererseits aber genügt die Annahme, »daß das Thema dem Apostel durch katechetische Gewohnheit in die Feder diktiert war«[156], nicht. Wahrscheinlich sind die Sätze durch den Zusammenhang bedingt, den Paulus zwischen der Bruderliebe und dem übrigen Lebensstil der Gemeinde, dessen er sich in den VV 11 und 12 annimmt, bestehen sieht. Die Bruderliebe ist in der Gemeinde hoch entwickelt – so muß auch ihre Lebensführung dem entsprechen; das scheint der Zusammenhang des Gedankens zu sein.

Die erste Begründung dafür, daß Paulus der Gemeinde über die Bruderliebe nicht zu schreiben braucht, ist die, daß sie selbst[157] darin unterrichtet ist. Die Glieder der Gemeinde sind »von Gott Unterrichtete« im Einander-Lieben. Das Wort θεοδίδακτοι ist vielleicht eigene Bildung des Paulus[158]. Seine Elemente sind in der prophetischen Ansage Jes 54,13 enthalten, die alle Söhne des neuen Jerusalem »Unterrichtete Gottes« heißt[159]. Dieses Wort ist Joh 6,45 zitiert und auf die bezogen, die Jesu Stimme hören[160]. Möglicherweise wird eine breitere urchristliche Tradition sichtbar, nach der sich die frühe Gemeinde in dem Jesaja-Spruch benannt wußte. Daß Paulus an diese prophetische Verheißung bei der Formulierung seiner Aussage dachte, ist jedenfalls in hohem Maße wahrscheinlich. In der christlichen Gemeinde erfüllt sich die prophetische Verheißung für die endzeitliche Gemeinde und weist sie dadurch als das wirkliche Gottesvolk aus. Sichtbar ist solche Erfüllung an der Art ihres Lebens. Die gegenseitige Liebe, die sich nach V 10a im Verhalten zu den Brüdern darstellt, ist das Herzstück christlichen Verhaltens. Deshalb hatte sich auch 3,12 das Gebet darauf gerichtet, daß die Gemeinde überfließend reich gemacht würde durch die Liebe. Indem sie sich als eine solche darstellt, die der apostolischen Weisung über die »Bruderliebe« nicht bedarf, stellt sie sich in der Tat als gottgelehrte endzeitliche Gemeinde dar, als die sie Paulus dankerfüllt in dem ganzen Brief sieht.

Die Einschränkung der Liebe, die in dem ἀλλήλους gegeben ist, wird von uns heute stärker empfunden als von Paulus und seinen Gemeinden. Nun zeigt allerdings 3,12, daß auch Paulus eine Differenz sieht zwischen der Liebe zueinander und zu allen[161]. Indessen ist sie hier nicht im Blick, da es in dem ganzen

---

[156] Dobschütz 178. Zum Verhältnis von Traditionalität und Aktualität in der paulinischen Paränese vgl. Schrage, Einzelgebote 37–48.

[157] Αὐτοὶ ὑμεῖς hebt hervor; ein antithetischer Klang (vgl. z.B. Dobschütz 176; Best 172) ist kaum mitzuhören, da der Vordersatz gerade kein Personalpronomen der 1. Pers enthält.

[158] Es findet sich neben Barn 21,6 nur an Stellen, für die mit Abhängigkeit von Paulus gerechnet werden kann; vgl. Rigaux 517; auch Spicq, Notes 372. Die Bildung konnte angesichts der zahlreichen Zusammensetzungen mit θεός naheliegen.

[159] Καὶ πάντας τοὺς υἱούς σου διδακτοὺς θεοῦ Vgl. auch 1QH VII 10 (»du, mein

Gott . . ., hast [mich belehrt in] deinem Bund«; zur Rekonstruktion vgl. G. Jeremias, Der Lehrer der Gerechtigkeit, 1963 [StUNT 2], 181 mit Anm. 11).

[160] Vgl. P. Borgen, Bread from Heaven, 1965 (NT.S 10), 150: Jes 54,13 ist in der rabbinischen Tradition oft zitiert, um zu zeigen, daß Gott selbst im kommenden Äon die Tora lehren wird. – PsSal 17,32 vom königlichen Messias: διδακτὸς ὑπὸ θεοῦ Deidun, Morality 20f. 33–35 bevorzugt als Bezugstext Jer 31(38),34 und sieht eine inhaltliche Verbindung zur Anspielung auf Ez 36,27 in V 8.

[161] Vgl. dazu o. 144.

Komplex ab 4,1 um Probleme des Gemeindelebens geht. Zu wehren ist dem
Versuch, solche Konzentration auf die eigene Gruppe, die in der »Bruderliebe«
als der Frucht der Unterweisung Gottes eine Spitze findet, als introvertierte
Abwendung von der Welt zu denunzieren. Wer das tut, der hat jeden Glauben
an die Kraft des Evangeliums, die Welt außerhalb der Gemeinde zu ergreifen
und sie in die Schule Gottes zu führen, fahrenlassen.

Wie Paulus sich das Unterwiesensein von Gott vermittelt denkt, ist schwer zu
sagen. In keinem Fall schließt es, wie der vorangehende Vers (4,8), aber schon
2,13 zeigt, die menschliche Vermittlung des Inhalts der »Lehre« aus[162]. Es setzt
sie im Gegenteil voraus[163], und zwar die Vermittlung durch die apostolische
Verkündigung des im Evangelium erschlossenen und eschatologisch befestig-
ten Gotteswillens. Daß aber solche Verkündigung in der Gemeinde wirksam
wird, daß die Gemeinde ihre Wahrheit begreift, das ist das Werk Gottes, das
Paulus als durch den Heiligen Geist vermittelt gedacht haben mag[164]. Kaum
jedoch liegt auf diesem letzten ein besonderer Ton, eine auch noch so leise Anspielung auf oder Beeinflussung durch Jer 31 (ʾΙεϱ 38),33f[165] ist nicht zu erkennen. Eher ist zu erwägen, ob, von V 8 her, Ez 36,27 noch nachwirkt[166]. Aber
Paulus reflektiert an unserer Stelle nicht auf die besondere Art des Wirkens
Gottes in der Gemeinde.

Sogleich tritt die Manifestation dessen im Handeln der Gemeinde in den Blick.   10
Der Lehre entspricht das Tun. Der Satz expliziert den Vordersatz und begründet zugleich, warum Paulus nicht über die »Bruderliebe« reden muß; das
spricht der Anschluß mit ϰαὶ γάϱ aus. Die Gemeinde setzt die Liebe zueinander[167] in die Tat um, nicht nur innerhalb der eigenen Gemeinde, sondern gegenüber allen Brüdern in ganz Mazedonien[168]. Diese Aussage ist ähnlich voll
wie die in 1,7f. Man darf von ihr aus nicht auf sonst unbekannte Gemeinden in
der Provinz Mazedonien schließen. Sicher sind wir über eine Gemeinde in Philippi, vermuten können wir eine in Beröa[169], über weiteres wissen wir nichts.
Ein solcher Satz zeigt, daß es z. Zt. seiner Abfassung keine trennenden inner-
christlichen Spannungen in diesem Gebiet gegeben hat. Das ist für die Ge-

---

[162]   Insofern führt der Hinweis von Dobschütz
176f darauf, daß es ein antiker Gedanke sei, das
Autodidaktos-Sein auf die Götter zurückzuführen, in die Irre.
[163]   Die abwehrende Aufzählung bei Dobschütz 177 mag weitgehend berechtigt sein,
trifft in ihrer Entgegensetzung (die Belehrung
vollzieht sich innerlich in jedem Christen als
Träger des Gottesgeistes) aber keinesfalls das
Gemeinte.
[164]   So auch Rigaux 518: »Il s'agit de l'obéis-
sance à Dieu et à ses exigences, connues par la
prédication chrétienne et acceptées au fond des
coeurs où habite l'Esprit«.
[165]   Vgl. Dobschütz 177, auch Schade, Apokalyptische Christologie 149, der auf das jüdische
Verständnis von Jer 31,33f verweist.

[166]   Es heißt dort nach der Zusage der Gabe
des Geistes: ϰαὶ ποιήσω ἵνα ἐν τοῖς διϰαιώμα-
σίν μου ποϱεύησθε ϰαὶ τὰ ϰϱίματά μου φυ-
λάξησθε ϰαὶ ποιήσητε (vgl. auch o. Anm. 160).
[167]   Αὐτό verweist auf V 10b (nicht 10a), vgl.
Dobschütz zSt. Zu ποιεῖν mit Bezug auf die
»Liebe« vgl. Mt 5,46f; Jak 2,8 (H. Braun,
ThWNT VI 475,34f).
[168]   Je nachdem, ob man τούς (mit א² B D¹ H
Ψ 𝔐) liest oder nicht (mit א* A D F G lat), ist ἐν
ὅλῃ τῇ Μαϰεδονίᾳ zu beziehen; im ersten Fall
auf ἀδελφούς, im zweiten auf ποιεῖτε. Aber:
»L'idée est la même« (Rigaux 518). Die Bezeugung spricht für den Artikel.
[169]   Vgl. Apg 20,4 (der Beröer Sopatros in der
Kollektendelegation des Paulus).

schichtsschreibung der frühen Gemeinden eine nicht unwichtige Erkenntnis. Über die Art und Weise, in der sich solches Liebeshandeln vollzog, mag man sich allerlei denken, bleibt dabei aber doch nur auf dem Felde mehr oder weniger begründeter Raterei. Am wenigsten wird man fehl gehen bei der Annahme, daß die Gemeinde in großzügiger Weise Gastfreundschaft und Reisegeleit gewährte.

Trotz des bisherigen Lobes spricht der *parakalô*-Satz V 10b[170] die Gemeinde darauf an, zu noch größerer Fülle auch auf diesem Gebiet zu gelangen[171]. Die formale Verschränkung mit dem folgenden Gegenstand hat für die Behandlung des Themas »Bruderliebe« sachlich den Ertrag, daß Paulus über sie zunächst uneingeschränkt anerkennend sprechen kann, dann aber doch eine Mahnung anzubringen vermag, die die positiven Sätze nicht antastet. Das Tun der Liebe kennt kein Maß, es soll und kann sich immer reicher und vollkommener entfalten. Gerade die Liebe erstarrt, wenn sie nicht stets neu sich entdeckt und ihren Weg findet. Die Geschichte großer Liebeswerke ist dafür Beispiel.

11 Eigentlich aber hat der Zuspruch ein anderes Ziel[172]. Die Gemeinde soll sich engagiert bemühen[173] um eine Lebensführung in Ruhe, um das Erledigen der eigenen Dinge, um die Arbeit mit den eigenen Händen. Die ersten beiden Wendungen (ἡσυχάζειν und πράσσειν τὰ ἴδια) können einen politischen Horizont haben[174], der aber für unsere Stelle nicht vorausgesetzt werden darf[175]. Für die dritte Wendung ist er ohnehin nicht gegeben, sie weist in den Bereich privater Lebensführung. Vor allem aber verbietet das, was wir bezüglich der geschichtlichen Lage einer jungen paulinischen Gemeinde vermuten können, die Annahme, sie könne eine irgendwie geartete politische Tätigkeit zu entfalten versucht haben[176]. Auch aus inneren Gründen muß ihr, die in der Erwartung des unmittelbar bevorstehenden Endes der Geschichte lebte, der Gedanke an politische Geschäftigkeit ferngelegen haben.

Mit einer Parenthese[177] (»wie wir euch aufgetragen haben«) erinnert Paulus an frühere Belehrung. Sie bezieht sich nicht auf den letztgenannten Gegenstand,

---

[170] Sowohl der Charakter des Satzes als *parakalô*-Satz als auch die neuerliche Anrede ἀδελφοί zeigen, daß ein Einschnitt vorliegt.

[171] Zu περισσεύειν μᾶλλον vgl. 4,1, zur Sache schon 3,12.

[172] Der Satz ist mit Infinitiven überfüllt. Der erste, περισσεύειν, ist selbständig; ihm koordiniert ist φιλοτιμεῖσθαι, wovon die folgende Dreiheit abhängig ist (φιλοτιμεῖσθαι auch sonst [Röm 15,20; 2Kor 5,9] mit Inf, vgl. Bl-Debr-Rehkopf § 392,1 mit Anm. 2); Dobschütz 179 erwägt dagegen, πράσσειν und ἐργάζειν direkt von παρακαλοῦμεν abhängen zu lassen.

[173] Φιλοτιμεῖσθαι »nach Ehren(stellen) jagen« ist ausgeweitet: »sich engagieren, mit ganzem Einsatz um etwas bemühen« (vgl. auch Milligan 53f); der Gedanke an eine Ehre ist

höchstens ganz entfernt anwesend; so auch Röm 15,20 und 2Kor 5,9.

[174] Vgl. Dobschütz 179f; Rigaux 520f.

[175] Anders Dobschütz 180; dagegen auch Best 175.

[176] Dobschütz 180: »sich um die öffentlichen Angelegenheiten bekümmern, auf dem Markt die Staats- bzw. Stadtangelegenheiten nach eigenem Programm christlicher Eschatologie regeln wollen«. Vgl. auch Schlier 73 und – in etwas anderer Akzentuierung – Evans, Eschatology 180 (mit Blick auf 2Thess 3,11); G. Delling, Römer 13,1–7 innerhalb der Briefe des Neuen Testaments, Berlin 1962, 43f.

[177] Der ἵνα-Satz V 12 nennt nicht die früher gegebene Weisung (so Dobschütz 181; vgl. dazu Rigaux 522), sondern gibt das Ziel an, dem die vorliegende dient.

sondern auf die ganze Weisung, die in der Dreiheit »ruhig leben, die eigenen
Angelegenheiten besorgen, der Arbeit nachgehen« enthalten ist. Nur ist nicht
davon auszugehen, daß Paulus der Gemeinde schon bei ihrer Gründung genau
dieses auftrug. Die Erinnerung an die anfängliche Weisung hat die einheitliche
Lebensführung als ganze im Blick, aus der jetzt drei charakteristische und besonders gefährdete Züge herausgegriffen sind. Zu einem Leben in den Strukturen dieser Welt und an dem Platz, an dem sie steht, hatte der Apostel die Gemeinde angehalten[178]. Daran erinnert er sie hier, als er diese gleichsam allgemeine Weisung in die besondere Situation der Gemeinde hinein auffaltet.
Eine besondere Art privater Lebensgestaltung[179] muß der Apostel im Auge haben; das zeigt die gezielte und ungewöhnliche Art der Weisungen[180]. Leider
wissen wir über diese besondere Situation nun aber nur soviel, wie sich aus unserer Stelle ergibt, die sich doch ihrerseits erst von der Situation der Gemeinde
her erschließen will. Weder ist dem weiteren Kontext eine sichere Einsicht abzugewinnen, noch darf ohne weiteres von 2Thess 3,6ff her interpretiert werden. Wenn es statthaft ist, durch einen Umkehrschluß die Situation in der Gemeinde zu erhellen, dann herrschte in ihr die Neigung, ein unruhiges Leben zu
führen, die Dinge anderer zu besorgen und sich der Arbeit, zumindest der
Handarbeit, zu entziehen. Da V 12 angibt, welches Ziel die Weisungen verfolgen, darf auch hier ein Umkehrschluß versucht werden. Der Lebenswandel,
dem sie zu wehren versuchen, ist schamlos, unschicklich in den Augen der
Heiden und führt dazu, der Unterstützung anderer zu bedürfen. Das letzte
fügt sich zu der Weisung, mit den Händen zu arbeiten, vielleicht auch zu der
anderen, die eigenen Dinge zu betreiben. Das erste mag den beiden zunächst
geäußerten Weisungen korrespondieren. Jedenfalls ist soviel deutlich, daß
Paulus ein auffälliges Phänomen in der Lebensweise der Thessalonicher in den
Blick faßt, auffällig selbst für solche außerhalb der Gemeinde, und daß es sich
um etwas handelt, das nach einem allgemeineren Urteil, nicht nur dem der
christlichen Gemeinde, unpassend ist. Daher begründet sich der Schluß, daß es
um eine bestimmte Art der Lebensführung in der Öffentlichkeit geht. Ob diejenigen, die sich so verhalten, nun weiter mit den »Unordentlichen« (ἄτακτοι)
identisch sind, die zu ermahnen Paulus 5,14 auffordert, ist unsicher. Es spricht
aber durchaus eine Wahrscheinlichkeit dafür[181]; denn ἄτακτος ist der, der un-
gezügelt, außerhalb der Ordnung lebt[182].

[178] Vgl. 1Kor 7,17–21; Röm 13,1–7; 13,13, auch 1Kor 14,40.
[179] Zu ἡσυχάζειν vgl. 2Thess 3,12; 1Tim 2,2; ferner PSI I 41,23 σωφρονῖν καὶ ἡσυχάζειν (s. weitere Belege bei Bauer, Wb. s.v. 1; Dibelius 23); Sir 28,16; Jos Ant 13,407; 18,245; POxy 129,8 εἰρηνικὸν καὶ ἡσύχιον βίον διάξαι. – Zu τὰ ἴδια »die eigenen Angelegenheiten« vgl. 2Makk 9,20; 11,(23.)26.29.
[180] Anders Dibelius 23: Es »deutet nichts auf einen bestimmten Anlaß zu dieser Mahnung«; auch N. A. Dahl, Studies in Paul, Minneapolis

1977, 25 Anm. 10, meint, die Mahnung in 4,11f sei »part of traditional paraenesis« (mit Berufung auf E. F. Hock, The Working Apostle: An Examination of Paul's Means of Livelihood, Diss. Yale 1974, 96–108).
[181] Vgl. auch Laub, Eschatologische Verkündigung 120.
[182] Die Bedeutung »träge, lässig« (Bauer, Wb. s.v. 2) hat das Wort an sich nicht, sie ergibt sich höchstens aus dem Kontext als besondere Erscheinungsform des Lebens außerhalb der Ordnung. Vgl. auch Delling, Römer 13,1–7 (s.o. Anm. 176) 42f.

Noch schwieriger ist es, etwas über die Motivierung solcher Lebensweise zu erkennen. Man könnte versucht sein, die Frage danach mit Blick auf den sogleich folgenden Abschnitt 4,13–5,11 so zu beantworten, daß die besondere Dringlichkeit der eschatologischen Erwartung in Thessalonich zu solchem Verhalten führte[183]. Ob freilich Paulus mit der Abfolge der behandelten Themen einen solchen Zusammenhang erkennen läßt, ist ganz unsicher. Die Folge der Themen ist in paränetischen Abschnitten nur lose gefügt. Gleichwohl bestehen öfters assoziative Zusammenhänge; sie näher zu bestimmen ist aber schwierig, da sie in durchaus subjektiven Gegebenheiten begründet sein können. Darüber hinaus ist nicht einmal mit einiger Gewißheit zu sagen, ob das Verhalten, das Paulus mit seiner Weisung V 11 im Auge hat, überhaupt durch den Glauben der Gemeinde bedingt ist, jedenfalls durch einen bestimmten Inhalt dieses Glaubens. Denn die Ansicht, die drängende Parusieerwartung habe eine Haltung der Unruhe, der Beschäftigung mit anderen als den eigenen Angelegenheiten und der Vernachlässigung der Arbeit hervorgerufen, ist keineswegs gesichert und kaum wirklich zu sichern. Aufgeregte Unkonzentriertheit ist schwerlich ein Zeichen religiös bedingten Enthusiasmus'[184], und von einem besonderen, gnostisch bestimmten Pneumatikertum[185] wird gar nichts sichtbar. Natürlich ist es nicht ausgeschlossen, daß eine Besonderheit des Glaubens in Thessalonich diese Haltung begründete. Wir können sie nur nicht mehr erkennen. Vielleicht war es nur die innere Erregung über den neuen Glauben und die neue Gemeinschaft, die in einigen Gemeindegliedern einen aktivistischen Übereifer erzeugte, der sie die gewohnte Lebensweise aufgeben ließ und in ein ordnungsloses Leben trieb. Daß die Annahme einer grundstürzenden Botschaft – die ihre Anhänger zu einem neuen Leben ruft, zugleich aber auch in die soziale Isolation, ja Diffamierung führt – leicht veranlassen kann, daß die gewohnte Art des Lebens und des Erwerbs fahrengelassen und jeder und jedes an dem Maß, das man neu gewonnen zu haben meint, gemessen wurde, ist wohl vorstellbar[186]. Freilich ist auch das nur eine Möglichkeit des Verständnisses, der Sicherheit nicht zukommen kann.

Die paulinische Reaktion ist in jedem Falle bemerkenswert. Er ruft zu einem Leben in ruhiger Ordnung, das auf den eigenen Bereich konzentriert ist und das sich selbst durch Handarbeit[187] erhält. Man kann das als eine Forderung nach bürgerlicher Ruhe und Ordnung bewerten, der der eschatologische Glaube nur Motiv, nicht Inhalt ist, der kein Konzept für eine Weltgestaltung oder gar Weltveränderung zugrunde liegt, die vielmehr eher sozial konservativ ist,

---

[183]  So z.B. Dobschütz 180.183; Merk, Handeln 53f (dort Anm. 75 Lit. zur Frage). Gegen Herleitung der Haltung aus der eschatologischen Erwartung Kaye, Eschatology, der aber darüber hinaus jede spezifisch-religiöse Begründung in Frage stellt und »local and perhaps social roots« vermutet (57).
[184]  So etwa Laub, Eschatologische Verkündigung 121.

[185]  So Schmithals, Paulus und die Gnostiker 115f.
[186]  Schlier 72f verweist für πράσσειν τὰ ἴδια auf ἀλλοτριεπίσκοπος 1Petr 4,15; doch hat das Wort offenbar einen ganz anderen Sinn, vgl. Brox, 1.Petrus 219f.
[187]  N²⁶ hat, freilich in Klammern, ἰδίαις vor χερσίν in den Text genommen; die Bezeugung trägt das kaum.

bedingt durch einen apokalyptischen Passivismus[188] – hat aber dann nur Maßstäbe angelegt, die nicht zu vermessen vermögen. Nur weil die Gemeinde sich
in das Leben in der Welt einfügte, vermochte sie die Welt zu durchdringen. Die
Umwelt begriff ohnehin, daß ihr etwas entgegentrat, das ihre Identität gefährdete, und sie antwortete sogleich und hart mit der sozialen Desintegration.
Unser Brief ist dafür ein Beispiel. Die Struktur dieser Welt überwindet nicht
ein neuer Lebensstil, sondern nur Gott selbst, wenn er sein Reich herauführt
mit der Parusie des Sohnes. Diesen Zugriff Gottes auf die Welt erwartete Paulus und mit ihm seine Gemeinde für die nächste Zukunft, so daß eine Ordnung, die der christlichen Gemeinde in der Welt Bestand verleiht, nicht ihre
Aufgabe sein konnte. Erstaunlich ist indessen, daß solcher Glaube Paulus nicht
in die Nähe der Haltung in Thessalonich führte. Aber Paulus kennt nicht »jenes christliche ›Engagement‹, das immer nur auf die Verhältnisse und die anderen sieht und nicht auf mich selber«[189]. Was er von seiner Gemeinde erwartet, ist ein Leben in der Ordnung[190]. Die weitere Entwicklung indessen, soweit
sie aus 2 Thess 3,6–12 zu erkennen ist, verlief in Richtung auf weitere Vernachlässigung der eigenen Arbeit. Das ist gerade dann verständlich, wenn es sich
von Anfang an nur insofern um ein religiös begründetes Programm handelte,
als es auch aus einer Reaktion auf den Zugriff der Botschaft des Evangeliums
auf die Lebensweise erwuchs, der sozial desintegrierend wirkte und der der in-
nergeschichtlichen Zukunft die Bedeutung zu nehmen schien.

Der Zweck der vorangehenden Weisungen ist ein doppelter. Paulus will zu-          12
nächst, daß die Gemeindeglieder so ihr Leben führen, wie es sich vor den Außenstehenden gehört. Unter den Außenstehenden, womit zunächst alle, die
nicht zur Gemeinde gehören, gemeint sind[191], sind vermutlich vornehmlich

---

[188] So Laub, Eschatologische Verkündigung
175–178. Vgl. dagegen Schrage, Ethik
206.221f, der den Gesichtspunkt der Liebe hervorhebt.

[189] Schlier 72.

[190] Ob die Ermahnung zur Handarbeit (zu ἐργάζειν ταῖς χερσίν vgl. 1 Kor 4,12; Eph 4,28) eine besondere Spitze gegen ihre Verachtung in
der Antike hat, ist fraglich. Solche Verachtung
war keineswegs allgemein verbreitet (vgl.
Schnackenburg, Epheser 212 mit Anm. 503f;
Schrage, Ethik 220f). Zur positiven Arbeits-
ethik der einfachen Schichten in hellenistischer
Zeit vgl. A. Deißmann, Licht vom Osten, Tübingen ⁴1923, 265f (Grabschrift des Gärtners
Daphnos, er habe nun das Ziel erreicht, »nachdem er viel gearbeitet hatte μετὰ τὸ πολλὰ κο-
πιᾶσαι« [Deißmann, ebd. 265 mit Anm. 1]; in
einem römischen Coemeterium preist eine
Frau ihren Mann, »der viel für mich gearbeitet
hat, τείς [= ὅστις] μοι πολλὰ ἐκοπίασεν«
[Deißmann, ebd. 266 mit Anm. 5]).
Auch die – in ntl. Zeit weitgehend philoso-
phisch führende – Stoa hatte im ganzen eine

positive Würdigung der Arbeit, vgl. F. Hauck,
RAC I 587 (»Keine an sich moralische A.[rbeit]
ist des Weisen unwürdig«). Vgl. aber auch Xe-
noph Mem III 9,14; Evans, Eschatology 54f; s.
hierzu auch Oepke 169. Dem Judentum galt
die körperliche Arbeit als Pflicht, die Gott gesetzt hat, vgl. z.B. G. Bertram, ThWNT II
645,43–646,25; Bill. II 10f.745; III 604. Die Behauptung von Bertram, das hellenistische Judentum stehe der Arbeit unmittelbar ableh-
nend gegenüber (ThWNT II 640,29–641,20;
vgl. aber dagegen ders., 645,26f.31f), ist unzutreffend; vgl. TestIss 5,3; Jos Ap 2,234; Pseud-
Phokylides 153–174 (dazu vgl. P. W. van der
Horst, The Sentences of Pseudo-Phocylides,
1978 [SVTP 4], 216f).

[191] Vgl. Mk 4,11; 1 Kor 5,12f und vor allem
Kol 4,5; ἔξωθεν 1 Tim 3,7; vielleicht ist an eine
rabbinische Ausdrucksweise angeknüpft (vgl.
Milligan 54; Rigaux 523, der auch auf Jos Ant
15,316 verweist; s. auch Bill. II,7; auch Gnilka,
Markus 1 [s.o. Anm. 498] 165 führt die Bezeichnung auf das Judentum zurück); doch ist
die Ausdrucksweise auch griechisch bekannt,

die Heiden verstanden. Das im Judengriechischen ganz ungeläufige Wort[192]
εὐσχημόνως bezeichnet das Verhalten entsprechend der Konvention, das un-
anstößig ist[193]. In überaus auffälliger Weise verwendet Paulus die gleiche Wendung noch einmal in einem ganz vom Blick auf das nahende Ende bestimmten
Abschnitt, Röm 13,13. Der Wandel wie schon im Licht des Tages soll sich
»schicklich« vollziehen; der Lasterkatalog, der sich unmittelbar anschließt,
läßt sehen, wie nüchtern und konkret das gemeint ist. Die Lebensführung soll
dem entsprechen, was sich auch nach dem Urteil der Welt gehört, wobei Röm
13,13 offenbar »die draußen« gar nicht im Blick sind. Dahinter steht, wie es
scheint, der Gedanke, daß das Urteil der Welt – über ihr eigenes Tun ist damit
nichts gesagt – sehr genau weiß, welches Tun der Ordnung Gottes entspricht[194]. Daher kann Paulus auf den common sense gleichsam verweisen;
nur will dieser ernster genommen sein, als es die Welt tut, und voll getan werden! Daß das Leben der Christen sich nach den Normen des allgemeinen Urteils vollziehen soll, bringt auch Phil 4,8 überraschend selbstverständlich zur
Geltung[195]. Die Geschichte lehrt denn auch, daß selbst das ideologisch gerechtfertigte Verbrechen sich tarnt, weil es sich in Wahrheit über die Perversität seines Tuns nicht täuscht. Im übrigen aber ist zu beachten, daß weder hier noch
Röm 13,13 der Apostel das Tun einfach dem Urteil der Konvention überläßt,
sondern an unserer Stelle damit bestimmte, zuvor ausgesprochene Weisungen
begründet, Röm 13,13 sogleich einen Lasterkatalog folgen läßt. Paulus meint
nicht, daß alles, was als »schicklich« in der Welt gilt, das gebotene Tun der
Christen sei; wohl aber meint er, daß das gebotene Tun auch nach dem Urteil
der Welt »anständig« sei[196].
Der Text sagt nicht, warum die Christen so handeln sollen, daß ihr Tun vor
dem Urteil der Nichtchristen Anerkennung findet. Man wird annehmen dürfen, daß eine missionarische Absicht dahinter steht[197]. In diesem Sinne begeg-

vgl. Bauer, Wb. s.v. ἔξω 1aβ (Belege); W. C. van
Unnik, Die Rücksicht auf die Reaktion der
Nicht-Christen als Motiv in der altchristlichen
Paränese, in: Ders., Sparsa Collecta II, 1980
(NT.S 30), 309 mit Anm. 6.
[192]    Auch Wörter des gleichen Stamms begegnen kaum, εὐσχήμων Prov 11,25, εὐσχημοσύνη 4Makk 6,2; weder in TestXII noch JosAs
noch Pseud-Phokylides (s. aber Aristeasbrief
284).
[193]    Vgl. εὐσχημοσύνη 1Kor 12,23, εὐσχήμων
1Kor 12,24 und 7,35, wo es parallel zu εὐπάρ-
εδρος, verstärkt durch ἀπερισπάστως, steht
(nach Conzelmann, 1. Korinther 159 bürgerli-
che Moralbegriffe, die konventionelle Werte
bezeichnen).
[194]    Vgl. auch Röm 2,14f, bes. V15 (dazu
Wilckens, Römer I 133–137, bes. 137: V15b
läßt sich »nur so verstehen, daß das Gewissen
die Forderung des Gesetzes vertritt«).

[195]    Allerdings ohne εὐσχημόνως oder ein
Wort des Stammes. Das Adverb sonst nur noch
1Kor 14,40 mit Bezug auf den Gottesdienst,
parallel zu κατὰ τάξιν, in ebenfalls recht allgemeiner Bedeutung.
[196]    Phil 4,8 ruft freilich zum Bedenken auf
von allem, was gültig ist; aber hier steht gerade
nicht der Begriff des »Schicklichen«, sondern
gefülltere Worte; auch involviert λογίζεσθε eine Prüfung. Auch Kol 4,5 ist mit ἐν σοφίᾳ statt
εὐσχημόνως charakteristisch anders. Zur Sache vgl. B. Gerhardsson, The Ethos of the Bible,
Philadelphia 1981, 83f.
[197]    Ähnlich auch im Judentum, vgl. D. Daube, Jewish Missionary Maxims in Paul, StTh 1,
1948, 158–164. So auch Merk, Handeln 52; dagegen Deidun, Morality 26f, der allein an De-
monstration der Gemeinde und des in ihr wirkenden Gottes denkt.

net das Motiv jedenfalls häufiger in der frühen christlichen Literatur[198]. Zumindest ist die Absicht die, den Draußenstehenden keinen Anstoß zu bieten zur Ablehnung oder gar Verleumdung und Unterdrückung der Gemeinde.

Der zweite Teil der Zweckbestimmung spricht von der Unabhängigkeit von Personen, nicht von Sachen[199]. Auch deshalb ist eine Lebensführung geboten, die sich auf die eigenen Belange konzentriert und sich der Arbeit zuwendet, weil andernfalls ein anderer die Last der Besorgung der eigenen Pflichten und Notwendigkeiten aufgebürdet erhielte. In Gesellschaften, die nicht aus dem Überfluß, sondern an der Grenze des allgemeinen Mangels leben, wie wir sie für die paulinischen Gemeinden anzunehmen haben, ist solches Gebot lebenswichtig. Die Gemeinschaft würde sich ohne seine Beachtung selbst zerstören. Es ist nicht nur ein Gebot der Bruderliebe, dem anderen zu helfen, sondern auch, sich nicht mutwillig selbst zum Objekt der Hilfe zu machen[200].

Der Abschnitt befaßt sich mit der Lebensform innerhalb der Gemeinde. Das wichtigste Element gemeindlichen Zusammenlebens ist die »Bruderliebe«. Sie fügt die Glieder der Gemeinde zur vollendeten Gemeinschaft zusammen, durch sie erfüllt sich alle Forderung, die Menschen einander stellen dürfen. In ihr lebt die Gemeinde, weil sie sie als Gottes Willen angenommen hat. Der Apostel muß nicht erst zu ihr mahnen, er muß nur darauf hinweisen, daß sie zu immer größerer Fülle gebracht werden will. **Zusammenfassung**

Mit ihr soll eine Lebensweise verbunden sein, welche die Anforderungen, die die Welt an das Leben stellt, erfüllt, statt das Leben anderer mit dem eigenen Leben zu belasten. Der Drang der eigenen Erfahrung soll nicht zur Last des anderen werden, nur zu seiner Befreiung darf er wirken. Und der Zugriff der Zukunft kann nicht die kreatürliche Erhaltung des Lebens heute negieren. Noch setzt sich der Lauf der Geschichte fort, noch gilt es, ihm zu entsprechen.

Auch deshalb soll die Gemeinde den Strukturen der Welt entsprechend leben, damit sie für die Welt als ihre eigene Möglichkeit wahrnehmbar bleibt, ja sich ihr als die bessere Alternative anbietet. Wovon die Welt selbst weiß, daß es getan sein will, auch wenn sie es gerade nicht tut, das soll ihr die Gemeinde vorleben; sie bezeugt damit auch ihr Wesen.

Die Mahnungen klingen harmlos-bürgerlich. Indessen beruhen solche Urteile auf einer Verschiebung der Perspektive. Wird nach ihnen gelebt, dann gestaltet sich zu einem wesentlichen Stück heile Gemeinschaft. Und das gilt nicht nur für eine Vergangenheit urchristlicher oder auch bürgerlicher Geschichte, son-

---

[198] Vgl. 1Petr 2,12, aber auch schon 1Kor 10,32; Mt 5,16. Umfassend van Unnik, Rücksicht (s.o. Anm. 191) 307–322.

[199] Μηδενός ist Maskulinum. Grammatisch ist die Frage nicht zu entscheiden, vgl. 1Kor 12,24 neben V 21. Die Nähe zu τοὺς ἔξω sowie der weitere Kontext, der vom Gedanken an die Bruderliebe beherrscht wird, fordern maskulinisches Verständnis.

[200] Oepke 169 und – ihm folgend – Rigaux 523 (vgl. auch Best 178) interpretieren von dem griechischen Ideal der αὐταρκία her, das besonders in der Stoa eine Rolle spielte; doch ist das völlig individualistisch gedacht und daher nicht mit der φιλαδελφία in Beziehung zu setzen.

dern für jede Geschichte, in der menschliche Gemeinschaft lebt. Der Blick nach vorn, der die Gemeinde bestimmt, richtet sich nicht aus Trümmern und Katastrophen in die heile Zukunft. Er gewährt vielmehr schon in seiner Gegenwart Leben, das von der Bruderliebe umfangen ist und nicht anderes Leben mit der Last des eigenen Lebens belädt. Die Verweigerung der Leistung hat spätestens da ihre Grenze, wo der Verzicht auf eigenen Verbrauch und soziale Sicherungen ihr nicht entspricht. Die Bruderliebe fordert darüber hinaus mehr zu erarbeiten, als den eigenen Bedürfnissen entspricht, damit anderen, die nicht für sich selbst sorgen können, Leben ermöglicht wird.

## II.   Das Leben angesichts der Hoffnung auf den Tag des Herrn (4,13–5,11)

### 1.   Die Gewißheit des Heils für die Toten (4,13–18)

**13 Wir wollen euch aber nicht in Unkenntnis lassen, Brüder, über die Entschlafenen, damit ihr nicht traurig seid wie auch die übrigen, die keine Hoffnung haben. 14 Wenn wir nämlich glauben, daß Jesus starb und auferstand, dann wird so Gott auch die Entschlafenen durch Jesus mit ihm (herauf)führen. 15 Dieses nun sagen wir euch mit einem Herrenwort: Wir, die Lebenden, die Übrigbleibenden bei der Parusie des Herrn, werden keinesfalls den Entschlafenen zuvorkommen. 16 Denn der Herr selbst wird unter einem Befehlswort, unter dem Schrei des Erzengels und unter der Trompete vom Himmel herabsteigen, und die Toten in Christus werden auferstehen zuerst, 17 danach werden wir, die Lebenden, die Übrigbleibenden, zugleich mit ihnen hinweggerissen werden in die Wolken zur Einholung des Herrn in der Luft. Und so werden wir immer in der Gemeinschaft des Herrn sein. 18 So sprecht einander zu mit diesen Worten.**

Analyse  Mit 4,13 beginnt der zweite Abschnitt des parakletischen Schlußteils des Briefes, der bis 5,11 reicht. Er ist deutlich geteilt, nicht nur formal, sondern auch hinsichtlich des behandelten Gegenstandes. Wie 4,13 mit »Über die Entschlafenen« ein neues Thema angibt, so auch 5,1 mit »Über die Zeiten und Fristen«. 4,18 schließt mit dem Rückverweis auf das Vorangehende, der zur Lösung der in V 13 angesprochenen Not der Gemeinde aufruft, das erste Thema ab. Dem korrespondiert auffällig[201] 5,11, ein Tatbestand, der die innere Nähe der beiden Teile zueinander zeigt. Sie wird inhaltlich unterstrichen durch die thematische Wiederaufnahme des entscheidenden Gedankens von 4,13–18 in 5,10.

---

[201] Die gelegentlichen Vorschläge, 4,18 zu streichen (vgl. E. Fuchs, Hermeneutik?, in: Ders., Glaube und Erfahrung, Tübingen 1965, 119f; Demke, Theologie und Literarkritik 117 mit Anm. 45, s. auch 123; ferner Harnisch, Existenz 18 Anm. 13), unterstreichen diese Auffälligkeit; gerechtfertigt sind sie nicht.

In beiden Unterteilen geht es um die Bedeutung der Zukunft. Dabei ist die Behandlung dieses Gegenstandes merkwürdig, aber aufschlußreich verschränkt. 4,13–18 hat zu seinem wesentlichen Inhalt das Schicksal der Entschlafenen bei der Parusie, also ein Geschehen der Zukunft. Gleichwohl will der Abschnitt einer drängenden Sorge der Gegenwart begegnen. 5,1–11 setzt ein mit der Erinnerung an das Wissen der Gemeinde um das Kommen des endzeitlichen Tages, handelt inhaltlich aber entscheidend von der Bestimmung der Gegenwart der Gemeinde. Es reflektiert sich in dieser Verschränkung die sachliche Durchdringung, in der sich für den christlichen Glauben Gegenwart und Zukunft, Zukunft und Gegenwart begegnen. Dabei wird weder die Gegenwart bedeutungsloses Vorspiel der Zukunft, noch die Zukunft Ausdrucksform für die Bedeutsamkeit und Unverfügbarkeit der Gegenwart. Die Gegenwart lebt von der Zukunft her, die Zukunft empfängt aus der Gegenwart ihre Bedeutung. Das eine ist ohne das andere nicht denkbar.

Trotz der Einheit des ganzen Abschnitts ist 4,13–18 ein in sich geschlossener Text. Die beiden Rahmenverse 13 und 18 sprechen die Gemeinde unmittelbar in ihrer Gegenwart an: Unterrichtung über die Entschlafenen, damit nicht hoffnungslose Trauer erstarren macht, gegenseitiger Zuspruch. Dazwischen steht ein Stück, das gleichsam dogmatische Belehrung enthält, Dogmatik als Paraklese.

Um Aufbau und Gedankenführung des Mittelteils zu erkennen, bedarf die Frage nach dem Charakter und dem Inhalt des »Herrenworts«, auf das V 15 abhebt, einer Klärung. Bei der Erörterung über das paulinische Verständnis des Begriffs »Herrenwort« (λόγος κυρίου) müssen zwei Dinge auseinandergehalten werden, nämlich die tatsächliche Herkunft des Herrenworts von 1 Thess 4,15b oder 16f und seine von Paulus angenommene Herkunft. Als erstes ist zu fragen, wie Paulus die Wendung »Wort des Herrn« verstanden hat. Trotz weitestgehender Ablehnung dessen in der neueren exegetischen Literatur[202] dürfte er an ein Jesus-Wort denken. So allein legen es 1 Kor 7,10; 9,14, auch

---

[202] Lüdemann, Paulus 254 spricht von einem »Konsensus«, der sich dafür gefunden zu haben scheint, »λόγος κυρίου als Wort des Erhöhten aufzufassen« (so auch Mearns, Development 140f, der Paulus als den Empfänger der prophetischen Offenbarung des »Herrenwortes« ansieht). Lüdemann selbst meint, daß nach dem Verständnis des Paulus »gewiß ein Wort des Erhöhten vorliegt«, daß es sich jedoch um eine jüdische Apokalypse handelt, »die von Paulus als Wort des Herrn aufgefaßt wurde« (255f wird ausdrücklich eine schon vorpaulinisch-christliche Form abgelehnt!); 255 Anm. 128 spricht L. dann davon, daß die Apokalypse 1 Thess 4,15f »mit der Bezeichnung ›logos kyriou‹ auf Jesus zurückgeführt« wird. – H. Sahlin, Paulus och Danielsboken, SEÅ 46 (1981) 103–105 übersetzt unter Bezug auf die LXX ἐν λόγῳ κυρίου »in Kraft göttlicher Inspiration«; Paulus führe in VV 16f einen Satz an, der ihm inhaltlich aus dem Schriftstudium zukam. – O. Hofius, »Unbekannte Jesusworte«, in: Das Evangelium und die Evangelien, hrsg. P. Stuhlmacher, 1983 (WUNT 28), 358f versteht, im Anschluß an Henneken, Verkündigung und Prophetie, von der Charakterisierung prophetischer Rede durch ἐν λόγῳ κυρίου her, »die in einem persönlichen Wortempfang begründete prophetische Legitimation des Gottesmannes« bezeichnet (358); 3 Βας 13,1f.5.32; 21,35 (1 Chr 15,15: ἐν λόγῳ θεοῦ): »dies sage ich euch auf ein (an mich ergangenes) Wort des Herrn hin« (359).

Röm 14,14, und besonders 1Kor 7,12.25[203] nahe. Diese Stellen, dazu mit besonderem Gewicht 1Kor 7,40, schließen die Formulierung eines Herrenworts durch Paulus so gut wie sicher aus und machen es schwer glaubhaft, daß Paulus sich auf »Herrenworte« berief, die ihm nicht als solche (des irdischen) Jesu(s) bekannt waren. Damit ist nicht gesagt, daß das Wort, an das er denkt, wirklich von Jesus gesprochen ist; es kann mit der Möglichkeit gerechnet werden, daß erst die frühe Überlieferung ein solches Wort zum »Herrenwort« gemacht hat.

Die primäre Frage nun, ob in unserem Text ein Wort enthalten sei, das sich auch – möglicherweise in einer anderen Form, aber doch in substantieller Identität – in der sonst auf uns gekommenen Jesus-Überlieferung findet, muß verneint werden[204]. Indessen kann das angesichts der begrenzten Auswahl, in der allein Jesus-Überlieferung erhalten ist[205], nicht dagegen geltend gemacht werden, daß ein sonst unbezeugtes Jesuswort Paulus bekannt gewesen ist[206].

Wir haben also zu fragen, wo in unserem Text ein Wort enthalten ist, das in der Tradition, die auf Paulus kam, als »Herrenwort« galt[207]. Aus der Tradition stammt sicher das apokalyptische Wort VV 16f[208]. Es ist offensichtlich verwandt mit 1Kor 15,52, wenngleich der Wortlaut beider Stellen nicht identisch ist. Besonders auffällig ist, daß auch der Kontext und die Funktion beider Texte nahe Verwandtschaft aufweisen. Beide werden mit einem Vers eingeleitet, der den Inhalt gewichtig mit einer Berufung auf seine besondere Art hervorhebt[209]. Beide Male folgt zunächst eine geschärfte Aussage über etwas, das diejenigen erfahren, die von dem Heilsgeschehen bei der Parusie[210] erfaßt

---

[203] So auch Müller, Prophetie 233f (tatsächlich soll es sich freilich um »ein anonymes prophetisches Wort« handeln). – Vgl. zu κύριος ferner Gal 1,19 und 1Kor 9,5. Daß die Wendung λέγομεν ἐν λόγῳ κυρίου genau so sonst nicht bei Paulus belegt ist, ist kein Argument gegen solches Verständnis. Die Berufung auf den Sprachgebrauch der Propheten trägt nichts aus. Daß Paulus darauf reflektiert hätte, daß die als λόγος κυρίου im AT eingeführten Worte in Wahrheit Prophetenworte waren, ist nicht anzunehmen. Hätten urchristliche Propheten zur Zeit und im Umkreis des Paulus Worte des Erhöhten produziert, so hätte man sie auch für solche gehalten. Daß das aber der Fall war, ist nicht als sicher vorauszusetzen, vgl. F. Neugebauer, Geistsprüche und Jesuslogien, ZNW 53 (1962) 218–228.

[204] Vgl. etwa Dibelius 25; Dobschütz 193f. Der nachdrücklichste Versuch einer Verifikation in der Jesus-Überlieferung in neuerer Zeit stammt von Nepper-Christensen, Verborgenes Herrenwort. Er meint zunächst, wahrscheinlich machen zu können, daß λόγος κυρίου »ein Ausdruck für den Teil der christlichen Botschaft ist, der mit den Parusieerwartungen zu tun hat« (141), und identifiziert dann Joh 11,25f; 1Thess 4,16f und 1Kor 15,51f miteinander unter der Voraussetzung, in Joh 11 und 1Kor 15 sei jeweils das Parusiewort gestrichen worden. Daß zwischen unserer Stelle und 1Kor 15,51f Beziehungen bestehen, ist wahrschein-

lich; Joh 11,25f aber gehört schwerlich in eine verwandte Tradition.

[205] Vgl. dazu T. Holtz, Kenntnis von Jesus und Kenntnis Jesu, ThLZ 104 (1979) 3f; F. Hahn, Methodische Überlegungen zur Rückfrage nach Jesus, in: Rückfrage nach Jesus, hrsg. K. Kertelge, 1974 (QD 63), 14–18.

[206] Vgl. zum Gegenstand J. Jeremias, Unbekannte Jesusworte, Gütersloh ³1963; ders., in: Hennecke – Schneemelcher I 52–55; restriktiv Hofius, »Unbekannte Jesusworte« (s.o. Anm. 202) 355–382; s. auch Delling, Wort Gottes 76f. – Neugebauer, Geistsprüche (s.o. Anm. 203) 224 rechnet merkwürdigerweise gar nicht mit der Möglichkeit eines »unbekannten Herrenwortes« (er erwägt »in einem Herrenwort, das wir durch den Geist empfingen«); seine Erwägungen gegen die Identität von Geistsprüchen mit Jesuslogien bleiben indessen wichtig.

[207] Vgl. die Literaturübersicht bei Harnisch, Existenz 40f Anm. 10; für die VV 16f auch Best 193f; Collins, Tradition 330f; Lüdemann, Paulus 242–247; s. ferner die Aufzählung bei Gewalt, 1Thess 4,15–17 106f Anm. 9.

[208] Vgl. dazu z.B. Lüdemann, Paulus 243–254.

[209] 1Kor 15,51 ἰδοὺ μυστήριον ὑμῖν λέγω, 1Thess 4,15 τοῦτο ὑμῖν λέγομεν ἐν λόγῳ κυρίου

[210] Auch 1Kor 15,51f hat die Parusie im Blick; das zeigt V 23.

werden. Dabei liegt auf der Gleichartigkeit der Erfahrung der dann Lebenden und der schon Gestorbenen der entscheidende Ton. Nicht alle werden sterben, alle aber, auch die noch Lebenden, werden verwandelt werden, so 1Kor 15,51; die noch Lebenden werden den schon Gestorbenen nicht zuvorkommen, so 1Thess 4,15. Dem folgt jeweils eine apokalyptische Aussage, die den ersten Satz stützt, auf den es im Kontext ankommt. Diese apokalyptischen Aussagen nun entstammen sichtlich einer gleichartigen Tradition, die relativ fest zu sein scheint und die ein deutliches Interesse an der zusammengehörigen Abfolge: Auferstehung der Toten – Einbeziehung der noch Lebenden in das eschatologische Geschehen gehabt hat. Nun beruft sich Paulus nur 1Thess 4,15 auf ein »Herrenwort«, 1Kor 15,51 dagegen auf ein »Geheimnis«, ein Wissen, das sich aus der Erwartung der Zukunft, wie Gott oder Christus sie verheißen hat, ausfaltet. Es ist unwahrscheinlich, daß Paulus 1Kor 15 ein »Herrenwort« im Hintergrund seiner Aussage so umschreibt, noch unwahrscheinlicher, daß er nicht mehr bedachte, einst, in 1Thess 4, eine sichtlich parallele Erkenntnis auf den Kyrios zurückgeführt zu haben[211]. Es legt sich daher die Vermutung nahe, daß das »Herrenwort« nicht in dem 1Kor 15,52 parallelen apokalyptischen Text V 16f enthalten ist, sondern in V 15b, zu dem 1Kor 15 keine Paralleltradition bietet[212]. Daß dieses Wort nicht unverändert wiedergegeben sein kann, ist nicht dagegen zugunsten der VV 16f geltend zu machen, da Paulus auch in ihren traditionellen Bestand eingegriffen haben muß. Welcher Wortlaut ihm für V 15b als »Herrenwort« überkommen ist, wie er ihn verändert und erweitert hat, das genau zu bestimmen ist nur schwer möglich. Mit einiger Gewißheit kann man allerdings sagen, daß Paulus (durch Zufügung von ἡμεῖς und Veränderung der Verbform) das Wort von der 3. in die 1. Pers gesetzt hat. Im übrigen wird auf diese Frage bei der Einzelerklärung einzugehen sein[213].

Fassen wir die Überlegungen zusammen, ergibt sich für Aufbau und Gedankenführung von 4,13–18 dieses Bild: V 13 nennt den Gegenstand, von dem Paulus im folgenden handeln will: über die Entschlafenen, damit keine hoffnungslose Trauer über sie herrscht. V 14 begründet die Gewißheit ihrer zukünftigen Gemeinschaft mit Christus in einem überkommenen Glaubenssatz über Tod und Auferstehung Jesu. V 15 bekräftigt diese Gewißheit durch ein Herrenwort, das jedes Zuvorkommen der Lebenden vor den Entschlafenen bei der Parusie entschieden verneint. Die VV 16f führen diese Bekräftigung aus im

---

[211] Lüdemann, Paulus 265 nennt 1Kor 15,51f eine »Fortführung von 1Thess 4,13ff« und findet in der verschiedenen Zuordnung der Stücke sachlich keinen Unterschied, »um so weniger, als sich der ›logos kyriou‹ in 1Thess 4,15 als jüdische Apokalypse herausgestellt hatte«.
[212] So Wilcke, Problem 132f; Dobschütz 193; Weiß, Urchristentum 417 Anm. 1; Wilckens, Missionsreden 76 Anm. 1; Gewalt, 1Thess 4,15–17. – Auch Hofius, »Unbekannte Jesusworte« (s.o. Anm. 202) 359 findet das »Offenbarungswort« in V 15b, VV 16f seien »eine Explikation … durch den Apostel«; er sieht merkwürdigerweise in 1Thess 4,15b und 1Kor 15,51b.52a das gleiche Wort vorliegen.

[213] Einen weitgehenden, aber keineswegs unmöglichen Vorschlag macht Weiß, Urchristentum 417 Anm. 1: οἱ περιλειπόμενοι οὐ μὴ φθάσωσιν τοὺς κοιμηθέντας. – V 15b enthält keine Spracheigentümlichkeiten, die seine Formulierung durch Paulus wahrscheinlich machten (vgl. aber z.B. Siber, Mit Christus leben 36f) und ihn der Zuweisung an die Tradition entzögen. Einzig οἱ κοιμηθέντες könnte als paulinischer Ausdruck reklamiert werden. Doch ist dieser Euphemismus weit verbreitet und auch in den synoptischen Evangelien belegt, vgl. u. 188 zu V 13.

Rückgriff auf eine apokalyptische Tradition, die das Geschehen der Parusie darstellt und dabei die Reihenfolge: erst die Toten, dann die Lebenden zur Geltung bringt. V 18 schließlich ruft dazu, mit diesen Gründen einander Gewißheit um das Heil auch der Toten zuzusprechen. Das Herrenwort hat in solchem Gedankengang eine Beweisfunktion, die gleichrangig neben der des Credo-Satzes steht. Das angefügte apokalyptische Wort dagegen hat dem »Herrenwort« gegenüber nur eine erläuternde Aufgabe, also eine nur abgestufte Bedeutung.

Das Verhältnis des Beweises aus dem Credo-Satz V 14 zu dem Inhalt des »Herrenwortes« ist das des Allgemeinen zum Speziellen. V 14 begründet die künftige Christus-Gemeinschaft der Entschlafenen, V 15, verbunden mit der »Erläuterung« VV 16f, daß ihre Christus-Gemeinschaft kein Defizit gegenüber der der noch Lebenden aufweisen wird. Dieses Zweite schließt das Erste, die Gewißheit der eschatologischen Heilsteilhabe, ein. Vermutlich geht es zunächst mit Blick auf die Situation in Thessalonich nur um die Frage nach der Heilszukunft der Verstorbenen überhaupt. Indem Paulus zu ihrer Beantwortung auf ein Herrenwort verweisen kann, das darüber hinaus ihre gleichförmige Heilsteilhabe mit den Lebenden zum Inhalt hat, beantwortet er zugleich die allgemeine Frage und vermittelt die Gewißheit, daß nicht einmal ein Nachteil den Verstorbenen aus ihrem Entschlafen vor der Parusie erwachsen wird[214].

Die Einsicht in die Argumentationsart des Abschnitts und seiner einzelnen Bestandteile hat entscheidende Bedeutung für das abschließend zu behandelnde Problem, welche Frage Paulus aus Thessalonich vorgegeben war[215]. Fraglich war der Gemeinde das eschatologische Schicksal der Verstorbenen insgesamt geworden, nicht die besondere Art ihrer Heilsteilhabe und ob sie einen irgendwie gearteten Nachteil gegenüber den Lebenden in sich schlösse. Abgesehen davon, daß es – zumal unter Berücksichtigung dessen, daß die Gemeinde eine im ganzen heidenchristliche war – nicht gelingen will, eine mögliche Frage in Richtung auf ein temporales Defizit der Verstorbenen hinsichtlich des erwarteten Heils bei der Parusie zu formulieren[216], spricht dagegen eindeutig der erste Teil des Abschnitts. Sowohl die Zielangabe für die gesamten Ausführungen dieser Partie V 13b als auch der erste, grundlegende Beweis V 14 setzen voraus, daß den Thessalonichern das Heil der Verstorbenen im ganzen ungewiß war. Das ist auf den ersten Blick erstaunlich, gehört doch die Verkündigung des Auferstandenen in das Zentrum der urchristlichen und damit auch der paulinischen Verkündigung, wie 1,10 zeigt[217].

---

[214]  Im Sinne der Argumentation des Paulus bedeutet das οὐ μή vor φθάσωμεν also »nicht einmal«; das überkommene Wort selbst verneint nur entschieden ein Zuvorkommen.

[215]  Vgl. die kritische Übersicht über die Forschungsgeschichte bei Lüdemann, Paulus 220–230.

[216]  Charakteristisch Baumgarten, Apokalyptik, der 92 meint, im Rahmen der Fragestellung: Was wird aus den Toten? »stelle sich das eigentliche Problem mit der Frage: ›Haben die bei der Parusie noch Lebenden einen Vorteil gegenüber den Toten?‹«, 97f aber bei der Präzisierung der Thessalonicher Frage doch nur die Ungewißheit über die Gestorbenen nennen kann.

[217]  Vgl. weiter 1Kor 1,23; 2,2 mit 15,12–19, ferner 1Kor 15,1–5, Röm 1,3f; 4,25; Phil 2,6–11, und ebenso 1Thess 4,14.

Gleichwohl weist V 13b aus, daß nicht theoretisch geredet wird, sondern daß die Gemeinde mit der Wirklichkeit des Todes konfrontiert ist. Mit mehr als einem Todesfall muß man nicht rechnen, doch ist darüber dem Text nichts zu entnehmen. Solche Erfahrung muß unvermutet gekommen sein und verwirrend gewirkt haben. Es ist angesichts der Erwartung des nahen Endes verständlich, daß sich die Thessalonicher nicht auf die allgemeine Erfahrung des Todes einstellten. Paulus redet selbst in dieser Situation mit größter Selbstverständlichkeit davon, daß »wir« die Parusie lebend erreichen werden[218]. Dieses »wir« hat in den VV 15 und 17 inklusive Bedeutung, Paulus schließt die Angeredeten mit ein. Man kann davon ausgehen, daß er auch bei seiner Missionspredigt in einer solchen Weise von der Zukunftshoffnung gesprochen hat, daß bei seinen Hörern die fraglose Gewißheit aufkam, sie würden als Lebende die Ankunft des Herrn erfahren. Thematisch über das Schicksal der zuvor, aber nach der Christwerdung Gestorbenen wird Paulus gewiß nicht geredet haben[219].

Was die Thessalonicher aus der apostolischen Verkündigung bezüglich ihrer zukünftigen Erwartung im Falle des Todes vor der Parusie herausgehört haben, wissen wir nicht. Sie mußten sie aus griechischer Denktradition heraus begreifen, was zu durchaus stärkeren Deformationen des Verkündigungsinhalts geführt haben kann. Daß die Erfahrung des Todes sie in hoffnungslose Verwirrung nicht bezüglich ihres Glaubens überhaupt, wohl aber bezüglich der Gestorbenen stürzte, ist jedenfalls zu verstehen nicht unmöglich. Die Heilserfahrung, die sie erlebten, schien die Sicherheit des Erlebens der Ankunft des Herrn in sich zu schließen. Noch der Wortlaut dieses Abschnitts muß solche Sicherheit der »Lebenden« befestigen. Die gegenteilige Erfahrung löschte die Hoffnung für diejenigen aus, die der Tod hinwegnahm.

Die einleitende Wendung verleiht dem Folgenden in ihrer Umständlichkeit Gewicht[220]. Der Absatz gegenüber dem Vorangehenden ist so deutlich, daß man nicht nach besonderen Gründen, die in den Gegenständen von 4,9–12

*Erklärung 13*

---

[218] Pointiert Lüdemann, Paulus 257: »Die Aussage klingt … so, als ob weitere Todesfälle nicht ›eingeplant‹ sind!«; vgl. auch 261; Schade, Apokalyptische Christologie 157. Dagegen will A. L. Moore, The Parousia in the New Testament, 1966 (NT.S 13), 109f das »wir« als ein »kirchliches« verstehen: Es werden überhaupt Christen die Parusie erleben.

[219] Doch rechtfertigt der Text und die hinter ihm stehende Gewißheit nicht die Annahme, »daß Paulus in 1Thess 4,13ff die Thessalonicher erstmalig mit der Auferstehungsaussage bekannt macht« (Lüdemann, Paulus 258 [vgl. auch 263]; so auch Schade, Apokalyptische Christologie 163, der sogar annimmt, Paulus habe selbst z.Zt. der Gemeindegründung die

Auferstehung wegen der Naherwartung nicht mehr eingerechnet; vgl. auch Mearns, Development.

[220] Sie ist bei Paulus beliebt, Röm 1,13; 11,25; 1Kor 10,1; 12,1; 2Kor 1,8, vgl. auch die positive Formulierung 1Kor 11,3; Kol 2,1, auch Phil 1,12. Sie will dem Nachfolgenden Gewicht verleihen; daß es sich dabei auch um Neues für die Leser handelt bzw. handeln kann, ist nicht entscheidend. »The corresponding formula γινώσκειν σε θέλω is very common in the papyri, especially in opening a letter after the introductory greeting«, Milligan 55; vgl. auch Lüdemann, Paulus 232f (Paulus trägt – jedenfalls seiner Gemeinde – etwas Neues vor, das ist der Sinn).

und 4,13ff selbst liegen, fragen muß, um die Textabfolge zu erklären[221]. Indem Paulus auf einzelne Punkte eingeht, die durch Timotheus an ihn herangetragen wurden, fügt er die Gegenstände locker, wenn auch nicht ohne jede Ordnung, aneinander. Er folgt dem Bild, das ihm das Leben bietet.

»Die Entschlafenen« ist ein bekannter Euphemismus für die Toten[222]. Er ist Paulus auch sonst geläufig[223]. Eine besondere Vorstellung über den Tod ist damit nicht verbunden[224]. Das Part praes ist ganz wie ein Substantiv gebraucht, »die Entschlafenen«[225]. Indessen ergibt sich aus dem Folgenden, daß Paulus nicht an die Verstorbenen überhaupt denkt, sondern nur an die verstorbenen Gemeindeglieder. Das läßt noch nicht V 13b erkennen, wohl aber V 14 und insbesondere V 16 »die Toten in Christus«. Der Text läßt weder negative noch positive Schlüsse zu auf die paulinische Ansicht über das Schicksal derer, die außerhalb der Gemeinde gestorben sind. Sie sind nicht im Blick.

Paulus will nicht über die Entschlafenen an sich reden, sondern nur so, daß die Gemeinde nicht in eine Trauer versinkt, die sie den hoffnungslosen »übrigen« gleichstellt. »Traurig sein« (λυπεῖσθαι) hat einen starken Ton, der nicht allein von dem Wort getragen wird[226], sondern der durch den Vergleichssatz sein Gewicht erhält. Denn dadurch wird das λυπεῖσθαι nicht eingeschränkt[227], sondern qualifiziert. Der Apostel will nicht über die Gefühle handeln, die man angesichts der Erfahrung des Todes in der Gemeinde haben oder nicht haben

---

[221] Vgl. zu Versuchen in dieser Richtung Rigaux 529.

[222] Vgl. die gründliche Aufarbeitung des griechischen und jüdischen Materials durch Hoffmann, Die Toten in Christus 186–202; ferner H. Balz, ThWNT VIII 548,3–27; 550,24–28; 551,2–11; 555,15–22. Rigaux 529: »A vrai dire, l'usage de désigner la mort par le sommeil est de toutes les langues.«

[223] Merkwürdig, aber wohl zufällig auf 1Thess und 1Kor beschränkt, in 1Thess auf das Stück 4,13–18 (V 13.14.15), dagegen 5,10 in gleicher Bedeutung καθεύδω (s. 230f); im 1. Korintherbrief 7,39; 11,30; 15,6.18.20.51. Die Erklärung von W. Grundmann, ThWNT VII 783 Anm. 85: »Die mit Phil u 2 K einsetzende, in R weitergeführte Klärung der Frage nach dem Sterben der mit Christus Gestorbenen läßt den Begriff ›entschlafen‹ nicht mehr aufkommen«, ist nicht zu sichern.

[224] Vgl. Hoffmann, Die Toten in Christus 202–206 (s. auch Dobschütz 187), der Versuche, in dem Gebrauch des Begriffs einen Hinweis auf die Überwindung des Todes zu finden (so wieder, gegen Hoffmann, Baumgarten, Apokalyptik 112–116), zu Recht zurückweist; so auch Lüdemann, Paulus 236. Bruce 97 konfrontiert das Wort mit ἀποθνῄσκειν in V 14a; doch ist das dort mit der Tradition vorgegeben

(so auch B. selbst). Auch in der Volkssprache verbindet sich keine besondere Vorstellung mit dem Bildwort. Die heidnischen wie die jüdischen Epigramme aus hellenistischer Zeit zeigen eine weite Verwendung des Bildes, vgl. Hoffmann, Die Toten in Christus 189.195–197 (in jüdischen Inschriften vor allem κοίμησις); H. Balz, ThWNT VIII 548,8–27.

[225] Im folgenden wechselt Paulus über zum Part Aor; das dürfte damit zusammenhängen, daß er dort bereits das folgende Geschehen (der Heilsteilhabe) im Auge hat, hier hingegen zunächst den Zustand; vgl. auch Wilcke, Problem 114f.

[226] Es hat freilich auch Röm 14,15 einen starken Klang, das »Betrüben« des Bruders kann ihn in das Verderben treiben. Sonst das Wort nur noch 2Kor, ebenfalls von schwerer Last, 2,2.4.5, wozu wohl sachlich 7,8–10 gehört (vgl. V 10b ἡ δὲ τοῦ κόσμου λύπη θάνατον κατεργάζεται; s. dazu H. Balz, EWNT II 898f; 6,10 (zwischen παιδευόμενοι καὶ μὴ θανατούμενοι und πτωχοί). Vgl. auch λύπη an den eben genannten St sowie Röm 9,2. 2Kor 9,7; Phil 2,27 ist λύπη offenbar schwächer.

[227] So weithin in der älteren Exegese; vgl. dazu Dobschütz 182; Rigaux 533; Hoffmann, Die Toten in Christus 210.

darf[228], er will einer Haltung wehren, die von Hoffnungslosigkeit beherrscht ist. Die Näherbestimmung der »übrigen«, nämlich daß sie keine Hoffnung haben, hebt das hervor, worauf es ankommt[229]. Die »übrigen« sind diejenigen, die keine in Christus gegründete Hoffnung haben, d. h. also diejenigen, die nicht zur Gemeinde gehören[230]. Dann aber sind nicht nur die Heiden eingeschlossen, sondern auch die Juden[231]. Gleichgültig jedoch, an wen Paulus auch immer im Augenblick der Formulierung dachte, er hat sie im Bewußtsein der strengen Exklusivität der christlichen Hoffnung gebraucht. Denn die Wendung »die, die keine Hoffnung haben« (οἱ μὴ ἔχοντες ἐλπίδα) benennt keine subjektive Befindlichkeit, sondern eine objektive Gegebenheit[232]. Ἐλπίς, »Hoffnung«, bezeichnet wie sonst bei Paulus die verbürgte Gewißheit, die der Zukunft Sicherheit verleiht[233]. Das aber haben die »übrigen« nicht; sie können es gar nicht haben, weder subjektiv noch objektiv[234].

So erinnert Paulus schon bei der Angabe des Themas an den einzigartigen Grund, auf dem die Gemeinde steht, der ihr einzigartige, einzig wirkliche Hoffnung gewährt. Damit macht er sogleich klar, daß Rat- und Hoffnungslosigkeit angesichts des Todes nicht Sache der Christen ist, wie auch immer die Erwartung für die Zukunft der Toten sein mag.

Zur inhaltlichen Begründung dafür, daß die Gemeinde um ihre Toten nicht in abgründige Erwartungslosigkeit zu versinken hat, rückt Paulus ihr das Bekenntnis vor Augen. Der Satz ist grammatisch nicht korrekt durchgeführt, wodurch seine Wirkung indessen eher gesteigert erscheint[235]. Er beginnt als ein Bedingungssatz, setzt sich aber im Nachsatz wie ein Vergleichssatz fort (οὕτως καί). Der mit εἰ (»wenn«) eingeleitete Vordersatz will keine nur hypothetische Bedingung nennen, sondern hebt auf eine Wirklichkeit ab[236]; er hat

**14**

---

[228] Rigaux 533: »Ici son intention n'est pas de faire une dissertation sur la douleur permise ou non permise.« Es ist deshalb aber verfehlt, Aristid Apol 17,11 (et si iustus vir suorum ex mundo exiit, gaudent et deo gratias agunt, et cadaver eius comitantur, ut demigrantis ex uno loco in alium) hier heranzuziehen, wie z.B. Dobschütz 188; Rigaux 533; Hoffmann, Die Toten in Christus 211 Anm. 18.

[229] Zu καθὼς καί vgl. Hoffmann, Die Toten in Christus 210 mit Anm. 16: Der Gebrauch der Partikel ist bei Paulus frei, er läßt keine sichere Entscheidung zu, ob damit das Prädikat des Bezugssatzes näher bestimmt werden soll (vgl. 1Kor 13,12) oder nicht.

[230] Vgl. 5,6; ein fester Terminus (wie οἱ ἔξω) ist οἱ λοιποί offenbar nicht gewesen, vgl. aber Lk 8,10; Eph 2,3. Er bezeichnet umfassend alle anderen gegenüber einer bestimmten Gruppe (religiös bestimmt Lk 18,9.11, auch Röm 11,7).

[231] Anders z.B. Dobschütz 188 (»An Juden . . . ist . . . nicht mitgedacht«).

[232] Daher geht die Diskussion, die in der exegetischen Literatur über griechische und jüdische Hoffnung für die Gestorbenen geführt

wird, am Sinn des Textes vorbei. Vor allem ist es abwegig, das Urteil des Paulus durch den Hinweis rechtfertigen zu wollen, daß er nur oder doch vornehmlich Zeugnisse griechischer Hoffnungslosigkeit angesichts des Todes gekannt habe, so z.B. Dobschütz 188f (der daraus sogar religionsgeschichtliche Folgerungen ableitet); auch Rigaux 533; Best 185f (freilich auch: »Paul has overdrawn the picture of pagan world as he does in Rom. 1.18–32« [186]). Vgl. auch Nebe, »Hoffnung« 80f.94.

[233] Vgl. 2,19; Röm 5,2.4f; 8,24; 15,13; 2Kor 1,7; 3,12; Gal 5,5; Kol 1,5.23.27.

[234] Vgl. auch die Qualifizierung der Heiden Eph 2,12 ἐλπίδα μὴ ἔχοντες καὶ ἄθεοι ἐν τῷ κόσμῳ. Freilich ist dort nicht speziell an die Hoffnung jenseits des Todes gedacht; wohl aber wird durch ἄθεοι der tatsächliche Grund solchen Urteils hervorgehoben (der eigenen Überzeugung nach waren sie als Heiden natürlich nicht »gottlos«).

[235] Vgl. Dobschütz 190: »Aus der subjektiven Gewißheit wird objektive Sicherheit entwickelt.«

[236] Vgl. Bl-Debr-Rehkopf § 372,1.

fast die Funktion eines Kausalsatzes. Seine Formulierung als Bedingungssatz verfolgt das Ziel, die Thessalonicher zu einer erneuten Identifikation mit dem Bekenntnis zu nötigen. Das »wir« dieses Satzes hat sich gegenüber dem des vorangehenden gewandelt. In ihm faßt Paulus sich und seine Gemeinde zur Einheit der Glaubenden zusammen[237]. Er wird auch im folgenden das »wir« in gleicher Weise gebrauchen.

Ein entscheidender Inhalt des Glaubens wird vergegenwärtigt. Die Einführung mit πιστεύειν ὅτι (»glauben, daß«) gibt dem Satz den besonderen Charakter; sie zeigt an, daß sein Inhalt eine Wahrheit ausspricht, auf die sich die Glaubenden vertrauend einlassen. Der Inhalt des Glaubens ist prägnant zusammengefaßt. Ob Paulus sich dabei an den Wortlaut einer auch ihm schon überlieferten Formel hält, ist kaum sicher zu sagen[238]. Er war nicht an eine bestimmte Formulierung gebunden[239], die Bindung an einen überkommenen Wortlaut hätte hier, anders als etwa 1 Kor 15,3–5, keine Funktion. So kann man nicht sicher auf die Existenz einer frühen Bekenntnisformel mit dem Wortlaut »Jesus starb und stand auf« (Ἰησοῦς ἀπέθανεν καὶ ἀνέστη) zurückschließen. Wohl aber darf man annehmen, daß sich die Aussageweise an ein geprägtes Bekenntnis anlehnt[240]. Von daher erklärt sich, daß Tod und Auferstehung gleiches Gewicht haben, obwohl es an dieser Stelle entscheidend nur auf die Auferstehung ankommt. Freilich kann auf sie auch schon die aufgenommene Tradition allen Ton gelegt haben, sofern sie, wie nicht unwahrscheinlich, zu den frühen Glaubenssätzen gehört, die im »Kontrastschema« Jesu Tod und Auferstehung nebeneinanderstellen[241]. Die ähnlichen christologischen Zusammenfassungen Röm 8,34 und 14,9 tragen gleichfalls den Akzent auf der Auferstehungsaussage. Ob sich das absolute »Jesus« durch Anlehnung an eine alte Formel erklärt[242], ist allerdings unsicher. Es gibt dazu in 2 Kor 4,10–15 eine interessan-

---

[237] Vgl. Best 187: »The … plural is … that … of the testimony of the church to its essential belief« (wobei freilich die direkte Einbeziehung der Thessalonicher etwas zu kurz kommt).

[238] Vgl. bes. W. Kramer, Christos Kyrios Gottessohn, 1963 (AThNT 44), 25; K. Wengst, Christologische Formeln und Lieder des Urchristentums, ²1974 (StNT 7), 45f; J. Kremer, EWNT I 215 (vorpaulinische Glaubensformel); ferner die bei Harnisch, Existenz 32 Anm. 15 Genannten. Vgl. auch Best 187; Friedrich 243; dagegen Harnisch, ebd. 32f. Auch Lüdemann, Paulus 234f kommt zu dem Ergebnis, »daß V 14 zwar die Struktur eines Credos enthält, … aber … als selbständige Paulinische Formulierung aufzufassen ist«.

[239] Vgl. Röm 14,9 (auch 8,34), wo eine ähnliche Zusammenfassung der heilssetzenden Geschichte Jesu zugrunde liegt; ferner auch 2 Kor 5,15. Vgl. bes. die Erörterung der »Doppelformeln« bei Froitzheim, Christologie und Eschatologie 90–98, der sie ein »Verkündigungsschema« nennt (96).

[240] Dafür spricht, daß Paulus sonst durchweg ἐγείρειν gebraucht (ἀνίστημι nur in den Zitaten Röm 15,12; 1 Kor 10,7 sowie hier und V 16). Zu ἀνίστημι s. die »Leidensankündigungen« Mk 8,31; 9,31; 10,34 sowie Apg 2,24.32; 10,41 (vgl. aber V 40); 13,33f; 17,3.31.

[241] Vgl. J. Roloff, Anfänge der soteriologischen Deutung des Todes Jesu, NTS 19 (1972/73), bes. 38 mit Anm. 2 (»Jesus wird dabei als der leidende Gerechte gesehen, zu dem Gott sich gerade in seiner tiefsten Erniedrigung bekennt« [38]). Mit dieser Ortsbestimmung wird die Kritik von Harnisch, Existenz 32f hinfällig, es müßte bei Aufnahme eines Bekenntnissatzes ὑπὲρ / περὶ ὑμῶν bei der Sterbeaussage stehen.

[242] So Best 187, der darüber auf Herkunft aus der frühen palästinischen Gemeinde schließt (»before Christology began to develop«); vgl. auch Froitzheim, Christologie und Eschatologie 92f.

te Parallele; auch Röm 8,11; 1Thess 1,10 zeigen, daß Paulus absolutes Ἰησοῦς als umfassende Benennung der Heilsperson anwenden kann.

Der Vordersatz hatte eine Bedingung genannt, die auf eine tatsächliche Gegebenheit abhebt, nämlich den Glauben der Gemeinde, daß der gestorbene Jesus auferstanden ist. Der Nachsatz sollte daraus die Konsequenz ziehen. Er tut das indessen nur inhaltlich, formal tritt er in eine andere Ebene über. Der Bedingungssatz geht in einen folgernden Vergleichssatz über[243]. Damit ist der anfängliche Gedanke, der an Bedingung und Folge dachte, nicht aufgehoben; er ist gleichsam erweitert[244]. Und erweitert ist auch die inhaltliche Aussage des Nachsatzes selbst. Der Vordersatz sprach von Tod und Auferstehung Jesu, der Nachsatz setzt gleichfalls Tod voraus, spricht aber nicht mehr ausdrücklich von Auferstehung, sondern vom »Führen« der Entschlafenen zusammen mit Jesus, wobei Subjekt Gott ist. Dieser zuletzt angezeigte Subjektwechsel in den beiden Satzhälften – zunächst Jesus, dann Gott – wird allerdings für Paulus keine besondere Bedeutung haben. Sowohl der Tod Jesu als auch seine Auferstehung sind Werk Gottes und Tun Jesu zugleich, so daß als Subjekt dieses Geschehens ebenso Jesus wie Gott genannt werden kann[245]. Was Jesus tut, ist nichts anderes als Vollzug des Werkes Gottes. Das ist schon in der ersten Satzhälfte präsent, so daß die Rede von Gottes Handeln in der zweiten Satzhälfte keine Verschiebung des Gedankens bringt.

Wohl aber liegt eine solche darin, daß nicht von der Auferstehung der Entschlafenen (wie V 16), sondern von ihrer gottgewirkten Gemeinschaft mit Jesus die Rede ist. Daß das für Paulus – und zweifellos seiner Meinung nach auch für seine Leser – die Auferstehung voraussetzt, zeigt V 16f[246]. Er übergeht dieses Moment aber und sichert den Ratlosen sogleich die volle zukünftige Heilsteilhabe der Entschlafenen zu. Denn ihretwillen waren die Thessalonicher hoffnungsloser Trauer verfallen. Die Hoffnung aber richtet sich nicht eigentlich auf die Auferstehung als solche, sondern auf deren Gabe, die »Herrlichkeit Gottes« (Röm 5,2), das »Reich Gottes« (1Kor 15,50), das »Heimat finden beim Herrn« (2Kor 5,8), das »mit Christus sein« (Phil 1,23). Wie sich diese Hoffnung erfüllt, das wird mit Hilfe der apokalyptischen Tradition in den VV 16f noch dargestellt werden, hier geht es um eine grundsätzliche Aussage, die den wesentlichen Inhalt der Hoffnung, die Christus begründet, nennt. Die Vermutung liegt nahe, daß freilich gerade der Weg dahin das war, was den Thessalonichern die Hoffnung für die Toten so schwer machte. Man kann sich vorstel-

---

243 Οὕτως καί führt nicht einen Vergleichssatz ein (als ginge καθώς, καθάπερ o.ä. voran), sondern folgert die Gleichartigkeit des Geschehens im Vorder- und Nachsatz.
244 Vgl. dazu auch Tannehill, Dying 132f.
245 Vgl. zum Tod Gal 1,4; 2,20 mit Röm 8,32; 3,25 usw.; hinsichtlich der Auferstehung benutzt Paulus mit bemerkenswerter Konsequenz ἐγείρειν, z.B. 1Kor 15,13 in Korrespondenz zu ἀνάστασις. Röm 14,9; 2Kor 13,4 aber

ist auch Christus Subjekt von Auferstehungsaussagen, wobei 2Kor 13,4 den paulinischen Gedanken deutlich zeigt.
246 So auch z.B. Baumgarten, Apokalyptik 93. – Kegel, Auferstehung 34 Anm. 5; 36 mit Anm. 13 setzt voraus, daß kein Zusammenhang für Paulus zwischen »Auferstehung« und »Entrückung« besteht. Das ist ein Gedanke, den ich nicht nachzuvollziehen vermag.

len, daß sie Paulus so weit verstanden, daß Leiblichkeit zum Heil unabdingbar
hinzugehört. Den Gedanken der leiblichen Totenauferstehung aber vermochten sie angesichts der Erfahrung des Todes nicht konkret zu realisieren. Daher
brach ihre Hoffnung zusammen, soweit sie die Verstorbenen betraf. Für sich
selbst haben sie die gleiche Erwartung gehabt, wie Paulus sie für sich hegte und
wie er sie im folgenden auch wieder wie gänzlich selbstverständlich für sich
und die von ihm Angeredeten ausspricht, die Erfahrung der Parusie als Lebende. Gerade über die Auferstehung hätten die Thessalonicher daher der Belehrung bedurft. In gewandelter Situation geht Paulus in 1Kor 15 ausführlich auf
das Thema ein; auch in Korinth ist es offenbar der Gedanke der leiblichen Auferstehung, der unmöglich erschien, auch wenn diese scheinbare Unmöglich-
keit auf anderem Wege theologisch verarbeitet wurde[247].

Die eigentliche Verschiebung nun aber, die zwischen den beiden Satzhälften
statthat, ist bisher noch nicht zur Sprache gekommen. Der bedingte Teil des
Satzes, die Protasis, nennt das Bekenntnis, die Folgerung, die an der Stelle der
Apodosis steht, das Heilsgeschehen, das den Verstorbenen widerfahren wird.
Daraus ist nicht etwa zu folgern, daß es nicht der Inhalt des Bekenntnisses,
sondern das Bekenntnis zu diesem Inhalt ist, durch das die Zukunft der Gestorbenen als eine heilvolle begründet wird[248]. Dagegen steht schon das Verhältnis, in dem das »wir glauben« zu den »Entschlafenen« steht; der Glaube der
Lebenden müßte die Verstorbenen retten. Vielmehr hätte Paulus, um sich korrekt auszudrücken, fortfahren müssen: »so glauben wir auch, daß Gott die
Entschlafenen . . .«. Er übergeht aber den Zwischengedanken und spricht sogleich vom Inhalt des Glaubens. Er erzielt mit solcher Disharmonie der Form,
daß die Aussage beider Satzteile an persönlicher Eindringlichkeit gewinnt.
Denn im ersten Teil verweist das Bekenntnis auf die lebensgründende Beja-
hung des Weges Jesu durch Tod und Auferstehung, im zweiten Teil wird die
Zukunftserwartung aller subjektiven Bedingung enthoben und als gewisses
Geschehen präsentiert. Der ganze Satz ist ein eindrückliches Beispiel gewalt-
samer Handhabung der Form im Dienste des auf die Sache bezogenen Gedankens bei Paulus.

Das Wort, mit dem das Heilshandeln Gottes bezeichnet ist, ἄξει (»er führt«),
erscheint merkwürdig blaß[248a]. Da Paulus schon das weitere im Sinn hat, darf
es von dort her gefüllt werden; nur kommt es jetzt noch nicht auf die konkrete
Form an, wie Gott die Gestorbenen zum Leben des Heils heraufführen wird,
allein entscheidend ist zunächst, daß solches Geschehen sogleich die Gemein-

---

[247] Vgl. dazu Wolff, 1.Korinther, bes. 211–216.

[248] So, nach Dobschütz 190, Hoffmann, Lightfoot, Zöckler, Wohlenberg, mithin vor-nehmlich Vertreter einer konfessionell-luthe-rischen Exegese. Vgl. auch den Satz von Scha-de, Apokalyptische Christologie 148: »Nach [1Thess] 4,14 erfolgt die Vermittlung [der

Wirksamkeit des Heilsgeschehens] durch den Glauben.«

[248a] Ein eschatologischer terminus technicus ist ἄξω nicht, vgl. Hoffmann, Die Toten in Christus 216; Siber, Mit Christus leben 30 Anm. 41. S. aber Apg 13,23 (dort ist gleichfalls Gott Subjekt eines Heilshandelns) sowie (für eschatologischen Bezug) Jes 60,9; 66,20, auch 63,14, ferner 48,21; 49,10 sowie 9,6.

schaft mit Jesus herstellt. Denn das Heraufführen geschieht »mit ihm« (sc. Jesus)[249]. Hätte Paulus, wie es dem Parallelismus zum Vordersatz entspräche, einen Begriff der spezifischen Auferstehungsterminologie gewählt, so wäre gerade dieser Gedanke nicht mit gleicher Prägnanz zur Geltung zu bringen gewesen[250]. Das mit σύν ausgedrückte Verhältnis bedeutet die Gemeinschaft mit dem gestorbenen und auferstandenen Herrn[251]; es ist die Zusammenfassung der eschatologischen Erwartung des Heils, das durch die Teilhabe an der Auferstehungswirklichkeit Jesu gewonnen wird[252].

Unberücksichtigt geblieben ist bislang die weitere präpositionale Wendung διὰ τοῦ Ἰησοῦ (»durch Jesus«). Die neuere Exegese bezieht sie zu Recht häufiger auf das Verb (ἄξει)[253]. Die gewisse Überfrachtung, die man dabei anerkennen muß, liegt daran, daß Paulus zwar den in Jesu Auferstehung begründeten Akt der Totenauferstehung nicht eigens nennt, ihn vielmehr in der Nennung der Heraufführung Gottes voraussetzt, die Begründung der Auferstehung in der Geschichte Jesu aber mit »durch Jesus« doch andeutet[254]. Die Wendung bringt formelhaft die grundlegende Bedeutung der Christusgeschichte in die Aussage, die an sich Gottes Heilshandeln bei der Parusie und die Gemeinschaft mit Jesus, in die durch sie die Glaubenden gesetzt werden, zum Inhalt hat. Nur das ist wichtig, daß dieser fundamentale Gedanke auch hier laut wird. Deshalb ist die Wendung so formelhaft und in ihrer präzisen Bedeutung so schwer zu bestimmen; Paulus hat nur eine allgemeine mit ihr verbunden[255].

Der Gedanke, der den ganzen Satz bestimmt, ist einfach; er ist indessen für die paulinische Theologie und Verkündigung von größtem Gewicht. Weil Jesus

[249] Insofern hat Hoffmann, Die Toten in Christus 217 (ähnlich auch Siber, Mit Christus leben 29f) gewiß recht damit, daß es Paulus entscheidend um den Gedanken geht, »daß Gott die Verstorbenen zu der Christus-Gemeinschaft bringen wird«; kaum zutreffend aber ist, daß ἄξει keinen Akt des Parusie-Geschehens meine.

[250] Collins, Tradition 330: »The first σὺν αὐτῷ is thus the key to Paul's response to the concerns of the Thessalonians«; vgl. auch Froitzheim, Christologie und Eschatologie 196 (»die theologische Mitte des gesamten Abschnitts«).

[251] Vgl. Froitzheim, ebd. 197.

[252] Vgl. dazu Siber, Mit Christus leben. Ferner z.B. den Exkurs bei Gnilka, Philipper (s.o. 60, Anm. 203) 76ff; Froitzheim, ebd. 191–211; Schade, Apokalyptische Christologie 144–146.

[253] Vgl. die Übersicht über die exegetische Diskussion bei Siber, Mit Christus leben 27 Anm. 41 und 42; ferner Collins, Tradition 330; Lüdemann, Paulus 236–239. – Nepper-Christensen, Herrenwort 137f bezieht auf κοιμηθέντας und denkt an Märtyrer (einen Zu-

sammenhang der Todesfälle mit den Verfolgungen erwägen auch Weiß, Urchristentum 222; Friedrich 242); doch wäre dann eher διά c. Acc zu erwarten (s. Dobschütz 191; Siber, Mit Christus leben 28 Anm. 46), vor allem aber will der Satz Hoffnung für alle Gestorbenen, nicht nur für eine hervorgehobene Gruppe begründen. – Rigaux 537 (vgl. auch Bruce 97f) gibt ἄξω, bei dem Bezug auf κοιμηθέντας, einen kausalen Sinn; der Tod der Christen ist als ein solcher qualifiziert, der auf die Auferstehung gerichtet ist. Damit dürfte indessen die Gleichstellung von Leben und Tod der Christen überzogen sein (vgl. auch den zugespitzten Satz: »De plus, on vit par le Christ pour mourir par le Christ«, Rigaux 537).

[254] Schlier 77: Es handelt sich um eine Zusammenziehung zweier Gedanken »etwa derart: οὕτως καὶ ὁ θεὸς κοιμηθέντας (ἐγείρει) διὰ τοῦ Ἰησοῦ καὶ ἄξει σὺν αὐτῷ«. Vgl. auch Marxsen, Auslegung 35.

[255] Schade, Apokalyptische Christologie 158 denkt präziser an »ein eschatologisches Mittlerwirken Christi beim mit-ihm-Führen«; vgl. schon Thüsing, Per Christum 202f.

Christus (gestorben und) auferstanden ist, deshalb werden auch wir der Auferstehungswirklichkeit teilhaftig werden[256]. Der gleiche Gedanke trägt die Aussage 5,10, tritt besonders klar zutage 2Kor 4,14 und liegt 1Kor 6,14; Röm 8,11
sowie Röm 6,4–11 zugrunde. Auch die Argumentation 1Kor 15,1–22 beruht
auf der bedingenden Verbindung, die zwischen der Auferstehung Christi und
der Auferstehung der Christen besteht[257]. In der Geschichte Jesu Christi hat
Gott erwiesen, daß Auferstehung wirklich ist. Indem Gott Jesus auferweckte,
der als Gekreuzigter dem Fluch des Gesetzes verfallen war[258], offenbarte er,
daß die Verheißung des Lebens an Jesus, nicht aber mehr an das Gesetz gebunden ist. Deshalb hat der die Gewißheit der Auferstehung, der sich im Glauben
(und in der Taufe) Jesus Christus verbindet, der sein Leben und seine Zukunft
auf ihn als den gründet, durch den Gott handelt. Das ist weder in den Bahnen
der Mystik noch der Mysterien gedacht[259], da Paulus nicht meint, daß die
Christen die Geschichte Jesu nachvollzögen oder an ihr partizipierten. Es geht
vielmehr allein um die offenbarende Definition Gottes, der sich als der erweist,
der in Christus Heil setzt, der Todverfallenheit in Leben verkehrt. Übrigens bekommt in der Begründung dafür das Sterben Christi besondere Bedeutung,
weshalb seine Erwähnung in den Aussagen, die von der Heilszuwendung reden, nicht etwa konventionell-formelhaft ist, sondern eine entscheidende
theologische Aussage enthält.

15 Das entscheidende ist mit der Auslegung der Christus-Geschichte Jesu als der
Begründung christlicher Auferstehungshoffnung gesagt. Zur Befestigung des
Glaubens der Gemeinde aber fügt Paulus einen weiteren »Beweis«[260] an, der in
zweierlei Hinsicht für sie besondere Bedeutung haben kann. Einmal handelt es
sich um ein »Herrenwort«[261]. 1Kor 7,12.25(40) zeigt, welche Autorität solche
Herrenworte besaßen. Daß ein solches mehr lehrhafter Art über das Parusie-
geschehen minderes Gewicht hatte als eine Weisung des Kyrios, ist nicht anzunehmen. Zum anderen ist es der Inhalt, der dem Wort besondere Bedeutung
für die Situation verleiht. Denn er zeigt, daß der Herr nicht nur die Heilsteilhabe der Gestorbenen überhaupt, sondern auch ihre Gleichzeitigkeit mit der
der dann Lebenden zusagt.
Τοῦτο (»dieses«) weist voraus auf den Inhalt des Herrenworts[262]. Damit wird

---

256 Diese Grundstruktur der pln. Auferstehungshoffnung ist durch Siber, Mit Christus
leben überzeugend bestätigt worden, vgl. auch
Froitzheim, Christologie und Eschatologie
89.215. Vgl. Ign Tr 9,1f (dazu H. Paulsen, Studien zur Theologie des Ignatius von Antiochien, 1978 [FKDG 29], 64f). Lüdemann, Paulus 233 meint freilich, das Muster »wie Christus – so die Christen« habe für 1Thess 4,14
überhaupt keine Bedeutung (s. aber die Einschränkung 241 [»lassen … das Modell … bereits ahnen«; »einen kleinen Schritt in die
Richtung des theologischen Modells«]; vgl. ferner 259f).
257 Vgl. Wolff, 1.Korinther 172f.

258 Vgl. Gal 3,13. Das »jüdische« Urteil des
Paulus über Jesus und seine Anhänger ergibt
sich aus Gal 1,13f; Phil 3,5f: Sie sind Feinde des
Gesetzes. Dieses Urteil hat sich durch die Chri-
stophanie nicht in dem Sinne geändert, daß er
das Verhältnis des jüdisch verstandenen Gesetzes zu Jesus (und seiner Gemeinde) anders sah.
259 So aber Dibelius 24f.
260 Den Charakter des Gedankens als eines
»zweiten Beweisganges« zu bestreiten (so Harnisch, Existenz 39) besteht kein Anlaß.
261 Zum pln. Verständnis (und damit natürlich auch dem der Thessalonicher) s.o. 183f.
262 Vgl. Gal 3,17; anders 1Kor 7,6.

seine gewisse inhaltliche Andersartigkeit gegenüber dem Bisherigen hervorgehoben. Die Bestimmung derjenigen, die die Parusie lebend erfahren werden,
ist eine dreifache: wir, die Lebenden, die Übrigbleibenden. Am auffälligsten ist
die letzte, οἱ περιλειπόμενοι[263]. Das Verb »übrigbleiben« begegnet im Neuen
Testament nur hier und V 17. Daß die Stellen voneinander abhängen, ist nicht
zu bezweifeln.

Es darf damit gerechnet werden, daß der Begriff οἱ περιλειπόμενοι der
Sprach- und Vorstellungswelt der Apokalyptik entstammt; in noch weiterer
Hinsicht gehört er zur Terminologie des alttestamentlichen »Rest«-Gedan-
kens[264]. Er ist in der jüdischen Apokalyptik offensichtlich auf diejenigen bezogen worden, die durch alle Drangsale und Katastrophen hindurch das Ende erreichen und des Heils teilhaftig werden. Die Erwartung, daß dieser Rest, und er
allein, das Heil erlangen wird, ist in 4Esr mehrfach pointiert ausgesprochen[265].
Sie verdichtet sich bis zu dem Satz, der wie eine Antithese zu 1 Thess 4,15b
wirkt: »Wisse also, daß die Übriggebliebenen weitaus seliger sind als die Gestorbenen« (13,24).

Für die Herkunft aus solcher apokalyptischen Terminologie auch hier spricht
die Gegenüberstellung »Übrigbleibende« – »Entschlafene«, der Bezug auf die
Parusie sowie der Sinn des Wortes selbst, das die Herausnahme aus einem allgemeinen Geschick, jedenfalls das Ergebnis eines Selektionsvorgangs, benennt, dessen aktive Seite gerade die Übriggebliebenen nicht betraf. »Die
Übrigbleibenden« sind nicht diejenigen, die das normale Schicksal erleiden,
sondern diejenigen, die als Ausnahmen, als entronnener Rest, die Parusie
erreichen.

Gerade das aber ist nicht der Gedanke des Paulus. Für ihn werden vielmehr
»wir, die Lebenden« die »Übrigbleibenden« sein, höchstens im Ausnahmefall
wird der Tod noch jemanden vor der Parusie einholen. So hat der Begriff alle
Schärfe verloren, die ihm als Benennung der aus Qual und Hoffnung gebore-
nen Ausnahme anhaftet, er ist zur neutralen Bezeichnung derjenigen gewor-

---

[263] Zum Wort Spicq, Notes 683 (»Ce passif
exprime le résultat d'une soustraction, ce qué
reste«; auch »hommes qui survivent«).
[264] Vgl. dazu z.B. V. Herntrich, ThWNT IV
200–215; H. Wildberger, THAT II 847–855. –
»Die LXX übersetzt die für die theologische
Prägung des Restgedankens wichtigsten Sub-
stantiva שָׁאַר und שְׁאֵרִית meist durch eine Ver-
balform von καταλείπειν oder ὑπολείπειν«,
Herntrich, ebd. 201,18–20. Obwohl Ableitun-
gen von λείπω bei der Übersetzung der einschlägigen termini des Restgedankens völlig
vorherrschen (vgl. auch Wildberger, ebd. 855),
ist περιλείπομαι sehr selten, in den Übersetzungs-
zungsteilen nur unsicher belegt und wenig
prägnant. – Die Tora-Gelehrten können in der
rabbinischen Überlieferung »die Übriggebliebenen«, »der Überrest« (mit Bezug auf die

»Rest«-Vorstellung) genannt werden, s. Bill. II
469 mit Anm. 1; 617.
[265] 7,27f: »27und jeder, der aus den vorher genannten Plagen gerettet wurde, wird meine
Wunder schauen. 28Denn mein Sohn, der Messias, wird sich mit denen offenbaren, die bei
ihm sind, und wird die Übriggebliebenen
glücklich machen, 400 Jahre lang«; vgl. auch
6,25; 9,8, auch 13,48f; stärker im Bereich des
atl. Restgedankens bleibt 12,31–34. Vgl. zum
Restgedanken in 4Esr (und in der jüdisch-apokalyptischen Literatur) W. Harnisch, Verhäng-
nis und Verheißung der Geschichte, 1969
(FRLANT 97), 231 Anm. 5; ferner J. Jeremias,
Der Gedanke des »Heiligen Restes« im Spätjudentum und in der Verkündigung Jesu, in:
Ders., Abba, Göttingen 1966, 121–129.

den, die gleichsam selbstverständlich das Ereignis der Parusie noch erleben.
Paulus benutzt ihn nur deshalb in V 15b, weil er ihn mit der Tradition, die er
darbietet, aufnimmt. Die »wir« sind an sich durch »die Lebenden« bereits genau genug bestimmt, οἱ περιλειπόμενοι hat im jetzigen Kontext keine eigene
Funktion, ja erscheint sogar als unpassend. Das spricht entscheidend gegen die
Annahme, daß Paulus V 15b selbst gebildet hat als Regeste gleichsam der »Tradition« VV 16f.

Dagegen kann in der Tradition, die V 15b zugrunde liegt, der Terminus einen
begründeten Platz gehabt, dem überlieferten Herrenwort sogar erst die Schärfe gegeben haben. Man muß davon ausgehen, daß das Herrenwort ursprünglich einem eigenen Kontext zugehörte und damit eine andere Funktion erfüll-
te, als es das in seiner Verwendung durch Paulus tut. Hier ist es zu solchen gesprochen, die nach unangefochtener Erwartung zumindest mehrheitlich als
Lebende die Parusie erfahren werden. Nicht ihr Schicksal wird durch das Wort
erhellt, sondern das anderer, der Gestorbenen. Dafür, daß es ursprünglich anders war, spricht schon die Art der Formulierung. Sie setzt entweder voraus,
daß solche angeredet sind, die für sich erwarten, daß sie zu den »Übrigbleibenden« gehören, und zu denen über ihr eigenes Schicksal geredet wird, nämlich
daß sie den Entschlafenen nicht zuvorkommen werden; es würde sich dann um
die Verneinung einer Erwartung, die Abweisung eines Anspruchs handeln[266].
Oder aber es sind solche angesprochen, die erwarten müssen, vor der Parusie
zu entschlafen, und denen tröstend zugesagt wird, daß die »Übrigbleibenden«
keinen Vorsprung im Heil vor ihnen haben werden. Mir will scheinen, daß diese letzte Sicht der Dinge die wahrscheinlichere ist; doch ist Sicherheit nicht zu
erlangen. In jedem Falle gehörte das Wort in einen Kontext apokalyptischer
Enderwartung, nach der schlimmste Drangsal und Not der Ankunft des Heil-
bringers vorangeht. Die synoptische Apokalypse Mk 13 par zeigt, daß solche
Erwartung in die Jesus-Tradition Eingang fand[267]. In solchem Umfeld mußte
die Frage nach der Heilserlangung auch derer entstehen, die nicht zu den »Übrigbleibenden« gehören würden, da man doch die Heilserwartung nicht an das
lebende Erfahren der Zukunft, sondern an Zusage und Wort Jesu, Taufe und
Geist band. Es ist nicht einmal mit Sicherheit auszuschließen, daß schon an Jesus selbst in irgendeiner Form eine solche Frage herangetragen wurde. Aber
die Wahrscheinlichkeit ist größer, daß sie erst nachösterlich entstand und mit
einem »Herrenwort« beantwortet wurde. Der apokalyptische Horizont indessen zeigt, daß eine frühe judenchristliche Bildung vorliegt, die nach einem
Ausgleich zwischen der jüdisch-traditionellen apokalyptischen Heilserwartung und dem Glauben sucht, durch den Anschluß an Jesus als den Christus

---

[266]  Das hat offenbar E. M. B. Green, A Note
on 1. Thessalonians 4,15.17, ET 69 (1958) 285f
richtig herausgehört (auch wenn er es fälsch-
lich Paulus zuschreibt).
[267]  Zur jüdischen Apokalyptik vgl. Hartman,
Prophecy. Vielleicht liegt Mk 13 eine ältere, ju-

denchristliche Quelle zugrunde, die noch un-
gebrochener in apokalyptischen Kategorien
dachte, vgl. Gnilka, Markus 2 (s. o. Anm. 484)
211f; s. auch R. Pesch, Das Markusevangelium
II, 1977 (HThK II,2), 264–268 (Lit.!).

zur Heilsgemeinde zu gehören. Nicht die zufällige geschichtliche Befindlichkeit entscheidet über ein Maß von Erfüllung, das das vollendete Leben finden
wird, sondern allein der Entwurf des Lebens auf Christus, in dem Gott als der
sich dem Scheiternden Schenkende begegnet. Der entscheidende Schritt zur
Brechung der Macht der Geschichte, die in der apokalyptischen Denkstruktur
besonders eindrücklich erfaßt wird, ist damit bereits ganz früh getan.

Zu »die Übrigbleibenden« gehört die Näherbestimmung »bei der Parusie des
Herrn«; sie ist nicht etwa zum Verb zu ziehen[268]. Bereits die traditionelle Gestalt des Wortes wird sie enthalten haben. Das Logion wurde isoliert überliefert und bedurfte einer derartigen Näherbestimmung, um verständlich zu machen, von welcher Situation es handelte[269]. Über die Herkunft der Prädikation
κύριος verbieten sich Aussagen ganz; in keinem Fall verfügen wir über eine
solche Sicherheit im Urteil bezüglich der Verwendung christologischer Prädikationen, daß wir eine bestimmte als ursprünglich postulieren könnten[270].

Es bleibt die Frage, ob auch das erste Partizip (»die Lebenden«) schon zur Tradition gehörte oder – ebenso wie »wir« – auf Paulus zurückgeht. Die Wahrscheinlichkeit spricht für das letzte, da im ursprünglichen apokalyptischen
Kontext οἱ περιλειπόμενοι keiner Interpretation bedurfte, den Thessalonichern gegenüber aber diese genauere Entsprechung zu »den Entschlafenen«
angebracht erscheinen mußte[271]. Die Herkunft verrät sich auch durch eine beträchtliche Unschärfe. »Die Lebenden« ist im Rahmen des Satzes kein Gegensatz zu den »Entschlafenen«, da nicht das gegenwärtige Geschick, sondern ein
erst zukünftiges zur Diskussion steht, bis dahin aber die jetzt »Lebenden«
gleichfalls »Entschlafene« sein können.

Paulus bezieht betont die Rede von den »Übrigbleibenden bei der Parusie des
Herrn« auf sich und die Glieder seiner Gemeinde. V 17 unterstreicht das noch
einmal mit der Wiederholung der gleichen Wendung »wir, die Lebenden, die
Übrigbleibenden« in ausdrücklichem Gegenüber zu den »Toten in Christus«.
Die Selbstverständlichkeit dieser Erwartung ist so stark, daß Paulus auch angesichts der aufgebrochenen Frage nach dem Schicksal der Toten die Gemeindeglieder nicht etwa darauf vorbereitet, daß sie mit weiteren Todesfällen zu
rechnen haben, vielmehr den Eindruck erweckt, daß sie wie er die Parusie lebend erreichen werden. Wie sicher er sich in dieser Erwartung noch im 1. Korintherbrief ist, zeigt besonders eindrücklich 1Kor 15,51 und 52. Zunächst
heißt es vorsichtig: nicht alle werden wir sterben, dann aber: die Toten – wir.

---

[268] Dieser Bezug wird durch die Kirchenväter unterstützt, obwohl er ihrem Verständnis Schwierigkeiten bereitet, vgl. Rigaux 540; anders Wimmer, Trostworte 275f, der sich auf Röm 9,31; Phil 3,16 beruft; dort aber heißt φθάνω nicht »zuvorkommen«, wie hier, sondern »gelangen«; dazu s. auch Friedrich, 1. Thessalonicher 5,1–11 313 (dort auch Belege für περιλείπομαι εἰς).

[269] Παρουσία findet sich mehrfach in der Matthäus-Form der synoptischen Apokalypse (24,3.27.37.39); da das Wort sonst bei Matthäus nicht begegnet, wird es der urchristlich-apokalyptischen Tradition angehören, der auch unser Wort entstammt.

[270] Ginge das Wort auf Jesus selbst zurück, so wäre freilich »Menschensohn« zu erwarten. – Zur Verbindung von παρουσία und κύριος schon im urchristlichen Sprachgebrauch vgl. Siber, Mit Christus leben 36 Anm. 79.

[271] Vgl. 2Kor 4,11; Röm 14,9, ferner 2Kor 5,15; Röm 7,2f.

Als überkommene Tradition präsentiert sich das Wort: Die, die bei der Parusie (des Herrn) übrigbleiben, werden keinesfalls den Entschlafenen zuvorkommen. Ob auch darin noch Züge paulinischer Bearbeitung enthalten sind, ist nicht sicher zu sagen, aber kaum wahrscheinlich[272].

Wir fassen zusammen. Paulus fügt dem grundlegenden Aufweis der christlichen Hoffnung für die Gestorbenen aus dem Bekenntnis zu Tod und Auferstehung Jesu einen zweiten an, der sich auf ein Wort stützt, das ihm mit der Jesus-Überlieferung zukam. Es ist ursprünglich einer Anschauung entgegengestellt, wie sie prägnant 4Esr 13,24 (»die Übrigbleibenden sind bei weitem seliger als die Gestorbenen«) ausgesprochen ist. Vielleicht war es ein Trostwort an solche, die keine Hoffnung trugen, zu den »Übrigbleibenden« zu gehören. Paulus wendet es auf die Gestorbenen in Anrede an die hoffnungs- und ratlosen Lebenden an und spricht damit nicht nur überhaupt Hoffnung auf Heil für die Entschlafenen zu, sondern erweist die Bedeutungslosigkeit des Zustandes »tot« oder »lebendig« zur Zeit der Parusie. Nicht einmal einen Vorsprung in der Erlangung des Heils werden die Lebenden, wir, bei der Parusie vor den Gestorbenen haben.

16/17 Mit explikativem ὅτι (»denn«)[273] erklärt Paulus, wie das geschieht, indem er entscheidende Etappen der Parusie darstellt. Er bedient sich einer apokalyptischen Tradition, die wenigstens z. T. in ihrem festgelegten Wortlaut wiedergegeben wird. Das ist bei einem solchen Stück, das nicht eigenes Meinen, sondern überkommenes Wissen vermitteln will und das einen festliegenden Geschehensablauf gerafft darstellt, auch nur natürlich. Daher erklären sich die zahlreichen unpaulinischen Spracheigentümlichkeiten. Den Anspruch, ein Herrenwort zu sein, erhebt die Ansage nicht. Es dürfte sich um ein apokalyptisches Überlieferungsstück handeln, das dem Judentum entstammt[274]; ob Paulus es von daher übernahm bzw. mitbrachte oder ob es schon vor ihm christlich adaptiert war, ist schwer zu entscheiden. Freilich ist die Differenz zwischen diesen Möglichkeiten nicht sehr groß.

Versucht man, den Umfang der Tradition abzugrenzen, so wird man zunächst das Schlußsätzchen V 17 (»und so werden wir allezeit mit dem Herrn sein«) Paulus zuweisen, der mit ihm die weitergehende Folgerung zieht[275]. Sodann

---

272   Οὐ μὴ φθάσωμεν gehört so gut wie sicher zur Tradition. Bei Paulus (und im übrigen NT) hat φθάνω sonst nie die Bedeutung »zuvorkommen« (2,16; Röm 9,31; 2Kor 10,14; Phil 3,16); auch die starke Verneinung οὐ μή ist nicht charakteristisch für ihn (außer in LXX-Zitaten nur 5,3 [Tradition?]; 1Kor 8,13; Gal 5,16), viel eher für die Jesus-Überlieferung (vgl. Bl-Debr-Rehkopf § 365: »fast auf Zitate aus LXX und auf Aussprüche Jesu beschränkt«). – Κοιμάομαι zwar V 13f und in 1Kor, aber häufiger und breiter gestreut bei Paulus ist νεκρός und ἀποθνῄσκω. Der Euphemismus ist so verbreitet, daß er keiner Hand zu- oder abgesprochen werden kann.

273   Es ist nicht mehr von λέγομεν abhängig, vgl. etwa 1Kor 1,25; 10,17; 2Kor 4,6; 7,8; s. auch Wilcke, Problem 132f. Anders z.B. Harnisch, Existenz 41: Das erste ὅτι (V 15) ist epexegetisch, das zweite (V 16) rezitativ; grammatisch ist das kaum möglich, zeigt aber die Schwierigkeit an, wenn man das Herrenwort nicht in V 15b, sondern in VV 16f finden will.

274   Vgl. Rigaux 541f. Mehrstufige Rekonstruktionsversuche finden sich häufiger in der Literatur, zuletzt etwa bei Collins, Tradition 331f (in Aufnahme von Marxsen, Auslegung 30; Luz, Geschichtsverständnis 329).

275   Vgl. Röm 11,26; dazu Luz, Geschichtsverständnis 288f mit Anm. 99.

fällt der stilistische Bruch zwischen V 16 und V 17 auf, V 16 redet in der 3. Pers,
V 17 in der 1. Pers. Eine Abtrennung des ganzen V 17 empfiehlt sich gleichwohl
nicht, da mit der Entrückung in den Wolken zu der Einholung des Herrn in der
Luft sich deutlich die apokalyptische Geschehensfolge fortsetzt. Hat das aber
zur Tradition hinzugehört, dann ist es – ebenso wie das Vorangehende – in der
3. Pers formuliert gewesen. In der Tat ist die Umsetzung in die 1. Pers gut verständlich, da Paulus sich mit den Lebenden bei der Parusie identifiziert, von ihnen aber mit Beginn von V 17 die Rede ist. Eine andere Frage ist, woher die Rede von ihnen überhaupt stammt. Man könnte versucht sein, ihre Erwähnung
der Tradition ganz abzusprechen und diese nur von der Auferstehung der Toten und ihrer Entrückung reden zu lassen[276]. Dagegen aber spricht die auffällige Parallele 1Kor 15,51f. In beiden Texten ist von dem doppelten Schicksal der
Gestorbenen und der noch Lebenden bei der Parusie die Rede; gerade deshalb
werden sie beide Male geboten. Das legt zwingend nahe, daß die Tradition, die
Paulus 1Thess 4,16f übernahm, bereits neben den Toten auch von den Lebenden handelte[277].

Man kann weitere Eingriffe in den übernommenen Text erwägen. Doch bleiben solche Überlegungen mangels überzeugender Kriterien unsicher. Sachlich
gewichtig wäre eine Entscheidung auch nur bei der Frage, ob die Näherbestimmung »in Christus« zu »die Toten« erst von Paulus beigefügt worden ist[278].
Wäre sie ihm vorgegeben, dann wäre seine Tradition als christlich ausgewiesen. Das aber ist tatsächlich wahrscheinlich. Paulus redet sowohl in V 14 als
auch in V 15 ohne nähere Präzisierung von den Entschlafenen und fürchtet
kein Mißverständnis. Es wäre merkwürdig, wenn er geglaubt hätte, hier eine
Verdeutlichung einbringen zu müssen[279].

Das zu vermutende Traditionsstück ist offensichtlich unterweisender Natur
gewesen. Es handelt von der Ankunft des Kyrios, wobei die Darstellung auf
das ausgerichtet ist, was den Glaubenden widerfährt. Die Toten werden auferstehen, die Lebenden mit ihnen entrückt werden zur Begegnung mit dem
Herrn. Tote wie Lebende werden Heil empfangen in jener Stunde, indem sie
als Lebende in die Welt ihres Herrn einbezogen werden. Es liegt ein Text vor,
der heilsverheißenden Charakter hat, insofern aber apokalyptischem Denken
streng verhaftet bleibt, als er die Heilserfahrung an die Zukunft bindet. Paulus

---

[276] Harnisch, Existenz 43f (ähnlich schon
Marxsen, Auslegung 30) eliminiert aus der
Grundform des Wortes, die Paulus freilich
schon erweitert vorlag, nicht die Erwähnung
der Entrückung der περιλειπόμενοι, sondern
die der Auferstehung der Toten; so auch Kegel,
Auferstehung 35f (Ex 19 hat übrigens schwerlich irgendeinen Einfluß auf diese Tradition
ausgeübt [vgl. auch Best 199], besagt aber für
die Frage, ob von Toten oder Lebenden ursprünglich die Rede war, ohnehin nichts).
[277] Auch der Subjektwechsel von V16 zu
V17 spricht für die Zugehörigkeit zur Tradi-

tion. Paulus geht es nicht um die Lebenden,
sondern um den Weg der Gestorbenen; dem
hätte die Beibehaltung dieser als Subjekt auch
der Entrückungsaussage besser entsprochen.
[278] So Jeremias, Unbekannte Jesusworte (s.o.
Anm. 206) 78; Siber, Mit Christus leben 37.57
Anm. 162. Harnisch, Existenz 42 nimmt (unter
Berufung auf Luz, Geschichtsverständnis 329)
für die Vorlage κυρίῳ statt Χριστῷ an.
[279] Häufig wird für die Vorlage als christologisches Prädikat »Menschensohn« (statt
κύριος) vermutet, vgl. Lüdemann, Paulus 252.
Beweisbar sind solche Erwägungen nicht.

zeigt mit ihm, wie sich das Herrenwort bewahrheiten wird, daß die zur Parusie Übrigbleibenden keinerlei Vorrang haben werden vor den Gestorbenen. Er verhilft damit der Gemeinde zu Hoffnung für ihre Toten, indem er sie hören läßt, daß auch sie noch eine Heilszukunft vor sich haben.

»Er selbst, der Herr« ist nachdrücklich gesprochen. Ehe das entscheidende Handeln in den Blick tritt, wird der Herr betont genannt. Er ist die Mitte des Folgenden. Der Titel κύριος bezeichnet den vom Himmel Herabsteigenden als den Mächtigen[280]. Zunächst werden Bedingungen genannt, unter denen sich sein Tun vollzieht. Sie entstammen der apokalyptischen Überlieferung; ihr Sinn ist, die Bedeutsamkeit des Geschehens eindrücklich zu machen. Natürlich verbindet derjenige, der sie nennt, und der, der sie hört, eine Vorstellung damit. Nicht unbedingt aber darf man erwarten, daß es sich bei der Summe der einzelnen Elemente, die ein apokalyptischer Text nennt, um eine geschlossene, aufeinander bezogene Vorstellung handelt. Man muß damit rechnen, daß die einzelnen Vorstellungen je für sich stehen, nur ihre Summierung einen Gesamteindruck bewirkt und bewirken soll.

Man wird daher dem Text kaum gerecht, wenn man eine zu genaue Inhalts- und Verhältnisbestimmung der drei Begebenheiten, mit denen V 16 einsetzt, versucht. Die präpositionalen Wendungen mit ἐν (»unter«) nennen das, was zu dem Zeitpunkt geschieht, wenn der Herr vom Himmel herabkommt[281]. Es ist nicht sicher zu erkennen, in welcher Beziehung die Ereignisse zueinander stehen. Da nur die beiden letzten durch »und« verbunden sind, das erste Nomen (κέλευσμα) überdies allein keinen Genitiv bei sich hat, kann man fragen, ob die beiden letzten Glieder dem ersten untergeordnet sind und dieses näher in seiner Art erklären[282]. Doch wird schon damit der Text überfragt sein[283]. Als eigentlicher Urheber des Befehls ist Gott zu denken. Nach jüdischer wie nach paulinischer Anschauung ist es letztlich Gott, der wie die Schöpfung so die Heilszeit wirkt. V 14 hatte ausdrücklich ihn als Subjekt des »Heraufführens« der Entschlafenen mit Jesus genannt. So ist auch hier die Auferstehung der Toten und die Entrückung aller als Werk Gottes verstanden. Mit seinem »Befehlswort« ertönt der Schrei eines Erzengels. Auch wenn sich Parallelen in der vergleichbaren apokalyptischen Literatur dazu nicht nachweisen lassen, ist doch davon auszugehen, daß die Erwähnung solchen Schreis zur Tradition gehörte[284]. Mit φωνή wird nicht ein Inhalt, sondern nur das Daß des Schreis angezeigt[285]. Weder Paulus noch die Tradition, die er aufnimmt, sind an anderem

---

[280]   Vgl. Rigaux 542. – Mit μαράνα θά ruft schon die aramäischsprachige Gemeinde nach der Ankunft des »Herrn« (1Kor 16,22; vgl. Offb 22,20). Stets ist in 1Thess mit παρουσία der Titel κύριος verbunden, 2,19; 3,13; 4,14; 5,23.
[281]   Vgl. Bauer, Wb. s.v. ἐν II 2. Anders (mit vielen) L. Schmid, ThWNT III 657,45–658,3 (drückt die begleitenden Umstände aus).
[282]   So z.B. Dobschütz 195.
[283]   Ähnlich auch L. Schmid, ThWNT III 658,12–17; Rigaux 542f.

[284]   Die ältere jüdische Literatur kennt »Erzengel« nicht. Erst grHen 20,8 (ἀρχαγγέλων ὀνόματα ἑπτά); 4Esr 4,36 (Jeremiel), mehrfach bei Philo, s. Bauer, Wb. s.v.; Rigaux 543. Im NT nur noch Jud 9 (Michael).
[285]   Die Charakterisierung des Redens von Engeln, Geistern und Geistträgern mit φωνῇ μεγάλῃ ist nicht vergleichbar (s. aber O. Betz, ThWNT IX 287,31f), da hier nur von dem Schrei selbst die Rede ist.

interessiert als an einem Eindruck, der die Fremdheit und Furchtbarkeit der
Szene erfahrbar macht.

Das gilt schließlich ebenfalls von der »Trompete Gottes«[286]. Auch sie ist nichts
als Begleitung von Gottes endzeitlichem Handeln. Aber sie weist solches Handeln besonders deutlich und universal wahrnehmbar als das aus, was es ist.
So vom klaren Zeichen des plötzlichen Anbruchs der radikal neuen Wirklichkeit begleitet, steigt der Herr selbst vom Himmel herab. Auch diese Erwartung
nimmt geläufige apokalyptische Vorstellung auf, nach der der Messias (oder
auch Gott selbst) am Ende der Zeit vom Himmel herabkommen wird[287]. Die
Bedeutung dessen liegt nicht darin, daß der Herr zur Erde käme, um dort zu
handeln; er kommt gerade nicht dorthin, vielmehr werden die Glaubenden
entrückt, um ihm »in der Luft« zu begegnen. Auch ist die Herabkunft nicht in
ein kausales Verhältnis zur Totenauferstehung gebracht. Die Funktion des Geschehens ist, daß der Kyrios aus seiner verborgenen Unnahbarkeit im Himmel
hervortritt und die unmittelbare Gemeinschaft mit sich ermöglicht, die das
Heil ist. Es ist das Ereignis der Parusie, wie V 15 bestätigt.

Zugleich mit der Parusie des Kyrios werden die »Toten in Christus« auferstehen[288]. Nur hier ist von der Auferstehung in dem ganzen Abschnitt 4,13–18
die Rede. Paulus erwähnt sie (mit der Tradition), weil es um den Zeitpunkt
geht, an dem sich das Schicksal der gestorbenen und lebenden Christen entscheidet. Er ist durch die Parusie und die Auferstehung bestimmt.

Die Möglichkeit und Wirklichkeit der Auferstehung ist Paulus selbstverständliche Gegebenheit. Sie wird aber betont auf die Toten »in Christus« beschränkt.
Die Näherbestimmung wird auf eine geprägte urchristliche Redeweise zurückgehen, die die Toten als solche ausweist, die zu Christus gehören[289]. Die Aussageweise scheint den Gedanken an eine Auferstehung auch derer, die nicht zu
Christus gehören, auszuschließen. Ähnlich denkt offenbar 1Kor 15,23f[290]. Es
ist nicht auszuschließen, daß solche Begrenzung, die dann möglicherweise nur
eine Konzentration des Blicks ist, auf die Tradition zurückgeht. Paulus hat sie

---

[286] Σάλπιγξ denkt an den Ton der Trompete
(vgl. G. Friedrich, ThWNT VIII 85,1f); θεοῦ
qualifiziert ihn als der Welt Gottes zugehörig,
nennt nicht den Urheber (vgl. Offb 15,2). Die
Trompete spielt in der jüdisch-apokalyptischen Erwartung eine gewichtige Rolle, vgl. Jes
27,13; Sach 9,14 (Gott selbst wird in die Trompete blasen); 4Esr 6,23; nach ApkMos 22 bläst
der Erzengel Michael die Trompete, als Gott
zum Gericht über Adam im Paradies erscheint
(s. auch 37); vgl. G. Friedrich, ThWNT VII
80,6–15; 84,3–32 (ebd. Z. 23–31 eine bemerkenswerte rabbinische Überlieferung [Alpha-
bet-Midrasch des Rabbi Akiba 9] über die
Funktion der Trompete bei der Totenauferstehung).
[287] Diese Vorstellung steht auch hinter Mk
13,26 par; 14,62 par. Vgl. P. Volz, Die Eschato-

logie der jüdischen Gemeinde im neutestamentlichen Zeitalter, Tübingen 1934, 209f.
[288] Vgl. 1Kor 15,23.
[289] S. 1Kor 15,18; Offb 14,13; vgl. Siber, Mit
Christus leben 57 Anm. 162. Nach Bl-Debr-
Rehkopf § 272 Anm. 3 (vgl. auch H. Hübner,
Pauli Theologiae Proprium, NTS 26 [1979/80]
456f) gehört die präpositionale Wendung zum
Verb. Dagegen sprechen die Parallelen; vgl.
vielmehr Wendungen wie 1Kor 10,18 τὸν Ἰσ-
ραὴλ κατὰ σάρκα und Eph 4,1 ὁ δέσμιος ἐν
κυρίῳ. – Eine Christusverbindung auch im Zustand des Todes besagt der Ausdruck aber nicht
(anders Rigaux 544).
[290] Zu τέλος (nicht »Restabteilung«, sondern
»Ende«) s. G. Delling, ThWNT VIII 57,28f;
56,21–23, vgl. auch 32,4–7.

dann aber nicht korrigiert[291]. Die Auferstehung ist ihm so sehr Heilsgut, daß er sie nur zusammen mit der Heilsteilhabe denkt[292]. Im übrigen entspricht die Beschränkung der Auferstehung auf diejenigen, die durch sie Heil empfangen, einer Stufe jüdischen Auferstehungsglaubens, die in neutestamentlicher Zeit Bedeutung hatte[293].

Die Auferstehung ist die Voraussetzung der Entrückung. Das wird durch die unmittelbare Folge der zeitlich reihenden Wörter »zuerst, danach« hervorgehoben[294]. Zunächst werden die Toten den Lebenden gewissermaßen gleichgestellt. Nicht im Blick ist, daß nach 1Kor 15,52 auch die Lebenden bei der Parusie verwandelt werden[295]. Das bedeutet nicht, daß Paulus diese Überzeugung zur Zeit unseres Briefes noch nicht gewonnen hätte. Vielmehr ergibt sich nur, daß die apokalyptische Tradition, auf die er sich stützt, davon nichts sagte. Die Gliederung des Geschehensablaufs aber wird überhaupt mehr eine logische sein; denn Paulus hat ihn sich gewiß auch hier als einen solchen vorgestellt, der »in einem Nu, in einem Augenblick« (1Kor 15,52) abläuft.

Nach der Totenauferstehung greift das Geschehen auch nach den Lebenden, den Übriggebliebenen, nach »uns«. Paulus wiederholt die Benennung von V 15, wieder mit der betonten Voranstellung des »wir«. Eine sachliche Funktion hat das im Kontext nicht, da es ihm um die Gestorbenen geht. Zugleich[296] mit den vom Tode Auferstandenen werden die Lebenden entrückt werden[297]. Auch hier ist nicht gesagt, wer die Übriggebliebenen und die Auferstandenen entrückt. Letzter Urheber allen endzeitlichen Geschehens ist Gott; das steht hinter den Aussagen, ist aber absichtsvoll nicht näher ausgeführt. Das Geheimnisvolle der Vorgänge bleibt gewahrt. Nur die Wendung »in Wolken« deutet gewichtig nähere Umstände an[298]. Die endzeitliche Entrückung der Glaubenden ist ein Geschehen, das zum Handlungsbereich Gottes gehört; durch die Emporführung mit den Wolken werden die Heilsteilhaber hineingenommen in die himmlische Welt.

---

[291] Das ist beachtenswert, da V 13 die »übrigen« und ihre Hoffnungslosigkeit in den Blick faßt.

[292] S. Phil 3,10f; 1Kor 15,23f. Vgl. Mattern, Verständnis 76–78 (Anm. 125); Wilcke, Problem 150–155; Wolff, 1.Korinther 180.

[293] Vgl. Dobschütz 202 Anm. 2; einen umfassenden Überblick gibt H. C. C. Cavallin, Leben nach dem Tode im Spätjudentum und im frühen Christentum I. Spätjudentum, ANRW II 19,1, 240–345 (Lit.!).

[294] Man kann daher fragen, ob sie erst von Paulus der Tradition zugefügt sind, als er den zweiten Teil in die 1. Pers setzte, um die Aufhebung des Todes von der gemeinsamen Heilsteilhabe zu unterstreichen.

[295] Vgl. auch Phil 3,21.

[296] Ἅμα hat adverbiale Valenz behalten und kann nicht einfach mit σύν zusammen als uneigentliche Präposition genommen werden;

das zeigt 5,10; so auch Rigaux 545; Best 198; anders Bauer, Wb. s.v. ἅμα 2 (vgl. auch Bl-Debr-Rehkopf § 194 Anm. 4), der aber ebenfalls Gleichzeitigkeit und Zusammengehörigkeit ausgedrückt sieht.

[297] Ἁρπάζω = »entrücken« auch Apg 8,39; 2Kor 12,2.4; Offb 12,5, vgl. W. Trilling, EWNT I 377f; G. Strecker, RAC V 461–476, bes. 461f.472f.

[298] Wolken sind traditionelles Beiwerk von Theophanien, vgl. z.B. Ex 19,13.16; Ps 97,2; Zef 1,15; Joel 2,2; 2Makk 2,5; im NT Mk 9,7 par, auch Apg 1,9. Durch Dan 7,13 ist das Kommen des Menschensohns mit Wolken verbunden (4Esr 13,1ff; Mk 13,26 par; 14,62 par; Offb 1,7; 14,14–16). Nach einem jüdischen Glauben werden die Heilsgenossen auf Wolken emporsteigen zum Thron der Herrlichkeit, s. Bill. III 635(f); IV 1150 (A. Oepke, ThWNT IV 909,27–30). Vgl. auch Offb 11,12.

Ziel der Entrückung ist die Begegnung mit dem Herrn. Der Ausdruck, der dafür benutzt wird, ist in seiner präzisen Bedeutung umstritten, da ἀπάντησις (»Begegnung«) als terminus technicus für einen staatsrechtlich geübten Brauch aufgefaßt werden kann, »wonach hochgestellte Personen von der Bürgerschaft der Stadt feierlich eingeholt werden«[299]. Das Wort begegnet im Neuen Testament (ebenso wie das gleichverwendete ὑπάντησις) nur in Verbindung mit εἰς[300]. An keiner Stelle ist technischer Gebrauch gesichert; andererseits ist die Bedeutung nicht immer einfach »entgegen«, vielmehr ist mit Ausnahme von Mt 8,34[301] stets an eine Einholung gedacht. In der LXX, in der die Wendung geläufig ist, wird sie unspezifisch für die verschiedensten Arten von Begegnungen angewendet[302]. So ist die Entscheidung darüber schwierig, ob an unserer Stelle nur an die Begegnung der Entrückten mit dem Herrn gedacht ist oder an seine (feierliche) Einholung, die dann nur eine solche auf die Erde sein könnte. Mir scheint das letzte der Fall zu sein. Und zwar gilt das unabhängig davon, ob die Wendung als politischer Terminus gebraucht ist oder nicht. Denn die Vorstellung ist klar die, daß der Kyrios vom Himmel herabfährt, die Entrückten ihm entgegen, natürlich nicht zu einem Treffpunkt oder um ihn gar aufzuhalten[303], sondern um ihn auf seinem Wege vom Himmel herab abzuholen[304]. Dann aber darf der Näherbestimmung »in der Luft« (εἰς ἀέρα) keine weittragende Bedeutung zugemessen werden. Denn keinesfalls ist die Luft als der bleibende Aufenthaltsort des Herrn und der Seinen nach ihrer Vereinigung gedacht[305]. Sie füllt vielmehr den Raum zwischen dem Himmel, von dem der Kyrios kommt, und der Erde, zu der er fährt; in ihm wird er von den Seinen empfangen.

Was er nach der Vorstellung der Tradition auf der Erde tun wird, welche Form der Heilsverwirklichung dort Platz greifen wird, ist eine müßige Frage[306]. Paulus bietet sie nur bis zu dem Punkt der Vereinigung der Entrückten mit ihrem Herrn. Bei der Fähigkeit apokalyptischer Imagination, heterogene Elemente

---

[299]  E. Peterson, ThWNT I 380,14f; ausführlicher begründet in: Ders., Die Einholung des Kyrios, ZSTh 7 (1929/30) 682–702; ihm folgt Dibelius 28 und – in gewissen Grenzen – Rigaux 548; ähnlich Best 199.
[300]  Εἰς ἀπάντησιν Mt 25,6; Apg 28,15 (Mt 27,23 D); εἰς ὑπάντησιν Mt 8,34; 25,1; Joh 12,13.
[301]  Aber auch da ist das Bild gefüllt: πᾶσα ἡ πόλις ἐξῆλθεν εἰς ὑπάντησιν τῷ Ἰησοῦ Nur dient der Zug gerade dazu, Jesus abzuweisen.
[302]  Siber, Mit Christus leben 54 mit Anm. 153. Dem entspricht der Gebrauch in JosAs (nur εἰς συνάντησιν). 5,3 könnte technisch sein: Pentephres, seine Frau und seine ganze Verwandtschaft gehen hinaus zu Joseph, εἰς συνάντησιν αὐτοῦ 15,10; 19,1(.2) aber spricht von der Begegnung Aseneths als Braut mit Joseph, 25,8 von der feindlichen Begegnung Dans und Gads mit Joseph und Aseneth.

[303]  So Mt 8,34.
[304]  Wie die 10 Brautjungfern den Bräutigam, Mt 25,1–6, die Menge Jesus, Joh 12,13, die römischen Juden Paulus und seine Begleiter, Apg 28,15, oder auch Aseneth Joseph, JosAs 15,10; 19,1(.2).
[305]  Das ist auch deshalb nicht denkbar, weil man da, wo man über sie als behausten Ort nachdachte, sie als Wohnort unvollkommener Geister oder Dämonen ansah, vgl. W. Foerster, ThWNT I 165; Eph 2,2: ἄρχων τῆς ἐξουσίας τοῦ ἀέρος (vgl. Schnackenburg, Epheser 91 mit Anm. 220); TestBenj 3,4: ὑπὸ τοῦ ἀερίου πνεύματος τοῦ Βελιάρ . . . πληγῆναι, vgl. Bill. IV 516.
[306]  Wilcke, Problem 142–147; Baumgarten, Apokalyptik 97 weisen schon die Frage ab, was nach der Begegnung in der Luft gedacht sei; ähnlich Schade, Apokalyptische Christologie 161.

miteinander zu verbinden, kommt Vermutungen wenig Sicherheit zu. Aus traditionsgeschichtlichen Erwägungen ist freilich unwahrscheinlich, daß die Erwartung eines messianischen Zwischenreichs folgte[307]. Dagegen bereitet der Gedanke, daß der eschatologische Heilsort auf der Erde gedacht wurde, keine Schwierigkeiten, sofern man bereit ist, denjenigen, die solche Vorstellungen entwarfen, kein zu großes Maß an Naivität zuzuschreiben. Offb 21,1f.10 zeigt, wie in diesem Bereich tatsächlich vorgestellt wurde.

Paulus aber ist an dieser Frage nicht mehr interessiert. Für ihn ist mit der Vereinigung der Entrückten mit ihrem Herrn das gesagt, worauf es ankam. Er hat nur noch die Folge zu nennen, die daraus erwächst. Sie ist einfach und umfassend zugleich. Allezeit werden wir so mit dem Herrn vereint sein[308]. Mit dieser Zusammenfassung ist die Aussage endgültig in die 1. Pers übergewechselt. In ihr sind die Lebenden und die Gestorbenen zu der Einheit aller, die in der Gemeinschaft des Herrn das endliche Heil erfahren werden, zusammengeschlossen; dann werden die Entschlafenen ununterscheidbar in die Gemeinschaft der Glaubenden zurückgekehrt sein. Stärker und selbstverständlicher ließ sich die tröstliche Hoffnung nicht aussprechen, die der Apostel seiner Gemeinde zu sagen hat. Es gibt nur eine Zukunft des Heils, in der die Grenze zwischen Tod und Leben aufgehoben sein wird.

Das Heilsziel, auf dem allein für Paulus Gewicht liegt, ist das Sein »mit dem Herrn«[309]. Er nimmt auch damit jüdisch-messianische Heilserwartung auf[310], reduziert sie aber radikal auf das Moment, das allein wesentlich ist, die Gemeinschaft mit Jesus Christus, die Anteil an seinem Leben gibt. In gleicher Konzentration spricht Phil 1,23 das Begehren aus, abzuscheiden und mit Christus zu sein. Füllt Paulus dieses »Sein mit Christus«[311] näher, dann ist es der Begriff »Leben«, der die Aussage trägt, vgl. 5,10; Röm 6,8 und auch 2Kor 13,4, wobei Röm 6,8; 2Kor 13,4 zeigen, daß solchem Mitleben das vorlaufende Mitsterben entspricht[312]. Das ergibt auch der Kontext der anderen Aussagen, die das Mit-Sein mit Christus zum Inhalt haben. Solcher Zusammenhang ist die Grundlage des Satzes, der die Geschichte nennt, die der Christ real erfährt, Röm 8,17: »wenn wir denn mitleiden, um auch mitverherrlicht zu werden«. So kann denn schließlich Paulus – wieder mit Rückhalt im Sterben Christi für uns – die eschatologische Erwartung, die sich im Sein mit Christus bündelt, in der umfassenden Frage bezüglich des Gotteshandelns in seinem Sohn artikulieren: »wie sollte er uns zusammen mit ihm nicht alles schenken?« (Röm 8,32). Die

---

[307] Vgl. den Nachweis von Wilcke, Problem, bes. 148–150 (Zusammenfassung).

[308] Οὕτως faßt nicht nur das Vorangehende allgemein zusammen (so Bauer, Wb. s.v. 1b), sondern hat folgernden Klang, vgl. Röm 1,15; 6,11. Vgl. auch οὕτως V 14.

[309] Rigaux 549: »Être avec le Christ toujours est l'idéal de la religion paulinienne.«

[310] Vgl. Siber, Mit Christus leben 253 (Anm. 3 Belege aus äthHen [62,14; 39,6f; 62,8; 71,16; 38,2; 45,4]).

[311] Eine »Formel«, die Paulus noch dazu schon übernommen hätte, ist σὺν Χριστῷ offenbar nicht, vgl. W. Grundmann, ThWNT VII 781,49f und 781f Anm. 79; Hoffmann, Die Toten in Christus 301; Siber, Mit Christus leben 9 u.ö.; Luz, Geschichtsverständnis 305f.

[312] Vgl. zu den paulinischen σὺν-Χριστῷ-Aussagen zusammenfassend Hoffmann, Die Toten in Christus 301–310.

eschatologische Vollendung ist erlangt im bleibenden Sein mit dem Herrn. Das
Wissen um diesen Herrn überholt und verbietet jede nähere Ausgestaltung.
Sie könnte nicht verdeutlichen, nur mindern. Unsere Hoffnung auf Heil grün-
det im Leben Christi, das wir im Glauben als wirklich erfahren.

Der Schlußsatz zieht die Konsequenz auf die unmittelbaren Erfordernisse der    18
Situation in der Gemeinde[313]. Von einer Wendung der Glaubensgedanken ins
Paränetische[314] darf man nicht sprechen. Paulus hatte die »Glaubensgedanken« von allem Anfang an in parakletischer Absicht entfaltet. Es gehört zur
Bewältigung der Krise, die eine solche der Hoffnung und des Glaubens zugleich ist, daß die Paraklese, die der Inhalt des Glaubens freigibt, von der Gemeinde aufgenommen und an ihr zur Wirkung gebracht wird. Zuspruch erwächst aus den Worten, die Paulus ihnen sagt; mit ihnen sollen sie einander
aufrichten. Es ist selbstverständlich nicht der Wortlaut, auf dessen genaue Reproduktion es entscheidend ankommt. Andererseits will beachtet werden, wie
eng Paulus sich selbst in dem ganzen Argumentationszug ab V 14 an formulierte Tradition anschließt[315]. Er reproduziert sie freilich nicht einfach, sondern
gibt sie interpretierend, verstehend weiter. Aber sie bildet doch – erkennbar –
die Grundlage seiner Gedanken. Bei den »Worten«, mit denen die Thessalonicher sich einander zusprechen sollen, ist an die Sätze gedacht, die das Bekenntnis, der Herr und die Tradition zu dem Thema der eschatologischen Hoffnung
zu sagen haben[316]. Nur ist auch ihnen die Freiheit gegeben, sich solche Sätze
verständlich zu sagen.

Die Bedeutung von παρακαλεῖν wird hier wieder näher bei der stehen, die das
Wort 3,7 hat. Es ist der Zuspruch gemeint, der Gewißheit verleiht und daher
Trost- und Hoffnungslosigkeit wendet. Gleichwohl darf der Sinn nicht völlig
von dem geschieden werden, den das Wort 4,1.10 hat; auch in diesem Zuspruch liegt ein Anspruch, den der Glaube erhebt[317]. Er verleiht Gewißheit,
aber er beansprucht sie auch[318].

Der Abschnitt behandelt eine zentrale Frage des christlichen Glaubens, näm-    Zusammen-
lich die nach der Hoffnung über die Grenzen der Geschichte hinaus. Sie war in   fassung
Thessalonich nicht deshalb aufgebrochen, weil man eine solche Hoffnung gar
nicht hatte, sondern weil ein Irrtum mit Blick auf die Geschichte bestand. Daß
die Heilshoffnung auf entgrenztes Leben auch im Durchgang durch den Tod

---

[313]  Daß der Satz eine geläufige »Trostbrieffor-
mel« (Dibelius 28; vgl. Deißmann, Licht vom
Osten [s.o. Anm. 190] 141–145) sein soll, hat
schon Dobschütz 199 zu Recht in Frage gestellt; vgl. ausführlicher Rigaux 551 (»les pen-
sées et les formules sont fort distantes«).

[314]  So Dobschütz 199.

[315]  In V 14a an ein christologisches Bekenntnis, in V 15b an ein Herrenwort, in VV 16f an
eine apokalyptische Überlieferung.

[316]  Λόγοι ist also nicht mit »Gedanken« (Ri-

gaux 551) oder »Argumente« (Best 180) zu
übersetzen.

[317]  Vgl. auch παρακαλεῖν 5,11, wo dieser Ton
des Anspruchs in einer ganz ähnlichen Formulierung wieder stärker hervortritt.

[318]  Röm 12,8 wird das παρακαλεῖν in der Gemeinde einem bestimmten Charisma zugeschrieben. Das ist hier nicht im Blick, alle werden dazu aufgefordert; das ist deshalb möglich,
weil Paulus das Instrument dafür (ἐν τοῖς
λόγοις τούτοις) an die Hand gab.

ihre Erfüllung finden könnte, hatten die Glieder der Gemeinde nicht begriffen. Zu nahe hatte die Predigt des Apostels und ihr eigener Glaube ihnen die Parusie des Herrn gebracht, als daß das Begreifen des Todes ihnen noch möglich gewesen wäre. Seine Realität, die ihre Härte aus der geschichtlichen Endgültigkeit seines Zugriffs bezieht, ist in der Tat ein mächtiges Widerlager gegen alle ihn transzendierenden Hoffnungen. Der Tod löscht das Leben aus, damit aber doch auch, so will es scheinen, alle seine Zukunft. Er gemahnt uns am machtvollsten an das Unheile, das unser Leben immer noch bestimmt, trotz aller Heilserfahrung, die wir jetzt schon machen mögen.

Paulus erinnert die Gemeinde zunächst an das Christusbekenntnis, das den gestorbenen und auferstandenen Jesus nennt und damit die Sicherheit universaler Zukunftshoffnung verbürgt für die, die zu ihm gehören. Indes, nicht einmal zuvorkommen werden die Lebenden, wir, den Entschlafenen, sagt ein Herrenwort, das der Apostel der Gemeinde übergibt. Um einem Denken, das ohne Vorstellung nicht sein kann, verständlich zu machen, wie das geschehen kann, macht er sie schließlich mit einer apokalyptischen Tradition bekannt, die das Geschehen bei der Parusie, das zur endlichen Vereinigung der Glaubenden mit ihrem Herrn führt, abbildet.

Paulus trägt die Sätze, die die endzeitliche Zukunft erhellen, nicht um ihrer selbst willen vor; er will seiner Gemeinde helfen, ihre Gegenwart zu bestehen. Er bedient sich dabei auch apokalyptischer Überlieferung mit ihrem bizarr-realistischen Griff in die Zukunft. Solche Texte sind uns fremd. Man kann sich ihrer Problematik als paulinische Äußerungen jedoch nicht dadurch entledigen, daß man ihren Sinn ausschließlich in der aktuellen Anrede sieht, mit der sie ihre Rezipienten erreichen wollen, dagegen aber bestreitet, daß ihrem spezifischen Inhalt irgendwelche Bedeutung zukommt. Die Zuwendung zum Empfänger und dem Anspruch seiner Situation gilt in einem mehr oder weniger weiten Sinn – wie für alle Texte – für jeden apokalyptischen Text, mag er noch so sehr mit dem Wissen um die Zukunft gefüllt sein. Man darf unseren Text nicht kategorial von anderen apokalyptischer Art absondern. Das ist angesichts dieses Stückes auch deshalb nicht möglich, weil es solchen Hoffnung zusprechen will, die gerade nicht über ihre eigene Zukunft, sondern über die von Toten hoffnungslos sind. Die Sicherheit, daß die Toten in Christus Leben und Heil gewinnen werden dann, wenn die Geschichte durch den Kyrios aufgehoben wird, ist die Grundlage für die Wahrheit dieses Textes. Ihr verbindet sich die Erkenntnis, daß die Aufhebung der Geschichte eine radikale sein wird, daß der Unterschied geschichtlichen Lebens und geschichtlichen Todes in jener Stunde bedeutungslos sein wird. Denn mit dem endzeitlichen Zugriff Gottes auf diese Welt, wenn Christus sie universal bestimmen wird, werden diejenigen, die ihr geschichtliches Leben auf Christus gründeten, Leben finden und die Gemeinschaft der Vollendeten, die ihren Weg zur Erfüllung bringt.

So gewiß Paulus davon überzeugt war, daß der Anbruch der Vollendung sich noch zu seinen Lebzeiten ereignen wird, so gewiß glaubte er, daß sich das Geschehen in einer Realistik abspielen wird, die seiner Darstellung entspricht[319]. Freilich dürfen wir davon ausgehen, daß er durchaus ein Bewußtsein um die Differenz zwischen der Darstellung und der Wirklichkeit gehabt hat, daß er seine Darstellung nur als eine Entsprechung verstanden hat[320].

Andererseits ist nicht zu übersehen, daß Paulus kein *wesentliches* Interesse an den einzelnen Akten und Abläufen des Endgeschehens hat. Nicht aus ihnen, sondern aus ihrem Ergebnis erwächst die Hoffnung. Daher erklärt sich die Konzentration der apokalyptischen Schilderung auf die Elemente, die für die intendierte Aussage von der Gleichzeitigkeit und damit auch Gleichartigkeit der Heilsteilhabe von Lebenden und Toten wichtig sind. Das ist auch deshalb zu beachten, weil man andernfalls leicht der Gefahr erliegt, an den Text Fragen zu richten, auf die Antworten in ihm nicht enthalten sind. Das betrifft vor allem die Frage nach dem Schicksal der Gestorbenen, die nicht zu den »Toten in Christus« gerechnet werden können.

Wir brauchen die Realistik der apokalyptischen Erwartung nicht zu teilen und können doch die Botschaft des Paulus vernehmen. Die apokalyptische Weise, Geschichte und Heilsgeschehen auszusagen, ist eine Erscheinung, die einen bestimmten geschichtlichen Ort hat, an dem sie die angemessene Art war, Wahrheit verstehbar zu machen[321]. Wir sind nicht an diesen Ort gefesselt. Freilich müssen wir versuchen, die Wahrheit, die so gefunden, gesagt und verstanden wurde, zu bewahren.

Formal bedient sich die Apokalyptik einer Sprache, die altüberkommene Bilder zur Darstellung benutzt. Das, was immer schon von Gott, seinem Handeln und der Welt bekannt ist, ist wahr, es findet jetzt zu seinem Ziel. Aber die Erkenntnis dieses Ziels verdankt der Mensch sich nicht selbst, sondern sie wird ihm gegeben, offenbart. Der Mensch erkennt die einzelnen Dinge und Geschehnisse, ihr eigentlicher Zusammenhang, ihr Sinn ist ihm verborgen; er erkennt das Gestern und vielleicht noch das Heute, das Morgen muß er sich zusprechen lassen.

Inhaltlich ist es das radikale Begreifen der Welt als Geschichte, wodurch das apokalyptische Denken bestimmt wird. Die Geschichte als die Bewegung des Lebens ist dem Gesetz des Lebens unterworfen, das notwendig im Tode endet. So geht auch die Geschichte der Welt einem Ziel entgegen, und dieses Ziel ist ihr Ende. Das ist die große Einsicht in das Wesen der Welt. Doch sie ist aufgehoben in der Botschaft, daß die Welt nicht für das Nichts geschaffen ist, daß Gott zu sich und seiner Schöpfung steht. Weil die Einsicht in die Grundstruktur der geschichtlichen Welt aber dabei erhalten bleibt, deshalb erkennt die Apokalyptik den radikalen Abbruch der Geschichte, das Ende dieser Welt. Nur die totale Neuschöpfung, die der ersten Schöpfung entspricht, führt die

---

[319] Vgl. dazu auch Froitzheim, Christologie und Eschatologie 195f.
[320] Vgl. auch den wichtigen Aufsatz von W. Baird, Pauline Eschatology in Hermeneutical Perspective, NTS 17 (1970/71) 314–327.

[321] Zur Geschichte der Apokalyptik vgl. TRE III 189–289. Eine umfassende Bestandsaufnahme versucht der Sammelband: Apocalypticism in the Mediterranean World and the Near East, ed. D. Hellholm, Tübingen 1983.

Geschichte weiter, nun freilich nicht mehr der Grenze des Todes ausgeliefert. Denn die Geschichte Gottes hat dann begonnen.

Soll das Leben der Welt und des einzelnen zu der Eigentlichkeit finden, die es als sein wahres Wesen ersehnt, dann kann sie nur in einer entgrenzten Zukunft liegen. Alles andere ist Illusion, die sich über die Wirklichkeit des geschichtlichen Lebens, dessen einzige Sicherheit der Tod ist, hinwegtäuscht. Und diese Zukunft ist nur als Werk Gottes denkbar. Darin liegt die bleibende Wahrheit der apokalyptischen Erkenntnis.

Die Gewißheit, daß es eine solche Zukunft wirklich gibt, erwächst aus der Auferstehung Jesu. Daß die Erfahrung seiner gegenwärtigen Wirklichkeit, die wir haben und machen können, die Erfahrung des Auferstandenen ist, der das entschränkte Leben empfangen hat, das wissen wir nur durch das apostolische Zeugnis. So wie Paulus die Thessalonicher an das ihnen übergebene Bekenntnis weist, so sind wir in dieser Sache an das apostolische Zeugnis gewiesen, durch das wir unseren Glauben empfingen.

Die Gewißheit um die Zukunft hat tröstende Funktion für die heillose Gegenwart. Von der Zukunft her ergibt sich für den Glauben, daß die Gegenwart keine verlorene ist. So begründet die eschatologische Zukunft Gewißheit für die Gegenwart. Der anschließende Abschnitt wird nun zeigen, daß die Zukunft nicht nur Hoffnung ist, die Sicherheit begründet, sondern daß sie die Gegenwart der Gemeinde auch beansprucht, daß sie schon jetzt in ihr wirksam werden will, dargestellt durch das Leben der Gemeinde.

## 2.   Das Leben im Zugriff der Zukunft (5,1–11)

**1 Betreffs der Zeiten und Fristen, Brüder, habt ihr es nicht nötig, daß euch geschrieben wird. 2 Denn ihr wißt selbst genau, daß der Herrentag wie ein Dieb in der Nacht kommt. 3 Wenn die Leute sagen: Frieden und Sicherheit, dann kommt plötzlich über sie Verderben, wie die Wehe über die Schwangere, und sie können nicht entrinnen. 4 Ihr aber, Brüder, seid nicht in Finsternis, so daß der Tag euch wie ein Dieb ereilen könnte. 5 Ihr seid ja alle Söhne des Lichts und Söhne des Tages. Wir gehören nicht der Nacht und nicht der Dunkelheit; 6 also sollen wir nun auch nicht schlafen wie die übrigen, sondern wachen und nüchtern sein. 7 Denn die, die schlafen, schlafen nachts, und die, die trinken, sind nachts betrunken. 8 Wir aber, da wir dem Tag zugehören, wollen nüchtern sein, bekleidet mit dem Panzer des Glaubens und der Liebe und dem Helm der Heilshoffnung. 9 Denn Gott hat uns nicht bestimmt zum Zorn(gericht), sondern zum Besitz des Heils durch unseren Herrn Jesus Christus, 10 der für uns gestorben ist; damit wir, ob wir nun wachen oder schlafen, zugleich mit ihm leben. 11 Deshalb erweist einander Zuspruch und erbaut einer den anderen, wie ihr ja auch tut.**

Der Text erweist sich als ein komplexes Gebilde, das sehr verschiedene Traditionen in sich aufgenommen, miteinander verbunden und in den Dienst der eigenen Aussage gestellt hat[321a]. Es fällt eine intensive und vielgestaltige terminologische Verschlingung der Aussagen auf, die sich ebenso des Mittels der
Antithese wie der Assoziation bedient.

Eine Gliederung des Abschnitts ist deutlich zu erkennen[322]. Mit περί (»betreffs«) und der Anrede »Brüder« wird der neue Einsatz angezeigt. Das Thema
steht mit dem vorangehenden aber in so engem inhaltlichen Zusammenhang,
daß Paulus es nur stark verkürzt mit χρόνοι καὶ καιροί angibt und erst in V 2
die Verbindung der »Zeiten und Fristen« mit dem eschatologischen Tag deutlich werden läßt. Wie schon 4,9 behandelt er das Thema in der Stilform der Paraleipsis (praeteritio)[323]; er beantwortet dabei die Frage nach der Zeit des Kommens mit der Erinnerung an das Wie dieses Kommens. Daß der Tag des Herrn
unvermutet und plötzlich hereinbricht, das ist die Aussage, die 5,1–3 enthält.
Die neuerliche Anrede »Brüder« sowie der Übertritt der Rede von der Zukunft
in die Gegenwart zeigen, daß mit V 4 ein anderer Gedanke hervortritt. Er
reicht bis V 5a[324]. Der Ort der Angeredeten wird bestimmt als ein solcher, der
nicht in Finsternis ist, da sie Söhne des Lichts und des Tages sind. Mit V 5b
wechselt die Rede in den Wir-Stil. Solche universale Ausweitung der Ortsbestimmung der Glaubenden dient der Vorbereitung der Paränese, die dazu ruft,
der doppelten Bestimmung, die die vorangehenden Abschnitte boten, nämlich
der des Herrentages und der der Gemeinde, entsprechend zu leben. Aus der
Spannung zwischen der unberechenbaren Zukünftigkeit des Herrentages und
dem Sein der Glaubenden schon im Licht des Tages erwächst der Ruf zur
Wachsamkeit und Nüchternheit, die sich in Glaube, Liebe und Hoffnung realisieren, VV 5b–8. Dieses Verhalten entspricht dem Heilsziel, das von Gott
selbst gesetzt ist durch die Heilstat des Herrn Jesus Christus, der für uns gestorben ist, damit wir mit ihm leben, VV 9–10. Ähnlich wie der vorangegangene Abschnitt 4,18 endet der Text mit der Weisung, einander zu helfen, im Blick
auf das Ziel zu leben, V 11.

Dieser Gedankenzug, der wesentliche und charakteristische Elemente der
paulinischen Theologie zur Grundlage hat[325], ist weitgehend gestaltet unter

---

[321a] Müller, Prophetie 140–175, bes. 148–154
will das Stück als prophetische Mahnung aus-
weisen; doch bleibt das weitgehend thetisch.

[322] Harnisch, Existenz 17f läßt die Struktur
des Textes wesentlich komplizierter erscheinen, als sie tatsächlich ist, weil er die Einzelaussagen nicht zu Texteinheiten verbindet.

[323] Vgl. dazu ausführlich Harnisch, Existenz
53ff; Bl-Debr-Rehkopf § 495,3 mit Anm. 10.

[324] Dobschütz 202 will die Nennung des Themas auf V1 beschränken und ordnet die
VV 2–3 und 4–5 nebeneinander als seine parallelen Behandlungen (die Parusie kommt unerwartet für die Ungläubigen, nicht überra-

schend für die Christen). Damit aber ist der an-
gewandten Stilform nicht Rechnung getragen,
die Differenz der Zeitebenen in VV 2–3 und 4ff
übersehen sowie schließlich verkannt, daß gerade auch für die Christen der Tag des Herrn
unberechenbar kommt, worin sich die folgende
Mahnung zur Wachsamkeit begründet.

[325] Vgl. die Charakterisierung des Stückes
(mit Einschluß von 4,13–18) durch Harnisch,
Existenz 15 als »ein Lehrstück der paulinischen
Theologie schlechthin . . ., das in vielleicht ein-
zigartiger Weise fast alle zentralen Themen der
theologischen Reflexion des Apostels anklingen läßt«. Auch wenn dieses Urteil überzogen

Aufnahme traditioneller Elemente[326]. Indessen ist die Verwertung der Tradition hier ganz anders als in dem vorangehenden Abschnitt. Waren in 4,13–18 drei Traditionsstücke gleichsam blockweise übernommen und aufeinander bezogen, dabei aber in Kontur und Substanz erkennbar erhalten, so nimmt Paulus hier weit vielfältigere Überlieferung auf und schmilzt sie stärker in die eigene Aussage ein. Schon die Wendung »Zeiten und Fristen« ist apokalyptisch-technisch und so hier angewendet. Die entscheidende Aussage über das Kommen des Herrentages V 2 ergeht in einer Formulierung, die sich der Jesus-Überlieferung verdankt. Haltung und Schicksal der Welt V 3 werden in traditionellen Wendungen, die in der Apokalyptik beheimatet sind, beschrieben. Die Symbolik von Tag und Nacht, Finsternis und Licht ist im Alten Testament und Judentum und von dort im Urchristentum – beginnend mit der Jesus-Überlieferung – verbreitet und mit festem Gehalt gefüllt. Vielleicht knüpft Paulus unmittelbar an die Jesus-Überlieferung an wie ebenso bei der Mahnung zu Wachsamkeit (und Nüchternheit)[327]. Das Bild der »geistlichen Waffenrüstung« hat seine Wurzel im Alten Testament. Schließlich kann man fragen, ob der Satz VV 9.10a zu geprägter urchristlicher Tradition in Beziehung steht, die ihren Sitz im Leben in der Taufunterweisung gehabt hat[328].

Alle diese Traditionen sind dominoartig zusammengesetzt. Wer den Sinn, den sie mitbringen, nicht kennt, der wird zwar das Muster wahrnehmen können, das der Abschnitt gestaltet, wird aber schwerlich in ihm eine sinnvoll geordnete, verständliche und plausible Aussage erkennen. Damit entspricht das Stück in hohem Maße dem Charakter apokalyptischer Texte. Gleichwohl ist keine Apokalypse entstanden, sondern ein Text, der von einer apokalyptischen Ortsbestimmung der Angeredeten her ihre Existenz in der Gegenwart zum Thema hat.

Schwer zu beantworten ist die Frage, wodurch der Abschnitt veranlaßt wurde, welche Situation der Gemeinde hinter ihm sichtbar wird. Der Einsatz (περί) könnte vermuten lassen, Paulus gehe auf eine Frage der Gemeinde ein[329]. Es ist indessen schwierig, eine solche Frage zu formulieren und den Gedanken, der hinter ihr steht, zu erfassen[330]. So liegt die Vermutung näher, daß Paulus von sich aus, ohne direkten Anstoß, dieses Thema aufgreift. Daß er es tat, lag durchaus nahe. Denn er hatte gerade über die Parusie und die mit ihr gesetzte Aufhebung der Geschichte gehandelt; und er hatte es getan in der Überzeugung, daß »wir«, er und die Angeredeten, diesen Tag lebend erfahren würden. Das barg die Gefahr der Vernachlässigung der Zwischenzeit in sich, die als Zeit eigener Aufgabe und Erfüllung nicht mehr begriffen wurde; die Gewißheit des

---

sein dürfte, trifft es doch eher zu als das entgegengesetzte von Friedrich, 1. Thessalonicher 5,1–11 295: »Was hier gesagt ist, ist Allgemeingut der christlichen Paraklese.«
[326] Vgl. dazu Plevnik, 1 Thess 5,1–11 80–87 (»Pre-Pauline Tradition in 1 Thess 5,1–11«) und bes. Rigaux, Tradition.
[327] Vgl. u. 222ff.

[328] So bes. Harnisch, Existenz 142–152 (in Nachfolge seines Lehrers E. Fuchs). Vgl. dazu unten 237.
[329] So z.B. Dobschütz 203; Rigaux 552; Best 203; vgl. auch Plevnik, 1 Thess 5,1–11 71 Anm. 2.
[330] Vgl. z.B. Plevnik, 1 Thess 5,1–11 78.

baldigen Kommens des Herrn konnte umschlagen in eine Sicherheit um sein Kommen, die die Geschichte schon jetzt verschwinden ließ. Die Sicherheit der Hoffnung, die er in 4,13–18 befestigte, durfte nicht die Ungewißheit über das Kommen des Tages aufheben, die doch gerade sein entscheidendes Merkmal ist[331]. Solange das Noch-nicht gilt, behält die Geschichte ihr Gewicht, ist der Ruf zur Wachsamkeit das Wort der Stunde.

Insofern mag Paulus einer konkreten Gemeindesituation entsprechen, als er wußte, daß in Thessalonich die Neigung bestand, die Geschichte bis zur Parusie für unwesentlich zu halten; 4,10b–12 (vgl. 5,14) könnte in solche Richtung weisen[332]. Es ist ohne weiteres einsichtig, daß sie gefährlich nahe lag.

Natürlich ist es nicht völlig unmöglich, daß in der Gemeinde die Frage des Termins des Endes erörtert wurde[333] und Paulus das wußte. Er geht dann aber außer mit der Themenangabe »Zeiten und Fristen« darauf nicht ein und deutet auch mit keinem Wort Kenntnis davon an, daß man sich diesbezüglich in der falschen Richtung Gedanken machte. Die Stilfigur der Paraleipsis wird hier – wie schon 4,9 – nicht dazu benutzt, einen Gedanken kokett anzubringen, sondern um die Gemeinde zu loben. Sie hat es nicht nötig, daß ihr darüber geschrieben wird. Wenn Paulus dann doch über den Termin handelt, dann deshalb, um vorhandenes Wissen zu festigen. Es ist schwer vorstellbar, daß er so hätte schreiben können, besonders V 1b, wenn er von Versuchen in Thessalonich gewußt hätte, den Termin des Endes zu bestimmen.

Wir gehen mithin davon aus, daß Paulus diesen Gegenstand aufgreift, ohne durch unmittelbare Anfragen dazu veranlaßt zu sein. Er selbst führt seine Gedanken in solcher Weise weiter, weil für ihn die jetzt entfalteten Aussagen unabdingbar zur Heilshoffnung der Zukunft hinzugehören.

Die Angabe des Themas bedient sich einer Wendung, die eine festliegende Bedeutung hat. Das weist der absolute Gebrauch der beiden Zeitbegriffe mit Artikeln aus. Der Kontext zeigt, daß sie eschatologischen Bezug hat. Es handelt sich um eine fest zusammengehörige Fügung, deren Aussage durch ihre Einheit, nicht durch die Summierung der beiden Teile getragen wird[334]. Sie hat offenbar in der eschatologisch-apokalyptischen Terminologie des Judentums eine Rolle gespielt[335] und wurde von dort in die Sprache der frühen Gemeinde übernommen[336]. Der Plural ebenso wie die Zusammenordnung der beiden

**Erklärung 1**

---

[331] Vgl. auch Nebe, »Hoffnung« 95f. Der Abschnitt richtet sich also gerade nicht gegen Leute, »die sich über die zu erwartende Parusie wenig oder gar keine Gedanken machen, ihr gegenüber gleichgültig sind oder gar überhaupt an ihr zweifeln«, wie Schmithals, Paulus und die Gnostiker 120 will (vgl. dagegen auch Laub, Eschatologische Verkündigung 132f).

[332] Vgl. dazu o. 178.

[333] So z.B. G. Delling, ThWNT IX 788 Anm. 67.

[334] Es handelt sich um ein Hendiadyoin, vgl.

Dobschütz 204; Rigaux 553 (vgl. ebd. 553f die Belege aus der alttestamentlich-jüdischen wie auch profanen griechischen Literatur); vgl. auch E. Lucchessi, Précédents non bibliques à l'expression néo-testamentaire: »Les temps et les moments«, JThS 28 (1977) 537–540.

[335] Vgl. Dan 7,12; Weish 8,8. Die Apokalyptik lebt von dem Glauben daran, daß Gott die Zeiten und die Fristen der Geschichte bis zum Ende hin gesetzt hat; s. etwa syrApkBar 14,1; 20,6; 1QS 9,13–15; 1QpHab 2,9f, 7,1ff.

[336] Vgl. Apg 1,7, auch 3,20f.

Wörter (χρόνος und καιρός)[337] zeigen, daß nicht an den Zeitpunkt des Endes
gedacht ist, sondern an die »Fristen des Ablaufs der Ereignisse vor dem Ende«[338]. Nur ist das Interesse konzentriert auf die Begrenzung dieser Fristen
durch das Ende, den Herrentag. So beantwortet Paulus in VV 2f die Frage.
Gleichwohl wird es nicht zufällig sein, daß er eine solche Formulierung wählt.
Tatsächlich geht es ihm alsbald um die Frist bis zum Ende als einer Zeit, in der
sich das Wesen der Glaubenden darzustellen und zu bewähren hat.
Die Frage nach den Fristen bis zum Ende ist der Apokalyptik geläufig[339]. Sie
drängt sich wie selbstverständlich einem Denken auf, das auf das nahe Ende fixiert ist. Von daher ist es verständlich, daß Paulus in diesem Punkte eine Belehrung für grundsätzlich unnötig erklären[340] und auf genaues Wissen verweisen
kann. Über die drängende Nähe des Endes hat er die Thessalonicher bereits
unterwiesen.

2 Das eigene genaue[341] Wissen um die Art, wie der »Herrentag« kommt, kann
sich nur der Missionspredigt des Apostels und seiner Mitarbeiter verdanken;
nur deshalb weiß Paulus auch um solches Wissen. Diese Gegebenheit ist aufschlußreich sowohl hinsichtlich des Inhalts der apostolischen Missionspredigt
und deren Anschluß an (Jesus-)Tradition als auch hinsichtlich der Kenntnisse,
die man bei der Thessalonicher Gemeinde über eschatologische Erwartungen
voraussetzen kann.
Schon der Begriff, der das eschatologische Ereignis bezeichnet, kann den Lesern erst mit der Sache selbst vertraut gemacht worden sein. »Tag des Herrn«
(ἡμέρα κυρίου) entstammt der Sprache und Vorstellungswelt des Alten Testaments[342]. Den sprachlichen Anschluß an diesen Bereich zeigt die Artikellosigkeit der Wendung[343], die sie als genaue Übersetzung des hebräischen יום יהוה
ausweist[344]. Begriff und Vorstellung sind aber mit neuem Inhalt gefüllt. Vorherrschend bleibt allerdings auch bei Paulus der Gerichtsgedanke, der mit dem

[337] Beide können gerade in der Sprache der Apokalyptik Zeitmaße, Fristen meinen und gleichbedeutend gebraucht werden, vgl. G. Delling, ThWNT IX 588 Anm. 66.
[338] Delling, ebd. 588,7f. Vgl. aber auch Nebe, »Hoffnung« 96.
[339] Vgl. Dan 12,6ff; 4Esr 4,33; 6,7ff; syrApkBar 21,19; 81,3f. Rabbinisches bei Bill. I 949. Vgl. auch Offb 6,10.
[340] Im Gegensatz zu 4,9 hier korrekt γράφεσθαι.
[341] Ἀκριβῶς – sonst nicht bei Paulus (vgl. aber Eph 5,15) – bezeichnet nicht die Gewißheit, sondern die Genauigkeit. Best 204f sieht in der bei Paulus singulären Fügung ἀκριβῶς εἰδέναι die Aufnahme einer Formulierung der Gemeinde; vgl. auch Rigaux 555.
[342] Vgl. die Belege bei Rigaux 555; zur LXX s. G. Delling, ThWNT II 950,32–45.
[343] In der Überlieferung (A Ψ 0226 𝔐) ist der Artikel nachgetragen.
[344] Sonst nicht mehr so bei Paulus; die Form mit Artikel ἡ ἡμέρα τοῦ κυρίου 2Thess 2,2; 1Kor 5,5 erweitert um ἡμῶν und den Namen Jesus (Christus) 1Kor 1,8; 2Kor 1,14; Phil 1,6.10. Phil 2,16 dann prägnant ἡμέρα Χριστοῦ (Ἰησοῦ) (wieder ohne Artikel); die damit gegebene Präzisierung zeigt das paulinische Verständnis an. Ἡμέρα ohne Gen der Person zur Bezeichnung des (eschatologischen) Gerichts (vgl. Röm 2,5.16; 1Kor 3,13) ist wohl nicht nur Verkürzung (so aber V 4), sondern steht unter dem Einfluß eines griechischen Gebrauchs des Wortes für den gerichtlichen Termin (vgl. G. Delling, ThWNT II 949,37); s. dazu auch 1Kor 4,3. Vgl. zu »Tag des Herrn« auch Grabner-Haider, Paraklese 80–83; Baumgarten, Apokalyptik 64f; Froitzheim, Christologie und Eschatologie 3–17 (zu 1Thess 5,1–11 bes. ebd. 11–14).

»Tag des Herrn« seit Amos (Am 5,18ff) verbunden ist. Auch an unserer Stelle tritt er deutlich hervor, wird aber alsbald in charakteristischer Weise intensiv parakletisch ausgewertet. Für Verfasser wie Leser wird schon das Dieb-Bild, das das Kommen des Herrentags verdeutlicht, die Gerichtsvorstellung assoziieren[345]. Ganz klar ist sie in V 3 präsent.

Das Dieb-Bild wird nur als solches genannt, nicht entfaltet. Es ist in der einen Ausführung, die – neben vielen denkbaren anderen – allein auf den »Tag des Herrn« zutrifft, als bekannt vorausgesetzt. Dieses Bild hat in fester Beziehung auf das Kommen des entscheidenden eschatologischen Ereignisses eine auffallend breite Bezeugung im Neuen Testament. Es begegnet in der (auf »Q« zurückgeführten) Jesus-Überlieferung Mt 24,43(f) par Lk 12,39(f), in Offb 3,3; 16,15 und in 2Petr 3,10[346]. Die wesentliche Konstanz des Bildgebrauchs macht die Abhängigkeit von einer autoritativen Quelle wahrscheinlich. Als solche bietet sich die Jesus-Überlieferung an, die ein authentisches Jesuswort fortgesprochen haben dürfte[347].

In der Überlieferung war das Wort auf die endzeitliche Ankunft des Herrn bezogen. Die »Anwendung« des Gleichnisses Lk 12,40/Mt 24,44 spricht explizit von dem Kommen des Menschensohns und begründet damit die Mahnung, sich (ständig) bereit zu halten. Auch der Kontext, der schon in »Q« gegeben war[348], bezieht es auf die Ankunft des Kyrios, die wachsam zu erwarten ist. Beides mag in der vorliegenden Form sekundär sein[349]; es signalisiert aber solch (frühes!) Verständnis des Stückes, »daß ihm schon früher ein eschatologischer Sachbezug innewohnte«[350], daß »das Gleichnis tatsächlich von Haus aus eschatologisch geprägt und darauf abgezweckt war, *das Eschaton als ein unvermutet eintreffendes Ereignis zu kennzeichnen, vor dem sich niemand abzusichern vermag*«[351]. Nur wird sich schon von Hause aus mit der Erzählung des Gleichnisses die Absicht verbunden haben, die Hörer zu Wachsamkeit aufzurufen. Denn auch wenn es richtig ist, daß der Wortlaut voraussetzt, daß der Hausherr den Einbruch nicht verhindern konnte, da er die Stunde der Tat nicht kann-

---

[345] Dagegen A. Strobel, Untersuchungen zum eschatologischen Verzögerungsproblem, 1961 (NT.S 2), 211f Anm. 3; 213.

[346] Im AT ist das Bild selten, vgl. Jer 49,9; Joel 2,9; Obd 5; Ijob 24,14 (s. auch Harnisch, Existenz 60f [1Thess 5,2 »in der alttestamentlichen Tradition ohne Vorbild«, 21]). Daß der Dieb des Nachts handelt, betont auch Jer 49,9 (Ιερ 29,10[30,3] ὡς κλέπται ἐν νυκτί) und Ijob 24,14; nirgends dagegen ist die Unberechenbarkeit (oder Plötzlichkeit) Gegenstand des Bildes.

[347] Vgl. Delling, Wort Gottes 79f. – Harnisch, Existenz 93ff will das kleine Gleichnis Lk 12,39/Mt 24,43 an Jesus vorbei auf die jüdische Apokalyptik zurückführen (aufgenommen von Müller, Prophetie 150), da »die Möglichkeit jüdischen Ursprungs ... jedenfalls nicht auszuschließen« sei (93f). Nun ist eine nicht auszu-

schließende Möglichkeit noch lange keine Wirklichkeit; aber selbst wenn es so wäre, berechtigt das nicht zu dem Urteil, damit entfiele »zugleich die Annahme, 1Thess 5,2b sei durch das ... Gleichnis vom Einbrecher veranlaßt. Man wird vielmehr davon auszugehen haben, daß ... Lk 12,39 ... und 1Thess 5,2b einer gemeinsamen Tradition jüdisch-apokalyptischer Art entstammen« (94). Denn viel wahrscheinlicher bleibt selbst bei dem von Harnisch vorausgesetzten (unwahrscheinlichen) Fall, daß Paulus, ebenso wie Offb und 2Petr, von der (dann freilich »unechten«) Jesus-Tradition abhängig ist.

[348] Vgl. Mt 24,42 mit Lk 12,36–38 sowie Mt 24,45–51 mit Lk 12,42–46.

[349] Vgl. Harnisch, Existenz 85–93.

[350] Harnisch, ebd. 91.

[351] Harnisch, ebd. 94 (Hervorhebung von H.).

te[352], so darf daraus noch nicht auf die prinzipielle Schutzlosigkeit vor dem Ereignis geschlossen werden. Damit wäre der Logik eines Gleichnisses Gewalt angetan. Es muß die Merkwürdigkeit beachtet werden, daß nach der Aussage des Gleichnisses die Unkenntnis des Hausherrn sich nur auf die Stunde des Einbruchs bezieht, nicht auf diesen selbst[353]. Da seine Stunde unbekannt ist, kann der Einbruch nicht anders als durch Wachsamkeit zu aller Stunde abgewendet werden. Das soll und kann der Hörer aus der Geschichte lernen[354].

Wie das eschatologische Ereignis, auf das hin das Gleichnis spricht, ursprünglich näher gedacht war, braucht hier nicht erörtert zu werden. In jedem Falle war mit ihm das Gericht verbunden und ebenso in der nachösterlichen Gemeinde die Parusie des Christus Jesus. In Offb 3,3 sind diese beiden Elemente einseitig hervorgehoben, so daß sie sich verselbständigten und die ursprüngliche Aussage unterdrückten, die die Ankunft des Eschaton als unberechenbar und unerwartet aufzeigt. Ob Offb 16,15 zu 3,3 gestellt werden darf[355], ist fraglich. Ganz ausscheiden kann man den Vers nicht, da er einen der sieben Makarismen der Offb enthält, von dem die Wendung »Siehe, ich komme wie ein Dieb« nicht abzulösen ist. Hier ist das Bildwort als echter Vergleich auf das Kommen des Christus bezogen. Wie ein Dieb, so ich – deshalb seid wachsam, damit ihr nicht überrascht werdet. Dabei ist das Bild offenbar bereits so festgelegt, daß nicht eigens gesagt zu werden braucht, daß es das Moment des gänzlich Unerwarteten veranschaulichen will; das ist für den Hörer in ihm selbstverständlich enthalten. Bedenkt man, wie wenig selbstverständlich gerade dies in Wahrheit ist, wird die Abhängigkeit vom Gleichnis der Jesusüberlieferung evident.
Solche Abhängigkeit kann auch für 2Petr 3,10 nicht in Zweifel gezogen werden. Hier ist das Bild wie 1Thess 5,2 auf den »Herrentag« bezogen[356], macht aber insgesamt einen fast formelhaften Eindruck[357]. Trotz des ganz anderen Zeitgesetzes, das bei Gott gilt, kommt der »Herrentag« gewiß, und er kommt unvermutet wie der Dieb. Doch ergibt sich dieser Sinn nicht aus dem Zusammenhang, sondern nur aus dem festliegenden, bekannten Sinn des Bildes.

Der Überblick über den Gebrauch des Dieb-Bildes im Neuen Testament zeigt die dominante Ausrichtung auf den Gedanken der Unvorhersehbarkeit, so daß es wie ein Kürzel gebraucht werden kann. Darin erweist sich der einheitliche Ursprung, der offensichtlich in der Gleichnissprache Jesu gegeben ist. Aus der Jesus-Überlieferung hat Paulus das Bild erhalten und so hat er es seinen

---

[352] Darauf weist Harnisch, ebd. 90f (im Anschluß an A. Jülicher, Die Gleichnisreden Jesu II, Freiburg 1899, 141) mit Nachdruck hin.
[353] Die Annahme liegt am nächsten, daß das Gleichnis sich ursprünglich auf einen gerade bekannten Vorfall bezieht; doch ist das natürlich unbeweisbar.
[354] Vgl. die (freilich sekundäre) Form des Stückes in Thomas-Ev 21; dazu W. Schrage, Das Verhältnis des Thomas-Evangeliums zur synoptischen Tradition und zu den koptischen Evangelienübersetzungen, 1964 (BZNW 29), 67–69; Harnisch, Existenz 96–98.

[355] So häufig, z.B. E. Lohmeyer, Die Offenbarung des Johannes, ²1953 (HNT 16), 136f; H. Preisker, ThWNT III 755 Anm. 6. Dagegen Harnisch, Existenz 116, der freilich auf ein Verständnis des Satzes ganz verzichtet (»ein versprengtes Traditionsstück«).
[356] Der κύριος ist Χριστός; das ergibt sich von V4 her.
[357] Harnisch, ebd. 110f vermutet direkte Abhängigkeit von Paulus (1Thess 5,2); das ist nicht unmöglich.

Gemeinden weitergegeben. Deshalb wissen die Thessalonicher genau, daß der
»Herrentag« so unberechenbar kommen wird wie ein Dieb in der Nacht[358].
Nicht Sicherheit, sondern Wachsamkeit ist das Gebot der Stunde.

Als wollte der Apostel die eben herausgestellte wesenhafte Ungewißheit über          3
die »Zeiten und Fristen« wieder aufheben, benennt er scheinbar doch eine
Zeitbestimmung für das eschatologische Ereignis[359]. In Wahrheit unterstreicht
er nur paradox, daß tatsächlich das Nichtwissen um den Einbruch des Endes
für dieses konstitutiv ist. Denn gerade das ist das Wesen des Zeitpunkts, daß er
nicht als solcher erkannt wird[360]! Er ist markiert durch die Parole: Friede und
Sicherheit. Das unbestimmte λέγωσιν (»man sagt«) läßt nicht erkennen, wer
zitiert wird. Kaum ist an die Nicht-Christen gedacht[361]. Ihre Bestimmung der
Zeit und ihrer Füllung liegt zumindest nicht als solche im Gesichtskreis des
Satzes, auch nicht in seinem Interesse[362]. Indessen heißt das natürlich noch
nicht, daß an eine ganz bestimmte, umrissene, vielleicht sogar bewußt reflek-
tierte Haltung innerhalb der Gemeinde oder einer ihrer Gruppen gedacht
ist[363].

Dem Text liegt eine traditionelle Anschauung zugrunde. Sie tritt eindringlich
in der (zu »Q« gehörenden) Jesus-Überlieferung Mt 24,37–39/Lk 17,26–30
entgegen. Wie es in den Tagen Noachs (und Lots) war, daß man unbekümmert
und sicher sein Leben führte, als unvermutet die Katastrophe hereinbrach, so
wird es sein, wenn der Menschensohn erscheint. Am typologisch angewende-
ten Beispiel der Schrift wird die Überzeugung vom unvermuteten Herein-
bruch des Endes und des Gerichts belegt. Daran knüpft radikalisierend unsere
Aussage an. Das Ende bricht katastrophal gerade dann herein, wenn Friede
und Sicherheit zum proklamierten Zustand werden. »Friede und Sicherheit«
sind nicht einfach faktische Gegebenheiten, sondern ihre Proklamation signalisiert den Anbruch des Endes.

Die Parole (εἰρήνη καὶ ἀσφάλεια) erinnert an den Ruf der falschen Propheten
»Friede, Friede«, obwohl doch kein Friede ist, Jer 6,14; 8,11 (nicht LXX), auch
Ez 13,10[364]. Ist die Anlehnung an die Parole der Falschpropheten bewußt, dann
tritt die Kritik an der angeführten Losung scharf hervor. Zugleich wird
wahrscheinlich, daß sie sich gegen eine Haltung der Gemeinde selbst richtet.

---

[358] Das ἐν νυκτί gehört zum Bild, vgl. Jer
49,9; Ijob 24,14 (2Petr 3,10 v.l.); so darf nicht
gefolgert werden, daß der »Herrentag« für Paulus zur Nacht anbricht.
[359] Ὅταν – τότε bestimmt den Zeitpunkt eines Ereignisses in Abhängigkeit von einem anderen (zu ὅταν c. Konj s. Bl-Debr-Rehkopf §
382,3); ein iterativer Sinn muß nicht gegeben
sein, das Präsens im Nebensatz ist sachgemäß
(gegen Best 207; vgl. Bauer, Wb. s.v. ὅταν 1a).
[360] Der Satz schließt asyndetisch an den vorangehenden an. Rigaux 556 freilich verteidigt
das δέ vor λέγωσιν (Lesefehler ΔΕΛΕΓ-).
[361] So aber häufig, etwa Rigaux 557; Masson
67; vorsichtiger auch Dobschütz 205.

[362] Zutreffend Friedrich 245.
[363] So nachdrücklich Harnisch, Existenz, bes.
77–82, der gnostisch orientierte Enthusiasten
apostrophiert sieht.
[364] Vgl. auch Mi 3,5; Jer 14,13. – Ἀσφάλεια
kann als Variation von εἰρήνη / שׁלום verstanden werden, zumal es im Zusammenhang auf
die Sicherheit des Lebens in der Welt ankommt
(in LXX allerdings nie ἀσφαλ- für שׁלום). Eine
kritische Anspielung auf »das Programm der
frühprinzipalen Zeit«, das in der Formel pax et
securitas enthalten ist (so E. Bammel, Ein Beitrag zur paulinischen Staatsanschauung, ThLZ
85 [1960] 837), liegt jedenfalls kaum vor.

Diese Haltung ist allerdings keine gegenwärtige, sondern erst eine zukünftige; sie ist daher auch nicht mit einer bestehenden zu identifizieren. Gemeint ist eine allgemeine Stimmung der Sicherheit in diesem Leben, die die Gemeinde bedroht. Die Zeitbestimmung des Eschatons, die Paulus gibt, ist wesensmäßig nicht wahrnehmbar. Das gilt uneingeschränkt. Niemand kann den Anbruch des Gerichts an dem Ruf »Friede und Sicherheit« des anderen feststellen; es ist die eigene Sicherheit, die das »Verderben«[365] herbeiruft.

Die Aussage des Verses verlangt traditionsgeschichtliche Überlegungen. Auffällig ist die nicht nur terminologische[366], sondern auch sachliche Verwandtschaft mit Lk 21,34–36[367]. Der Einsatz dort (V 34) ist freilich anders; indessen liegt sachlich doch der gleiche Gedanke vor. Lukas setzt sogleich mit der Paränese ein, die Herzen nicht durch Rausch und Trunkenheit sowie die welthaften Sorgen schwer zu machen. Erst dann wird, wie 1Thess 5,3, das plötzliche Hereinbrechen des eschatologischen Tages mit der Haltung der Weltverfallenheit verbunden; sie bewirkt, daß[368] jener Tag plötzlich zuschlägt. Das Bild, das Lk 21,35 für den Einbruch des Tages gebraucht (»wie ein Fallstrick« [ὡς παγίς][369], ist nun scheinbar ganz anders als das von der Wehe 1Thess 5,3. Man kann aber eine ursprüngliche Gleichartigkeit vermuten[370]. Ὠδίν (»Wehe«) und παγίς (»Fallstrick«) können auf semitische Wörter zurückgehen[371], die auch sonst folgenreich verwechselt worden sind[372]. Ist dieser Fall hier gegeben, so dürfte παγίς (bzw. das entsprechende semitische Äquivalent) ursprünglich sein, wie einerseits der Kontext sowohl mit seiner Aussageabsicht als auch mit dem Wort ἐκφεύγειν (»entfliehen«) vermuten läßt, andererseits der Bezug von Lk 21,35 auf Jes 24,17 nahelegt. Das Mißverständnis als »Wehe« konnte sich wegen der eschatologisch-apokalyptischen Bestimmtheit, die das Bild von der Wehe in der jüdischen Literatur erlangt hatte[373], leicht einstellen. Es hat dort freilich eine Funktion, die charakteristisch von der, die es hier hat, differiert. Denn einmal (4Esr 4,38–42) dient es dazu zu zeigen, daß die Sünden der Frommen nicht das Heil der Gerechten aufhalten können[374]. Es wird der Skepsis mit der Versicherung gewehrt: Der Termin des Endes ist festgesetzt und kommt unaufhaltsam[375]. Diese Linie nimmt auch 6Esr 2(16),36–40[376] auf, verbindet sie aber mit einer anderen. Es geht

---

[365] Ὄλεθρος benennt das Endgericht, anders als 1,10, wo mit ὀργή der Grund in Gott sichtbar gemacht wird, hinsichtlich seiner Wirkung für die Betroffenen: »Vernichtung«. Zum Wort s. Trilling, 2.Thessalonicher 58 Anm. 186.

[366] Αἰφνίδιος und ἐφίστημι in beiden Texten; αἰφνίδιος sonst nicht im NT, ἐφίστημι nur hier bei Paulus, mehrfach in Lk und Apg sowie 2Tim 4,2.6, jedoch – außer 1Thess 5,3 und Lk 21,34 – im Präs (und Aor) immer von Personen (s. Bauer, Wb. s.v. ἐφίστημι 1b).

[367] Vgl. dazu auch Hartman, Prophecy 192f.

[368] Das καί vor ἐπιστῇ ist konsekutiv »so daß«, vgl. dazu Bl-Debr-Rehkopf § 442,2a.

[369] Zum Bezug vgl. J. Schneider, ThWNT V 594 Anm. 10; es ist mit V 34 zu verbinden.

[370] Vgl. Hartman, Prophecy 192; Moffatt 9.

[371] Hebr. חֵבֶל »Wehen« und חֶבֶל »Fallstrick« (aram. חַבְלָא und חֶבְלָא [חַבְלָא]).

[372] Vgl. die Übersetzung der LXX von Ps

18(17),5f; 116(114),3; 2Sam 22,6. Vgl. dazu z.B. G. Bertram, ThWNT IX 671,17ff. Im NT wirkt diese Verwechslung nach Apg 2,24.

[373] Vgl. dazu Bertram, ebd. 670–675; Harnisch, Existenz 62–74, bes. 69ff.

[374] »40Geh und frage eine Schwangere, ob ihr Schoß, wenn ihre neun Monate um sind, ihr Kind noch in sich zurückhalten kann. 41. . . In der Unterwelt sind die Kammern der Seelen dem Mutterschoß ähnlich. 42Denn wie die Gebärende bald den Nöten der Geburt zu entrinnen strebt, so sind auch diese bestrebt, das wieder herzugeben, was ihnen im Anfang anvertraut wurde.«

[375] Vgl. Harnisch, Existenz 70f; er verweist auf 4Esr 5,46–48; 4,49; syrApkBar 22,7.

[376] Zu Herkunft und Charakter von 6Esr vgl. den Exkurs bei Harnisch, Existenz 72–74, der – im Anschluß an W. Schrage, Die Stellung zur Welt bei Paulus, Epiktet und in der Apokalyp-

um die Wahrheit des »Wortes des Herrn«: Siehe, es nahen Leiden, und sie verhalten nicht (V 38). Sie wird aufgewiesen unter dem Bilde der Schwangeren, die zur Stunde der Geburt für zwei oder drei Stunden in Wehen fällt, bevor das Kind, ohne einen Augenblick zu verziehen, den Mutterleib verläßt (V 39). »So zögern auch die Leiden nicht, über die Erde zu kommen, und die Erde ächzt und Schmerzen umfangen sie« (V 40)[377]. Obwohl der Text[378] das Gewicht auf die Notwendigkeit der eschatologischen Leiden legt und diese mit den Wehen der Gebärenden vergleicht, sind sie nicht als eigenständiges Geschehen, sondern nur als die Voraussetzung der Geburt gesehen, die unverzüglich nach den Wehen eintritt. Die Vorstellung von den Wehen hat nämlich in der eschatologisch-apokalyptischen Anschauung des Judentums auch die Funktion zu zeigen, daß ebenso wie sich die Geburt nur durch den Schmerz der Wehen hindurch vollzieht, das Eschaton erst nach den Leiden und Drangsalen der letzten Zeit vor dem Ende kommt[379]. Diese Erwartung hat in der Wendung »Wehe des Messias« ihren prägnanten Ausdruck erfahren[380]. Bezeugt ist solche Anschauung im Neuen Testament Mk 13,8 par Mt 24,8. Betont sollen die »Wehen« noch nicht das »Ende« darstellen (Mk 13,7/Mt 24,6); sie sind vielmehr die notwendigen und unausweichlichen Vorzeichen des Kommenden. Auch Röm 8,22 knüpft mit der Rede von der Schöpfung, die bis jetzt zusammen mit uns[381] in Wehen liegt, an diese Vorstellung an. Die letztgenannte Stelle zeigt den tiefgreifenden Unterschied zu 1 Thess 5,3. Nach Röm 8,22 bestimmen die Wehen der Endzeit schon universal die Gegenwart, nach 1 Thess 5,3 wird die Wehe erst plötzlich am Herrentag verderbend einsetzen.

In 1 Thess 5,3 ist das Bild von der Wehe in singulärer Weise angewendet. Von der ersten Linie, die sich für die Verwendung des Bildes in der apokalyptischen und bereits in der prophetischen[382] Literatur nachweisen läßt, ist ihm das Moment des Unentrinnbaren zugekommen. Von der zweiten Linie her, die gleichfalls einen prophetischen Bildgebrauch aufgreift[383], der Vorstellung von der »Wehe des Messias«, stammt der Gedanke der eschatologischen Vernichtung. Nirgends sonst aber ist wie hier das plötzlich mit dem Eschaton hereinbrechende Vernichtungsgericht unter dem Bilde der »Wehe«, die die Schwangere[384] überfällt, verdeutlicht. Der Vergleichspunkt ist die Plötzlichkeit (αἰφνίδιος) und die Unentrinnbarkeit (καὶ οὐ μὴ ἐκφύγωσιν); darüber hinaus ent-

---

tik, ZThK 61 (1964) 139ff (vgl. aber auch Schade, Apokalyptische Christologie 101) – annimmt, daß »es sich bei 6 Esr um eine chronologisch früher als 4 Esr und sBar anzusetzende Überlieferung handelt« (74); jedenfalls wird man davon ausgehen dürfen, daß das Stück, das uns beschäftigt, »jüdisch-apokalyptische Tradition repräsentiert« (71).
[377] »Sic non morabuntur mala ad prodiendum super terram, et saeculum gemet et dolores circumtenent illum«.
[378] Wie auch der weitere Kontext, vgl. Harnisch, Existenz 71f.
[379] In diesem Sinne, wenn auch ganz auf den Augenblick der Freude der Geburt ausgerichtet, Joh 16,21.
[380] Vgl. dazu und zur Sache G. Bertram,

ThWNT IX 672,44–673,21; Bill. I 950; IV 977–986 (in der rabbinischen Literatur nur im Sing).
[381] Gegen Wilckens, Römer II 155 Anm. 681 wird (trotz V 23, der vertiefend neu angesetzt) ein Bezug auf die Situation der Christen V 17 in dem συν- enthalten sein (das legt auch der Gebrauch der gleichen Präposition V 17 nahe).
[382] Vgl. dazu Harnisch, Existenz 62–69.
[383] Wehen als Bild der Qual unter dem Zugriff Gottes; vgl. G. Bertram, ThWNT IX 670f.
[384] Zu ἐν γαστρὶ ἔχουσα vgl. Rigaux 559; die Wendung ist schon im klassischen Griechisch gebräuchlich, aber vor allem in LXX und NT geläufig, vgl. etwa Mk 13,17 par; Offb 12,2; Mt 1,18.

hält die »Wehe« einen metaphorischen Hinweis auf die Qual des Verderbens[385].

Geht man nun davon aus, daß dem Wort eine Fehlinterpretation zugrunde liegt und ursprünglich von einem Fallstrick die Rede war, dann erklärt sich die Besonderheit des Bildes. Die Vermutung einer Fehlübersetzung wird gestützt durch das Schlußsätzchen »und gewiß werden sie nicht entrinnen«. Daß der Gedanke bereits der Tradition angehörte, zeigt Lk 21,36, auch wenn er dort in die Paränese einbezogen ist[386]. Die Vorstellung des Entfliehens paßt wesentlich natürlicher zu der des Fallstricks als zu der der Wehe. Man wird allerdings nicht damit zu rechnen haben, daß solche Fehlinterpretation auf Paulus zurückgeht. Er dürfte eine griechische Überlieferung haben. Wie fest sie ihm fixiert vorlag und ob er sie gänzlich in der überkommenen Gestalt beließ, ist nicht zu sagen. Paulinische Änderungen treten nirgends deutlich hervor. Vermutlich gehen Paulus und die lukanische Überlieferung unabhängig voneinander auf eine gleiche Tradition zurück[387], die nicht nur den Inhalt von 1 Thess 5,3 enthielt, sondern ihn mit dem Ruf zur Wachsamkeit verband.

Wenn es richtig ist, daß die paränetische Interpretation der apokalyptischen Tradition ein Zeichen christlicher Prägung ist[388], dann war die zugrundeliegende Tradition bereits christlich gestaltet, natürlich unter wesentlicher Aufnahme jüdischer Elemente. Ein altes christlich-apokalyptisches Wort wird sichtbar, das mit dem Verweis auf das plötzlich und unentrinnbar in scheinbare Sicherheit einbrechende Verderben aufruft zur Wachsamkeit und Nüchternheit; denn nur so, so aber auch wirklich, gibt es die Möglichkeit, dem Verderben zu entrinnen. Dieses Wort wird bei Lukas auf Jesus zurückgeführt. Das ist gewiß nicht sein Werk. Es muß mit der Möglichkeit gerechnet werden, daß es auch Paulus als ein Herrenwort überkam.

Die Aussage des Satzes hat etwas Paradoxes. Im Augenblick gewissester Sicherheit bricht unentrinnbar der Herrentag als Verderben herein. Das klingt wie ein Lehrsatz von allgemeiner Gültigkeit. Seine Gültigkeit aber soll dadurch, daß er den Angeredeten zugesprochen wird, gerade aufgehoben werden. Das ist die Intention des ganzen Absatzes, wie es schon die der Tradition war, auf die zurückgegriffen wird. Wer um die Art des kommenden Tages weiß, soll sich rüsten, damit er solche Art aufhebt. Diese Paradoxie ist nicht auflösbar; sie hängt auch nicht mit der Begegnung von Tradition und Interpretation zusammen. In ihr gründet der eschatologische Ernst der Paränese; der Aufruf zur Wachsamkeit will aus dem Verderben reißen, das unaufhebbar und drohend naht. Denn der, der »Friede und Sicherheit« ruft und gerade dabei

---

[385] Der merkwürdige Sing ὠδίν kann auf die rabbinische Redeweise zurückgehen, die nur ihn kennt (s.o. Anm. 380)! Auf der Fehlübersetzung von חבל kann er schwerlich beruhen, da das Bild erst danach zu einem Vergleich ausgebaut ist (s. bes. τῇ ἐν γαστρὶ ἐχούσῃ). Vielleicht ist er auch der stärkeren Bildhaftigkeit wegen gebraucht.

[386] Ἐκφεύγω sonst in Lk (und den Synoptikern) nicht (s. aber Apg 16,27; 19,16), bei Paulus nicht mehr absolut (Röm 2,3; 2 Kor 11,33).

[387] Vgl. Hartman, Prophecy 192.

[388] So Hartman, ebd. 175.

dem Zugriff der Vernichtung verfällt, ist jeder, der nicht wacht und nüchtern ist zu aller Stunde.

Unvermittelt wendet Paulus sich direkt an die »Brüder«; bisher hatte er sie über etwas belehrt, jetzt redet er sie auf ihr eigenes Sein hin an. Der neue Gedanke steht in scharfer Spannung zu dem Vorangegangenen. Es ist, als würde dessen Bedeutung für die Angeredeten ausgestrichen. **4**

Die Aussage bedient sich in kunstvoll-künstlerischer Weise eines paradoxen Bildelements der bisherigen Sätze und fügt daraus einen ganz eigenen Gedanken. Nach V 2 kommt der »Herren*tag*« wie ein Dieb in der *Nacht*. Daraus ergibt sich in doppelter Weise, daß derjenige, der nicht zu diesem Tag gehört, durch die Dunkelheit bestimmt ist; er hat nicht teil am Tag des Herrn, er wird vielmehr von ihm wie von einem Dieb in der Nacht überrascht. Das aber ist nicht die Situation der Angeredeten, sie sind nicht in der Dunkelheit.

Auch wenn bei »Dunkelheit« zunächst der bildliche Gehalt für den logischen Ablauf des Gedankens dominierend ist, so ist doch ein metaphorisches Element mit beträchtlichem sachlichen Gewicht präsent. Begriff und Vorstellung von »Finsternis« und »Licht« haben in der Religionsgeschichte eine gewichtige Bedeutung[389]. Unsere Stelle partizipiert an dieser Geschichte[390], ist dadurch aber noch nicht voll gedeckt. Das zeigt einerseits die inhaltliche Verwandtschaft mit Röm 13,11–14[391], andererseits die Fortsetzung mit dem Umschlag in die Paränese. Röm 13,11–14 gibt eine Ortsbestimmung der Glaubenden, in die sich Paulus in den VV 12.13 mit der 1. Pers Pl selbst einschließt. V 12 ruft angesichts der Nähe des Tages dazu auf, die Werke der Finsternis (τὰ ἔργα τοῦ σκότους) abzutun. Sie zu tun ist eine immer noch dem Glaubenden wirkliche Möglichkeit[392]. Davon geht denn auch der Aufruf unseres Textes zur Wachsamkeit und Nüchternheit (V 6 und 8) aus. Der Glaubende, der sich doch nicht mehr in der »Finsternis«, d.h. in der unerleuchteten Welt der Gottesferne und damit der Unkenntnis über Gott und deshalb auch über die Welt, befindet, muß gleichwohl immer wieder vor dem Verfall an diese Welt zurückgerufen werden. Solchem Anspruch voraus freilich liegt die Zusage, daß er nicht mehr in »Finsternis« ist, daß er herausgerissen ist aus der Macht der Finsternis (Kol 1,13). Wegen dieses vorlaufenden Zuspruchs der Freiheit von Finsternis und

---

[389] Für den hier besonders bedeutsamen atl.-jüdischen Bereich grundlegend S. Aalen, Die Begriffe »Licht« und »Finsternis« im Alten Testament, im Spätjudentum und im Rabbinismus (SNVAO.HF 1951,1), Oslo 1951; ferner H. Conzelmann, ThWNT VII 424–439 (439–446 NT und Patr Apost); L. R. Stachowiak, Die Antithese Licht-Finsternis – ein Thema der paulinischen Paränese, ThQ 143 (1963) 385–421; G. Baumbach, Qumran und das Johannes-Evangelium, 1958 (AVTRW 6), 46–51. – Ausgebildet ist der Gebrauch von »Finsternis« und »Licht« in der Qumran-Literatur und den Test XII: »Finsternis« ist der Bereich der Gottferne,

1QH 2,7f, der aktiven Antihaltung gegen Gott und seinen Willen, vgl. 1QH 9,26f; 1QM 1,1; 15,9 und bes. 1QS 3,15–26. – TestLev 19,1: ἔλεσθε οὖν ἑαυτοῖς ἢ τὸ σκότος ἢ τὸ φῶς, ἢ νόμον κυρίου ἢ ἔργα Βελιάρ. – Eschatologisch 1QM 1,8; TestLev 18,4. – Als Bestandteil der Bekehrungsterminologie JosAs 15,13, vgl. auch 8,10; im NT s. 2Kor 4,6, dann Eph 5,8; 1Petr 2,9; Apg 26,18; vgl. auch 1Cl 59,2; 2Cl 1,4–8; Barn 14,5f.

[390] S. H. Conzelmann, ThWNT VII 442,27.

[391] Vgl. u. 238.

[392] Vgl. auch 1Kor 4,5; dort dominiert freilich der Bildgehalt.

Nacht vor dem Aufruf zu dem entsprechenden Tun darf unser Abschnitt nicht einfach paränetisch genannt werden[393]; er ist eine Paraklese.

Die Folge[394] ist, daß der »Tag«, wie Paulus jetzt abkürzend gegenüber V 2 sagt, sie, die Brüder, nicht wie ein Dieb, dessen Zeit die Nacht ist, überraschen[395] kann. Ein schmaler, aber gewichtiger Teil der Überlieferung[396] verschiebt das Bild gründlich durch die Lesung κλέπτας (Acc Pl) statt κλέπτης (Gen Sing): so daß der Tag euch wie Diebe überraschen könnte. Dadurch wird ein bizarrer Fehler des Bildes vermieden, nämlich die Vorstellung, daß der Tag wie ein Dieb kommt, d.h. in der Nacht[397]. Der Gedanke ist dann der, daß der anbrechende »Tag«[398] sie, da sie ja (schon) nicht (mehr) in der Finsternis (d. h. in der Nacht) sind, nicht wie Diebe, die des Nachts zu Werke gehen, überraschen kann. Die Metapher »Dieb« hat gegenüber V 2 einen ganz anderen Sinn angenommen, obwohl ihr Gebrauch von V 2 abhängig sein muß. So fehlt denn dem Bild in dieser Form auch die selbstverständliche Überzeugungskraft.

5 V 5 führt den Gedanken, der bisher nur negativ ausgedrückt war, in positiver Formulierung weiter. Zugleich wird das Vorangehende begründet (γάρ). Das betont an den Anfang gestellte »alle« (»ihr«) hat assertorische Funktion[399]. Die parakletische Anrede wird auf die breiteste Basis bezogen, *alle* Glieder der Gemeinde sind von Zusage wie Anspruch betroffen. Eine Differenzierung innerhalb der Gemeinde wird nicht sichtbar[400]. Sie alle sind »Söhne des Lichts und Söhne des Tags«[401]. Die erste Fügung (υἱοὶ φωτός) ist traditionell[402]; sie ist in der Qumran-Literatur breiter belegt[403] und auch im Neuen Testament sonst bezeugt[404]. Indessen spricht der neutestamentliche Befund nicht dafür, daß »Kinder/Söhne des Lichts« eine verbreitete Bezeichnung für die Glieder der christlichen Gemeinde gewesen ist. Vollends wird kein spezieller Bezug zur

---

[393] So Rigaux 559f.

[394] Die positive Formulierung des ἵνα-Satzes, die ihn allein auf σκότει bezieht, weist aus, daß ἵνα den konsekutiven Inf vertritt (vgl. Bl-Debr-Rehkopf § 391,5; P. Lampe, EWNT II 465); gleichwohl möchte man von V 9 her einen finalen Klang mithören.

[395] Zur Bedeutung von καταλαμβάνω vgl. Schlier 118 Anm. 126; Rigaux 561. Bauer, Wb. s.v. 1b denkt stärker an »überfallen«; die Verbindung mit ὡς κλέπτης legt den Ton auf das Moment der Überraschung.

[396] A B bo^pt.

[397] Als ursprünglicher Text bevorzugt von Plummer 85; erwogen von Best 209.

[398] Gemeint wäre immer noch der »Herrentag« (nicht nur das Tageslicht, wie Best 209 meint), aber die Verkürzung des Ausdrucks gegenüber V2 hätte den Sinn, die Bildhaftigkeit stärker gelten zu lassen.

[399] Kaum ist es auf übernommene Tauftradition zurückzuführen; so aber Harnisch, Existenz 121.125f; vgl. dagegen auch Plevnik,

1Thess 5,1–11 85. Gal 3,26 weist die Redeweise als paulinisch aus!

[400] Vgl. dazu auch Dobschütz 208; Best 209f.

[401] Durch υἱός c. Gen der Sache wird, entsprechend einer semitischen Redeweise, Zugehörigkeit ausgesagt; vgl. die atl. und jüdischen Belege bei G. Fohrer, ThWNT VIII 347,3–15; E. Lohse, ebd. 359,9–360,10; die ntl. Belege bei E. Schweizer, ebd. 366,20–367,3; auch Bauer, Wb. s.v. υἱός 1c.

[402] Vgl. auch Rigaux, Tradition 328.

[403] Vgl. die Stellen bei E. Lohse, ThWNT VIII 359,36–40, auch H. Conzelmann, ThWNT IX 318,16–24. Es wird die Zugehörigkeit zur Gemeinde bezeichnet mit einer Tendenz zur Wesensbestimmung; vgl. bes. den Abschnitt, der durch die Belege 1QS 3,13 und 3,24f gleichsam gerahmt wird.

[404] Lk 16,8; Joh 12,36; Eph 5,81, vgl. auch Ign Phld 2,1 (τέκνα φωτὸς ἀληθείας). Lk 16,8 kommt der Qumran-Terminologie nahe (ohne die antithetische Schärfe); sonst ist der Kontext paränetisch, bes. auffällig Joh 12,35f.

Taufe sichtbar[405]. Eher könnte die parakletische Verwendung der Motivgruppierung »Licht – Finsternis« den katechetischen Einfluß von Jesus-Logien wie Mt 5,14.16; Lk 8,16 reflektieren[406]. Doch ist auch für solche Vermutung die Basis schmal. Wirklich erkennbar ist nur eine Tradition eschatologisch begründeter Paränese, die vom kommenden »Tag« her denkt und die Angeredeten schon jetzt in die Wirklichkeit dieses Tages stellt[407], sowie eine überkommene[408] Gemeindebezeichnung »Kinder des Lichts«[409], die aber – aus welchen Gründen auch immer – nur einen zurückhaltenden Gebrauch gefunden hat. Paulus nimmt sie hier auf, weil die besondere Art der Begründung der Paränese, der er folgt und die den Gedanken führt, es ihm nahelegte.

Die parallele Wendung »Söhne des Tags« ist singulär[410]. Sie wird ad hoc gebildet sein in Analogie zu der geprägten, die voraufgeht. Sie hat damit interpretatorische Funktion für diese. Das bedeutet, daß »Tag« im Sinne des vorangehenden Gebrauchs dieses Wortes zu verstehen ist, es bezeichnet hier den »Herrentag«[411]. Ebenso wie zum »Licht« als der Sphäre Gottes und seines Heils gehören die Christen bereits dem kommenden Tag zu, der die Wirklichkeit ihres Heils offenbar machen wird. Im gleichen Sinne sagt Paulus Gal 3,26 allen Gliedern der Gemeinde zu, sie seien »Söhne Gottes« durch den Glauben, da sie in der Taufe Christus angezogen haben (V 27); 2Kor 5,17 spricht von dem, der in Christus ist, als »neuer Schöpfung«[412]. Und die charakteristisch gleiche Gedankenbewegung wie hier liegt Röm 5,1f vor: Als Gerechtfertigte haben wir die Wirklichkeit des heilen Gottesverhältnisses, haben wir den Zugang geöffnet erhalten zu der Gnade, die uns Stand im Eschaton verleiht; das alles öffnet uns die Sicherheit der Hoffnung! Auch nach unserem Vers ist der kommende Tag schon jetzt in den Glaubenden wirkend; aber das heißt zugleich, daß sie ihm wachsam und nüchtern entgegengehen.

Der zweite Teil des Verses wendet den Gedanken noch einmal negativ. Nur hat insofern eine gewichtige Veränderung in die Aussage eingegriffen, als sie in der 1. Pers Pl formuliert ist[413]. Die Hinwendung zur direkten Paränese schlägt sich in der asyndetischen Anfügung nieder[414]. Der Ausdruck wechselt von dem se-

---

[405] So aber Harnisch, Existenz 119–125 (die Wendung πάντες . . . ὑμεῖς υἱοὶ φωτός ἐστε soll »die präsentische Eschatologie einer vorpaulinischen Tauftradition« repräsentieren, 122).

[406] Das vermutet J. Roloff, Das Kerygma und der irdische Jesus, Göttingen 1970, 121; vgl. schon Dobschütz 208.

[407] Vgl. Röm 13,11–14, dazu u. 238.

[408] Vgl. auch H. Conzelmann, ThWNT IX 337,12.

[409] Zum möglichen terminologischen Einfluß Qumrans vgl. Harnisch, Existenz 119f, bes. Anm. 18 (Lit.!). Es ist zu beachten, daß auch in der jüdisch-apokalyptischen Literatur der Ausdruck »Lichtsöhne« belegt ist (vgl. B. Schaller, JSHRZ III/3, 363 [zu TestHiob 43,6]; auch Baumbach, Qumran [s.o. Anm. 389] 24f.47.49);

er kann von dorther (über Jesus?, vgl. Lk 16,8) in die christliche Terminologie eingegangen sein.

[410] Vgl. Rigaux 562: »ne se trouve nulle part dans le grec biblique«; s. auch ders., Tradition 328.

[411] So auch Schlier 87; Harnisch, Existenz 128. Dobschütz 208 (aufgenommen von Rigaux 562f, vgl. auch Best 210) meint, daß Paulus wieder mit der Bedeutung von »Tag« spielt und so die Brücke zum Gedanken des Wachens schlägt.

[412] Vgl. Gal 6,15.

[413] Der »westliche« Text, D* F G und ein Teil der Versionen, geht erst mit V6 zur 1.Pers über.

[414] Vgl. Bl-Debr-Rehkopf § 462,2.

mitisierenden υἱοί c. Gen zum reinen Gen der Zugehörigkeit. Deutlich wird
das Beziehungsgefüge hervorgehoben, auf das es jetzt ankommt. Der Nuan-
cenreichtum der Aussageweise bringt die Sache in ihrer Vielschichtigkeit zur
Geltung. Die negative Formulierung mit ἐν V 4 nannte den Bereich, dem die
Christen nicht mehr angehören; die positive Aussage V 5a redet von dem, was
ihr Wesen schon gegenwärtig bestimmt; die wiederum negative Bestimmung
V 5b wehrt eine Eigentumsverhaftung ab[415], der die Gemeinde nicht (mehr)
verfallen ist. Dabei sind alle Aspekte eng aufeinander bezogen, es geht allemal
um die Zuordnung der Christen zum kommenden Tag, der sie der Nacht und
der Finsternis entrissen hat. »Nacht« ist (ebenso wie Röm 13,12) zunächst bildlich aus dem Begriff »Tag« herausgeholt[416], dann aber durch »Finsternis«, das
Element, das die Nacht bestimmt, negativ gefüllt[417]. Im folgenden wird dieser
besondere Charakter der Nacht durch die Verwendung bildlicher Termini für
richtiges und verfehltes Verhalten verdeutlicht werden. Der komplizierte, rein
vom Gedanken, nicht von der Anschauung gesteuerte Gebrauch bildlicher Redeweise entspricht dem Umgang, den man auch sonst bei Paulus mit dieser
Art der Rede beobachten kann.

6   Aus den Ansagen der VV 4 und 5 folgt[418] unmittelbar die Ermahnung[419]. Sie ist
zunächst negativ formuliert und schließt damit direkt an das Schlußsätzchen
V 5b an. Weil sie nicht der Finsternis der Nacht zugehören, deshalb sollen die
Christen auch nicht schlafen; denn das ist das Verhalten, das der Nacht entspricht, wie, erweitert durch die Trunkenheit, V 7 eigens hervorgehoben wird.
Auch diese erste Mahnung ist aus dem Bildmaterial erwachsen, das der Abschnitt entfaltet. Denn eine geläufige, in ihrer Bedeutung festgelegte Metapher ist »schlafen« (καθεύδω) für Paulus offensichtlich nicht gewesen. Er benutzt das Wort nur im Zusammenhang dieses Textes, und zwar dreimal (V
6.7.10). Dabei hat es jedesmal eine besondere Bedeutung[420]. V 6 ist es metapho-
risch gebraucht, V 7 begründet solchen Gebrauch mit dem natürlichen Verhalten, V 10 schließlich steht es in gründlich veränderter Bedeutung an Stelle von
κοιμᾶσθαι für »tot sein«. Auch im übrigen Neuen Testament ist das Wort
kaum übertragen gebraucht[421]. Nur Eph 5,14 wird ein geprägt überkommener
Satz zitiert, offenbar ein Stück aus einem urchristlichen Lied[422]. Dort bezeich-

---

[415]   Ein »temporales Moment«, das auf die
»Zeit der Nacht bzw. der Finsternis« abhebt,
der die Getauften nicht mehr zugehören, ist
schwerlich in der Ausdrucksweise zu finden;
gegen Harnisch, Existenz 127.
[416]   Eine feste Tradition, in der νύξ im übertragenen Sinne als Negativbegriff eine Rolle
spielte, ist jedenfalls nicht nachgewiesen, vgl.
G. Delling, ThWNT IV 1117–1121; auch P.-G.
Müller, EWNT II 1181–1185.
[417]   Νύξ und σκότος sind chiastisch zu φῶς
und ἡμέρα gestellt; dadurch entsteht eine Inclusio: Wie V 4 mit σκότος begann, so endet
V 5 wieder damit.

[418]   Ἄρα folgert, οὖν bezeichnet den Übergang des Gedankens, vgl. Bauer, Wb. s.v. ἄρα 4.
[419]   Wie hier auch Röm 14,19; Gal 6,10 der ko-
hortative Konjunktiv nach ἄρα οὖν; 2 Thess
2,15 mit dem Imp.
[420]   Vgl. Rigaux 563.
[421]   Vgl. A. Oepke, ThWNT III 438,23f: im AT
steht καθεύδω nicht im übertragenen Sinne
für Lässigkeit; zum entsprechenden Gebrauch
im klassischen Griechisch ebd. 435,49ff; M.
Völkel, EWNT II 544f.
[422]   Vgl. dazu Schnackenburg, Epheser
232–234.

net das Wort das Totsein dem wahren Leben gegenüber, es ist gleichsam im doppelt übertragenen Sinne gebraucht. Gehört das Lied in den Kontext der Taufe[423], dann ist das Geschehen der Taufe gemeint, nicht ein aktives Verhalten des Täuflings, zu dem er als der notwendigen Konsequenz aus seiner Taufe gemahnt wird.

1Thess 5,6 liegt nicht auf der gleichen Linie wie Eph 5,14. Ist die Haltung des »Wachens« die gebotene des Christen, dann ergibt sich e contrario, daß die des »Schlafens« diejenige ist, die er nicht haben soll. Gefüllt ist das Wort hier also von seinem Gegenbegriff her. Die Haltung, die in der selbstgewissen Losung »Friede und Sicherheit« ihre Aufgipfelung erfährt, ist der Schlaf, von dem die Rede ist.

Es entspricht dem sachlichen Bezug auf V 3, daß solches Schlafen als die Haltung der »übrigen« (οἱ λοιποί) gekennzeichnet ist. Das sind, wie 4,13[424], alle die, die nicht zur Gemeinde des Christus gehören. Nicht nur im Blick auf die Hoffnung stiftende Zukunft (4,13), sondern auch mit Blick auf die von der Zukunft bestimmte Haltung in der Gegenwart sind die Christen von der übrigen Menschheit geschieden, sollen es jedenfalls sein.

Wachsam und nüchtern sein, das ist das Verhalten, das V 6b herausstellt. Zumindest »wachen« hat eine paränetische Tradition im Horizont der eschatologischen Erwartung hinter sich[425]. Paulus gebraucht γρηγορέω (»wachen«)[426] allerdings nur noch 1Kor 16,13 und Kol 4,2, an beiden Stellen ist ein unmittelbarer Bezug auf den eschatologischen Tag nicht zu erkennen. Das Wort hat offenbar schon früh Eingang in die allgemeine Paränese gefunden als Ausdruck der spezifischen Haltung wacher Bereitschaft, die den Christen auszeichnen soll. Stärker bewahrt ist die unmittelbare eschatologische Beziehung 1Petr 5,8[427]. Dort begegnet auch das einzige Mal sonst im Neuen Testament die Verbindung mit νήφω[428].

Aus der urchristlichen Tradition über das Kommen des Herrentags und die Haltung, die es dem Menschen abzwingt, ist der Begriff hier aufgenommen[429], vielleicht in einen größeren Zusammenhang eingefügt, der aus dem Vergleich mit Lk 21,34–36 zu V 3 sichtbar wurde. Für ihn bedeutet »wachen« bereit zu sein für ein Leben im Licht des kommenden Tages, das, wie es V 8 sagen wird, sich als Glaube, Liebe und Hoffnung darstellt.

Dem Aufruf zur Wachsamkeit ist der zum Nüchternsein hinzugefügt. Es muß Paulus wohl daran gelegen haben, ihn in diesen Zusammenhang einzubrin-

---

[423] S. Rigaux, Tradition 329; Schnackenburg, Epheser 233f.

[424] Vgl. dazu o. 189 mit Anm. 230.

[425] Vgl. E. Lövestam, Spiritual Wakefulness in the New Testament, 1963 (LUÅ NF I 55,3); zu 5,1–11 bes. 45–58. Der Ruf zur Wachsamkeit ist in der Jesusüberlieferung fest gegründet, vgl. Mk 13,(33.)35.37; Mt 24,42; 25,13, auch Lk 12,37; verbunden mit dem Dieb-Bild Mt 24,43 und Offb 3,2f; 16,15. Lk 21,36, der Text, der besondere Beziehungen zu unserem Stück hat, bietet ἀγρυπνεῖτε.

[426] Ἀγρυπνέω nicht bei Paulus; dieses Wort sonst nur noch Eph 6,18 (bemerkenswert in unmittelbarem Anschluß an das Bild von der geistlichen Waffenrüstung) und Hebr 13,17.

[427] Vgl. Brox, 1.Petrus 238: Mit νήψατε, γρηγορήσατε ist die Situation »als endzeitliche Phase markiert«.

[428] Dieses Wort aber auch 1Petr 1,13; 4,7; dazu s.u.

[429] So auch Best 212; Lövestam, Wakefulness (s.o. Anm. 425) 134–139.142f.

gen; denn kaum ist er ihm schon mit einer der Traditionen zugekommen, die er in diesem Abschnitt aufnimmt[429a]. Ein übertragener Gebrauch des Wortes »nüchtern sein« wird freilich bekannt gewesen sein[430]. Er ist aber nur sehr allgemeiner Natur gewesen, νήφω als »Gegensatz zu aller Art geistiger Umnebelung«[431]. Jedenfalls legt eine so allgemeine, aber unmittelbare Bedeutung der die Sprache der Mahnung erklärende Satz V 7 nahe. Die Wachsamkeit soll mit klarer Einsicht in die Situation und das, was ihr entspricht, gepaart sein. Ist an eine bestimmte Fehlhaltung gedacht, die abgewehrt werden soll – die Formulierung von V 7 läßt daran denken –, dann diejenige, die V 3 beschrieb: der Wahn der Sicherheit[432]. In 1Petr 1,13; 4,7 scheint das Wort gleichsam die Stelle von γρηγορεῖν eingenommen zu haben, eine Art Fortbildung des paulinischen Ansatzes[433]. Die Wachsamkeit angesichts des unberechenbar nahen Endes wird in die Nüchternheit überführt, d. h. in die klare Einsicht in die Gegebenheiten und Notwendigkeiten der Situation vor dem Ende. Paulus hat mit unserem Text einen solchen Schritt bereits getan[434]. Man kann mit Blick auf seinen apostolischen Weg in die Völkerwelt nicht von dem Ab- und Umbau ursprünglich hochgespannter Parusieerwartung angesichts der Erfahrung einer sich dehnenden Zeit sprechen. Er hat sich sogleich nach seiner Berufung durch den Auferstandenen an das Werk der Mission gemacht, also sofort nüchternen Sinnes die Zeit, die ihm zuhanden war, in den Griff genommen.

7   Mit einem Blick auf den Gang des Lebens wird die Mahnung bekräftigt[435]. Wer schläft, der tut das des Nachts, wer sich betrinkt, der ist des Nachts betrunken[436]; Paulus hebt auf das normale Leben ab[437]. Wichtig ist im Zusammen-

---

[429a]   Νήφω bei Paulus nur hier und V 8 (1Kor 15,34 ἐκνήφω), sonst im NT außer im 1Petr nur 2Tim 4,5. Auch in der jüdischen Literatur ist das Wort selten (es fehlt z.B. LXX, TestXII; JosAs; Pseud-Phokylides), häufiger freilich bei Philo, s. O. Bauernfeind, ThWNT IV 937; E. Lövestam, Über die neutestamentliche Aufforderung zur Nüchternheit, StTh 12 (1958) 80–102, 81f.

[430]   Vgl. für den allgemeinen Sprachgebrauch O. Bauernfeind, ThWNT IV 936,25–938,19. Spezifische Beziehungen zu unserer Stelle werden allerdings nicht sichtbar; vgl. auch Dibelius 29.

[431]   O. Bauernfeind, ThWNT IV 936,29. S. auch den o. in Anm. 429a genannten Aufsatz von Lövestam.

[432]   Auch ἐκνήφω 1Kor 15,34 ruft zu klarer Einsicht, weg von einem falschen Glauben. Ähnlich dann 2Tim 4,5.

[433]   1Petr 5,8 zeigt die Nähe, die beide Wörter zueinander haben; 4,7 sollte man von der Tradition her eher γρηγορεῖν erwarten; die Zusammenstellung mit σωφρονήσατε läßt die Verschiebung erkennen; 1,13 gehört in die gleiche Linie; vgl. Brox, 1.Petrus, bes. 201.203f

(201: es sind »Zeit, Ende und Eschatologie kein gährendes Thema des Schreibens«).

[434]   Das hat richtig gesehen Schweizer, Kolosser 172; vgl. auch Lövestam, Aufforderung (s.o. Anm. 429a) 90f. – Daß die Zusammenstellung von γρηγορεῖν und νήφειν zur paränetischen Taufterminologie gehörte, die Paulus übernahm, wie Harnisch, Existenz 122 Anm. 25 vermutet, wird nicht sichtbar.

[435]   Der Neuansatz in N[26] ist nicht gerechtfertigt. Schon das erklärende γάρ (vgl. Bauer, Wb. s.v. 2) widerrät dem; ebenso die inhaltliche Funktion des Satzes. Die gelegentlich erwogene Streichung als sekundäre Glosse ist unbegründet (s. auch Rigaux 565).

[436]   Der Wechsel der Verben μεθύσκομαι »sich betrinken« und μεθύω »betrunken sein« ist doch wohl bewußt; anders offenbar Rigaux 566.

[437]   Rigaux 565: »Paul se réfère à la vie ordinaire«; vgl. Schlier 90: eine »allgemeine Erfahrung, die Paulus jedenfalls für eine solche hält«; anders Schade, Apokalyptische Christologie 138. Vgl. Apg 2,15: Mit Hinweis auf die Tageszeit wird der Verdacht auf Trunkenheit abgewehrt; s. auch Jes 5,11. Profane Belege bei Dobschütz 209f Anm. 5.

hang nicht eigentlich dieser Satz, wichtig ist vielmehr der Gedanke, der sich aus ihm via negationis ergibt: Man schläft nicht am Tage, sondern ist wach, man ist nicht am Tage betrunken, sondern ist nüchtern. Beweisen will und kann der Satz freilich nichts. Er bildet ein Gleichnis, kunstvoll gewonnen aus der Bildebene der metaphorischen Begriffe, in denen der Kontext redet. So hat er überführenden Charakter, weil die Metaphern an der Wirklichkeit ihrer Bildebene partizipieren[438].

V 8 zieht die intendierte Folgerung. Der adversative Anschluß (δέ) hebt den Gegensatz hervor, auf den es schon bei V 7 ankam. Wieder schließt sich Paulus mit der 1. Pers Pl mit ein; damit sind alle Christen in die Aussage hineingenommen. Ihr Status als solche, die dem Tag zugehören, wird vorausgesetzt (V 5), die partizipiale Näherbestimmung (ἡμέρας ὄντες) ruft das nur noch einmal in das Bewußtsein. Wegen solchen Bezugs auf V 5 muß »Tag« die gleiche Bedeutung haben wie dort. Trotz der rigorosen Ausbeutung des realistischen Bildgehalts im ganzen Kontext, besonders im voraufgehenden Satz (V 7), bezeichnet das Wort wieder ganz und nur den Herrentag. Diejenigen, die vom kommenden Herrentag schon jetzt bestimmt sind, sollen »nüchtern sein«. Nur noch νήφειν wird aufgenommen, »nüchtern sein« ist die umgreifende, deutlichere Weisung[439]. Auf diese Konzentration tendierte schon die Zweigliedrigkeit von V 7, die mit Schlaf und Trunkenheit als Werken der Nacht zwei nicht voll vergleichbare Dinge nebeneinander stellte. Die Aufforderung zur Nüchternheit knüpft an V 6 an; ihr ist mit dem folgenden Partizipialsatz eine nähere Ausführung hinzugefügt. Sie führt die Aufforderung weiter. Denn deren Begründung ist im Eingang des Satzes schon genannt, der das Sein der Angeredeten, das ihr Tun trägt, ansprach[440]. Der Inhalt der Aufforderung ist mittels zweier durchaus verschiedener Traditionen, die miteinander verbunden sind, ausgesagt. Der Vorstellung zugrunde liegt das Bild von der geistigen Waffenrüstung, die Rüstungsstücke sind gedeutet von der Trias »Glaube, Liebe, Hoffnung« her, die schon 1,3 begegnete.

Das Bild von der geistigen Rüstung steht unter dem direkten Einfluß von Jes 59,17[441]. Das zeigt die alleinige Nennung der beiden Rüstungsstücke »Panzer«

---

[438] Zur Metapher vgl. den grundsätzlichen Teil bei H. Weder, Die Gleichnisse Jesu als Metaphern, 1978 (FRLANT 120), 58–93.

[439] Vgl. Dobschütz 210: »νήφειν schließt γοηγ. ein« (daß Paulus allerdings schon im Bild des Wachpostens denkt, »der . . . nüchtern und wach bleiben muß, damit die anderen trunken sein und [dann] schlafen können«, ist ganz unwahrscheinlich); nach Best 213 bekommt νήφειν vom Bild des Soldaten eine Bedeutung hin zu ›to being vigilant‹; auch das ist fraglich. Schade, Apokalyptische Christologie 138 vermutet, »wachen« sei im Vorblick auf den anderen Gebrauch V 10 vermieden.

[440] Die syntaktische Funktion des Part Aor in Verbindung mit dem vorangehenden Konj

Praes ist nicht eindeutig; es kann auch begründende Bedeutung haben (vgl. Dibelius 30). Schlier 91 weist den sachlichen Zusammenhang auf: »Die Nüchternheit im christlichen Sinn ist in der Tat in Glaube, Liebe, Hoffnung begründet. Aber ebenso erweist sie sich darin und muß sich immer von neuem in Glaube, Liebe, Hoffnung bewähren«. – An der Parallelstelle Röm 13,12 ist das Bild vom Anlegen der Waffen gleichfalls kohortativ verwendet; vgl. auch Röm 13,14, wo freilich eine andere Vorstellung vorliegt.

[441] Das wird zu Unrecht in Frage gestellt durch Dobschütz 211; auch Rigaux 567, der freilich mit Einfluß von Tradition rechnet, meint: »Il a emprunté cette image à la vie quo-

und »Helm« sowie die Verbindung des Helms (über die Hoffnung) mit dem »Heil« (σωτηρία)[442]. Dies letzte unterscheidet 1 Thess 5,8 von Weish 5,18, wo gleichfalls Panzer und Helm zusammenstehen[443], wenn auch eingefügt in einen breiteren Zusammenhang, der Helm (κόρυς) aber das ungeheuchelte Gericht darstellt[444]. Daß Paulus überhaupt von einer Vorgabe abhängig ist, zeigt nicht nur diese Übereinstimmung mit einem bekannten biblischen Text[445], sondern vor allem die Merkwürdigkeit, daß nur zwei Ausrüstungsstücke für drei Entsprechungen genannt werden.

Freilich ist Paulus nicht nur von Jes 59,17 abhängig. Dafür besteht ein zu fundamentaler Unterschied zwischen beiden Texten. Jes 59,17 (und ebenso Weish 5,18) ist von der Rüstung Gottes die Rede, hier von der Rüstung derer, die zu Gott gehören. Darin entspricht Eph 6,11–17 unserer Stelle. Dem dürfte eine gemeinsame Tradition zugrunde liegen[446]. Sie zeigt sich Röm 13,12 in ähnlichem Zusammenhang, klingt Röm 6,13; 2 Kor 6,7 an und ist 2 Kor 10,3–6 in anderer Weise als 1 Thess 5,8 aufgenommen[447]. Freilich liegt – auch mit Blick auf die weit speziellere Parallele Eph 6,11ff – die Annahme nahe, daß eine Form der Anschauung vorgegeben war, die direkt auf Jes 59,17 bezogen war. Sie nannte die Ausrüstungsstücke Panzer und Helm, wobei wahrscheinlich der Helm mit der Rettung verbunden war. Hätte Paulus selbst eine unabhängige Vorstellung von der geistlichen Bewaffnung der Glaubenden von Jes 59,17 her ausgearbeitet, dann bliebe die merkwürdige Ungeschicklichkeit unerklärlich, daß drei Haltungen mit nur zwei Ausrüstungsstücken verbunden sind. Denn Jes 59,17 nennt auch das »Gewand« (ἱμάτιον ἐκδικήσεως) und den »Mantel« (περιβόλιον)[448]. Man sollte erwarten, daß er das aufgegriffen hätte, würde er selbständig gestalten[449].

Ein spezifisch begründeter Bezug des Glaubens und der Liebe zum Panzer ist nicht erkennbar; er darf auch nicht gesucht werden. Das Bild als ganzes trägt

tidienne«; vgl. auch Nebe, »Hoffnung« 101.275 Anm. 106. Es ist zu bezweifeln, daß Paulus überhaupt seine Bilder aus der direkten Anschauung gewinnt.

[442] Jes 59,17: καὶ ἐνεδύσατο δικαιοσύνην ὡς θώρακα, καὶ περιέθετο περικεφαλαίαν σωτηρίου ἐπὶ τῆς κεφαλῆς. – Σωτηρία 1 Thess 5,8 statt σωτήριον Jes 59,17 ist durch den Sprachgebrauch des Paulus bedingt; er hat nie σωτήριον. Eph 6,17 σωτηρίου, doch ist der Text dort insgesamt direkter am AT orientiert.

[443] Anders Eph 6,14–17!

[444] Weish 5,18: ἐνδύσεται θώρακα δικαιοσύνην, καὶ περιθήσεται κόρυθα κρίσιν ἀνυπόκριτον. – Die Vermutung von A. Oepke, ThWNT V 309 Anm. 9, Weish 5,18 könne auf Paulus eingewirkt haben, ist grundlos.

[445] Vgl. Best 213 (auch Rigaux, Tradition 332 mit Anm. 1), der auf die häufigen Bezugnahmen auf Jes 59 im NT aufmerksam macht.

[446] Auch die rabbinische Tradition bezieht Jes 59,17 auf Menschen, vgl. bBB 9b (Text z.B. bei A. Oepke, ThWNT V 310 Anm. 11); an anderer

Stelle aber auch auf den Messias, vgl. Bill. III 618.

[447] Zur allgemeinen religionsgeschichtlichen Voraussetzung dieser Anschauung s. A. Oepke, ThWNT V 297,1ff; zu AT und Judentum Z. 11ff; K.-G. Kuhn gibt ebd. 297,44–300,6 einen ersten Einblick in die Qumranliteratur; zu Qumran vgl. H. Braun, Qumran und das Neue Testament I, Tübingen 1966, 222–224.

[448] In LXX nur: αὐτοῦ, im MT: »Eifer wie ein Mantel«.

[449] Auch Weish 5,17ff sind Kleid und Mantel nicht genannt, dafür ist V 17 die ganze Rüstung als der »Eifer« Gottes angesehen (λήμψεται πανοπλίαν τὸν ζῆλον αὐτοῦ); Eph 6,14ff fehlen diese Ausrüstungsgegenstände ebenfalls. Das läßt an eine feste Tradition denken. Selwyn, First Peter (s.o. 28 Anm. 140) 399f (vgl. auch 457f.461) will eine katechetische Tradition nachweisen, die zur »Persecution-torah« gehört, in sie aber auch Elemente des Tauf-Katechismus einführt, in die die Metapher von der Rüstung ursprünglich gehört.

die Aussage, nicht seine einzelnen Teile. Ihre Ausführung dient nur der Anschaulichkeit[450]. Das gilt auch für die Zuordnung der Hoffnung zum Helm, soweit es um eine Entsprechung zwischen diesen beiden Größen geht. Wohl aber
hat die (von Jes 59,17 her) überkommene Deutung des Helms als »Rettung,
Heil« für seine Verbindung mit der Hoffnung eine eminente Bedeutung. Die
»Rettung« (σωτηρία) ist das Ziel, auf das hin Gott die Gemeinde bestimmt
hat, wie sogleich die VV 9f entfalten werden. Auf sie richtet sich die Hoffnung
der Glaubenden, sie ist die Antwort auf die Frage nach der Zukunft, die seit
4,13 hinter dem Text steht[451]. Es ist möglich, daß in der Trias »Glaube, Liebe,
Hoffnung« die »Hoffnung« gewöhnlich und ganz natürlich die Schlußstellung
hielt, vgl. 1,3; Kol 1,4f. Indessen zeigt 1Kor 13,13[452], daß Paulus bei ihrer Anwendung nicht an eine bestimmte Reihenfolge gebunden ist. So darf damit gerechnet werden, daß der Gedanke bewußt und beabsichtigt auf die »Heilshoffnung« (ἐλπὶς σωτηρίας) hinausgeführt ist als der eigentlichen Antwort auf die
Frage nach dem Wie und dem Wann des »Tags«[453].
Das Bild der Rüstung entspricht der Sicht des Lebens als eines Kampfes. Aber
die Nennung allein des Panzers und des Helms weist aus, daß es vornehmlich
um die wirksame Verteidigung gegen einen Angriff geht. Die Aufgabe des
Glaubenden ist, seinen Glauben zu behaupten. Wie eine personifizierte Macht
ist die Gefahr gesehen, daß er wieder heraustritt aus der Wirklichkeit Christi,
in die er durch den Glauben hineingenommen ist. Sie wird als aktive Kraft begriffen, die den Christen angreift, um ihn zu bezwingen[454]. In der Gestalt des
Satans ist sie in solcher Art gegenständlich[455]; 3,5 hatte Paulus denn auch von
seiner Sorge gesprochen, daß der »Versucher« die Gemeinde angreifen und bezwingen könnte. Um solchen Angriffen zu begegnen, sollen die Glieder der
Gemeinde sich wappnen mit Panzer und Helm. Das ist der Sinn des
Bildes[456].
Die Wappnung besteht in den Grundbefindlichkeiten christlichen Seins, Glaube, Liebe, Hoffnung. Ihre Darstellung im Glaubenswerk, in der Liebesmühe
und im Hoffnungsharren war im Dank an Gott nachdrücklich hervorgehoben
worden, 1,3f. Das, was die Gemeinde schon lebt, soll die Rüstung jedes ihrer
Glieder sein, damit sie werden, was sie sind, Teilhaber am Licht des Herrentags. Der Glaube gründet solches Sein; denn er verbindet mit Christus und sei-

---

450  Vgl. auch A. Oepke, ThWNT V 309,31ff.
451  Vgl. Nebe, »Hoffnung« 101f.
452  Vgl. auch Röm 5,1–5; Gal 5,5f.
453  Treffend Rigaux 561: »Paul met l'espérance en dernière lieu . . ., parce qu'il range les
vertus dans l'ordre non de l'importance en
elles-mêmes, mais dans l'ordre de leur importance dans la vie de la communauté thessaloni-
cienne«.
454  Vgl. 2Thess 3,3.
455  Vgl. W. Foerster, ThWNT VII 161,16–18:
»In den Briefen des Neuen Testaments ist der
weitaus vorherrschende Gesichtspunkt, unter

dem der Teufel genannt wird, sein Angriff auf
die Gemeinde.«
456  Daß die Aussage zu einem wesentlichen
Teil religionsgeschichtlich von der hellenistischen religiösen Gewandvorstellung her zu
verstehen sei, wie U. Wilckens, ThWNT VII
688,23ff meint (zu dieser Vorstellung s. ebd. Z.
3–22; sie ist freilich gar nicht klar zu belegen),
ist unwahrscheinlich. Dann sollte man erwarten, daß die aus Jes 59,17 gerade übergangenen
Stücke (Kleid und Mantel) eine Rolle spielen
würden.

ner Geschichte. Die Liebe stellt solches Sein dar; denn sie erfüllt den Willen
Gottes, nach dem er das Leben schuf. Die Hoffnung öffnet solchem Sein die
Zukunft; denn sie gibt ihm die Gewißheit der eschatologischen Erfüllung[457].
Das Gewicht, das schon die Einzelaufzählung dieser Verhaltensweisen hat,
wird verstärkt dadurch, daß es sich um eine geprägte Zusammenstellung handelt, die als solche eigenes Gewicht besitzt. Es geht um die grundlegende Verwirklichung christlichen Seins, das übrigens durchaus als eine Einheit begriffen und gelebt sein will, die der Einheit von Glaube, Liebe, Hoffnung entspricht.

9/10  Es folgt eine Begründung[458]. Sie hängt sich formal an die letzten Worte des
vorangehenden Satzes. Die »Hoffnung auf Heil« wird gegründet in der Setzung Gottes, die sich in der Geschichte Jesu Christi ereignete. Indessen handelt
es sich um mehr als nur um die nähere Erläuterung zu einer der zuvor genannten »charismatischen Tugenden«[459]. Die folgenden Sätze sprechen vielmehr
die entscheidende Gewißheit aus, die zum Schluß des ganzen Abschnitts, der
sich mit wesentlichen Fragen der endlichen Zukunft befaßt, noch einmal laut
werden will und muß. Zum Heil sind wir bestimmt, und dieses Heil ist das Leben, das uns durch den gekreuzigten Christus zugewendet wird.
Wie ab V 4 immer wendet Paulus den Gedanken zunächst negativ: Gott hat
uns nicht zum verderbenden Gericht[460] bestimmt[461]. Zwar liegt auf dem »uns«
ein gewichtiger Ton, aber das erlaubt nicht die Folgerung, daß Paulus andere
im Sinn habe, die zum Gericht bestimmt sind[462]. Die negative Aussage hat keine selbständige Bedeutung, sie dient der akzentuierenden Hervorhebung des
positiven Satzes: Ihr seid zum Heil bestimmt[463]. Diese Bestimmung wird etwas
umständlich mit εἰς περιποίησιν σωτηρίας angesagt. Sie entspricht antithetisch der anderen εἰς ὀργήν (»zum Gericht«); das will bei ihrem Verständnis
beachtet sein. Der Sinn des insgesamt seltenen Wortes περιποίησις ist umstritten[464]; der Kontext entscheidet für »Besitz«[465]. Die Christen sollen sich

[457]  Vgl. Röm 8,24: τῇ γὰρ ἐλπίδι ἐσώθημεν.
[458]  Ὅτι hat begründende Funktion: »denn«;
s. Bauer, Wb. s.v. 3b; Bl-Debr-Rehkopf § 456,1.
[459]  So Schlier 91.
[460]  Zu ὀργή s.o. bei 1,10 (59).
[461]  Zu τίθεσθαι τινά εἰς τι in der Bedeutung
»jemanden zu etwas bestimmen« s. Bauer, Wb.
s.v. II 2c; zu Med statt Akt auch Bl-Debr-
Rehkopf § 316,1 mit Anm. 2. Vgl. Ψ 65,9 (Ps
66,9) (τοῦ θεμένου τὴν ψυχήν μου εἰς ζωήν);
Micha 1,7; 4,7 (θήσομαι τὴν συντετριμμένην
εἰς ὑπόλιμμα, καὶ τὴν ἀπωσμένην εἰς ἔθνος
δυνατόν). Im NT bes. 1Petr 2,8. Synofzik, Gerichtsaussagen 96 hält die Wendung für »unpaulinisch«. Zur Sache s. auch Nebe, »Hoffnung« 102f.
[462]  So aber etwa Rigaux 570, der an die Heiden und ungläubigen Juden gedacht sieht.
[463]  Vgl. auch Best 217; anders Rigaux, Tradition 332f.

[464]  Es kann aktiv »Erhaltung, Bewahrung«
oder passiv »Besitz« bedeuten; die Bedeutung
»Erwerb« (vgl. Bauer, Wb. s.v. 2) ist weder in
LXX noch im NT sonst zu belegen (die sachliche Schwierigkeit für 2Thess 2,14 macht gut
deutlich Trilling, 2. Thessaloniker 123f, der
sich freilich – differenzierend – dafür entscheidet). »Besitz« an den drei Stellen in LXX (vgl.
Trilling, ebd. 123 Anm. 424) sowie Eph 1,14;
1Petr 2,9; umstritten ist Hebr 10,39, doch
scheidet »Erwerb« auch dort aus.
[465]  So auch Rigaux 570f mit ausführlicher
sachlicher Begründung. Gegenwärtig verbreitet freilich »Erwerb«, auch Bauer, Wb. s.v. 2;
Ch. Maurer, ThWNT VIII 157,21f. Marxsen 70
meint, es solle mit dem Wort ein Prozeß ausgedrückt werden. Zur Sache s. E. Fuchs, Hermeneutik?, in: Ders., Glaube und Erfahrung, Tübingen 1965, 123.

deshalb mit dem Helm der Heilshoffnung wappnen, weil Gott sie zum »Besitz des Heils« bestimmt hat. Es ist die eschatologische Heilssetzung gemeint; das belegt die vorangehende Antithese: nicht zum Gericht[466]. Dabei ist an einen Akt allein Gottes gedacht. Indessen ist die Paränese, die zu Wachen und Nüchternsein aufrief, davon nicht betroffen. Formal hängt sich die Aussage an die »Heilshoffnung«, die als eine der Weisen des Nüchternseins genannt war. Wer sich an diese Hoffnung hält, der stellt sich zu der Bestimmung, die Gott ihm gab. Alle Paränese wäre zutiefst sinnlos, wenn der Mensch nicht die verderbliche Möglichkeit hätte, die Bestimmung, die Gott ihm gesetzt hat, verwerfen zu können.

Es bleibt die Frage, warum Paulus nicht einfach von der Bestimmung zum »Heil« redet. Offenbar will die umständlichere Wendung »Besitz des Heils« ausdrücken, daß den Glaubenden nicht nur der Akt der eschatologischen Rettung vor dem Gericht[467], sondern der Besitz dieser Rettung als Heil zugewendet ist. V 10 wird das alsbald stärker nach der inhaltlichen Seite entfalten: Wir werden zugleich mit ihm leben[468].

Die Wendung »durch unseren Herrn Jesus Christus« bezieht sich auf die ganze Aussage[469], direkt mithin auf ἔθετο[470]. Der Sinn ist allgemein und daher umfassend. Die Bestimmung der Glaubenden ist von Gott in der Geschichte Jesu Christi gesetzt[471]. Daß die volle Christusbezeichnung »unser Herr Jesus Christus« gebraucht ist, hat z. B. in 1Kor 15,57 eine genaue Entsprechung. Der, durch den Gott den Glaubenden das Heil zuwendet, ist ihr gegenwärtiger Herr.

Eine Partizipialbestimmung hebt das im Zusammenhang des Satzes Entscheidende der heilsmittelnden Christusgeschichte hervor. Der anschließende Finalsatz expliziert eigens den Sinn gerade dieses Geschehens[472]. Dadurch erscheint die Aussage etwas überladen. Sie gewinnt aber so den Ausdruck »zusammen mit Christus leben« und kann diesen noch einmal in seiner Ausdehnung auf Lebende und Tote laut werden lassen. Zugleich verlagert sich die Heilsaussage insofern, als nun statt Gott Christus als ihr Subjekt eintritt[473]. Der Satz, daß Christus für uns gestorben ist, ist traditionell. Er gehört in sei- | 10

---

[466] Vgl. 1,10: ἡ ὀργὴ ἡ ἐρχομένη.

[467] Vgl. Phil 1,28 (Röm 5,9; 1Kor 3,15; 5,5).

[468] Vgl. auch 2Thess 2,14; περιποίησις δόξης ist eine sachgemäße Auffaltung unseres Ausdrucks; zur Sache vgl. W. Foerster, ThWNT VII 993,18ff (»die Begabung mit der göttlichen δόξα [ist] der positive Inhalt der σωτηρία«).

[469] So auch Harnisch, Existenz 147f; Rigaux, Tradition 334.

[470] Umgekehrt Dobschütz 212. Best 217 will mit περιποίησιν (»obtain«) verbinden; vgl. auch Thüsing, Per Christum 204; das ist schwerlich der Sinn.

[471] Διά hat nicht kausale (so aber A. Oepke, ThWNT II 67,37), sondern durchaus instrumentale Bedeutung; durch unseren Herrn Jesus Christus hat Gott sein Heilshandeln vollzogen. Vgl. 1Kor 15,57; 2Kor 5,18, auch Kol 1,20; ferner Röm 2,16; 5,9.

[472] Auch Röm 14,9; 2Kor 5,15 ist durch einen ἵνα-Satz das Ziel des Sterbens (und der Auferstehung) Jesu ausgesagt; es ist das Leben der Glaubenden; s. ferner Gal 1,4. Zum ἵνα-Anschluß vgl. N. A. Dahl, Formgeschichtliche Beobachtungen zur Christusverkündigung, in: Neutestamentliche Studien für Rudolf Bultmann, 1954 (BZNW 21), 7.

[473] Vgl. Röm 8,32; 4,25 (allerdings wohl Tradition) neben Gal 1,4 (vgl. wiederum V 1!); 2,20. Gal 1,4 ist auch sachlich eine eindrückliche Parallele.

nem Inhalt zum überlieferten Glaubensgut der Gemeinde[474]. Über die Abend-
mahlsworte sowie das Wort Mk 10,45/Mt 20,28[475] geht die Aussage, daß Jesu
Tod ein solcher »für« die Menschen sei, möglicherweise schon auf Jesus selbst
zurück. In 1Kor 15,3 und Röm 4,25a[476] begegnet älteste Gemeindetradition,
die Jesu Tod bzw. seine Dahingabe als für unsere Sünden geschehen bekennt[477].
Sie ist von Paulus in seine Theologie integriert worden. Welche entscheidende
Bedeutung sie für ihn hat, zeigt schlaglichtartig die scharfe polemische Frage
an die Korinthischen »Schismatiker«, die an seiner Person exemplifiziert: Ist
etwa Paulus für euch (ὑπὲρ ὑμῶν) gekreuzigt? (1Kor 1,13). Paulus scheint der
längeren Form, die vom Tod Christi für unsere Sünden spricht[478], die kürzere
vorgezogen zu haben, die nur den Tod für uns/alle nennt[479]. Beide werden ihm
aber sachlich identisch gewesen sein, mögen sie auch traditionsgeschichtlich
unterschieden werden müssen[480]. Röm 14,15 und 1Kor 8,11 lassen erkennen,
wie selbstverständlich ihm der Gedanke war, daß Christus für uns starb und
uns dem Verderben entriß und wie selbstverständlich er ihn den Gemeinden
gegenüber argumentativ einsetzt.

Der abschließende Satz expliziert soteriologisch die Christustat. Christus ist
für uns gestorben, damit wir mit ihm leben. Die lapidare Kürze, die auf jede erkennbare Begründung verzichtet, erweist, daß an bekannte Zusammenhänge
nur eben erinnert wird. Die Gemeinde weiß darum aus der Missionspredigt[481].

Der Tod Christi eröffnet uns die Teilhabe an der künftigen eschatologischen
Lebensgemeinschaft mit ihm. Der Konj Aor (ζήσωμεν) muß futurisch gemeint
sein[482]. Das ergibt der Kontext. Denn die zuvor eingeschobene Auffaltung der
»wir« in Wachende und Schlafende, die beide in gleicher Weise an dem Leben
zugleich mit Christus teilhaben, meint: ob wir jetzt leben oder tot sind. An diesem Sinn des Einschubs kann kein Zweifel bestehen, obgleich die Verwendung

---

[474] Vgl. H. Riesenfeld, ThWNT VIII 511,34f
(»Glaubens- und Bekenntnisformel, die den ältesten Schichten christlicher Überlieferung angehört«); s. auch Froitzheim, Christologie und
Eschatologie 30–38. Der Wechsel zwischen
ὑπέρ und περί ist sachlich bedeutungslos (vgl.
Rigaux 571; G. Delling, Der Kreuzestod Jesu in
der urchristlichen Verkündigung, Berlin 1971,
11.18); beide Präpositionen bezeichnen die Zuwendung, die etwas zu etwas erfährt (vgl. Bauer, Wb. s.v. ὑπέρ 1aε.b; περί 1f.g). Die Überlieferung an unserer Stelle ist stark gespalten; der
Nestle-Text las früher mit B ℵ* 33 περί, ab N²⁶
bietet er mit p³⁰ ℵ² A D F G Ψ 𝔐 ὑπέρ (so schon
Rigaux 570).

[475] Vgl. dazu P. Stuhlmacher, Existenzstell-
vertretung für die Vielen: Mk 10,45 (Mt 20,28),
in: Werden und Wirken des Alten Testaments,
FS Cl. Westermann, hrsg. R. Albertz, Göttingen – Neukirchen-Vluyn 1980, 412–427 (=

Ders., Versöhnung, Gesetz und Gerechtigkeit,
Göttingen 1981, 27–42).

[476] Vgl. dazu Wilckens, Römer I 279f, der
zwar die Beurteilung von V 25 insgesamt als
überkommene Tradition in Frage stellt, die
Aussage von V 25a aber für traditionell hält.

[477] Zweifellos hat bei der Ausbildung solcher
Sätze Jes 53,12 διὰ τὰς ἀνομίας / ἁμαρτίας
αὐτῶν παρεδόθη eine Rolle gespielt, vgl.
Wilckens, Römer I 279f.

[478] So mit verschiedenen Verben Röm 4,25;
1Kor 15,3; Gal 1,4.

[479] Mit ἀποθανεῖν Röm 5,6.8; 14,15; 1Kor
8,11; 2Kor 5,15; mit παραδίδωμι Röm 8,32;
Gal 2,20. – Zu 2Kor 5,21 und Gal 3,13 s. H. Riesenfeld, ThWNT VIII 512,17–513,10.

[480] Zur urchristlichen Traditionsgeschichte
der ὑπέρ-Aussagen s. H. Riesenfeld, ThWNT
VIII 514,18–515,20.

[481] So auch Best 218.

[482] Die v.l. ζήσομεν bei A pc ist sekundär.

der Metaphern »wachen« (γρηγορεῖν) und »schlafen« (καθεύδειν) für »leben«
und »tot sein« angesichts ihrer ganz anderen Verwendung im Vorangehenden
merkwürdig ist[483]. Die Andersartigkeit der Verwendung tritt auch inhaltlich
scharf hervor. In V 6 war der Unterschied zwischen den Söhnen des Lichts und
des Tags und denen, die der Nacht und der Finsternis zugehören, der Unterschied zwischen »den übrigen« und »uns«, die Gott zum Besitz des Heils bestimmt hat. Hier aber wird der Unterschied zwischen denen, die wachen, und
denen, die schlafen, im Blick auf das Christusheil gerade für irrelevant erklärt.
Eine Erklärung für solchen auffälligen Wechsel der Rede fehlt[484]. Werden nun
aber die jetzt Lebenden und die jetzt Toten zugleich (ἅμα) an dem Leben mit
Christus teilhaben, dann kann nur an eschatologisch-futurisches Leben gedacht sein[485].

Eine ausgeführte Begründung für den Zusammenhang zwischen dem Sterben
Jesu für uns und unserem zukünftigen Leben enthält der Satz nicht. Sie ist in
dem »für uns« (ὑπὲρ ἡμῶν) impliziert. Geht diese Wendung, wie wahrscheinlich, auf die Abendmahlstradition zurück[486], hinter der schließlich Opfervorstellungen stehen[487], dann bedarf es zunächst nicht der Auferstehungsaussage,
um den Satz evident zu machen. Die Hingabe Jesu für die Seinen eröffnet ihnen das Leben. Strukturell ähnlich wie hier ist der Gedanke 2Kor 5,21 artikuliert; denn die »Gerechtigkeit« ist als das Heilsziel das Leben[488]. Gleichwohl ist
natürlich für Paulus der Tod Jesu nur deshalb von lebensschaffender Kraft,
weil es der Tod des Auferstandenen ist[489]. Aber das ist hier gleichsam ein Bestandteil des »gestorben *für uns*«, nicht ein Geschehen, das zwar in der Aussage übersprungen wurde, im Gedanken aber überhaupt erst die eigentliche Begründung für die Gegebenheit des eschatologischen Lebens lieferte. Insofern
ist die Gedankenführung deutlich von der in 4,14 unterschieden; dort lag auf
der Auferstehungsaussage der Ton, erst durch sie wurde der Glaube der unsicher gewordenen Gemeinde neu gegründet. Die Differenz, die zunächst in
dem Rückgriff auf unterschiedliche Traditionen begründet ist, hat sachliche
Bedeutung. In 4,13–18 konfrontierte sich Paulus mit der Unsicherheit über die
Möglichkeit und Wirklichkeit der Auferstehung Gestorbener. So wie Jesus

---

[483] Anders M. *Völkel*, EWNT II 545 (»möglicherweise Ausdruck eines letzten Vorrangs des
Indikativs [5,5.9f] vor dem Imperativ [5,6.8]«;
ebenso *Nebe*, »Hoffnung« 103f; vgl. auch *Kaye*,
Eschatology 52 Anm. 27.

[484] Die Vermutung, Paulus wolle »das Verb
ζῆν ausschließlich für die Kennzeichnung des
künftigen eschatologischen ›Lebens‹ σὺν κυρίῳ reservieren« (*Harnisch*, Existenz 150),
überzeugt nicht, da so die besonders auffallende Verwendung von καθεύδειν nicht geklärt
wird; von 4,13–15 sowie der sprachlichen Tradition her hätte die Verwendung von κοιμᾶσθαι nähergelegen. (Im übrigen spricht gerade
der Verweis auf 4,17 [*Harnisch*, ebd. Anm. 46]
gegen Harnisch.)

[485] Vgl. auch *Froitzheim*, Christologie und
Eschatologie 198. Der Aor kann ingressiv gemeint sein, vgl. *Tannehill*, Dying 133f; *Best* 219
(s. Röm 14,9 ἔζησεν). Den futurischen Sinn
trägt der Konj des Finalsatzes, vgl. *Dobschütz*
213 Anm. 2; auch *Bl-Debr-Rehkopf* § 363 mit
Anm. 1.

[486] Vgl. auch *Froitzheim*, Christologie und
Eschatologie 38.

[487] Vgl. H. *Riesenfeld*, ThWNT VIII
513,25–514,17.

[488] Vgl. Röm 5,17f.21; 6,22.

[489] Das ist schroff 1Kor 15,17f artikuliert,
wodurch gleichwohl 1Kor 1,23; 2,2 nicht aufgehoben oder auch nur eingeschränkt wird.

werden auch die gestorbenen Christen auferweckt werden. Hier, 5,10, erinnert er die Gemeinde an ihre Bestimmung, nämlich das eschatologische Leben mit Christus. Und indem er das dadurch tut, daß er den Grund im Sterben Jesu für uns laut werden läßt, fügt er den Satz dem paränetischen Charakter ein, der die Aussage ab 5,1 wesentlich bestimmt[490]. Trotz des engen Zusammenhangs der beiden Texte haben sie sichtlich unterschiedliche Aussagerichtungen. Im zweiten geht es nicht mehr um das Ob und Wie der Heilsteilhabe Gestorbener, sondern um die Zeit des Herrentags und ihre Bedeutung für die Lebenden. Dieser Differenzierung entspricht die jeweils andere Weise, wie die Gewißheit der Zukunft begründet wird.

Ein charakteristischer Unterschied zwischen dem Glaubenssatz 4,14a und der partizipialen Christusprädikation zeigt, daß diese nicht einfach als eine Art abgekürzte Form jener angesehen werden kann. Der Satz »Jesus ist gestorben und auferstanden« enthält explizit keinerlei soteriologische Aussage, während in den Worten 5,10 »gestorben für uns« der soteriologische Aspekt der bestimmende ist. Die soteriologische Bedeutung des Todes ist allerdings durch die Auferstehung gestiftet, aber es ist eben dieser Tod, der das Heil begründet. Gott hat den Tod, den das Leben sich selbst in seinem Nichtgelingen zuzieht, bestätigt und aufgehoben in dem Scheitern dessen, der gelungenes Leben lebte. Sein Scheitern war der Weg zum entschränkten Leben; die, die sich ihm im Glauben verbinden, sind eingeladen, diesem Weg zu folgen.

Das durch den Tod unseres Herrn Jesus Christus gegründete Leben ist ein solches »zugleich mit ihm« (ἄμα σὺν αὐτῷ). Die Formulierung erinnert so deutlich an 4,17 (ἄμα σὺν αὐτοῖς), daß bewußte Aufnahme angenommen werden muß[491]. Der Sinn ist freilich gründlich verschoben. 4,17 bezeichnet die Gleichzeitigkeit der Entrückung der bei der Parusie Lebenden und Toten. Hier ist es komplizierter, die Bedeutung zu bestimmen. Zunächst scheint es, als sei die Gleichzeitigkeit künftigen Lebens durch das »mit ihm« auf den Herrn bezogen. Das aber ist durch die futurische Bedeutung des ζήσωμεν (»wir werden leben«) ausgeschlossen, würde aber auch bei einem anderen Verständnis der Verbform keinen Sinn geben. Vielmehr ist »zugleich« offensichtlich genau wie 4,17 gebraucht, nämlich um die Gleichzeitigkeit der Heilserlangung der Lebenden wie der Toten zu bezeichnen[492]. Deshalb aber ist es, anders als 4,17, von dem nachfolgenden »mit ihm«, das eine eigene adverbiale Bestimmung zu ζήσωμεν bildet, streng zu trennen. Der ganze Ausdruck ist eine beabsichtigte Nachbildung von 4,17[493]. Der Erinnerung an diese Stelle dient auch der Einschub des Satzes über das Wachen oder Schlafen, der im Kontext die Funktion

---

490 Auf die Implikation, die der Tod Christi für uns für das gegenwärtige Leben der Christen hat, weist mit Nachdruck Rigaux 573f hin.
491 Merk, Handeln 56: »mit V 10b ist ... eine Klammer um beide eschatologische Abschnitte gelegt.«
492 Ἄμα ist Adverb zu ζήσωμεν mit Bezug auf εἴτε γρηγορῶμεν εἴτε καθεύδωμεν.

493 Ἄμα σύν sonst nicht im NT; die gelegentlichen ähnlichen Fügungen (o. Bauer, Wb. s.v. ἄμα 2) dürften zufällige analoge Bildungen sein. – Wegen der ambivalenten Bedeutung des ἄμα σὺν αὐτῷ ist die Aktionsart von ζήσωμεν unscharf geworden. Ἄμα läßt den Aor als ingressiv erscheinen, σὺν αὐτῷ schließt das aber in Wahrheit aus.

hat, die Heilsaussage zugleich zur Bekräftigung der anders akzentuierten in
4,13–17 werden zu lassen. Paulus hat die Frage, die die Gemeinde mit Blick auf
ihre Zukunft bedrängte, nicht aus dem Auge verloren. Er schärft ihr erneut die
Antwort ein.

Das »mit ihm« qualifiziert das zukünftige Heilsleben als eines, das mit Christus geführt wird. Die Erinnerung an 4,17 erklärt, warum es hier noch einmal
eigens in dieser Weise näher bestimmt ist. Es wird begründet, daß alle, die in
das »für uns« des Sterbens Jesu eingeschlossen sind, in der gleichen Weise am
Heil teilhaben werden, das nichts anderes als das Leben mit Christus ist, Teilhabe an seiner Wirklichkeit. Weil es nur einen Christus gibt, gibt es auch nur
eine Weise des Heilslebens.

Der Abschnitt endet wie 4,18 mit einem Aufruf zur gegenseitigen Paraklese.     11
Der Anschluß an das Vorangehende (διό) ist nicht ganz so fest wie der in 4,18
(ὥστε)[494]. Dem entspricht, daß der Inhalt der Paraklese nicht ausdrücklich an
die zuvor gesagten Worte gebunden ist. Gemeint ist aber auch hier der Zuspruch, der Gewißheit verleiht. 4,18 stand der Trost, der aus der Gewißheit erwächst, stärker im Zielpunkt des Gedankens, hier ist es mehr die Aufgabe, die
sie aus sich entläßt[495]. Vorherrschend bleibt allemal der Zuspruch des Heils,
der der Inhalt der »Paraklese« des Apostels ist (2,3) und von dem her sich alles
andere erst ergibt. Auch wenn Paulus den gegenseitigen Zuspruch nicht auf
seine Worte festlegt, ist doch gewiß vorausgesetzt, daß die Glieder der Gemeinde das einander vergewissern, was ihnen der Apostel zugesagt hat. Die
Aufgabe, die er mit seinem Brief an ihnen wahrnimmt, soll von ihnen aufgenommen und weitergeführt werden. Der Bezug in V 10 auf die Aussage von
4,13–17 läßt vermuten, daß auch diese noch wieder in die Aufforderung zur
gegenseitigen Paraklese eingeschlossen ist[496]. Es bleibt aber wohl der Inhalt des
Abschnitts 5,1–10 im Vordergrund. Die Glieder der Gemeinde sollen sich fest-
machen in der Gewißheit, daß sie Kinder des Lichts sind und schon jetzt im
Schein des Herrentags leben; deshalb sollen sie nüchtern dem endgültigen Anbruch des Tages entgegenleben und durch Glaube, Liebe und Hoffnung ihr
Sein in das künftige Leben hinein bewahren, das jeder erlangen wird, der sich
in das Heilsangebot Gottes, das er in der Geschichte Jesu der Welt macht, hin-
einnehmen ließ.

Der gegenseitige Zuspruch soll sich erweitern zur wechselseitigen[497] Erbauung[498]. Paulus setzt die Redeweise von der Erbauung als ohne weiteres ver-

---

[494] Vgl. 3,1.

[495] Man bleibt am besten bei der Übersetzung »zusprechen«; jedenfalls ist hier nicht die
Bedeutung »trösten« vorherrschend (so Siber,
Mit Christus leben 60 Anm. 167), aber auch
»ermahnen« (so O. Schmitz, ThWNT V 793
Anm. 169; noch schärfer Harnisch, Existenz
153: mahnende Zurechtweisung) ist zu einseitig.

[496] So nachdrücklich Rigaux 574; ihm folgt
Harnisch, ebd. 152.

[497] Εἰς τὸν ἕνα ist Semitismus (חד לחד), vgl.
W. C. van Unnik, Aramaisms in Paul, in: Ders.,
Sparsa Collecta I, 1973 (NT.S 29), 135; Bl-
Debr-Rehkopf § 247,4 (»besonders aram. Vor-
bild«).

[498] Vgl. dazu Ph. Vielhauer, Oikodome. Das
Bild vom Bau in der christlichen Literatur vom
Neuen Testament bis Clemens Alexandrinus,
in: Ders., Oikodome. Aufsätze zum Neuen Testament 2, hrsg. G. Klein, 1979 (ThB 65),
1–168 (= Karlsruhe – Durlach 1939); O. Mi-

ständlich voraus. Die Leser können sie nur als auf den einzelnen bezogen verstanden haben. Sie sollen einander aufbauen; Objekt ist der jeweils andere, Subjekt jeder Angeredete[499]. Eine spezifisch ekklesiologische Fundierung des Begriffs wird nicht sichtbar. Solcher Gebrauch, nach dem das Objekt der »Erbauung« der einzelne Christ ist, findet sich nun auch sonst mehrfach. Nach 1Kor 14,4a erbaut der Zungenredner nur sich selbst; das ist für Paulus kein verbotenes Tun[500], nur ist ihm wichtiger, daß die Gemeinde erbaut wird, wie es der prophetisch Redende tut (1Kor 14,4b). Denn er »spricht zu Menschen Erbauung« (V 3 ἀνθρώποις λαλεῖ οἰκοδομήν), und diese »Erbauung« ist, wie die parallelen Begriffe »Zuspruch« und »Trost« erkennen lassen, gleichfalls zunächst die des Gemeindeglieds. Es entspricht dem, wenn 1Kor 14,17 erneut als Mangel der Zungenrede genannt wird: »der andere wird nicht erbaut« (ὁ ἕτερος οὐκ οἰκοδομεῖται). Röm 14,19 redet ganz ähnlich wie 1Thess 5,11 von der »gegenseitigen Erbauung« (ἡ οἰκοδομὴ ἡ εἰς ἀλλήλους), und Röm 15,2 denkt offensichtlich gleichfalls an die »Erbauung« des »Nächsten«, dem jeder zum Guten gefällig sein soll[501]. Auch 1Kor 8,10 zeigt – wenn auch in polemisch-verkehrender Sprache –, daß Paulus beim Gebrauch des Wortes sehr wohl an den einzelnen denkt und daß er es für die Gründung von Glauben und Leben, für den Aufbau von gegründetem Verhalten verwendet. Er wird das Wort in diesem Sinne dem Sprachgebrauch seiner Zeit entnommen haben. In der LXX begegnet es in einem ähnlichen, ebenfalls durchaus gefüllten Sinne, vor allem in Jer[502]; die antithetische Berufsbestimmung des Propheten Jer 1,10[503] ist, wie Sir 49,7 zeigt, in die Jeremia-Tradition eingegangen und kann so eine breitere Wirkung gehabt haben[504]. Aber auch ein allgemeiner Gebrauch des Bildes wird beeinflussend gewesen sein[505]. Daß es sich dort, wo Paulus es auf die Gemeinde und sein Werk an ihr anwendet, stärker von dem Gedanken der Gemeinde als Tempel her füllt[506], hebt die allgemeinere Bedeutung der Metapher

---

chel, ThWNT V 139–151, bes. 142,15–145,37; auch Harnisch, Existenz 154–158. – Die Wortgruppe (ἐπ)οικοδομέω, οἰκοδομή begegnet mit Bezug auf ein Tun in und an der Gemeinde bes. in 1Kor und auch in Röm; vgl. einerseits 1Kor 3,9–14, andererseits 1Kor 8,1.10, dazu 10,23 und schließlich 1Kor 14,3ff; s. ferner 2Kor 10,8; 13,10; 12,19; Röm 15,20 sowie Röm 14,19; 15,2 und Kol 2,7.

[499] Die Interpretation der Stelle bei O. Michel, ThWNT V 143,20–144,7 ist weit überzogen; das gilt ebenso, wenn auch in anderer Richtung, für Harnisch, Existenz 154.158. Man kann nicht voraussetzen, daß die – in sich durchaus klare – Aussage alle Elemente des Paulus sonst noch möglichen Gebrauchs der verwendeten Begriffe in sich enthält und daß Paulus voraussetzt, daß das die Leser wußten und verstanden. Gerade weil er vorauszusetzen scheint, daß die kurze Aufforderung »erbauet einander« verstanden wurde, kann er nur einen einfachen Gedanken damit verbunden haben.

[500] So aber offenbar O. Michel, ThWNT V 144,33f (»Es ist … falsch …«) und betont Harnisch, Existenz 155. Vgl. Wolff, 1. Korinther 131; Dautzenberg, Urchristliche Prophetie 228f.

[501] Vgl. auch Kol 2,7, wo gleichfalls an Auferbauung des einzelnen gedacht ist.

[502] Vgl. Ἰερ 38(31),4; 40(33),7; Jer 24,6; s. auch Ψ 27 (28),5.

[503] … ἐκριζοῦν καὶ κατασκάπτειν καὶ ἀπολλύειν καὶ ἀνοικοδομεῖν καὶ καταφυτεύειν (vgl. die in Anm. 502 schon genannte Stelle Jer 24,6).

[504] Vgl. Wolff, Jeremia (s.o. 74 Anm. 285) 6–8; diese Tradition kann Paulus bekannt gewesen sein.

[505] Vgl. zu Epiktet und Philo O. Michel, ThWNT V 140,14–44.

[506] Vgl. 1Kor 3,9ff; Röm 15,20. – Mt 16,18.

hier nicht auf. Es darf in Wahrheit nicht einmal mit einem Einfluß von dorther gerechnet werden[507]. Die Gemeindeglieder werden von ihrem Apostel gewiesen, im gegenseitigen Zuspruch einander anzunehmen und sich gegenseitig voranzubringen in dem Leben, auf das hin der Zuspruch ergeht, in Glaube, Liebe und Hoffnung[508].

Auch dabei geht es um nichts Neues und Fremdes (»wie ihr ja schon immer tut«). Ganz ähnlich hatte Paulus 4,1 die Paraklese unterbrochen und versichert, daß die Thessalonicher ja schon so wandeln, wie er sie mahnt (vgl. auch 4,9f). Bestätigung und Ermunterung zugleich liegen in solcher Wendung. Ebenso wie ihnen immer wieder neu das vorgestellt wird, was sie doch schon wissen und tun, so sollen sie es auch bei ihrer gegenseitigen Paraklese und Erbauung halten. Die brüderliche Vergewisserung des Weges begleitet den Gang der Gemeinde durch diese Zeit.

Die erste Antwort auf die Frage nach dem Wann des Herrentags wird mit dem Gleichniswort gegeben: wie der Dieb in der Nacht. Es darf vorausgesetzt werden, daß sowohl Paulus als auch der Gemeinde[509] die Antwort als ein Herrenwort bekannt war[510]. Über V 2 hinaus zeigen auch die folgenden Sätze eine auffällige Verwandtschaft mit einem Stück der Jesusüberlieferung, nämlich Lk 21,34–36. Artikuliert sich bei Paulus zunächst die Erwartung, daß das Ende als Gericht gerade dann plötzlich und unentrinnbar hereinbricht, wenn die Sicherheit ihren Gipfel erreicht hat (V 3), so erscheint Lk 21,34f der gleiche Gedanke als Mahnung, sich nicht durch Hingabe an die Welt abzustumpfen, so daß plötzlich und unentrinnbar jener Tag zugreift. Und wie bei Paulus, so bei Lukas erwächst daraus die Aufforderung zu steter Wachsamkeit[511]. Diese Gleichheit der Aussage, dazu die terminologischen Entsprechungen, lassen annehmen, daß beide Texte in einer irgendwie gearteten näheren Beziehung zueinander stehen[512]. Indessen kann eine gemeinsame Grundlage nur auf der semitischen Sprachebene bestanden haben, beide Formen sind spätestens seit

**Zusammenfassung**

---

[507] Anders Vielhauer, Oikodome (s.o. Anm. 498) 108: »Das logische Subjekt ist immer Gott, das logische Objekt immer die Gemeinde..; οἰϰοδομεῖν ist Bezeichnung des heilvollen Handelns Gottes, es bedeutet Hinzubringen zum Heil und dh. in die Kirche.«

[508] Vielhauer, Oikodome (s.o. Anm. 498) 96 bezieht die »Erbauung« vor allem auf das Folgende: Es »lesen sich die Verse 14–22 wie eine Erklärung des οἰϰοδομεῖτε εἰς τὸν ἕνα«; damit rückt er die Stelle nahe an 1Kor 14 heran und versteht auch dort das Wort vom »Aufbau der Gemeinde«.

[509] V 2: ἀϰϱιβῶς οἴδατε.

[510] Zur Abhängigkeit von der Jesus-Tradition vgl. auch D. Wenham, Paul and the Synoptic Apocalypse, in: Gospel Perspectives II, ed. R. T. France / D. Wenham, Sheffield 1981, 347; er weist 353–359 die gemeinsame Traditionsbasis von V 3 und Lk 21,34–36 auf. Seine Vermutung, Paulus lasse in 1.2Thess die Kenntnis der Tradition einer eschatologischen Rede, die auf Jesus zurückgeführt wird, erkennen, geht indessen über das sicher Erweisbare hinaus.

[511] Zur Forderung nach Nüchternheit bei Paulus s. Lk 21,34 ἐν ϰϱαιπάλῃ ϰαὶ μέϑῃ neben dem umfassenderen und gleichsam neutralen μεϱίμναις βιωτιϰαῖς.

[512] Vgl. auch Wenham, Paul (s.o. Anm. 510) 347. – Müller, Prophetie 172f rückt Lk 21,34–36 inhaltlich viel zu weit von 1Thess 5,1–6 ab, obwohl er die formale Verwandtschaft erkennt.

dem Übertritt ins Griechische selbständig tradiert worden[513]. Allerdings muß
tatsächlich mit einer gemeinsamen Grundlage gerechnet werden, nicht nur
mit »sachlich benachbarten Aussagen älterer Tradition«[514]. Sie ist ein apokalyptisches Stück gewesen, wie Inhalt und Stellung bei Lukas als Abschluß der
eschatologischen Rede Jesu zeigen[515]. Die Tradition, die bei Lukas begegnet,
aber gewiß weit älter ist[516], schreibt das Stück Jesus zu. Es ist durchaus damit
zu rechnen, daß die Form, die Paulus zukam, sie gleichfalls als ein Herrenwort
weitergab. Dafür spricht die Kombination mit dem Dieb-Wort[517].
Die Gemeinde wird also über die »Zeiten und Fristen« zunächst belehrt mit
der Aufnahme von Jesus-Tradition. Sie leitet aus der Art, wie das Ende
kommt, das Gebot ab, nicht geschichtsverhafteter Sicherheit zu verfallen,
vielmehr zu wachen und nüchtern zu sein. Daß sich gegenüber dem vorangehenden Abschnitt 4,13–17 eine Korrektur unter der Erfahrung der Parusieverzögerung abzeichnet[518], ist nicht sichtbar. Die Gewißheit um die Nähe des
Herrentags hat Paulus nicht einen Augenblick davon abgehalten, sein Missionswerk weiter und weiter voranzutreiben. Während er die Sätze 4,13–17
schreibt, ist er dabei, in Korinth eine neue Gemeinde zu gründen und zu festigen, nicht in aufgeregter Eile, sondern mit Geduld und Vertrauen. Man muß
sich auch vergegenwärtigen, daß alle Aussagen seiner Enderwartung fünfzehn
und mehr Jahre nach der Berufung formuliert worden sind. In Anbetracht dieser Tatsache ist gerade die Betonung der Unberechenbarkeit des Endes verständlich[519]. Richtig ist, daß »die Eschatologie ... für die Betroffenen in den
beiden Kapiteln (sc. 4 und 5) eine verschiedene Bedeutung« hat[520]. Aber solche
Verschiedenheit verhält sich komplementär zueinander. 5,1–10 zeigt, daß die
Zeit bis zum Anbruch des Herrentags, deren Länge niemand kennt, eine gefüllte Zeit ist, gefüllt mit schon vorausgreifendem Heil, gefüllt aber auch mit
einem Leben, das auf das Heil eingestellt ist[521]. Darin entspricht der Abschnitt
dem Denken, wie es sich präzise formuliert 1Kor 5,7; Gal 5,25 oder, breiter
ausgeführt, Röm 6 artikuliert[522]. Ebenso wie in 4,13–17 hat Paulus die Aussa-

[513]  Das spricht entschieden gegen die Annahme von Friedrich, Einschub 308, »daß Lk 21
und 1 Thess aus denselben Kreisen kommen«,
und damit gegen die Weiterführung, den Verfasser von 5,1–11 als »einen Mann aus den
Kreisen des Lukas« zu bestimmen (309, vgl.
auch 314).
[514]  So Harnisch, Existenz 76 Anm. 83, der die
Herkunft dieser »sachlich benachbarten Aussagen« im jüdisch-apokalyptischen Bereich
sucht.
[515]  Vgl. dazu Hartman, Prophecy 190–193.
[516]  Nach Hartman, ebd. 236 kann dieses lukanische Stück den Anspruch erheben, zu den
ältesten Schichten des Textes der apokalyptischen Rede zu gehören.
[517]  Vielleicht haben beide Stücke schon in der
Tradition zusammengehört. Mt 24,43f steht,
wie Lk 21,34–36, am Ende der eschatologi-

schen Rede Jesu. Doch ist das unsicher.
[518]  So Friedrich, Einschub 303–305.314, vgl.
schon 290. Dagegen auch Müller, Prophetie
152 mit Anm. 27.
[519]  Daß die Plötzlichkeit des Einbruchs des
Endes besonders betont sei (da die Naherwartung nachläßt), wie Friedrich, Einschub 303
meint, ist nicht ganz richtig. Sie wird V3 nur
mit Blick auf diejenigen ausgesagt, die im Ban-
ne der Parole »Friede und Sicherheit« leben.
[520]  Friedrich, Einschub 304.
[521]  Wenn Friedrich, ebd. 305 sagt: »Die Traditionsstücke in Kap. 5 verstärken nicht die Zuversicht, wie in Kap. 4, sondern rufen auf und
spornen an«, dann übersieht er, daß auch in
Kap. 5 Fundament und Ziel der Anrede die Gewißheit des Heils ist.
[522]  Gegen Friedrich z.B. auch Froitzheim,
Christologie und Eschatologie 11 Anm. 45.

ge in enger Bindung an die überkommene Tradition gestaltet. Es ist auffällig, wie gerade in der Formulierung der eschatologischen Erwartung das Wort des Herrn eine entscheidende Bedeutung hat, dieses Wort aber eingefügt wird in die eigene Aussage, die nicht einfach eine Wiederholung des Überkommenen ist und sein will.

Ab V 4 benutzt Paulus die Bildelemente, um mittels Weiterführung, Antithese und Assoziation die Aussage voranzutreiben. Auch jetzt greift er traditionelle Elemente auf, freilich mehr Einzelteile als geschlossene Vorstellungen. Als eine solche ist allerdings das Bildwort von der geistlichen Rüstung anzusehen; ihm ist die geprägte Trias »Glaube, Liebe, Hoffnung« eingefügt. In V 10 ist eine überkommene Formulierung aufgenommen, mit der Christus als der für uns Gestorbene benannt wird. Aber auch diese Stücke stellen keine selbständigen Sätze dar, sondern sind nur Teile von solchen, die als ganze neu gebildet sind. Das gilt erst recht von der offenbar ebenfalls überkommenen Wendung »Söhne des Lichts«, die denn auch sogleich weitergeführt wird zu der, die dem paulinischen Gedankenzug stärker entspricht: »Söhne des Tags«. Und schließlich ist der Terminus »Finsternis« schon vor seiner Aufnahme in den Text mit einem festen Gehalt gefüllt, doch ist bezeichnend, daß dieser Gehalt nicht tragend zum Zuge kommt.

Solcher Beurteilung des Verhältnisses von Tradition und daraus gebildeter Aussage steht eine andere, neuerdings mit Nachdruck vertretene[523] entgegen, die meint, in 5,4–10 ein von Paulus interpretiertes Fragment sogenannter »vorpaulinischer« Tauftradition nachweisen zu können. Nun ist es natürlich unbestreitbar, daß die Taufe schon für die frühe Gemeinde fundamentale Bedeutung hatte, da mit ihr der Getaufte Christus zugeeignet und damit in die neue Schöpfung hineingeholt wird. Durch sie sind die Glieder der Gemeinde Kinder des Lichts geworden, ist ihnen die Gewißheit zukünftigen Heils verbindlich zugesprochen[524]. Und das ist gewiß auch mit Wendungen und Begriffen unseres Textes ausgesagt, die vielleicht von dort Eingang in die christliche Sprache gefunden haben. Aber das alles bedeutet noch lange nicht, daß wir es mit der Aufnahme und Bearbeitung einer vorformulierten »Tauftradition« zu tun haben[525]. Davon ist tatsächlich nichts sichtbar[526].

---

[523] Harnisch, Existenz 117–125.131–152; vgl. schon Selwyn, First Peter (s.o. 28 Anm. 140) 375–382 sowie vor allem Fuchs, Hermeneutik? (s.o. Anm. 465) 121–123; ders., Zukunft des Glaubens 342–345.

[524] Vgl. dazu etwa Wilckens, Römer II 45 (zu 1Thess 5,1–11: »Kontext der Taufe«; »Thema der Taufe«; daß die Wendung σὺν αὐτῷ V 10 einen besonderen Bezug zur Taufe hat, ist damit aber noch nicht gegeben).

[525] Vgl. auch Best 216; Rigaux, Tradition 235f; R. F. Collins, 1Thess and the Liturgy of

the Early Church, BTB 10 (1980) 51–64 (= Ders., Studies 136–153).

[526] Die Rekonstruktion eines auf die Taufe bezogenen »vorpaulinischen Bekenntnisses« aus 1Thess 5,9f, die Harnisch, Existenz 124 vorlegt (zustimmend Baumgarten, Apokalyptik 219 Anm. 121), empfinde ich als willkürlich; vgl. auch Schade, Apokalyptische Christologie 137.272 Anm. 179. Es ist mir auch nicht möglich, einen historischen Ort auszumachen, an den ein solches Bekenntnis gehören könnte.

Wichtig ist der Vergleich des Stückes mit Röm 13,11–14[527]. Die terminologischen und sachlichen Berührungen sind unübersehbar. Auch die Intention beider Texte ist die gleiche. Es geht ihnen um die Situationsbestimmung der Christen im Spannungsfeld zwischen Nacht und Tag, zwischen der Welt dieser Geschichte und der Welt des kommenden Gekommenen. Freilich ist die Funktion beider Texte durchaus verschieden. Röm 13,11–14 ist der Abschluß einer längeren und grundsätzlichen Paraklese, die den sachgerechten Gottesdienst zum Thema hat (Röm 12,1)[528]. Der Abschnitt begründet alle Mahnung als Verwirklichung eschatologischen Lebens in der Zeit des sich nahenden Tages. 1 Thess 5,1–10 dagegen will die Wirklichkeit der Zeit erschließen, in der die Glaubenden vor dem Einbruch des Endes leben. Dieser unterschiedliche Standort der Texte begründet die Verschiedenheit. Ebenso wie 1 Thess 5,1–10 sind Licht und Finsternis, Tag und Nacht auch Röm 13,11–14 »zwei Existenzweisen der Gegenwart«, und ebenso wie Röm 13,11–14 sind sie auch 1 Thess 5,1–10 zugleich »zwei Stadien des von Gott gesetzten Weltlaufes«[529]. Nur ist Röm 13,11–14 weit stärker paränetisch gestaltet, 1 Thess 5,1–10 hat zunächst und vor allem einen zusagenden, assertorischen Charakter. Auch hier bleibt der »Tag« ein erst kommender, müssen die »Söhne des Tags« zu einem Verhalten wie am Tage gerufen werden, werden sie zum Anlegen der Rüstung gedrängt. Und andererseits ist die Paraklese Röm 13,11–14 getragen von dem Glauben, daß die Christen schon dort stehen, wohin sie sich aufmachen sollen. Sie sollen die Waffen des Lichts anlegen, weil sie bereits zum Licht gehören; sie sollen wie am Tage wandeln, weil sie des Tags sind. Besonders deutlich wird das bei der Schlußmahnung (die 1 Thess 5 keine Parallele hat): zieht den Herrn Jesus Christus an, den sie doch (nach Gal 3,27) in der Taufe schon »angezogen« haben[530].

Trotz der Nähe beider Texte zueinander wird man nicht mit einer gemeinsamen Vorlage rechnen dürfen[531]. Die Nähe ist begründet in der Identität des Verfassers. Man darf davon ausgehen, daß Paulus eine derartige eschatologische Ortsbestimmung der Christen auch sonst in seiner Predigt entfaltet hat. Bestimmend ist auch in Röm 13,11–14 noch die Gewißheit, daß das Ende nahe bevorsteht, zeitlich nahe, wie V 11c deutlich sagt.

Die Frage nach dem Heilsschicksal der Gestorbenen (4,13) hat die Gedanken einen weiten Bogen schlagen lassen. Das Kommen des Herrn wird allen Heil bringen, nämlich das Leben in der Christusgemeinschaft. Diese Christusgemeinschaft greift schon jetzt voraus nach unserem Leben, stellt es in ihr Licht

---

[527] Dazu vgl. A. Vögtle, Paraklese und Eschatologie nach Röm 13,11–14, in: Dimensions de la Vie Chrétienne, hrsg. L. De Lorenzi, 1979 (Série Monographique de »Benedictina«, Sect. Biblico-Oecuménique 4), 179–194 (195–220 die dazugehörige, interessante Diskussion).

[528] Vgl. zum Bezug von Röm 13,11–14 auf den ganzen Textzusammenhang von Röm 12,1 an auch Baumgarten, Apokalyptik 209.

[529] Gegen Friedrich, Einschub 306, der je-weils nur das eine für jeden Text gelten lassen will.

[530] Röm 13,14: ἐνδύσασθε τὸν κύριον Ἰησοῦν Χριστόν. Gal 3,27: Χριστὸν ἐνεδύσασθε.

[531] Baumgarten, Apokalyptik 209–212 postuliert (im Anschluß an Michel) einen »eschatologischen Wächterruf«, den Paulus Röm 13,11a.12 zitiert. Das ist eine kühne Vermutung.

und zwingt es damit in ihre Bahn. Die Frage nach dem »Wann« des Herrentags beunruhigt gegenwärtig vermutlich nur Randgruppen der Christenheit. Im allgemeinen fühlen wir uns durch die Erfahrung der Geschichte belehrt, daß sie kein für uns sinnvolles Thema ist. Bedenklicher ist, daß wir von der Frage nach unserem Ende, das unsere Geschichte ratifiziert, so wenig betroffen sind. Es ist uns gut, wenn wir uns daran und an unsere Unkenntnis über sein Kommen erinnern lassen. Gewiß sollen wir kein Leben unter dem drohenden Schatten des Todes führen; aber wir sollten leben in der Verantwortung vor seiner Vollendung, die wir nicht kennen. Wer sein Leben wegwirft, weil er meint, seiner sicher zu sein, der verliert es.

Dennoch brauchen wir nicht gebannt zu sein vom Blick auf das Ende. Unser Leben hat vorlaufend eine Bestätigung erfahren, die uns gewiß machen will. Wir sind schon jetzt mit unserer noch ungelebten Geschichte angenommen, unser Leben ist bereits bestätigt als eines, das an seinem Ziel angekommen ist. Unser Leben ist gelungen, noch bevor es uns gelingt. Das ist die entlastende Botschaft des Evangeliums, die der Gewißheit um das unentrinnbar-unbekannte Ende des Lebens den Schrecken nehmen will. Daraus erwächst die Möglichkeit und die Kraft, das Leben wirklich zu bewältigen. Denn nicht die Lähmung aus Furcht vor dem Ende des Weges oder die unbedingte Hingabe an das Jetzt als die einzig sichere Zeit des Lebens kann unser Sein, das für uns – auch in der zeitlichen Dimension – umfassend ist, verwirklichen.

Der Angriff des Nichts bedroht uns alle. Ihm sollten wir widerstehen mit den Kräften, die Dauer und Geltung über alle Geschichte hinaus haben, dem Vertrauen, der Hingabe und der Offenheit. Diese Kräfte wirken, wenn sie in uns selbst gründen. Das Evangelium sagt zu, daß uns Annahme trägt, Zuwendung begleitet und Zukunft empfängt. Im Einlassen darauf werden wir die Macht dessen erfahren. So wie wir den Glauben, in dem wir leben, durch das Zeugnis derer, die vor uns waren, empfingen, so sollen wir die Gewißheit und die Erfahrung von der Macht der Zukunft weitergeben an die Menschen um uns und nach uns. Die persönliche Bürgschaft, die durch überzeugendes Leben bekräftigt ist, gewährt die wirksamste Lebenshilfe.

Die Frage danach, worauf sein Leben zielt, ist eine Grundfrage des Menschen. Daß es nicht auf das Nichts hin angelegt ist, sondern Erfüllung seines Hoffens auf Heil findet, das ist der Zuspruch, den wir zu sagen haben. Überzeugen werden wir nur, wenn unser eigenes Leben schon für die Wirklichkeit solchen Zuspruchs zeugt und sie sich auch im anderen als Möglichkeit gelingenden Lebens erweist.

## III.  Das Leben in der Gemeinschaft und als Gemeinde (5,12–24)

**12 Wir bitten euch aber, Brüder, diejenigen anzuerkennen, die sich bei euch besonders einsetzen, die für euch sorgen im Herrn und die euch zurechtbringen, 13 und sie unüberbietbar hoch zu halten in Liebe wegen**

ihres Werkes. Haltet Frieden unter euch! 14 **Wir reden euch weiter zu, Brüder, bringt die Unordentlichen auf den rechten Weg, ermutigt die Kleinmütigen, ertragt die Schwachen, seid langmütig zu allen.** 15 **Achtet darauf, daß nicht jemand Böses mit Bösem an jemandem vergilt; erstrebt vielmehr stets das Gute, sowohl füreinander als auch für alle.**

16 **Freut euch stets,** 17 **betet unablässig.**

18 **Danket für alles. Denn das ist der Wille Gottes in Christus Jesus für euch.**

19 **Unterdrückt nicht den Geist.** 20 **Prophezeiungen verachtet nicht.** 21 **Alles freilich prüfet, das Gute haltet fest,** 22 **von jeder bösen Art haltet euch fern.**

23 **Er aber, der Gott des Friedens, heilige euch vollständig, und unversehrt möge euer Geist, die Seele und der Leib untadelig bewahrt werden bei der Parusie unseres Herrn Jesus Christus.** 24 **Treu ist der, der euch beruft, er wird es auch ausführen.**

Analyse Der Abschnitt wird zunächst durch die Art seines Inhalts zusammengehalten; er bietet kurze, nur anfänglich etwas ausgeführte Ermahnungen, die vorzüglich das Leben in der Gemeinde betreffen und nur da darüber hinausgreifen, wo es sich um ein allgemein gültiges Verhalten handelt (V 15)[532]. Anders sind freilich die beiden abschließenden VV 23f, die gleichwohl zum Vorangehenden hinzugehören. Sie enthalten einen Gebetswunsch und eine beteuernde Schlußwendung, die sich auf die Erfüllung des Gebets bezieht. Das Gebet entspricht, auch formal, in bestimmter Weise[533] dem Gebet 3,11–13. Daß in solchem Gebet mehr eingeschlossen ist, als im Vorangehenden genannt wurde, hebt die Einheit des Textstückes nicht auf; es zeigt aber die Grenze, die einer zu straffen Gliederung des Gedankens gezogen ist.

Innerhalb der Mahnungen sind drei Teile zu unterscheiden[534]. V 14 hebt mit der variierten Wiederholung des Einsatzes von V 12 (einschließlich der neuerlichen Anrede »Brüder«) neu an. Mit V 16 begegnet plötzlich ein so anderer Stil, gepaart mit einer Konzentration auf die spezifisch geistliche Seite des innergemeindlichen Lebens, daß 5,16–22 als eine eigene Einheit angesehen werden muß. Trotz einer gewissen Zäsur zwischen den VV 18 und 19 bildet sie ein in sich geschlossenes Stück, das den beiden vorangehenden als eigenständig zuzuordnen ist.

---

[532] Πρὸς πάντας am Ende von V 14 überschreitet die Grenze der Gemeinde noch nicht, vgl. u. 254.

[533] Vgl. dazu u. 263. S. auch Wiles, Intercessory Prayers 64f.

[534] So auch Rigaux 575; Marxsen 70–72; Schlier 94; Laub, Eschatologische Verkündigung 70. Dobschütz 215 teilt in fünf Mahnungen, nämlich »a) Anerkennung der freiwilligen Sonderleistungen 12f; b) seelsorgerliche Beratung der minderen Glieder 14; c) Achtung auf

Durchführung der christlichen Hauptregel 15; d) die rechte Grundstimmung des Christenlebens 16ff; e) die weise Prüfung der außerordentlichen Erscheinungen 19ff«; ähnlich Schürmann 93(–99). – Nur eine Zweiteilung sieht Best 223: 5,12–14 Verhältnis der Gemeindeglieder zueinander mit Blick auf ihre Verantwortung für das Ganze (entsprechend Röm 12,3–8); 5,14(15)–22: christliches Verhalten überhaupt (entsprechend Röm 12,9–21).

Der Inhalt der Mahnungen weckt die Frage, ob sie nur allgemeiner Natur sind, ohne auf die Erfordernisse der Situation in Thessalonich zugeschnitten zu sein[535]. Indessen hat der erste Teil (VV 12f) durchaus eine konkrete Gemeindesituation im Auge, die deutliche Zeichen geschichtlicher Besonderheit trägt, so daß man mindestens für ihn eine gezielte Aussagerichtung anerkennen muß. Das gleiche dürfte aber auch für V 14 gelten. Jedenfalls begegnet ἄτακτος(ως), ἀτακτέω bei Paulus (und im Neuen Testament) nur in der Thessalonicherkorrespondenz, nie in Lasterkatalogen oder Paränesen. Wohl aber führte bereits 4,10 zumindest in die Nähe einer solchen Mahnung, und 2Thess 3,6–13 wird dieses Thema eine gewichtige Rolle spielen[536]. Das deutet darauf hin, daß auch der zweite Teil der Mahnungen durchaus diese Gemeinde im Blick hat. Dann aber liegt die Vermutung nahe, daß der dritte Teil, der zunächst am wenigsten einer konkreten Situation eingefügt werden kann, gleichfalls Verhältnisse im Auge hat, die diese Gemeinde besonders betreffen. Daß dabei zugleich Mahnungen laut werden, die allgemeine Gültigkeit haben, ist nicht ausgeschlossen. Auch diese Gemeinde gehört in die umfassende Gemeinschaft christlicher Gemeinden und hat teil an deren Schwächen und Stärken, befindet sich mit ihr auf dem gleichen Wege.

Falsch wäre es, aus diesen abschließenden Mahnungen zu folgern, der Zustand der Gemeinde sei in Wahrheit wesentlich bedenklicher, als es 3,6–8 erscheinen ließ[537]. Solche Mahnungen sind Teil der Paraklese, die Christen einander schuldig sind (4,18; 5,11), erst recht aber der Apostel seiner Gemeinde. Sie helfen der Gemeinde, ihren Weg zu gehen.

Wie 4,1 ist die Mahnung formuliert mit ἐρωτῶμεν (»wir bitten«), das dort damit verbundene παρακαλοῦμεν (»wir reden zu«) führt V 14 den zweiten Teil des Abschnitts ein[538]. Der Anschluß mit δέ (»aber«) ist allgemeinster Art; er hat nur weiterführenden Charakter[539]. Es beginnt wirklich ein neuer Gedanke. Die auffordernde Bitte[540] blickt auf eine Differenzierung in der Gemeinde; bestimmte Funktionsträger sollen anerkannt werden[541]. Benannt werden sie mit drei Partizipien, die durch den Artikel vor dem ersten zu einer Gruppe zusammengefaßt sind. Sie alle sind durch das hinzugefügte Personalpronomen der 2. Pers Pl (ἐν ὑμῖν, ὑμῶν, ὑμᾶς) der Gesamtgemeinde zugeordnet, werden von

**Erklärung 12**

---

[535] Vgl. Best 223, auch Laub, Eschatologische Verkündigung 200.

[536] Wenn 2Thess »unecht« sein sollte, würde die breite Aufnahme des Themas der ἄτακτοι aus 1Thess 5,14 zeigen, daß es als ein für diese Gemeinde spezifisches Thema empfunden wurde.

[537] Davor warnt auch Marxsen 71.

[538] Vielleicht hat Paulus wegen der Nähe von παρακαλεῖτε V 11 die Wendung in dieser Weise zerlegt. Die umgekehrte Reihenfolge Phil 4,2f. Allein ἐρωτῶμεν 2Thess 2,1.

[539] Masson 71 findet einen adversativen Be-

zug auf V 11; vgl. dazu Best 223, der seinerseits eine stärker positive Anknüpfung an V 11 (οἰκοδομεῖτε) erwägt. Auf diese Beziehung legt Hainz, Ekklesia 42ff einen starken Ton (vgl. Vielhauer, Oikodome [s.o. Anm. 498] 96).

[540] Zu ἐρωτάω s. schon o. 4,1 (152).

[541] Εἰδέναι »anerkennen« neben Ign Sm 9,1 auch [Ael Arist] 35,35 (vgl. P. W. van der Horst, Aelius Aristides and the New Testament, 1980 [SCHNT 6], 66); s. Bauer, Wb. s.v. οἶδα 5. – Vgl. auch den entsprechenden Gebrauch von ἐπιγινώσκετε 1Kor 16,18.

ihr aber als an ihr Handelnde unterschieden[542]. Benannt werden sie nur durch
die Partizipien, die verbalen Charakter haben. Ein zusammenfassender technischer Begriff taucht nicht auf; sie sind gänzlich von ihrer Funktion her definiert.

Die drei Bezeichnungen sind grammatisch gleichrangig nebeneinander geord-
net. Gleichwohl ergibt sich aus inhaltlichen Gründen eine Überordnung des
ersten Gliedes. Denn das erste (κοπιῶντες ἐν ὑμῖν) ist zweifellos auch das um-
fassendste Prädikat. Da es jegliche Art der Bemühung um die Gemeinde bezeichnen kann[543], sind in ihm die beiden weiterhin genannten Tätigkeiten eingeschlossen[544]. Wenn sie dennoch eigens genannt werden, dann nicht, um das
erste Prädikat in seinem ganzen Inhalt aufzufalten, sondern um zwei besonders wichtige Teilgebiete herauszuheben.

Das Wort κοπιᾶν spielt bei Paulus in der Rede vom Werk an der Gemeinde eine gewichtige Rolle[545]. 1Kor 16,16 mahnt er: Ordnet euch jedem unter, der
mitarbeitet und sich müht (καὶ παντὶ τῷ συνεργοῦντι καὶ κοπιῶντι), Röm
16,6.12 werden insgesamt vier Personen (davon drei Frauen!) als solche bezeichnet, die sich »bei euch« oder »im Herrn« (viel) gemüht haben[546]. Das Substantiv (κόπος) wird 1Kor 15,58; 2Kor 10,15[547] von der »Mühe« anderer um
die Gemeinde gebraucht. So scheint es, als sei das Wort, zum wenigsten im
paulinischen Bereich[548], eine geläufige Bezeichnung für die »Gemeindearbeit«,
unter der jeglicher Einsatz um den Herrn und seine Gemeinde begriffen sein
kann[549]. Damit wird scharf die Mühe zum Ausdruck gebracht, die der Einsatz
für die Gemeinde denen abverlangte, die sich in der Welt der werdenden Kirche dafür bereitstellten[550]. Denn κοπιᾶν hat einen harten Klang; es bezeichnet
das Sich-Verausgaben bei harter, mühevoller Arbeit. An welche Art Tätigkeit
im einzelnen zu denken ist, ergibt sich aus dem Text nicht. Man ist dem Spiel
der Phantasie überlassen[551]. Es ist nur nötig, möglichst umfassend den Einsatz
für die Gemeinde zu bestimmen.

Die beiden folgenden Verben sind mit speziellerem Inhalt gefüllt. Ausge-

---

[542]    Insofern hat Rigaux 576 durchaus recht:
»Qu'il y ait en deux classes différentes de chré-
tiens dans la communauté de Thessalonique,
personne ne peut le nier.«
[543]    Vgl. auch Laub, Eschatologische Verkündigung 71.
[544]    Vgl. Masson 71; Best 224; anders Ollrog,
Mitarbeiter 87, der die drei Bestimmungen aufeinander bezieht.
[545]    Vgl. schon o. zu 1,3; auch 3,5 und 2,9 (jeweils κόπος). Auch auf den eigenen Dienst bezieht Paulus es betont, vgl. 1Kor 4,12; 15,10
(vgl. auch Kol 1,29); Gal 4,11; Phil 2,16.
[546]    Röm 16,6 πολλὰ ἐκοπίασεν εἰς ὑμᾶς, 12a
τὰς κοπιώσας ἐν κυρίῳ, 12b πολλὰ ἐκοπίασεν ἐν κυρίῳ. – Vgl. auch 1Tim 5,17, wo οἱ κοπιῶντες durch ἐν λόγῳ καὶ διδασκαλίᾳ entfaltet und sie aus der Gruppe der καλῶς προ-

εστῶτες πρεσβύτεροι herausgehoben werden.
[547]    Vgl. 1Thess 1,3.
[548]    Vgl. auch 1Tim 4,10; 5,17; Apg 20,15 sowie, freilich singulär, Joh 4,38.
[549]    A. v. Harnack, κόπος (κοπιᾶν, οἱ
κοπιῶντες) im frühchristlichen Sprachgebrauch, ZNW 27 (1928) 1–10 führt den
Sprachgebrauch auf Paulus zurück; ihm folgen
z.B. F. Hauck, ThWNT III 828,33–35; Masson
71 Anm. 4. Der Befund (vgl. vor allem Röm 16)
läßt das keineswegs als sicher erscheinen.
[550]    Paulus gibt 1Kor 4,11–13; 2Kor 6,4–10;
11,23–27, aber auch Phil 4,11–13 Einblicke in
die Mühen seines Aposteldienstes. Freilich
muß man bei einer Verallgemeinerung 1Kor
15,10 im Auge behalten, kann sich aber doch
einen Vorstellungsrahmen vermitteln lassen.

schlossen ist von der Struktur des Textes her das Verständnis der προϊστάμενοι (»die sich kümmern«) als der eigentlichen Gemeindeleiter[552]. Das Wort begegnet bei Paulus nur noch Röm 12,8[553], einem Text, der charismatische Wirkungen nennt[554]. Die Einordnung des προϊστάμενος in das Gefüge der Charis-
mata schließt aus, daß ein – etwa gar amtlich bestellter – Gemeindevorsteher
gemeint sei. Vielmehr legt sich allein der Gedanke an Fürsorge (für andere
Glieder der Gemeinde) nahe[555]. Diese Bedeutung ist für das Verb im Griechischen gut bezeugt[556]. Sie ist ebenso für unsere Stelle anzunehmen, trotz eines
verbreiteten titularen Gebrauchs im Vereinswesen der heidnischen Umwelt[557].
Nur so wird die Einordnung des Begriffs an die zweite Stelle verständlich.
Nicht die Vorsteher und Leiter der Gemeinde sind gemeint, sondern diejenigen, die für sie sorgen, für ihren Bestand und für ihr Wachstum. Daß sich daraus auch eine repräsentierende und leitende Funktion ergab, konnte naheliegen[558]. Sie ist aber hier offensichtlich nicht in den Blick gefaßt.
Freilich ist diese Tätigkeit vor den anderen durch »im Herrn« (ἐν κυρίῳ) besonders hervorgehoben[559]. Damit wird die Autorität der »Fürsorgenden« zugleich gestärkt und begrenzt, gleichsam konzentriert. Weil sie ihr Werk der
Sorge für die Gemeinde und die Brüder treiben als solche, die bestimmt sind
durch den Herrn, treiben sie das Werk des Herrn selbst[560]. Aber nur soweit sie
bestimmt durch den Herrn der Gemeinde handeln, hat ihr Tun Autorität. Paulus erkennt, daß diese Funktion, die besonders die geschichtliche Darstellung
der Gemeinde betrifft, gefährlich und gefährdet ist. Daher fügt er ihr diese Bestimmung hinzu. Auch bei den anderen beiden Partizipien will sie mitgedacht
sein; hier aber schien es wichtig, sie eigens zu artikulieren.
In der Tat dürfte sich aus der Funktion der προϊστάμενοι das leitende Amt der
Einzelgemeinde vorzüglich herausgebildet haben[561]. Das berechtigt aber nicht

---

[551] Vgl. eindrücklich Dobschütz 216f, der sich
allerdings auf die προϊστάμενοι konzentriert.
[552] Ein technischer Klang zur Bezeichnung
eines Amtes allerdings 1Tim 5,17. Doch zeigen
die Past, daß der Begriff noch nicht technisch
fest ist; 1Tim 3,4f »sorgen für« (parallel ἐπιμε-
λέομαι), auch 3,12 mehr »sorgen für« als »an-
leiten«, vgl. 5,8 (allerdings allemal auf Amts-
träger bezogen). Tit 3,8.14 »sich befleißigen«
(ohne Bezug zum Amt). Zu den Past siehe B.
Reicke, ThWNT VI 702f.
[553] Außer in Past und hier nicht mehr im NT.
[554] Voran geht ὁ μεταδιδούς, es folgt ὁ
ἐλεῶν; bereits genannt waren προφητεία V 6,
διακονία V 7, ὁ διδάσκων V 7, ὁ παρακαλῶν
V 8.
[555] Vgl. auch Röm 16,2 προστάτις »Beschüt-
zerin, Beistand«. Wilckens, Römer III 15 bevorzugt diese Bedeutung auch für Röm 12,8 (gegenüber »Vorsteher«).
[556] Vgl. B. Reicke, ThWNT VI 700, 32–701,15
mit zahlreichen Belegen, auch aus dem judengriechischen Bereich (dort aber auch die Be-

deutung »vorstehen, leiten«, vgl. ebd.
700,29–32). An der einzigen Stelle in TestXII,
wo das Wort freilich nur unsicher bezeugt ist,
heißt es »helfen, beistehen«, TestJos 2,6.
[557] Vgl. M. Hengel, Proseuche und Synagoge,
in: Tradition und Glaube, FS K. G. Kuhn, hrsg.
G. Jeremias u.a., Göttingen 1971, 171 mit Anm.
60; entsprechende Belege auch bei Milligan 72;
Rigaux 577f.
[558] Vgl. Hainz, Ekklesia 45.
[559] Neugebauer, In Christus (s.o. 38f Anm.
34) 139f folgert daraus die Bedeutung »vorstehen, leiten, verwalten« für unsere Stelle.
[560] Hainz, Ekklesia 46 überträgt das auf das
Gebiet der Beauftragung: »ihre ›Vollmacht‹ ist
nicht abgeleitet vom Apostel, sie stammt vom
Herrn«. Solche Alternative liegt dem Text ganz
fern; vgl. auch Best 225f.
[561] Doch darf man für 1Thess noch nicht von
einem »pluralistische(n) Gemeindeamt der
prohistamenoi«, das »alle notwendigen Funktionen in sich vereint«, sprechen (so J. Rohde,
Urchristliche und frühkatholische Ämter, 1976
[ThA 33], 44).

zu der Annahme, in dem in 1Thess 5,12 gemeinten Personenkreis die »Presby-
teroi« wiederzufinden, die von der Seite ihrer Funktion her genannt werden[562].
Es besteht zur Zeit unseres Briefes erst die Funktion; die feste Verbindung mit
Personen, die zu Trägern dieser Funktion bestimmt sind, ist ein Schritt, den
wir noch nicht voraussetzen dürfen. Die Nennung von »Episkopen und Diako-
nen« Phil 1,1[563] sowie die spätere Amtsterminologie der Pastoralbriefe verbieten überdies, nur an die Entwicklung hin zu »Presbytern« zu denken.

An dritter Stelle ist das νουθετεῖν genannt[564]. Das Wort bezeichnet das Zu-
rechtrücken eines Menschen, das ihn auf den rechten Weg bringt[565]. Paulus
selbst will die Glieder seiner Gemeinde wie seine geliebten Kinder wieder zurechtbringen, aber er will sie gerade nicht beschämen, 1Kor 4,14. Er verweist
dabei auf seinen Brief; es ist nicht der Tadel, sondern die Konfrontation mit
dem Inhalt des Evangeliums, das solches bewirkt. Röm 15,14 setzt voraus, daß
die Gemeinde in der Fülle der Rechtschaffenheit und aller Erkenntnis steht sowie fähig ist, in sich selbst das Werk des Zurechtbringens zu treiben (δυνάμενοι καὶ ἀλλήλους νουθετεῖν). Mit dem Satz soll offenbar ihr Leben als vollgül-
tiges gekennzeichnet werden: Zu ihm gehört das gegenseitige Zurechtbringen.
Wie nahe es beim Lehren steht, zeigt der Kolosserbrief. Der Proklamation des
Christus verbindet sich die »Überführung« der Menschen und ihre Belehrung
in aller Weisheit (Kol 1,28)[566]. Das Christuswort, das in den Christen wohnt,
läßt sie in aller Weisheit lehren und einander überführen (Kol 3,16). Das
»überführen« gehört zu den Grundfunktionen, deren die christliche Gemeinde
bedarf. Auch in unserem Brief ist die Aufgabe der Überführung nicht nur einigen, die sich dessen besonders annehmen, vorbehalten. Alsbald wird es – freilich in einem besonderen Falle – der ganzen Gemeinde aufgetragen werden
(V 14).

Die νουθετοῦντες sind solche, die die christliche Grundfunktion der richtigen
Leitung des Gedankens wie der Tat in der Gemeinde übernommen haben.
Auch hier wissen wir nicht, wie sie sie ausübten. Es liegt nahe, vornehmlich an
Belehrung zu denken. In welcher Form diese aber erfolgte und welcher Mittel
sie sich bediente[567], bleibt unerkennbar. Der Inhalt der (Weg-)Weisungen, die
sie gaben, dürfte in der Linie dessen gelegen haben, was 4,1–12 und 5,14–22
Paulus selbst vorbringt.

---

[562]   So Milligan 71f; Rigaux 577; W. Michaelis, Das Ältestenamt der christlichen Gemeinde im Lichte der Heiligen Schrift, Bern 1953,
100–105; dagegen z.B. Plummer 91.
[563]   Vgl. Holmberg, Paul and Power 101f (102
Anm. 32 Lit.!).
[564]   Das Wort außer Apg 20,31 (Paulusrede,
von sich selbst) im NT nur bei Paulus. Vgl. zum
Begriff Spicq, Notes 585–588.
[565]   Im Jüdischen auch das gütige Zurechtrük-
ken des Gerechten durch Gott, PsSal 13,9 (νου-
θετήσει δίκαιον ὡς υἱὸν ἀγαπήσεως, im Kontext παιδεύειν und παιδεία), oder das überführende Handeln, das zur Bekehrung führt,

TestBenj 4,5 (τοῦ ἀθετοῦντα τὸν ὕψιστον
νουθετῶν ἐπιστρέφει).
[566]   Schweizer, Kolosser 89 versteht die Partizipien νουθετοῦντες und διδάσκοντες als rein
explikativ zu καταγγέλλομεν. Dem widerrät
3,16. – Jewett, Terms 370–373 gewinnt den Inhalt des νουθετεῖν (»put in the right mind«)
von 1Thess 5,1–10 her (»the mind of a Christian is sober and awake; it is formed, expressed
and defended by the gospel which is summa-
rized in faith, love and hope«, 373).
[567]   1Kor 10,11 läßt die Exodusgeschichte des
AT aufgeschrieben sein πρὸς τὸν νουθεσίαν
ἡμῶν.

Explizierend wird die Mahnung verstärkt, die Funktionsträger in der Gemein- 13
de zu respektieren. Die Wendung, mit der das ausgesagt wird, ist sprachlich
schwierig. Paulus redet nur von der Einschätzung[568], denkt dabei aber wie
selbstverständlich an eine solche positiver Art. Der Kontext legt den Sinn eindeutig fest. Die Beurteilung derjenigen, die sich um die Gemeinde mühen, ist
von ihrem Ansatz her nicht eine »kritische«, sondern eine solche, die ihr Werk
in der Anerkennung fördert.

Mit ὑπερεκπερισσοῦ (»ganz über alle Maßen«) ist die Forderung der Anerkennung auf eine höchste Höhe getrieben. Deshalb muß auch »in Liebe« einen besonderen Ton tragen und kann nicht nur eine Form der Realisierung der gegenseitigen Liebe sein, um deren volle Entfaltung Paulus für seine Gemeinde
betet (3,12) und in der sie sich als gottgelehrt erwiesen hat (4,9). Zu denjenigen, die sich in besonderer Weise mit ihrer Mühe der Gemeinde zuwenden,
sollen die Glieder der Gemeinde sich gleichfalls in besonderer Form hinwenden, sie ganz annehmen, »wegen ihres Tuns«[569].

Die asyndetisch angefügte Mahnung zum Frieden ist schon ganz im Stil der
mit V 16 beginnenden paränetischen Sätze gehalten. Gleichwohl muß sie wegen des erst folgenden Neuansatzes V 14, der den Einsatz von V 12 variierend,
fast wie erfüllend erneuert und damit das Vorangehende als Einheit erweist,
noch auf den bisher behandelten Bereich bezogen sein.

Inhaltlich wäre das völlig klar, wenn als letztes Wort »ihnen« (αὐτοῖς), nicht
»euch« (ἑαυτοῖς) zu lesen wäre[570]. Die Bezeugung ist für beide Lesarten nahezu
gleichwertig[571]. Jedoch entscheidet der Inhalt für die reflexive Form[572] (vgl. Mk
9,50[573]). Ein direkter Bezug auf die V 12 Genannten verträgt sich nicht mit der
Mahnung, sie wegen ihres Tuns unüberbietbar hoch zu schätzen in Liebe, die
unmittelbar vorangeht. Jetzt ist auf das Gemeindeleben als ganzes geblickt. In
ihm soll Friede das Gestaltungselement sein[574]. Nach Röm 8,6 und Gal 5,22
gehört der »Friede« zu den Wirkungen des Geistes, nach Röm 14,17 besteht
das Reich Gottes in Gerechtigkeit, Friede und Freude des Geistes. Solchen Frie-

---

[568] Ἡγεῖσθαι bezeichnet in vergleichbarem
Gebrauch (vgl. Bauer, Wb. s.v. 2) das »Einschät-
zen« als solches, nicht aber seine jeweilige Art;
sie ist auch nicht in dem Adverb ὑπερεκπερισσοῦ (so N[26], die früheren Auflagen: ὑπερεκπε-
ρισσῶς [mit B D* F G pc]) ausgesagt, damit ist
vielmehr das übervolle Maß der Hochschät-
zung bezeichnet. Auch ἐν ἀγάπῃ qualifiziert
nicht (adverbiell) das Verb, sondern beschreibt
die Darstellungsform des Urteils.
[569] Ἔργον aktiv »das Tun«, nicht passiv »das
Werk«, vgl. Bauer, Wb. s.v. 2.
[570] Αὐτοῖς kommt schwerlich in Frage; trotz
des Einspruchs von Dobschütz 219 Anm. 4 ist
αὐτοῦ im NT nicht vorauszusetzen, vgl. Bauer,
Wb. s.v. ἑαυτοῦ am Anfang. Bl-Debr-Rehkopf
§ 64,1: »unsicher« (vgl. ebd. Anm. 2); U.
Schoenborn, EWNT I 888: »selten«.

[571] Vgl. außer den Ausgaben Dibelius 31 sowie Rigaux 578 (dort auch der Text der Versionen).
[572] Vgl. W. Foerster, ThWNT II 416,39–42.
Anders Schmithals, Paulus und die Gnostiker
121f. Ἑαυτοῖς steht für ἀλλήλοις, vgl. Bl-
Debr-Rehkopf § 287 mit Anm. 3.
[573] Wegen dieser Parallele kann man nicht
(wie Milligan 73) εἰρηνεύετε ἐν αὐτοῖς mit
»find your peace through them« übersetzen
wollen und für »Frieden halten mit ihnen« μετ'
αὐτῶν fordern.
[574] Vgl. V. Hasler, EWNT I 959 zu Mk 9,50:
»Schon jetzt haben die Jünger als Heilsträger
eine Friedensgemeinschaft zu bilden.«

den als charismatische Wirklichkeit soll die Gemeinde mit ihrem Leben darstellen.

Schwerlich hat Paulus die Weisung, die vermutlich ein Echo auf die Jesus-
Überlieferung Mk 9,50 darstellt[575], nur ganz allgemein (wie etwa Röm 12,18;
2Kor 13,11) vortragen wollen[576]. Sie muß, um in ihrer Einordnung in den Gedankenzug verständlich zu werden, einen direkten Bezug auf das Verhältnis
der Gemeinde zu denjenigen haben, die sich um sie »mühen«. Die Anerkennung ihrer Funktion gehört zum Frieden, in dem die Gemeinde sich darstellen
soll. Dabei ist sie unter dem Gesichtspunkt dieses Friedens, nämlich der einen
und heilen Gemeinschaft, gesehen. Deshalb kann es nicht heißen: Haltet Frieden mit ihnen, sondern: Haltet Frieden untereinander. Die Funktionsträger
sind nichts als Glieder an dem einen Leib der Gemeinde, der sich zerstört,
wenn er seinen Gliedern die Funktion streitig macht.

Die VV 12 und 13 sind von großem Gewicht, da sie einen Einblick in die frühe
Funktionsstruktur einer paulinischen Gemeinde bieten. Freilich begegnen wir
einer Gemeinde, die erst vor einigen Monaten gegründet und erst vor Wochen
von ihrem Apostel gewaltsam und plötzlich getrennt wurde. So muß damit gerechnet werden, daß eine Ordnung erst ansatzweise und unfertig ausgebildet
ist, daß sie sich in einem unsymmetrischen Zustand befindet und daß der Apostel vor einem späteren, vorbereiteten Weggang dieser Ordnung noch eine bestimmte Gestalt gegeben hätte. Wir wissen das alles nicht, können also auch
nicht damit rechnen, es aber auch nicht ausschließen. Die Ordnung dieser Gemeinde ist nicht nur das Ergebnis bewußten Gestaltungswillens des Apostels
und eines Zusammenspiels mit der Gemeinde, auch nicht Ausdruck innerer
Notwendigkeit bei der geschichtlichen Konstituierung von christlicher Gemeinde in je ihrer Welt, so gewiß all das zur Gestaltung beigetragen haben
mag; sie ist vor allem das kontingente Ergebnis der geschichtlichen Situation
und muß als in voller Entwicklung begriffen angesehen werden.

Trotz solcher Einschränkung ergibt sich ein aufschlußreiches Bild. Da es Sinn
des kleinen Abschnitts ist, die vorhandene Autorität zu stärken, sind zwei negative Folgerungen möglich. Die erste ist, daß es noch keine festen Titel für
Amts- bzw. Funktionsträger in der Gemeinde gab. Hätte es sie gegeben, so
hätte Paulus sie gewiß genannt[577]. Das gilt nicht nur für »Presbyter«, »Episkop«
und »Diakon«, sondern auch für »Lehrer« (διδάσκαλος). Denn deren Funktion[578] ist, wenigstens zu einem Teil, offensichtlich in der Tätigkeit der »Zu-

---

[575]   Vgl. Delling, Wort Gottes 80; ders., TRE
XI 617.
[576]   Darin hat Schmithals, Paulus und die
Gnostiker 121 Anm. 166 gewiß recht, daß die
Mahnung dann hinter παρακαλῶμεν V 14 stehen müßte. Anders z.B. Laub, Eschatologische
Verkündigung 73; Merk, Handeln 57, der das
Sätzchen denn auch zum Folgenden zieht.
[577]   Selbst wenn ὁ προϊστάμενος Titel im Bereich heidnischer Kultvereinigungen gewesen
ist und unsere Stelle davon beeinflußt sein soll-

te (vgl. Hengel, Proseuche und Synagoge [s.o.
Anm. 557] 171 mit Anm. 60), zeigt doch einerseits die Einordnung in die Reihe der anderen,
durchaus noch verbal empfundenen Partizipien und andererseits die Zufügung von ὑμῶν,
daß der Begriff nur als Funktionsbezeichnung,
nicht als Amtsbezeichnung gebraucht ist.
[578]   Vgl. dazu zusammenfassend Holmberg,
Paul and Power 99f (99 Anm. 17 Lit.!); H.
Schürmann, ». . . und Lehrer«, in: Dienst der
Vermittlung (FS zum 25jährigen Bestehen des

rechtbringenden« (νουθετοῦντες) enthalten[579]. Keine sichere Aussage allerdings läßt sich darüber machen, ob die Gemeinde den Titel »Prophet« kannte.
Doch spricht unsere Stelle und noch mehr 5,19–22 eher dagegen als dafür. Die
zweite negative Folgerung ist die, daß Paulus selbst keine Funktionsträger in
der Gemeinde eingesetzt hat. Es wäre anders nicht zu verstehen, daß er zur
Stützung ihrer Autorität nicht auf ihre Einsetzung durch sich hinweist[580]. Allerdings muß ein umrissener Kreis von Leuten, zu denen gewiß Männer *und*
*Frauen* gehört haben[581], ins Auge gefaßt sein. Eine Differenzierung der Aufgaben ist erst ansatzweise zu erkennen. Aus dem Eintreten für die Gemeinde
hebt sich die Fürsorge und die Wegweisung heraus. Man mag darin Vorformen
des Leitungs- und des Lehramts der späteren Zeit sehen, muß aber zugleich
einschränken, daß die Basis des Textes zu schmal ist, um hier genetische Aus-
gangspunkte im strengen Sinne für die spätere Entwicklung zu finden. Selbst
eine zu fest begrenzte Verteilung der Funktion auf die genannten Tätigkeiten
ist problematisch.

Andererseits ist es nun aber auch verkehrt, gar keine Differenzierung der Tätigkeiten anzunehmen und an eine einheitliche Gruppe zu denken, deren Glieder je nach Bedarf das Erforderliche taten[582]. Entscheidend ist der charismatische Charakter solcher Funktionen in der Gemeinde. Röm 12,8 ist das προ-
ἵσταμαι (»fürsorgen«) eine charismatische Äußerung, in einem Kontext, der,
ebenso wie 1Kor 12,28–30, jede spezifische Tätigkeit in der Gemeinde, die ihrem Aufbau dient, als Charisma ausweist. Man darf voraussetzen, daß Paulus
schon bei der Abfassung von 1Thess so urteilte. In jedem Fall wird er die Differenzierung der einzelnen Fähigkeiten und Bereitschaften schon gekannt und
erfahren haben.

Es ist durchaus zu verstehen, warum Paulus sich in unserem Brief nicht auf den
charismatischen Charakter der Arbeit für die Gemeinde beruft. Es hat nicht
den Anschein, als stünde die Gemeinde in Konflikt mit denen, deren Autorität
gestärkt werden soll; daher gab es auch keine Nötigung zu gewichtigem theologischen Aufwand. Er wäre in der Konfliktsituation ohnehin nicht ungefähr-
lich, da dann die Frage nach der tatsächlichen charismatischen Begabung von
Personen gestellt wäre. Vor allem würde eine solche Argumentation eine tief-
grabende theologische Durchdringung der Wirklichkeit des Geistes, seiner
Gaben, Wirkungen und Erscheinungsweisen, voraussetzen oder erforderlich

---

Philosophisch-Theologischen Studiums im
Priesterseminar Erfurt), 1977 (EThSt 37),
107–147.
[579] Vgl. den Gebrauch von νουθεσία 1Kor
10,11 und dazu die Bestimmung der Tätigkeit
der »Lehrer« bei Holmberg, Paul and Power
99f.
[580] Vgl. Laub, Eschatologische Verkündigung
85; Holmberg, Paul and Power 107f; ähnlich
schließlich doch auch Hainz, Ekklesia 45f. Anders etwa Michaelis, Das Ältestenamt (s.o.
Anm. 562) 102f.

[581] Das ergibt sich aus Röm 16,6.12. Vgl. auch
E. Schüssler-Fiorenza, Women in the Pre-Pauline and Pauline Churches, USQR 33 (1978)
153–166.
[582] So etwa Laub, Eschatologische Verkündigung 70 (»nicht . . . drei Personengruppen mit
einem jeweils abgegrenzten Wirkungsfeld . . .,
sondern . . . die verschiedenen Tätigkeiten ein
und derselben Gruppe«). Irreführend ist auch
die Bezeichnung »Leiterkreis« (so Marxsen 71).

machen, die der Situation nicht entsprach. Übrigens verzichtet Paulus auch 1Kor 16,15–18 auf eine Begründung der Autorität von Personen, denen die Gemeinde sich unterordnen und die sie respektieren soll.

Die letztgenannte Stelle zeigt, daß es tatsächlich nicht nur und nicht einfach charismatische Wirkung war, die Funktion in der Gemeinde begründete. Vom Haus des Stephanas, des Erstlings der Achaja, heißt es 1Kor 16,15: »Sie haben sich selbst zum Dienst an den Heiligen zur Verfügung gestellt« (εἰς διακονίαν τοῖς ἁγίοις ἔταξαν ἑαυτούς). Die eigene Entscheidung der Funktionsträger spielt eine offenbar nicht geringe Rolle[583]. In jeder sozialen Gemeinschaft treten Mitglieder hervor, die bereit und fähig sind, Aufgaben und Verantwortung für die ganze Gemeinschaft zu übernehmen. Die jüngere und jüngste Geschichte zeigt eindrückliche Beispiele, wie das auch unter extremsten Bedingungen funktioniert. Freilich bedarf solche »Spontaneität« der Anerkennung, damit sie wirksam werden kann. Diese Anerkennung hat nun stets einen irgendwie gearteten Rückhalt im Institutionellen. Im äußersten Falle mag die Gemeinschaft als ganze die Rolle des Institutionellen übernehmen. In der Regel aber sind es entweder Kräfte, die von außen in die Gemeinschaft einwirken, oder solche, die in der sozialen Vorgeschichte der Glieder der Gemeinschaft wurzeln. Dabei verbinden sich diese Elemente durchaus.

1Thess 5,12f zeigt, wie der Apostel gleichsam von außerhalb die Anerkennung der sich organisierenden sozialen Strukturierung der Gemeinde betreibt. Die »sich um die Gemeinde Mühenden« haben sich bereit gefunden, ihr Charisma in den Dienst der Gesamtgemeinde zu stellen. Paulus stärkt ihre Autorität und erwirkt ihre Anerkennung. Denn es ist unmöglich, daß sie in der Gemeinde wirksam werden, ohne daß diese ihre Funktion akzeptiert. Bei Stephanas 1Kor 16,15 scheint auch das Moment der sozialen Vorgeschichte eine Rolle zu spielen; er ist der Erstbekehrte der Achaja und hat von daher eine Vorgabe an Ansehen und Autorität. Wir wissen nichts darüber, ob auch in Thessalonich die Vorgeschichte einzelner Funktionsträger wichtig gewesen ist[584].

Die Frage, ob man die Funktionen, die sichtbar werden, Ämter nennen darf, ist zu verneinen. Denn soweit erkennbar, fehlt noch gänzlich das Element der Verpflichtung der Funktionsträger auf ihre Funktion und deren Ausfüllung in der Gemeinde. Mögen sie auch wesentlichen Kriterien des Amtes gerecht werden[585] und dadurch, daß sie bereits eine »Sonderstellung« in der Gemeinde einnehmen, ihre Funktion nicht nur gelegentlich und wechselnd, sondern auf Dauer ausüben, auch von der Gemeinde anerkannt sein, so fehlt doch das Element der Beauftragung[586], das konstitutiv zum Amt hinzugehört, damit es

---

[583] Ollrog, Mitarbeiter 99f stellt in Frage, ob es sich um einen »Dienst« in Korinth handelt; er denkt an Mitarbeiter am Missionswerk des Paulus als »Gemeindegesandte«.

[584] Vgl. zum Voranstehenden insbesondere Holmberg, Paul and Power 104–110 (»Origins of this functional differentiation« mit der Un-

tergliederung in »1. Pneumatic differences«, »2. Social differences«, »3. Human initiative«).

[585] Vgl. dazu U. Brockhaus, Charisma und Amt, Wuppertal ²1975, 24f Anm. 106; Holmberg, Paul and Power 110f.

[586] Vgl. Holmberg, Paul and Power 107.

sich von der Funktion unterscheidet[587]. Dem entspricht nun, daß die Aus-
übung der Funktionen, durch die die Genannten sich hervorheben, nicht an sie
gebunden ist, sondern Aufgabe der ganzen Gemeinde bleibt. Besonders auffällig ist, wie sogleich V 14 das »zurechtbringen« der ganzen Gemeinde aufgetragen wird, und das in einem speziellen Fall, für den man am ehesten das Eingreifen autorisierter Funktionsträger erwarten sollte[588]. 1,3 hatte Paulus das
»Werk der Liebe« mit Blick auf die ganze Gemeinde dankend hervorgehoben;
4,18 und 5,11 wird allen Gliedern der Gemeinde der gegenseitige Zuspruch
(und die Erbauung) aufgetragen, 5,14 die Ermunterung der Kleinmütigen – alles Aufgaben, die den 5,12 genannten Funktionen zumindest sehr nahe stehen.
Das hebt die von Paulus unterstützte Differenzierung der Gemeinde nicht auf,
zeigt aber, daß es sich um eine solche handelt, die hervorhebt, noch nicht aber
einzelne Aufgaben aus der Gesamtgemeinde herausnimmt und einzelnen Beauftragten zuweist.

Deshalb gehören die Funktionsträger noch ganz in die Einheit der einen Gemeinde, der Paulus sich als Apostel – zusammen mit seinen Mitarbeitern Silvanus und Timotheus – gegenüberstehend weiß. Zwar wird die Gesamtgemeinde auf sie und ihre besondere Stellung hin angesprochen, sie selbst aber
werden in dem Brief nirgends als Gruppe angeredet, sie sind stets in die Anrede an die Gesamtgemeinde eingeschlossen. Besonders deutlich tritt das in der
Schlußmahnung »haltet Frieden untereinander« hervor. Sie gehört formal wie
inhaltlich zu dem Teil, der auf das Verhältnis der Gemeinde zu denen, die sich
um sie mühen, blickt. Indem die Glieder der Gemeinde sich in ihren besonderen Aufgaben und Funktionen anerkennen, stellen sie die heile Gemeinschaft
dar, die sie nur miteinander sind und die sie nur miteinander darstellen können.

1Thess 5,12f wollte auch daraufhin betrachtet werden, was die Verse über die
Herausbildung von Funktionen und Funktionsträgern in einer frühen paulinischen Gemeinde aussagen. Das Bild wird aber nur dann richtig, wenn stets die
alles übergreifende Autorität mitbedacht wird, die Paulus als Apostel geltend
macht. Nur unterhalb dieser Autorität, die für die Gemeinde eine vorgegebene, ihrem Einfluß entzogene ist, kann sich in ihr eine eigene Autorität entwik-
keln. Da Paulus wie selbstverständlich damit rechnet, noch lebend die Parusie
zu erfahren, liegt der Gedanke an die Ablösung der apostolischen Autorität
von seiner Person und ihre Verlängerung in eine weite Zukunft hinein außerhalb seiner Vorstellung[589]. Darin ist die Situation aller späteren Kirchen und
Gemeinden grundsätzlich von der der genuinen paulinischen Gemeinden ge-

---

[587]  S. Punkt 4 (und 5) in der Auflistung von
Brockhaus, Charisma (s.o. Anm. 585). Um auch
für Thessalonich reguläre Ämter nachweisen
zu können, wird gelegentlich eine regelrechte
Beauftragung postuliert; vgl. z.B. Hainz, Ekklesia 46: »Man könnte sich die Beauftragung mit
Gemeindediensten z.B. im Zusammenhang
mit Gemeindeversammlungen (vgl. 5,27) vor-

stellen; denn offizieller Art muß sie gewesen
sein, ob man sie nun als Handauflegung
oder als einfache Bekanntmachung vorstellen
will.« Davon findet sich indessen im Text
nichts.
[588]  Vgl. dazu u. 251f.
[589]  Vgl. dazu auch Holmberg, Paul and Power
117f.

schieden. Jede Reflexion über das »Amt« in der Kirche muß diese Gegebenheit fundamental einbeziehen. Ohne die gebührende Beachtung der Bedeutung und Funktion des »Apostolischen« kann die theologische Frage nach dem »Amt« der Kirche nicht sachgerecht gelöst werden. Auch der Autor der Paulus-Briefe gehört zu ihrem Kontext.

Bei aller Freiheit der Gestaltung kirchlichen Lebens ist mit dem apostolischen Zeugnis ein Fundament gegeben, das nicht verlassen werden kann, will die Kirche bei sich selbst bleiben. Es tritt uns aus Schrift und Bekenntnis bindend entgegen, spricht uns aber auch aus jeder Äußerung geistgewirkten Glaubens an. Es will zu unserem eigenen Zeugnis werden, kann also nicht einfach nur wiederholt werden, sondern fordert uns die Gestaltung ab, die es vernehmbar werden läßt in der Einmaligkeit je unserer geschichtlichen Situation. Solange die Verschiedengestaltigkeit der Kirchen begründet ist in der geschichtlich bedingten Gestaltung des Lebens aus dem apostolischen Zeugnis, ist sie geborgen in der übergreifenden Einheit der einen apostolischen Kirche Christi.

14  Ein neuer Einsatz variiert den Anfang von V 12; »wir reden euch zu« ($\pi\alpha\rho\alpha\kappa\alpha\lambda\tilde{o}\upsilon\mu\epsilon\nu$ δὲ ὑμᾶς) vervollständigt die Aufforderung von V 12 »wir bitten euch« (ἐρωτῶμεν δὲ ὑμᾶς) zu der gefüllten Form, die 4,1 begegnete. Das, sowie die Wiederholung der Anrede, zeigt, daß die Mahnungen sich an den gleichen Adressaten richten wie die vorangehenden: die ganze Gemeinde. Ihr Inhalt stellt der Gemeinde freilich einzelne ihrer Glieder gegenüber, an denen sie handeln soll. Das hebt indessen die Adresse nicht auf; die gleiche Gegebenheit liegt schon in VV 12f vor; sie ist in der Sache begründet[590]. Da auch die folgenden Sätze (vgl. bes. V 15b) an die Gesamtgemeinde gerichtet sind, bietet der Text keinen Anhalt dafür, in V 14f (oder auch allein in V 14) nur die zuvor genannten Funktionsträger, insbesondere die προϊστάμενοι, angeredet zu finden[591].

Die Fortführung des Satzes mit Imperativen[592] macht die Aufforderung lebendig und dringlich. Dem entspricht der Stil der vier Sätze, der schon ganz die Art der VV 16–22 hat; nur der Imperativ und das Objekt sind genannt. Die Sätzchen ordnen sich zu einer Dreiergruppe, die spezielle Verhältnisse anspricht, und einer allgemeinen Weisung, die zugleich zusammenfaßt und über die speziellen Fälle hinaus das allgemeine Zusammenleben betrifft. Daraus ergibt sich, daß auch der letzte Satz (trotz πάντας) an das Zusammenleben in der Gemeinde denkt, nicht an das mit der Umwelt[593]. Auch bei den zuvor Genannten ist nicht eigens hinzugefügt, daß es sich – natürlich – jeweils nur um Gruppen in der Gemeinde handelt, nicht um »Unordentliche«, »Kleinmütige« und »Schwache« überhaupt.

Weder die Kürze der Ermahnungen noch die zweifellos vorhandene Ähnlichkeit mit dem paränetischen Abschnitt Röm 12,9–21 berechtigen zu dem Urteil, daß nur tradi-

---

[590]  Vgl. Dobschütz 220.
[591]  So aber Masson 73; Schlier 97; Friedrich 248, nach Vorläufern in der Alten Kirche. Dagegen ausführlich Best 229, ferner Dobschütz 220; Marxsen 71.

[592]  Zur Konstruktion sonst s.o. zu 4,10.
[593]  So aber Rigaux 584; dahin tendiert auch Laub, Eschatologische Verkündigung 75.

tionelle Paränese vorliegt[594]. Die Nennung der drei Gruppen »Unordentliche, Kleinmütige, Schwache« macht einen gezielten Eindruck, findet sich in solcher Zusammenstellung nicht wieder, und nur die Gruppe der »Schwachen« begegnet außerhalb von 1 Thess noch wieder, wobei es überdies nicht sicher ist, ob in der gleichen Bedeutung. Auch der Artikel deutet auf bekannte Gruppen. Andererseits ist freilich richtig, daß schon die Form der Sätze, ebenso die verwendeten Verben, aber auch der Inhalt von V 15 den Eindruck traditioneller, allgemeiner Redeweise erwecken. Indessen liegt das bei den Verben in V 14 in der Natur der Sache, sofern der Umgang miteinander in der Gemeinde vor allem unter dem Gebot der gegenseitigen Zuwendung steht. Der allgemeinere Inhalt von V 15 aber betrifft das Verhalten, das der Gemeinde gleichbleibend geboten ist und das gerade einer jungen Gemeinde in schwieriger äußerer Situation einzuschärfen sich als geboten erwies. So sind in der Tat neben Situationsbezügen auch allgemeine Elemente vorhanden; das zeigt, daß die Gemeinde nicht nur von ihrer Situation, sondern auch von vorgegebenen Anforderungen an ihr Verhalten in Anspruch genommen wird.

Als erstes wird ihr aufgetragen, die »Unordentlichen« auf den rechten Weg zu bringen. Das Verb, das in V 12 in allgemeiner Weise zur Bezeichnung einer Gemeindefunktion gebraucht war, überträgt jetzt der Gesamtgemeinde eine spezielle Funktion an bestimmten ihrer Glieder. Es ruft dazu, verkehrt Handelnde in die richtige Richtung zu bringen. Diese sind als »Unordentliche« (ἄτακτοι) bezeichnet. Das Wort sowie das dazugehörige Verb und Adverb begegnen im Neuen Testament nur in den beiden Thessalonicherbriefen[595]. Es benennt denjenigen, der sich gegen die Ordnung stellt[596]. Wird das auf die Arbeit bezogen, so ergibt sich daraus noch nicht die Bedeutung »faul«[597], sondern die: seiner aufgetragenen Arbeit nicht in der gehörigen Ordnung nachgehen[598]. Über die Gründe dafür ist in dem Wort selbst nichts enthalten. Obwohl erst 2 Thess 3,6–12 das Verhalten der »Unordentlichen« ausdrücklich auf die Arbeit bezogen ist, liegt es doch nahe, auch hier an das Verhältnis zur Arbeit zu denken und die »Unordentlichen« mit denjenigen in nähere Beziehung zu setzen, an die 4,11f dachte. Dann sind solche gemeint, die unter dem Druck der neuen Erfahrung, die sie mit der Annahme des christlichen Glaubens gewannen, in eine innere Erregung gerieten, so daß sie die bisherige und sie umgebende Ordnung des Lebens verließen und in aktivistische Maßlosigkeit gerieten, statt der Arbeit nachzugehen, von der sie lebten. Paulus sieht in solchen Leuten offenbar eine besondere Gefährdung der Thessalonichergemeinde. 4,11f hatte er die Gemeinde als ganze in Pflicht genommen, ein stetiges, auf ihren Weg konzen-

---

[594] So Dibelius 31.

[595] Ἄτακτος 1 Thess 5,14; ἀτακτέω 2 Thess 3,7; ἀτάκτως 2 Thess 3,6.11.

[596] Vgl. C. Spicq, Les Thessaloniciens »inquiets« étaient–ils des paresseux?, StTh 10 (1956) 1–13; ders., Notes I 157–159; dort reiches Belegmaterial (s. auch Milligan 152–154 [Note G. On ἀτακτέω and its cognates]); ebenso G. Delling, ThWNT VIII 49,13f.

[597] So aber Bauer, Wb. s.v. jeweils zu den drei Wörtern.

[598] Vgl. G. Delling, ThWNT VIII 49,14–21. – Allein diese Bedeutung ergibt sich auch aus den interessanten Papyri-Belegen, die Milligan 153f beibringt (POxy 725 nennt neben ἀτακτήσῃ eigens ἀργήσῃ); vgl. ihre Diskussion bei Rigaux 582f.

triertes Leben zu führen, das sich durch eigene Arbeit erhält. Jetzt trägt er der
Gemeinde auf, selbst die Aufgabe der Zurechtweisung an denen wahrzunehmen, die ohne und gegen die Ordnung leben.

In dieses Bild läßt sich der Abschnitt 2 Thess 3,6–12 einfügen. Man muß nur annehmen,
daß sich in der Zwischenzeit die Neigung einiger in der Gemeinde, die Ordnung des Lebens, zu der vorzüglich die Arbeit gehört, zu zerbrechen, nicht etwa beruhigt hat, sondern eher noch weiter entfaltete. Der schwache wirtschaftliche Status der Gemeinde
kann keine längere Zeit ohne geregelten Erwerb aller ihrer Glieder, die dazu in der Lage
waren, vertragen haben. Daher mußte die Situation rasch kritisch werden, wenn Gemeindeglieder sich der geordneten Tätigkeit enthoben fühlten und auf Kosten anderer
lebten. Auch 2 Thess 3 kann es nicht um einfache »Faulheit« gehen. Dem steht einerseits
die einführende Kennzeichnung ἀτάκτως περιπατεῖν (»unordentlich wandeln«,
2 Thess 3,6) entgegen[599], andererseits das paronomastische Wortspiel μηδὲν ἐργαζομέ-
νους ἀλλὰ περιεργαζομένους (»nichts schaffend, aber vielgeschäftig« [Dobschütz],
2 Thess 3,11). In keinem Falle sind die so Charakterisierten damit als »Faulenzer« gekennzeichnet; eher ist das Gegenteil der Fall[600]. Nur ist ihre Geschäftigkeit keine ordentliche Arbeit. Ohne solche aber konnte die Gemeinde nicht bestehen. Das weiß Paulus, und deshalb steuert er in 2 Thess 3 so nachdrücklich diesen Punkt an. Nur eine sozial
abgesicherte Wohlstandsgesellschaft kann die Brisanz der Frage verkennen.

Die zweite Gruppe, der sich die Gemeinde annehmen soll, sind die »Kleinmütigen«[601]. Die Bedeutung des Wortes ist zwar klar, nicht aber, auf welchen Bereich sich solche Haltung in Thessalonich bezog. So pflegt man denn zu versuchen, ihn aus dem Brief selbst zu erschließen. Da bietet sich einerseits die Leidenssituation an, der einige ihrer Glieder nicht oder nur schwer gewachsen
sein könnten, andererseits die Unsicherheit über die eschatologische Zukunft
(der Gestorbenen), der 4,13–18 entgegentrat[602]. Indessen ist beides nicht son-
derlich wahrscheinlich. Nach 3,2f hat Paulus zwar voller Besorgnis, daß die
Gemeinde durch die Erfahrung von Leiden erschüttert sein könnte, Timotheus zu ihr geschickt; aber dieser hat ihm gute Kunde von ihrem Glauben und
ihrer Liebe gebracht (3,6). 1,6 redet von der Freude, die die Gemeinde im Leiden erlebte, und nach 2,14 ist es gerade das Zeichen der Wirksamkeit des Gotteswortes in den Thessalonichern, daß sie Verfolgung erleiden. Nirgends wird

---

[599] Vgl. dazu Rigaux 704f. Trilling, 2. Thessalonicher 150 (zu V 11) gibt zutreffend mit »einen unordentlichen Lebenswandel führen«
wieder.

[600] Vgl. die Belege für ähnliche Verwendun-
gen der Redefigur bei Dobschütz 314 Anm. 2;
Rigaux 711. Zu περιεργάζομαι vgl. insbesondere die judengriechische Verwendung Sir 3,23
»sich unnütz beschäftigen«, ähnlich TestRub
3,10; TestGad 6,5, etwas anders (»manipulie-
ren«) TestIss 5,1 (vgl. περιεργεία TestRub 3,4;
TestJos 6,2); περίεργος TestIss 3,3 »unnütz tä-
tig«; περιεργεία Sir 41,22 von erotischer Betä-

tigung. Weish 8,5 περιεργάζομαι sogar als v.l.
für ἐργάζομαι bei א*.

[601] Ὀλιγόψυχος nur hier im NT. In Patr.
Apost. nur das Verb in der Form οἱ ὀλιγο-
ψυχοῦντες 1 Cl 59,4 neben ἀσθενοῦντες in einem Gebet. In LXX einige Male das Wort und
seine Verwandten, vgl. bes. Jes 35,4 (παρακα-
λέσατε, οἱ ὀλιγόψυχοι τῇ διανοίᾳ · ἰσχύσατε,
μὴ φοβεῖσθε); 57,15 (von Gott ὀλιγοψύχοις
διδοὺς μακροθυμίαν).

[602] Vgl. z.B. Rigaux 584; Best 230; Schlier 98;
Laub, Eschatologische Verkündigung 74. Dobschütz 221 erinnert nur an 4,13ff.

eine Andeutung sichtbar, daß ein Teil der Gemeinde sich darüber in Kleinmut verlor. Der Abschnitt 4,13–18 aber hatte bereits mit der Aufforderung zu gegenseitigem Zuspruch geschlossen. Daß sie jetzt in dieser Form wiederholt würde, ist nicht wahrscheinlich. Wir wissen in Wahrheit nicht, wodurch der Kleinmut erweckt wurde und worauf er sich bezog. Wir müssen uns damit begnügen festzustellen, daß Paulus um Zagende in der Gemeinde weiß und diese mahnt, sich ihrer ermutigend[603] anzunehmen. Auch wenn ihre Haltung der Hilfe durch die Gemeinde bedarf, bleiben sie doch Glieder dieser Gemeinde. Ihr »Kleinmut« wird nicht bestätigt als eine gültige Möglichkeit des Christseins, er bringt aber auch nicht um dieses. Vorausgesetzt ist nur, daß er der Ermutigung geöffnet bleibt.

Die dritte Mahnung betrifft das Verhältnis zu den »Schwachen«. »Schwach« ist im übertragenen Sinne von einer religiösen oder ethischen Haltung gebraucht[604]. Zur Bezeichnung einer Gruppe innerhalb der Gemeinde begegnet der Begriff 1Kor 8 und Röm 14f. Auch wenn sich die »Schwäche« der Schwachen in beiden Fällen offensichtlich unterschiedlich äußert, geht sie doch sichtlich auf eine gleiche Grundhaltung zurück, die Röm 14,1 »schwach sein im Glauben« (ἀσθενεῖν τῇ πίστει) genannt wird[605]. In beiden Fällen geht es um die Freiheit, bestimmte religiös belastete Speisen zu essen oder nicht[606]. Paulus selbst gibt 1Kor 8–10 eingeschränkt, Röm 14f uneingeschränkt dem Handeln der Gegner der »Schwachen« recht[607]; zugleich aber entzieht er diese dem Zugriff ihrer Gegner, die ihr Handeln zur Norm des Glaubens machen wollen. In beiden Fällen ist der Begriff »schwach« wenn nicht aus der Antithese gebildet, so doch in den Gemeinden antithetisch verstanden; in beiden Fällen halten auch die »Schwachen« durchaus eine Position.

Es ist keineswegs ausgemacht, daß eine ähnliche Situation in Thessalonich vorauszusetzen ist. Von einer Gruppenbildung, die Positionen gegeneinander stellt, ist nichts zu spüren[608]. Es geht aber in jedem Falle um Ängstlichkeiten und Skrupel, die die Lebensführung einengend bestimmen. Auch in Thessalonich kann die Speisenfrage eine besondere Rolle gespielt haben, muß es aber nicht. Es sind andere Formen denkbar, in denen sich die »Schwäche« einzelner Gemeindeglieder ausdrückt, indem sie sich nicht von überkommenen religiösen Bestimmungen zu lösen vermochten und daher bestimmte Lebensbereiche mieden[609]. Ihnen gegenüber wird denn auch Zuwendung als Festhalten aufgetragen; das Wort (ἀντέχομαι) zielt nicht auf Korrektur, sondern auf das Hal-

---

[603] Vgl. zu παραμυθέομαι o. bei 2,12.
[604] Nach G. Stählin, ThWNT I 490,16f werden die Wörter in vorntl. Zeit so nicht gebraucht.
[605] Vgl. 1Kor 8,1–4.7 (ἡ συνείδησις αὐτῶν ἀσθενὴς οὖσα).
[606] In Rom offensichtlich darüber hinaus auch um das Einhalten bestimmter Tage, Röm 14,5f; die VV 14–23 aber zeigen, daß die Speisefrage im Vordergrund steht.

[607] Röm 15,1: ἡμεῖς οἱ δυνατοί. Dieser Begriff fällt 1Kor 8–10 so nicht.
[608] 1Kor 9,22 und 2Kor 11,29 zeigen, daß Paulus »schwach« in weiterem Sinne gebrauchen und sich selbst in die Haltung einschließen kann.
[609] Es ist mithin unwahrscheinlich, daß an sittlich Schwache gedacht ist, besonders solche, auf die 4,3ff zielte; so aber (in Nachfolge von Theodor v. Mopsuestia) Dobschütz 221.

ten enger Verbindung[610]. Die Schwachen dürfen von der Gemeinde nicht fallengelassen werden; diese soll sich vielmehr um sie bemühen, damit sie nicht aus dem Glauben herausfallen. Von einer Behebung der »Schwäche« ist nichts angedeutet; es dürfte auch schwerlich der Gedanke der Erziehung durch die übrige Gemeinde einzutragen sein. Damit entspricht die Weisung genau derjenigen Haltung, die Paulus später einnehmen wird, wenn es zum Konflikt zwischen »Schwachen« und »Starken« kommt.

Abschließend und zusammenfassend wird zur Langmut gegen alle gemahnt. Das ist nicht einzuschränken auf die drei zuvor genannten Gruppen[611], als sollte zusammenfassend ihnen allen gegenüber Langmut anbefohlen werden. Hinausgehend über Verhalten zu nur Teilen der Gemeinde wird ihr jetzt ein solches zu allen ihren Gliedern aufgetragen. Logisch korrekt hätte πρὸς ἀλλήλους (»zueinander«) gesagt sein müssen; jeder soll jedem mit Langmut begegnen. Indessen sind im Gegensatz zu einzelnen alle in den Blick gefaßt, daher solche Ausdrucksweise, die diesen Unterschied überzeugend zur Geltung bringt.

»Langmütig zu sein« ist die erste Eigenschaft der Liebe nach 1Kor 13,4[612], »Langmut« (nach »Liebe, Freude, Frieden«) Frucht des Geistes, Gal 5,22[613]. Es wird eine charismatische, geistgewirkte Gestaltung des Zusammenlebens gefordert. Die Langmut ist nicht die Geduld des Trägen, die alles übersieht, sondern sie ist auf das Heil des anderen ausgerichtete Ausdauer des Zusammenlebens mit ihm[614]. Damit aber ist sie Ausdrucksform der Liebe.

15  Das Gebot des Umgangs miteinander, der der Liebe entspricht, wird zunächst von der negativen Seite her aufgenommen: nicht Böses gegen Böses setzen. Obwohl sich die Warnung[615] an alle Gemeindeglieder richtet, ist ihr Inhalt individualisierend und damit zugleich konkretisierend im Singular formuliert. So wird solches Handeln als die Ausnahme dargestellt. Gewarnt wird vor der Anwendung des jus talionis: Gleiches gegen Gleiches. Dieses Gesetz gehört zu den zentralen Rechtssätzen des Alten Testaments[616], aber schon das Judentum entsagte ihm wenigstens teilweise mit Nachdruck[617]. Besonders in JosAs ist das

---

[610]  Mt 6,24/Lk 16,13 steht das Wort parallel zu ἀγαπᾶν, antithetisch zu καταφρονεῖν. Tit 1,9 »festhalten am zuverlässigen Wort«. Auch in LXX herrscht die Bedeutung »festhalten« für ἀντέχομαι vor, vgl. H. Hanse, ThWNT II 827,38–49 (übrigens auch – gegen Bauer, Wb. s.v. 2 – Zef 1,6 und ebenso Spr 3,18).

[611]  Das liegt in der Konsequenz der Interpretation von J. Horst, ThWNT IV 386,6–12, vgl. auch ebd. Anm. 75.

[612]  Μακροθυμέω sonst nicht mehr bei Paulus; paränetisch im NT Jak 5,7f, im Sinne von »geduldig warten« (auf die Parusie).

[613]  Abgeschliffener μακροθυμία 2Kor 6,6, auch Kol 1,11; 3,12. – Röm 2,4; 9,22 von Gott. Vgl. auch Wolff, 1.Korinther 123.

[614]  Im AT hat die Vorstellung von der μακροθυμία Gottes eine gewichtige und in das Judentum und NT nachwirkende Ausbildung erfahren, vgl. J. Horst, ThWNT IV 378,10–381,47. Daß auch Paulus sie kennt, zeigen Röm 2,4; 9,22. Vgl. auch Wischmeyer, Der höchste Weg (s.o. 44 Anm. 62) 92f, s. auch 165.

[615]  Ὁρᾶτε μή nur hier bei Paulus, sonst βλέπετε μή 1Kor 8,9; Gal 5,15; Kol 2,8, jeweils mit gewichtiger Warnung. Vgl. zum Gebrauch im NT Bl-Debr-Rehkopf § 364,3; Belege bei Bauer, Wb. s.v. ὁράω 2bβ.

[616]  Ex 21,23f; Lev 24,19f; Dtn 19,21.

[617]  Vgl. Spr 20,22 und – noch deutlicher – 24,29 (= 44) (»Sage nicht: Wie er mir getan, so will ich ihm tun; ich will dem Mann seinem Tun entsprechend vergelten.«); Sir 28,1–7.

Verbot, Böses mit Bösem zu vergelten, in einer charakteristischen Form breit bezeugt, JosAs 23,9; 28,4(5).14; 29,3[618]. Bemerkenswert ist die Haltung in Qumran. 1QS 10,17f bekennt: »Nicht will ich jemandem seine böse Tat vergelten, 18 mit Gutem will ich jeden verfolgen. Denn bei Gott ist das Gericht über alles Lebendige, und er vergilt dem Mann seine Tat«. Aber diese Haltung ist offensichtlich begrenzt auf die eigene Gemeinschaft. Denn alsbald heißt es: »19 Aber meinen Zorn 20 will ich nicht wenden von den Männern des Frevels«[619].

Das gleiche Verbot begegnet in nahezu gleichem Wortlaut im Neuen Testament noch Röm 12,17 und 1Petr 3,9[620]. Dabei zeigt sich ein wichtiger Unterschied zur jüdischen Literatur. An allen drei Stellen ist das Verbot nur der negative Teil einer folgenden positiven Weisung, sich allen Menschen im Guten zuzuwenden[621]. Das entspricht der Weisung Jesu, die das jus talionis überbietend zerbricht (Mt 5,38f) und die Guttat gerade dem gegenüber fordert, der Böses zufügt (Mt 5,44/Lk 6,27f). Auch wenn wörtliche Entsprechungen zwischen der Jesus-Überlieferung und der Briefliteratur nur partiell und nicht im Kern der Aussage vorliegen, dürften traditionsgeschichtliche Zusammenhänge bestehen[622]. Sie weisen für den Ursprung solcher Tradition kaum in den Bereich der hellenistischen Gemeinden paulinischer Prägung[623], viel eher in den der Logien-Überlieferung Jesu[624].

Die Warnung wird fortgeführt durch die positive Weisung[625]. Sie ist umfassend und nachdrücklich. »Allezeit«[626] sollen sie dem Guten »eifrig nachstreben«. Διώκειν ist in solcher Verwendung aus der Sprache der Moralphilosophie und des Frühjudentums[627] in einer Schicht des Neuen Testaments aufgenommen (Paulus, Past, Hebr)[628] und vorzüglich in der Paränese angewendet worden[629]. Phil 3,12–14 verbindet es sich mit dem Bild vom Wettkampf im

---

[618]   29,3: οὐ προσήκει ἀνδρὶ θεοσεβεῖ ἀποδοῦναι κακὸν ἀντὶ κακοῦ, ähnlich 23,9; ohne οὐ προσήκει 28,4(5).14. Vgl. dazu Ch. Burchard, Untersuchungen zu Joseph und Aseneth, 1965 (WUNT 8), 100–102. Vgl. auch TestBenj 4,2f; ²ὁ ἀγαθὸς ἄνθρωπος ... ἐλεᾷ γὰρ πάντας, κἂν ὦσιν ἁμαρτωλοί, ³κἂν βουλεύωνται περὶ αὐτοῦ εἰς κακά. Vgl. auch Bill. I (368.)370. Die Distanzierung dieser Regel vom Judentum, wie sie bei Dobschütz 221 erscheint und noch bei A. Sand, EWNT I 308 nachwirkt, ist verfehlt.
[619]   Vgl. weiter 1,3f; 9,21f.
[620]   Jeweils ἀποδίδωμι sowie κακὸν ἀντὶ κακοῦ, dagegen μηδενί bzw. τινι nur bei Paulus.
[621]   Darauf macht Burchard, Untersuchungen (s.o. Anm. 618) 102 aufmerksam. Vgl. zum unterscheidend Christlichen auch Rigaux 586: »Ce qui est propre au christianisme, c'est que le précepte est absolu, qu'il est central dans sa morale, qu'il est sanctionné par l'exemple du Maître, et qu'il se base sur une union mystique avec Lui.«

[622]   Vgl. auch 1Kor 4,12f; 1Petr 2,23.
[623]   So wieder A. Sand, EWNT I 308.
[624]   Vgl. L. Goppelt, Jesus und die »Haustafel«-Tradition, in: Orientierung an Jesus, FS J. Schmid, hrsg. P. Hoffmann, Freiburg 1973, 100f; ders., Petrusbrief (s.o. 50 Anm. 116) 225f.
[625]   Ἀλλά ist eigentlich unkorrekt, es handelt sich nicht um einen Gegensatz (zu ὁρᾶτε!), sondern um Weiterführung; es ist vom Inhalt, nicht vom Ausdruck her gedacht.
[626]   Obwohl das (nicht sehr häufige) Wort πάντοτε in 1Thess auffällig oft begegnet (sechsmal), ist es in seiner Bedeutung ernst zu nehmen.
[627]   Vgl. O. Knoch, EWNT I 817. Belege bei Bauer, Wb. s.v. 4b und A. Oepke, ThWNT II 233,23–28.
[628]   1Petr 3,11 in LXX-Zitat (Ψ 33,15).
[629]   Röm 9,30f für das Streben nach δικαιοσύνη, Phil 3,12–14 für den Lauf des Paulus zu seinem Lebensziel.

Stadion[630]. Gemeint ist ein intensives, zielgerichtetes Bemühen; es soll sich richten auf »das Gute«. Die nähere Bestimmung »sowohl[631] mit Blick auf euch untereinander als auch auf alle« zeigt, daß es nicht um Gesinnung allein, sondern um die Tat geht. Das bestätigt die Korrespondenz zur ersten Hälfte des Verses. Den Sinn von »Guttat« hat τὸ ἀγαθόν auch sonst bei Paulus [632]. Inhaltlich bedeutet das, daß die geforderte Tat eine solche ist, die dem Willen Gottes entspricht. Das ergibt sich besonders deutlich Röm 2,10 und 12,2[633]. Unsere Stelle konkretisiert das »Gute« nicht näher, sie fordert die stete Zuwendung zum Mitchristen und zu allen Menschen, weil das das Tun der Liebe ist. Darin erfüllt sich der bleibende Gotteswille des Gesetzes (Röm 13,8–10; Gal 5,14)[634]. So gewinnt zum Schluß die Mahnung Weite und Tiefe. Sie führt den Blick über die Gemeinde hinaus auf die Gesamtheit der Menschen, mit denen die Christen in Gemeinschaft leben. Und sie ruft dazu, alles Handeln beständig und ganz auf die Gestaltwerdung der Liebe gerichtet sein zu lassen. Die Mahnung ist nicht kondizional auf die Art des Handelns bezogen, sondern richtet sich auf das Tun selbst. Das ganze Leben wird unter den Auftrag gestellt, das Gute zu erstreben, und zwar für andere. Die Rigorosität solcher Weisung ist unüberbietbar. Ihre Befolgung aber gründet und sichert Gemeinde Christi. Gerade indem die Nachfolger Jesu (1,6) sich ganz den anderen zuwenden, seien es Glieder der Gemeinde, seien es »alle«, gewinnen sie ihre Identität. Denn so treten sie in die Spur des Christus Jesus[635].

16–18  Nach der Ordnung des Zusammenlebens tritt jetzt das Leben der Gemeinde selbst in den Blick. Die ersten drei Mahnungen bilden wieder eine in sich geschlossene Gruppe. Das zeigt die Gleichheit des Stils sowie der gemeinsame Abschluß mit einem begründenden Satz[636]. Die drei Äußerungen: freuen, beten, danken sind als zusammengehörige empfunden.

Das ist bei προσεύχεσθαι und εὐχαριστεῖν ohne weiteres zu verstehen. Beide Wörter bezeichnen das Beten zu Gott, das erste in umfassender Weise[637], das zweite den Dank, der vor Gott gebracht wird[638]. Der Dank wird als die Antwort des Menschen auf das Tun Gottes als eine Äußerung eigener Art begrif-

---

[630]  Wilckens, Römer II 211 setzt es auch für Röm 9,30f voraus.

[631]  Das erste καί ist mit p[30] B ℵ[2] Ψ 𝔐 verss zu lesen; anders z.B. Milligan 74; Rigaux 586 (man muß das καί nicht als Abschwächung verstehen; eher ist die Streichung Angleichung an 3,11).

[632]  In noch engerer formaler Korrespondenz zu κακόν Röm 12,21; parallel zu ἀγαθὸν ἔργον und antithetisch zu κακόν Röm 13,3f; 1Thess 5,15 ähnlich ist Gal 6,10, vgl. ferner Röm 2,10. Phlm 6.14 ist auf einen konkreten Fall gezielt.

[633]  Vgl. dazu Stuhlmacher, Philemon 34; ebd. Anm. 58 jüdische Belege für (πᾶν) ἀγαθόν als Bezeichnung des Gotteswillens.

[634]  Daß 1Thess 5,15b auf die Liebe weist, die

die innerste Absicht des Gesetzes ist, hat W. Grundmann, ThWNT I 16,21–23 richtig gesehen.

[635]  Vgl. 2Kor 4,7–15; 13,3f mit Blick auf den Apostel, Phil 2,3–11 mit Blick auf die Gemeinde.

[636]  Vgl. zu dieser Beziehung Dobschütz 223f, auch Wiles, Intercessory Prayers 285f.

[637]  Vgl. H. Greeven, ThWNT II 806,21–807, 37; differenzierender Wiles, Intercessory Prayers 285f.

[638]  Charakteristisch verbunden beide Wörter Kol 1,3: εὐχαριστοῦμεν τῷ θεῷ . . . πάντοτε περὶ ὑμῶν προσευχόμενοι, vgl. auch 1Thess 1,2. Noch gedrängter die Nomen Phil 4,6: ἐν παντὶ τῇ προσευχῇ καὶ τῇ δεήσει μετὰ εὐχαριστίας τὰ αἰτήματα ὑμῶν . . .

fen, zu dem eigens neben dem allgemeinen Gebet, das Hinwendung und Bitte ist, aufgerufen wird. Wegen dieser Differenzierung muß man fragen, ob die adverbiale Näherbestimmung (ἐν παντί) des Dankens die gleiche Bedeutung hat wie die beiden vorangehenden (πάντοτε und ἀδιαλείπτως), die temporalen Sinn haben[639], oder ob sie nicht vielmehr im Sinne von περὶ παντός (»für alles«)[640] gemeint ist[641]. So ist die Wendung 2Kor 9,8 gebraucht und auch 1Kor 1,5; 2Kor 8,7; 9,11, während sie andererseits 2Kor 4,8; 7,5; 11,6 offenbar temporalen Sinn hat[642]. Der Satz wird profilierter, wenn man ihn als Aufforderung zum Dank »für alles« versteht. Dem unaufhörlichen Gebet[643] korrespondiert der universale Dank, der alle Erfahrung einschließt, weil sie für die Gemeinde und ihre Glieder gänzlich von Gott bestimmt ist. Ebensowenig wie bei den Danksagungen der Briefeingänge ist hier an die ständige Artikulation von Gebeten gedacht. Gerufen ist zu einem Leben in steter Zuwendung zu Gott, die alles von ihm erbittet und erwartet und für alles ihm dankt. Es ist freilich selbstverständlich, daß sich solche Haltung der Zuwendung immer neu in direktem Gebet konkretisiert.

Dem Leben im Gebet ist das Sein in der Freude durch die erste Weisung zu-, ja vorgeordnet. Die »Freude« ist eines der drei geistbestimmten Elemente, die das Reich Gottes konstituieren, Röm 14,17[644]; sie gehört zu den vornehmsten Früchten des Geistes, Gal 5,22[645]. Ebenso wie an diesen Stellen zeigt sich die eschatologische Bestimmtheit der Freude an ihrer Zuordnung zur »Hoffnung«, die Röm 12,12 als Grund, Röm 15,13 als Folge der Freude genannt ist[646]. Sie ist Ausdruck des Glaubens, Phil 1,25. So ist die »Freude« eine Grundbefindlichkeit des Christen, und es entspricht dem paulinischen Denken, solche Gabe des Geistes, die zukünftiger Vollendung vorausgreift, zugleich als Aufgabe zu begreifen und den sachlich paradoxen Imperativ »Freut euch!« an die Gemeinde zu richten. Paulus tut das nicht nur hier, sondern gerade in Situationen der Krise[647].

In der Freude realisiert sich das geistgewirkte Sein der Gemeinde, das sie aus ihrer Zukunft empfängt. Die Haltung, die ihrer wahren Wirklichkeit entspricht, verschafft sich so Ausdruck[648]. So ist die Mahnung, sich zu freuen, in

---

[639] Vgl. Eph 6,18 προσευχόμενοι ἐν παντὶ καιρῷ.

[640] Vgl. Eph 5,20 πάντοτε ὑπὲρ πάντων.

[641] So Best 236; Dibelius 30 übersetzt: »Dankt für alles«; Marxsen 70: »Sagt Dank bei allem!«; Schlier 101 meint, die Wendung schließe »in jeder Lage« ein; so auch Bruce 124: »in every situation, in all circumstances«.

[642] Nicht eindeutig ist 2Kor 6,4; 7,11.16; 9,11; 11,9; hier legt sich öfters die Übersetzung »in jeder Hinsicht« nahe.

[643] Vgl. zu ἀδιαλείπτως bereits o. zu 1,2. Thüsing, Per Christum 269 Anm. 24: Es »spricht sich ... das Gespür dafür aus, daß das ständige objektive Hingewendetsein zu Gott, das den Getauften durch ihre Christusgemeinschaft geschenkt ist, nach Aktualisierung ver-

langt«. G. Harder, Paulus und das Gebet, 1936 (NTF I 10), 17 engt auf das Gebet im Gottesdienst ein.

[644] Ἐστίν ἡ βασιλεία τοῦ θεοῦ ... δικαιοσύνη καὶ εἰρήνη καὶ χαρὰ ἐν πνεύματι ἁγίῳ.

[645] In der ersten Trias zwischen ἀγάπη und εἰρήνη genannt!

[646] Vgl. dazu H. Conzelmann, ThWNT IX 359 Anm. 91.

[647] Vgl. 2Kor 13,11 (wäre 2Kor 10–13 ein eigener Brief, bekäme das noch mehr Gewicht); Phil 3,1; 4,4; 2,17f; 1,18; 4,10.

[648] Friedrich 249 macht treffend auf den Zusammenhang zwischen »Liebe« und »Freude« aufmerksam, den die Folge der VV 15 und 16 ausdrückt (wie auch Phil 4,4b; Gal 2,22).

Wahrheit die Mahnung, zu sein, was die Christen sind und vollendet sein werden. Weil aber erst das zukünftige »Mit-Christus-Sein« die Vollendung auch der Freude bringen wird, gehört in der Gegenwart zu ihr das Gebet und der Dank. So gehören in der Tat die drei Darstellungsweisen Freude, Gebet, Dank zusammen als notwendiger Ausdruck des Christseins in seiner Beziehung auf sich selbst und auf den, dem es sich verdankt.

Die Explikation V 18b (τοῦτο γάρ) bezieht sich entsprechend auf alle drei vorangehenden Weisungen[649]. Sie beansprucht den Willen Gottes[650] für die Forderung nach einem solchen Leben. Schon 4,3 war der Wille Gottes als Grund gebotenen Handelns genannt worden. Indem er dort als auf die »Heiligung« der Christen gerichtet ausgelegt wurde, ging es gleichfalls um die Realisierung des Seins der »Geheiligten«, freilich durch Transposition in die Ebene des Handelns in der Welt. Hier nun ist von der Darstellung solchen Seins vor sich selbst und vor Gott die Rede. Beides gehört zusammen[651]; es ist die doppelgestaltige Erfüllung des einen Gotteswillens. Wegen solchen besonderen Bezugs des »Willens Gottes« auf die Darstellung des christlichen Lebens selbst ist (anders als 4,3) »in Christus Jesus« hinzugefügt[652]. Weil Gott in der Geschichte Jesu Christi Heil allen Glaubenden gesetzt hat, können sie in der Freude der Zukunft schon jetzt leben, können sie sich im Gebet an Gott als ihren Vater wenden, ist ihr Dank für alles gegründeter Dank.

Das etwas nachklappende »für euch« legt den Ton auf die Richtung des Gotteswillens; die Thessalonicher sind von ihm Erfaßte. Gott ist der der Welt zugewandte Gott. Daß auch davor der Artikel fehlt, entspricht ebenso wie die Auslassung der Kopula dem Stil der ganzen Aussagenreihe VV 16–22, der wuchtig-monumental ist und daher auch weitgehend asyndetisch seine Sätze reiht.

19–22    Die Mahnungen dieser Verse bilden eine inhaltlich fast noch geschlossenere Einheit als die vorangehenden[653]. Sie handeln vom Umgang mit den Erscheinungsweisen des Geistes in der Gemeinde. Die thematische Geschlossenheit tritt noch deutlicher hervor, wenn man den Aufbau des Textes beachtet. Die fünf Imperative legen zunächst nahe, eine Fünfteilung zu finden[654]. Doch liegt in Wahrheit eine Dreiheit vor, deren letztes Glied doppelt entfaltet ist[655]; die VV 21b und 22 nennen das, was aus dem Ergebnis der »Prüfung« folgen soll[656]. Damit ist klar, daß auch diese Sätze streng auf die Erscheinungsweisen des Geistes bezogen sein wollen.

---

[649]   Merk, Handeln 58 erwägt darüber hinaus einen Bezug auch auf V 14f.
[650]   Das Fehlen der Artikel bei θέλημα θεοῦ (anders 4,3) ist Semitismus (vgl. Bl-Debr-Rehkopf § 259,1) und weist damit auf die Herkunft des Begriffs.
[651]   Vgl. dazu auch Rigaux 589.
[652]   Vgl. Neugebauer, In Christus (s.o. 38f Anm. 34) 91f, der aber zu einseitig auf das Dankgebet hin interpretiert.

[653]   Der Abschluß V 18b und der Neuansatz V 23 hebt sie als eigene kleine Einheit heraus; vgl. auch Dibelius 31.
[654]   Vgl. Dobschütz 224f (der aber die Möglichkeit der Dreiteilung einräumt; Best 237; Rigaux 590; Bruce 122.
[655]   Vgl. E. Schweizer, ThWNT VI 420 Anm. 597. Schwankend Dautzenberg, Prophetie 130f.
[656]   Vgl. Best 240.

V 19 setzt mit einem allgemeinen Satz ein. Man darf ihn nicht von 1Kor 14 her  **19**
interpretieren, »Geist« und »Prophetie« (V 20) voneinander absetzen und V 19
auf die Glossolalie beziehen[657]. Auch die »Prophetie« ist, nicht anders als die
Glossolalie, eine Äußerung des Geistes (vgl. 1Kor 12,10; 14,1). V 19 redet von
der Äußerung des Geistes, in welcher Form auch immer sie in Erscheinung treten mag; V 20 redet von der besonderen Geistesgabe der Prophetie[658]. Der
Geist, der sich in mannigfacher Weise im Leben der Gemeinde darstellt, soll
nicht ausgelöscht werden[659]. Der genaue Sinn des Satzes ist umstritten. Er
kann entweder meinen, die Gemeinde solle nicht Charismatikern entgegen-
treten, die in besonderer Weise, etwa der Glossolalie, den Geistbesitz bekun-
den, oder er kann sagen: Hemmt nicht den Geist bei euch selbst[660]. Die Ausdrucksweise läßt vermuten, daß das letztgenannte Verständnis zutreffend
ist[661]. Die Christen sollen die Erscheinungsweisen des Geistes nicht unterdrük-
ken, auch wenn sie dadurch anderen den Anschein seltsamen Wesens bieten.
Sonst würde der Geist selbst unterdrückt. Kaum ist dabei nur an »außeror-
dentliche Manifestationen des Geistes« zu denken[662]. 1Kor 12,1–3 nennt als
das elementare Kennzeichen des Geistes das Bekenntnis zum Kyrios Jesus[663].
Dieses Bekenntnis, wenn es gelebt wurde, war fremd und merkwürdig in der
Welt, in der die Thessalonicher lebten, so daß es zu seiner Artikulation und
Darstellung sehr wohl besonderer Ermächtigung bedurfte. Diese und alle anderen Weisen, in denen der Geist sich Bahn in der Gemeinde bricht, sollen sie
nicht unterdrücken. Denn das ist das Leben der christlichen Gemeinde, damals
wie heute.

Aus der Vielfalt der Geisterweisungen wird die Prophetie herausgehoben[664].  **20**
Freilich ist nicht von der Prophetie als solcher, sondern von »prophetischen
Äußerungen« die Rede[665]. Offenbar sah Paulus nicht die Gefahr, daß die Gabe

---

[657] So J. Behm, ThWNT I 723,26–29.

[658] Eine ähnliche Aufgliederung 1Kor 14,37;
vgl. E. Schweizer, ThWNT VI 420,12–19.

[659] Kaum läßt der bildhafte Ausdruck mit
σβέννυμι auf eine bestimmte Geistvorstellung
zurückschließen; das Wort ist im paganen und
jüdischen Griechisch in Verbindung mit Erscheinungen, die aus dem menschlichen Innern
heraustreten, geläufig, vgl. F. Lang, ThWNT
VII 166,20–29; 176,1–15. Danach wird der –
im NT und in der altkirchlichen Literatur sin-
guläre (vgl. van Unnik, »Den Geist« 258) –
Ausdruck gebildet sein. – Röm 12,11 (τῷ πνεύματι ζέοντες) liegt eine etwas andere Vorstellung vor (ζέω heißt »wallen, sieden«, nicht »lo-
dern«).

[660] Eine Übersicht darüber bei van Unnik,
»Den Geist« 256f.

[661] Das hat van Unnik, »Den Geist« in gründlicher philologischer Analyse (vgl. bes. Plut
Pyth Or 17 und Def Orac 40) nachgewiesen.

[662] So z.B. F. Lang, ThWNT VII 168,7–18 und
schon E. Schweizer, ThWNT VI 420,12f.

[663] Vgl. dazu T. Holtz, Das Kennzeichen des
Geistes (1 Kor. XII.1–3), NTS 18 (1971/72)
365–376.

[664] Das entspricht der Redeweise 1Kor 14,37
(εἴ τις δοκεῖ προφήτης εἶναι ἢ πνευματικός)
und ist begründet in ihrer Bedeutung für Paulus; er »gibt der Prophetie vor allen anderen
Gnadengaben den Vorzug« (G. Friedrich,
ThWNT VI 851,23f), vgl. 1Kor 14,1–4.

[665] Nach G. Friedrich, ThWNT VI 830,34f ist
nicht deutlich, ob Prophetengabe oder Prophe-
tenspruch gemeint sei; doch spricht der Plur für
das letztere; so auch Schlier 101. Zu dieser Bedeutung von προφητεία vgl. Friedrich, ebd. Z.
35–39, auch 831,9f. Anders Dautzenberg, Prophetie 131 mit Anm. 26, der ein geringes Ansehen der Prophetie vermutet, mit 1Kor 2,6–16
und 14 parallelisiert und für den hellenistischen Bereich mangelnde Voraussetzungen für
die Rezeption der Prophetie annimmt; ähnlich
auch Bruce 125.

der Prophetie an sich in Thessalonich verachtet wurde, wohl aber, daß prophetische Worte verachtet wurden und so keine Geltung in der Gemeinde erhielten[666]. Dagegen wird die Gestalt des Propheten als eines dauerhaften Trägers des Charisma der Prophetie in der Gemeinde[667] (noch) unbekannt sein; es wäre jedenfalls sonst zu erwarten, daß seine Autorität gestärkt würde, hier oder schon im Zusammenhang von 5,12f.

Es ist kaum zu vermuten, an welche Art von Prophetie gedacht ist. Das Fehlen des Artikels legt, zumal angesichts seiner Setzung in V 19, die Vermutung nahe, daß nicht jede prophetische Äußerung in Thessalonich verachtet wurde[668]; so ist denn ja auch das Charisma der Prophetie selbst offenbar nicht abgelehnt worden. Wegen der Unsicherheit in Fragen, die das Eschaton betreffen (4,13–5,11), wird gelegentlich angenommen, Prophetensprüche dieses Bereichs seien in der Gemeinde mißachtet worden[669]. Dafür gibt es indessen kein wirkliches Anzeichen. Der Satz lehrt nur dies, daß es auch in der eben gegründeten und von ihrem Gründer unvorbereitet verlassenen Gemeinde das Phänomen der Prophetie gegeben hat. Die prophetische Rede war (nach 1Kor 14,3) Erbauung, Zuspruch und Ermutigung, sie hat (nach 1Kor 14,24) überführende Kraft, indem sie die Situation des Menschen erschließt; durch sie erfahren (nach 1Kor 14,31) die Hörer Belehrung und Aufrichtung. In diesem Umkreis werden auch die mißachteten Äußerungen angesiedelt gewesen sein[670].

Die Art des Satzes macht deutlich, daß Paulus auch in diesem Abschnitt nicht nur traditionelle Weisungen vorträgt, die keinen Bezug zur aktuellen Situation der Gemeinde haben[671]. Die Weisung V 19 findet sich in der Tat, positiv formuliert, in dem verwandten Text Röm 12,11. Sie enthält zweifellos einen geläufigen Gedanken. Um so auffälliger ist die gezielte Ergänzung in V 20; denn dafür gibt es keine Parallelen. Das Mißtrauen gegenüber der Prophetie, das sich in Mißachtung prophetischer Worte zeigt, ist eine Haltung, die in Thessalonich bedenklich vorhanden war und der Paulus demzufolge mit seinem apostolischen Wort entgegentrat.

---

[666] Zu ἐξουθενέω vgl. 1Βασ 8,7 (Gottesrede zu Samuel): οὐ σὲ ἐξουθενήκασιν, ἀλλ' ἢ ἐμὲ ἐξουδενώκασιν τοῦ μὴ βασιλεύειν ἐπ' αὐτῶν.
[667] Vgl. 1Kor 12,28f; 14,37.
[668] Anders Dobschütz 225 (»falls Prophetenreden vorkommen«).
[669] Z.B. Schlier 102.
[670] Nach Baumgarten, Apokalyptik 43–53 ist die Funktion der urchristlichen Propheten, »daß sie das eschatologische ius talionis verkündigen sowie futurisch-eschatologische Motive als Begründung der Paränese, als konkreten Gegenstand der Hoffnung oder als Argument der Apokalyptik wachhalten«, daß sie mithin die sind, »die mit größter Wahrscheinlichkeit als Träger der christlichen Apokalyptik angesehen werden können« (49; B. sieht freilich selbst, daß »keine paulinische Belegstelle explizit die Funktion der urchristlichen Propheten dahingehend bestimmt«, ebd.); ursprünglich sei der Begriff »Propheten« »auf einen Kreis hellenistischer Judenchristen beschränkt«; ihnen, die mit den »Hellenisten« im Zusammenhang stehen, verdanke »Paulus einen Teil seiner – spezifisch hellenistisch geprägten – gesetzesfreien Apokalyptik-Interpretation« (53). Unsere Stelle, die B. nicht behandelt, spricht nicht gerade für diese eindrückliche Konstruktion. Zum Problem der urchristlichen Prophetie (mit besonderer Berücksichtigung von 1Kor 12–14) insgesamt s. Dautzenberg, Prophetie (301–304 Zusammenfassung); er betont ebenfalls die apokalyptische Komponente.
[671] So Best 237–241; auch Laub, Eschatologische Verkündigung 95.

Eine solche Weisung bedarf der Präzisierung. Das δέ, neben dem begründen-   21
den »denn« V 18b die einzige Konjunktion im ganzen Abschnitt VV 16–22,
hat einen starken Ton. Es steht freilich nicht so sehr adversativ[672] als vielmehr
einräumend: »allerdings«[673]. Es zeigt, daß weiter von der Prophetie die Rede
ist[674]. Keine soll mißachtet, jede aber der Prüfung durch die Gemeinde unterworfen werden. Die Gemeinde ist dazu fähig, da sie selbst den Geist empfangen hat, der auch als Gabe der »Unterscheidung der Geister«, die ausdrücklich
der der »Prophetie« beigeordnet ist (1Kor 12,10), in Erscheinung tritt[675]. Röm
12,2 ruft dazu, sich umgestalten zu lassen durch Erneuerung des Sinns und zu
»prüfen«, was der Wille Gottes ist; Phil 1,10 ist es die immer stärker werdende
Liebe, die zur »Prüfung« des Wesentlichen befähigt.

Das Wort δοκιμάζειν für die Beurteilung relevanter Elemente der Lebensführung vor
Gott ist Paulus auch sonst geläufig[676]. Es ist daher unbegründet, auf das apokryphe Herrenwort »Werdet erfahrene Geldwechsler (das eine verwerft, das Gute aber behaltet)«[677]
zu verweisen, um die vorliegende Aufforderung zu erklären[678]. Ein Zusammenhang
kann nur insofern bestehen, als die Erweiterung des ursprünglich kurzen Wortes unter
dem Einfluß unserer Stelle erfolgt ist[679].

Die beiden abschließenden Sätze entfalten das Ergebnis der Prüfung. Sie sind
durch Paronomasie (κατέχετε – ἀπέχεσθε) aufeinander bezogen; daher aber
ist die Bedeutung der beiden Verben, die ohnehin breit ist[680], nur allgemein definiert, nicht terminologisch auf den Gegenstand, der zur Rede steht, fixiert. In
ihren Besitz, d. h. in ihr Leben aufnehmen sollen die Thessalonicher das, was
ihr Prüfen der Prophetenworte als »gut« erwiesen hat[681]. Im Gefolge des jüdi-

---

[672]   So Dobschütz 226; Rigaux 592.
[673]   Gestrichen werden darf es nicht; so aber
א* A 33 pm. Das wird weniger auf das folgende
ΔΟ zurückgehen, sondern den sachlichen
Grund haben, die Bindung an die Prophetie zu
lösen (vgl. auch Dautzenberg, Prophetie 130
Anm. 23).
[674]   Anders Rigaux 592: »Le πάντα s'entend
des πάντα εἴδη πνευμάτων, I Cor., XII,10: les
manifestations de l'Esprit, langues, prophéties
etc.« Noch weiter Dautzenberg, Prophetie 131
(»panta . . . läßt sich in seiner Allgemeinheit
nicht auf die pneumatischen Erscheinungen
einschränken«).
[675]   Vgl. auch 1Kor 14,29. Anders aber G.
Dautzenberg, EWNT I 735–738 sowie vor allem ders., Prophetie 122–148. – Als »Unterscheidung der Geister« verstand schon ein Teil
der Exegese der Alten Kirche, siehe J. A. Cramer, Catenae Graecorum Patrum in Novum
Testamentum, VI, Oxford 1844, 373f.
[676]   Vgl. Röm 14,22; 1Kor 11,28; 2Kor 13,5;
Gal 6,4. Für das Tun des Juden Röm 2,18 (vgl.
TestAss 5,4).

[677]   Γίνεσθε τραπεζῖται δόκιμοι (τὰ μὲν
ἀποδοκιμάζοντες, τὸ δὲ καλὸν κατέχοντες
[Cl Al Strom I 28.177.2]). S. Jeremias, Unbekannte Jesusworte (s.o. 184 Anm. 206) 95–98.
Ursprünglich sind offenbar nur die drei ersten
Worte, vgl. auch Dobschütz 226 Anm. 6.
[678]   Milligan 77; auch G. Kittel, ThWNT II
373,1–7 erscheint ein Zusammenhang durchaus als möglich.
[679]   Vgl. aber Dobschütz 226 Anm. 6: »Ebenso
wie P.(aulus) von dem Agraphon ist dieses aber
auch von P.(aulus) unabhängig«. – Keinesfalls
läßt sich von dem Agraphon her die Bedeutung
»Münzsorte« für εἶδος V22 (vgl. G. Kittel,
ThWNT II 373,4) rechtfertigen; s. dazu auch
Jeremias, Unbekannte Jesusworte (s.o. 184
Anm. 206) 98.
[680]   Vgl. H. Hanse, ThWNT II 828–830.
[681]   Zu κατέχειν = festhalten und bewahren
von autoritativ Gesagtem vgl. 1Kor 11,2; 15,2;
auch Lk 8,15; Hebr 3,6.14; 10,23.

schen Sprachgebrauchs[682] hat καλόν die Bedeutung »gut als von Gott geboten, dem Willen Gottes gemäß«[683]. Die Weisung »das Gute nehmt auf in euer Leben« ist mithin durchaus präzise. Sie hat damit aber nur um so nachhaltiger teil an der Paradoxie, die jeder Regel zur Beurteilung der Prophetie innewohnt. Die Prüfung des Prophetenwortes soll erkennen, wann und wie es dem Willen Gottes entspricht; es lebt aber gerade aus dem Anspruch, den Willen Gottes aktuell zu proklamieren. Im Konfliktfall steht der charismatische Anspruch der Prophetie gegen das charismatische Urteil der Gemeinde. Es leidet keinen Zweifel, daß nach der Weisung, wie sie hier vorliegt, im praktischen Vollzug die (geistgewirkte) Beurteilung der geistgewirkten Äußerung gegenüber einen Vorrang erhält. Da indessen ebenso wie die Prophetie auch ihre »Prüfung« fehlgehen, »geistlos« sein kann, gibt es kein sicheres Kriterium, sondern stets nur den Glauben, der sich wagend zu dem bekennt, in dem ihm der Geist begegnet[684]. Zu solchem Glauben ruft der Apostel seine Gemeinde. Die Entscheidung, die stets eine aktuelle ist, muß der Glaubende selbst fällen.

22    Die negative Weisung steht unter der gleichen Spannung. Es ist der Wille Gottes, das Böse zu meiden (4,3). Die Formulierung ist offensichtlich vom Alten Testament beeinflußt[685], zeigt aber auch umgangssprachliche Züge[686]. Jedes böse[687], vom Willen Gottes fortweisende[688] prophetische Wort, das durch die Prüfung der Gemeinde aufgedeckt wird, darf die Gemeinde nicht binden. Das Engagement prophetischer Rede, das der Radikalität der Gottesforderung an das Leben entspricht, läßt nur die zwei genannten Möglichkeiten. Entweder das Wort der Prophetie ist »gut«, artikuliert die Kundmachung Gottes, dann hat es bindende Gewalt; oder es ist »böse«, geht an Gott vorbei, dann hat sich die Gemeinde ihm zu versagen. Wie überall im Denken, das auf die Beziehung zu Gott reflektiert und Gott als das zugeordnete Gegenüber der Welt begreift, ist ein gleichsam neutraler Raum außerhalb der Vorstellung. Die Unbedingtheit der Gottesbeziehung verschafft sich so Ausdruck. Gerade weil Gott nicht Welt ist, erfaßt er die Welt ganz. In den uns unbedingt angehenden Belangen

---

[682]  Vgl. W. Grundmann, ThWNT III 546, 20–32; s. die LXX-Übersetzung Mi 6,8 (εἰ ἀνηγγέλη σοι, ἄνθρωπε, τί καλόν;) oder Am 5,14f ([14]ἐκζητήσατε τὸ καλὸν καὶ μὴ πονηρόν … [15]μεμισήκαμεν τὰ πονηρὰ καὶ ἠγαπήκαμεν τὰ καλά). Zur Gegenüberstellung καλόν – πονηρόν in LXX vgl. G. Harder, ThWNT VI 551,21.

[683]  Röm 7,16 vom Gesetz; häufiger vom Tun des Menschen, das dem Willen Gottes entspricht (parallel zu ἀγαθός); Röm 12,17; 2Kor 13,7; Gal 6,9. Einzelne Handlungsweisen sind so charakterisiert Röm 14,21; 1Kor 7,1.8.26, vgl. auch Gal 4,18.

[684]  Vgl. zum Problem insbesondere G. Quell, Wahre und falsche Propheten, 1952 (BFChTh 46,1) (212f zSt).

[685]  Ijob 1,1 charakterisiert den Helden: ἀπεχόμενος ἀπὸ παντὸς πονηροῦ πράγματος,

in V 8 wiederholt. – Vgl. auch 1QS 1,4 »sich fernzuhalten von allem Bösen« (רחוק מכול רע).

[686]  Παντὸς εἴδους »von jeder Art« ist in hellenistischen Papyri belegt, s. Preisigke, Wb. s.v. εἴδος, bes. 9; Milligan 77; Jos Ant 10,37: πᾶν εἴδος πονηρίας. Εἴδος »Art« sonst nicht im NT, in der Zeit aber geläufig, vgl. Milligan 76f; Rigaux 594 (Belege).

[687]  Πονηροῦ kann Adj oder Subst (s. Röm 12,9; 1Kor 5,13; 2Thess 3,3) sein; doch wäre als Subst der Gen ein Gen qual (vgl. Bl-Debr-Rehkopf § 165,1), der hebraisierend die Stelle eines Adj vertritt.

[688]  Vgl. G. Harder, ThWNT VI 550,25f (zur LXX): »An Gott entscheidet sich, was gut und böse ist«; 551,28f: Das Böse ist »durch seinen Gegensatz gegen Gott und seinen Willen gekennzeichnet«; ebd. 551,35–553,9 zum Frühjudentum.

ist uns in der Tat ein Entweder – Oder abgefordert. Das wird besonders deutlich an der Ehe, die keine andere Entscheidung verträgt. Daß wir immer auch vor solcher Entscheidung versagen, indem wir uns ihr zu entziehen versuchen, hebt ihre Notwendigkeit nicht auf. Das gleiche gilt für den Weg unter dem Anspruch Gottes. Wo er uns in aktueller Entscheidungssituation begegnet, da trifft uns Prophetie, auch wenn wir das heute kaum noch so nennen und zu nennen wagen. Es wäre gewiß gut, wenn die prophetische Dimension der Seelsorge stärker bewußt würde. Sie könnte für Geber wie Empfänger Verbindlichkeit gewinnen und vielleicht auch aus individualistischer Engführung herausfinden.

Ähnlich wie den ersten Hauptteil des Briefes (3,11–13) schließt auch jetzt ein  **23** Gebetswunsch den zweiten Teil ab. Es bestehen aber auch Unterschiede zu 3,11–13. Die Stellung des Gebets dort als Abschluß der Danksagung ist singulär, seine Stellung hier am Ende einer Paränese hat Parallelen bei Paulus[689]. Der Inhalt des ersten Stückes weist weit über das Vorangehende hinaus und umgreift bereits inhaltlich den folgenden Teil des Briefes. Auch dieser zweite Gebetswunsch erschöpft sich nicht in Aufnahme und Neuwendung der paränetisch formulierten Bedingungen des Christseins ab V 12; er ist aber doch wesentlich konzentrierter darauf bezogen. Daher fassen wir ihn nicht als eigenen Abschnitt auf, sondern als Teil der Texteinheit 5,12–24. Daß damit Grenzen gezogen werden, die dem Gang des Gedankens nicht voll gerecht werden, wurde bei der Analyse bereits angedeutet.

Ebenso wie 3,11 hat δέ nur weiterführenden Charakter und αὐτός (»er [selbst]«) nicht einen besonderen Ton; es entspricht dem »Du« der Gebetsanrede. Anders als 3,11 wird Gott allein genannt. Die Abhängigkeit von liturgischer Tradition ist größer. Sachlich ist das Christus-Werk freilich beherrschend präsent. Das gilt sogleich für die Benennung Gottes als »Gott des Friedens«[690]. Sie wird von Paulus vorzüglich zum Schluß seiner Briefe verwendet, Röm 15,33; 16,20; 2Kor 13,11 (ὁ θεὸς τῆς ἀγάπης καὶ εἰρήνης); Phil 4,9, ähnlich 1Kor 14,33[691]. »Friede« ist hier, ebenso wie in dem Eingangsgruß des Briefes (1Thess 1,1), das heile Gemeinschaftsverhältnis, der Gott des Friedens ist der Gott des Heils. Konstituiert ist solcher Friede durch den Herrn Jesus Christus, wirksam gemacht durch den Glauben, Röm 5,1. Gott hat sich als der »Gott des Friedens« erwiesen in der Christus-Geschichte.

Darauf gründet sich der Wunsch, der auf Heilung und Bewahrung zielt[692]. Da-

---

[689] 2Thess 2,16; Röm 15,5.13. – Vgl. auch Phil 4,19 am Briefschluß.
[690] Vgl. dazu G. Delling, Die Bezeichnung »Gott des Friedens« und ähnliche Wendungen in den Paulusbriefen, in: Jesus und Paulus, FS W. G. Kümmel, hrsg. E. E. Ellis u. E. Gräßer, Göttingen 1975, 76–84; dort ist das dazugehörige Material aufgearbeitet. – Ähnliche Bildungen aufgeführt auch von E. Stauffer, ThWNT III 112,36f. Jüdisch nur TestDan 5,2 belegt;

mehrfach ein analoger Ausdruck »Engel des Friedens«, so TestDan 6,5; Ass 6,6; Benj 6,1; vgl. Delling 78.
[691] Vgl. auch 2Thess 3,16 ὁ κύριος τῆς εἰρήνης. – Ὁ θεὸς τῆς εἰρήνης ferner Hebr 13,20.
[692] Ebenso wie 3,11f die beiden Verben im Opt, der selten geworden ist, keineswegs aber Paulus abgesprochen werden kann, vgl. Bl-Debr-Rehkopf § 384 mit Anm. 3.

mit wird das in die Hände Gottes gelegt, zu dem die Gemeinde mit ihrem Tun berufen war. Der Anspruch an die Gemeinde ist dadurch nicht aufgehoben, aber er wird hineingehoben in das umfangende Werk Gottes, das erst dem Tun der Gemeinde den Raum gibt. Das Gebet um Heiligung knüpft an 3,12 an und ebenso an den Aufweis der »Heiligung«, der dem Willen Gottes entspricht, 4,3.7. Dadurch wird eine Art inclusio gebildet, die zeigt, daß 4,1–5,24 trotz des vielschichtigen Inhalts eine sachliche Einheit bildet[693]. Die »Heiligung« ist weder eine nur kultische noch eine nur ethisch-moralische. Nach 3,12f gründet sie als Tun der Gemeinde in der Liebe; 4,13–5,11 bezieht die Gewißheit des Glaubens und der Hoffnung in sie ein; die letzten Mahnungen 5,16–22 erfassen auch das innere Leben der Gemeinde in Freude, Gebet und Dank sowie die Entfaltung des Geistes. In alledem heiligt sich die Gemeinde, um solches »Heiligen« bittet der Apostel den heilsam handelnden Gott. Die Bitte richtet sich auf etwas, das bereits in Jesus Christus und dem heiligen Geist geschehen ist, 1Kor 1,2; 6,11; vgl. auch Röm 15,16[694]. Dabei ist der Blick nicht mehr auf einzelne Verwirklichungen gerichtet, sondern »ganz vollständig«[695] sollen die Glaubenden geheiligt werden.

Das letzte Wort wird paronomastisch in einem neuen Satz aufgegriffen[696]. Er ist chiastisch zum ersten gebildet, das Verb steht nun am Ende. In seiner passivischen Form ist Gott als Subjekt enthalten. Das Objekt der Bewahrung ist mit einer umfassenden, schwierigen Wendung genannt. Eine Dreiteilung[697] des Menschen in Geist, Seele und Leib, wie sie hier vorzuliegen scheint, findet sich bei Paulus sonst nicht[698]. Möglicherweise liegt Anschluß an eine traditionelle trichotomische Aussageweise vor[699]; der ganze Satz könnte liturgisch-geprägten Charakter haben.

---

[693] 3,13 hat vorausweisende Funktion. Vgl. zum übergreifenden Bezug der »Benediktion« auch Jewett, Terms 177 (der indessen im folgenden diesen Bezug überbewertet, 181f).

[694] Sonst ἁγιάζειν nur noch 1Kor 7,14 bei Paulus (aktivisch überhaupt nur 1Thess 5,23). – Die Christen sind die ἅγιοι Röm 1,7; 1Kor 1,2; 2Kor 1,1; Phil 1,1 u.ö., vgl. H. Balz, EWNT I 46f.

[695] Ὁλοτελής weder in LXX noch sonst im NT; mehrfach in verwandter Literatur nur in Past Herm, vgl. Bauer, Wb. s.v.; H. Seesemann, ThWNT V 176,1–16 (»für die Art des Gebrauchs . . . durch Pls scheint es keinen sonstigen Beleg zu geben«, Z. 15f). – Zum prädikativen Adj, dem im Deutschen ein Adv entspricht, vgl. Bl-Debr-Rehkopf § 243; vgl. auch Jewett, Terms 176.

[696] W. C. van Unnik, Aramaisms in Paul, in: Ders., Sparsa Collecta I, 1973 (NT.S 29), 136f findet in dem ganzen Vers ein Wortspiel um das hebräische שלם: εἰρήνη, ὁλοτελεῖς, ὁλόκληρον, ἄμεμπτος.

[697] An den Gottesgeist kann πνεῦμα nicht denken wegen der formalen und sachlichen Parallelität zu ψυχή und σῶμα; vgl. auch Masson 77.

[698] Zu Recht allgemein zurückgewiesen ist der Versuch von P. A. Stempvoort, Eine stilistische Lösung einer alten Schwierigkeit in 1.Thess. V. 23, NTS 7 (1960/61) 262–265, mit einer anderen Interpunktion das Problem zu lösen, nämlich nach ὑμῶν τὸ πνεῦμα einen Punkt zu setzen. Indessen wird dadurch der Bezug von ὁλόκληρον grammatisch schwierig, stilistisch der Neubeginn mit καὶ ἡ ψυχή nach τὸ πνεῦμα. Vgl. dazu Schlier 120 (Anm. 147); Best 243; Schade, Apokalyptische Christologie 275, Anm. 221. Zustimmend dagegen Wiles, Intercessory Prayers 40.

[699] So Dibelius 32; E. Schweizer, ThWNT VII 1057,8f und schon ders., ThWNT VI 433,19–21 mit Anm. 685. Vgl. A. M. Festugière, La trichotomie de I.Thess. 5,23 et la philosophie greque, RSR 20 (1930) 385–415.

Vielleicht beabsichtigte Paulus aber gar nicht, drei gleichgeordnete Begriffe nebeneinander zu stellen. Grammatisch bezieht sich das prädikative Adjektiv ὁλόκληρος (»unversehrt«) nur auf πνεῦμα; dieses Wort aber kann den Menschen als ganzen bezeichnen[700], und Paulus gebraucht es gerade in den Segenswünschen am Briefschluß so (Gal 6,18; Phil 4,23; Phlm 25). »Er folgt dabei der jüdischen Anthropologie, die, wenn sie von πνεῦμα spricht, den Menschen als ein mit Wille, Empfindungsvermögen und Lebenskraft ausgestattetes, vor Gott stehendes Wesen meint«[701]. So kann es auch hier im Gebetswunsch am Schluß des Briefes intendiert gewesen sein; nur hat Paulus dann noch mit καὶ ἡ ψυχὴ καὶ τὸ σῶμα die Ganzheit des Menschen aufgefaltet in die zwei traditionellen Teile »Seele und Leib«[702]. Die drei Begriffe »Geist, Seele und Leib« bezeichneten dann nicht erst zusammen den ganzen Menschen, sondern bereits die Wendung »euer Geist«, die Zweiheit »Seele« und »Leib« wiederholte das nur spezifizierend[703]. Das könnte Paulus angesichts des Bezugs, den er dem Wunsch auf die Parusie gab, als angebracht erschienen sein. Offenbar war in der Gemeinde, wie 4,13–17 zeigte, Unsicherheit über die Rolle des Leibes bei der Heilserfahrung verbreitet[704].

Der ganze Mensch in der Fülle seiner Entfaltung[705] soll auf den Tag des Heils hin bewahrt werden; das eschatologische Heil hebt die individuelle Fülle des Menschen nicht auf, es bestätigt sie vielmehr. Ein Anklang an Opfervorstellungen wird kaum mitschwingen[706]. Denn die Art der Bewahrung, die dann in dem Wort ausgesprochen wäre, wird erst mit ἀμέμπτως in die Aussage gebracht, »tadelsfrei (vor Gott)«[707]. Wie schon in dem Gebetswunsch 3,13, so ist auch hier Ziel und Ort[708] aller Bewahrung die Parusie unseres Herrn Jesus Christus. Auf sie ist das Leben des Christen gerichtet; denn von ihr her kommt dem Leben das Heil zu, das es schon jetzt trägt und bestimmt. Das Gebet hat als Ziel das Ende im Blick, es bittet aber um das Heil auf dem Wege dahin. Das Schlußsätzchen ist ein ausgeführtes Amen. Es spricht theologisch begrün- 24

[700] S. E. Schweizer, ThWNT VI 433,12–16.
[701] Stuhlmacher, Philemon 56.
[702] Ψυχὴ καὶ σῶμα sonst allerdings nicht so bei Paulus; geläufig aber im Judentum, vgl. E. Schweizer, ThWNT VII 1044,24ff (zur LXX); 1047,30ff (zu Apokryphen und Pseudepigraphen); 1049,20ff (zu Josephus).
[703] Diese Auffassung ist durch Ch. Masson, Sur 1Th. 5,23. Note d'anthropologie paulinienne, RThPh 33 (1945) 97–102; ders., Komm., 77f nachdrücklich vertreten worden (vgl. dazu aber Jewett, Terms 178 mit Anm. 2 und schon E. Schweizer, Zur Trichotomie von 1.Thess. 5,23 und der Unterscheidung des πνευματικόν vom ψυχικόν in 1.Kor. 2,14; 15,44; Jak. 3,15; Jud. 19, ThZ 9 [1953] 76 Anm. 3).
[704] Nach Jewett, Terms 179–183.250f greift Paulus die trichotomische Anthropologie seiner enthusiastischen Gegner in Thessalonich, die nur auf das Pneuma setzten, auf und betont ihnen gegenüber die Ganzheit der Erlösung. Doch ist die Annahme derartiger Gegner mit ausgebildeter anthropologischer Terminologie problematisch.
[705] Ὁλόκληρον, durch die Voranstellung betont, heißt immer »seinem Umfang nach vollständig, unversehrt«, vgl. W. Foerster, ThWNT III 765,12–46 (Belege!).
[706] Ὁλόκληρος kann im Bereich des Opferkults die Fehllosigkeit des Opfernden wie des Opfers bezeichnen. Milligan 78 verweist auf Philo und Josephus; s. auch W. Foerster, ThWNT III 765,27–30. LXX gebraucht das Wort nicht so.
[707] Die Differenzierung in der Funktion beider Wörter drückt sich darin aus, daß das zweite Adv ist, obwohl es nicht streng adverbial gemeint ist, sondern sich auf τὸ πνεῦμα ... bezieht; vgl. Dobschütz 230.
[708] Vgl. zum ἐν o. 146. Demke, Theologie und Literarkritik 110f stellt jeden zeitlichen Sinn in Abrede, sieht allein die Parusie als Ort des Heils gedacht und erklärt von daher den ganzen Satz als unpaulinisch.

det die Gewißheit aus, daß Gott den Inhalt des Wunsches wirken wird. Die Wendung »treu ist ...« (πιστὸς ὁ ...) hat Formelcharakter[709]; 1Kor 1,9 folgt, ähnlich wie hier, ein Bezug auf das Berufungshandeln Gottes, 1Kor 10,13 verbindet die Wendung – darin unserem Sätzchen gleich – mit der Gewißheit um Gottes bewahrendes Tun[710]. Daß der geprägte Ausdruck[711] gleichwohl nicht formelhaft verstanden ist, zeigt einerseits sein gezielter Gebrauch[712], andererseits die Variation in der Benennung Gottes. Indem der »Berufende«[713] vergegenwärtigt wird, wird die Gemeinde des Ziels versichert, auf das das Berufungshandeln hin erfolgte, Gottes Reich und Herrlichkeit (2,12). Daß Gott treu ist, entspricht seiner Einzigkeit, die sich in seiner Selbigkeit darstellt. Deshalb definiert sich Gottes Wesen gültig und damit glaubwürdig in der Geschichte, weil er zu seinem Tun steht. Er wird sein Berufungshandeln vollenden, wie es der Gebetswunsch aussprach[714].

**Zusammenfassung**  Der Abschnitt 5,12–24 bildet nicht nur durch seine Form – kurze, kaum begründete Mahnungen, abgeschlossen durch einen Gebetswunsch – eine Einheit, er reflektiert auch insgesamt eine einheitliche Gemeindesituation. Dem steht gegenüber eine weitgehende Anlehnung an Tradition hinsichtlich sowohl der Form als auch des Inhalts. Verwandt ist Röm 12,9–21[715]. Der erste Teil (VV 12f) hat dort allerdings direkt keine Parallele, inhaltlich kann man indessen auf Röm 12,3–8 verweisen; hier wie dort tritt Paulus für die Anerkennung der funktionalen Gliederung der Gemeinde ein. Insgesamt ist der Text Röm 12 ausgestalteter, dafür aber weit weniger scharf auf eine bestimmte Situation bezogen. So finden sich direkte inhaltliche Entsprechungen zwischen beiden Texten nur da, wo 1Thess Verhaltensweisen nennt, die jeden Christen immer bestimmen sollen. Es handelt sich um die Weisungen der VV 15–17(.19)[716]. Auch bei ihnen ist die Auswahl gewiß nicht ohne Absicht. Sie läßt jedoch schwerlich auf ein tatsächliches Defizit zurückschließen, vielmehr dar-

---

[709]  Es fehlt formelhaft die Kopula, vgl. dazu Bl-Debr-Rehkopf § 127,4. Zum ganzen P. von der Osten-Sacken, Gottes Treue bis zur Parusie, ZNW 68 (1977) 176–199, bes. 181–192.

[710]  Ferner bei Paulus 2Kor 1,18; πιστὸς δέ ἐστιν ὁ κύριος, 2Thess 3,3. Vergleichbar bes. unserer Stelle Hebr 10,23 (πιστὸς γὰρ ὁ ἐπαγγειλάμενος, vgl. 11,11). Vgl. auch Wiles, Intercessory Prayers 68 Anm. 1.

[711]  Vgl. Dtn 7,9 (definierend): θεὸς πιστός, Jes 49,7: πιστός ἐστιν ὁ ἅγιος Ἰσραήλ, PsSal 14,1: πιστὸς κύριος (τοῖς ἀγαπῶσιν αὐτόν). Vgl. zur Vorgeschichte aber auch von der Osten-Sacken, Gottes Treue (s.o. Anm. 709) 191f, der vor allem auf Ab 2,16 verweist.

[712]  Zu 2Kor 1,18 vgl. von der Osten-Sacken, Gottes Treue (s.o. Anm. 709) 183 Anm. 54.

[713]  Vgl. dazu – auch zum Präsens – o. zu 2,12 (91f).

[714]  Vgl. Phil 1,6.

[715]  Vgl. dazu Ch. H. Talbert, Tradition and Redaction in Romans XII.9–21, NTS 16 (1969/70) 83–93; Wilckens, Römer III 18f. Zum imperativischen Part, das Röm 12,9–21 vorherrscht, s. Bl-Debr-Rehkopf § 468,2b (Anm. 5 zum Stil von Röm 12,9ff); nach D. Daube, Participle and Imperative in IPeter, in: Selwyn, First Peter (s.o. 28 Anm. 140) 467–488 ist dieser Gebrauch des Part semitisch und findet sich häufig im NT (s. auch Best 241); vgl. auch E. Lohse, Paränese und Kerygma im 1. Petrusbrief, ZNW 45 (1954) 75–77 (= Einheit des Neuen Testaments, Göttingen 1973, 314–316). Daraus kann aber nur auf Herkunft der Form, noch nicht aber des jeweiligen Inhalts geschlossen werden (vgl. auch einschränkend Brox, 1.Petrus 74 Anm. 248).

[716]  V15 entspricht Röm 12,17, V16 Röm 12,12a, V17 Röm 12,12c, V19 ist mit Röm 12,11b zu vergleichen.

auf, daß es sich um fundamentales Verhalten handelt. Man ist geneigt, dazu auch die Dankbarkeit zu zählen, zu der V 18 ruft. Sie fehlt wohl nur zufällig in Röm 12.

Die übrigen Weisungen lassen jeweils einen besonderen Bezug zur Lage der Gemeinde erkennen. Die Form und auch ein Teil des Inhalts der Paränese ist mit der Tradition vorgegeben, aber Paulus macht sich solche Vorgabe zu eigen und füllt sie da, wo es ihm gefordert zu sein scheint, mit neuem Gehalt. Er steht damit in der Nachfolge jüdischer und in Verbindung mit judenchristlicher Gepflogenheit. Er verkündigt keinen neuen Gott, sondern den einen wahren Gott, der sein Volk schon immer seinem heilvollen Willen unterstellte. Ein anderes als ein judenchristlich bestimmtes Denken hat es zur Zeit unseres Briefes gewiß noch nicht gegeben[717]. So lassen sich denn auch keine *spezifisch* judenchristlichen Elemente in Abgrenzung gegenüber heidenchristlichem Denken erkennen, gerade auch nicht in der Bewertung der Prophetie[718].

Die Mahnungen klingen für uns zunächst nur wenig profiliert. Erst wenn sie eingefügt werden in den sozialen und geistigen Kontext der Gemeinde zu Thessalonich, bekommen sie ihre scharfe Kontur. Die gerade erst gegründete Gemeinde, die in naher Zukunft den Herrn erwartet und die ganz unter der Autorität ihres Apostels steht, erhält keine leitenden Personen oder Funktionen von ihrem Gründer eingesetzt oder vorgeschrieben. Aber er stärkt die Autorität der in ihr sich bildenden Funktionen und damit Strukturen, die von bestimmten Personen getragen werden. Die heile Einheit der Gemeinde zeigt sich in der Anerkennung solcher Struktur.

Die Ordnung des Lebens in der Gemeinde ist auf die Erhaltung heiler Gemeinschaft gerichtet, die auch die Außenseiter nicht fallenläßt, sondern auf deren Integration ausgerichtet ist. Die Mühsal der geschichtlichen Verwirklichung integrierender, nicht ausgrenzender Gemeinschaft wird der Gemeinde aufgetragen. Dazu soll sie das universale Gesetz der Vergeltung zerbrechen, in der Vergebung leben und die Welt in die Ordnung bringen, die ihr der Schöpfer gab, als er sah, daß alles, was er schuf, sehr gut war. Sie empfing den Frieden, den sie leben soll.

Schließlich soll die Gemeinde in der Freude, im Gebet, im Dank leben und die Fülle des Geistes in sich zur Geltung bringen. In der Wachsamkeit des Geistes darf sie sich der Führung des Geistes anvertrauen. Das Vertrauen in den Geist rechtfertigt sich aus der Wahrheit und Verantwortung, mit denen dem Geist im eigenen Leben Raum gegeben wird.

Nur wenn Gott selbst sich des Menschen ganz annimmt und ihn führt, ist solches Leben möglich. Das Gebet, in das endlich aller Zuspruch endet, läßt jede menschliche Möglichkeit, Heil zu leben, in Gott selbst gründen. Wie sollte

---

[717] Es will gewürdigt sein, daß erst relativ kurz zuvor auf dem »Apostelkonzil« selbst die antiochenische Gemeinde nicht nur nach Apg 15,1–31, sondern auch nach Gal 2,1–10 (bes. V 9) durch die »Judenchristen« Paulus und Barnabas theologisch vertreten wird.

[718] So aber Best 237–239; danach hätte V 20 indessen gerade gegenteilig lauten müssen; vgl. auch Dautzenberg, Prophetie 131.

auch sonst das alte Leben sich selbst überwinden, wenn es sich nicht festma-
chen könnte in dem Neuen, das das Leben zu seinem Heil zurückführt?
Der Abschnitt umgreift das Leben der Gemeinde ganz. Er ist daher von Gültigkeit für alles christliche Leben. Es ist charakteristisch, daß der Apostel der jungen Gemeinde in Thessalonich so am Schluß des Briefes die ganze Fülle der
Verwirklichung ihres Seins in gedrängter Gestalt aufträgt. Es gibt Verwirklichung des Glaubens auch am Anfang des Glaubensweges nur ganz.
Selbst in einer total gewandelten geschichtlichen Situation behält solche Weisung, den empfangenen Glauben ganz zu verwirklichen, ihre Gültigkeit. Wir
meinen, vielleicht nicht ganz ohne Recht, eher am Ende der Entwicklung
christlicher Gemeinde zu stehen. Doch müssen auch wir den Schritt in die Zukunft immer neu wagen, solange nicht das Ende der Geschichte selbst uns eingeholt hat. Über das scheinbare Ende hinaus aber führt immer nur ein neues
Anfangen; so sind wir denn vielleicht der Thessalonicher Gemeinde näher, als
wir ahnen. In Gemeinden unserer Tage bilden sich unter der Nötigung tiefgreifender Strukturveränderungen neue Lebens- und Dienstformen, von Gemeindegliedern getragen, die gleichsam amtlich dafür nie berufen wurden. Sie sollen von der Kirche akzeptiert und getragen werden, sie sind Zeichen des Lebens. Nur dürfen sie sich nicht gegen das »Amt« stellen und gestellt werden,
ebensowenig wie die Funktionen der paulinischen Gemeinden den Apostolat
in Frage stellten. Natürlich ist dabei vorausgesetzt, daß das Amt ein »apostolisches« ist, d. h. bei der es konstituierenden Verpflichtung auf das Bekenntnis
der Apostel geblieben ist und bleibt. Jede neue Funktion in der Gemeinde kann
nur neue Lebens*formen* entfalten helfen, das Leben der Gemeinde bleibt das
eine und gleiche; denn es verdankt sich als Leben dem Geist Christi. Freilich
stellt es sich allein dar in einer geschichtlichen Lebensform; deshalb ist die jeweilige Entfaltung und der Dienst daran so wichtig.
Die Mahnungen, sich der Randgruppen in der Gemeinde anzunehmen, treffen
heute auf besondere Aufmerksamkeit. Freilich besteht die Neigung, in der Zuwendung weniger zu den kirchlichen als vielmehr zu den gesellschaftlichen
Randgruppen die eigene Identität zu finden. Das hat der Text nicht im Auge.
Aus ihrer Identität als Gemeinde Gottes, der in Christus rettend gehandelt
hat, soll sie sich ihren eigenen Randgruppen zuwenden, diese nicht in ihrer
Randexistenz bestärken, sondern sie in die Gemeinde und ihr Leben integrie-
ren. Diejenigen, die aus der überkommenen Ordnung ausbrechen, sollen dazu
geführt werden, nicht im Nein zu verharren, sondern eine Ordnung zu suchen,
die ihnen und allen Leben ermöglicht und gewährt. Diejenigen, die hoffnungslos sind, müssen aus ihrer Angst herausgeführt werden, weil Gott der Welt
noch Zeit gewährt, aber diese Zeit als unsere Zukunft uns selbst in die Hand
gibt. Diejenigen, die sich in das Gestern flüchten möchten, weil sie sich dem
Morgen nicht gewachsen fühlen, muß die Gemeinde mit durchtragen auf ihrem Weg durch die Zeit; die Versuchung, sie zurückzulassen, ist nicht gering in
lebendigen Gemeinden auf neuen Wegen.
»Böse« und »gut«, das sind schließlich die alten Kategorien, nach denen sich al-

les Tun ordnen soll. Sie sind nicht überholt, auch nicht unbrauchbar geworden in einer Welt, die immer komplizierter und undurchschaubarer wird. Geht es um das eigene existentielle Erfahren, dann sind uns diese Kategorien durchaus zur Hand. Wir brauchen sie nur aus unserem Erleiden in unser Handeln zu übertragen. Die abgrundtiefe Heuchelei des öffentlichen Lebens zeigt, daß sie auch der Welt von heute keineswegs verlorengingen.

Die Pflege des geistlichen Lebens der Gemeinde geschieht zuerst in der Zuwendung zu Gott. Sie vermag auch in der tiefen Krise der Gemeinde bei der Sache zu halten und damit fähig sein zu lassen, Zeuge für Gut und Böse zu sein. Daraus wächst ihr die Kraft zu, ihren Weg gegen den Druck des Konformismus und des Sachzwangs zu gehen, immer gefährdet, aber auch immer in der Gewißheit des Geistes getröstet.

# D Briefschluß (5,25–28)

25 **Brüder, betet für uns.**
26 **Grüßt alle Brüder mit heiligem Kuß.**
27 **Ich beschwöre euch bei dem Herrn, daß der Brief allen Brüdern vorgelesen wird.**
28 **Die Gnade unseres Herrn Jesus Christus sei mit euch.**

Analyse Der Briefschluß ähnelt dem der anderen Paulus-Briefe, hat aber seine eigene Gestalt und einen eigenen Inhalt. Grüße und der Segenswunsch bilden gewöhnlich den Abschluß des Briefes[719]. Der Segen, der nie fehlt, hat eine unterschiedlich stark ausgearbeitete Form. Am kürzesten ist er im Kolosserbrief (4,18), am ausgeführtesten im 2. Korintherbrief (13,13). Gemeinsam ist in allen Formen der Wunsch der »Gnade« (χάρις) für die Angeredeten, die – mit Ausnahme von Kol 4,18 – stets mit dem Kyrios Jesus (Christus) verbunden ist. Ungewöhnlich ist in diesem Briefteil die Bitte um das Gebet für den Apostel[720]. Am ehesten vergleichbar ist Kol 4,3; aber die Bitte steht dort nicht im eigentlichen Briefschluß, ist enger in den Brieftext eingefügt und konkreter gewendet. Singulär ist die beschwörende Bitte, den Brief allen Brüdern vorzulesen[721]. Sie muß daher in der Situation begründet sein.

Bemerkenswert ist schließlich, daß gegenüber der sonstigen Gepflogenheit alle Grüße anderer an die Gemeinde fehlen[722]. Silvanus und Timotheus freilich sind als Mitabsender im Gruß V 26 eingeschlossen. Weitere Mitarbeiter, die die Gemeinde in Thessalonich kannten, hat Paulus in Korinth offenbar nicht um sich. Zwischen den Gemeinden beider Orte bestanden demnach (noch) keine Beziehungen; sie werden auch nicht durch den Gruß hergestellt. Das ist angesichts der sonstigen Grußgepflogenheit in den paulinischen Briefen[723] auffällig. Durch Grüße verbinden sich die Gemeinden und einzelne Christen

---

[719] Nur im Gal fehlen – bezeichnenderweise – alle Grüße.
[720] Wiles, Intercessory Prayers 261f zieht V 25 zu VV 23f und weist dem Vers eine überleitende Funktion zu; entsprechend sieht er das καί als ursprünglich an (vgl. dazu u.).
[721] Kol 4,16 ist nicht zu vergleichen (gegen Dobschütz 233). Wiles, Intercessory Prayers 67 Anm. 3 parallelisiert mit scharfen Warnungen am Schluß von Paulus-Briefen (z.B. Röm 16,17–20a; Gal 6,11–13) und vermutet einen

Zusammenhang mit der Vorbereitung auf die Herrenmahlsfeier. Indessen ist 1Thess 5,27 mit den Schlußwarnungen nicht auf eine Ebene zu stellen.
[722] So nur noch 2Thess und Gal, in denen aber Grüße überhaupt fehlen. Vgl. zur Sache auch H. Windisch, ThWNT I 499,30–52.
[723] Mit der begründeten Ausnahme des Galaterbriefes werden stets Grüße anderer ausgesprochen.

gegenseitig und versichern sich ihrer ökumenischen Gemeinschaft. Das Fehlen
kann daher wohl nur bedeuten, daß Paulus in Korinth zur Zeit der Abfassung
des Briefes erst ganz am Anfang seiner missionarischen Arbeit steht und noch
keine handlungs- und kommunikationsfähige Gemeinde gegründet hat[724]. Jedenfalls schließt dieser Befund eine Datierung des Briefes längere Zeit nach
der Gemeindegründung aus.

Die Anrede markiert ebenso wie der asyndetische Anschluß den neuen Ansatz         Erklärung
des Gedankens[725]. Das textkritisch umstrittene καί (»und«) stellt dagegen eine   25
engere Verbindung mit dem Vorangehenden her. Denn sachlich kann es sich
nur auf den Gebetswunsch V 24 beziehen, auch wenn dieser nicht ausdrücklich als Gebet bezeichnet ist[726]. Dann muß aber an einen gleichen oder doch
ähnlichen Inhalt des Gebetes gedacht sein. Das ist indessen schwer vorstellbar.
Paulus fordert auch sonst gelegentlich zum Gebet für sich selbst auf, 2Thess
3,1; Röm 15,30–33; 2Kor 1,11; Kol 4,3, vgl. auch Phil 1,19; Phlm 22. In aus-
nahmslos allen Fällen handelt es sich um gezielte Gebete, deren Gegenstand in
einer direkten Beziehung zum Werk des Apostels steht[727]. Man darf annehmen, daß Paulus auch hier um das Gebet der Gemeinde für das Gelingen des
missionarischen Werkes bittet, das er und seine Mitarbeiter betreiben[728]. Damit erweist sich das καί als inhaltlich störend[729].

Durch die Bitte um das Gebet wird die Gemeinde in die Verantwortung für
den apostolischen Dienst hineingezogen; auf solche Weise trägt sie zum Bau
neuer Gemeinden bei. Sie tut es bemerkenswerterweise so, daß sie für den
Apostel und seine Mitarbeiter, nicht für die neuen Gemeinden betet. Die einzige Abhängigkeit, in die Paulus jede neue Gemeinde stellt, ist die von ihrem
Apostel; denn durch ihn empfängt sie das Evangelium. Eine Abhängigkeit
auch nur über das Mittel des Gebets schafft er nicht zwischen den Gemeinden.

Die Formulierung des Grußes kann den Eindruck erwecken, als seien nur eini-       26
ge angeredet, die alle (übrigen) mit heiligem Kuß grüßen sollen[730]. Indessen
handelt es sich um eine Formulierung wie V 14fin[731]. Die Gemeinde ist ihren
Gliedern gegenüber wie eine übergeordnete Einheit vorgestellt, der Weisungen für das Verhalten allen oder auch nur einigen gegenüber aufgetragen werden können. Indem freilich diese Weisungen in der 2. Pers Pl formuliert sind,
zeigt sich, daß die »Gesamtgemeinde« durch ihre Glieder dargestellt wird.

---

[724] Die gleiche Folgerung zieht A. Schreiber, Die Gemeinde in Korinth, 1977 (NTA.NS 12), 45.

[725] Die Stellung der Anrede ἀδελφοί am Anfang häufiger, Röm 10,1; 1Kor 14,20; Gal 3,15; 6,1; Phil 3,13.

[726] Der logisch korrekte Bezug auf V 17 (vgl. Dobschütz 232 Anm. 1) ist kaum realisierbar.

[727] Vgl. auch Hebr 13,18f (wie hier περί, s. auch Kol 1,3; Lk 6,28 [dazu Bauer, Wb. s.v. περί 1f]).

[728] Vgl. Kol 4,3f.

[729] Seine Bezeugung ist zwar gut (p[30] B D* 33 al), das Fehlen aber breiter belegt (p[46] [nach Rigaux 602; in N[26] nicht aufgeführt, obwohl der Text nach Appendix I erhalten ist] ℵ A D[2] F G Ψ 𝔐).

[730] So besonders Masson 79 (»La seule explication naturelle de notre texte, c'est que Paul s'adresse aux dirigeants de l'Eglise«).

[731] Vgl. auch Phil 4,21 (Gnilka, Philipperbrief [s.o. 60 Anm. 203] 181 denkt freilich an »Dienstleistende«, die die Grüße weiterreichen sollen).

Der Gruß ist von hoher Bedeutung für die Herstellung und Bewahrung von Gemein-
schaft[732]. Eindrücklich tritt das in der »Q«-Fassung der Sendungsregeln Jesu Mt 10,12f/
Lk 10,5f entgegen; der Heilswunsch setzt das Heil und verpflichtet beide, Grüßende und
Gegrüßte, auf das Heil. Mt 5,47 stellt das Grüßen neben das Lieben und in sichtliche
Parallele zum Beten (V 44) und fordert es implizit auch dem Feind gegenüber. Das Wort
Jesu gegen die Pharisäer Mt 23,7/Lk 11,42 (Mk 12,38/Lk 20,46) zeigt, daß der Gruß
auch eine Funktion in der Bestimmung der sozialen Stellung hat.

Paulus benutzt den Gruß in erheblichem Ausmaß zur Knüpfung von Verbindungen mit und in seinen Gemeinden. Zwar gibt es für den brieflichen Gruß in
der Epistolographie der vorchristlichen Zeit durchaus Vorbilder[733], aber der
Umfang, in dem Paulus am Schluß seiner Briefe vom Grüßen spricht, ist für
seine Zeit singulär[734]. Offenbar begegnen wir einer charakteristischen Eigenart
des Apostels. Durch die Aufforderung, daß sich alle in der Gemeinde mit einem heiligen Kuß grüßen sollen, werden sie eingewiesen in den Raum des
Friedens, den sie einander nach dem Hören des apostolischen Worts neu gewähren sollen. Eine ganz ähnliche Aufforderung ist Röm 16,16; 1Kor 16,20;
2Kor 13,12 (sowie 1Petr 5,14) ausgesprochen. Nur ist dort sprachlich klarer
ausgedrückt (ἀλλήλους statt πάντας[735]), daß nicht an einen Gruß des Paulus
gedacht ist, sondern an einen solchen, mit dem sich die Gemeindeglieder selbst
untereinander verbinden. Der Gruß des Apostels an die ganze Gemeinde, an
die sich der Brief richtet, wird immer inhaltlich ausgesprochen; es ist der Gnadenwunsch, mit dem der Brief abschließt[736].
Der gemeinschaftstiftende Gruß soll vollzogen werden durch einen heiligen
Kuß. Der Brauch, einander mit heiligem Kuß zu begrüßen, wird offenbar als
bekannt vorausgesetzt. Woher er in den paulinischen Gemeinden stammt, ist
unklar[737]. Aus dem Judentum ist er offenbar nicht übernommen[738]. Vielleicht
geht er auf eine »Einsetzung« durch Paulus selbst zurück, der damit die »Bru-
derschaft« der Christen zu deutlichem Ausdruck brachte[739]. 1Petr 5,14 würde

---

[732]   Vgl. P. Trummer, EWNT I 416.
[733]   Vgl. H. Windisch, ThWNT I 494,32–
495,26 (die religiösen Heilswünsche am Schluß
der orientalischen Briefe, auf die Windisch,
ebd. 495,12–26 verweist, sind mit V 28, weniger mit dem Auftrag und der Ausrichtung von
Grüßen zu vergleichen).
[734]   In den Übersetzungsteilen der LXX ἀσπάζομαι nur Ex 18,7, in den späteren Teilen nicht
eben häufig (ἀσπασμός fehlt ganz).
[735]   So aber auch hier πάντας gemeint, vgl.
Dobschütz 232; Milligan 80; Rigaux 603.
[736]   Entsprechend bezieht sich die Wendung ὁ
ἀσπασμὸς τῇ ἐμῇ χειρὶ Παύλου 1Kor 16,21;
Kol 4,18; 2Thess 3,17 jeweils auch auf den
Gnadenwunsch. Ἀσπάζομαι bei Paulus nie in
der 1.Pers; dagegen Röm 16,22 durch Tertius.
Allerdings läßt Paulus durchaus Grüße ausrichten, besonders gehäuft Röm 16; Kol 4,15

an eine andere Ortsgemeinde und eine Haus-
gemeinde; merkwürdig ist Phil 4,21.
[737]   Vgl. besonders K. Thraede, Ursprünge und
Formen des »heiligen Kusses« im frühen Christentum, JAC 11/12 (1968/69) 124–180; ferner
K. M. Hofmann, Philema hagion, 1938
(BFchTh II 38); G. Stählin, ThWNT IX
116,30–122,15; 124,4–126,4; H.-J. Klauck,
Herrenmahl und hellenistischer Kult, 1982
(NTA.NS 15), 352–356.
[738]   Vgl. Rigaux 604. Vom Judaskuß (Mk
14,44f par) auf einen Brauch im Jüngerkreis Jesu zu schließen, der in die christliche Gemeinde
einging (vgl. dazu G. Stählin, ThWNT IX
138,18–140,11), ist reichlich gewagt.
[739]   Vgl. Goppelt, Petrusbrief (s.o. 50 Anm.
116) 354f Anm. 44. – Zur Bedeutung des Kusses als Besiegelung von Gemeinschaft in der
Antike s. G. Stählin, ThWNT IX 120,14–121,11.

dann mit der Benennung »Kuß der Liebe« (φίλημα ἀγάπης) diesen Charakter zu klarem Ausdruck bringen[740]. Merkwürdig ist freilich die Näherbestimmung durch »heilig« (ἅγιον). Sie mag indessen nicht mehr besagen sollen, als daß alles, was in der Gemeinde der »Heiligen« geschieht, für diese Gemeinschaft selbst heilig ist[741]. Dadurch unterscheidet sich dieser Kuß von allen seinen anderen Arten.

Einen schärferen Sinn bekäme ἅγιος, wenn es sich um mehr, nämlich um einen liturgisch (-sakramentalen) Akt handelte. Der Kuß stellte dann die Einladung zur Mahlfeier der Gemeinde dar und würde »Zeichen und Siegel für die dem Bruder geschenkte und umgekehrt von ihm dankbar empfangene Vergebung« sein, in dem sich die eschatologische Gottesfamilie verwirklicht[742]. Tatsächlich ist der gegenseitige Kuß im Gottesdienst nach dem gemeinsamen Gebet vor der Eucharistie durch Justin[743] bezeugt[744]. Doch besagt das – natürlich – für die paulinischen Gemeinden so gut wie nichts. Aus Form und Anwendung der Aufforderung bei Paulus selbst wird kein besonderer kultischer Ort erkennbar, 1Kor 16,20b stellt jedenfalls keinen erkennbaren Bezug zur Eucharistiefeier her[745]. Ob auf sie 1Kor 16,22f hinführt, mag dahingestellt bleiben; die Wendungen dort gehören zum eigenen Schlußgruß des Paulus (V 21) und stehen mit dem gegenseitigen Gruß der Gemeinde durch den heiligen Kuß jedenfalls in keiner unmittelbaren Beziehung[746].

Mit überraschend starker Betonung fordert der Apostel die Bekanntmachung       27
seines[747] Briefes an alle Brüder[748]. Eine vergleichbare Aufforderung, zumal so

---

[740] Ἀγάπη in 1Petr sonst nur 4,8 für die Liebe zueinander; vgl. auch Thraede, Ursprünge (s.o. Anm. 737) 134.

[741] So Rigaux 604; ähnlich Thraede, ebd. 133; H. Balz, EWNT I 41.

[742] So G. Stählin, ThWNT IX 138,6–15; vgl. auch z.B. Bruce 133f sowie G. Bornkamm, Das Anathema in der urchristlichen Abendmahlsliturgie, in: Ders., Das Ende des Gesetzes, ⁵1966 (BEvTh 16), 123; ebenso Wilckens, Römer III 137; vgl. auch Goppelt, Petrusbrief (s.o. 50 Anm. 116) 355 mit Anm. 45. Wiles, Intercessory Prayers 66f.70 sieht schon die VV 23f auf die Eucharistiefeier hin ausgerichtet.

[743] Apol 65,2 (ἀλλήλους φιλήματι ἀσπαζόμεθα παυσάμενοι τῶν εὐχῶν).

[744] Es ist aber zu beachten, daß er den Kuß nicht mit der Eucharistie, sondern mit dem vorangehenden Stück verbindet; dem entspricht, daß Tertullian den Kuß ein signaculum orationis nennt (De oratione 18,1–5 [CCL 1,267]). – Im Westen (Augustin) wird der Kuß bei der Eucharistie übrigens in aufschlußreicher Weise mit Mt 5,23f verbunden, vgl. G. Stählin, ThWNT IX 141,18–21.

[745] Vgl. auch Thraede, Ursprünge (s.o. Anm. 737) 136–143; differenzierender Klauck, Herrenmahl (s.o. Anm. 737) 356.362f, der an Aufnahme eucharistisch-liturgischer Formeln, nicht aber an eine Herrenmahlsfeier denkt.

[746] Eine sakramentale Funktion hat der Kuß JosAs 19,3(11) (69,25–70,2): Dreimal küßt Joseph die Aseneth und gibt ihr dabei den Geist des Lebens (πνεῦμα ζωῆς), den Geist der Weisheit (πνεῦμα σοφίας) und den Geist der Wahrheit (πνεῦμα ἀληθείας). Doch ist die Stelle textkritisch (vgl. M. Philonenko, Joseph et Aséneth, 1968 [StPB 13], 194f) und überlieferungskritisch (vgl. T. Holtz, Christliche Interpolationen in ›Joseph und Asenech‹, NTS 14 [1967/68] 490f) nicht unangefochten. Sie gehört, mag es sich mit ihrer Herkunft auch wie immer verhalten, in einen anderen Bereich als den, in dem 1Thess 5,26 steht.

[747] Der Artikel vor ἐπιστολήν ist anaphorisch, er verweist auf den vorliegenden Brief (vgl. Bl-Debr-Rehkopf § 252a). Zur Konstruktion des Satzes s. Bl-Debr-Rehkopf § 409 Anm. 7.

[748] Nach E. E. Ellis, Prophecy and Hermeneutic in Early Christianity, 1978 (WUNT 18), 21 (vgl. auch 23) sind hier (und vielleicht schon V 26) besondere Mitarbeiter des Paulus gemeint. Das ist angesichts des häufigen Gebrauchs von ἀδελφοί für die Gemeindeglieder gerade in 1Thess (4,10 ebenfalls mit Artikel nach πᾶς) wenig wahrscheinlich. Bruce 135 weist darauf hin, daß solche »co-workers« als erste den Brief erhielten.

dringlich vorgetragen[749], findet sich bei Paulus nicht wieder[750]. Auch wenn
man die »Beschwörung« nur im Sinne einer dringlichen Bitte versteht[751], muß
sie einen besonderen Grund haben[752]. Am leichtesten würde man sie verstehen, wenn sie tiefergehende Differenzen in der Gemeinde reflektiert: Da Paulus argwöhnt, daß ein Teil der Gemeinde den Brief für sich behält, drängt er
auf seine Bekanntmachung in der ganzen Gemeinde. Aber der gesamte übrige
Brief steht gegen solche Erklärung; er läßt nirgends derartige Spaltungen erkennen. So hängt diese Bemerkung denn doch wohl nur mit der Besonderheit
unseres Briefes zusammen, der ein erster an eine eben gebildete, noch tradi-
tionslose Gemeinde ist, vermutlich sogar der erste apostolische Brief an eine
eigene Gemeinde des Absenders überhaupt. Unmittelbar und zunächst nehmen einzelne oder auch nur einer den Brief in Empfang; man möchte an Leute
aus dem Kreis der Funktionsträger, die 5,12 nannte, denken. Durch den oder
die unmittelbaren Empfänger konnte sein Inhalt auf verschiedenartige Weise
in der Gemeinde bekannt gemacht werden, durch allgemeine Information
über ihn, seine teilweise Verlesung, seine ganze Bekanntgabe an bestimmte
Gruppen, das Anerbieten seiner Lektüre. Paulus drängt darauf, daß der Brief
selbst allen Gemeindegliedern vorgelesen wird[753]. Das kann nicht anders gedacht sein als in der Gemeindeversammlung. Wir müssen davon ausgehen,
daß die kleine, fest aufeinander bezogene, aber im übrigen sozial isolierte Gemeinde in enger Gemeinschaft zusammenlebte und ihr Zusammenleben weitgehend gottesdienstlichen Charakter hatte. In diesem Kontext des gemeindlichen Lebens soll der Brief seinen Platz haben[754]. So wird dem apostolischen
Brief von Anfang an ein gewichtiger Ort angewiesen, ein allererster Schritt in
Richtung auf seine Kanonisierung ist damit getan. Freilich ist die Autorität des
apostolischen Briefes noch ganz an die Situation gebunden, in die hinein er
spricht. So sind denn zahlreiche weitere Schritte notwendig, um die apostolischen Briefe zum bleibenden Kanon der Kirche zu machen[755]. Der Apostel aber

[749] Ἐνορκίζω ist Verstärkung von ὁρκίζω. Es
kommt im biblischen Griechisch außer in einer
v.l. (2Esr 23,25 [= Neh 13,25]) sonst nicht vor,
ist aber überhaupt selten; vgl. J. Schneider,
ThWNT V 465,7–19. Die 1. Pers Sing verstärkt
noch einmal; vgl. 2,18; 3,5 (Anzeichen starker
innerer Beteiligung). Die Folgerung, daß Paulus jetzt selbst schreibt (vgl. Best 246; Bruce
135), ist schwerlich berechtigt.
[750] Kol 4,16 ist nicht vergleichbar; dort geht
es um den Austausch von Briefen zwischen benachbarten Gemeinden.
[751] So Rigaux 605, vgl. auch Dibelius 32;
Bruce 135.
[752] Vgl. die Zusammenstellung von (5) Erklä-
rungsversuchen bei Rigaux 605. Bruce 135 vermutet, Paulus wolle sicherstellen, daß auch die
ἄτακτοι, die vielleicht Gemeindeversammlungen versäumten, den Brief erführen.
[753] Ἀναγινώσκω »vorlesen«, vgl. Bauer, Wb.
s.v. 2. Es wurde ohnehin laut gelesen. Zur Sache

vgl. syrApkBar 86,1(–3).
[754] Daß die Frage der unmittelbaren Brief-
empfänger eine Rolle bei der Formulierung
von V 27 spielt, ist von Masson 79f (vgl. schon
Bornemann 249) richtig gesehen; daß aber
durch die Verlesung die Autorität der Brüder
gestärkt werden soll, ist eine unbegründete
Vermutung. Müller, Prophetie 208 entnimmt
dem Vers, daß sich an die Verlesung des Briefes
die Herrenmahlfeier anschloß; dagegen (freilich ohne Begründung) B. Mengel, Studien
zum Philipperbrief, 1982 (WUNT II 8), 301
Anm. 37.
[755] Ein nächster Schritt ist der Austausch von
Briefen, wie er Kol 4,16 aufgetragen wird, ein
ganz neuer die Produktion apostolischer Briefe
angesichts neuer Situationen, wie es mit Eph
und Past gegeben ist. Danach setzt das Ringen
um das Verstehen ein, wie es 2Petr 3,15f zeigt
(vgl. dazu T. Fornberg, An Early Church in a
Pluralistic Society, 1977 [CB.NT 9], 21–23).

weiß sich von Anfang an seinen Gemeinden gegenüber als eine Autorität, die all den Autoritäten, die sie selbst hervorbringt, bindend gegenübersteht. Vor dem Apostel ist die funktional gegliederte Gemeinde eine Einheit, die seinem Wort unterstellt ist.

Der Schlußsatz enthält den Gruß des Apostels an die Gemeinde: den Wunsch, 28 daß die Gnade Christi mit ihnen sei. Damit ist der konventionelle Schlußgruß des griechischen Briefes »leb(t) wohl« (ἔρρωσο, ἔρρωσθε)[756] durch eine religiös gefüllte Wendung ersetzt. Dieser Gruß baut sich immer auf dem Wunsch auf, daß die Gnade mit den Empfängern sei. Fast stets wird sie als die Gnade Christi näher bezeichnet, auch da, wo weitere Inhalte des Wunsches hinzugefügt werden. Der Form in unserem Brief am nächsten kommt Röm 16,20[757], dann 2 Thess 3,18[758]; am weitesten weicht inhaltlich 1 Kor 16,23f ab, da dort hinter den Gnadenwunsch noch die Zusage tritt, daß die Liebe des Apostels allen zugewendet ist. Diese letzte Form zeigt, wie problematisch es ist, von paulinischer und unpaulinischer Weise der Verwendung zu reden. Vielmehr zeigt sich, daß der kurze, prägnante Schlußgruß weit variationsfähiger ist[759] als die Salutatio im Präskript, die streng an eine Form gebunden ist, die nur eine gewichtige Erweiterung erfährt. Das stützt die Vermutung, daß die Salutatio liturgisch geprägtes Gut aufgreift, der Schlußgruß aber von Paulus relativ frei gebildet ist[760]. Es ist aufschlußreich, daß Hebr 13,25 und Offb 22,21 dem paulinischen Gruß genau folgen[761], während 1 Petr 5,14 (und 3 Joh 15) mit dem Friedensgruß einen eigenen[762], wohl durch jüdische Gepflogenheit bestimmten Weg gehen.

Wie der Apostel zu Beginn des Briefes der Gemeinde die Zuwendung Gottes zusagte, die in der Christusgeschichte gründet, so grüßt er sie zum Abschluß des Briefes mit dem Wunsch, daß die Gnade unseres Herrn Jesus Christus mit ihr sei und das Leben ihrer Glieder trage. Mit dem Friedenswunsch, in dem der Friede auf seinen Grund in der Gnade zurückgeführt ist, beschließt der Apostel das Wort an seine Gemeinde.

[756] Vgl. im NT Apg 15,29 (23,30 v.l.); bemerkenswerterweise auch bei Ignatius durchweg ἔρρωσθε, freilich »christlich« aufgefüllt. Weitere Belege bei Bauer, Wb. s.v. ῥώννυμι.
[757] Es fehlt nur Χριστοῦ.
[758] Ὑμῶν ist durch vorgesetztes πάντων leicht verändert.
[759] Vgl. die Zusammenstellung bei Rigaux 606; O. Roller, Das Formular der paulinischen Briefe, 1933 (BWANT 58), 114f sowie Tabelle 4 am Schluß des Buches von Roller.
[760] Vgl. W. Grundmann, ThWNT VII 777,16–778,17 zu möglichen Zusammenhängen mit der (atl.) Zusage Gottes, »mit euch« zu sein.
[761] Vgl. auch 1 Cl 65,2.
[762] Vgl. das Urteil von Brox, 1. Petrus 248 über 1 Petr 5,14b: »weder paulinisch noch deuteropaulinisch«.

# Ausblick

## I. Wirkungsgeschichtliche Anmerkungen

1. Die eigentliche Wirkungsgeschichte des Briefes, die eine geistliche ist und ihren Ort in dem von seinem Wort getroffenen Menschen hat, ist verborgen. Ob sie groß war oder klein – wir wissen es nicht, und wenn wir es wüßten, so vermöchten wir es nicht zu gewichten. In der theologischen Auseinandersetzung der Kirche hat der Brief nicht zu den umkämpften Schriften des Neuen Testaments gehört. Die Aufmerksamkeit, die ihm galt, war nur begrenzt. So kommt eine ausführliche Präsentation der Auslegungsgeschichte der beiden Thessalonicherbriefe zu dem Urteil, daß sich »im allgemeinen . . . der Eindruck einer weitgehenden Übereinstimmung zwischen den kirchlichen Zeitaltern, Konfessionen und Richtungen geltend« macht[763]; als besonderes Beispiel durchlaufend übereinstimmenden Verständnisses kann dabei auf 1 Thess 5,1–11 verwiesen werden[764]. Es ist für die gegenwärtige Situation der Exegese charakteristisch, daß dieses Urteil heute nicht mehr uneingeschränkt aufrechterhalten werden kann[765]. Theologisch scharf umstritten aber, wie etwa 2 Thess 2,1–12[766], zeigt sich kein Abschnitt unseres Briefes.

Das heißt freilich nicht, daß nicht auch mit Berufung auf seine Sätze theologische und konfessionelle Kontroversen ausgetragen worden wären. Offensichtlich aber sind solche Kontroversen aus keiner der Stellen selbst und einem unterschiedlichen Verständnis von ihnen erwachsen, sondern sind allemal als vorgegebene an sie herangetragen.

2. Eine enorme theologische Wirkungsgeschichte hätte der 1 Thess als ganzer freilich gehabt, wenn die gegenwärtig verbreitete und auch in dieser Kommentarreihe von Wolfgang Trilling glänzend vertretene Ansicht zu Recht bestünde, daß der 2 Thess ein Pseudepigraph sei[767]. Das entscheidende Problem, das so eine Lösung findet, ist das literarische Verhältnis zwischen 1 Thess und 2 Thess. Der 2 Thess ist eine beabsichtigte Nachahmung des 1 Thess; er ist in

---

[763] Bornemann 707.
[764] Bornemann 708.
[765] S.o. 26f (Einleitung).
[766] Vgl. dazu Trilling, 2. Thessalonicher 94–109; ders., Antichrist und Papsttum, in: Begegnung mit dem Wort, FS H. Zimmermann, hrsg. J. Zmijewski / E. Nellessen, 1980 (BBB 53), 250–271.

[767] Umfassend zu begründen unternommen von W. Trilling, Untersuchungen zum 2. Thessalonicherbrief, 1972 (EThSt 27); durchgehend die exegetische Grundlage in Trilling, 2. Thessalonicher; vgl. auch Wikenhauser/Schmid, Einleitung 404–409.

seiner Form, die aber natürlich eine eminente sachliche Bedeutung hat, durch den 1Thess gewirkt. Freilich ist der Zweck dieser Nachahmung umstritten.

Eine radikale Antwort auf die Frage danach nimmt an: Der 2Thess will die Wirkungsgeschichte des 1Thess beenden, indem er ihn ersetzen soll[768]. Der 1Thess hätte danach als seine eigene Widerlegung den 2Thess hervorgebracht, gleichwohl aber sich mit unverminderter Geltung in der gesamten Kirche neben seiner Rücknahme behauptet. Diese Ansicht ist mit Recht zurückgewiesen worden[769].

Als eine Art erste, tiefgreifende Auslegung des 1Thess begreift eine andere Meinung den 2Thess. Sie sieht in ihm die Zurückweisung einer bestimmten Auffassung über die Eschatologie bzw. Naherwartung, die der 1Thess ermöglichte, und findet darüber hinaus in ihm eine weiterführende Unterweisung zu diesem Gegenstand aus und für eine Situation, die durch Jahrzehnte von der des 1Thess getrennt ist[770]. Da der 2Thess als Pseudepigraph kein Brief sein kann, der tatsächlich mit Thessalonich etwas zu tun hat, vielmehr eher weit von Thessalonich weg zu lokalisieren ist[771], setzt er die volle apostolische Autorität und eine breite und tiefgehende Wirkung des 1Thess voraus.

Von diesen Konsequenzen her aber erwachsen gravierende Fragen an die Annahme des pseudepigraphischen Charakters von 2Thess. Es ist schwer begreiflich, daß das besondere Problem der Parusieerwartung des 1Thess, nämlich die Gewißheit des Paulus, die Parusie lebend zu erfahren, in seiner »Korrektur«, dem 2Thess, gar keine Rolle spielt; es hat in der Alten Kirche von dem ersten erhaltenen Kommentar an, dem des Origenes[772], alle folgende Auslegung beschäftigt[773]. Noch problematischer ist die Voraussetzung, daß in der in Frage stehenden Zeit nicht nur die Person des Briefschreibers Paulus als bindende apostolische Autorität angesehen wird, sondern daß ein einzelner Paulusbrief, der 1Thess, in einer Gemeinde oder Provinz, die weit von dem ursprünglichen Empfängerort entfernt ist, eine solche Autorität hat, daß er in Form und Inhalt zum Zwecke seiner Interpretation und Weiterführung nachgemacht wird, und das in einer erstaunlich raffiniert-genauen Weise. Ein solcher pseudepigrapher 2Thess würde sich fundamental von Eph und den Pastoralbriefen unterscheiden, die zwar auch den Briefschreiber Paulus als apostolische Autorität voraussetzen, nicht aber einen einzelnen Paulusbrief[774].

Auch die Annahme, ein wichtiger Zweck des pseudepigraphen Briefs sei die Untermauerung der apostolischen Autorität der paulinischen (brieflichen)

---

[768] So A. Lindemann, Zum Abfassungszweck des Zweiten Thessalonicherbriefes, ZNW 68 (1977) 35–47.
[769] S. Trilling, 2.Thessalonicher 24 Anm. 21.
[770] So Trilling, 2.Thessalonicher 25, der die Annahme, es handle sich um eine bloße Korrektur von 1Thess, für ungenügend hält.
[771] Vgl. Trilling, 2.Thessalonicher 25–28.
[772] Das erhaltene Fragment, das 1Thess

4,15ff betrifft, ist abgedruckt bei Bornemann 547–550.
[773] Daß vergleichbare Fragen schon in der ntl. Zeit entstanden, zeigt Joh 21,22ff.
[774] Zwar ist der Eph vom Kol abhängig (vgl. z.B. Schnackenburg, Epheser 26–30), aber er stellt das gerade nicht heraus, um sich damit apostolische Geltung zu verschaffen; Eph ahmt Kol in der Form bezeichnenderweise nicht nach.

Weisungen[775], will nicht überzeugen. Denn gerade als pseudepigraphe Nachahmung von 1Thess begründet der Brief die paulinische Autorität nicht, sondern setzt sie voraus. Das ist ja die Bedingung seiner Entstehung. So reflektiert er, im wiederum fundamentalen Unterschied zu Eph und Past, auch nicht das Problem der Verlängerung der paulinischen Autorität in eine veränderte Zukunft hinein.

Es sind diese Gegebenheiten, die der Annahme, 2Thess sei ein pseudepigrapher Brief und damit ein erster, dann selbst kanonisch gewordener Zeuge für die Wirkung des 1Thess, hartnäckig Widerstand leisten. 2Thess gehört doch wohl nicht in die Wirkungsgeschichte von 1Thess, sondern in die Geschichte des Paulus mit seiner Gemeinde in Thessalonich, trotz aller Schwierigkeiten, die seine literarische Gestalt dem Verständnis zweifellos bereitet[776].

3. Wo einzelne Stellen des Briefes in der Auslegung eine besondere theologische oder konfessionelle Gewichtung erfahren, sind sie doch nur Aufhänger für vorgegebene Gedanken, wenn auch mit bisweilen erstaunlicher Kontinuität und Zähigkeit. So beutet schon Theodor von Mopsuestia 1Thess 1,9 trinitarisch aus, indem er aus der Rede von dem »lebendigen und wahren Gott« im Gegensatz zu den Götzen folgert, daß weder über den Vater unter Absehung vom Sohn noch über den Sohn unter Absehung vom Vater geredet werden kann[777]. Solche trinitarische Ausdeutung der Stelle findet sich dann wieder in der reformierten Exegese des 16. und 17. Jhs. Hieronymus Zanchi (1516–1590) liest aus 1,9f die Trinitätslehre heraus (tres personae, una essentia)[778], Wolfgang Musculus (1497–1563) leitet eine vollständige Christologie aus der Stelle ab[779], und Johann Crocius (1590–1659) sieht zwar, daß in 1,9 und 1,10 der Vater und der Sohn getrennt genannt sind, hebt aber hervor, daß immer, wenn vom Vater geredet wird, die ganze Trinität einbegriffen sei[780]. Es ist offensichtlich der Druck einer in der Alten Kirche begründeten Tradition, der an dieser Stelle zu trinitarischen Aussagen führt.

Interessanter und wichtiger, wenn auch nicht weniger künstlich ist eine christologische Kontroverse zwischen reformierten und lutherischen Theologen des 16./17. Jhs., die über 1Thess 4,16f ausgetragen wird. Bei dem eben genannten reformierten Kommentator Wolfgang Musculus begegnet an dieser Stelle eine Polemik gegen die Ubiquitätslehre der Lutheraner, die mit ihrer Hilfe die Wiederkunft Christi nicht räumlich, sondern dynamisch verstanden und damit nicht nur die universale Bedeutung Christi hervorkehrten, sondern auch dem Kopernikanischen Weltbild entsprechen wollten[781]; in gleichem Sinne be-

---

[775] Vgl. Trilling, 2.Thessalonicher 25.152f; schon G. Dautzenberg, Theologie und Seelsorge aus paulinischer Tradition, in: Gestalt und Anspruch des Neuen Testaments, hrsg. J. Schreiner, Würzburg 1969, 96–119 sieht im 2Thess die apostolische Autorität besonders betont.

[776] Zur Möglichkeit, 2Thess als Paulusbrief zu begreifen, s. Kümmel, Einleitung 228–232.

[777] Text bei Cramer, Catenae (s.o. Anm. 675)

348; vgl. auch Bornemann 554; H. B. Swete, Theodori episcopi Mopsuesteni in epistolas B. Pauli commentarii, 2 vol., Cambridge 1880 und 1882.

[778] S. Bornemann 593 (über Zanchi s. den schönen Artikel von [C. Schmidt –] J. Ficker in: RE³ 21, 607–611).

[779] S. Bornemann 595.

[780] S. Bornemann 625.

[781] Vgl. Bornemann 588.596.

tont der orthodoxe Reformierte Hieronymus Zanchi, daß der Himmel nicht überall sei, sondern lokalisiert über der Luft[782]. Demgegenüber vertritt der Lutheraner Friedrich Balduinus († 1627) – allerdings nicht zu 1Thess 4,16f, sondern zu dem gleichfalls traditionell theologisch aufgeladenen Vers 1,10 – mit der Ubiquitätslehre das Kopernikanische System[783]. Auch hier ist die Wahl des Schriftwortes, über dem die Streitfrage verhandelt wird, gleichsam beliebig; es ist gleichwohl reizvoll zu sehen, wie die theologische und die mit ihr verbundene weltanschauliche Diskussion sich in der Exegese der Schrift niederschlägt.

Einige Stellen des Briefes haben in der protestantisch-katholischen Auseinandersetzung eine verfolgbare Tradition. So wird der Gebrauch von 1Thess 4,11 gegen das katholische Mönchswesen, der sich öfter bei protestantischen Exegeten findet, gleich von dem ersten reformatorischen Erklärer des Briefes, Johannes Bugenhagen (1485–1558), schon 1525 vorgetragen[784]. Dem tritt – natürlich – die katholische Exegese mit einer Verteidigung dieser Einrichtung an gleicher Stelle entgegen[785]. Schließlich soll noch auf den Kampf gegen das katholische Verbot der privaten Bibellektüre hingewiesen werden, der von protestantischer Seite über 1Thess 5,(20.)27 geführt wird[786]. Aber auch in diesen Fällen handelt es sich nicht um tatsächliche Wirkungsgeschichte der Stellen selbst; sie sind nur Werkzeug, mit dem Wirkung erzeugt werden soll.

4. Selbst die Stelle 4,4f, die mit der Frage des Gebrauchs der Sexualität in der Ehe einen Gegenstand behandelt, der in der Geschichte der Kirche eine hohe Bedeutung hat, entfaltet erkennbar nur eine sehr begrenzte Wirkungsgeschichte. Zu einem Teil liegt das natürlich daran, daß ein mächtiger Zweig der Exegese die Wendung »das eigene Gefäß« (τὸ ἑαυτοῦ σκεῦος) auf den Leib bezieht; damit aber ordnet sich die Stelle ein in eine gewichtige Reihe anderer, die zu sexueller Gezügeltheit allgemein mahnen, so daß sie keine hervorgehobene Bedeutung einnimmt. Wird »Gefäß« (σκεῦος) aber im Sinne von »Ehefrau« verstanden, dann macht das Wort den Gebrauch der Sexualität in der Ehe fest und begrenzt ihn scheinbar mit V 5 zugleich in entscheidender Weise. So hat die Stelle Theodor von Mopsuestia verstanden: Man soll nur die eigene Frau haben, vor allem aber soll man nicht der sexuellen Lust, sondern allein der Zeugung willen mit ihr verkehren[787]. Chrysostomos widmet der Stelle eine Predigt (hom. V) über das geschlechtliche Leben[788].

Auffällig ist, daß unsere Stelle bei Luther im Zusammenhang seiner Stellungnahmen zum sexuellen und ehelichen Leben so gut wie gar keine Rolle spielt;

---

[782] Bornemann 594; vgl. auch zu Joh. Crocius ebd. 627.

[783] S. Bornemann 630.634.

[784] S. Bornemann 578: Bugenhagen folgt Matthias Flacius (1520–1575) (Bornemann 576) und F. Balduinus (Bornemann 635).

[785] So Guil. Estius († 1613) (s. Bornemann 604) und Bernardinus a Piconi (1703) (s. Bornemann 608).

[786] So Joh. Piscator (1546–1625) (Bornemann 620); Joh. Crocius (Bornemann 627); Georg Calixt (1586–1656) (Bornemann 637) und Joachim Lange (1729) (Bornemann 642).

[787] Cramer, Catenae (s.o. 261 Anm. 675) 358.

[788] PG 62, 423–428.

beherrschend ist 1Kor 7[789]. Darin dürfte sich die traditionelle Gewichtung der Schriftbelege reflektieren. Nur ganz beiläufig und geradezu zurückdrängend wird 1Thess 4,4f in der Schrift »Vom ehelichen Leben (1522)« erwähnt. Luther warnt, unter Verweis auf 1Kor 7,9 und 2, vor gesetzlich festgeschriebenen Zeiten der Enthaltsamkeit. »Wie wol nu Christliche eheleutt yhre leybe sollen nicht lassen regirn in der suche bosser lust, wie Paulus den Thessalonicher schreybt«, so muß doch ein jeglicher sich prüfen, daß er sich nicht mit seiner Enthaltsamkeit der Gefahr der Hurerei oder anderer Sünde aussetzt[790]. In seinen beiden direkten Äußerungen zu 1Thess 4[791] deutet er »Gefäß« auf den Leib und bezieht in der Fastenpostille 1525 den Satz auf »hurerey und unkeuscheyt ausser dem ehestande«; in der Predigt zu Reminiscere 1539 geht er allerdings kurz auf ein züchtiges Eheleben ein (WA 47,673f).

Der große Vertreter der lutherischen Orthodoxie, Johann Gerhard (1582–1637), behandelt in seinen »Loci theologici« auch das Thema, wie Eheleute sexuell miteinander umgehen sollen (ne furori libidinis more gentilium vel bestiarum indulgeant[792]). Dabei bezieht er sich ausführlich und vorrangig auf 1Thess 4,3–5. Freilich diskutiert er auch die Unsicherheit bezüglich des Verständnisses von »Gefäß«, neigt aber deutlich dem als »Frau« zu.

Die geringe Wirkung der Stelle zeigt schließlich der Blick in die maßgebliche theologische Literatur der Gegenwart. In der »Kirchlichen Dogmatik« von Karl Barth wird 1Thess 4,4 nur einmal mehr beiläufig herangezogen[793], im Zusammenhang einer Wertung der Ehe allgemein[794]. Bei der Behandlung der sexuellen und Ehefragen in der »Theologischen Ethik«, Band III, von Helmut Thielicke spielt 1Thess 4 gar keine Rolle. Allemal ist 1Kor 7 der Text, der das Interesse und die Beachtung auf sich zieht.

5. Eine intensivere Durcharbeitung der einschlägigen Literatur der Kirche könnte gewiß noch manche interessante Entdeckung zum Gebrauch und zur Wirkung von 1Thess bringen. Kaum aber würde sie an dem Urteil Entscheidendes ändern können, daß die literarisch nachweisbare Wirkung des Briefes nur vergleichsweise gering war. Daß er gleichwohl eine geistliche hatte und haben wird, dessen dürfen wir gewiß sein.

---

[789] Vgl. zusammenfassend M. E. Schild, TRE IX 337–339.345f (Lit.!).

[790] WA 10 II, 292. Gar nicht erscheint 1Thess 4 in »Das siebente Kapitel S. Pauli zu den Corinthern. 1523« (WA 12, 101–103); die Bemerkung über die Ehepflichten: »Eyn Christlicher mensch wirt sich selbs hyrynnen wol wissen zu hallten, das er messig fare« nimmt nicht darauf Bezug; die Abhandlung insgesamt mahnt zur Erfüllung der Ehepflichten.

[791] Fastenpostille 1525, WA 17 II, 197–200 und Nachmittagspredigt zu Reminiscere 1539 (2. 3. 1539), WA 47, 671–678.

[792] Tom. VII Cap. VIII (= Loc. 25) § 435.

[793] Kirchliche Dogmatik III/4, 161.

[794] Barth übersetzt 1Thess 4,4: »daß (vielmehr) ein jeder sich seine eigene Frau (wörtlich: τὸ ἑαυτοῦ σκεῦος, d.h. seinen eigenen Leib) gewinne in Heiligkeit . . .«.

## II. Geistliche Aspekte

1. Der Brief berührt durch die Unmittelbarkeit und Intensität der Beziehungen zwischen Apostel und Gemeinde, die aus ihm zu uns sprechen. Der Theologe Paulus tritt uns als ein ganz seiner noch schwachen Gemeinde Zugewandter entgegen. Er hat darüber seine Theologie nicht vergessen, doch sie äußert sich vor allem in seelsorgerlichem Zuspruch. Die Zuwendung zur Gemeinde ist total. Jede Äußerung, die der Apostel macht, jede Regung, die der Brief erkennen läßt, ist auf die Gemeinde und ihr Leben in Christus gerichtet. Dabei geht der Konzentration in der Sache ein beeindruckender Reichtum des Gefühls einher. Überströmender Dank und Freude beherrschen die Gegenwart, hervorbrechend aus der gelösten Sorge um das unbekannt-gefürchtete Schicksal der Gemeinde, von der getrennt zu sein der Apostel als ein Verwaistsein empfindet.

Aufbau und Begleitung einer Gemeinde erfordern auch heute den Menschen ganz, der sich zu solcher Aufgabe berufen weiß. Handeln im Dienst des Evangeliums ist nicht ein »Job« wie alle anderen, der eine Entfaltung auch in anderen Bereichen des menschlichen Daseins gestattet oder sogar erst ermöglicht. Der Diener des Evangeliums entfaltet sich gerade so mit allen Seiten seines Wesens, daß er sich ganz diesem Dienst hingibt. Angesichts einer heutigen Einstellung kirchlicher Mitarbeiter zu ihrem Dienst ist die Konfrontation mit der paulinischen Hingabe an das Evangelium eine spannungsreiche Erfahrung. Der ungeteilten Hinwendung zum Dienst an der Gemeinde geht parallel eine scharfe Herausstellung der Eigenart dieses Dienstes, die sich streng gegen jeden Verdacht der Unredlichkeit des Zeugen und seines Auftretens wendet. Dahinter wird der Versuch sichtbar, das Auftreten des Paulus einzureihen in die bekannte Erfahrung umherziehender Prediger und Lehrer, um ihm damit die Glaubwürdigkeit zu nehmen. Paulus nennt bemerkenswerterweise diesen Hintergrund nicht direkt, er setzt sich aber unmißverständlich von den Advokaten heilen Lebens ab. Er selbst mißt sich gar nicht erst, auch nicht negativ, an den geistigen Verführern seiner Zeit, er stellt sich ihnen mit der Lauterkeit seines Weges entgegen. Der Einzigartigkeit und der Andersartigkeit der Botschaft entspricht die Fremdheit des Boten in der Welt. Nicht Weltförmigkeit, sondern Evangeliumsentsprechung ist der Lebensstil dessen, der Christus verkündigt. Darüber nachzudenken kann sich als fruchtbar, wenn auch erschreckend erweisen. Der Bote des Christus soll gewiß nicht das Leiden herausfordern und den Verzicht suchen; aber die Unwilligkeit zu leiden und das Pochen gegenüber Gemeinde und Welt auf das Recht zur eigenen Entfaltung gleich allen anderen muß sich angesichts unseres Briefes (bes. 2,1–12) auf seine Angemessenheit befragen lassen. Über allen Wandel der Geschichte hinweg und unter gebührender Berücksichtigung der singulären Position eines Paulus kann sein Weg dem Selbstverständnis derer, die zum Dienst am Evangelium gerufen sind, gewichtige Anstöße vermitteln.

2. Wichtig ist die Art, wie Paulus seine Gemeinde sieht und beurteilt. Wir ha-

ben keine Kenntnis von der Größe paulinischer Gemeinden. Vermutlich nei-
gen wir dazu, sie uns erheblicher vorzustellen, als sie tatsächlich waren. Die sehr
junge Gemeinde in Thessalonich müssen wir uns wahrscheinlich als wirklich
klein vorstellen, ihre wenigen Glieder als eher bescheidene Leute mit be-
schränkten Lebensmöglichkeiten und -erfahrungen. Dieses Häufchen eben be-
kehrter Christen preist der Apostel in hohen Tönen. Ihr Glaubenswerk, ihre
Liebesmühe, das Durchhaltevermögen ihrer Hoffnung sind Gegenstand des
Dankes an Gott, ebenso ihre Nachgestaltung des Apostelweges vorzüglich in
der Bewältigung des Leidens; erfahrbar ist in ihnen das Wort Gottes wirksam
geworden, sie leben nach den Weisungen des Apostels, die Bruderliebe bewähren sie umfassend. Gewiß sind daneben »Mängel« des Glaubenslebens nicht
übersehen (3,10), aber sie sind doch nur Unvollkommenheiten, die zu beheben
sind – durch den vorliegenden Brief (das ist eine Funktion seines zweiten Teils,
4,1–5,24) oder durch die fernere Verbindung mit dem Apostel.
Unsere Augen sind solches Sehen nicht mehr gewohnt. Wir nehmen, kritisch
gebildet, viel eher die Schwächen und Mängel wahr und machen sie zur
Grundlage der Analysen und Strategien. Allerdings ist unser geschichtlicher
Standort ein anderer. Paulus sieht die Gemeinde, die im Werden begriffen ist
und sich zur Durchdringung der Welt anschickt; wir sehen die Gemeinde, die
schrumpft und aus der Welt zurückgedrängt wird. Nur ist die Geschichte kein
schicksalhafter Prozeß, sondern ein Geschehen, das durch uns beeinflußt und
bewältigt werden will. Wir müssen fragen, ob der Blick, der in der kümmerli-
chen und fragwürdigen Gemeinde, die wie ein verlorenes Trümmerstück im
Strudel der sie umgebenden Welt treibt, die Gottesgemeinde in einer zu Ende
gehenden Welt heranreifen sieht, nur illusionär oder nicht vielmehr schöpfe-
risch war. Und müssen nicht auch wir einen schöpferischen Blick gewinnen,
wenn wir als ihre Glieder die Gottesgemeinde in die Zukunft hinein lebendig
erhalten wollen? Ohne das Wagnis, und sei es vernunftwidrig, in der Spärlich-
keit und dem Ungenügen heutiger Kirche die Kraft zur Zukunft zu erkennen,
werden wir blind für das Handeln Gottes, vermögen wir nicht mehr die eigentliche Wirklichkeit der Gemeinde wahrzunehmen. Was die Kraft des Glaubens
einfacher Menschen in bedrängtester und beschränktester Lage für die Zukunft der Kirche vermag, ist auch in unserer Zeit eindrücklich erfahrbar.
3. Eine bestimmende Wirklichkeit der Kirche ist das Leiden. Das nimmt in der
Erinnerung des Apostels an den Weg der Gemeinde einen wichtigen Platz ein,
aus der Gewißheit darum erwuchs sein Sorgen um sie. Man sollte diese Notwendigkeit nicht dadurch beschränken, daß man das Leiden an einem sehr
strengen Maßstab mißt und nur offene Verfolgung und Tod dazu zählt. Dann
kann es sich nur noch gleichsam in Stellvertretung für die ganze Kirche ereignen, diejenigen aber, die nicht in eine stellvertretende Situation gestellt sind,
von seinem Zugriff befreit sein. Schon das Leiden der Thessalonicher war offenbar nicht von solcher massiven Art. Es tritt viel eher auf in der sublimeren
Gestalt der sozialen Desintegration und der ihr folgenden Diskriminierung,
wozu sich der erzwungene oder erforderliche Verzicht auf breite Bereiche der

Lebensentfaltung in der Umwelt gesellt. Der Commonsense auf dem Gebiet der Sexualität und des Besitzes ist noch lange kein gültiger Maßstab für den Christen, so überzeugend er auch von den Zeitgenossen begründet werden mag und sosehr auch mit seiner Zurückweisung die Außenseiterrolle verbunden sein kann. Natürlich ist dem Christen nicht die permanente Kollision mit der Umwelt abgefordert. Ohne sie aber wird er nicht leben können, wenn er in der Nachfolge des Herrn bleiben will. Schon die Ausschließlichkeit seiner Bindung an das eine Evangelium ist einer Welt unerträglich, die nur sich selbst kennt und, weil sie wesenhaft geschichtlich ist, damit nur eine geschichtlich relativierte Bindung an ihr wechselndes Verständnis von sich.

Die Situation heute ist darin von der des Briefes nicht sehr geschieden; Skeptizismus und Unverständnis gegenüber ausschließenden Bindungen beherrschen damals wie heute das intellektuelle Leben. Entschiedenheit hat in solchem geistigen Klima ausgrenzende Folgen, wobei der Anstoß weniger in der konkreten inhaltlichen Entscheidung als vielmehr in dieser selbst liegt. Den Wert des christlichen Glaubens bestreitet fast niemand, die ausschließliche Bindung an ihn ist das Ärgernis.

4. Paulus ruft die Gemeinde, bei sich selbst zu bleiben und zu sich zu finden. Der Bezug zur nichtchristlichen Gesellschaft tritt nur am Rande in den Blick. Fast wie beiläufig erscheint der Gebetswunsch um die Fülle der Liebe untereinander und zu allen (3,11); nicht das Gesetz der Vergeltung, sondern das Streben nach dem Guten füreinander und für alle soll die Gemeinde bestimmen (5,15); die Mahnung zu einem ordentlichen Lebenswandel faßt auch die Wirkung auf die Außenstehenden in den Blick (4,12). Sonst aber geht es um den Glauben, die Liebe und die Hoffnung in der Gemeinde, um die Stabilisierung ihrer sich bildenden Struktur, um die Korrektur und die Integration ihrer Außenseiter, um die Entfaltung der Freude, des Gebets und des Danks, um das geistliche Leben (5,12–22). Der Dank des Apostels gilt dem Werden der Gemeinde, seine Gebetswünsche haben ihre Vollendung zum Inhalt (3,11–13; 5,23).

Wir fürchten für unsere Kirchen die Gefahr der Introvertiertheit. Öffnung zur Welt, Kirche für andere, missionarische Struktur, das sind ekklesiologische Leitbegriffe der Gegenwart, jeder Selbstbezug der Kirche aber will uns in den Verdacht des Verrats am Zeugendienst Jesu geraten. Nun ist unsere Situation auch in diesem Bereich gründlich anders als die der paulinischen Zeit. In ihr war das werdende Christentum eine kaum wahrnehmbare Randerscheinung, für die gesellschaftlichen Entscheidungsträger eine nebensächliche Erscheinungsform orientalischer Religiosität. Die Gemeinde selbst war mit ihrem eigenen Werden beschäftigt, bereits beheimatet in einer kommenden Welt, deren alsbaldiges Erscheinen alle geschichtlichen Strukturen aufheben würde. Indessen bleibt bedenkenswert, daß diese Gemeinde, die keine Geschichte mehr vermutete, Geschichte fand und schließlich die Geschichte entscheidend mitgestaltete. Wir haben diese Wirkungsgeschichte im Rücken und sind durch sie zu eigener und bewußter Geschichtsgestaltung beauftragt. Gleichwohl gibt uns unser Brief als ein Ausgangspunkt unseres Glaubens auf, den Bezug auf die eigene Gemeinde und ihr Leben als das Fundament alles christlichen Seins und Wirkens zu begreifen. Verliert die Gemeinde sich selbst, dann verliert sie auch die Fähigkeit, ja schon die Möglichkeit, in die Welt hinein zu wirken, geschichtliche Strukturen zu gestalten, Liebe in der Gestalt der Gerechtigkeit sozial wirksam werden zu lassen.

Weil wir zuerst uns als gerettete Gerichtsverfallene begreifen dürfen, vermögen wir der Welt bei Schritten durch ihre gefährdete Geschichte zu helfen, ohne der Frustration, dem Zynismus oder der Intoleranz ausgeliefert zu sein. Was wir nicht in der Gemeinde leisten, das werden wir auch nicht in der Welt leisten. Leben nach dem Evangelium wird erfahren und eingeübt im Hören auf das Wort Jesu; es ist vernehmbar in der Gemeinde, dort auch zunächst in seiner Realisierung erlebbar. Ist das das heile Leben, dann nimmt es auch für die Welt immer wieder neu von dort her seinen Ausgang.

5. Die inhaltliche Forderung an das Handeln, die unser Brief stellt, ist einfach. Doch ist solche Einfachheit die Signatur des Elementaren. Sie hat nicht die Weltveränderung im Blick, sondern das heile Leben. Daß dessen Verwirklichung im konkreten Vollzug unendlich schwierig ist, wird auch Paulus gewußt haben. Er hat aber auch gewußt, daß sie sich auf einigen elementaren Grundstrukturen aufbaut. Im Wortsinn grundlegend ist die gegenseitige Liebe. Die Zuwendung zum Mitmenschen und seine Annahme sind die Grundbedingung heilen Lebens; daran hat sich auch heute nichts geändert. Die Explikation solcher fundamentalen Bedingung auf die Gebiete des Sexuellen und des Besitzes erfaßt die entscheidenden Punkte, an denen menschliches Leben gefährdet ist. Das Machtstreben fehlt, weil es im Liebesgebot grundsätzlich aufgefangen ist. Wer im Bereich der Geschlechterbeziehungen und des Besitzes das Recht des anderen dem eigenen Recht gleich achtet und nicht nur seine, sondern ebenso die Erfüllung des anderen sucht, der tut Schritte auf das heile Leben zu. Das Leben des Menschen neben uns hängt an solchen kleinen Schritten. Ihr Vollzug ist durch die jeweilige geschichtliche Situation bestimmt. Ihn vermag uns niemand abzunehmen; das ist der Preis unserer Freiheit zum geschichtlichen Leben.

6. a) Als sachliches Thema des Briefes tritt die Frage nach der Zukunft hervor. Zunächst ist es die für das Leben nicht zu bewältigende Wirklichkeit des Todes, die der Brief erörtert. Die Thessalonicher haben einen wesentlichen Punkt christlicher Verkündigung bemerkenswert genau begriffen. Der Tod ist ein wirkliches Ende des Lebens. Diese realistische Sicht ist alles andere als selbstverständlich, gleichwohl aber wahr. Paulus widerspricht ihr denn auch in keiner Weise. Daß aber dieses Ende nicht das letzte Wort Gottes zum Leben ist, das ist nicht deduzierbar oder gar aus irgendeiner Erfahrung abzuleiten. Die Gewißheit darum gründet allein in dem Handeln Gottes, von dem das christliche Bekenntnis redet. Weil Jesus durch den Tod hindurch in der Auferstehung entgrenztes Leben empfing, deshalb haben Christen Hoffnung, d. h. Zukunft. Der Gott, dessen wir im Glauben an Christus gewiß sind, ist ein solcher, der

das Ende des Lebens im Tod durch sein schöpferisches Handeln aufzuheben vermag.

Daß das real und temporal-futurisch gemeint ist, zeigt die Entfaltung der Zukunftserwartung durch das Herrenwort und die apokalyptische Tradition (4,15–17). Das Herrenwort entnimmt die Hoffnung der Bedingung durch die Geschichte; Gottes endgültiges Heilshandeln ist total, es erfaßt alle in der gleichen radikal verändernden Weise. Die apokalyptische Verdeutlichung will solches Geschehen jenseits der Geschichte anschaulich machen. Daß das nicht wirklich möglich ist, haben wohl auch schon solche gewußt, die es doch auf diese Weise versuchten. Uns ist solche apokalyptische Veranschaulichung fremd geworden; es täte unserer Verkündigung aber sicher gut, wenn wir neue und eigene Formen der Veranschaulichung unserer Hoffnung fänden. Sie müßten freilich das ganz Andersartige aller Verwirklichung der eschatologischen Hoffnung erkennbar sein lassen. Die Hereinholung der geistigen Wirklichkeit in unser Wirklichkeitsverständnis ist dafür vermutlich eine wichtige Voraussetzung. Die Hoffnung auf Zukunft als Grundbefindlichkeit des Lebens findet gegen alle augenscheinliche Möglichkeit das Ja Gottes; das ist die Grundzusage des Evangeliums.

6. b) Aus dieser Botschaft entfaltet sich die andere, daß die Zukunft des Lebens nicht eine erst kommende und damit in Wahrheit weltenferne ist. Wann sie vollkommene Wirklichkeit sein wird, weiß allerdings niemand. Die Sicherheit des Lebens, die Unausdenklichkeit eines Endes, die Gewißheit um die eigene Wirkung, dies alles sind Vorboten solchen Endes; denn nur auf seinen Tod läuft schließlich doch alles Leben hinaus. Dennoch ist das Leben nicht das leere Vorspiel des Todes, das nicht weiß, ob es endlich auf nichts oder alles stoßen wird. Die Wirklichkeit des Endes greift schon jetzt in das Leben ein. Jeder Zuspruch von Vergebung, der in der Evangeliumsverkündigung erfahren wird, holt uns hinein in das heile Leben. Er gründet in der Auferstehung des Gekreuzigten und kann daher seine Geltung schon gegenwärtig entfalten. Weil wir Vergebung empfangen, vermögen wir sie auch zu gewähren. Der Raum des Heils schimmert darin auf.

Paulus spielt zur Verdeutlichung dessen in 5,4–9 mit der Bedeutung des Begriffs »Tag« und seiner Gegenwörter; uns mag der Begriff »Zukunft« näher liegen. Daran hängt nichts, wenn wir nur die Gegenwart des Kommenden, die Wirklichkeit des Erhofften schon jetzt zur Sprache bringen. Die Tat der Liebe, die der Glaube wirkt, in Jesu Werk und Wort vollkommen Gestalt geworden, macht das Leben der Zukunft als heiles erfahrbar, durch uns und – in der Brechung an der Erfahrung des Bruders – für uns. Verzicht auf Entfaltung eigenen Lebens aus der Gewißheit seiner Zukunft heraus ist die Möglichkeit, die das Evangelium anbietet.

7. Sie begegnet uns im Text des Briefes als Imperativ. Das ist ein Preis der Freiheit des Christen, daß er sich dem Zugriff der Zukunft des Lebens entziehen, seine Hoffnung für die Vorfindlichkeit der Gegenwart eintauschen kann. Die Einsicht des Glaubens in die Wahrheit des Evangeliums wird begleitet von

dem Anspruch an den Willen, den Glauben zu leben und so als wirkenden zu bewahren. Wissen allein gestaltet noch nicht Leben, es bedarf dazu auch des Wollens; erst aus beidem entsteht das Gelingen. Uns fällt der Imperativ schwer, er gerät uns in den Verdacht des Gesetzes; wir müssen ihn uns gleichwohl zumuten. Denn der Mensch bedarf des Anspruchs auch an sein Wollen. Es ist besser, wenn dies in offener statt in verdeckter Weise geschieht.

8. Der Brief traktiert keine Fülle wesentlicher theologischer Themen in ausgebreiteter Form. Er hat eher etwas Beiläufiges. Entsprechend stand er nie im Brennpunkt theologischer oder kirchlicher Entscheidungen. Er hat gleichwohl einen Platz im Kanon; eine Gemeinde am Anfang christlicher Geschichte hielt ihn für wert, aufbewahrt zu werden; eine Zeit, die wesentliche Dokumente ihres Beginns sammelte, erachtete ihn für wichtig genug, ihn ihrer Sammlung einzuverleiben. Eine intensive Beschäftigung mit ihm läßt denn auch erfahren, daß er Kraft ausstrahlt. Deutlich treten eine Gemeinde und ihr Apostel hervor – er beherrscht und dabei fast überfordert von seinem Bezug zu ihr, sie angefochten und unfertig auf ihrem einsamen Weg. Nichts ist dabei indessen verkrampft; der das Maß des Menschen beinahe übersteigende Bezug des Apostels auf seine Gemeinde ist ausbalanciert durch die Gewißheit, daß der Weg der Gemeinde ganz in Gottes Hand liegt; die Schwäche der Gemeinde ist nicht Signal des Versagens und des Untergangs, sondern Ausgangspunkt künftiger Schritte, die dem Anprall der Geschichte standhalten. Die Lektüre des Briefes kann so einen Leser, der durch den Blick auf die christliche Gemeinde seiner Welt mutlos werden will, trösten.

# Sachregister

# Stellenregister